金融法学文库

刘志云 主编

新发展理念下中国金融机构社会责任立法问题研究

刘志云 等 著

FINANCIAL LAW

法律出版社 LAW PRESS·CHINA

国家社会科学基金项目结项成果（项目编号：17BFX009）
本书出版获“中央高校基本科研经费专项资金资助”（项目编号：20720151038）

撰稿人：
刘志云　史欣媛　刘　盛

总　序

金融作为现代经济的核心，具有优化资源配置，调节经济运行之功效，其资本运作良善与否甚至关乎社会稳定的实现。基于此，金融业的发展成为各国政府关注的重中之重，而通过制度供给促进金融业的良好发展也成为普遍并可行的路径。在此背景下，金融法研究乘势而起，成为近世之显学。兴起虽晚，却生机勃勃，金融法在深入汲取相关部门法的理论积淀的同时，也广泛容纳各种跨学科知识与方法，并探求自身内省性之品格，最终成就了如今的这个底蕴深厚、逻辑自洽的新兴学科体系。

我国金融法的产生和发展伴生于改革开放的推进，经济体制转型的既有进路，型构了中国金融法制变迁之现实。虽然西方先验逻辑提供的立法技术素不匮乏，但我们真正所要面对的，却是如何让成熟的技术真正地契合本国的现实国情，发挥其应有的功效。内生金融交易秩序的制度根基的缺乏，曾使中国金融法制在本土化复归的路途中一再迷失。同时在另一方面，全球化的推进，又敦促着中国必须及时完成经济转型，早日实现我国金融市场与国际金融市场的有效对接，从而更是加剧了国内金融法制的发展困境。对于从事金融法研究的学者而言，任务艰巨如斯，前路漫漫，任重而道远。当然,恰逢这一转型之历史路口的吾辈,能直面历史之转折,兢兢业业,矢志科研;鉴前世之兴衰,考当今之得失;博观而约取,厚积而薄发。显然,从另一个视角观之,这是一种幸运。

“千淘万漉虽辛苦,吹尽狂沙始到金。”厦门大学法学院是全国较早开展金融法教学和科研的单位之一。早在2005年,厦门大学法学院便开始挂靠其他专业博士点招收“金融法”方向的博士研究生;2006年,厦门大学法学院在厦门大学获得法学一级学科硕士、博士学位授予权的基础上,设立了经济法博士点,金融法研究成为主要招生方向之一;2010年12月,厦门大学法学院正式成立金融法研究中心。近年来,金融研究中心的学术团队承担了大量的国家级与省部级科研项目,并相继出版与发表了大量的学术专著与专业论文,在国内开始产生一定的影响。而今,金融法研究中心日益壮大,已经形成一支老中青相结合的优秀学术团队,并成为我国金融法高层次专门人才的重要培养基地之一。

“非学无以广才,非志无以成学。”为了进一步推动金融法研究中心的学科建设以及促进国内金融法研究的繁荣,我们于2014年起决定编辑出版连续性的《厦门大学金融法学文库》。期以“前沿意识、精品理念”为指导,以系列学术专著、译著的形式,集中展现我国金融法领域的专题研究成果,促进学术繁荣和理论争鸣。“盖文章,经国之大业,不朽之盛事。年寿有时而尽,荣乐止乎其身,二者必至之常期,未若文章之无穷。是以古之作者,寄身于翰墨,见意于篇籍,不假良史之名,不托飞驰之势,而声名自传于后。”诚如斯言,我们期以本文库作为思想传播之媒介,学术交流之平台,博学审问,慎思笃行,自由争辩,自察自省,通过严肃认真的学术讨论和学术批评,推动金融法研究的不断创新。

在法律出版社的支持下,2016年伊始,《厦门大学金融法学文库》正式更名为包容性更大的《金融法学文库》。本文库稿件来源不限于金融法研究中心的学者、校友,而以最大的诚意广泛征集海内外金融法专著、译著。当然,我们亦知,就整个金融法学研究而言,本文库仅为沧海一粟。庙廊之才,非一木之枝,希望能与学界同仁相濡相闻,砥砺共进。

是为序。

刘志云

2016年7月22日

目录

导 论

一、研究背景与学术价值

(一)选题背景

罗伯特·席勒在《金融与好的社会》一书中指出了关于金融业的一个悖论,即"金融业一方面帮助我们取得了诸多伟大的成就,另一方面却像此次危机中的表现一样,爆发出巨大的破坏力,给社会造成诸多伤害"。[①] 如何走出这一现实困境?在罗伯特·席勒看来,为了保证金融业服务于保护整个社会这一根本目标的实现,"最好的办法就是在华尔街培养并监管不同的从业者——首席执行官、交易员、会计、投资银行家、律师和慈善家,通过倡导他们心存良善的从业行为,进而影响整个华尔街的文化"。[②] 席勒在此实质上提出了金融机构社会责任这一重大现实和理论问题,期望通过培养金融业相关从业人员心存善良的社会责任感,以促成华尔街的企业社会责任文化。全面建设小康社会是一项复杂的系统工程,需要各种社会关系的协调与市场主体对

---

① [美]罗伯特·希勒:《金融与好的社会》,束宇译,中信出版社2012年版,前言,第XXXI页。

② [美]罗伯特·希勒:《金融与好的社会》,束宇译,中信出版社2012年版,前言,第XXXI页。

社会责任的践行。[①] 在金融全球化时代，席勒的观点可供正处于社会转型期和全面建成小康社会决胜阶段的中国社会参考。

2015年11月，党的十八届五中全会面对全面建成小康社会决胜阶段复杂的国内外形势，针对当前经济社会发展过程中的一系列矛盾与挑战，提出了以“创新、协调、绿色、开放、共享”五点为主要内容的新发展理念。“新发展理念”是我国新时期有关发展思想的重大理论创新成果，从发展动力、内在要求、发展条件、发展路径与发展目标等方面深刻指出了当前以及今后一段时期内我国社会经济的发展方向。经过改革开放三十几年的发展，中国的经济建设取得举世瞩目的成就，但在经济突飞猛进发展的同时，环境与生态危机、劳工保护、消费者权益保护、贫富分化、食品安全、卫生健康等各种社会问题已经成为我国社会经济健康发展亟须解决的难题。金融作为现代经济的核心和枢纽，在社会资源再分配中具有举足轻重的地位，对于整个国民经济的发展与社会公平的实现具有重大影响。金融业的特殊性决定了金融机构在作为营利性组织追求自身利益最大化之外，也发挥着极强的公共作用，它们应该、也有能力通过市场的力量助力社会与经济的可持续发展，促进和谐社会的建设。因此，要全面建成小康社会，既要发挥金融机构依据市场机制优化资源配置的重要作用，也要注重培育和提高金融机构的社会责任意识，加强和完善我国金融机构社会责任的制度建设。这不仅是“新发展理念”的应有之义，也是贯彻与落实“新发展理念”的重要组成部分。

无疑，“新发展理念下中国金融机构社会责任立法问题研究”这一选题具有极强的应用价值。其既顺应了2008年国际金融危机后国际社会加强金融机构社会责任的大势，也契合了我国全面建成小康社会决胜阶段的重大现实需求。尤其是，以“新发展理念”为主线贯穿于整个项目研究之中，研究“新发展理念”对我国金融机构践行社会责任提出的要求，以“新发展理念”指导中国金融机构社会责任立法，旨在将最新理论创新成果应用于我国法治建设，同时通过法治建设推进国家宏伟战略的实现。

因此，本书通过紧扣今后指导我国社会经济发展的宏观理论——“新

---

① 参见刘志云：《商业银行社会责任的兴起及其督促机制的完善》，载《法律科学》2010年第1期。

发展理念”,深入研究中国金融机构社会责任立法问题,研究思路“与时俱进”,研究成果紧贴国家发展战略以及制度建设的需要,推动知识转化成真正的生产力以服务社会,助益有关部门对金融机构社会责任的立法建设以及金融机构社会责任的实践,为贯彻与落实“新发展理念”发挥出自身的重要作用。

(二)学术价值

通过对研究现状的梳理与分析表明,目前国内外学界对“企业社会责任”问题已经进行了比较深入的研究,形成了较为丰富的理论成果。但有关于企业社会责任问题的既有研究大多停留在理论层面,较少从制度设计层面加以研究,尚未出现专门的“中国金融机构社会责任立法”的系统研究成果,而结合“新发展理念”对中国金融机构社会责任立法进行系统性研究的成果更是处于空白状态。

因此,“新发展理念下中国金融机构社会责任立法问题研究”本身即是填补国内外学术空白的选题。同时,按照“新发展理念”的全球视野,以及在金融全球化时代金融机构社会责任的实践和规范标准国际化的趋势下,本书的研究范围并不局限于国内法视角,而是将研究视野扩大到国际法范围,从国内立法和参与国际立法两个层面对中国金融机构社会责任的立法进行系统性研究。

整个研究将以“新发展理念”为主线,深入挖掘“新发展理念”的科学内涵、哲学基础以及其对金融机构社会责任立法与实践的重大意义,以“新发展理念”为指导,推动金融机构社会责任国内立法的完善以及对国际立法的参与,并把立法视为动态而非静态过程,构建出一个全面反映“新发展理念”要求的中国金融机构社会责任立法后评估机制,从而实现对传统研究思路与研究模式的一个重大突破。

从学术意义上,本书的研究有助于弥补以往金融机构社会责任研究的薄弱之处,并引入了“新发展理念”来实现对传统理论的继承与超越。无疑,这将极大地拓展金融法学研究视野,丰富企业社会责任理论研究。这正是本书研究的重大学术意义所在。

二、研究综述

在我们的搜索范围内，国内外至今并没有发现直接以“新发展理念下中国金融机构社会责任立法问题研究”或“中国金融机构社会责任立法”为标题或主题的已发表的中外文文献，相关的著作也处于空缺状态。因此，我们必须从与其相关的“企业（公司）社会责任”“企业（公司）社会责任法律问题”“金融机构社会责任”“金融机构社会责任法律问题”等几方面的研究入手。我们也能在对这些成果的学术史梳理中，为本项目“新发展理念下中国金融机构社会责任立法问题研究”汲取灵感与启示。由于国内外文化背景、研究思路、研究方法以及研究成熟度不一样，因此我们对相关学术史进行梳理时区别了国内与国外，分别对其进行简要评析，点出对本书研究思路或方向的启示。

（一）国外相关研究的学术史梳理以及评析

1. 国外相关研究的学术史梳理

（1）国外有关“企业（公司）社会责任”研究的学术史梳理

自20世纪20年代初美国社会转型时期涌现出以记者、作家以及媒体为主力的“揭黑运动”之后，西方社会重新审视了单一追逐利润的企业行为，一股由大企业家发起的“企业福利资本主义”得以推行。在这种背景下，对“企业（公司）社会责任”的研究逐渐引起国外学界的关注。在随后的将近一百年里，随着社会实践的发展，国外学界对“企业（公司）社会责任”的研究几度掀起高潮，涌现出大量的经典作品。2018年5月7日，我们以“企业社会责任/公司社会责任”（即英文“corporate social responsibility” or “CSR”）为关键词，在Westlaw期刊论文（Law Reviews & Journals）数据库中检索篇名，检索共得239篇公开发表的论文，最早一篇论文为J. A. C. Hetherington于1969年发表的《事实和法律原理：股东、经理与企业社会责任》（Fact and Legal Theory：Shareholders，Managers and Corporate Social Responsibility）。将1969年1月1日~2018年5月7日这一时段以每五年为一区间进行划分，上述239篇外文期刊论文的发表年份分布情况如下图所示。

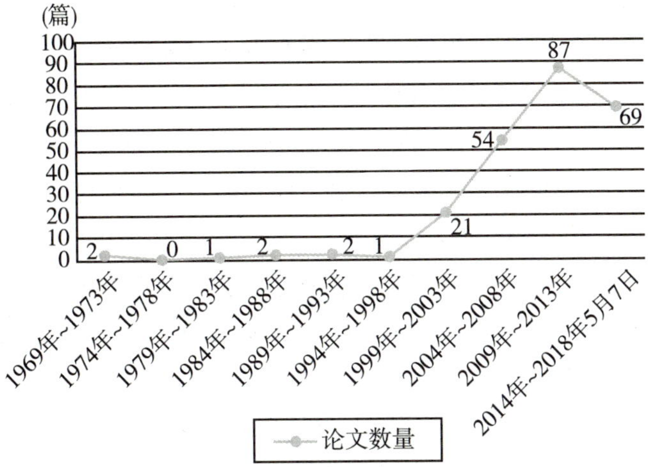

图1　1969年1月1日~2018年5月7日期间相关外文期刊论文发表情况年份分布图

同时,有关企业(公司)社会责任的经典著作也不胜枚举。例如,Bowen于1953年出版了题为《商人的社会责任》(*Social Responsibilities of the Businessman*)一书。在该书中,作者认为,由于政府管理以及劳动者运动的双重压力的增大、社会理念发生变化等多种原因,商人需要比以往承担更多的社会责任。企业应当遵守政策和行为准则,企业的发展要满足社会价值和目标。①

Johnson在其1971年出版的《当代社会企业:框架及问题》(*Business in Contemporary Society: Framework and Issues*)一书中认为,企业的主要责任是要实现社会效益的最大化,企业本身应当追求多重的价值目标,而不能仅仅局限于追求利润最大化。②

Jules Backman在1975年出版的《社会责任与问责》(*Social Responsibility and Accountability*)一书中,详细列出了企业社会责任的具体范围,并认为企业社会责任应当包括雇佣少数族裔工人、改善社区环境、减

① See Bowen, *Social Responsibilities of the Businessman*, Harper, 1953.

② See Johnson H. L., *Business in Contemporary Society: Framework and Issues*, Wadsworth Pub. Co., 1971.

少环境污染、改善医疗保险、改善生产环境的健康与安全等。①

Steiner 在 1980 年出版的《商业、政府与社会》(*Business, Government& Society*)一书中,将企业社会责任划分为内在与外在两方面。其中,内在的社会责任包括做到公正、合法地选拔、培训、晋升、解雇员工并提高其生产力、改善其工作环境等,而外在的社会责任则涵盖了培养与雇佣残障人士,激发少数族群的创业精神等内容。②

Elkington 是企业三重底线责任理论的倡导者,他在 1999 年出版的著作《21 世纪企业的三重底线》(*The Triple Bottom Line of 21st Century Business*)一书中认为,企业的业绩评价至少应该包括三方面表现,即所谓的"三重底线"——经济表现、环境与社会表现、对外公布自身财务报告和环境及社会报告的表现,必须综合通过这些表现来衡量企业的业绩,而不是单纯看其经济表现。否则,企业的发展一定是不可持续的。③

Crane 在其 2008 年出版的《牛津企业社会责任手册》(*The Oxford Handbook of Corporate Social Responsibility*)一书中提出,全球化催生了数量和影响力都十分庞大的跨国公司,同时也带来金融系统的不稳定、环境恶化、贫富差距悬殊等问题。因此,全球化的迅速发展客观上要求人们改变对企业社会责任的传统理解。④

Dr Adefolake O. Adeyeye 在其 2012 年出版的《跨国公司在发展中国家的社会责任:以反腐败为视角》(*Corporate Social Responsibility of Multinational Corporations in Developing Countries: Perspectives on Anti-Corruption*)一书中认为,对在发展中国家运营的跨国公司而言,抵制腐败是其企业社会责任的重要组成部分,通过检视尼日利亚、英国和美国抑制公司从事行贿等腐败行为的国内和域外规范,她认为国际层面上要求公司为行贿承担责任的法律规定仍显不足,应就跨国公司的行贿行为探索确立相关

---

① See Jules Backman, *Social Responsibility and Accountability*, New York University Press, 1975.

② See Steiner G., Steiner J., *Business, Government, And Society*, McGraw-Hill Book Company, Inc., 1980.

③ See John Elkington, *Cannibals with Forks: The Triple Bottom Line of 21st Century Business*, Oxford University Press, 1999.

④ See Crane A., *The Oxford Handbook of Corporate Social Responsibility*, Oxford University Press, 2008.

直接责任。①

Benoit Vermander 在其 2013 年出版的《企业社会责任在中国：视野、评估和蓝图》(*Corporate Social Responsibility in China*：*A Vision*，*an Assessment and a Blueprint*)一书中，将视野聚焦于中国，结合中国国内与企业社会责任相关的文化要素，具体评估了中国国内环境相关标准、食品安全、劳动力和社会政策、性别平等等方面的企业社会责任践行状况，指出就长期来看企业社会责任能产生巨大的经济回报，是孕育杰出企业的关键性要素，中国国内企业应充分意识到践行企业社会责任的紧迫性并在践行过程中有所创新。②

(2)国外有关"企业(公司)社会责任法律问题"研究的学术史梳理

2018 年 5 月 7 日，我们以"企业社会责任/公司社会责任"和"法律"(即英文"corporate social responsibility" or "CSR" &"legal" or "law")为关键词，在 Westlaw 期刊论文(Law Reviews & Journals)数据库中检索篇名，检索共得 47 篇公开发表的论文。

最早一篇文献是 J. A. C. Hetherington 于 1969 年 1 月在《斯坦福法学评论》(*Stanford Law Review*)上发表的题为《事实和法律原理：股东、经理与企业社会责任》(*Fact and Legal Theory*：*Shareholders*，*Managers*，*and Corporate Social Responsibility*)的论文，③其后相关领域研究出现了比较长时间的空白，直至 32 年后，即 2001 年才出现了第二篇篇名中同时包含"企业社会责任"和"法律"关键词的论文。对 2001～2018 年间发表的 47 篇论文，按照每年发表篇数可绘制数量分布如图 2 所示。观察可知，金融危机爆发后的 2008～2011 年间是结合研究"企业社会责任"和"法律"议题的高峰期，进入 2012 年后，相关研究的数量出现了比较明显的下降，维持在每年 2～3 篇。(见图 2)

---

① See Adefolake O. Adeyeye, *Corporate Social Responsibility of Multinational Corporations in Developing Countries*：*Perspectives on Anti-Corruption*，Cambridge University Press，2012.

② See Vermander B.，*Corporate Social Responsibility in China. A Vision*，*an Assessment and a Blueprint*，World Scientific Publishing Co. Pte. Ltd.，2013.

③ See Hetherington J. A. C.，"Fact and Legal Theory：Shareholders，Managers，and Corporate Social Responsibility"，*Stanford Law Review*，Vol. 21，No. 2，1969，pp. 248－292.

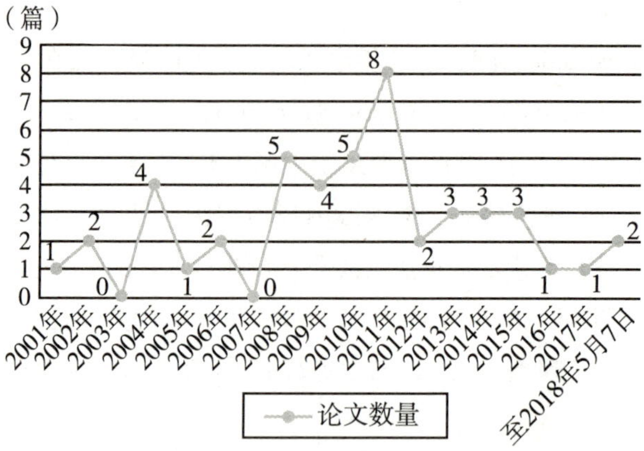

图2 2001~2018年相关外文期刊论文发表情况年度分布图

按照引用次数排序,引用最多、具有代表性的前三篇文献分别为 Larry Catá Backer 于 2005 年发表的《跨国公司、跨国法:作为国际法上企业社会责任之先兆的有关跨国公司责任的联合国规范》(*Multinational Corporations, Transnational Law: the United Nations' Norms on the Responsibilities of Transnational Corporations as a Harbinger of Corporate Social Responsibility in International Law*),① 被引用 80 次; J. A. C. Hetherington 于 1969 年发表的《事实和法律原理:股东、经理与企业社会责任》(*Fact and Legal Theory: Shareholders, Managers, and Corporate Social Responsibility*),②被引用 37 次;Ilias Bantekas 于 2004 年发表的《国际法中的企业社会责任》(*Corporate Social Responsibility in International Law*),③被引用 37 次。

通读这 47 篇外文期刊论文,其内容大致可以分为四类。

第一,探讨企业社会责任立法或法制化的一般性理论。

---

① Larry Catá Backer, "Multinational Corporations, Transnational Law: The United Nations' Norms on the Responsibilities of Transnational Corporations as Harbinger of Corporate Social Responsibility in International Law", *Columbia Human Rights Law Review*, Vol. 37, 2005.

② Hetherington J. A. C., "Fact and Legal Theory: Shareholders, Managers, and Corporate Social Responsibility", *Stanford Law Review*, Vol. 21, No. 2, 1969, pp. 248 - 292.

③ Bantekas I., "Corporate Social Responsibility in International Law", *B. U. Intl L. J*, Vol. 27, No. 3, pp. 238 - 254.

J. A. C. Hetherington 在其 1969 年发表的《事实和法律原理：股东、经理与企业社会责任》(*Fact and Legal Theory: Shareholders, Managers, and Corporate Social Responsibility*)一文中认为，企业社会责任的概念对管理层而言可以发挥对抗股东、谋求一定程度的经营自主权的作用，因而受到其欢迎。①

再如，乔·W.(奇普)皮特三世[Joe W. (Chip) Pitts III]在其 2008 年发表的《企业社会责任：现状和未来演进》(*Corporate Social Responsibility: Current Status and Future Evolution*)一文中则认为，企业社会责任至少应包括七重含义，即决策过程中将环境和社会因素与经济因素整合、利益相关者参与、保持透明度并进行三重底线报告、尊重并贯彻最高标准的全球环境和社会规范以及最佳实践、预防原则、负责任、进行社区投资。②

再如，乔纳森·R. 梅西(Jonathan R. Macey)在其 2014 年发表的《企业社会责任：以法律和经济的视角》(*Corporate Social Responsibility: a Law & Economics Perspective*)一文中认为，公开上市公司董事和管理层的受托义务是仅针对股东的，就特定决策而言，当其他主体并不存在真正意义上的相关利益却将其纳入考虑的话，只会造成机会主义和社会财富的损耗。③

第二，讨论如何规制跨国公司企业社会责任问题，或企业社会责任领域内的国际立法、国际治理等国际化议题。

拉里·卡萨贝克尔(Larry Catá Backer)在其 2005 年发表的《跨国公司、跨国法：作为国际法上企业社会责任之先兆的有关跨国公司责任的联合国规范》(*Multinational Corporations, Transnational Law: the United Nations' Norms on the Responsibilities of Transnational Corporations as a Harbinger of Corporate Social Responsibility in International Law*)一文中认为，跨国公司而非国家，是有义务将企业社会责任相关国际规范贯彻于其所有合同关系中

---

① See Hetherington J. A. C., "Fact and Legal Theory: Shareholders, Managers, and Corporate Social Responsibility", *Stanford Law Review*, Vol. 21, No. 2, 1969, pp. 248 – 292.

② See Pitts J. W. I., "Corporate Social Responsibility: Current Status and Future Evolution", *Rutgers Journal of Law & Public Policy*, Vol. 6, No. 2, 2009, pp. 334 – 433.

③ See Macey J. R., "Corporate Social Responsibility: A Law & Economics Perspective", *Chapman Law Review*, Vol. 17, No. 2, 2014.

的主体,这些国际规范削弱了国家抵制新兴国际法规则的可能性,因为在跨国公司适用这些国际规范时,就为相关国际法习惯原则的积累奠定了基础,并将最终对国家产生约束力。①

再如,伊利亚斯·班提卡斯(Ilias Bantekas)在其2004年发表的《国际法中的企业社会责任》(*Corporate Social Responsibility in International Law*)一文中认为,通讯技术、人权行动主义和消费认知方面的进步,导致跨国公司更加重视利益相关者,因此尽管并不存在相关强制性规范,但许多跨国公司已被迫重新评估其操作流程和管理机制。②

第三,结合特定国家或地区,探讨当地企业社会责任的立法、执法现状。

鲍尔·A.戴维森(Pall A. Davidsson)在其2002年发表的《欧盟内部企业社会责任法律执行状况》(*Legal Enforcement of Corporate Social Responsibility within the EU*)一文中认为,欧盟《绿皮书》中明确排除以强制性规定推动履行企业社会责任的做法不利于促进欧盟经济一体化,与现存全球趋势相悖,且效率低下。③

再如,克里斯·弗莱彻(Chris Fletcher)在其2014年发表的《企业社会责任:西藏社会经济发展的法律框架》(*Corporate Social Responsibility: a Legal Framework for Socioeconomic Development in Tibet*)一文中指出,目前中国国内的企业社会责任试点项目多集中于东部而忽视了西藏地区,一系列企业社会责任工具,尤其是利益相关者参与制度和社区投资制度可用于帮助西藏创造价值,实现发展。④

第四,针对特定利益相关者,讨论企业社会责任中与之对应部分的立法。

---

① See Larry Catá Backer, "Multinational Corporations, Transnational Law: The United Nations' Norms on the Responsibilities of Transnational Corporations as Harbinger of Corporate Social Responsibility in International Law", *Columbia Human Rights Law Review*, Vol. 37, 2005.

② See Bantekas I., "Corporate Social Responsibility in International Law", *B. U. Intl L. J*, Vol. 27, No. 3, pp. 238 - 254.

③ Davidsson P. A., "Legal Enforcement of Corporate Social Responsibility within the EU", *Colum. J. Eur. L*, Vol. 8, Summer 2002.

④ Fletcher C., "Corporate Social Responsibility: A Legal Framework for Socioeconomic Development in Tibet", *Yale Human Rights & Development L. J.*, Vol. XVII, 2014.

拉德瓦·S. 埃尔萨曼(Radwa S. Elsaman)在其2011年发表的《伊斯兰法中的企业社会责任:劳工和雇佣》(*Corporate Social Responsibility in Islamic Law: Labor and Employment*)一文中,以50个穆斯林国家共同起草通过的《伊斯兰世界人权联合宣言》(UIDHR,即 *The Universal Islamic Declaration of Human Rights*)为例,关注了伊斯兰法中有关劳工和雇佣的法律,认为在伊斯兰法国家内,企业所需履行的与雇员相关的社会责任包括了禁止奴役和强制劳动,禁止使用童工,及时支付工资,保证足够的休息和闲暇时间等。①

再如,安娜·威廉姆斯·谢弗尔斯(Anna Williams Shavers)在其2012年发表的《人口贩卖,法治和企业社会责任》(*Human Trafficking, the Rule of Law, and Corporate Social Responsibility*)一文中认为,由于企业的加工商、零售商等身份可能会促进人口贩卖受害者所生产商品的销售、使用,所以应善尽其用工注意义务,打击国际人口贩卖,这是其社会责任的一部分。②

此外,还有部分外文期刊文献,虽然标题中未出现"legal"或"law"等关键词,但也涉及了企业社会责任法律问题研究的重要方面。例如,斯特凡·J. 帕德菲尔德(Stefan J. Padfield)在其2014年发表的《企业社会责任与特许说》(*Corporate Social Responsibility & Concession Theory*)一文中认为,如欲以强制性规范的形式推进贯彻企业社会责任,当今有关公司治理的三大主流理论(董事优先论、股东优先论和团队生产论)均无法提供相应理论支持,应转向公司人格理论,尤其是特许说寻求理论基础。③ 再如,玛格丽特·里兹纳(Margaret Ryznar)等在其2015年发表的《强制或激励企业社会责任之框架》(*A Framework on Mandating versus Incentivizing Corporate Social Responsibility*)一文中认为,在企业社会责任领域,立法者既可通过规制,也可通过激励形塑公司的行为,就具体问题应采取何种方式,她认为应

① See Elsaman R. S., "Corporate Social Responsibility in Islamic Law: Labor and Employment", *Yonsei Law Journal*, Vol. 2, No. 1, May 2011.

② See Shavers A. W., "Human Trafficking, the Rule of Law, and Corporate Social Responsibility", *South Carolina Journal of International Law and Business*, Vol. 9, No. 1, 2012, pp. 39–88.

③ See Padfield S. J., "Corporate Social Responsibility & Concession Theory", *William & Mary Business Law Review*, Vol. 6, No. 1, 2014.

视规制对象和规制动机判定规制是否可行、有效后再做决定，如对公司在何地雇佣何人就不宜规制而应激励。①

（3）国外有关“金融机构社会责任以及法律问题”的学术史梳理

2018年5月7日，我们在Westlaw期刊论文数据库中，以“金融机构/金融”、“（企业）社会责任”和“法律”（“financial institution”or“finance”and“social responsibility”or“CSR”and“legal”or“law”）为关键词检索篇名，检索结果为0篇，显示国外系统研究金融机构企业社会责任法律问题的成果较为匮乏。当我们将检索条件放宽，仅以有关金融机构企业社会责任的外文论文为检索目标后，以“金融机构/金融”、“（企业）社会责任”（“financial institution”or“finance”and“social responsibility”or“CSR”）为关键词检索篇名，检索结果为4篇。其中观点介绍如下：

吉尔·巴克利夫特（Z. Jill Barclift）于2012年发表的《企业社会责任与金融机构：在〈多德弗兰克法案〉之外》（*Corporate Social Responsibility and Financial Institutions: beyond Dodd-Frank*）一文认为，将企业社会责任作为一种加强公司治理的工具，可以有效应对现有的治理和监管缺陷，监管者如果要求其所指定的金融机构必须减缓自身可能给金融市场造成的系统性风险的话，就必须要求此类金融机构清楚知悉其商业决定所可能造成的消极后果，对所设计的产品未来可能造成的经济后果进行评估并披露，以帮助监管者、投资者和市场更好地识别潜在风险。②

丹尼尔·D. 布拉德洛（Daniel D. Bradlow）于2007年发表的《私人金融、社会责任和转换时期的正义：以南非和解与发展债券为例》（*Private Finance, Social Responsibility, and Transitional Justice: The Case for South African Reconciliation and Development Bonds*）一文认为，金融机构不能将其投资活动非此即彼地简单划分为利润最大化的商业活动或纯粹旨在造福他人的善举，还存在介于两者之间、允许金融机构同时践行其商业责任和社会

---

① See Ryznar M., Woody K. E., “A Framework on Mandating versus Incentivizing Corporate Social Responsibility”, *Marquette Law Review*, Vol. 98, No. 4, 2015, pp. 1667 – 1694.

② See Barclift Z. J., “Corporate Social Responsibility and Financial Institutions: Beyond Dodd-Frank”, *Banking & Financial Services Policy Report*, Vol. 31, No. 1, 2012, pp. 13 – 19.

责任的亚商业行为，南非的和解与发展债券计划即为一例。①

恩格博·伊麦思（Engobo Emeseh）、胡克·艾科（Rhuks Ako）等人于2010年发表的《公司、企业社会责任与自律：全球金融危机给我们什么教训？》（*Corporations, CSR and Self Regulation: What Lessons from the Global Financial Crisis?*）一文，以金融危机为例，认为金融行业作为备受关注的现代经济的核心，其从业人员出于个人的贪欲和不负责任，尚且无法做到自律，以致威胁金融机构生存，建立在自愿主义基础上的现行社会责任自律机制对普通跨国公司而言则更难以发挥实效，所以应在国际法层面上建立对跨国公司有约束力的与社会责任相关的最低标准。②

吉尔·巴克利夫特（Z. Jill Barclift）于2011年发表的《大而不倒、大而闻名：金融机构与企业社会责任》（*Too Big to Fail, Too Big Not to Know: Financial Firms and Corporate Social Responsibility*）一文认为，目前对企业社会责任这一概念仍未达成统一、准确的认识，金融机构往往将其等同于慈善和环保责任，而选择忽视更关键的内容，即评估其产品可能对社会造成的伤害并向市场和投资人进行准确披露，并认为危机后确立的新监管体制提供了契机，令金融机构得以将企业社会责任整合到其良好的公司治理实践中。③

（4）国外有关“商业银行社会责任以及法律问题”研究的学术史梳理

2018年5月7日，在Westlaw期刊论文数据库中，我们以“银行”、“（企业）社会责任”和“法律”（“bank” and “social responsibility” or “CSR” and “legal” or “law”）为关键词检索篇名，检索结果为0篇。当我们将检索条件放宽，仅以有关银行企业社会责任的外文论文为检索目标后，以“银行”、“（企业）社会责任”（“bank” and “social responsibility” or “CSR”）为关键词检

---

① See Bradlow D. D., “Private Finance, Social Responsibility, and Transitional Justice: The Case for South African Reconciliation and Development Bonds”, *Human Rights Brief*, Vol. 15, No. 1, 2007.

② See Emeseh E., Ako R., Okonmah P., “Corporations, CSR and Self Regulation: What Lessons from the Global Financial Crisis?” *German Law Journal*, Vol. 11, 2010.

③ See Barclift Z. J., “Too Big to Fail, Too Big Not to Know: Financial Firms and Corporate Social Responsibility”, *Journal of Civil Rights & Economic Development*, Vol. 25, No. 3, 2011, pp. 449–482.

索篇名，检索结果为2篇。观点介绍如下：

Robert C. Art于1987年发表了《银行信贷决定中的社会责任：写在〈社区再投资法案〉颁布十年后》（*Social Responsibility in Bank Credit Decisions: The Community Reinvestment Act One Decade Later*）一文。该文认为银行或其他从周边社区吸纳储蓄的金融机构不能单纯以金融安全和盈利情况作为其唯一目标，其负有社会责任，必须照顾到所在社区内的低收入或少数族裔居民的贷款需求，在制定其总体贷款政策时，应将促进周边地区的经济健康发展作为其政策目标之一。①

约瑟夫·H.索默（Joseph H. Sommer）于2001年发表了《美国商业公司之诞生：有关银行、公司治理和社会责任》（*The Birth of The American Business Corporation: Of Banks, Corporate Governance, and Social Responsibility*）一文。该文回顾了美国银行业的历史，认为美国法中银行业不得从事商业这一典型规定与两大经典公司议题有关，即公司治理问题和对公司权力的恐惧。他提到社会可容忍作为人存在的追求财富的商人，但对去人性化的理性追求利润最大化的主体感到恐惧，禁止银行从事商业既是出于对银行权力膨胀的恐惧，也是出于督促其履行社会责任的需要：这样可以保证银行的资金流向、服务于商业，并制止银行从事危险的不动产投机行为以保持其经营稳健，还可以防止大量资产聚集于银行手中乃至永久为其所有。②

（5）国外有关"证券公司社会责任以及法律问题"研究的学术史梳理

2018年5月7日，在Westlaw期刊论文数据库中，我们以"证券"、"（企业）社会责任"和"法律"（"security" or "stock" and "social responsibility" or "CSR" and "legal" or "law"）为关键词检索篇名，检索结果仅为2篇。观点介绍如下。

瑞秋·切林顿（Rachel Cherington）于2004年发表了《证券法和企业社会责任：针对第10b－5条规则的拓展适用》（*Securities Laws and Corporate*

---

① See Art R. C., "Social Responsibility in Bank Credit Decisions: The Community Reinvestment Act One Decade Later", *Pacific Law Journal*, Vol. 18, No. 4, 1987, pp. 1071－1139.

② See Sommer J. H., "The Birth of the American Business Corporation: of Banks, Corporate Governance, and Social Responsibility", *Buffalo Law Review*, Vol. 49, No. 3, 2001, pp. 1011－1097.

Social Responsibility:*Toward an Expanded Use of Rule* 10*b* – 5)一文,指出伴随全球化进程的推进,美国公司开始跨国寻求廉价劳动力和生产设施,人权和环境义务由此成为其企业社会责任的重要方面,由私人根据《1934 年证券交易法》中第 10b – 5 条规则提起行权要求,可以有力地促使跨国公司遵守国际人权义务和其他社会义务,或令其披露其未能遵守相关义务的事实。他认为,伴随公司愈发有意争取社会责任意识强烈的消费者和投资人,这种加强信息披露的做法可以有效推动跨国公司履行企业社会责任。①

希拉里 · A. 塞尔(Hillary A. Sale)于 2000 年发表了《有关企业投票、社会责任和分层法律:通过联邦证券法教授基本商法》(*Of Corporate Suffrage*, *Social Responsibility*, *and Layered Law*:*Teaching Basic Business Law through Federal Securities Law*)一文,提到了在教授基本商法的过程中,可将道奇诉福特汽车案作为一个载体,用以讨论雇员在公司决策过程中是否能像股东一样被同等考虑,董事和管理层能否依据商业判断原则在决策过程中将雇员的利益纳入考虑范畴,即引导学生思考如何权衡代理问题和社会责任议题竞合的情况。②

(6)国外有关"保险公司社会责任以及法律问题"研究的学术史梳理

2018 年 5 月 7 日,在 Westlaw 期刊论文数据库中,我们以"保险"、"(企业)社会责任"和"法律"("insure" and "social responsibility" or "CSR" and "legal" or "law")为关键词检索篇名,检索结果为 0 篇。当我们将检索条件放宽,仅以有关保险公司企业社会责任的外文论文为检索目标后,以"保险"、"(企业)社会责任"("insure" and "social responsibility" or "CSR")为关键词检索篇名,检索结果依然为 0。

2. 对国外相关研究的简要评析以及对本书研究的启示

(1)有关"企业社会责任"的著述颇丰,但针对"企业社会责任的法律问

---

① See Cherington R., "Securities Laws and Corporate Social Responsibility: Toward an Expanded Use of Rule 10b – 5", *University of Pennsylvania Journal of International Economic Law*, Vol. 24, No. 4, 2004, pp. 1439 – 1465.

② See Sale H. A., "Of Corporate Suffrage, Social Responsibility, and Layered Law: Teaching Basic Business Law through Federal Securities Law", *Georgia Law Review*, Vol. 34, No. 2, 2000, pp. 809 – 821.

题”的研究仍亟待加强。

对企业社会责任的基本原理以及一般性问题的研究，国外学界已经比较成熟，一些学者开始把目光聚焦于企业社会责任的专门性问题方面。比如，有关企业社会责任的法律问题以及金融机构践行社会责任问题开始受到一些学者的关注。然而，虽然国外学界有关企业社会责任方面立法或法律的研究已经开展了一段时日，但在细化、深化其研究方向时，往往以企业规模、国别、利益相关者类别等作为标准，结合特定行业在企业社会责任方面的独有特征，探讨构建或完善相关法律规制的文献依然比较匮乏，这也就凸显了本书的研究意义。

(2)对“金融机构社会责任”的研究刚刚起步，研究成果少，专门针对法律问题的研究成果非常匮乏。

在国外学界，受到2008年金融危机的影响，近年来国外有关金融机构企业社会责任的少数文献多集中于金融机构企业社会责任的消极方面，即如何减少其负外部性、缓和其可能对金融市场造成的系统性风险，而对金融机构社会责任的积极方面，即如何在开展业务过程中敦促、引导作为交易对手的一般企业履行其社会责任，如何进行负责任的社会投资讨论的比较少。在探讨如何敦促金融机构履行企业社会责任时，多局限于加强内控机制等属于软法性质约束下的个别方面，但上升到系统立法、综合运用软法和硬法约束方面的讨论还比较匮乏。而这些恰恰是本书研究的重点。

(3)国外学界有关“商业银行社会责任”以及“商业银行社会责任法律问题”的研究刚起步，其研究内容以及研究深度亟须提升。

现有文献表明：其一，在商业银行社会责任的法律研究领域，国外已经有个别学者结合银行的具体信贷业务进行了比较初步的探讨，但学界对这一领域的关注度总体而言依然不够；其二，少数针对性探讨商业银行企业社会责任的论文，在论及敦促商业银行履行企业社会责任的手段时，也依然局限于加强公司治理等内控机制方面。因此，这些现有研究成果虽然可以作为本书的重要研究参考，但本书依然要从如何加强对商业银行社会责任的系统立法、综合运用软法和硬法约束等方面对上述研究成果进行补充、完善。

(4)有关证券公司企业社会责任立法或法律方面的研究，无论是理论探讨,还是相关立法评述,在国外学界仍属于一个研究盲点,需要更多地借助实证研究方法予以完善。

我们所查找到的同时涉及证券和企业社会责任的文献仅有两篇,其实际探讨的也并非证券公司、券商或曰投资银行的企业社会责任及立法:瑞秋·切林顿于2004年发表的《证券法和企业社会责任:针对第10b-5条规则的拓展适用》(*Securities Laws and Corporate Social Responsibility: Toward an Expanded Use of Rule 10b-5*)一文讨论的是如何运用《1934年证券法》第10b-5条款迫使跨国公司准确披露其海外运营过程中的人权或其他社会责任方面的信息;[①]Hillary A. Sale于2000年发表的《有关企业投票,社会责任,和分层法律:通过联邦证券法教授基本商法》(*Of Corporate Suffrage, Social Responsibility, and Layered Law: Teaching Basic Business Law through Federal Securities Law*)一文则是一篇教研教改类论文,社会责任在其文中只是作为一种评判股东投票和代理问题的视角使用。本书在进行这方面研究时,需要更多地借助于对各国相关立法的梳理、总结、分析,以及对世界范围内著名证券公司、投资银行执行有关企业社会责任的各种国际标准情况的采样调查。[②]

(5)在国外学界,具体到保险行业,无论是在对其社会责任的概括、总结,还是更进一步,在结合其社会责任探讨相关法律构建或完善方面,相关研究都处于缺位状态。

无疑,这与保险行业在履行社会责任方面的潜力是不相称的——保险行业资金来源的相对长期性、稳定性决定了其在履行社会责任方面具有更大可能。而全球范围内,伴随人口老龄化和商业养老保险的推广,可以预见未来保险业在规模、体量上也会进一步发展。因此本书将尝试结合保险对风险进行定价、分摊的基本功能,结合相关实证调查分析,就这一领域展开

① See Cherington R., "Securities Laws and Corporate Social Responsibility: Toward an Expanded Use of Rule 10b-5", *University of Pennsylvania Journal of International Economic Law*, Vol. 25, No. 4, 2004, pp. 1439-1465.

② See Sale H. A., "Of Corporate Suffrage, Social Responsibility, and Layered Law: Teaching Basic Business Law through Federal Securities Law", *Georgia Law Review*, Vol. 34, No. 2, 2000, pp. 809-821.

一些初步研究,以弥补相应空白。

(二)国内相关研究的学术史梳理以及评析

1. 国内相关研究的学术史梳理

(1)国内学界对"企业(公司)社会责任"研究的学术史梳理

跟国外学界相比,国内学界对"企业(公司)社会责任"的研究起步更晚,最早发表的论文是张上塘先生于1986年发表于《财贸经济》杂志的《中外合营企业的社会责任》一文,最早出版的成果则是1990年袁家方先生所著的《企业社会责任》一书。不过,21世纪以来,对企业(公司)社会责任的研究达到了高峰,尤其是2008年国际金融危机爆发后的几年里,公开发表或出版的作品更是呈现出爆炸式的增长。在中国知网数据库中以"企业社会责任"为关键词选择"篇名"搜索显示,截至2018年5月7日共有21411篇相关文献。以"公司社会责任"为关键词选择"篇名"搜索显示,截至2018年5月7日,共有4740篇相关文献。两者相加,自2000年以来的文献数量年度分布如图3所示。同样,有关企业(公司)社会责任的著作也颇丰,多达几百本,包括教材、专著、报告、指南等多种类型。

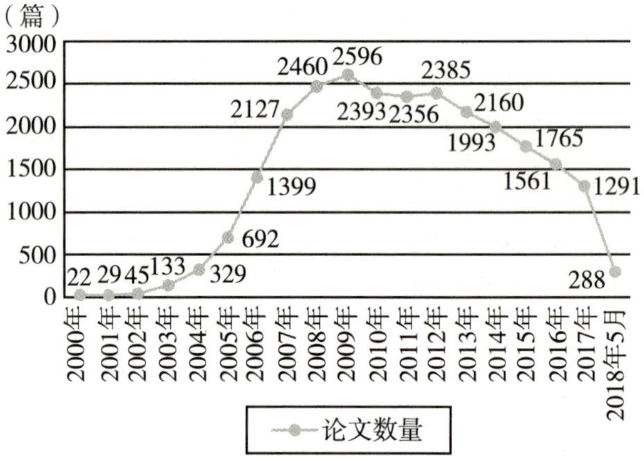

图3　中国知网2000年1月~2018年5月相关文献发表情况年度分布图

总体来看,这些论文和著作大致可以按照其内容作如下分类。

第一,企业(公司)社会责任的理论基础。

典型作品包括但不限于以下列举:林毅夫先生在《企业承担社会责任的经济学分析》中从经济学中的外部性和信息不对称理论出发,阐述了企业履行社会责任的必要性，同时认为，企业作为社会公民，与其他类型的公民一样对社会负有伦理道德义务。①

朱慈蕴女士在《公司的社会责任：游走于法律责任与道德准则之间》一文中认为，公司的社会责任是一种法律责任，但法律责任仅从最低标准方面设定公司的社会责任；公司的社会责任亦受道德标准约束，道德标准反映了公司社会责任的价值追求。②

史际春先生等人在《论公司社会责任：法律义务、道德责任及其他》一文中认为，就其本质而言，公司社会责任是在特定的经济和社会条件下形成的对公司的客观要求，包括企业在“做好自己”、守法之余，自愿对利益相关各方和社会承担相应的道德义务。③

周友苏先生等人在《反思与超越：公司社会责任诠释》一文中，将“责任”一词明确为义务，并以效率目标下的公平追求为视角，分析公司的营利目的与承担社会责任之间的关系，进而提出此种“超越”视角下的具体进程。④

何杰先生等人在《企业利益相关者理论与传统企业理论的冲突与整合——一个企业社会责任基本分析框架的建立》一文中，通过整合企业相关者理论和经典企业理论，构建了一个分析企业社会责任的新基本框架。⑤

张兆国先生等人在《利益相关者视角下企业社会责任问题研究》一文中，从利益相关者的角度，着重探讨了企业社会责任的定义、企业承担社会责任的原因、企业承担社会责任的方式、如何激励企业承担社会责任等问题，试图在建立研究企业社会责任问题的理论框架的同时，丰富有关利益相关者的理论研究。⑥

---

① 参见林毅夫：《企业承担社会责任的经济学分析》，载《中华工商时报》2006 年 8 月 7 日。

② 参见朱慈蕴：《公司的社会责任：游走于法律责任与道德准则之间》，载《中外法学》2008 年第 1 期。

③ 参见史际春、肖竹等：《论公司社会责任：法律义务、道德责任及其他》，载《首都师范大学学报》（社会科学版）2008 年第 2 期。

④ 参见周友苏、张虹：《反思与超越：公司社会责任诠释》，载《政法论坛》2009 年第 1 期。

⑤ 参见何杰、曾朝夕：《企业利益相关者理论与传统企业理论的冲突与整合——一个企业社会责任基本分析框架的建立》，载《管理世界》2010 年第 12 期。

⑥ 参见张兆国、梁志钢等：《利益相关者视角下企业社会责任问题研究》，载《中国软科学》2012 年第 2 期。

在著作层面,诸多著作均以章节附带提及的形式阐述过企业社会责任的相关理论,但对企业社会责任的理论基础进行专门分析的著作并不多见。

卢代富先生在《企业社会责任研究——基于经济学与法学的视野》一书中,以经济学与法学相结合的研究视角,对企业社会责任的定义、生成原理、正当性等问题进行了研究,并在此基础上对我国企业社会责任的理论研究和制度构建进行了前瞻性探讨。①

沈洪涛先生等人的《公司社会责任思想起源与演变》一书通过回溯公司社会责任思想史的源起和流变,从思想基础、观念、主张等方面对不同时代背景下的公司社会责任概念进行了研究。②

任荣明先生等人的《企业社会责任多视角透视》一书在分析企业社会责任的产生与发展的基础上,以经济学、法学和管理学的相关理论为基点对企业社会责任进行了理论分析。③

黎文靖先生在《基于政治干预视角的企业社会责任研究:来自新政治经济学理论的解读》一书中,运用新政治经济学中的政治干预与寻租理论,根据我国转轨经济的制度环境,研究政府干预、寻租等重要制度特征对我国企业社会责任决策、投资、信息披露等方面的影响机理,进而提出基于我国转型经济特征的公司社会责任理论分析框架。④

张兆国先生的《利益相关者视角下企业社会责任问题研究》一书结合利益相关者理论,着重分析了企业社会责任的定义、履行的必要、如何履行等问题。⑤

刘红叶女士在其《企业社会责任原理》一书中,先从传统理论角度分析了企业社会责任与企业的性质,再从效果论、义务论等角度探讨了企业社会责任的伦理学基础。⑥

---

① 参见卢代富:《企业社会责任研究—— 基于经济学与法学的视野》,法律出版社2014年版。

② 参见沈洪涛、沈艺峰:《公司社会责任思想起源与演变》,上海人民出版社2007年版。

③ 参见任荣明、朱晓明:《企业社会责任多视角透视》,北京大学出版社2009年版。

④ 参见黎文靖:《基于政治干预视角的企业社会责任研究:来自新政治经济学理论的解读》,东北财经大学出版社2013年版。

⑤ 参见张兆国:《利益相关者视角下企业社会责任问题研究》,中国财政经济出版社2014年版。

⑥ 参见刘红叶:《企业社会责任原理》,中国社会科学出版社2015年版。

第二，企业（公司）社会责任的实现路径和驱动机制研究。

典型作品包括但不限于以下列举：在《中国〈公司法〉第五条第一款的文义解释及实施路径——兼论道德层面的企业社会责任的意义》一文中，楼建波先生将《公司法》中有关公司社会责任的规定分解为法律层面和道德层面的责任，认为当前《公司法》中规定的派生诉讼和股东临时提案等制度能够在一定程度上强制公司承担某些社会责任，并指出通过将道德层面的社会责任明文纳入《公司法》相关规定，为公益股东通过已有机制强制公司承担社会责任创造了条件。①

沈四宝先生等人在《经济全球化与我国企业社会责任制度的构建》一文中认为，经济全球化使得世界范围内对企业社会责任的理解日渐趋同，但由于各国的现实情况不同，企业社会责任“国别化”“差异性”将长期存在。并在这些分析的基础上提出制定相关法律和实施细则、建立符合国情的社会责任认证体系、充分发挥非政府组织的作用等六方面内容以构建我国企业社会责任制度。②

李建伟先生在《论公司社会责任的内涵界定与实现机制建构——以董事的信义义务为视角》一文中认为，公司社会责任和公司利益最大化的实现有赖于董事妥善履行其信义义务，在具体商业决策中平衡股东和利益相关者利益，并指出一方面既要通过相应的激励机制鼓励公司董事积极承担公司社会责任，另一方面也需要来自外部市场和中介机构的压力作为董事履行社会责任的约束机制。③

胡晓静女士在《论公司社会责任：内涵、外延和实现机制》一文中认为，公司社会责任涵盖了守法层面、道德义务层面和道德理想层面三个层面上的内容，提出公司社会责任可以通过完善立法和道德规则法律化、制定自治规则和认证标准，以及借助政策、舆论和非政府组织运动的引导与监督等路

---

① 参见楼建波：《中国〈公司法〉第五条第一款的文义解释及实施路径——兼论道德层面的企业社会责任的意义》，载《中外法学》2008 年第 1 期。

② 参见沈四宝、程华儿：《经济全球化与我国企业社会责任制度的构建》，载《法学杂志》2008 年第 3 期。

③ 参见李建伟：《论公司社会责任的内涵界定与实现机制建构——以董事的信义义务为视角》，载《清华法学》2010 年第 2 期。

径实现。①

易开刚先生在《企业社会责任的多重价值博弈与长效实现机制——基于公司治理的视角》一文中认为，企业社会责任是企业就“经济与社会利益”“短期与长期利益”“自身与相关者利益”“社会价值观与企业价值观”“社会要求与自身能力”等多组互斥对象间进行选择、博弈、均衡后的结果，企业社会责任治理是实现企业社会责任的长效机制，可以从完善组织与规范制度、强化规制引导、规范与量化相关报告和关注企业社会责任教育四方面来实现。②

何伟强先生等人的《社会转型期企业社会责任运行机制研究》一书在系统梳理现有理论成果的基础上，对企业社会责任的伦理和现实根源进行了追溯，提出企业社会责任相关机制包括以价值指导为主要内容的宏观运行机制、以制度环境为主要内容的中观运行机制和以组织履行为主要内容的微观履行机制。③

姜志华先生在其《企业社会责任实现机制研究：基于高阶管理理论的视角》一书中，另辟蹊径地从企业社会责任的伦理动因出发，基于高阶管理理论探究企业高管价值观影响企业社会责任行为的机理过程，并从实证角度对企业高管价值观与企业社会责任的关系进行了研究。④

在《企业社会责任驱动机制研究——理论、实证与对策》一书中，杨春方先生通过对中国企业社会责任内外部驱动机制的全面分析，认为中国企业社会责任的内部驱动因素包括经营者伦理道德和企业对经济利润的追求，其有效性取决于相应的制度背景与社会环境；外部驱动因素则在于市民社会的成熟和政府定位的准确。在此基础上，他指出推进政府对社会与市场的权力让渡，促进地方政府社会责任监管职能回归，推动市民社会的自主发展，逐步构建起政府、公民、社会、市场各方边界清晰的现代社会结构，是

① 参见胡晓静：《论公司社会责任：内涵、外延和实现机制》，载《法制与社会发展》2010年第2期。

② 参见易开刚：《企业社会责任的多重价值博弈与长效实现机制——基于公司治理的视角》，载《经济理论与经济管理》2011年第12期。

③ 参见何伟强、王静：《社会转型期企业社会责任运行机制研究》，广东人民出版社2011年版。

④ 参见姜志华：《企业社会责任实现机制研究：基于高阶管理理论的视角》，浙江大学出版社2014年版。

从根本上化解相关问题的最优选择。①

第三,对企业(公司)社会责任的综合性研究。

典型作品涵盖但不限于:刘连煜先生的《公司治理与公司社会责任》一书,在结合国内外理论和实践的基础上,分别对公司治理、公益与公司角色、公司捐赠的法律问题、公司内部治理模式与社会责任等问题进行了阐述和分析。②

李立清女士等人的《企业社会责任研究》一书,遵循国际到国内的研究思路,系统、深入地剖析了企业社会责任标准及标准化理论,并通过多视角观察、分析、论证相关基本问题,形成了有关企业社会责任标准化的理论框架,提出了"一揽子"战略措施和政策建议,用以推动我国加紧企业社会责任国际标准"本土论"工作。③

黄邦汉先生主编的《企业社会责任概论》除导论外分为理论篇、责任篇和推进篇,共十章。理论篇主要介绍了企业社会责任的起源、发展、概念和理论等内容,责任篇则从劳动者、消费者、环境等利益相关者视角对企业社会责任进行分析,推进篇分别阐述了以企业、社会、政府为主体的企业社会责任推动机制。④

匡海波先生主编的《企业社会责任》一书将理论描述、实践分析和案例描述相结合,详细介绍了企业社会责任的相关概念、理论体系和发展状况,并分析了企业社会责任与利益相关者、企业价值、企业竞争力、企业可持续发展等方面的联系。⑤

任文举先生的《企业社会责任——商业与道德的完美结合》一书,从企业社会责任理论和实践的演变中探寻企业社会责任日益丰富的内涵及其扩展情况,在厘清企业社会责任就各个层面所造成的影响的基础上,提出实施企业社会责任的见解,初步建构起企业社会责任的管理体系,并全面分析文

---

① 参见杨春方:《企业社会责任驱动机制研究:理论、实证与对策》,中山大学出版社 2015 年版。

② 参见刘连煜:《公司治理与公司社会责任》,中国政法大学出版社 2001 年版。

③ 参见李立清、李燕凌:《企业社会责任研究》,人民出版社 2005 年版。

④ 参见黄邦汉:《企业社会责任概论》,高等教育出版社 2010 年版。

⑤ 参见匡海波:《企业社会责任》,清华大学出版社 2010 年版。

化对企业社会责任履行的影响。①

黎友焕先生的《中国企业社会责任研究》一书,从企业社会责任的内涵和理论出发,对当代企业社会责任运动的变迁和在中国的发展进行了梳理,进而分析了企业社会责任与和谐社会建设、企业文化、劳工保护、产品质量管理等主题间的联系。②

第四,企业(公司)社会责任的专题性研究。

此处所说的企业社会责任专题性研究包括两种类型:一是以行业为标准而进行的专题性研究;二是以企业类型或规模为标准进行的专题性研究。典型作品包括但不限于以下列举。

在论文层面,赵辉先生等人的《我国民营企业社会责任的层次性研究》一文,在回顾整理企业社会责任层次理论之后,分析了我国民营企业承担社会责任的现状,进而从内容和利益相关者两个视角分别阐述了我国民营企业社会责任的不同层次。③

崔新健先生在《跨国公司社会责任的概念框架》一文中,在对相关文献进行评述和明确现实要求的基础上,从"跨国化梯度"这一维度,由微观到宏观,通过空间细分方法构建了由跨国公司母国的社会责任、跨国公司东道国的社会责任以及跨国公司国际层面的社会责任所组成的新概念框架。④

徐传谌先生等人在《中国国有企业社会责任研究》一文中,从宏观、微观和企业内部组织三个方面划分了企业社会责任。国有企业社会责任在宏观上表现为在保持社会稳定与进步、保证就业等方面的宏观调控责任,在微观上表现为利润实现的经济责任、依法经营的法律责任、环境保护、顾客至上、质量第一、积极从事公益事业、遵守商业道德等,在企业内部组织方面则表现为对员工负责。⑤

郭毅先生的《中国中小企业社会责任推行模式研究》一文,在分析中小

---

① 参见任文举:《企业社会责任——商业与道德的完美结合》,西南交通大学出版社2011年版。

② 参见黎友焕:《中国企业社会责任研究》,中山大学出版社2015年版。

③ 参见赵辉、李文川:《我国民营企业社会责任的层次性研究》,载《经济纵横》2007年第10期。

④ 参见崔新健:《跨国公司社会责任的概念框架》,载《世界经济研究》2007年第4期。

⑤ 参见徐传谌、艾德洲:《中国国有企业社会责任研究》,载《吉林大学社会科学学报》2010年第6期。

企业社会责任问题、组织、背景和个人特征的基础上，借鉴意大利中小企业社会责任推行模式，指出应当从以政府宣传推广为主导、项目选择上尊重中小企业的内在差异、发挥中小企业的集群优势三方面来推动中小企业承担社会责任。①

在《网络媒体企业社会责任评价研究》一文中，田虹女士等从利益相关者角度建立了评价指标体系，用以评估网络媒体企业履行社会责任程度，并运用层次分析法和综合模糊评价法实证检验评价指标体系的效果，结果在显示网络媒体企业履行社会责任的相对水平的同时，揭示了不同利益相关者之间的差异程度，提出应当具化网络媒体相关法律法规、规范监管体系并建立政府监管体系。②

在著作层面，虽然大部分的专题性研究被包含在了综合性研究著作中，但也不乏专门针对某一类型或行业的企业社会责任进行的研究。

刘藏岩女士的《民营企业社会责任研究》一书，在回顾企业社会责任理论并解析当前时代背景的基础上，结合我国民营企业当前履行社会责任状况，提出了我国民营企业践行社会责任的内部和外部策略。内部策略包括民营企业社会责任内部管理体系的构建、战略制定、形象塑造和危机管理等路径；外部策略则主要从利益相关者理论出发，以民营企业公关生态理论、机制设计理论和“激励相容”“最小信息化成本”等原理为基础，设计民营企业自觉履行社会责任机制。③

周立新女士在《中国家族企业社会责任的经验研究：基于家族涉入视角的分析》一书中，通过理论分析、典型案例分析和统计分析（因子分析、独立样本的T检验、单因素方差分析、多元回归分析）等分析方法，研究了现阶段中国家族企业社会责任意识和行为的基本维度与内容及测评指标体系、家族企业社会责任在意识和行为上的基本特征、家族企业社会责任与企业绩效间联系、家族企业社会责任与员工组织认同间联系、家族涉入与企业社会责任间联系等多个问题，同时对宗申产业集团、力帆实业、德庄实业等

---

① 参见郭毅：《中国中小企业社会责任推行模式研究》，载《求索》2011年第5期。

② 参见田虹、姜雨峰：《网络媒体企业社会责任评价研究》，载《吉林大学社会科学学报》2014年第1期。

③ 参见刘藏岩：《民营企业社会责任研究》，浙江大学出版社2010年版。

公司作了典型案例分析。①

孙春升先生等人在《煤炭企业社会责任研究》一书中，在回顾梳理企业社会责任相关理论，并归纳分析总结我国制度环境的基础上，专门分析了煤炭企业的社会责任的概念、现状、内容，并构建了绩效评价指标体系，进行了实证分析。他们进而对煤炭企业履行社会责任提出了纳入企业战略目标、明确管理职能和制度以及培养企业社会责任文化氛围等建议；就推进煤炭企业履行社会责任过程中政府的作用，提出了完善法律法规、增强管理能力、加强煤炭企业与国外企业的交流与合作、对处于不同生命周期的煤炭企业区别对待其社会责任等建议。②

张孝锋先生在《后金融危机时代的跨国公司社会责任与政府规制研究》一书中，研究了2008年金融危机后跨国公司承担社会责任状况。他以现有的企业社会责任相关理论为基础，以制度约束的视角分析了跨国公司履行社会责任的状况，并引入利益相关者理论建立了综合分析框架、博弈模型及案例分析，认为跨国公司在东道国履行社会责任的情况很大程度上取决于东道国有关规制的强度，东道国必须通过加大对跨国公司的约束强度，方可杜绝跨国公司的社会责任差异性问题。③

第五，企业（公司）社会责任方面的技术性研究。

此处的企业（公司）社会责任技术性研究包括两种类型：一是企业社会责任报告的编制指南、标准等；二是对企业（公司）社会责任进行的指标体系构建、实证分析、绩效研究等。典型作品包括但不限于以下列举。

徐泓女士等人的《低碳经济视角下企业社会责任评价指标分析》一文，从经济、法律、伦理和慈善责任四方面解读了企业社会责任的内容，建立了一套社会责任评价指标体系，利用上市公司2008年、2009年的年报数据对其科学性和可靠性进行了检验，进而将构建的指标体系分为基本指标和修

---

① 参见周立新：《中国家族企业社会责任的经验研究：基于家族涉入视角的分析》，西南财经大学出版社2012年版。

② 参见孙春升等：《煤炭企业社会责任研究》，中国经济出版社2013年版。

③ 参见张孝锋：《后金融危机时代的跨国公司社会责任与政府规制研究》，经济管理出版社2015年版。

正指标。①

买生先生等人在《基于科学发展观的企业社会责任评价模型及实证》一文中,以科学发展观为视角,通过生态、经济和社会可持续表征指标将科学发展观引入其构建的企业社会责任客观评价指标体系以及熵权-TOPSIS法评价模型之中,并在实证的基础上得出与"中国100强CSR发展指数"高度一致的排序结果,认为科学发展观既是CSR管理的原则也是CSR管理的目的,对CSR实践起着积极的指导作用。②

齐丽云女士等人在《基于ISO 26000的企业社会责任绩效评价模型研究》一文中,以G3和ISO 26000为基础,将经济发展、消费者问题、责任治理、环境、人权、劳动实践、公平运营和社区发展8个要素作为企业社会责任绩效评价的期望主题,再通过访谈和问卷调查收集数据,进而采用结构方程模型构建了企业社会责任绩效评价模型。③

黎友焕先生等人在《企业社会责任实证研究》一书中,以总结、归纳企业社会责任评价指标体系为切入点,建立了一套较为完整的企业社会责任评价指标体系。他们进而在利益相关者理论的基础上,通过建立模型、问卷调查,利用所得数据实证研究了企业社会表现与企业组织绩效,以及企业社会责任与企业经济绩效之间的联系,得出企业社会表现越好,企业绩效越高的结果。同时,还研究了企业社会责任的需求、影响企业承担社会责任的因素,包括企业的外部因素和内部因素,以及不同市场结构下企业绩效与企业社会责任之间的联系,建立了一个研究企业社会责任绩效的完善系统。④

李智先生等人的《中国企业社会责任——基于"三省千企"调查和"2S+2C"框架的CSR影响机制与推进方略研究》一书,通过分析既有理论并面向3个典型省份的1000家企业和600多位社会公众进行实地调查、计量统计、文献研究、案例解析、专家座谈、理论研讨,依托"2S+2C"分析框

---

① 参见徐泓、朱秀霞:《低碳经济视角下企业社会责任评价指标分析》,载《中国软科学》2012年第1期。

② 参见买生、匡海波等:《基于科学发展观的企业社会责任评价模型及实证》,载《科研管理》2012年第3期。

③ 参见齐丽云、魏婷婷:《基于ISO 26000的企业社会责任绩效评价模型研究》,载《科研管理》2013年第3期。

④ 参见黎友焕等:《企业社会责任实证研究》,华南理工大学出版社2010年版。

架,概括了目前中国企业社会责任的履行情况以及履行社会责任给企业带来的影响,进而得出企业社会责任在中国的推行方式与切实可行的政策建议。①

肖红军先生等人在《企业社会责任评价研究:反思、重构与实证》一书中,在归纳国内外的企业社会责任评价模式,即"三重底线"模式、"金字塔"模式、"利益相关方"模式、"主要议题"模式、"交叉复合"模式和"单一替代"模式的基础上,提出企业社会责任的内容应划分为守法合规、风险防范、价值创造与共享、透明运营以及利益相关方参与五个层级。他同时构建了被其称为"钻石"模型的企业社会责任评价的概念模型,将企业社会责任评价的维度确定为经济价值创造、社会价值创造、环境价值创造和合规透明运营四个基础评价维度,以及企业社会责任理念与战略、企业社会责任推进管理两个辅助性维度。②

在《企业社会责任行为表现:测量维度、影响因素及绩效关系》一书中,郑海东先生应用企业社会责任、战略管理、利益相关者等最新成果识别企业社会责任行为表现的影响要素和维度构成,并在此基础上,利用聚类分析、机构方程模型等统计分析技术,检验企业社会责任行为表现的维度结构,运用多元线性回归分析技术、相关分析等,验证各影响要素影响企业社会责任行为表现的强度和方向,研究企业绩效与企业社会责任行为表现间的联系,最后在此基础上从策略和政策建议方面就改进企业和政府的社会责任表现得出结论。③

总体而言,自20世纪末,域外发展的如火如荼的企业(公司)社会责任运动开始逐渐被我国学界所关注,对其的认知也逐步从分歧走向统一。在众多学者的努力和国家的大力推动下,我国企业(公司)社会责任的相关研究快速发展,企业(公司)应当履行社会责任已然成为共识。学界对其的研

---

① 参见李智、崔校宁:《中国企业社会责任——基于"三省千企"调查和"2S+2C"框架的CSR影响机制与推进方略研究》,中国经济出版社2011年版。

② 参见肖红军等:《企业社会责任评价研究:反思、重构与实证》,经济管理出版社2014年版。

③ 参见郑海东:《企业社会责任行为表现:测量维度、影响因素及绩效关系》,高等教育出版社2012年版。

究呈现出百花齐放的局面，学者们纷纷从不同角度就企业（公司）履行社会责任的理论基础、必要性、实现机制等方面进行论述，为实践中企业（公司）践行社会责任提供了良好的助力。

（2）国内学界对“企业（公司）社会责任立法”研究的学术史梳理

经过近几十年的研究发展，国内学界对企业（公司）社会责任的研究日益成熟，在基本理论与一般性问题方面也基本上达成一些共识。在这种背景下，也有一些学者，开始转入更为细化的企业（公司）社会责任法律问题以及金融机构社会责任问题研究。在中国知网以“企业社会责任”+“立法”为关键词选择“篇名”搜索显示，截至2018年5月7日共有63篇相关文献；以“公司社会责任”+“立法”为关键词选择“篇名”搜索显示，截至2018年5月7日共有39篇相关文献。两者相加后，自2000年以来的文献数量年度分布情况参见图4。

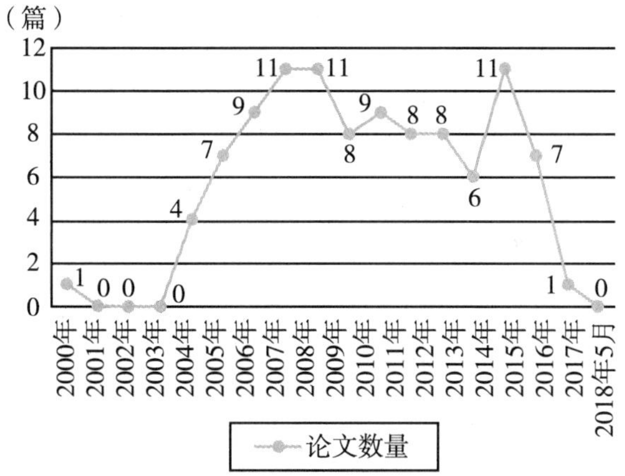

图4　中国知网2001年1月～2018年5月相关文献发表情况年度分布图

典型论文包括但不限于以下列举：冯果先生等人在《浅谈企业社会责任法律化》一文中认为，在强化企业承担社会责任内在动力，优化企业治理结构的同时，更应注重通过法律化的形式强化企业社会责任，从外在层面完善立法，以明确全面的相关法律义务规范企业的行为，强化其承担社会责任的外在动力，将相关道德义务转化为法律义务。①

① 参见冯果、袁康：《浅谈企业社会责任法律化》，载《湖北社会科学》2009年第8期。

沈贵明先生在《我国公司社会责任的立法规范问题》一文中认为，主流观念中公司社会责任的内容过于宽泛，难以被公司法所涵盖。公司法中规范公司社会责任的相关内容，应当吻合公司法的基本任务，并联系公司法的基本制度内容，与公司法的基本属性相适应。因此，可以从基本理念的宣示、主要制度的完善和运作机制的改进三方面进行规范。公司法对承担社会责任主体的规定，应当在理念层面以公司为主体进行概括规范；在实施层面以股东(大)会、董事会和监事会为主体进行适度规范。①

雷兴虎先生等人的《〈企业社会责任法〉：企业践行社会责任的法制保障》一文，从现代企业营利性与社会性并存的定性出发，以利益相关者为视角，认为我国当前存在企业社会责任落实难的问题，制定一部《企业社会责任法》方能为其落地实施提供有效的法律保障。②

郑曙光先生在《企业社会责任：商法视野的考察分析》一文中认为，企业社会责任进入法律文本，获得实证法表达，是立法理论与立法实践理性决策和审慎抉择的产物。其规范性质应具有强制性规范、倡导性规范和任意性规范兼备之特征，其实现途径则需要依赖司法裁判与商事自律。③

蒋建湘先生在《企业社会责任的法律化》一文中认为，企业社会责任的法律化过程中需要区别考虑企业社会责任的不同要求，根据其法律化的可行性，或予以法律责任化、软法责任化，或继续留予道德要求范畴。他进而提出我国企业社会责任法律化过程中应秉持两种态度：一是在条件允许的情况下，应尽量将那些切合道德底线要求的企业社会责任转化为法律责任，典型如环境责任、消费者和劳工保护责任等；二是要充分利用倡导性规则等软法形式，并从裁判方面辅之以司法能动主义，推动企业承担社会责任。④

杨力先生的《企业社会责任的制度化》一文，在回溯整理有关“制度性

---

① 参见沈贵明：《我国公司社会责任的立法规范问题》，载《法学》2009 年第 11 期。

② 参见雷兴虎、刘斌：《〈企业社会责任法〉：企业践行社会责任的法制保障》，载《法治研究》2010 年第 4 期。

③ 参见郑曙光：《企业社会责任：商法视野的考察分析》，载《西南民族大学学报》(人文社会科学版)2010 年第 1 期。

④ 参见蒋建湘：《企业社会责任的法律化》，载《中国法学》2010 年第 5 期。

要素"的国内外文献和实践后,总结了责任制度化的世界理论共识,揭示了中国在此方面面临的难题,进而从现状、问题和矛盾角度分析了中国企业社会责任制度化这一议题,并据此通过调研中国上海地区近200家产业和信息化领域的企业,甄别和发现责任制度化的关键议题和优先顺位,进而提出当下中国企业责任制度化的多元路径实现方案。①

王红一女士的《立法如何创新——对企业社会责任法律化的反思》一文指出,企业社会责任法律化引发的一系列理论争议和实践困难表明,立法创新应以明确的立法目标和路径为基础,对尚未达成统一认识的相关概念,立法目标应以解决不确定性为先,在立法路径上则应强调可实施性,重视构建法律机制以界定相关概念。②

在著作层面,除了少数著作专门从法律角度对企业(公司)社会责任进行论述之外,大部分以企业(公司)社会责任为主题的作品均在其内容中不同程度地对企业(公司)社会责任的立法问题进行了阐述。

作为国内较早从法律视角对公司社会责任进行研究的著作,刘俊海先生的《公司的社会责任》一书在充分分析公司社会责任的基础理论、立法论和解释论的基础上,具体阐述了公司对消费者和劳动者的社会责任及其强化措施,进而提出强化公司社会责任的法律对策。③

高岚君女士等人的《全球化视野下的企业社会责任法律研究》一书植根于全球化的时代背景下,侧重采取法律视角研究企业社会责任问题,附带探讨了相关法律研究中具有现实意义和个案参考价值的具体制度和基本理论、国际法和国内法两个研究领域以及特殊主体和特殊领域两个研究路径,对企业社会责任信息披露的法律制度框架、跨国公司人权责任的法律规制和金融企业的社会责任等内容进行了深入分析。④

李雪平先生的《企业社会责任国际法律问题研究》作为国内第一本从

---

① 参见杨力:《企业社会责任的制度化》,载《法学研究》2014年第5期。

② 参见王红一:《立法如何创新——对企业社会责任法律化的反思》,载《中山大学法律评论》2014年第4期。

③ 参见刘俊海:《公司的社会责任》,法律出版社1999年版。

④ 参见高岚君、吴凤君:《全球化视野下的企业社会责任法律研究》,法律出版社2011年版。

国际法角度讨论企业社会责任问题的研究著作，以经济学为出发点、管理学为基础、伦理学为视角、法学为依据，重点对企业国际法律人格、国际企业社会责任标准的现状与实效等内容进行了分析，进而提出了应对和解决全球性企业社会责任问题的新方法和新对策。①

王晓女士等人在《多维法制视角下的企业社会责任》一书中，基于社会法制、行政法制、经济法制和技术法制的多维法制视角，详细分析了企业在不同法制环境中应承担的相应社会责任，进而结合我国当前企业社会责任立法不甚发达的状况，提出了具体建议加以完善。她认为我国目前应当先采取分散式立法，该模式的基本特点是采用企业社会责任基本立法及相应部门立法的结合。②

卢代富先生在其《企业社会责任研究——基于经济学与法学的视野》一书的最后一章对企业社会责任立法的相关问题进行了阐述，提出了在企业法中表达企业社会责任的立法方向与结合软法实施道德意义上的企业社会责任的路径。③

在《企业社会责任及其立法研究》一书中，易凌先生等结合理论与实践两方面，从基本理论、博弈分析、动力机制、法律规制、成本效益分析、社会契约理论、指标体系等方面研究了企业社会责任这一议题，并分析了企业履行社会责任与提升企业绩效之间的联系、企业社会责任典型案例等内容，研究我国企业社会责任的立法现状及完善对策，并设计和起草了企业社会责任立法专家建议稿和企业社会责任评价准则。④

翟啸林先生在《中国企业社会责任立法问题研究——基于企业二元目标的统一》一书中指出，落实企业社会责任有赖于法律机制与企业治理机制并用，将二者有机结合起来，实现企业利益与社会利益的二元目标统一。该书以此为主线，运用法律经济学的分析方法，依据契约理论、利益相关者

---

① 参见李雪平：《企业社会责任国际法律问题研究》，中国人民大学出版社 2011 年版。

② 参见王晓、任文松：《多维法制视角下的企业社会责任》，中国社会科学出版社 2012 年版。

③ 参见卢代富：《企业社会责任研究——基于经济学与法学的视野》，法律出版社 2014 年版。

④ 参见易凌、罗俊杰：《企业社会责任及其立法研究》，科学出版社 2015 年版。

理论和产权理论,从社会责任的本质入手,围绕企业利益与社会利益相统一的关系状态、企业剩余索取权与剩余控制权相对应的关系状态、企业与利益相关者相合作的关系状态等企业各主体利益关系状态间的平衡,联系我国的实际问题,从立法与实践两方面对企业社会责任立法进行了分析。他进而探讨如何结合运用企业治理法律机制和企业社会责任法律体系,促进合作、使企业外部成本内在化,倡导以产权为核心构建企业社会责任法律体系,并从构建思路和具体举措方面就企业治理法律机制具体模型提出了一些看法。①

(3)国内学界对"金融机构社会责任"相关研究的学术史梳理

以"企业(公司)社会责任"为主题的研究文献浩如烟海,相比之下,将主题限定为"金融机构社会责任"的研究资料就显得不那么丰富。在中国知网分别以"金融机构社会责任""银行社会责任""证券公司社会责任""保险公司社会责任"为关键词选择"篇名"进行搜索,显示截至 2018 年 5 月 7 日,相关文献数量分别为 100 篇、781 篇、6 篇、31 篇。其中,自 2004 年以来发表的文献在数量年度分布情况上如图 5 所示(四者相加)。

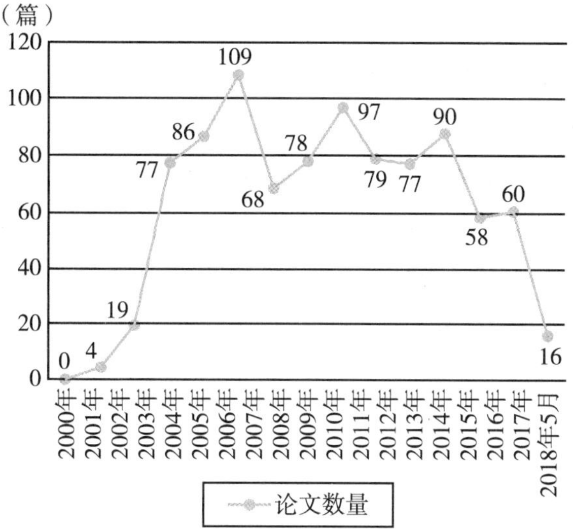

图 5 中国知网 2004 年 ~2018 年 5 月相关文献发表情况年度分布图

① 翟啸林:《中国企业社会责任立法问题研究——基于企业二元目标的统一》,中国经济出版社 2015 年版。

在我们的搜索范围之内，尚无一本以“金融机构社会责任”为题的国内著作出现。与之相关的，以“银行社会责任”、“证券公司社会责任”和“保险公司社会责任”为题的国内专著仅有朱文忠先生的《商业银行企业社会责任标准与机制研究》、①王卉彤女士等人的《商业银行社会责任研究》、②于东智先生等人的《商业银行的社会责任》、③刘平先生的《从金融史再出发：银行社会责任溯源》、④刘志云先生等人的《商业银行社会责任的法律问题研究》⑤、刘志云先生的《法律视角下商业银行的社会责任：原理研究与实证分析》⑥、朱蓉女士的《中国商业银行社会责任战略及绩效研究》⑦7 部。显然，这 7 部专著中刘志云先生的作品是专门从法律角度对银行社会责任进行研究，而以“新发展理念”为视角对金融机构社会责任问题进行研究的则尚无一本。

总体来看，相关研究资料可以按照其内容作如下分类。

第一，有关金融机构社会责任的基础理论研究。

从理论基础上对企业社会责任进行分析极其重要，同样也是既有成果的研究重点之一，很多学者从不同角度对其作了论述。赵金磊先生等人在《我国商业银行社会责任探讨》一文中，以企业社会责任之本质为立论点，探讨了我国商业银行践行社会责任的相关问题。他们以“公司公民理论”为依据分析社会责任之由来，认为究其本质，公司社会责任源自作为“公司公民”，商业银行应承担一定义务以实现权利义务平衡。商业银行在实施其公民权，追求股东利润最大化等自身利益的同时，也应承担维护、促进金融安全，助力经济、社会、环境可持续发展等与其权利相适应的义务。长期以来我国商业银行凭借垄断地位获取超额利润，为体现市场经济公平性的要求，理应通过承担相关社会责任，反哺社会。⑧

---

① 朱文忠：《商业银行企业社会责任标准与机制研究》，经济管理出版社 2009 年版。

② 王卉彤、高岩：《商业银行社会责任研究》，知识产权出版社 2010 年版。

③ 于东智等：《商业银行的社会责任》，中国金融出版社 2011 年版。

④ 刘平：《从金融史再出发 银行社会责任溯源》，复旦大学出版社 2011 年版。

⑤ 刘志云等：《商业银行社会责任的法律问题研究》，厦门大学出版社 2011 年版。

⑥ 刘志云：《法律视角下商业银行的社会责任：原理研究与实证分析》，法律出版社 2012 年版。

⑦ 朱蓉：《中国商业银行社会责任战略及绩效研究》，经济管理出版社 2013 年版。

⑧ 参见赵金磊、夏江徽：《我国商业银行社会责任探讨》，载《商品与质量》2010 年第 3 期。

张志峰先生等人在《对社会尽责、为社会负责——对金融机构社会责任的思考》一文中，立足于所处的经济社会发展阶段，以科学发展观为指导，从社会责任层级、行业属性和利益相关者视角阐释了金融机构的社会责任。①

朱慈蕴女士在《论金融中介机构的社会责任——从应对和防范危机的长效机制出发》一文中认为，金融机构本身的特殊性、公众性以及在现代经济体系中的地位等内在性特征要求金融机构承担社会责任，社会公众对其承担社会责任的预期也推动了这一要求的发展。②

张长弓先生在《商业银行社会责任：价值性与路径选择》一文中，以利益平衡和发展权为视角，探讨国内银行业践行社会责任的理论基础。他指出，社会利益平衡理论要求实现商业银行与利益相关者间的和谐一致，而商业银行践行社会责任从根本上来说是自身利益与社会利益的统一；经济发展权是市场主体的核心权利，商业银行的发展权与社会责任具有相互兼容性。③

刘钊先生在《强化商业金融机构社会责任是当前金融文化建设的着力点》一文中指出，以金融文化视角看来，在金融行业现存的违法违规问题、虚实问题与利信问题中，金融文化建设问题最为根本，而其又以金融机构的诚信问题为核心。他指出商业性金融机构的企业金融文化建设过程中，增强其社会责任是重要的一环，也是我国金融文化建设和从金融大国向金融强国转变的着力点。④

在著作层面，朱文忠先生在其《商业银行企业社会责任标准与机制研究》一书中，从中国传统儒家文化思想对当代企业社会责任文化价值观的影响与借鉴出发，深度挖掘了商业时代发展决定论、现代公司制度本质决定

---

① 参见张志峰、张志暹等：《对社会尽责 为社会负责——对金融机构社会责任的思考》，载《中国金融》2009 年第 3 期。

② 参见朱慈蕴：《论金融中介机构的社会责任——从应对和防范危机的长效机制出发》，载《清华法学》2010 年第 1 期。

③ 参见张长弓：《商业银行社会责任：价值性与路径选择》，载《华南师范大学学报》（社会科学版）2010 年第 1 期。

④ 参见刘钊：《强化商业金融机构社会责任是当前金融文化建设的着力点》，载《发展研究》2012 年第 4 期。

论、长期股东利益决定论、生态环境共融论、法规约束论、社会契约决定论等理论与商业银行社会责任的关系，提出了“企业社会责任是对企业长远利益和可持续发展的根本保护”和“企业社会责任文化价值观的树立，制度安排重于战略考量”等观点。①

刘志云先生在《法律视角下商业银行的社会责任：原理研究与实证分析》一书中，结合经济、法学、政治哲学分析了商业银行企业社会责任问题：从经济学的角度看，在现代经济社会中，个体权利处于优先序位，但仍需建立起社会经济合作体系以适当兼顾社会正义，方能有效保证所有人可以实现其个人权利，整个社会经济能够健康发展；从政治哲学的角度看，银行机构所需承担的并不仅限于经济责任，具有市场优势地位的银行机构也应承担经济责任以外的其他社会责任，以维系国内与国际金融市场的合作体系；从法学理论的因素看，法律经济学、经济法权利论、个人本位到社会本位的利益观变迁等，都从理论上强有力地支持商业银行履行社会责任。②

《中国商业银行社会责任战略及绩效研究》一书中，朱蓉女士在测量商业银行社会责任压力时结合了合法性和相关利益者的视角：一方面，从合法性的视角细分企业社会责任压力，提出研究变量，运用行业数据检验社会责任压力如何影响社会责任战略，以及社会责任战略如何作用于未来企业绩效；另一方面，通过全面构建责任管理框架，可以从不同利益相关者的视角来分析企业社会责任的压力来源。③

第二，有关金融机构社会责任实现机制的研究。

论及金融机构社会责任的实现机制，郑鋐先生在其《金融机构承担社会责任问题研究》一文中提出了四条路径用于强化金融机构社会责任：一是在促进金融机构深刻理解其承担社会责任之重大意义的同时，加强其履行社会责任的强制性；二是结合企业社会责任的开放性特征，不断从内容上完善金融机构所需承担的社会责任，激发其主动践行社会责任，依托法律手段，从政策、监管、评价三方面入手鼓励金融机构开展多样的践行社会责任

① 参见朱文忠：《商业银行企业社会责任标准与机制研究》，经济管理出版社2009年版。

② 参见刘志云：《法律视角下商业银行的社会责任：原理研究与实证分析》，法律出版社2012年版。

③ 参见朱蓉：《中国商业银行社会责任战略及绩效研究》，经济管理出版社2013年版。

活动;三是以多行业多主体多种力量参与为目标,集中力量实现在多种层面上落实社会责任承担制度;四是应注重以符合当前社会经济发展状况为前提,鼓励金融机构承担社会责任。[①]

在《金融机构的社会责任:属性、特点与承担》一文中,陈岷先生认为,金融机构承担社会责任涉及的因素和环节众多,一方面要增强其主动承担社会责任的意识,另一方面也应构建督促、鼓励金融机构承担社会责任的良好社会环境,具体表现为金融机构的立法应体现社会责任理念、注重道德在金融机构承担社会责任方面的作用、充分发挥社会舆论的道德评价作用和金融监管机构应加强对金融机构承担道德责任的引导四方面。[②]

朱慈蕴女士在《论金融中介机构的社会责任——从应对和防范危机的长效机制出发》一文中认为,金融机构社会责任的实现可以从以下几方面进行解读:一是"引用赤道原则是金融中介机构履行社会责任的根本所在";二是"履行说明义务:保护金融消费者是金融中介机构社会责任的核心";三是"强化内部治理:'练内功'是金融中介机构履行社会责任的基础";四是"报告与评估:通过社会监督约束金融中介机构履行社会责任"。[③]

贺绍奇先生的《金融创新的滥用与金融机构社会责任的完善》一文从金融创新的滥用引发不利后果出发,认为要防止滥用金融创新,就必须把金融机构社会责任作为整个责任体系的一个重要组成部分,对金融创新提出明确的社会责任要求和具体的行为规范。[④]

张长弓先生在《商业银行社会责任:价值性与路径选择》一文中指出,商业银行社会责任实现路径包括如下三条:现代公司治理结构是商业银行社会责任实现的内在机制;法律的有效运行是商业银行社会责任实现的外

---

① 参见郑鈜:《金融机构承担社会责任问题研究》,载王保树主编:《中国商法年刊》(2009),知识产权出版社2010年版。

② 参见陈岷:《金融机构的社会责任:属性、特点与承担》,载王保树主编:《中国商法年刊》(2009),知识产权出版社2010年版。

③ 朱慈蕴:《论金融中介机构的社会责任——从应对和防范危机的长效机制出发》,载《清华法学》2010年第1期。

④ 参见贺绍奇:《金融创新的滥用与金融机构社会责任的完善》,载《财经问题研究》2010年第6期。

部保证;伦理文化建设是商业银行实现社会责任的内在动力。①

陈晓安先生在《基于资源配置视角的保险公司社会责任研究》一文中,从保险在性质与职能上天然具有社会性出发,研究保险公司履行社会责任的缘起,并对其社会责任的内涵和边界做了理论澄清。他利用演化经济学中的 Logistic 模型,从保险业资源配置的视角分析了保险公司如何在营利性、保险资源开发与履行社会责任三者间求得平衡,进而提出促进我国保险公司履行社会责任,实现保险资源有效开发和利用的三条措施:一是在政府主导下,塑造公平的竞争环境,建立健全的社会责任激励体系;二是将社会责任引入企业文化和管理战略并全面实践;三是加强利益相关者与社会舆论对保险公司的监督。②

在著作层面,朱文忠先生在《商业银行企业社会责任标准与机制研究》一书中指出,在我国商业银行内部和外部公司治理结构尚待完善的背景下,立法部门在构建企业社会责任价值观的过程中,应积极发挥立法作用予以约束,其他主体也应积极参与,包括政府应通过良好的相关政策加以引导,行业协会等社会团体应积极参与相关标准的制定,商业银行则应立足于构建多元化的内部公司治理结构加以管控,从而形成健康有效的企业文化氛围。即构建企业社会责任价值观的关键在于积极改进商业银行内部和外部的公司治理结构。③

在《中国商业银行社会责任战略及绩效研究》一书中,朱蓉女士则基于认知合法性管理、规制合法性管理、规范合法性管理三种视角,建议完善我国商业银行社会责任:认知合法性强调要利用传统文化影响,促进商业伦理和社会责任的普及;规制合法性则着眼于信息透明、金融消费者保护、联合监管、绿色信贷;规范合法性主要体现在决策层、管理层和经营操作层三方面,具体应通过激励机制、企业文化等予以促进。④

---

① 参见张长弓:《商业银行社会责任:价值性与路径选择》,载《华南师范大学学报》(社会科学版)2010 年第 1 期。

② 参见陈晓安:《基于资源配置视角的保险公司社会责任研究》,载《湖北经济学院学报》2011 年第 09 卷第 3 期。

③ 参见朱文忠:《商业银行企业社会责任标准与机制研究》,经济管理出版社 2009 年版。

④ 参见朱蓉:《中国商业银行社会责任战略及绩效研究》,经济管理出版社 2013 年版。

高岚君女士等人在《全球化视野下的企业社会责任法律研究》一书中提出了金融机构践行企业社会责任的六方面制度保障:一是以政策性指引细化金融企业社会责任的主次目标;二是建设和完善以法律为主的金融信用管理制度;三是加强对金融信用评估机构的监管;四是在董事会下设立专门的企业社会责任推行机构;五是加强金融企业高管人员的薪酬控制;六是制定金融行业统一的企业社会责任报告指南框架。①

第三,金融机构履行社会责任的督促机制研究。

金融机构社会责任督促机制方面的文献,在主体类型上多聚焦于研究、论述商业银行相关机制。在《商业银行企业社会责任标准与机制研究》一书中,朱文忠先生通过实证分析和实地调查,梳理、评判了域内外有关企业社会责任的理论与实践,进而研究商业银行当前履行社会责任的状况及存在的问题。立足于利益相关者理论,他认为在树立企业社会责任文化价值观方面,制度推动力不可或缺,制度安排应优先于战略考虑,并通过研究国外相关案例,论述了中国语境下商业银行企业社会责任的特殊内涵,构建了符合中国现实国情的商业银行企业社会责任具体评价指标。②

刘志云先生在《商业银行社会责任的兴起及其督促机制的完善》一文中认为,在商业银行社会责任运动席卷全球的热潮下,我国政府相关部门、社会团体与公众也开始对其予以关注。国内银行亦多有回应,但从实际效果看,由于督促机制缺位,这场国内商业银行社会责任运动则不免略显喧嚣而实效不足。因而为有效提升这一运动的实效,有必要软硬法并用、内外部督促机制相结合。③

陈再波先生在《商业银行社会责任研究》一文中认为,在企业社会责任这一研究领域,由于其在经济职能、市场地位、运营方式、资本结构等诸多方面具有特异性,商业银行履行社会责任就显得尤为重要。包括 GRI 指南、赤道原则、AA 1000 等国际规范或经验都对我国改进商业银行履行社会

---

① 参见高岚君、吴凤君:《全球化视野下的企业社会责任法律研究》,法律出版社 2011 年版。

② 参见朱文忠:《商业银行企业社会责任标准与机制研究》,经济管理出版社 2009 年版。

③ 参见刘志云:《商业银行社会责任的兴起及其督促机制的完善》,载《法律科学》2010 年第 1 期。

责任状况具有积极的借鉴意义，在完善相关约束措施的过程中应积极引入。同时必须督促国内商业银行聚焦自身薄弱点，加强相关社会责任信息的透明度，健全公司治理框架，引入规范化的绿色金融模式，并对其践行社会责任予以法律和制度保障；在具体管理和监督过程中，应注重制定相关履行标准，强调多渠道监督，从而孕育、增强国内商业银行履行社会责任的良好态势。①

在著作层面，刘志云先生在《法律视角下商业银行的社会责任：原理研究与实证分析》一书中从六方面提出了对国内银行业践行社会责任督促机制的完善方法：一是充分调动政府相关部门的执法监督积极性；二是完善立法，切实增强法律的可执行性；三是积极发挥商业银行行业组织的作用；四是构建适当的扶持与合作机制，积极发挥非政府组织、媒体和普通公众等构成的第三方力量的督促作用；五是完善商业银行践行社会责任的"内部督促机制"；六是构建适当的督促机制，促进国内商业银行推出多样化的可持续金融产品与服务。②

刘志云先生等人在《商业银行社会责任的法律问题研究》一书中，就我国商业银行践行企业社会责任的督促机制，不仅提出了宏观层面上的完善建议，还从各利益相关方视角分别提出了完善建议。③

(4)国内学界对"金融机构社会责任立法"相关研究的学术史梳理

总体而言，与金融机构社会责任立法相关的研究大都蕴藏在各类文献的具体内容之中，直接以"金融机构社会责任立法"为标题的资料少之又少，而从"新发展理念"角度对金融机构社会责任立法问题进行透视的作品则更是处于缺位状态。

在中国知网分别以"金融机构社会责任"+"立法"、"银行社会责任"+"立法"、"证券公司社会责任"+"立法"、"保险公司社会责任"+"立法"为关键词选择"篇名"搜索，显示截至 2018 年 5 月 7 日，分别有 0 篇、1 篇、0 篇、0 篇。若分别以同样的关键词选择"主题"进行搜索，截至 2018 年

---

① 参见陈再波：《商业银行社会责任研究》，中南大学 2010 年硕士学位论文。

② 参见刘志云：《法律视角下商业银行的社会责任：原理研究与实证分析》，法律出版社 2012 年版。

③ 参见刘志云等：《商业银行社会责任的法律问题研究》，厦门大学出版社 2011 年版。

5月7日,则分别有2篇、5篇、0篇、0篇,其文献数量年度分布如图6所示(四者相加)。

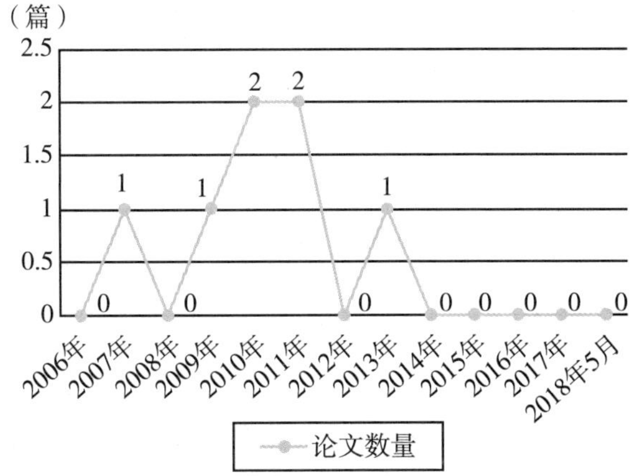

图6 中国知网2006年~2018年5月相关文献发表情况年度分布图

典型作品包括但不限于以下列举。

在论文层面,张长弓先生等人在《构建商业银行社会责任体系的思考》一文中认为,商业银行在构建和谐社会、落实科学发展观过程中,其经营发展面临了更高要求,履行社会责任是大势所趋,为此,建立健全商业银行社会责任法律体系的重要性不可小觑。①

阳露昭先生等人在《论我国绿色信贷法律制度的构建》一文中指出,我国当前相关部委出台的绿色信贷意见及地方环保部门与金融监管机构出台的实施方案和具体细则比较粗疏,存在制度性和技术性障碍,无法有效实现以信贷手段规制约束环境违规行为、引导促进环保行为的作用。他认为,应当从在《商业银行法》中完善银行的社会责任、构建信贷项目环境和社会影响评估机制、制定信贷项目环境和社会影响的分类标准和建立绿色信贷监管法律制度四方面来构建我国绿色信贷法律制度。②

刘武朝先生等人在《论节能减排背景下绿色银行立法的构建》一文中

---

① 参见张长弓、曾思薇:《构建商业银行社会责任体系的思考》,载《南方金融》2007年第11期。

② 参见阳露昭、姜渊:《论我国绿色信贷法律制度的构建》,载《江西财经大学学报》2009年第4期。

认为,伴随节约能源、保护生态环境、实现可持续发展已成为我国的基本国策,包括商业银行在内的金融机构理应履行相关社会责任。他指出为了形成支持节能减排的长效机制,加大绿色金融法的立法力度实为必要,绿色银行立法便是支持节能减排的法律保障之一,应当从引入可持续发展理念、构建绿色信贷制度、为商业银行介入风险投资创造条件和加快政策性银行立法四方面进行完善。①

袁达松先生等人在《全球金融危机与金融机构社会责任的法律构建》一文中认为,我国当前规范性文件中有关金融机构社会责任的法律制度可大致划归为下列几类:一是有关社会责任的总体性规定;二是基于不同利益群体视角,包括了员工权益、环保与可持续性发展、消费者保护、股东与债权人保护、社会公益维护等具体议题在内的专门性规定;三是有关信息披露、制度建构等在内的程序性、长效制度管理规定。②

王雪女士在《金融机构社会责任的法律研究》一文中指出,就金融机构社会责任立法而言,我国尚处于摸索期,监管机构和金融机构自身发布的众多相关指引和公告文件多属于临时为之的暂时性举措,效力较低,应考虑从更高立法层面上整合《商业银行法》《公司法》《保险法》的相关规定,从而有效推动金融机构社会责任运动。③

周仲飞先生在《提高金融包容:一个银行法的视角》一文中认为,生命线性的银行服务应以法定权利的形式,通过银行社会责任相关立法,向公众开放。他主张在银行法中规定,就生命线性的业务,银行需承担强制缔约的私法义务;同时在公法层面,对未履行该项法定社会责任者,银行法应规定其相应责任。④

在著作层面,刘志云先生在《法律视角下商业银行的社会责任:原理研究与实证分析》一书中指出,商业银行践行社会责任方面,国内相关法律法规仍存在诸多缺陷亟待修正,这主要体现为:首先,应以法定化形式将商业

---

① 参见刘武朝、彭光明:《论节能减排背景下绿色银行立法的构建》,载《前沿》2009 年第 6 期。

② 参见袁达松、王喜平:《全球金融危机与金融机构社会责任的法律构建》,载《金融服务法评论》2010 年第 1 期。

③ 参见王雪:《金融机构社会责任的法律研究》,吉林大学 2011 年硕士学位论文。

④ 参见周仲飞:《提高金融包容:一个银行法的视角》,载《法律科学》2013 年第 1 期。

银行社会责任中的经济责任与法律责任嵌入《商业银行法》,将其转化为法定义务;其次,在《商业银行法》以及相关金融立法的修改中应注重规定的明确性和可操作性;再次,应检视、修正《公司法》相关内容,从商业银行内部入手,将履行社会责任的法定义务贯穿于构建经营流程和治理结构的全过程,营造良好的践行社会责任的内部环境;复次,在完善《商业银行法》和《公司法》之余,亦应从整体上修改或建立衔接法律制度;最后,要大力提升我国法律的执行能力。①

刘志云先生等人在《商业银行社会责任的法律问题研究》一书中,不仅从总体上对商业银行社会责任的立法进行了分析,还从各利益相关方的角度阐述了如何完善商业银行社会责任立法。②

在《全球化视野下的企业社会责任法律研究》一书中,高岚君女士等认为,应当突出立法推动商业银行践行社会责任的首要作用,通过立法举措,将商业银行社会责任地位上升到应有高度,并从逐步完善其他相关法律、统一立法体系和明确法律义务规范三方面来完善相关立法。③

朱文忠先生在《商业银行企业社会责任标准与机制研究》一书中从以下三方面提出了完善我国商业银行社会责任法律制度的建议:一是从完善相关公司立法宗旨入手,明确商业银行履行社会责任的法定性;二是积极完善或修订保护相关利益者的配套法规;三是加快修正、统一《金融机构反洗钱法》《票据法》《金融机构安全法》《合同法》《担保法》《物权法》《破产法》等金融和经济立法中的相关规定,在各类法律文本中凸显金融机构的基本社会责任,形成法制化的金融机构社会责任管理体系。④

2. 国内相关研究简要评析以及对本书研究的启示

以上对企业(公司)社会责任、金融机构社会责任、企业(公司)社会责任立法以及我国金融机构社会责任立法四方面的研究概况的分析表明,迄

---

① 参见刘志云:《法律视角下商业银行的社会责任:原理研究与实证分析》,法律出版社2012年版。

② 参见刘志云等:《商业银行社会责任的法律问题研究》,厦门大学出版社2011年版。

③ 参见高岚君、吴凤君:《全球化视野下的企业社会责任法律研究》,法律出版社2011年版。

④ 参见朱文忠:《商业银行企业社会责任标准与机制研究》,经济管理出版社2009年版。

今为止,国内研究对这些议题都有所涉及,但研究成熟度差异很大,简单评析如下。

(1)在国外发展的如火如荼的企业(公司)社会责任问题,在20世纪90年代开始逐渐被我国学界所关注,对其的认知也逐步从不一致走向统一

随着众多学者的努力和国家的大力推动,我国企业(公司)社会责任的相关研究快速发展,企业(公司)应当履行社会责任已然成为共识。学界对其的研究呈现出百花齐放的局面,学者们纷纷从不同角度对企业(公司)履行社会责任的理论基础、必要性、实现机制等方面进行论述,为实践中企业(公司)践行社会责任提供了良好的助力。此类分析为本书的研究提供了良好的基础,本书将在充分参考前人成果的基础上,开展实证调研,立足我国国情,系统地对企业社会责任立法问题进行研究。

(2)学界对企业(公司)社会责任立法有着一定的关注,但相关文献数量略显不足

各类文献中阐述的企业(公司)社会责任立法按照不同标准可以分为两类:一是从立法技术上来说,分为"一体式"立法和"碎片化"立法,前者指制定专门的《企业社会责任法》,后者则是在相关的《公司法》《消费者权益保护法》等法律中加入和完善规范企业社会责任的条款;二是就立法内容上而言,分为按照经济责任、法律责任和道德责任来分类的模式和按照利益相关者来分类的模式。这些现有研究成果虽然可以作为本书的重要研究参考,但本书将主要遵循"立法背景—技术进路—内容设计(国内完善与国外参与)—立法后评估"的路径对金融机构社会责任问题进行系统性分析。

(3)在当前为数不多的专门研究我国金融机构社会责任立法的文献资料中,普遍的共识是通过"硬法"和"软法"的共同作用来对其进行完善

在立法技术上面,现阶段应当采用"渐进式"立法方式,即在相关法律法规中逐步规定金融机构的社会责任,一方面赋予其强制力,另一方面也要保证其明确性和可操作性,待相关内容、技术以及实践发展到一定阶段后,再制定专门的金融机构社会责任立法。虽然有关"金融机构社会责任立法"的相关文献较为稀少,但其所提供的思路对本书的研究有着重要的借

鉴意义,本书将从如何加强对金融机构社会责任的系统立法、综合运用软法和硬法约束等方面对上述研究成果进行补充、完善。

(4)研究成果时效性比较强,原创性略显不足

从时间上来看,就“企业(公司)社会责任”“企业(公司)社会责任法律问题”“金融机构社会责任”“金融机构社会责任法律问题”等研究议题而言,2008 年是一个重要的时间节点,即在 2008 年过后的几年内研究成果数量倍增,显然这与国际金融危机爆发有紧密联系。

这种现象一方面表明我国学者的学术敏感度很强,能够及时对现实世界做出理论回应;另一方面也表明,我国学界的研究时效性强,学术研究跟风现象严重,不免导致观点容易重复、原创性不足。

三、研究对象、研究内容以及研究框架

(一)研究对象

本书围绕着“新发展理念下中国金融机构社会责任立法问题”,进行系统性研究。其研究对象包括:新发展理念的内涵其重大意义;新发展理念对于中国金融机构社会责任实践的重大指导意义、重大挑战以及立法应对;新发展理念下中国金融机构社会责任立法的技术进路;新发展理念下中国金融机构社会责任国内立法的完善;新发展理念下中国参与金融机构社会责任国际立法的战略与路径;新发展理念下中国金融机构社会责任立法后评估机制。

(二)研究内容

本书首先研究“新发展理念”与中国金融机构社会责任立法互动的基本原理;然后,以该原理为基础,研究“新发展理念”下中国金融机构社会责任立法的技术进路,如立法参与机制构造、立法模式的选择、立法的“系统性”要求、立法的渊源以及方法选择与组合等;继而从国内法视角研究如何以“新发展理念”为指导完善我国金融机构社会责任的国内法律体系,从国际法视角研究如何以“新发展理念”为指导确定中国参与金融机构社会责任国际立法的战略与路径;最后,探索全面体现“新发展理念”要求的金融机构社会责任立法后评估机制,为相关立法的后续改进与完善提供机制保障。

(三)研究框架

本书总体研究框架遵循“基本原理—立法技术—具体立法(国内与国际)—立法后评估”的逻辑进路展开,具体分成五章。具体包括:“新发展理念与中国金融机构社会责任立法互动的原理研究”“新发展理念下中国金融机构社会责任立法的技术进路研究”“新发展理念下中国金融机构社会责任国内立法的完善研究”“新发展理念下中国参与金融机构社会责任国际立法研究”“新发展理念下中国金融机构社会责任立法后评估机制研究”。第一章属于基本原理研究,在这一部分将深入研究“新发展理念”的涵义及其对中国金融机构社会责任实践的重大指导意义与重大挑战,论证“新发展理念”与中国金融机构社会责任立法互动的基本原理,为后面四章研究开展提供坚实的理论基础。后面四章是对第一章所阐述的基本原理进行更加深入的系统性研究,着力于相应的制度建构,既有对理论争议的回应,也有针对我国经济社会发展实际需求的制度完善的内容。五章以“新发展理念”为指导,以“中国金融机构社会责任立法”为主题,构建出围绕“新发展理念下中国金融机构社会责任立法问题研究”这一命题的所有内容。

具体而言,第一章属于基本原理视角,第二章是从立法技术视角,第三章是从国内立法的完善视角,第四章是国际规范的参与视角,第五章是从立法后评估视角对这一命题予以系统的理论研究和制度建构。本书的研究力争做到将理论与实践紧密结合,将国内立法与国际立法相互结合,互相照应,缺一不可,构成一个有机统一的理论体系,有助于应对“新发展理念”下,我国金融机构在社会责任方面面临的巨大挑战,促进相关国内立法的完善,为“新发展理念”这一宏大国家战略的贯彻与落实提供助益。

本书框架结构图如图 7 所示。

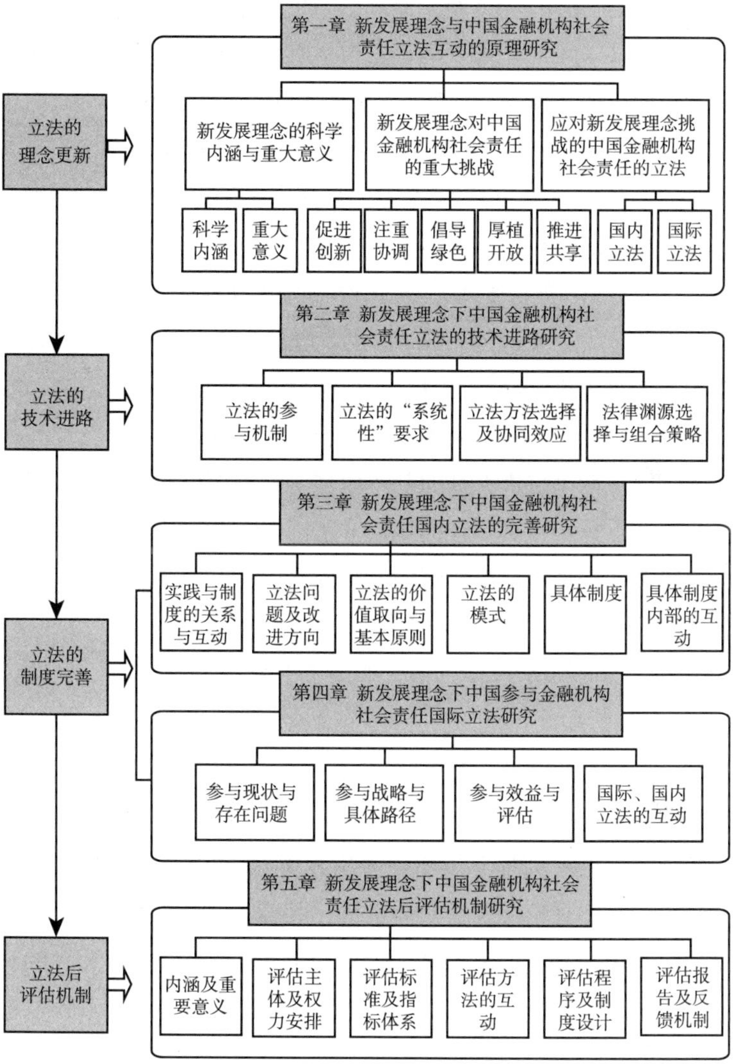

图7 本书框架结构图

四、本书的总体思路、研究视角和研究任务

2015 年 11 月，党的十八届五中全会面对全面建成小康社会决胜阶段复杂的国内外形势，提出了“创新、协调、绿色、开放、共享”的发展新理念，以应对当前经济社会发展的新矛盾新挑战。在标题为《以新发展理念引领发展——关于树立创新、协调、绿色、开放、共享的发展理念》的重要讲话

中,习近平同志全面阐述了“新发展理念”的内涵及其对我国经济社会发展的重大指导意义。无疑,“新发展理念”的提出与落实是新时期中国特色社会主义发展的重要工作,将贯彻到今后社会经济发展的各个方面,而中国金融机构社会责任立法以及实践,将是贯彻与落实“新发展理念”的重要部分。由此,“新发展理念”奠定了本书的总体思路、研究视角和研究任务等。

(一)总体思路

本书首先分析“新发展理念”提出的社会背景、科学内涵及其对指导经济社会发展的重大意义;然后,从“新发展理念”就传承与超越金融机构社会责任相关传统理论、金融机构社会责任实践面临的重大挑战等视角,论证“新发展理念”与中国金融机构社会责任立法互动的基本原理;继而从国内立法与国际立法两个层面互动的基本原理,研究如何以“新发展理念”为指导完善我国金融机构社会责任的国内立法,以及如何确定我国参与金融机构社会责任国际立法的战略安排与具体路径;最后,从立法后评估视角,研究如何以“新发展理念”为指导构建中国金融机构社会责任立法后评估机制,为立法的“与时俱进”和进一步的完善提供机制保障。

(二)研究视角

本书属于典型的交叉学科领域,研究视角涉及哲学、经济学、金融学、法学、管理学、伦理学、国际关系与国际法等多学科领域。

1. 运用马克思主义哲学等相关理论分析“新发展理念”与金融机构践行社会责任的基本理论问题。具体包括:“新发展理念”产生背景及其科学内涵,以及“新发展理念”下“创新、协调、绿色、开放、共享”所蕴含的具体发展思想、哲学立场及其辩证法思想等;运用普惠金融理论分析在互联网金融与普惠金融时代金融机构所应当承担的社会责任;从“可持续金融”的视角研究金融机构践行社会责任的价值所在以及内在驱动性。

2. 从释义法学、规范法学、案例分析、比较研究、价值分析等传统的法学研究视角,分析中国金融机构社会责任的内涵及其范围、价值取向、制度构建等问题。例如,从硬法与软法相结合的视角研究“新发展理念”下中国金融机构社会责任的内涵及其范围;从国内法与国际法两个层面研究如何加强和完善“新发展理念”下中国金融机构社会责任的制度建设;从立法后评估视角研究“新发展理念”下中国金融机构社会责任制度的实施效果以及进一步的完善对策。

3. 从法律经济学的视角分析“新发展理念”下金融机构社会责任立法中具体制度的效率性问题。基于效率视角判断“新发展理念”下金融机构践行社会责任选择的制度标准以及具体方案的效率性，确立金融机构社会责任中法律责任与道德责任的边界，构建有效率的法律制度，使金融机构践行社会责任能够真正“内化”成企业文化，融入内部治理体系与外部业务模式。

4. 从计量法学的角度，研究金融机构社会责任法律制度设计的科学性问题。在立法阶段，整理分析各个可能影响金融机构社会责任立法的变量间的相互关系，梳理归纳潜在影响相关法律制度变迁的诸多因素，从而运用实证手段分析相关影响因素；对金融机构社会责任法律制度的实施效果进行评价及其对经济社会发展的影响进行评价，以“与时俱进”地完善立法，保持立法的科学性。

5. 从国际关系与国际法交叉学科的视角，分析在“新发展理念”指导下，我国参与金融机构社会责任国际立法的问题。具体包括：“新发展理念”对我国参与金融机构社会责任国际立法的要求与必然性；金融机构社会责任国际立法的发展状况以及我国参与状况、存在问题；我国参与金融机构社会责任国际立法的战略规划与具体路径。

（三）研究任务

对国内外相关研究成果的学术史梳理表明，目前国内外尚未公开发表或出版以“新发展理念下中国金融机构社会责任立法问题研究”为命题的专门性论文或专著，对“中国金融机构社会责任立法”进行专门性与系统性研究的著作也没有出现。现有研究状况虽然给本书研究的开展提出了重大挑战，但也意味着与以往研究相比，本书的研究有着巨大的突破之处以及研究发展空间。

1. 深入探析“新发展理念”对中国金融机构社会责任立法与实践的重大意义与挑战

2015 年 11 月，党的十八届五中全会面对全面建成小康社会决胜阶段复杂的国内外形势，提出了“创新、协调、绿色、开放、共享”的新发展理念，以应对当前经济社会发展的新矛盾新挑战。习近平同志在《以新发展理念引领发展——关于树立创新、协调、绿色、开放、共享的发展理念》的重要讲话中全面阐述了“新发展理念”的内涵及其对我国经济社会发展的重大指导意义。无疑,“新发展理念”是我国新时期有关发展思想的重大理论创新成果。本书深入学习和研究“新发展理念”的思想精髓,从发展动力、内在要求、发展条件、发展路径与发展目标等方面深刻理解和把握“新发展理念”的科学内涵,并运用马克思主义哲学原理研究“新发展理念”的哲学立场及其所蕴含的辩证法思想。

沿着以上研究宗旨及路径,本书深入探析了“新发展理念”对我国金融机构践行社会责任的重大挑战与要求。“新发展理念”对金融机构社会责任的理论与立法研究的提升之意义是重大的,其不仅是对传统金融机构社会责任理论的传承,更是对传统金融机构社会责任理论的超越。具体表现在:其一,“新发展理念”坚持以人民为中心的发展思想;其二,“新发展理念”是集发展目标、发展动力、内在要求、发展条件、发展路径于一体的、整体性的现代发展观;其三,“新发展理念”蕴含的辩证法突破了金融机构社会责任传统理论的局限性,有利于协调与解决金融机构社会责任的传统理论之争,从而达成共识,并上升到新的高度。

无疑,这种超越也是“新发展理念”对我国新时期金融机构社会责任实践以及立法的重大挑战,意味着我国金融机构应当自觉学习、内化以人民为中心的发展思想,从“创新、协调、绿色、开放、共享”五个方面全面承担社会责任,并且要善于运用辩证法思想处理金融机构社会责任问题。金融机构所从事的金融行业具有特殊性,金融资源的配置与分配对于经济社会发展的影响具有全局性。因此,金融机构践行社会责任对于“新发展理念”的贯彻与落实具有关键性的作用,对于促进和谐社会的构建和全面建成小康社会具有举足轻重的地位。法律不仅应回应社会的发展,同时更要推动社会的进步。因此,在法律层面,相关机构与部门必须进行立法上的变革以应对“新发展理念”所提出的金融机构践行社会责任的新挑战与要求,制定出科学、合理、高效的金融机构社会责任法律体系,促进金融机构有效地践行社会责任。反过来,这也成为贯彻与落实“新发展理念”的重要部分。

鉴于此,本书以“新发展理念”为视角研究中国金融机构社会责任立法的重大问题,旨在将最新理论创新成果应用于我国法治建设。这将为自20

世纪80年代以来就成为理论热点的"企业社会责任研究"开创新的研究视角,而"新发展理念"所蕴含的丰富的发展思想,必将为企业社会责任研究带来重大理论突破与更大的研究空间。同时,只有紧扣作为我国今后经济社会发展的宏观指导的"新发展理念"进行金融机构社会责任立法研究,才能让研究思路"与时俱进",研究成果紧贴国家发展战略以及制度建设的需要,让知识转化成真正的生产力,积极为社会建设提供理论服务,推动有关部门对金融机构社会责任的立法建设工作,以及提升金融机构践行社会责任的实践水平,为贯彻与落实"新发展理念"发挥出自身的重要作用。

2. 对"新发展理念"下中国金融机构社会责任立法问题进行系统性研究

自20世纪80年代以来,企业社会责任一直是理论界研究的热点。自2008年爆发全球金融危机以来,金融机构的社会责任问题更是成为国内外关注的社会焦点,美国爆发的"占领华尔街"运动也将此问题的严重性与关注度推到了前所未有的高度。在我国,有关商业银行日赚上亿元的"暴利"问题以及金融机构高管薪酬问题、污染项目信贷、操纵资本市场、内幕交易、投资者与消费者利益受损、员工过劳死等问题也引起我国社会各界对金融机构社会责任问题的广泛关注。然而,尽管国内外关于企业社会责任的理论研究文献很多,但是迄今为止尚未见专门针对金融机构社会责任立法问题予以深入系统研究的成果,尚未见纯粹以"金融机构社会责任立法"命题的著作,更罔提紧扣"新发展理念"全面系统研究中国金融机构社会责任立法问题的作品。在此背景下,选择对"新发展理念下中国金融机构社会责任立法问题"进行系统性研究,具有理论与实践的必要性,以及时间上的紧迫性。

同时,由于在现代经济中,资金融通起到枢纽与核心作用,在很大程度上决定了社会资源的再分配。因此金融机构基于其特殊性,在增强自身社会责任意识之余,也承担着通过其分配、供给社会资金作用,督促其他企业履行社会责任的特殊职责,促进企业自觉践行社会责任风气的形成,以贯彻和落实"新发展理念",促进和谐社会建设和全面建成小康社会。① 因此,金

① 参见黄金梓:《转制中国家开发银行环境法律问题研究》,载《金融经济》2011年第6期。

融机构是一种特殊的公司企业，它们能够以及应当践行的社会责任与普通企业践行的社会责任不一样，无法将一般的企业社会责任的理论研究成果以及法律制度简单套用到金融机构践行社会责任的问题上。由此，本书选择了“新发展理念下中国金融机构社会责任立法问题研究”，而不是简单的“新发展理念下中国企业社会责任立法问题研究”，因为这种选择有着自身的必要性以及特殊意义。

3. 以“新发展理念”为指导深入研究中国金融机构社会责任立法的技术进路

“新发展理念”的贯彻与落实将是关系我国社会经济发展全局的一场深刻变革，也是指导和完善中国金融机构社会责任立法的技术设计以及创新的核心理念，甚至类似于“元理念”。

首先，在“新发展理念”的指导下，中国金融机构社会责任立法参与机制应当包括参与理念、参与主体、参与模式、参与的基本原则以及参与内容等基本范畴的变革安排。具言之，以“创新、协调、绿色、开放、共享”为核心的“新发展理念”是中国金融机构社会责任立法参与机制革新的重要指导理念；参与机制必须具有开放性与兼容性，能够让广大金融机构的利益相关者表达观点与诉求利益，参与主体具有广泛性特征；参与模式应从单一的“自上而下”模式转变为“自上而下”模式与“自下而上”模式相结合；参与机制的制度安排，既有“硬法”性质的强制性条款，也有“软法”性质的鼓励性规定；参与的基本原则包括“协调一致原则”、“实质参与原则”、“低侵扰性原则”、“充分调动相关利益主体积极性原则”、“充分协商原则”、“民主原则”和“程序正当原则”等，构成一个完整体系。

其次，深入分析“新发展理念”对中国金融机构社会责任立法提出的“系统性”的技术要求。中国金融机构社会责任立法只有做到系统内各基本要素的立法完善，才能真正理顺中国金融机构社会责任立法系统中各要素以及立法内容之间的层次排列、结构组合、逻辑机制，形成一个真正的内在逻辑自洽、各部分之间共生共进，实现良性运作的法律有机体。只有遵循“系统性”的要求，才能真正实现立法的协调性，才能确保“创新、协调、绿色、开放、共享”等新发展理念的贯彻和落实。为此，必须梳理中国金融机构社会责任法律体系中各要素之间理论上的逻辑关系，寻找理论支撑；通过系统评价、分析和综合，合理处置、认知包括系统内部各要素间关系、系统间关系、外部环境与系统间关系在内的各组关系，进而发挥整个法律体系的最佳功能。

再次，深入分析“新发展理念”下中国金融机构社会责任立法的方法选择与运用的问题。我们将对各种传统方法包括问卷调查、田野调查、比较研究、历史分析、实证分析、规范分析、效果预测、法经济分析、模型推演等以及新型方法进行绩效评估以及方法选择。立法方法不能单一化和绝对化，每一种立法方法在不同的立法阶段具有不同的价值位阶；要以“创新”与“协调”的发展理念为指导，加强各种立法方法的综合、协调、创新性运用。同时，根据本书的问题性质，要特别突出实证分析、模型推演等法经济学、法金融学分析方法的价值。由于金融机构对股东、对客户、对环境、对国家等各方利益相关者社会责任的履行都可能直接影响其成本和收益。从法经济学的视角，必须在各种利益主体之间寻找一个合理的平衡点。对此，单纯借助传统的规范分析和纯价值判断，难免出现偏差。因此，就“新发展理念”下中国金融机构社会责任立法而言，结合实证分析和模型推演等方法进行成本和收益分析、开展对法律制度影响的有效评估是十分必要的。

最后，深入分析“新发展理念”下中国金融机构社会责任立法渊源的选择方案。金融机构践行社会责任的法律体系是一个庞大的、系统性的制度体系与运作机制，在这个庞大与系统的制度体系与运作机制中，既有“硬性”的督促制度，也有“软性”的约束机制；其中既包括了以硬法为主的督促机制，也涵盖了以软法为主的约束机制。可以说，唯有结合运用硬法与软法，实现督促活动、渠道、制度间的有机统一，协同交互，才能避免沦为纸面规定，真正构建形成行之有效的金融机构践行社会责任督促机制。

4. 以“新发展理念”为指导完善我国金融机构社会责任的国内立法

本书在全面分析中国金融机构社会责任立法现状，反思中国金融机构社会责任立法的不足，比较域外金融机构社会责任立法的基础之上，针对“新发展理念”对我国金融机构社会责任实践的重大挑战，依据“促进创新、注重协调、倡导绿色、厚植开放、推进共享”的要求，提出完善我国金融机构社会责任国内法律体系的具体对策。

首先，对中国金融机构社会责任的国内实践与相关法律制度建设的关系进行深入分析并做出具有互动效果的法经济学之检验。金融机构社会责任的法律制度对金融机构社会责任的践行起到规范指引作用,但这种指引必然要服务于金融机构本身的发展需要,这就决定了法律制度不仅追求“公平”价值,还必须追求“效率”价值。如何通过建设金融机构社会责任的法律制度,提高金融机构的经营效率,以达到帕累托或者卡尔多-希克斯最优状态,就是我们必须关注的问题。我们的研究目标是,提炼出能够与金融机构践行社会责任形成良好互动,促进金融机构践行社会责任问题变成“自觉自发”行动的制度建设之立法方案,从而建构出具有科学性、合理性、有效性的中国金融机构社会责任法律体系,并具有高度的“正当性”,能够让金融机构自觉遵守与服从,“内化”到企业文化。据此,达成制度建设与社会责任实践之间双赢互动之效果。

其次,深入分析了“新发展理念”下中国金融机构社会责任的现有立法存在的问题以及改进方向。一个高效的制度体系,必须具有系统性特征,构成一个位阶分明、层次清楚、逻辑自洽、相互建构、共生共进的法律有机体。以此观之,中国金融机构社会责任立法差之甚远,只能说刚刚起步。与“新发展理念”之要求相比照,以及实践与制度建设的互动效果观之,中国金融机构社会责任立法需要大力改进。对现有立法进行客观评价,是完善立法的基础工作。同时,现有立法的缺陷,也指明了立法改进之方向。

再次,深入分析了“新发展理念”对中国金融机构社会责任立法的价值取向与基本原则的新要求。“新发展理念”是我国国家层面对经济、社会新常态提出的新的纲领性发展思路,包括“创新、协调、绿色、开放、共享”的新发展理念为确定中国金融机构社会责任立法的价值取向与基本原则提出了基本的要求。“新发展理念”的五大方面,可以让我们推导出中国金融机构社会责任立法的“效率、秩序、可持续、普适、公平”的价值取向以及“利益相关者的利益最大化、一致性、金融机构权责一致、对标国际、利益相关者利益平衡”等立法的基本原则。结合法经济学相关方法,分析中国金融机构社会责任立法的理念、价值取向以及基本原则之间的协调性以及共生共进性,从而有效指导具体制度构建,也是我们的研究需要突破之处。

复次,客观分析金融机构社会责任的立法模式与绩效评估,并在“新发展理念”指导下对中国金融机构社会责任国内立法的模式做出合理选择。

从世界范围来看,对金融机构社会责任的立法模式大体上可以分为两种,即“集中式立法”和“分散式立法”,两种模式各有优劣之处。具体选择哪种,抑或结合使用,既要借鉴外国经验,也要充分考虑本国国情。考虑到中国的政治框架设计、金融监管体制以及金融业的发展状况,采用“集中+分散式立法”模式是理想方案。

最后,根据“新发展理念”下中国金融机构社会责任立法的理念、价值取向、基本原则以及立法模式的推导,构建与完善国内金融机构社会责任的法律体系,在内容上按照“创新、协调、绿色、开放、共享”五大板块进行具体的制度设计。同时,五大板块的具体制度内部不同层次、不同性质的规范之间并不是孤立分割,而是相互配合,互助互动、共生共进之关系。对此,我们必须通过数理模型推演出它们之间的协调机制,并通过共同的指导理念、价值取向与基本原则等,将它们整合成一个逻辑自洽、自给自足、共生共长的法律有机体。

5. 以“新发展理念”为指导深入研究中国参与金融机构社会责任国际立法的问题

“新发展理念”是一个开放的发展理念,“创新、协调、绿色、开放、共享”五个方面发展都必须放诸于国际视野,而不是封闭自足。同时,既有关于企业社会责任问题研究的一个缺陷是忽视或割裂企业社会责任国际规则与国内立法的互动,从而无法形成一个全球化背景下中国金融机构社会责任的完整法律体系。本书将基于“新发展理念”与中国金融机构社会责任立法互动的基本原理,遵循国内立法与国际立法互动的路径,对如何以“新发展理念”为指导促进我国参与金融机构社会责任的国际立法这一重大问题进行深入研究,以弥补以往研究的缺陷。

具体而言,研究内容包括但不限于以下问题:“新发展理念下中国参与金融机构社会责任国际立法的必要性分析”“金融机构社会责任国际立法的发展状况和中国金融机构的参与现状、存在的问题”“新发展理念下中国金融机构对社会责任国际立法的践行情况、绩效评估以及存在的问题——以兴业银行对赤道原则的参与为例”“新发展理念下中国对金融机构社会责任国际立法的参与战略和具体路径”“新发展理念下中国参与的金融机构社会责任国际立法与国内立法的互动机制”。围绕这五大问题,我们将从研究方法、研究内容以及提出的战略对策方面取得重大突破。

目前，与一般领域的国际法律规则不同的是，金融机构社会责任国际规范分为“国家间立法”与“非国家间立法”（“私政府立法”）两种性质，也包括了国家与金融机构两种参与国际规范的路径。分清楚这两种性质的国际规范发展状况，两种参与路径的优劣对比，并用数量模型、博弈理论对其互动关系、参与的绩效评估做出精确计算，对于我国参与金融机构社会责任国际立法的战略规划以及路径选择具有重大意义。从目前状况看，我国对金融机构社会责任国际立法的参与度是非常低的，与我国作为世界第一大贸易国、世界第二大经济体、世界第三大对外投资国的地位严重不相称。

参与金融机构社会责任国际立法，既是落实“新发展理念”的国家战略层面的责任，也是提高国家与金融机构自身声誉的必要，更是提高我国金融机构国际竞争力的必由之路。在“新发展理念”下，中国对金融机构社会责任国际立法的参与路径，应该是“国家参与路径 + 金融机构参与路径”并重，它们之间应该形成共生关系和协同效应。此外，2008 年爆发的国际金融危机对发达国家打击巨大，大大提升了我国在国际体系中的地位。我国对金融机构社会责任国际立法的战略应从强调“积极参与”到“参与规则”和“主导规则”并重的战略转变，这是我国对外开放必然的趋势，也是国家利益的需要和国际社会的诉求。

最后，我们也必须认识到，金融机构社会责任的国内立法与我国参与的金融机构社会责任的国际规范处于一个对立统一的状态之中。必须建立国内立法与我国参与的国际立法之间的沟通与协调机制，使得包括“国家间层面”、“私政府层面”以及“国内法层面”在内的各个层面立法，构成一个相互配合、有机统一、共生共进的中国金融机构社会责任法律体系。

6. 构建全面反映“新发展理念”要求的中国金融机构社会责任立法后评估机制

以往对企业社会责任问题的研究，大多停留在企业社会责任内涵之争的解释、企业社会责任合理性的证成等理论研究层面，缺乏实际操作层面的制度实践，也就无法从制度实践层面检验理论的正确与否。实践是检验真理的唯一标准，实践也需要正确的理论作指导，理论只有运用于实践才能具有真实而强大的生命力。

秉承理论联系实际这一基本原则,本书不仅从贯彻和落实“新发展理念”的高度对中国金融机构社会责任立法的重大问题进行深入的理论研究,而且要针对这些重大问题提出具体的法律对策。同时,为了检验这些法律对策的实施效果,本书还将构建能够全面反映“新发展理念”要求的中国金融机构社会责任立法后评估机制。该立法后评估机制的构建将遵循理论与实践相结合、定性与定量相结合、规范与实证相结合的原则,通过综合比较分析,力图客观反映中国金融机构社会责任立法制度的科学性、合理性以及实际效果。为此,我们将从“创新、协调、绿色、开放、共享”五个方面构建相应的评价指标体系,全面衡量、比较和分析有关中国金融机构社会责任的具体制度,并展开中国金融机构社会责任立法后评估报告的设计以及建立反馈机制。

具体地讲,本书必须解决的以及也将获得重大突破的主要问题包括:“新发展理念下中国金融机构社会责任立法后评估的内涵及重要意义”“新发展理念下中国金融机构社会责任立法后评估主体及权力安排”“新发展理念下中国金融机构社会责任立法后评估的标准及指标体系的设计”“新发展理念下中国金融机构社会责任立法后评估的方法、互动关系以及检验”“新发展理念下中国金融机构社会责任立法后评估的程序及其回应机制”“新发展理念下中国金融机构社会责任立法后评估报告与反馈机制”。

通过对以上六个方面的深入研究,本书着力构建出兼具可靠性与有效性的中国金融机构社会责任立法后评估机制。我们尝试通过立法后评估的方法,将以分散在单行法中的社会责任规范集合为评估对象,更为清楚明确地反映中国金融机构社会责任立法的基本情况及其制度绩效,尤其针对是否需要制定金融机构社会责任专项法律、更新金融机构社会责任立法体系等问题予以系统评估和综合考量。该立法后评估机制也将选择第三方意义上独立的评估主体,通过整个评估流程,最终形成中国金融机构社会责任立法后评估报告;通过反馈机制,给予相关立法部门、监管机构等,作为进一步修改制度的参考。

无疑,构建出全面反映“新发展理念”要求的中国金融机构社会责任立法后评估机制是立法的延续,为法律制度的“与时俱进”提供了机制保障。这是将中国金融机构社会责任立法看作一个动态的持续过程,而不是以前的一种“静止”状态的传统研究思路。这也是本书体系规划与问题研究的重大创新之处。

7.将以往企业社会责任理论研究的方法多元化

“新发展理念下中国金融机构社会责任立法问题研究”这一命题性质，涉及经济学、金融学、法学、企业管理学、伦理学与国际关系等多个领域。对于该问题领域的研究开展，不仅需要跨学科知识支撑，也需要跨学科研究方法的运用。如果研究方法单一，尤其在交叉学科研究方法的运用方面匮乏，则难以全面揭示问题的本质。本书研究将打破方法论上的短板，除继续运用传统法学研究方法外，还将灵活运用系统论、博弈论、法律经济分析、数量法学、法金融学、国际关系与国际法跨学科分析等多种交叉学科方法，进行深入研究。

值得一提的是，传统法学研究方法主要包括历史分析法、比较分析法、词义分析法、规范分析法，这些研究方法长期以来占据主流，也成为法学研究的一个特色。这些研究方法对本书的研究是重要的，能够解决重大问题，但它们的重大短板是基本只能做到定性分析，难以量化，缺乏精确性。本书的问题性质是很特殊的，涉及国家战略与行业发展分析、客观实践与法律制度的互动、金融机构内部治理与经营模式、法律制度的公平与效率的价值兼顾、经济利益与社会利益的协调，利益相关者之间的利益平衡，国家、金融机构与立法之间的互动与博弈，国内法与国际法的互动与协调等，这些问题都需要运用各种数理方法进行成本和收益分析、影响评估等。只有广泛运用数理分析、公式演算、数据指标设计、模型推演、博弈策略等法经济学与计量法学涵盖的众多分析方法，才能得出科学、客观以及精确的研究结论，从而为科学立法奠定坚实基础。因此，广泛运用法经济学与计量法学等新型跨学科分析方法，对各种相关问题进行实证分析和模型推演，是本书在方法论上与传统研究的重大区别。

总之，研究方法的多元化，尤其是交叉学科的广泛运用，将是本书研究的另一个突破之处，也将为本书的研究打开一个巨大的研究空间。

第一章　新发展理念与中国金融机构社会责任立法互动的原理研究

自20世纪80年代以来,企业社会责任一直是理论界研究的热点。2008年爆发全球金融危机以来,金融机构的社会责任问题更是成为国内外关注的社会焦点,美国爆发的“占领华尔街”运动也将此问题的严重性与关注度推到了前所未有的高度。在我国,有关商业银行日赚上亿元的“暴利”问题以及金融机构高管薪酬问题、污染项目信贷、操纵资本市场、内幕交易、投资者与消费者利益受损、员工过劳死等问题也引起我国社会各界对金融机构社会责任问题的广泛关注。同时,金融是现代经济的核心和枢纽,也是社会资源再分配的重要杠杆。金融行业的特殊性决定了金融机构在不断提高自身的社会责任意识的同时,还应利用其作为社会资金供给者与分配者的优势,承担起督促其他企业履行社会责任的特殊职责,促进企业自觉践行社会责任风气的形成,[①]以贯彻和落实“新发展理念”,促进和谐社会建设和全面建成小康社会。

第一节 “新发展理念”的提出及其在指导中国经济社会发展上的重大意义

2015年11月,党的十八届五中全会面对全面建成小康社会决胜阶段复杂的国内外形势,为应对当前我国经济社会发展过程中面临的新矛盾新挑战,提出了“创新、协调、绿色、开放、共享”的新发展理念。“五大发展理念”是我们党科学认识和把握当前经济社会发展规律的再深化和新飞跃,是针对我国经济发展进入新常态和发展面临的突出问题和挑战而提出的战略引领,是新时期中国共产党治国理政的新思想新理念。“五大发展理念”极大丰富和发展了马克思主义发展观,为我国全面建成小康社会、实现“两个一百年”奋斗目标确定了清晰的发展方向。“新发展理念”无疑是我国新时期有关发展思想的重大理论创新成果。习近平同志在《以新发展理念引领发展——关于树立创新、协调、绿色、开放、共享的发展理念》的重要讲话中全面述了“新发展理念”的内涵及其对我国经济社会发展的重大指导意义。[②]

一、“创新发展”是引领发展的第一动力

习近平同志指出:“创新是一个民族进步的灵魂,是一个国家兴旺发达的不竭动力,也是一个政党永葆生机的源泉。”[③]现代国家之间的竞争,根本在于创新能力的竞争,提出创新发展的战略,并把其放在发展全局的核心位置,体现了以习近平同志为总书记的党中央的坚定决心和历史担当,是党中央在我国发展关键时期作出的重大决策,必将能使我国创新事业紧跟世界

---

① 参见黄金梓:《转制中国家开发银行环境法律问题研究》,载《金融经济》2011年第6期。

② 参见中共中央宣传部编著:《习近平总书记系列重要讲话读本(2016年版)》,学习出版社、人民出版社2016年版,第127页。

③ 习近平:《在欧美同学会成立100周年庆祝大会上的讲话》,载http://cpc.people.com.cn/n/2013/1021/c64094-23277634.html,最后访问日期:2018年1月2日。

发展潮流，赶上世界创新发展脚步，从后发到先发、从跟跑到领跑，引领世界创新发展潮流。[①] 近代以来世界各国的发展历程，特别是我国改革开放的成功实践表明，“创新发展”是增强发展动力、把握发展主动权和更好引领经济新常态的根本之策。但总体而言，我国创新能力相比发达国家存在着明显的劣势，特别是科技对我国经济社会发展的促进与贡献相比发达国家都有明显的不足，可以说是我国经济的“阿喀琉斯之踵”。

目前，我国经济发展进入新常态，从表面上看是经济增长速度的转换，实际上是我国家经济发展动力的转变，创新发展就是更换“发动机”。[②] 因此，我们必须将创新放在核心位置。创新包含了理论、制度、科技、文化等各方面创新：理论创新属“脑动力”创新，是社会发展和变革的先导；制度创新属“原动力”创新，是激发各类创新主体活力，引领经济社会发展的关键；科技创新属“主动力”创新，是国家竞争力的核心，是各类创新中最核心最关键的创新；文化创新本质上是“软实力”创新，为各类创新活动提供不竭的精神动力。[③] 2016 年 5 月 19 日我国出台了《国家创新驱动发展战略》，目的就在于贯彻落实创新发展理念。创新驱动发展的根本，就是通过将科技创新结合制度、文化、管理、业态和商业模式创新，实现以技术进步、劳动力素质提升、知识持续积累为核心的发展模式转变，推动经济发展阶段上的演变，实现分工更精细、结构更合理、经济形态更高级的发展目标。[④]

二、“协调发展”是持续健康发展的内在要求

我国长期以来就面临着发展不平衡问题，这有自然、历史、政策、体制等多方面的因素，当前我国在协调发展方面存在着城乡二元结构和城市内部

---

① 参见任理轩：《坚持创新发展——“五大发展理念”解读之一》，载《人民日报》2015 年 12 月 18 日，第 7 版。

② 参见陈金龙：《五大发展理念引领历史进程》，载 http://www.cssn.cn/dzyx/dzyx_llsj/201511/t20151112_2577501.shtml，最后访问日期：2018 年 5 月 1 日。

③ 参见任理轩：《坚持创新发展——“五大发展理念”解读之一》，载《人民日报》2015 年 12 月 18 日，第 7 版。

④ 参见吴晶晶、余晓洁：《〈国家创新驱动发展战略纲要〉印发提出 2050 年建成世界科技创新强国》，载 http://www.gov.cn/xinwen/2016-05/20/content_5074905.htm? cid=303，最后访问日期：2018 年 4 月 5 日。

二元结构的矛盾依旧突出、东中西部、东北区域发展失衡、社会文明程度和国民素质与经济社会发展的水平还不匹配这三个比较突出的问题。① 在经济发展水平落后的情况下，一段时间的主要任务是要跑得快，但跑过一定路程后，就要注意调整关系，注重发展的整体效能，否则“木桶效应”就会愈加显现，一系列社会矛盾会不断加深。这些问题不解决，不仅妨碍全面建成小康社会目标的实现，而且有悖于社会主义本质，并将影响国际社会对我国全面建成小康社会的认可度。②

党的十八届五中全会中提出了协调发展，把协调发展放在我国发展全局的重要位置，重点强调了平衡发展结构，即要求区域发展、城乡发展、物质和精神文明以及经济建设等方面都要协调发展。“协调发展”理念的提出，根本目的在于解决我国长期存在的发展不平衡问题，促进我国经济社会持续健康发展，从而实现我国各区域之间的协同发展。换言之，协调发展理念是基于我国当前发展不平衡提出来的，也是总结国内外发展经验教训，按照唯物辩证法的本质要求、经济社会持续和谐发展的内在要求提出来的，是我们解决好我国当前经济社会发展的存在问题的重要原则。③ 因此，协调发展理念的提出是我们对经济社会发展规律的认识进一步加深，是对马克思主义关于协调发展理论的创造性运用，为解决我国当前所存在的发展问题提供了根本遵循。④

三、“绿色发展”是可持续发展的需要

绿色是实现人与自然和谐共存的必要条件，是永续发展的必要条件和人民对美好生活追求的重要体现。经过多年的发展，我国经济建设取得了巨大的成就，但发展过程中也积累了较多的问题，其中一个突出的问题就是我国的资源环境受到了较大的损害，环境承载力已不能再支撑传统的发展

---

① 参见徐绍史：《“十三五”的三个核心：“五大发展”、“六个坚持”与新的目标》，载 http://www.gov.cn/2015-11/03/content_2959406.htm，最后访问日期：2018 年 4 月 5 日。

② 参见习近平：《在党的十八届五中全会第二次全体会议上的讲话》，载《求是》2016 年第 1 期。

③ 参见任理轩：《坚持协调发展——“五大发展理念”解读之二》，载《人民日报》2015 年 12 月 21 日，第 7 版。

④ 参见任理轩：《坚持协调发展——“五大发展理念”解读之二》，载《人民日报》2015 年 12 月 21 日，第 7 版。

方式。未来一段时期,经济社会发展面临着相当大的环境压力。习近平同志强调:“单纯依靠刺激政策和政府对经济大规模直接干预的增长,只治标、不治本,而建立在大量资源消耗、环境污染基础上的增长则更难以持久。”①粗放型的传统发展模式在耗竭我国资源、能源的同时,也导致了农地污染、城市雾霾、水体污染等种种环境隐患。大量事实显示:资源环境是制约全面建成小康社会的最大“瓶颈”,同时也是最为突出的“心头之患”。正如英国历史学家阿诺德·汤因比在《人类与大地母亲》所指出的那样:“人类将会杀害大地母亲,抑或将使她得到拯救?如果滥用日益增长的技术力量,人类将置大地母亲于死地;如果克服了那导致自我毁灭的放肆的贪欲,人类则能够使她重返青春,而人类的贪欲正在使伟大母亲的生命之果——包括人类在内的一切生命造物付出代价。何去何从,这就是今天人类所面临的斯芬克斯之谜。”②

“生态兴则文明兴,生态衰则文明衰。”③为了实现永续发展,十八届五中全会提出:“坚持绿色发展,必须坚持节约资源和保护环境的基本国策,坚持可持续发展,坚定走生产发展、生活富裕、生态良好的文明发展道路,加快建设资源节约型、环境友好型社会,形成人与自然和谐发展现代化建设新格局,推进美丽中国建设,为全球生态安全作出新贡献。”④可见,“绿色发展”的提出,作为我国较长一段时期内实现中华民族永续发展的基本理念,体现了我们党对经济社会发展规律认识的深化,必将指引我国更好地实现人与自然和谐、国强民富的美好蓝图。对此,美国媒体评论道:“在经济增速放缓的压力下,中国重申对绿色经济的承诺,显然不是政治作秀,而是要让世界第二大经济体走上一条可持续发展的道路。”⑤

---

① 习近平在俄罗斯圣彼得堡举行的二十国集团领导人第八次峰会第一阶段会议上所作的题为《共同维护和发展开放型世界经济》的发言。

② [英]阿诺德·约瑟夫·汤因比:《人类与大地母亲:一部叙事体世界历史》,徐波等译,上海人民出版社2012年版,第458页。

③ 中共中央宣传部编著:《习近平总书记系列重要讲话读本》,学习出版社、人民出版社2014年版,第121页。

④ 《中国共产党第十八届中央委员会第五次全体会议公报》,载 http://news.xinhuanet.com/politics/2015-10/29/c_1116983078.htm,最后访问日期:2018年1月22日。

⑤ 胡慧敏、渠鸿儒:《国际在线外媒点赞十三五“绿色方略”:中国步入生态社会新时代》,载 http://gb.cri.cn/42071/2015/11/03/8331s5153370.htm,最后访问日期:2018年1月2日。

四、“开放发展”是国家繁荣发展的必由之路

近年来，世界形势发生了深刻的变化，世界经济进入深度调整期，各国之间既要携手共同面对挑战，在科技、经贸等方面又面临着激烈的竞争，我国对外开放的环境发生了深刻变化。当前，我国已经成为全球第二大经济体，其他国家期待我们能够承担更多的国际责任。但是同我国现有经济实力相比，我国对外开放水平总体不够高的矛盾非常突出。与此同时，我国经济发展进入新常态，面临着结构优化、动力转换等形势，转变经济发展方式的任务更加迫切。① 针对这种情况，十八届五中全会将“开放”列入五大发展理念，重申了“中国开放的大门永远不会关上”的坚定决心，勾勒出“对外开放的力度将会越来越大”的具体路径，提出：“坚持开放发展，必须顺应我国经济深度融入世界经济的趋势，奉行互利共赢的开放战略，发展更高层次的开放型经济，积极参与全球经济治理和公共产品供给，提高我国在全球经济治理中的制度性话语权，构建广泛的利益共同体。”②

“各国经济，相通则共进，相闭则各退。”③开放发展理念包含主动开放、双向开放、公平开放、全面开放、共赢开放等重要思想，是基于当前国内外发展形势提出的。开放发展理念所倡导的对外开放，是一种更高层次、更高水平的开放，立足于利用好国内外市场资源，以新的思路、新的举措，与世界各国共享全球经济发展的成果。其根本目的在于解决国内外市场的联动问题，目标在于提高对外开放质量、发展更高层次的开放型经济，开放发展是创新发展、绿色发展、协调发展、共享发展的重要支撑，也是全面深化改革和全面依法治国的动力源和试验场。④ 正如习近平总书记所说：“不断扩

---

① 参见任理轩：《坚持开放发展——“五大发展理念”解读之四》，载《人民日报》2015 年 12 月 23 日，第 7 版。

② 《中国共产党第十八届中央委员会第五次全体会议公报》，载 http://news.xinhuanet.com/politics/2015-10/29/c_1116983078.htm，最后访问日期：2018 年 1 月 22 日。

③ 《习近平在二十国集团领导人峰会第一阶段会议上关于世界经济形势的发言》，载 http://cpc.people.com.cn/xuexi/n/2015/0721/c397563-27338279.html，最后访问日期：2018 年 1 月 22 日。

④ 参见任理轩：《坚持开放发展——“五大发展理念”解读之四》，载《人民日报》2015 年 12 月 23 日，第 7 版。

大对外开放、提高对外开放水平,以开放促改革、促发展,是我国发展不断取得新成就的重要法宝。"①

五、"共享发展"是中国特色社会主义的本质要求

马克思主义发展观在解决发展动力、发展思路、发展方向、发展布局等问题的同时,更要确定发展为什么人、发展成果由谁享有,从而系统把握发展规律。发展观中最具根本意义的问题即发展成果由谁享有,这体现了发展的价值取向。② 但目前,在发展成果的共享上,与人民群众的期盼相比,仍然存在着诸多不完善的地方,公共服务能力较弱、社会保障体系不够完善、社会矛盾处理能力不强等,这些影响到了社会主义制度优越性的体现,影响到了社会公平正义的实现。若不能很好地处理这些存在的问题,势必会影响到构建良好社会秩序和凝聚发展力量。习近平同志指出:"我们不能一边宣布全面建成了小康社会,另一边还有几千万人口的生活水平处在扶贫标准线以下,这既影响人民群众对全面建成小康社会的满意度,也影响国际社会对我国全面建成小康社会的认可度。"③

改革发展搞得成功不成功,最终的判断标准是人民是不是共同享受到了改革发展成果。共享发展,实际上就是坚持人民历史主体地位,人民是发展的动力和目的的统一,是发展工具和价值的统一,科学有效合理的制度建构,可以使全体人民在共建共享发展中有更多获得感。④ "共享发展"其内涵主要有 4 个方面:全民共享、全面共享、共建共享和渐进共享,内容上主要包含增加公共服务供给、实施脱贫攻坚工程、提高教育质量、促进就业创业、缩小收入差距、建立更加公平更可持续的社会保障制度、推进健康中国

---

① 《习近平主持中共中央政治局第十九次集体学习并发表重要讲话》,载 http://cpc.people.com.cn/n/2014/1207/c64094-26161930.html,最后访问日期:2018 年 1 月 22 日。

② 参见任理轩:《坚持共享发展——"五大发展理念"解读之五》,载《人民日报》2015 年 12 月 24 日,第 7 版。

③ 习近平:《在部分省区市扶贫攻坚与"十三五"时期经济社会发展座谈会上的讲话》(2015 年 6 月 18 日),载中共中央文献研究室编:《习近平关于协调推进"四个全面"战略布局论述摘编》,中央文献出版社 2015 年版,第 123 页。

④ 参见中共中央宣传部编著:《习近平总书记系列重要讲话读本(2016 年版)》,学习出版社、人民出版社 2016 年版,第 136 页。

建设、促进人口均衡发展8个方面。这深刻阐明了共享发展就是把我们所有中国人的幸福作为终极目的的发展,其根本目的就是要把发展的成果让由人民共享,实现共同富裕。①

创新、协调、绿色、开放、共享"五大发展理念",坚持以人民为中心的发展思想,强调实现创新发展、协调发展、绿色发展、开放发展、共享发展。它既与发展是硬道理、科学发展、全面协调可持续发展等以往的发展理念、发展思路一脉相承,又顺应时代要求进行了理论突破,既是我国发展战略的巨大转变,也是发展观念的深刻变革,是我们党认识把握我国经济社会发展规律的深化成果和理论升华,极大地丰富和发展了中国特色社会主义理论宝库,是我国实现国家复兴的思想指引。② 在实践中坚持贯彻"五大发展理念",对于解决我国经济社会发展过程中面临的发展难题、增强发展动力、厚植发展优势等具有重大指导意义。

第二节 "新发展理念"对金融机构社会责任传统理论的传承与超越以及金融机构践行社会责任对贯彻与落实"新发展理念"的特殊意义

一、"新发展理念"对金融机构社会责任传统理论的传承与超越

企业社会责任的研究不是新鲜事物,至今已走过近百年的历史。新自由主义经济理论的著名学者,包括弗里德曼与哈耶克是反对企业社会责任的代表人物。弗里德曼认为企业的主要或者唯一目的就是股东利益最大化,在其著作《资本主义与自由》一书中,更是讨论到"有一种越来越被广泛接受的观点,即公司的管理者和工会的领导者在满足股东或其成员利益之外,还需要承担社会责任,这种观点从根本上违背了自由经济的特点和本

---

① 参见任理轩:《坚持共享发展——"五大发展理念"解读之五》,载《人民日报》2015年12月24日,第7版。

② 参见任理轩:《关系我国发展全局的一场深刻变革——深入学习贯彻习近平同志关于"五大发展理念"的重要论述》,载《人民日报》2015年11月4日,第7版。

质”。[①] 1970 年,弗里德曼针对当时对企业社会责任的讨论,发表《企业的社会责任就是获取利润》一文,指出:“当企业家宣称企业不仅与利润相连,同时也在促进良好社会的形成时,他们认为他们是在维护自由企业……持这种论调的企业家实际上是过去几十年中动摇自由社会根基的人。”[②]哈耶克也认为,企业的唯一目标在于按照能最大化获取利润的方式使用股东授予管理层的资本,对利润最大化目标的任何偏离都可能危及到企业的生存,并使得管理层获得为无休止追求社会利益而难以控制的权力。只要企业的资源投向最有效的领域,企业就已经承担了社会责任;企业不是慈善家,不能将其资源用于追求利润以外的其他社会目的。[③] 此外,波斯纳在其名著《法律的经济分析》一书中,从法律经济学的角度分析了公司社会责任对于公司治理的效率问题。他认为,公司社会责任的成本有很大的可能性会通过提高产品价格的形式由消费者承担。公司不需要履行社会责任则会增加股东的财富,并以此通过政治、慈善捐赠等作出贡献,履行社会责任则会削弱股东自己履行社会责任的能力。[④] 可见,反对企业社会责任的新自由主义经济理论以“个人主义”作为价值基点,并遵循个人价值与社会价值一致的逻辑进路,得出企业利润最大化乃企业唯一追求的结论。

然而,支持企业应当承担社会责任的“现代社会经济学理论”的学者认为,企业不仅是经济机构,企业在为股东赚取最大化利润的同时,还应当为其赖以生存的社会作出贡献。例如,Freeman 认为,通过使用利益相关者这一方法来了解不同利益相关者的诉求,发展公司战略,有针对性地承担企业社会责任。他提出了企业致力于利益相关者方法的四个层次,即基本价值阐述、利益相关者持续合作、了解更广泛的社会事务与道德领先。[⑤]再如,

---

① Milton Friedman, *Capitalism and Freedom*, University of Chicago Press, 2009, p. 133.

② Milton Friedman, “The Social Responsibility of Business is to Increase its Profits”, *New York Times Magazine*, September 13, 1970, pp. 32 – 33.

③ 参见[英]弗里德利希·冯·哈耶克:《自由秩序原理》(上册),邓正来译,生活·读书·新知三联书店 1997 年版,第 100 ~ 103 页。

④ 参见[美]理查德·A. 波斯纳:《法律的经济分析》(下),蒋兆康译,林毅夫校,中国大百科全书出版社 1997 年版,第 546 ~ 547 页。

⑤ See R. Edward Freeman, S. Ramakrishna Velamuri, “A New Approach to CSR: Company Stakeholder Responsibility”, Available at https://papers.ssrn.com/sol3/papers.cfm?abstract_id=1186223, 2017 – 12 – 25.

Logsdon 和 Wood 对全球企业商业公民概念的发展进行了回顾，指出自由市场资本主义的自由政治哲学必须让位于共同体观点，在全球化的形势下，企业必须有本地公民的意识。他们指出，全球商业将会向着实现所有人的自由和公正前行，履行他们作为商业公民的责任，因为这不但是人类自治和保证生活质量的养料，也是为了实现商业资本自身的可持续发展。① 他们从“企业社会互利价值观”、“企业长期目标观”、“企业效益与社会效益同等对待观”、“企业经营伦理观”、“社会网络价值观”、“企业公民观”及“利益相关者理论”等不同角度阐明了企业履行社会责任的必要性。

除了从经济学视角分析和研究企业社会责任的合理性之外，还有许多学者从政治学、伦理学及法学等多学科视角加以研究。如英国伟大的社会学家霍布斯认为，一些行业的组织者认为，企业的成功经营完全是其自身行为，而实际上是全社会给它提供了技术、技术工人、机器、市场、安定和秩序等条件，如果将这些条件收回，其与以树根、野果和野兽为生的野人没有区别。② 罗尔斯的复数正义原则强调对纯粹弱肉强食的市场经济进行改良，强调维持长期、有效以及稳定的社会合作体系，以维持现代社会与经济的可持续发展。③ 无疑，罗尔斯的复数正义理论从政治学视角提供了企业承担社会责任的理论基础。在伦理学上，丹尼尔·豪斯曼等人基于一种功利主义的立场坚持企业必须践行社会责任，认为企业承担社会责任有利于实现社会福利的最大化。以鲍伊为代表的康德主义者认为，康德的理论更适合用来解决商业伦理实践中的诸多问题，在讨论企业社会责任问题时，康德的理论同样能够发挥作用。依据康德在《伦理学讲稿》中对“完全责任”与“不完全责任”的界定，企业社会责任可以分为企业的完全社会责任与不完全社会责任。康德主义者通过诉诸康德的可普遍化原则和尊重人的原则对企

① See J. M. Logsdon, D. J. Wood, “Business Citizenship: From Domestic to Global Level of Analysis”, *Business Ethics Quarterly*, Vol. 12, 2002, pp. 155 – 187.

② 参见[美]保罗·萨缪尔森、威廉·诺德豪斯：《经济学》（第 17 版），萧琛等译，人民邮电出版社 2004 年版，第 77 页。

③ 参见刘志云：《论全球化时代国际经济法的公平价值取向——兼论发展中国家及我国的角色定位与战略选择》，载《法律科学》2007 年第 5 期。

业社会责任进行辩护。[①] 从法学视角来看,企业社会责任理论突破了实证主义法学的理论桎梏,体现了法律与道德之间的融合趋势,反映了法律社会化趋势下法本位从个人本位向社会本位的转变、法益观念从个人利益到社会利益的变迁。所有权社会化思潮强调企业或公司在行使法人财产权时不再是绝对自由的,而必须考虑社会利益。因此,法律社会化趋势与所有权社会化思潮为企业社会责任提供了坚实的法学理论基础。[②]

"任何概念都拥有自身的历史,它们不能抵抗时代的变化。"[③]从企业社会责任研究的角度来看,企业社会责任的理念必然"与时俱进"。创新、协调、绿色、开放、共享的"新发展理念"是一种全新的指导理论,是针对我国经济发展进入新常态和发展面临的突出问题和挑战而提出的战略引领,具有管全局、管根本、管方向、管长远的特性,必然既蕴含了与实际上发展密切相关的社会责任理论,又突破了社会责任的范畴。

(一)从企业社会责任研究的角度看,"新发展理念"是对金融机构社会责任传统理论的传承

"新发展理念"是在深刻认识经济社会发展规律后的又一次重大理论创新,其中就包含了对金融机构社会责任传统理论的传承。具体而言,主要表现在以下几方面:

(1)"创新发展"理念包含了理论、制度、科技、文化四个方面的创新。自我国经济进入新常态以来,传统依靠要素投入、需求拉动的方式对于经济增长的贡献已明显下降。创新正在成为中国经济社会发展的新引擎,以廉价劳动力和土地等要素驱动、投资驱动的发展方式转向创新驱动。我国将创新摆在国家发展全局的核心位置,既是强调要在发展方式上创新,更是强调要在思想上创新。制度创新、科技创新其解决的就是"脑动力"和"原动力"的问题,不仅要求金融机构自身的管理与业务创新,也要求金融机构利用其资金提供者或中介者的角色推动其他企业的创新,从而实现"金融机构的效益与社会效益的最大化",与"社会网络价值观"和"功利主义"的立

① 参见文跃然、解本远:《反思企业社会责任的康德主义辩护》,载《中国人民大学学报》2016 年第 3 期。

② 参见张长弓、曾思薇:《构建商业银行社会责任体系的思考》,载《南方金融》2007 年第 11 期。

③ [德]魏德士:《法理学》,丁小春、吴越译,法律出版社 2005 年版,第 81 页。

场具有一致性。

(2)“协调发展”理念主张要区域、城乡、物质文明和精神文明、经济建设和国防建设等方面实现协调发展。其强调的是各方面的协同配合、互相包容、相互平衡。这与罗尔斯正义论所强调的“维持长期、有效以及稳定的社会合作体系,以维持现代社会与经济的可持续发展”的观点一脉相承。罗尔斯认为维护程序正义的同时适当兼顾社会正义,以期建立一种能够有效促进社会经济合作的基本制度框架,即“在追求公平的正义中,分配正义能使公平、有效和富有生产力的社会合作体系持续维持”。① 显然,这与赞同金融机构社会责任的“企业效益与社会效益同等对待观”具有一致性。

(3)“绿色发展”理念与“可持续发展”理论一脉相承,要求金融机构自身内部管理与进行项目融资时应当承担环境保护的社会责任。1987 年世界环境与发展委员会(WCED)发表的《我们共同的未来》这一报告中,首次提出可持续发展理念,即“寻求满足现代人的需要和欲望,而又不危害后代人满足其需要和欲望的能力”。② 这一定义认为经济发展与环境保护紧密相连,当代人与后代人的生活质量依靠在满足人类基本需求的基础上,而不对所依存的环境造成损伤。③ 此后,在历经了一系列里程碑式的国际会议后,可持续发展理念逐步被世界各国政府、非政府组织以及商业组织所接受,其内涵也在不断丰富和完善。实现人类的可持续发展,除了各国政府的参与外,还需要企业界的共同努力,企业应承担更多的社会责任,已经成为共识。而全面建成小康社会所面临的最大问题之一就是资源环境承载力不足,这甚至可以说是制约达成小康社会目标的最大“瓶颈”、最大“心头之患”。贯彻落实绿色发展理念,是调整经济结构、转变发展方式、实现可持续发展的必然选择。由此,可以说,“绿色发展”理念源于“可持续发展”理论,要求金融机构在经营过程中以及业务产品开发过程中都应考虑其可能

---

① [美]约翰·罗尔斯:《作为公平的正义——正义新论》,姚大志译,生活·读书·新知三联书店 2002 年版,第 80 页。

② 世界环境与发展委员会:《我们共同的未来》,王之佳、柯金良译,吉林人民出版社 1997 年版,第 48 页。

③ See Stephan Schmidheiny, *Changing Courses: A Global Business Perspective on Development and the Environment*, The MIT Press, 1992, p. 108.

给环境带来的负面影响，为绿色发展构建新的金融体系和完善金融工具。

（4）“共享发展”理念中的“全体共享”“全面共享”“渐进共享”与支持金融机构社会责任的“利益相关者理论”“企业公民观”在对金融机构的利益诉求方面具有同一性。金融机构与其利益相关者之间、其自身发展与社会责任之间均是相辅相成的。利益相关者理论认为，企业社会责任不能仅仅以最大限度地为股东们营利或赚钱作为自己的唯一存在目的，而应当最大限度地考虑除了股东以外的其他所有人的社会利益。[①] 企业公民观也表达了类似的内容，其认为，公司与公民不存在区别，都是社会的重要组成部分，承担相应的社会责任是作为一个社会主体的内在要求。[②] 实际上二者所表达的观点基本一致，都要求企业承担相应责任，只是视角不同而已，实质上是一种分享的理念。

此外，“新发展理念”对金融机构社会责任传统理论的传承还体现在对“发展权”理论的吸收与借鉴。而20世纪80年代起国际社会对“发展权”概念的广泛使用实际上表达了两种倾向：其一是“发展”不仅仅意味着经济的增长，也包括人类的各个方面的进步；其二是关心“发展”的不仅仅是政府，其成果也不是少数精英享用，而是全国以致全人类的共同关心与享用。[③]

（二）从企业社会责任研究的角度看，“新发展理念”还实现了对金融机构社会责任传统理论的超越

虽然“新发展理念”与企业社会责任理论在内容上有所重合，但其全面超越了金融机构社会责任传统理论。具体表现为：

第一，“新发展理念”秉承的以人民为中心的发展思想，从根本上奠定了金融机构社会责任理论的思想基础。五大发展理念是针对我国发展中的

---

① 参见刘俊海：《公司的社会责任》，法律出版社1999年版，第6页。

② See Vidaver-Cohen, Deborah, and Altman, Barbara W., “Concluding Remarks, Corporate Citizenship in the New Millennium: Foundation for an Architecture of Excellence”, *Business and Society Review*, Vol. 105, 2000, p. 148.

③ See Anthony Carty, *The Third World Claims to Economic Self-determination: Economic Rights of People: Theoretical Aspects, in The Right to Development in International Law*, edited by Chowdhury, Subrataroy & Denters, M. G. Erik Warrt & J. I. M. Paul (eds.), Dordrecht: Martinus Nijhoff, 1992, p. 43.

突出矛盾和问题提出来的,贯穿着鲜明的问题导向。但它首先坚持的是人民主体地位,坚持发展为了人民、发展依靠人民、发展成果由人民共享。坚持以人民为中心的发展思想,是"创新、协调、绿色、开放、共享"五大发展理念之魂,五大发展理念是实践以人民为中心的发展思想的正确路径。坚持以人民为中心的发展思想,就要把增进人民福祉、促进人的全面发展、朝着共同富裕方向稳步前进作为经济发展的出发点和落脚点。部署经济工作、制定经济政策、推动经济发展都要牢牢坚持这个根本立场。① 因此,以人民为中心的发展思想要求金融机构不仅要追求自身利益,也要求金融机构的自身发展要与人民幸福相统一。金融机构的自身发展也必须依靠人民,发展成果应当由人民共享。

第二,"新发展理念"具备"全面性"、"整体性"与"系统性"之特征,在体系结构与内容涵盖上超越了传统的企业社会责任理论。坚持创新发展、协调发展、绿色发展、开放发展、共享发展,是关系我国发展全局的一场深刻变革。这五大发展理念相互贯通、相互促进,是具有内在联系的集合体,是有机统一的新发展理念体系,是不可分割的整体,相互联系、相互贯通、相互促进,要一体坚持、一体贯彻,不能顾此失彼,也不能相互替代。② 因此,这一新的发展理念体系为金融机构社会责任注入了新的理论内涵。较之于以往企业社会责任理论偏重于对某个方面加以论证,"新发展理念"从发展的动力、发展的内在要求、发展的自然必要条件、发展的国际环境与必由之路、发展的根本目的五个方面全面涵盖了企业社会责任理论的构成要素。

第三,"新发展理念"蕴含的辩证法具有整合传统理论之功能。"新发展理念"集中体现了马克思主义关于发展的世界观和方法论,蕴含着深刻的唯物辩证法。习近平总书记指出,新发展理念的提出,是对辩证法的运用;新发展理念的实施,离不开辩证法的指导。同时,他又强调,实施新的发

---

① 参见《习近平主持中共中央政治局第二十八次集体学习》,载 http://www.rmzxb.com.cn/c/2015-11-24/632094.shtml,最后访问日期:2018 年 1 月 30 日。

② 参见新华社:《习近平在重庆调研时强调落实创新协调绿色开放共享发展理念 确保如期实现全面建成小康社会目标》,载 http://www.xinhuanet.com/politics/2016-01/06/c_1117691671.htm,最后访问日期:2018 年 4 月 22 日。

展理念,要坚持系统的观点,要坚持“两点论”和“重点论”的统一,要遵循对立统一规律、质量互变规律、否定之否定规律,要坚持具体问题具体分析。① 而传统企业社会责任理论则有着明显的“门派之见”,主要从某一概念来论述承担企业社会责任的必要性,具有明显的局限性。在“新发展理念”下,金融机构承担社会责任是多维度、多领域的,并且各种社会责任之间是相互联系、相互影响的。也就是说,“新发展理念”突破了金融机构社会责任传统理论的局限性,有利于协调与解决金融机构社会责任的传统理论之争,从而达成共识以及认识的新高度。

无疑,这种超越也是“新发展理念”对我国新时期金融机构社会责任实践以及立法的重大挑战,意味着我国金融机构应当自觉以坚持“以人民为中心”的发展思想为立足点,从“创新、协调、绿色、开放、共享”五个方面全面承担社会责任,并且要善于运用辩证法思想处理金融机构社会责任问题。

二、金融机构践行社会责任对贯彻与落实“新发展理念”的特殊意义

金融体系对促进经济的发展有着重要作用,主要体现在:一是更有效率地分配资源,资金可以通过金融中介投入到效益最高的项目;二是使储蓄能够流动,而储蓄的有效流动与经济增长率密切相关;三是具有缓释风险的功能,生产经营乃至贸易中的风险可以通过金融体系来对冲。② 金融体系的这些功能实现都有待于金融机构的实施,具体而言,金融机构在优化资源配置与调节社会财富分配等方面发挥着重要作用,处于市场的中心地位,是现代经济体系的核心和枢纽,具有很强的社会性与公众性,③其不同于一般的企业,具有明显的特殊性。

“新发展理念”作为我国新时期、新阶段的指导纲领,金融机构因其在

① 参见习近平:《在省部级主要领导干部学习贯彻党的十八届五中全会精神专题研讨班上的讲话》,载 http://news.xinhuanet.com/politics/2016-05/10/c_128972755.htm,最后访问日期:2017 年 12 月 25 日。

② See Stephen Peachey, Alan Roe, *Access to Finance: What Does It Mean and How Do Savings Banks Foster Access*, January 2006, p. 27. available at: https://www.wsbi-esbg.org/SiteCollectionDocuments/Perspectives%2049.pdf,最后访问日期:2017 年 12 月 27 日。

③ 参见朱慈蕴:《论金融中介机构的社会责任——从应对和防范危机的长效机制出发》,载《清华法学》2010 年第 1 期。

国民经济发展中的重要作用，在贯彻和落实“新发展理念”上具有不可替代的特殊地位。如前所述，金融机构是为实体经济从事资金融通服务的特殊企业，其既是国民经济运行体系的核心参与者，也是社会组织体系的重要组成部分，金融机构社会责任应是一种特殊的企业社会责任，承担着对股东、员工、消费者、国家的经济责任、法律责任，乃至道德责任，承担着促进社会和谐与可持续发展的义务。更为关键的是，金融机构在践行社会责任的过程中，可以运用其在金融资源中的金融中介地位或角色带动甚至要求资金的需求者履行相应的社会责任，并能通过市场的方式惩罚践行社会责任不良的资金需求者。无疑，金融机构社会责任具有全局性、导向性与全面性的特殊功能。

所谓全局性，是指金融机构践行社会责任对于整个国民经济的发展具有全局性影响。具体而言，现代市场经济特别注重宏观调控的作用，宏观调控政策特别是产业政策要取得预期的效果，必须依赖于金融机构这个最为关键的传递枢纽。也就是说，金融机构不能仅仅关注其盈利性，还要履行其社会责任，为配合国家宏观调控的整体布局提供必要的金融支持。同样，由于金融机构具有明显的社会性和公共性，其利益的考量不能限于满足股东的利益诉求，其必然应考虑到金融消费者、债权人、员工、社区、政府等利益相关者权益的满足，而这些都是整个国民经济有机体的重要组成部分。此外，金融机构具有明显的杠杆效力，但是金融杠杆在放大资本的同时，也带来了相应的风险，而金融机构的风险是系统性和全局性的，一旦爆发，不仅只是股东或其他利益相关者利益受到严重影响，其所产生的蝴蝶效应甚至会使一国的社会经济陷入崩溃。由此可见，金融机构社会责任的履行事关全局，可能关系到我国金融秩序的安全和稳定，影响到整个国民经济的健康发展。与此同时，“新发展理念”本就是一种全局性思维，金融机构作为社会经济资源分配的重要载体和国家宏观调控政策的重要执行者，比一般企业承担的社会责任更宏观，二者的契合意义重大。

所谓导向性，是指金融机构践行社会责任能够引导、带动乃至要求其他经济主体履行社会责任。金融机构是市场经济体系的重要主体，也是社会经济生活中必不可少的参与者，承担着维护金融市场有序运行、落实国家宏观调控政策、提供金融服务等职能，在金融领域有着重要的号召力，可以产生引导和带动效应。[①] 实证研究表明,在区域经济发展的过程中,金融的作用不仅表现为对区域资本特殊的聚合功效,还表现为对区域经济显著的结构调整作用,通过这种调整可以产生经济结构重组的结构动力。[②] 也就是说,金融机构不仅仅具有一般的融资功能,而且其还能够通过向不同行业不同经济区域投放资金,使其资金投向影响整个国民经济发展的方向,进而调整生产要素在不同领域配置的具体格局,有效鼓励或抑制某些行业和企业的发展,促进经济资源的优化配置和产业结构的合理化,推动社会经济的可持续发展。因此,金融机构经营活动本身就具有辐射带动效应,其可以通过筛选、监督等举措对客户施加影响,发挥自己资源调配的职能,引导其他企业践行社会责任。

所谓全面性,是指金融机构践行的社会责任不局限于某一方面,而是在经济与社会发展的各个方面。金融机构在业务上以货币资金为载体,而货币资金乃是经济社会发展的"血液",这就从本质上决定了金融机构履行社会责任不能仅限于某一方面,不能因专注于绿色发展而忽视了创新发展以及协调发展等。金融机构作为现代经济体系中的核心与枢纽,又兼具社会资源再分配的职能,在履行社会责任过程中,应该是全面协调各方利益关系的过程,既承担着对股东、员工、社区等利益相关者的社会责任,也承担着鼓励创新、促进可持续发展等的社会责任。试想,如果金融机构忽略了"新发展理念"强调的任何一面,那么其负面效果便不言而喻。只有强调金融机构社会责任的全面性,才能有助于改善社会关系,维护社会的公平正义,从而实现人民生活安康幸福。也唯有如此,方可与金融机构的属性及地位相匹配。

金融机构履行社会责任的重要性不言而喻。美国学者 Scott Green 对巴林银行、基德—皮巴迪证券公司、大和银行纽约分行、爱尔兰联合银行等事件进行研究之后,发现这些公司都有一个共同的特点,就是奖励当前的投资

---

① 参见刘志云:《商业银行社会责任的兴起及其督促机制的完善》,载《法律科学》2010 年第 1 期。

② See Dayal-Gulati, Anuradha and Husain, Aasim, "Centripetal Forces in China's Economic Take-Off (May 2000)", *IMF Working Paper No*. 00/86. available at: Available at SSRN: https://ssrn.com/abstract=879619,最后访问日期:2017 年 12 月 23 日。

回报,不考虑道德要求和长期后果。① 瑞士管理中心教授伊沃·皮萨多教授在对金融危机发生过程进行分析后指出,2008 年金融危机是关键参与者的道德风险和公司社会责任失败所致。在危机发生后,危机本可以更早和更好地管理和解决,因为卷入按揭贷款过程的利益相关者,如银行、投资基金及信用评级机构都知道正在发生什么,但它们都选择不作为,或消极应对。② 金融机构显然不应如此,就如 2013 年诺贝尔经济学奖获得者罗伯特·席勒所指出的,"金融所要服务的目标都源自民众";"金融并不是'为了赚钱而赚钱',金融的存在是为了帮助实现社会目标";"对全球不断增长的人口及伴生而来的对生活富足的要求,金融将是实现这一目标的最佳动力——推动平等社会宏伟目标的最终实现"。③ 因此,贯彻与落实"新发展理念",对金融机构践行社会责任是至关重要的环节,而且,鉴于金融机构社会责任与一般的企业社会责任的内容与作用的不同,无法简单套用一般的企业社会责任的研究与立法,必须对其进行专门研究与立法。

第三节 "新发展理念"对我国金融机构社会责任的实践提出的重大挑战与立法标准的方案选择

一、"新发展理念"对我国金融机构社会责任的实践提出的重大挑战

(一)我国金融机构践行社会责任的实践存在的不足

近年来,随着企业社会责任在全球化进程中成为全球社会共同认可的价值观和行为准则,我国金融机构践行社会责任运动也蓬勃开展。2006 年 6 月 23 日,浦东发展银行率先发布了国内商业银行中第一份《企业社会责

① 参见[美]斯科特·格林:《萨班斯法案内控指南》,张翼、林小驰译,经济科学出版社 2007 年版,第 6~7 页。

② See Pezzuto, Ivo,"Miraculous Financial Engineering or Toxic Finance? The Genesis of the U. S. Subprime Mortgage Loans Crisis and its Consequences on the Global Financial Markets and Real Economy(October 7,2008)",Available at SSRN:https://ssrn.com/abstract=1332784,2017-12-25.

③ [美]罗伯特·希勒:《金融与好的社会》,束宁译,中信出版社 2012 年版,第 10 页。

任报告》,对自身的社会责任进行了梳理,界定了银行社会责任范畴。2007年12月,原银监会办公厅发布了《关于加强银行业金融机构社会责任的意见》(银监办发〔2007〕252号),强调各银行业金融机构要根据经营规模、业务复杂程度和发展战略,明确社会责任目标,采取适当方式发布社会责任报告。2008年10月31日,兴业银行正式公开承诺采纳赤道原则,成为中国首家“赤道银行”。2009年1月12日,中国银行业协会印发《中国银行业金融机构企业社会责任指引》。2014年8月,中国民生银行正式加入“联合国全球契约”,成为首家加入该组织的全国性股份制商业银行。证券、保险等金融机构在医疗、教育、扶贫等方面也开展了一些履行社会责任的活动。然而,以“新发展理念”观之,当前我国金融机构践行社会责任的实践存在严重不足。

1. 在促进“创新发展”方面,缺乏积极性和主动性

自主创新能力是一个国家的核心竞争力,也是企业生存和发展的关键。对于金融机构而言同样如此,金融创新固然是金融业可持续发展的源泉,但是由于金融机构的特殊性,其金融创新还应体现在其促进“创新发展”的基础上,其金融创新的产品应符合国家经济发展导向,符合社会责任的要求。创新发展依赖于科技驱动,而科技型企业具有高技术含量、高成长、高风险、轻资产的“三高一轻”特征,其价值在于利用其核心技术或创新思维,实现产品或服务的革新,以获得高附加值或赢得市场。但正是这些特征使得商业银行等金融机构难以通过传统方法评估其市场价值,也难以在资本市场上获得融资。2011年11月,科技部联合中国人民银行、原银监会、证监会、原保监会发布《关于确定首批开展促进科技和金融结合试点地区的通知》,确定北京中关村示范区、天津市、深圳市等16个地区为首批促进科技和金融结合试点地区。与此同时,我国商业银行金融机构在创新方面做出了一些努力,如招商银行陆续推出了排污权抵押贷款、绿色融资租赁、绿色转贷款和CDM融资等金融产品,中国银行也在其2012年度社会责任报告中显示其推出了关于清洁发展机制的融资项目。2015年11月,“新发展理念”提出后,虽然我国金融机构力图进一步推动对科技创新的支持力度。例如,2016年4月,原银监会、科技部、中国人民银行为了进一步推动金融机构推动科技创新,发布《关于支持银行业金融机构加大创新力度开展科

创企业投贷联动试点的指导意见》。但是总体来讲，对照新发展理念下"创新发展"的本质要求而言，我国现行科技金融体制下的创新型科技企业的资金需求并没有得到很好的满足，尽管政府采取贷款利息补贴、创新贷款担保、投贷联动等方式鼓励金融机构推动企业科技创新，但是实际效果不尽如人意。可见，虽然我国包含金融监管机构在内的有关主体在积极推动，但金融机构普遍缺乏践行促进创新发展这一社会责任的积极性和主动性。

2. 在促进"协调发展"方面，我国金融机构动力严重不足

西蒙·库兹涅茨认为，在经济快速增长的过程中，增长较慢的人群相比增长较快的人群而言，利益相对受损，而且其受损程度常常难以通过获益的那部分人群加以充分补偿，二者之间可能较易发生摩擦和对抗。[①] 为了避免产生类似的结果，我国一直高度重视经济发展中存在的不平衡因素，并采取有关措施促进协同发展，但城乡协调发展、区域协调的金融制度"瓶颈"仍然相对突出。特别是以新发展理念中的"协调发展"视之，金融资源在城市与农村之间的分配极不均衡，农村金融市场不发达，农村资金向城市金融市场倒流的现象比较突出，农民的融资与投资需求得不到满足。尽管这些年来在各地建立了不少村镇银行，但"普惠金融"的发展还任重道远。而且，就金融产品的种类而言，城市金融产品的种类远比农村市场丰富，新的金融工具也不断涌现，而证券、信托、基金等产品几乎未涉及农村，其他金融工具就更不可能。同样，金融资源在我国东部、中部及西部三个经济区域的分配也非常不均衡。东部地区金融机构分布密度较大，金融产品也相对充分，集中了全国大部分的金融资源，而经济相对较为落后的中西部地区，金融机构数量较少，金融资源较为稀缺，成为制约区域经济平衡发展的关键因素，结果上也会导致不同经济区域居民的就业机会与实际收入的不均衡。这些现象之所以产生，说明金融机构践行城乡协调发展、区域协调发展等方面的动力严重不足。

3. 在促进"绿色发展"方面，我国金融机构支持不够

从整个生态共同体出发，只有那些不降低我们的环境品质、不破坏我们赖以生存的自然环境的企业行为才是被允许的。虽然企业活动是赢利性

---

① 参见胡鞍钢：《中国发展前景》，浙江人民出版社1999年版，第13页。

的,但是营利不可能是企业的唯一目标和目的。且不管它是如何必要,任何企业的活动和行为,都要接受伦理道德方面的约束和限制。[①] 由于金融机构具有将资金进行再分配的职能,其在促进绿色发展方面能够起到重要作用。鉴于此,2007 年 7 月,中国人民银行、原银监会、原国家环保总局联合发布《关于落实环境保护政策法规防范信贷风险的意见》,试图通过严格的信贷管理,控制这些高污染高耗能企业的"经济命脉",从源头上实现遏制其盲目扩张的目的,实现资金的"绿色配置"。2009 年 1 月,银行业协会发布了《中国银行业金融机构社会责任指引》,提出银行业金融机构要承担企业社会责任,促进经济、社会、环境的和谐与可持续发展。2012 年 2 月原中国银监会又发布了《绿色信贷指引的通知》,要求各银行业金融机构积极贯彻落实绿色信贷政策,调整信贷结构,有效防范环境与社会风险,更好地服务实体经济,促进经济发展方式转变和经济结构调整。2013 年 11 月,银行业协会在福州召开"化解产能过剩暨践行绿色信贷"会议,29 家银行业金融机构签署了《中国银行业绿色信贷共同承诺》,就加强产能严重过剩行业授信管理、积极践行绿色信贷、提升自身环境和社会表现等内容做出了郑重承诺。[②] 同年,商务部和环境保护部联合发布《对外投资合作环境保护指南》,这是我国政府在对外投资合作领域针对企业环境保护行为发布的第一个专门性环保指南,是引导我国企业在海外履行环境社会责任的一次有益尝试。

2015 年 11 月,"绿色发展"理念提出后,中国人民银行、财政部、国家发展改革委、环境保护部、原银监会、证监会、原保监会于 2016 年 8 月联合印发《关于构建绿色金融体系的指导意见》,提出了要大力发展绿色信贷、推动证券市场支持绿色投资、设立绿色发展基金、发展绿色保险、完善环境权益交易市场等内容,可以说是迄今为止要求金融机构履行促进绿色发展方面最为详细的文件。无论是政府层面,还是金融机构自身,都已经意识到了绿色金融业务是未来的发展方向,但是,这些文件都缺乏强有力的约束,而且金融机构出于利益的考虑,基本属于"边走边看"的状态,实践中金融机

---

① 参见钱易、唐孝炎主编:《环境保护与可持续发展》,高等教育出版社 2000 年版,第 187~188 页。

② 参见胡斌:《全国银行业化解产能过剩暨践行绿色信贷会议召开》,载 http://www.gov.cn/gzdt/2013-11/05/content_2521644.htm,最后访问日期:2018 年 1 月 30 日。

构在专门针对绿色环保等产业企业的信贷支持等方面,也没有配备充分的信贷资源。追根溯源,这与人民银行的信贷管理手段滞后和管理效能低下不无关系。同时,针对向该类企业发放信贷的商业银行以及获得贷款的该类企业的财政支持之不足或缺位,无疑彰显出我国宏观调控综合协调机制缺失背景下,金融机构履行社会责任的乏力。

4. 在促进“开放发展”方面,我国金融机构参与程度较低

世界银行2008年发布的一份报告表明,全球有13个经济体通过实行对外开放,实现了持续25年以上的高速增长,开放之所以有如此显著之效果,原因在于其符合了经济发展的规律,扩大了市场、深化了分工。① 早在2008年11月22日在亚太经济合作组织第十六次领导人非正式会议上,原国家主席胡锦涛提出:“企业应该树立全球责任观念,自觉将社会责任纳入经营战略,遵守所在国法律和国际通行的商业习惯,完善经营模式,追求经济效益和社会效益的统一。”② 2011年《国民经济和社会发展第十二个五年规划纲要》也明确指出,“走出去”的企业和境外合作项目,要履行社会责任,造福当地人民。党的十八届五中全会在总结我国有关历史经验和智慧的基础上,又提出了“开放发展”的理念。但即便如此,我国金融机构长期在国家政策保护下,远没有做好参与国际竞争的准备,离“开放发展”的要求还有很远的距离。

目前,我国金融机构参与国际市场与跨国经营基本还是为中资企业与人员的资金往来服务,而不是真正的参与到国际市场上的同业竞争。如国际著名的“赤道原则”,截至2017年4月末,已有来自37个国家的90家金融机构声明遵守“赤道原则”,但我国仅有兴业银行、江苏银行2家遵守该原则,③此外,目前仅有工商银行、兴业银行、上海银行、招商银行等几家有限的金融机构签署了联合国环境规划署《金融机构关于环境和可持续发展

---

① 参见江必新、邵长茂:《贯彻五大发展理念的法治保障》,载《现代法学》2016年第6期。

② 胡锦涛:《在APEC第十六次领导人非正式会议上的讲话》,载 http://www.gov.cn/ldhd/2008-11/23/content_1156875.htm,最后访问日期:2018年1月30日。

③ 参见中债资信绿色债券研究团队:《绿色金融在中国的实践概述与思考(二)绿色金融产品与发展建议》,载 http://www.sohu.com/a/168553593_99921118,最后访问日期:2017年12月23日。

的声明》。同时,直至2016年11月,中国银行才成为首家与联合国工业发展组织开展合作的商业银行,推动联合国《2030年可持续发展议程》和《利马宣言》(Lima Declaration)目标的实现,并在减缓与适应气候变化、推动贸易能力建设、发展绿色金融等领域开展合作。[①] 而截至2016年年底,根据原银监会发布的《中国银行业监督管理委员会2016年报》,我国共有银行业金融机构4399家。诸如证券、保险、信托等机构加入国际社会责任规范更是寥寥无几。这表明,我国金融机构参与金融机构社会责任的国际规范的程度非常低,参与质量更是亟待提高。

5. 在促进"共享发展"方面,我国金融机构协调不充分

企业作为经济主体和社会的构成单位,必然要面对外部经济效应问题。企业作为一个具有趋利性的经济主体,大多缺乏动力主动解决负的外部经济效应。[②] 同样,我国金融机构也面临类似情形。近年来,实体经济发展低迷而银行利润却呈现"暴利"状态、金融机构乱收费问题、金融机构员工"过劳死"等问题,说明了我国金融机构远没有开展好利益相关者的协调管理工作,并没有把利益相关者的利益诉求作为日常运营的策略,而实际上金融机构社会责任的变现程度取决于利益相关者诉求的满足程度。更进一步来说,实际上破坏社区环境与破坏社区居民福利一样,都是在间接破坏市场,一个环境受到严重破坏的地方很难形成大型市场,经济发展与地球生态之间的稳定关系,构成了经济持续发展的基础。[③] 金融界百年老店美国摩根银行的创始人就曾说过,摩根之所以能够长盛不衰,就是因为其能够对社会负责任,不操纵金融市场、不赚取不义之财,不危害社会和经济稳定。[④] 换言之,金融机构这些片面追求自身利益的行为反映了我国金融机构践行"共享发展"理念不足的现实,没有协调好其与其他相关利益主体之间的利益冲突。

---

① 参见《中国银行股份有限公司2016年度社会责任报告》,载http://www.boc.cn/investor/ir5/201703/t20170331_9196665.html,最后访问日期:2017年12月23日。

② 参见李昌麒主编:《经济法学》,法律出版社2007年版,第201页。

③ 参见[美]莱斯特·R.布朗:《生态经济学》,林自新、戢守志等译,东方出版社2002年版,第4页。

④ 参见朱文忠:《国外商业银行社会责任的良好表现与借鉴》,载《国际金融》2006年第4期。

(二)“新发展理念”对我国金融机构社会责任未来实践的挑战

从总体上看,国内金融机构践行社会责任的水平仍然不高,金融机构履行社会责任基本上处于一种自发状态,许多金融机构没能建立起良好的践行社会责任的内部督促机制。而“新发展理念”对我国金融机构社会责任实践提出了新的要求,在“创新、协调、绿色、开放、共享”五个方面对我国金融机构社会责任的未来实践提出了全面的挑战。某种程度上在金融机构社会责任领域,尽管新的观念还远没有被普遍接受,使观念得以有效实现的程序也不完备、不稳固,但是新的观念却已经取代了旧有的思想。[①]概而言之,这些挑战可以分为以下几个方面:

第一,“新发展理念”对我国金融机构的社会责任意识提出了更高的要求。金融是现代经济的核心,金融机构在优化资源配置与调节社会财富分配等方面发挥着重要作用,在贯彻和落实“新发展理念”上无疑具有重要的地位。社会存在决定社会意识,社会意识反作用于社会存在。反过来,“新发展理念”是国家层面的新发展策略,对社会经济各个方面起到提纲挈领的作用。也就是说,“新发展理念”对金融机构履行社会责任具有重要的引领作用。我国从古至今向来“善于通过人文精神对社会成员心理和观念世界的整合与引领,来维系和规范整个社会;注重以和谐、和睦的方式化解矛盾纠纷等”。[②] 因此,“新发展理念”必然要求增强社会责任意识,将践行社会责任上升到金融机构的企业文化,成为一种企业全体成员恪守的共同信念或共同价值,促使企业中的员工主动识别社会责任,并敦促企业行动。[③]同时将社会责任内化到内部公司治理结构与外延到业务经营模式,渗入企业的方方面面,成为金融机构的行动自觉。

第二,“新发展理念”极大拓展了我国金融机构社会责任的范围。传统的企业社会责任因美国工业化的完成而产生,特别是在所有权与经营权分

---

① See Wifred Jenks, *Idealism in International Law*, *Essays on International Law*: *In Honor of Krishna Rao by M. K. Nawaz ed*, Leiden and Boston: A. W. Sijthoff, 1976, pp. 39 – 40.

② 张文显:《社会主义法律体系的中国特色和中国经验》,载《人民日报》2011 年 3 月 13 日,第 12 版。

③ See Stone, Christopher D, “Law and the Culture of the Corporation”, *Business and Society Review*, Vol. 15, 1975, p. 5.

离后，企业不再只专注于利润最大化，逐渐关注到了股东、员工等利益相关者的权益。[①]“利益相关者理论”“企业公民理论”等新理论的提出，发展了企业社会责任的理论基础，以股东利益、改善员工福利、慈善捐赠为主的狭义的社会责任概念，开始逐步扩展到可持续发展、社区服务、消除歧视等领域。而且在全球化背景下，企业社会责任范围越来越宽泛，其中可以包括合理用工、环保、志愿者服务、供应链管理、绿色融资等。企业社会责任体系本身就是一个开放的、不断发展的责任体系，“它随着社会公共利益的需要、企业能力的发展而有逐渐扩大和细化的趋势”。[②] 在一定意义上，正是企业社会责任范畴的历史性和具体性决定了企业社会责任范围的开放性与包容性，也正是这种范围的开放性保证了企业社会责任的生命力。因此，在“新发展理念”下，我国金融机构的社会责任可以概括为“促进创新、注重协调、倡导绿色、厚植开放、推进共享”。无疑，这是一个涉及经济与社会共同进步、人类与自然相协调、国内与国际一体化、金融机构与其他利益相关者共同协调进步的综合性社会责任体系。

第三，“新发展理念”要求增强金融机构建立与健全履行社会责任的内部治理体系与外部约束性，将践行社会责任制度化。金融机构践行社会责任是“内外兼修”的产物，不仅要求具有良好的外部制度环境，更为关键的因素是要具有完善的金融机构内部治理机制。外部制度的价值正是在于提升金融机构的内部治理机制，使金融机构能够自主、积极、能动地践行社会责任。即只有当利益相关者能够通过“消费者的货币选票”，对考虑社会利益的企业进行“褒奖”，对不重视社会责任的企业进行抵制并造成损失时，企业才会自觉履行社会责任。也就是企业社会责任与企业核心经营目标一致时，才能嵌入企业内在的商业运作过程，企业社会责任才会得以实现。[③] 同样，大卫·洛克菲勒也指出：“企业履行社会责任的关键在于社会责任不

① 参见沈洪涛、沈艺峰：《公司社会责任思想起源与演变》，世纪出版集团、上海人民出版社2007年版，第4～12页。

② 楼建波、郭秀华：《现代企业社会责任核心理念和中国实践之路》，载楼建波、甘培忠主编：《企业社会责任专论》，北京大学出版社2009年版，第13页。

③ See Tim Kit chin, “Corporate Social Responsibility: A Brand Explanation”, *Brand Management*, Vol. 10, 2003, pp. 4－5.

是附加给企业的一种慈善行为,而是企业行为的有机组成部分。"①总体来看,随着经济社会的发展,越来越多的金融机构开始关注企业社会责任问题,并建立了相应机制,投身于履行社会责任的潮流中。实践也表明,知名度越高的金融机构,越倾向于履行企业社会责任,贡献力度也越大。

因此,金融机构社会责任的落实,需要内部约束与外部约束的共同作用,这与"新发展理念"所倡导的理念是一致的。金融机构践行社会责任有赖于金融机构把思想和行动统一到"新发展理念"上,无论内部治理体系还是外部约束性都需要加强和完善相关制度建设,以完善金融机构践行社会责任的督促机制,从而让"新发展理念"在金融机构践行社会责任的问题上具有落脚点与执行力。

二、应对"新发展理念"对我国金融机构践行社会责任重大挑战的立法标准之选择

面对"新发展理念"下我国金融机构社会责任履行上的严重不足以及新的要求,必须以"新发展理念"为指导,加强相关制度建设来弥补不足及应对挑战。从法律视角来看,我国金融机构在践行社会责任上存在的不足与相关立法的缺陷本身具有密切的联系。《公司法》《商业银行法》《证券法》《保险法》等相关立法并没有将社会责任嵌入金融机构的公司治理结构与经营管理规则之中。《公司法》只是在第5条规定:"公司从事经营活动,必须遵守法律、行政法规,遵守社会公德、商业道德,诚实守信,接受政府和社会公众的监督,承担社会责任……"无疑,该条款只起到宣示性作用,对包括金融机构在内的公司企业怎么践行社会责任这一法律义务并不明确。尽管近年来相关监管部门与金融机构自律性组织,通过发布大量的规范性文件或指引等,已经形成了一个有关金融机构践行社会责任的庞大繁杂的"制度体系",但由于立法本身的科学性不足等问题,远未构成一个符合现实需要且强大有力的外部督促机制以鼓励我国金融机构践行社会责任。

---

① David Rockefeller, *The Corporation in Transition: Redefining its Social Charter*, *Chamber of Commerce of the United States*, Washington, D C, 1993, p. 23.

(一)立法选择"高标准的社会责任"还是"低标准的社会责任"对于金融机构有效践行社会责任具有重要的现实意义

金融机构所从事的金融行业具有特殊性,金融资源的配置与分配对于经济社会发展的影响具有全局性。因此,金融机构践行社会责任对于"新发展理念"的贯彻与落实具有关键性的作用,对于促进和谐社会的构建和全面建成小康社会具有举足轻重的地位。法律不仅应回应社会的发展,同时更要推动社会的进步。因此,在法律层面,相关机构与部门必须做出立法上的变革以应对"新发展理念"所提出的金融机构践行社会责任的新的挑战与要求,制定出科学、合理、高效的金融机构社会责任法律体系,促进金融机构有效地践行社会责任。反过来,这也成为贯彻与落实"新发展理念"的重要部分。

"小智治事,中智治人,大智立法。"[①]经过多年实践以及理论的探讨,"再继续讨论是否需要承担社会责任已经不合时宜,唯一需要明确的问题就是:'承担哪些和具体怎么承担'"。[②] 这本质上是金融机构社会责任采取何种立法标准的问题。立法标准所要寻求的是践行社会责任中涉及的效率与正义二者之间的一个平衡点问题,其尺度较难把握。"新发展理念"下,更是强调整体的协调统一,各主体之间利益的平衡,如果标准过高,则可能会对企业正常的生产经营活动产生影响,进而影响到金融机构的生存与发展,不能生存与发展则践行社会责任无从谈起;如果标准过低,金融机构则会忽视其他利益相关者的利益,过度追求效率和利润,同样也会影响到生存与发展。任何建立在法治原则之上的制度的确定性与可预见性总是有吸引力的。[③] 虽然"法律没有办法可用以强迫一个人做到他力所能及的优良程

---

① 习近平:《在中共十八届四中全会第二次全体会议上的讲话》,载 http://www.mirror.gov.cn/articles/ch01198/201501/cf8d6116－0225－4d2a－8d44－d9eac95f71cb.html,最后访问日期:2018 年 1 月 30 日。

② Janet E. Kerr, "The Creative Capitalism Spectrum: Evaluating Corporate Social Responsibility Through a Legal Lens Abstract", *Temple Law Review*, Vol. 81, 2008, p. 831.

③ Michael K. Addo, "Human Rights Perspectives of Corporate Groups", *Connecticut Law Review*, Vol. 37, 2005, p. 673.

度”,[①]但“却为我们指明了我们想要做的人和我们旨在享有的社会”,[②]即提供了履行社会责任的规范性指引及所应达到的某些标准。

各国的社会问题不同,社会责任也会不同。对于企业履行社会责任应达到何种程度,一直有着不同的看法。一种观点认为,只需达到最低限度的标准即可。如德鲁克认为,作为社会的代表机构,应至少要达到最低要求,保证个人享有一定的社会地位、行为权利和公平均等的机会。唯有如此,公司才能成为社会的代表机构。[③] 哈耶克也指出,只有“涉他人的行动”,才会引发对法律规则的阐释或制定,反之,那些非属“涉他人的行动”者,不应成为行为规则所调整的对象。[④] 我国学者叶林也认为,如果公司法同等,乃至优先对待利益相关者的利益,则有碍于股东的投资热情,进而摧毁建立在私人财产权基础上的现代公司法制度。[⑤] 另外一种观点则持不同态度,如乔治·斯蒂纳认为,企业的经营行为必须具有社会意义,企业应在最低限度之上考虑其行为可能带给股东和社会大部分人的影响。这应是一种考虑周密的制度。[⑥] 然而,从某种意义上讲,一切决策都是基于折中的考虑,最终选定的行动方案只是基于当时条件的最佳办法,不可能尽善尽美地实现目标。[⑦]

有关企业社会责任立法的国际讨论倾向于将其认定为企业自发的行为准则,但是这种讨论充其量只能充当抒发理想的劝谏,而无益于平衡运作。[⑧] 虽然如罗尔斯所说:“理想的立法者最多是能设计出种种社会安排,使那些从个人的或集团的利益出发的公民们被说服得以能最大限度地扩大

---

① [美]富勒:《法律的道德性》,郑戈译,商务印书馆2005年版,第7页。

② [美]德沃金:《法律帝国》,李常青译,徐宗英校,中国大百科全书出版社1996年版,第367页。

③ 参见[美]彼得·F.德鲁克:《公司的概念》,罗汉等译,上海人民出版社2002年版,第109页。

④ 参见[英]弗里德利希·冯·哈耶克:《法律、立法与自由》(第1卷),邓正来等译,中国大百科全书出版社2000年版,第161页。

⑤ 参见叶林:《公司利益相关者的法学分析》,载《河北学刊》2006年第4期。

⑥ 参见[美]乔治.斯蒂纳、约翰·斯蒂纳:《企业、政府与社会》,张志强等译,华夏出版社2002年版,第139~140页。

⑦ 参见[美]赫伯特·西蒙:《管理行为——管理组织决策过程的研究》,杨砾、韩春立、徐立译,北京经济学院出版社1988年版,第8页。

⑧ 参见彭德:《公司治理机构与企业社会责任的平衡与协调》,载《清华法学》2011年第1期。

幸福总量的方式行为。”[①]不可否认，立法化不等于强制性，但立法化对金融机构履行社会责任的约束性明显强于一般的道德约束，而且履行强制性企业社会责任也可以使企业获得竞争优势。[②] 但是，马克思曾说：“任务本身，只有在解决它的物质条件已经存在或者至少是在形成过程中的时候，才会产生。”[③]社会责任的履行方式必须考虑到金融机构自身条件，不能超越金融机构自身发展，应与金融机构自身的发展阶段相适应。国外学者通过研究 56 家非“赤道银行”和 31 家“赤道银行”的样本，发现“赤道银行”规模更大，面临的系统风险也更高，平均每股收益也相对较高。[④] 国内关于全面推动金融机构践行社会责任可行性的调查结果也显示，金融机构并不接受以强制方式来推动践行社会责任，认为可以强制推行的机构只有 3.01%，认可采取一定弹性的方式（即采取某种程度上的强制和自愿相结合）的机构有 30.77%，认为完全不应该采取强制执行的方式，而应视机构自身发展规模、发展阶段自主而定的机构有 65.22%。[⑤] 因此，“新发展理念”下，金融机构履行社会责任应以自身能力为限度，视自身能力履行相应的社会责任。正如有学者指出的那样，道德义务法律化如果对义务主体的能力和接受程度不予考虑，必然会导致对法律的遵守出现问题。[⑥]

实际上，类似的理念在企业社会责任国际立法中早有先例。1992 年联合国环境与发展大会通过的《里约宣言》宣布：“各国应本着全球伙伴精神，为保存、保护和恢复地球生态系统的健康和完整性进行合作。鉴于导致全球环境退化的各种不同因素，各国负有共同的但是又有差别的责任。发达国家承认，鉴于他们的社会给全球环境带来的压力，以及他们所掌握的技术

① ［美］约翰·罗尔斯：《正义论》，何怀宏等译，中国社会科学出版社 1988 年版，第 457 页。

② See Bryan Husted, David Allen, “Strategic Corporate Social Responsibility and Value Creation among Large Firms”, *Long Range Planning*, Vol. 40, 2007, pp. 594 – 610.

③ 《马克思恩格斯全集》（第 13 卷），人民出版社 1962 年版，第 9 页。

④ See Bert Scholtens, Lammertjan Dam, “Banking on the Equator. Are Banks that Adopted the Equator Principles Different from Non-Adopters?” *World Development*, Vol. 35, No. 8, 2007, p. 1312.

⑤ 参见李继军：《湖南省金融企业社会责任研究》，湖南大学 2010 年硕士学位论文，第 27 页。

⑥ 参见冯果、袁康：《浅谈企业社会责任法律化》，载《湖北社会科学》2009 年第 8 期。

和财力资源,他们在追求可持续发展的国际努力中负有责任。"《里约宣言》确立了环境保护责任的"共同但有区别的责任"原则,指由于地球生态系统具有整体性,而导致环境退化的因素各有不同,各国也存在能力上的差异,因此各国对保护和改善全球环境负有共同但有区别的责任。该原则包含两方面的主要内容,一是共同责任,二是有区别的责任。①

当前,"新发展理念"对金融机构社会责任法治化提出的新要求,对于金融机构践行社会责任中贯彻落实"新发展理念",必须有针对性地采取相应的对策措施,运用法治思维和法治方式贯彻落实。这不仅需要制定或修改"硬性"的法律法规,而且需要以"软性"的政策指引、行业自律规范、非政府组织推行的"民间立法"或"私政府立法"作为补充,还需要参与金融机构践行社会责任的国际规范的制定,才能发挥出具有强大生命力的"合力",应对"新发展理念"对金融机构社会责任的重大挑战,发挥出金融机构在增强创新能力、推动发展平衡、改善生态环境、提高开放水平及促进共享发展等方面的重要功能与社会作用。

在"新发展理念"下金融机构社会责任立法是至关重要的,立法的核心内容是金融机构的内部治理制度以及外部督促制度的革新,是支配着金融机构的业务行为和相互联系的规则的变更,是金融机构与其外部环境相互关系的变更,其直接结果不仅是激发金融机构的创造性和积极性,而且要促使其不断创造新的业务、利润和社会资源等合理配置,达到"新发展理念"的各个方面要求,最终推动社会的和谐发展与可持续进步。鉴于金融机构在社会经济发展的特殊地位,金融机构社会责任制度的立法与创新是贯彻与落实"新发展理念"的重要方面,是"新发展理念"能否在金融业落地的核心所在。因此,基于贯彻"新发展理念"的需要,金融机构社会责任的实践必须在"促进创新、注重协调、倡导绿色、厚植开放、推进共享"等方面得以突破与平衡,反过来也应围绕着这五个方面加强制度建设。

法律应最恰当地被看作一种方式,而非简单的终结。这里存在一个重大的必须首先解决的问题是,我们应该采取哪种立法模式才能做好这种应对呢?更具体地讲,采取"高标准的社会责任"还是"低标准的社会责任"的

---

① 参见王晓丽:《共同但有区别的责任原则刍议》,载《湖北社会科学》2008 年第 1 期。

立法标准？为了能够得到合理的答案，我们必须通过法律经济学方法进行深入分析。

（二）立法对“高标准的社会责任”还是“低标准的社会责任”的方案选择的法律经济学分析

法律经济学分析表明，金融机构社会责任的立法策略对于促进实践以及落实“新发展理念”具有极其重要的意义。“法的目的和任务在于以最小的牺牲和浪费来尽可能多地满足各种相互冲突的利益。”[①]同时，根据科斯定理，当交易成本过高，阻碍到有效达成契约时，资源可否得到有效率的利用取决于法律对权利义务的配置。因此，在客观世界里，法律便具有了两方面的作用：一方面，通过法律安排来降低交易成本，消除协商的障碍；另一方面，通过法律安排以使协商失败造成的损害最小化，也即把权利分配给评价最高的一方，并使得权利义务平衡。

由此，为了选择最有效的对金融机构社会责任的法律安排，我们通过设定金融机构社会责任的“促进创新、注重协调、倡导绿色、厚植开放、推进共享”五个维度分别作为目标函数，在选择其中一个维度作为目标函数时，其余维度则作为约束条件，从而通过构建理论模型并选择合适的代理变量，从理论和实证两个视角探讨如何进行有效的金融机构社会责任立法，以规范与促进金融机构履行社会责任的行为，实现目标函数的最大化。在理论分析部分，我们主要基于博弈论的相关模型，以推导法律规范在实现金融机构社会责任中的作用关系。在实证检验部分，我们可以通过所收集的国内外金融机构履行社会责任数据和相关法律法规，来检验法律法规对于金融机构履行社会责任以及对落实“新发展理念”的效用。

具体来说，我们首先可以建立一个完全信息静态博弈模型，参与者是立法者和金融机构，立法者通过立法可以对金融机构施加两种水平的社会责任标准，即“高标准的社会责任”和“低标准的社会责任”，金融机构为了应对立法者对其履行社会责任的要求，同样有两种选择，即“高水平地履行社会责任”和“低水平地履行社会责任”。因此，立法者和金融机构的策略空间包括四种类型，分别是（高社会责任，高水平履行）、（低社会责任，高水平

① ［美］庞德：《通过法律的社会控制》，沈宗灵译，商务印书馆1984年版，第35页。

履行)、(高社会责任,低水平履行)、(低社会责任,低水平履行)。假设高水平履行产生正的社会效应,低水平履行产生负的社会效应。F 是对金融机构低水平履行社会责任的罚款,c 是立法者选择高社会责任的成本,d 是企业低水平履行社会责任获得的超额利润,a_1 是金融机构高水平履行社会责任时获得的社会收益,a_2是金融机构高水平履行社会责任时立法者所获得的社会收益,a_3是金融机构低水平履行社会责任时获得的社会收益,a_4是金融机构低水平履行社会责任时立法者获得的社会收益。设定 $a_2 > a_1 > a_3 > a_4$。给定金融机构低水平履行社会责任的概率是γ,则立法者选择高社会责任($\theta = 1$)或者低社会责任($\theta = 0$)的期望收益分别为:

$$\Pi_G(1,\gamma) = (F - c + a_4) + (-c + a_4)(1 - \lambda) = F\gamma + a_4\gamma - c + a_2$$

$$\Pi_G(0,\gamma) = a_4\gamma - a_2(1 - \lambda)$$

令$\Pi_G(1,\gamma) = \Pi_G(0,\gamma)$,由此来进一步求解该模型的纳什均衡,探索不同类型的立法标准对金融机构履行社会责任的影响。

在厘清了立法标准的选择与金融机构选择不同水平的履行责任之间的关系后,我们将据此建立企业层面的双向固定效应面板回归模型,并通过收集现有的国内外对于金融机构履行社会责任的法律法规和金融机构实际履行社会责任的情况等相关数据,从实证角度研究立法选择对金融机构履行社会责任的影响。模型的初步设定如下:

$$\text{Social Liability}_{it} = \text{Law}_{it-1} + X_{it} + \beta_i + \delta_t + \varepsilon_{it}$$

其中,Social Liability 代表金融机构履行社会责任的相关情况,我们将从"促进创新、注重协调、倡导绿色、厚植开放、推进共享"五个方面寻找相应的代理变量,从而全面、准确地衡量金融机构在履行社会责任方面的情况。Law 代表规范企业社会责任的法律法规,我们将根据法律对金融机构履行社会责任的程度水平进行量化处理。X 代表其他可能影响金融机构履行社会责任水平的因素,包括企业的财务状况,所有制类型等。下标 i 代表金融机构,t 代表年份。为了控制其他不随时间变化或者不随企业变化的因素的影响,我们还加入了 β_i 和 δ_t 分别控制企业固定效应和年份固定效应。ε_{it}为其他扰动性。

通过对上述模型的实证检验,我们会发现对金融机构确立不同水平的社会责任的法律标准将会产生不同程度的履行社会责任的影响,从而为我国金融机构社会责任的立法标准是按照“高标准”还是“低标准”提供参考和借鉴。具体而言，就我国金融机构现阶段能力水平而言，宜采取从低标准开始，逐步过渡到高标准的社会责任立法方案，以此促进我国金融机构实力和形象的双提升，并避免金融机构社会责任执法过程所产生的“沙漏”现象。

第四节　新发展理念下金融机构社会责任的国内立法与实践之互动及其法律经济学分析

一、新发展理念下金融机构社会责任的国内立法与实践之互动

新制度经济学认为，在社会发展的舞台上，制度与人类行为、互补与对比永远相互塑造。① 无论理论上的抽象分析，还是我国的实际选择，法治与发展的正相关关系已经勘正和重申，需要坚定地以法治思维和法治方式贯彻新发展理念，即以法治形式明确发展规划，以法治平台凝聚发展共识，以法治机制激活发展动力，以法治手段清除发展障碍，以法治方式表达发展举措，以法治原则分配发展成果，以法治程序解决经济社会纠纷。② 因此，为应对“新发展理念”对我国金融机构践行社会责任的挑战，应当以“新发展理念”为指导，对我国金融机构社会责任进行科学有效的国内立法，以实现在这一议题上的国内立法与实践之间的良性互动。

（一）应当按照“新发展理念”的要求对我国金融机构践行社会责任的相关国内法律规定、政策及规范性文件等进行系统整理

传统法律的显著特征之一就是具有滞后性，而企业社会责任的本质却是前瞻性。③ 即便是在传统社会责任理论视野下，现行关于金融机构践行

---

① 参见［美］阿兰·斯密德：《制度与行为经济学》，刘璨、吴水荣译，中国人民大学出版社2004年版，第372页。

② 参见江必新、邵长茂：《贯彻五大发展理念的法治保障》，载《现代法学》2016年第6期。

③ See Christopher D. Stone, *Corporate Responsibility*: *Law and Ethics*（*Original title*: *Where the Law Ends*: *The Social Control of Corporate Behavior*）, Washington, D. C.: Beard Books Publishers, Inc（Originally published by Harper&Row）, 2004（Originally published in 1975）, p. 94.

社会责任的有关规定就可能已经显得滞后。当前,“新发展理念”的提出更是实现了对传统企业社会责任理论的传承与超越,其要求金融机构应在更加广泛的范围内履行程度更高的社会责任。由此,当前有关金融机构社会责任的立法不足以应对“新发展理念”带来的严重挑战,应要按照“新发展理念”的整体要求,进行仔细的梳理、细致的分析,全面检讨以往金融机构社会责任立法在“促进创新、注重协调、倡导绿色、厚植开放、推进共享”等方面存在的不足之处,进行前瞻性的思考,及时跟进立法。

具体而言,以“新发展理念”视之,我国金融机构社会责任立法存在以下不足:第一,缺乏落实“新发展理念”的责任制度。无论是《公司法》《商业银行法》,还是中国人民银行、原银监会、证监会、原保监会乃至深圳证券交易所、上海证券交易所等部门出台的引导金融机构践行社会责任的文件,其共同的特性都是规定较为原则和简单,基本停留在倡导层面,不仅就制裁和惩罚违反者没有规定,而且在操作上也缺乏执行力和强制力。即便在由原银监会发布的《关于加强银行业金融机构社会责任的意见》中,也没有具体规定法律义务或法律责任的内容。这些规定只是表明了一种主观的价值取向而已,践行社会责任的法律义务不明确,很难促使金融机构把社会责任嵌入到治理结构与经营流程之中,金融机构在践行社会责任的过程中落实“新发展理念”就很难提起。第二,与新发展理念下的“协调发展”不符。涉及金融机构社会责任的规定散见于《商业银行法》《环境保护法》《劳动法》《消费者权益保护法》等多部法律以及中国人民银行、中国证监会、原中国保监会以及上海证券交易所、深圳证券交易所等发布的规范性文件中。这种分散的立法只是从其所调整的法律关系出发,部门利益浓厚,必然会增加协调的成本,而且可能会如 Milton Friedman 所言,部分执法部门把执法水平提高,可能导致企业把经营成本转嫁到其他执法水平较低的领域上,这对整体社会责任的改善最终并无多大帮助。① 第三,缺乏“新发展理念”的激励机制。在实践中,各社会主体经常出于不同目的运用企业社会责任的现有理论,政客们将其作为争夺公司公共控制权的工具,而商人们则将其作为

① See Milton Friedman, “The Social Responsibility of Business is to Increase its Profit”, *New York Times Magazine*, September 13, 1970.

依据,抵制承担非自愿的慈善和利他行为。[①] 也就是说,实质上金融机构履行社会责任天生动力不足,一般立法上都对此提供了相应的激励机制。然而,我国现有直接涉及金融机构经济因素的税法及相关政策并没有提供合理的激励机制,直接导致金融机构践行社会责任的投入未有显著增加。第四,法律适用中践行"新发展理念"的意愿不足。关于金融机构社会责任的条款过于分散性、宣示性的规定影响了其裁判价值。由于在裁判过程中法官需要投入大量的理性分析,并需理清各种效力层级不同的规定,法官在审判中适用社会责任条款作为法律依据也是微乎其微的。同样,即便是在金融机构明显违反社会责任的案件中,由于社会责任认定及其后果承担的不确定性,利益相关者在起诉时也会放弃以此为依据。

不可否认,现行相关立法中能涉及金融机构社会责任已经意味巨大的进步,但也不能因此而忽视金融机构社会责任立法中存在的问题,不能长期落后于现实。这是因为,社会需要和社会意见常常走在"法律"之前,与"法律"之间存在着缺口,社会进步的或快或慢,人民幸福的或大或小,完全决定于这个缺口缩小的快慢程度。[②] 2014 年党的十八届四中全会更是明确提出了要"加强企业社会责任立法",因此,应以"新发展理念"指导金融机构社会责任立法,以保障金融机构社会责任立法的科学性,为金融机构在"新发展理念"指导下履行社会责任提供科学的法制保障。

(二)金融机构社会责任的国内立法必须立足于我国实际情况,特别是要充分关注我国金融机构社会责任的实践

法律是生活经验的总结。如马克思指出:"社会不是以法律为基础,那是法学家的幻想。相反,法律应该以社会为基础。法律应该是社会共同的、由一定的物质生产方式所产生的利益需要的表现,而不是单个人的恣意横行。"[③]同理,我国金融机构社会责任国内立法应当以我国金融机构社会责任的实践为基础,总结我国金融机构践行社会责任的实际经验以及反映的问题,并将其上升为国内立法,这是实现金融机构社会责任国内立法与实践

---

① See Henry G. Manne, "The Social Responsibility of Regulated Utilities", *Wisconsin Law Review*, Vol. 4, 1972, p. 12.

② 参见[英]亨利·梅因:《古代法》,沈景一译,商务印书馆 1959 年版,第 15 页。

③ 《马克思恩格斯全集》(第 6 卷),人民出版社 1958 年版,第 191 ~ 192 页。

之良性互动的必由之路。近些年来,我国金融机构可以说在践行社会责任方面起到很好的表率作用,有力推动了国内社会责任运动的开展,在积累相应经验的同时也反映出一些应当予以重视和纠正的问题,具体表现在以下方面:

第一,我国金融机构履行社会责任的领域不平衡。近年来,我国经济社会高速发展的同时,也带来了严重的环境问题。由于环境问题的急迫性,我国各个层面都对此予以高度重视,并投入了大量人力与物力。同时,由于环境与每个人密切相关,在该领域的有所作为容易为其带来良好的声誉,这也从客观上导致了金融机构在绿色领域投入了更多的关注。可以说,绿色金融已经成为了金融机构履行社会责任的最佳领域。金融机构按照国家宏观政策的要求,积极引导资金和贷款支持环保、低耗能企业的发展,逐步减少并从高耗能、低效益、环境污染严重的企业抽离,取得了显著的成果。例如,国内21家主要银行绿色信贷规模从2013年年末的5.20万亿元增长至2017年6月末的8.22万亿元。其中,绿色交通、可再生能源及清洁能源、工业节能节水环保项目贷款余额较大并且增幅居前。绿色信贷产生了较好的环境效益。以节能减碳环境效益为例,截至2017年6月末,节能环保项目和服务贷款预计每年可节约标准煤2.15亿吨,减排二氧化碳4.91亿吨。相当于北京7万辆出租车停驶336年,或相当于三峡水电站发电8.4年形成的二氧化碳减排当量。此外,绿色信贷资产质量整体较好,2017年6月末,国内主要银行节能环保项目和服务不良贷款余额241.7亿元,不良率0.37%,比各项贷款不良率低1.32%。[①] 此外,有些金融机构甚至接受国际通行的金融机构环境与社会责任的约束,如声明接受“赤道原则”约束的兴业银行、上海银行。但即便如此,金融机构也并未从高污染、高耗能的项目中完全撤离。同时,除绿色金融之外的其他领域则差距较为明显,即不能通过推出微额贷款、社会责任投资、社会责任融资等负责任的金融产品,有效地促进创新、协调发展、推进开放和共享,导致了创新型企业融资仍然困

① 《至2017年6月21家主要银行绿色信贷规模达8.22万亿元》,载原中国银行业监督委员会官网:http://www.cbrc.gov.cn/chinese/home/docView/8D8C639AC873451D9686BA81CF2FD35A.html,最后访问日期:2019年1月26日。

难,金融资源分布不均衡,金融机构参与国际金融业务不够,利益相关者利益市场受到损害。国外学者通过研究1800家公司(其中包括400家金融机构)的样本,也发现金融机构相对于其他行业,在社会责任报告、商业伦理、产品责任和劳工关系方面有所欠缺,而在社区关系方面表现相对出色。① 可见,现代金融行业社会责任关注的多为绿色金融领域,忽视了金融机构在金融创新、协调发展、开放与共享方面的社会责任,没有真正体现利益相关者需求,在金融产品和服务的设计、生产和销售上也没有体现出社会责任要求。②

第二,金融机构履行社会责任意识有所增强但仍有欠缺。虽然社会责任制度在我国刚起步,但金融机构在企业接受社会责任过程中起到积极的推动作用。金融机构特别是我国大型银行机构近些年来几乎无一例外地主动披露履行社会责任报告,银行业发布企业社会责任报告已成常态。部分银行还主动接受了相关国际社会责任准则的约束。与此同时,自2011年中国证券业协会发布首份证券公司社会责任报告起,已连续6年编制并发布《证券公司履行社会责任情况报告》。据统计,超过80%的证券公司建立了履行社会责任的相关制度,三分之二以上的证券公司通过发布独立社会责任报告或在年报中设置专门章节,向社会公众披露公司社会责任履行情况。部分证券公司还通过设立公益基金、成立志愿者服务队等方式,不断探索履行社会责任的有效手段。③ 特别是2016年首次披露了证券公司践行"一司一县"结对帮扶行动倡议、履行脱贫攻坚社会责任等方面的实践及成果。④ 2014年7月,原保监会发布了《中国保险业社会责任白皮书》,首次向社会

---

① See Olaf W., Michael D., Regina S., "Corporate Social Responsibility of the Financial Sector-Strengths, Weaknesses and the Impact on Sustainable Development", *Sustainable Development*, Vol. 22, No. 5, 2012, pp. 321－335.

② 参见贺绍奇:《金融创新的滥用与金融机构社会责任的完善》,载《财经问题研究》2010年第6期。

③ 参见中国证券业协会:《2016年度证券公司履行社会责任情况报告暨精准扶贫专题报告》,载 http://www.sac.net.cn/ljxh/xhgzdt/201709/t20170901_132804.html,最后访问日期:2017年12月27日。

④ 参见中国证券业协会:《2016年度证券公司履行社会责任情况报告暨精准扶贫专题报告》,载 http://www.sac.net.cn/ljxh/xhgzdt/201709/t20170901_132804.html,最后访问日期:2017年12月27日。

公众全面介绍保险业履行社会责任的理念、实践和成效。2015 年 12 月，颁布实施《关于保险业履行社会责任的指导意见》，推动全行业社会责任工作管理水平的提升。2017 年 1 月，原保监会发布了《中国保险企业社会责任蓝皮书(2016)》，对责任管理、客户责任、环境责任、伙伴责任、公益责任五大保险行业重点社会责任议题进行回应。此外，2016 年中国财务公司协会正式发布了首份《中国企业集团财务公司行业社会责任报告》，中航信托在《慈善法》实施后发布了业内首份“慈善信托”。可见，我国金融机构履行社会责任的意识不断增强，企业精神和企业文化建设也在不断推进。

但是，就各金融机构所披露的社会责任信息来看，仍存在诸多不足之处。具体而言，金融机构所披露的信息主要是多局限于对股东价值的关注、员工的关怀以及对社会关注事件所进行的慈善行为等，而且主要内容往往侧重于强调某一方面的社会责任，并选择自己满意或擅长的披露方式，具有明显的功利性，社会责任的履行本质上仍然不是企业发展战略的一部分，内部机制上对如何履行社会责任并没有完整体系，属于一个“你有我也得有”的跟风性工作，随意性较大。比如民生银行 2016 年和 2017 年的企业社会责任报告除了体例上和一些具体事例的变化外，其他内容几乎没有什么改变。其他金融机构的社会责任报告，也是口号式内容居多。显而易见，很多金融机构对社会责任缺乏系统性把握，主观动机上就是为了在形式上显得自身不那么落后，避免导致其品牌受损。此外，由于金融机构在社会经济发展中的重要作用，基于地方经济发展的需求，政府在面对经济利益与社会利益的两难境地中通常倾向于使社会责任的软约束让位于经济发展的硬约束，①使得金融机构社会责任意识严重受损。当然，事物的发展是一个循序渐进的过程，并在这种不断磨合中得以逐渐提升。然而，伯特·斯科特的调查报告显示，知名跨国银行已普遍接受赤道原则、全球契约、联合国环境规划署金融倡议等国际标准或规范，并将其变成了自身履行社会责任的内部机制。② 例如，汇丰银行目前就接受了包括赤道原则、气候原则、联合国环

---

① 参见沈四宝、程华儿：《浅谈中国企业社会责任》，载楼建波、甘培忠主编：《企业社会责任专论》，北京大学出版社 2009 年版，第 341 ~ 342 页。

② See Bert Scholtens, “Corporate Social Responsibility in the International Banking Industry”, *Journal of Business Ethics*, Vol. 86, 2009, p. 165.

境规划署金融倡议、联合国全球契约、经济合作与发展组织跨国公司指南、沙利文原则、沃尔夫斯堡原则等在内的众多的社会责任国际标准或规范。[①]

实践表明,金融机构追逐多个目标不仅不会损害股东的利益,而且还可能会因为满足多个需求而提高金融机构的经营状况。换言之,当金融机构注重可持续性问题和社会责任方面时,包括经营状况在内的各方面可能表现更好;当其着力于满足利益相关者时,利益相关者可能会给予相应回报来支持金融机构的发展。比如员工更加努力工作等。[②] 当然,这种回报可能需要一定的周期,但最终都会有所收获。而且,履行了社会责任的金融机构更加不容易发生影响企业经营的极端消极事件,能够将影响其自身发展的环境、社会和政府干预等因素纳入经营计划,减少因道德行为失误而产生的经营风险或财务危机。[③] 反过来,这也说明金融机构践行社会责任能够提高其声誉,增强金融机构防范风险的能力。

第三,金融机构履行社会责任要求未能兼顾普遍性与特殊性的统一。著名管理学家罗宾斯认为,企业履行社会责任与企业的能力是密切相关的,随着企业能力的增强,企业应承担更多的社会责任。[④] 企业履行社会责任有一个过程,在哪一个阶段适合承担什么社会责任是由该阶段企业的能力所决定的。同时,其将企业履行社会责任分为四个阶段,即企业初创时应把股东的利益放在首位,实力尚不够强大时企业的责任应放在雇员身上,实力不断增强有一定社会影响时转向外部供应商和消费者,企业实力对社会的影响超出了企业对自身行为的想象时应把环保、公益等活动纳入自己的责任范围。[⑤] 同样,在法国对不同类型企业的社会责任有着不同的定位,其根据面临的外部压力不同而分为三类:第一类是“战略型”企业。这类企业因

---

① HSBC Global Site, International Commitments, http://www. hsbc. com/our-approach/sustainability,最后访问日期:2017 年 12 月 27 日。

② 参见刘志云:《法律视角上商业银行的社会责任:原理研究与实证分析》,法律出版社 2012 年版,第 92 页。

③ See S. Waddock, S. Graves, “The Corporate Social Performance-financial Performance Linkage”, *Strategic Management Journal*, Vol. 18, No. 4, 1997, pp. 303 – 319.

④ 参见张彦:《论当代企业伦理建设中的价值排序问题——马克思主义经济伦理学的一种现实解读》,载《伦理学研究》2012 年第 9 期。

⑤ 参见曹凤月:《企业道德责任论——企业与利益关系者的和谐与共生》,社会科学文献出版社 2006 年版,第 31 页。

对外部造成巨大影响,面临着巨大的社会压力,不得不将社会责任融入其发展战略,积极推行社会责任,法国建筑材料和水泥厂商拉法基集团(La Farge)就是这类企业的代表;第二类是"承诺型"企业。这类企业面临的压力较小,能够通过产品和服务调整来履行相应社会责任,以各类银行为典型;第三类是"关注型"企业。这类企业能够感受到外部压力,但并没有将企业社会责任纳入其生产经营中,很少在社会和环境方面做出承诺,以中小企业为典型。① 虽然法国的分类是关于全部企业的,但无疑也有相当的借鉴意义。而反观我国,从有关金融机构社会责任的规定来看,其关于社会责任的要求是统一的,并未按照金融机构自身拥有的资源和能力来确定。而实际上,由于金融机构面临各异的市场约束、商业环境、运营体制和机制,其战略规划和市场定位不一,对社会责任的认知也各有侧重。特别是众多的中小金融机构仍然处于规范经营阶段,与一些具备强大物质基础和经济条件的大型金融机构不同。根据国内现有实践,关于金融机构社会责任的要求实际上也是主要依赖于大型金融机构的践行与落实,而中小金融机构则处于观望的状态。因此,金融机构社会责任的立法要从实践出发,特别注重发挥大型金融机构在践行社会责任方面的表率作用,并考虑中小金融机构的能力和功能定位,实施不同层级的社会责任要求。②

"经济法理论的生命力在于与现实经济关系相结合。"③上述问题都是金融机构践行社会责任过程中反复出现的问题,在"新发展理念"下同样难以避免。我国金融机构社会责任立法中很多只是简单复制了发达国家相关的法律条款,并没有与中国实际情况很好结合,完成本土化的过程。而美德日等任何一个国家的社会责任立法体系的建构都置身于各自历史发展的洪流中,接受自身独特历史背景的洗礼。同时任何制度的改革都是一个循序渐进的过程,并在完善的过程中同时进行新的完善。其中任何一个阶段,都难以实现突发式、剧烈式的整体重构。因为完善总是要基于现有的材料,而

① 参见[英]塞缪尔·O.艾杜乌、[德]沃尔特·利尔·菲欧:《全球企业社会责任实践》,杨世伟译,经济管理出版社2011年版,第36~39页。

② 参见张志峰、张志暹、袁治伟:《对社会尽责 为社会负责——对金融机构社会责任的思考》,载《中国金融》2009年第2期。

③ 李昌麒主编:《经济法学》,中国政法大学出版社2002年版,第2页。

这些材料本身就是一种演化过程的整体的产物。① 为了更好地贯彻落实“新发展理念”，必须对此予以正视，金融机构才能好地助力供给侧结构性改革、服务好实体经济发展、服务好国家发展战略等。

（三）我国金融机构社会责任国内立法应当处理好“硬法责任”与“软法责任”之间的关系

金融机构社会责任是经济责任、法律责任与道德责任的综合体，其是一种多元化的责任，②兼有“硬法责任”与“软法责任”的成分。法律作为与人们具体现实的生活方式无法分离的一种规范性秩序，硬法责任与软法责任实际上是金融机构社会责任实现机制的问题。由于金融机构社会责任所包含责任性质的不同，其实现机制必然不一。同时金融机构社会责任所包含的各种性质不同的责任常常混合在一起，金融机构社会责任的落实既离不开“硬法责任”的约束，也离不开“软法责任”的保障。因此，正确处理二者的关系关乎企业社会责任本质的合理实现，也关系到“新发展理念”能否真正得到落实。

第一，硬法责任是金融机构社会责任的底线。如前所述，不同性质的企业社会责任的实现机制不同，法律责任依托于国家强制实现，道德责任则不涉及国家强制，软法责任介乎两者之间。③ 例如，美国经济发展委员会在《商事公司的社会责任》的报告中将众多的社会责任行为分为两类：一是自愿性的行为，由公司主动实施并由公司在其实施中发挥主导作用；二是非自愿的行为，这些行为由政府借助激励机制引导，或者通过法律法规的强行约束来实施。④ 同理，金融机构社会责任行为也存在类型上的差别，不可能所有的行为都必须以硬法责任作为后盾。无疑，金融机构作为特殊企业，一些行为具有全局性的特征，一旦金融机构不履行这些行为，将会对利益相关者以及经济社会发展带来严重影响，必须用强制性规范来予以督促，为金融机

---

① 参见韦森：《为什么要重读哈耶克?》，载 http://www.360doc.com/content/16/0621/11/14589112_569491050.shtml，最后访问日期：2017 年 12 月 3 日。

② 参见蒋建湘：《企业社会责任的法律化》，载《中国法学》2010 年第 5 期。

③ 参见蒋建湘：《企业社会责任的性质》，载《政法论坛》2010 年第 1 期。

④ 参见朱慈蕴：《公司的社会责任：游走于法律责任与道德准则之间》，载《中外法学》2008 年第 1 期。

构社会责任履行设定最低标准,如果不予以履行就对其施加不利法律后果。若金融机构履行社会责任的最低标准没有强制性规范予以保障,对于金融机构而言,其出于成本考虑,理性的选择必然是降低支出,结果必然是不履行社会责任或消极懈怠。[①] 实践性是“新发展理念”的重要特征,因此,社会经济活动必须遵循蕴含责任感的经济原则,必须以法律来保障和促进这种原则的发展,并将其嵌入到商业伦理之中。[②] 同时,由于金融机构社会责任具有较强的弹性特征,很大程度上从属于自愿原则。固然,一个较好履行了社会责任的金融机构有着良好的美誉度,可能会促进其经营业务的开展。但是,作为一个“经济人”,经济因素始终是最能够起决定性作用的因素,金融机构社会责任行为自身成本姑且不论,如果其不履行或不认真履行能够给其带来较大利益时,这种履行社会责任的美誉度多半让位于对经济利益的追求。唯有以禁止性规范或强制性规范的形式明确底线,缩小金融机构履行社会责任的弹性,使得金融机构社会责任不再成为纸面宣言。实际上,这也是金融机构社会责任立法的目的所在。

第二,软法责任是硬法责任的有效补充。社会责任作为一种责任综合体,这从根本上就决定了其实现方式也应是多元的。事实上,不仅不同地域、不同文化的企业承担社会责任状况差异较大,而且同一地域、同一文化中的不同企业也是千差万别的。这是因为,在排除考虑法律等强制性制度安排因素的情况下,这种伦理色彩浓厚的责任承担的实现效果在很大程度上要取决于行为主体的道德素养——当然,这又更深层次地取决于行为主体所处社会共同体的道德水平,而道德则总是“具有多样性”。[③] 同时,法律对行为的规范并不总是以课以不利后果的形式出现,很多时候,社会责任中道德责任、经济责任乃至法律责任都是通过倡导性、激励性法律规范予以实现,以给予奖励或鼓励等肯定性的法律后果彰显指引和激励作用,反映对某

① 参见刘俊海主编:《中国资本市场法治评论》,法律出版社 2011 年版,第 286 页。

② See Clark J. Maurice, "The Changing Basis of Economic Responsibility", *Journal of Political Economic*, Vol. 24, No. 3, 1916, p. 210.

③ 参见[英]A. J. M. 米尔恩:《人的权利与人的多样性——人权哲学》,夏勇、张志铭译,中国大百科全书出版社 1995 年版,第 66~76 页。

种行为的价值认同。[①] 这种规范所带来的“软法责任”有时会起到意想不到的效果，因为对于一个“自愿行为”来说，很多时候贴上道德的标签就是其唯一的约束。如果说硬法责任是金融机构社会责任的“底线”，那么“软法责任”在某种程度上可以称为金融机构社会责任的“上线”。硬法责任提供的是一个刚性的制度框架，缺乏灵活性与回应性，明显具有僵化的特点，其“缺陷部分源于它所具有的守成取向，部分源于其形式结构中所固有的刚性因素，还有一部分则源于与其控制功能相关的限度”。[②] 而软法责任所具有的引导与激励作用较好地弥补了硬法责任的缺陷。因而，硬法责任与软法责任的规范方式在不同的层面以不同的实施及评价方式共同促使着金融机构社会责任的实现，金融机构社会责任理应包含金融机构对社会的软法责任与对社会的硬法责任，二者缺一不可，不可过分强调一方而废弃另一方作用的发挥，过于强调某一责任的运用都有可能导致目的的落空，这也是“新发展理念”的必然要求。

此外，任何国家都不可能制定出具体到事关每件事和每个人的法律，必然会留下大量的真空领域，而私性或准私性的立法权力能够对这些领域进行填补。[③] 一般认为，这种私性或准私性的立法权力由行业协会等社会自治组织所制定的规范其自身成员行为的行业规范来体现。这种规范所产生的后果也可称为“软法责任”，其最终的执行并不以国家强制力为基础。由于社会自治组织所制定的规范主要以社会的道德价值观念为号召，并以协商方式产生，照顾到了不同层次的利益诉求，代表了某一行业或某一共同体的利益诉求和愿望，其通过市场交易机会、交易资格等市场激励与约束机制作为实施的驱动力，通过消费者选择、声誉机制、媒体监督等方式，使不履行社会责任的行为承担道德上和经济上的不利后果。[④] 波斯纳就认为，这

---

① 参见漆多俊主编：《经济法论丛》，武汉大学出版社2010年版，第346页。

② [美]E. 博登海默：《法理学——法律哲学与法律方法》，邓正来译，中国政法大学出版社2004年版，第419页。

③ 参见[美]E. 博登海默：《法理学——法律哲学与法律方法》，邓正来译，中国政法大学出版社2004年版，第423页。

④ 参见沈贵明、王长华：《论企业社会责任的实现路径——以市场制约机制为视角》，载《学习与探索》2014年第10期。

些社会规则是通过社会认可、讥讽、驱逐、声誉等予以执行的。[①]更进一步来说，对于金融机构而言，与其接受以国家强制力为基础的硬法责任的强制约束，还不如主动遵守软法责任的软约束，主动履行社会责任，运用市场手段处理协调企业利益与社会利益的关系，规避硬法责任约束所带来的风险，获取因积极履行社会责任所带来的回报，如因其他主体想绑定声誉良好的金融机构而获得商业机会等。此外，具有这种"软法责任"的行业规范，由于其制定主体的非政府性和内容上的非强制性，能够将社会的主流价值观和道德诉求予以吸纳，通过制定非法律的行业规范将其具体化，从而更具有操作性。[②]

任何法律制度均是由与之相适应的法律规范构成的，规范金融机构社会责任的法律法规也不例外。[③] 因此，对属于"硬法责任"的金融机构社会责任，在立法技术上可以运用禁止性规范、义务性规范等强制性规范加以规定，并课以相应的法律责任；对属于"软法责任"的金融机构社会责任，可以用法律原则的形式加以规定、以宣示性规定的形式加以规定或者以激励性规范的形式加以规定。此外，国内立法还应当关注以非政府组织、媒体等为代表的第三方力量对国内金融机构践行社会责任的督促作用，构建适当的扶持与合作机制，让第三方监督力量拥有更大的发挥作用的空间。

二、对新发展理念下金融机构社会责任的国内立法与实践互动关系的法律经济学分析

法律以其特有的权威性的分配权利和义务的方式，有助于实现效率的极大化，这是法律对人们的重要意义之一。[④] 故而，对我国金融机构社会责任的国内立法与实践之间的互动关系不能单纯依赖传统的定性分析。如同美国学者兰戴斯和波斯纳在进行研究时引用威廉汤姆逊的话说的那样，如果你能够对所谈论的事情进行测量，并能用数字来表述，那么你确实了解了

---

① See R. A. Posner, "Social Norms and the Law: An Economic Approach", *American Economic Review*, Vol. 87, No. 2, 1997, p. 366.

② 参见姜明安：《软法的兴起与软法之治》，载《中国法学》2006 年第 2 期。

③ 参见刘俊海主编：《中国资本市场法治评论》，法律出版社 2011 年版，第 286 页。

④ 参见张文显：《法哲学范畴研究》（修订版），中国政法大学出版社 2001 年版，第 219 页。

一些事情,如果你不能进行测量,又不能用数字来表达,不管你的学问有多深,说明你的知识是贫乏的,思想也还没达到科学的程度。[①] 正如学者所认为的,法律经济分析以成本和收益、经济效率为工具对法律规则进行分析,使我们能够了解到法律实施的状况,并能够评价法律安排的社会价值。[②] 因此,我国金融机构社会责任的国内立法与实践之间的互动关系还必须借助数量模型、法经济学分析方法进行定量分析,使得分析结果更加科学化与精确化。如此,不仅能够检验立法的效果,更能够改进立法,使之发挥出更大的促进金融机构履行社会责任的作用。

(一)金融机构社会责任具体制度实践效果的法律经济分析

制度经济学表明,一个合适的制度对于实践的推动作用是巨大的。但制度的产生乃至运行都受到多重因素的制约,罗伯森在对新加坡、土耳其和埃塞俄比亚的企业社会责任的研究中发现:企业履行社会责任因不同国家在企业所有制结构、公司治理、开放程度、社会角色等方面存在差异而有所不同,并在履行本土和全球社会责任的优先选择中有所平衡,或者将其作为一个对企业社会责任进行解释的指导原则。[③] 而且,由于国家很多时候在金融机构社会责任立法过程中秉持立法之外的目的,构成了金融机构社会责任立法的非效率性属性或政治性属性,即便是市场经济更为发达的美国也不例外,如 20 世纪 90 年代末,美国频繁出现的重大市场欺诈问题激怒了美国民众,为了获取民众对政府的支持,仓促之间就推出了严酷的公司改革法案。[④] 因而,承载金融机构社会责任制度的产生乃至运行是一个利益平衡的结果。

具体到我国,由于社会责任理论是一个“舶来品”,其在我国要想实现预想的作用,不仅需要对社会责任产生、发展以及其所应涵盖的主要内容有深入的了解,同时还应与我国的实际,如立法水平、各企业之间发展阶段差

---

① 参见周林彬等:《法律经济学中国的理论与实践》,北京大学出版社 2008 年版,第 227 页。

② 参见[美]罗宾·保罗·麦乐怡:《法与经济学》,孙潮译,浙江人民出版社 1999 年版,第 2 页。

③ See Diana C. Robertson, “Corporate Social Responsibility and Different Stages of Economic, Development: Singapore, Turkey, and Ethiopia”, *Journal of Business Ethics*, Vol. 88, 2009, pp. 617 – 633.

④ 参见罗培新:《公司法的合同解释》,北京大学出版社 2004 年版,第 78 页。

别、能力差异等相契合。况且,社会责任所包含的经济责任、法律责任、道德责任其性质差异明显,无法以统一性的标准进行衡量。因此,从定性角度来看,即便金融机构社会责任的立法体现了高度的灵活性、专业性和平衡性,其也不能完全称为"合适的制度"。实践是检验真理的唯一标准。例如,我们可以运用经济学方法,对我国在金融机构践行社会责任的内部督促机制的规定的实践效果进行实证分析。分析表明,董事会结构、股权集中度、政府持有股份、外资持股等与金融机构践行社会责任的情况关系紧密。对此,我们可以通过数理分析,发现和比较具有不同内部治理结构以及股权结构的金融机构在履行社会责任方面所面临的成本与收益。

例如,基于资本市场数据和调查数据表明,董事会成员结构与公司绩效之间的关系紧密。实证结果表明:独立董事比例和参股方兼职董事的比例增加能够提高公司绩效托宾Q值(TQ)、控股方兼职董事比例增加能提高现金流指标(CF:经营净现金流/总资产)和总资产运营绩效指标(EBITDA:EBITDA/总资产)、内部董事比例增加则导致公司绩效指标CF和TQ下降。这就验证了董事会结构变量对公司绩效的显著影响,证实了董事会内部博弈具有群体性特征。[①] 独立董事的人数与履行社会责任情况间存在显著的相关性,而法人董事、内部董事的人数及其所占董事会成员比例与履行社会责任间均不存在显著的相关性。实证结果也表明:独立董事群体内部存在"长板效应",即独立董事在决策和治理行为中,会根据其他独立董事提供的信息和提供信息者的身份,调整相关治理行为;独立董事任期对其参与治理行为有显著的正向效应;独立董事薪酬占个人年收入的比例与其治理行为之间存在显著的正相关关系。[②] 对比而言,我国独立董事制度在实践中的表现并没有达到预期。这并不表明独立董事制度的设立是无效或不必要的,而是要求我们对现有独立董事制度做出革新,重新构建独立董事的权利义务体系,明确区分独立董事与内部董事的不同,使独立董事能够对公司内部控制人形成有效的制约,从而达到独立董事制度的设计能

① 参见王剑敏:《董事群结构与公司绩效及治理行为的关系研究》,浙江大学2006年博士学位论文,第11页。

② 参见王剑敏:《董事群结构与公司绩效及治理行为的关系研究》,浙江大学2006年博士学位论文,第11页。

够发挥出督促金融机构更好履行社会责任的重要功效。

同理,对于金融机构社会责任也可以同样的方式对现有制度的实施效果进行分析。实际上对于我国所引入的在国外通行的金融机构社会责任制度,其已经证明了其制度自身的合理性。金融机构社会责任制度所要做的就是对其进行完善,使各种金融机构社会责任相关制度能够形成一体,形成平衡制约的力量。博登海默指出:“一个法律制度之所以成功,是由于它成功地达到并且维持了极端任意的权力与极端受限制的权力之间的平衡。这种平衡不可能永久地保持,文明的进步会不断地使法律制度丧失平衡。通过理性适用于经验之上,然后又恢复这种平衡,而且也只有凭靠这种方式,政治组织和社会才能使自己得以永久地存在下去。”①因此,即便现有能够发挥较好效果的金融机构社会责任,随着情势变迁,社会的发展,“即使均衡实现了,也是稍纵即逝,马上会由那些变动着的外定条件所决定,重又成为非均衡的”。② 因而,干预均衡还是一种相对的均衡而不是绝对的均衡,也需不断地对其进行修正。这也符合“新发展理念”的内涵要求。

(二)金融机构社会责任立法实施的成本与收益分析

自由主义经济学曾经认为,如果企业履行社会责任的行为不能够实现企业利益最大化,那实际上就意味着企业昂贵资源的转移。传统的“股东至上”理念也认为,企业不受约束地追求利润的行为可能会给其他外部成分带来消极变化,但所带来的问题应由政府来处理,因为只有政府才具备类似的条件和管辖权。③ 但企业在生产经营过程中不可避免地对外部产生影响,萨缪尔森认为外部性是“两个最重要的市场失灵的情况”之一,即“生产和消费过程中当有人被强加了非自愿的成本或利润时,外部性就会产生。更为精确地说,外部性是一个经济机构对他人福利施加的一种未在市场交

---

① [美]E.博登海默:《法理学——法哲学及其方法》,邓正来译,华夏出版社1987年版,第142~143页。

② 钱弘道:《经济分析法学的几个基本概念阐释》,载《同济大学学报》(社会科学版)2005年第2期。

③ See Allen Goss, Gordon S. Roberts,“Corporate Social Responsibility and the Cost of Debt Financing”,July 8,2008,http://www.efmaefm.org/0efmameetings/efma%20annual%20meetings/2009-milan/704.pdf,最后访问日期:2017年11月11日。

易中反映出来的影响”。[①] 同样,金融机构是特殊企业,处于社会财富流通的中心环节,决定了其具有极强的外部性特征,其对国民经济的有序运行、金融秩序的稳定产生了深远影响。金融外部性是指金融活动中金融组织的私人成本或私人收益向与该金融行为无关联的其他主体的溢出效应。可以借用外部性的两人模型来说明金融外部性:

$$R^A = R^{(X_{1A}, X_{2A}, X_{3A}, \cdots, X_{nA}, C_{NB})}$$

R_A表示金融活动中某经济主体的成本—收益函数,X_{1A},X_{2A},X_{3A},…,X_{nA},表示为了增加自身的收益而可以动用的各种要素,这些要素都在 A 的决策范围内,C_{NB}表示金融活动中金融组织的行为 B 对 A 所造成的影响,此影响不受 A 的控制,即 C_{NB}不在 A 的决策范围内。此时金融组织 B 的行为对经济主体 A 就产生了外部性。B 是金融外部性行为的实施者,A 是金融外部性结果的承受者。金融负外部性的存在必然意味着金融系统中存在着某种“侵犯”——社会成本一定大于私人成本,如果社会损失较小、“侵犯”的实施者收益甚大,社会净效益为正,社会总福利是得以改善的,那么这种金融负外部性就是有效率的,是正效应;反之,金融负外部性以其强烈的成本社会化引起社会净福利的纯损失就是负效应。[②]

具体而言,金融机构的经营活动可能会带来一些“经济负外部性”的问题,比如环境污染、文化入侵、消费者的权益保护不足等。但金融机构的趋利性总是想让负外部性的弥补成本“社会化”,逃避其应当承担的责任,使得社会机制的运转处于无效率状态。面对这种情况,法律不能缺位,必须通过法律干预的方式将金融机构“经济负外部性”所造成的社会成本“内部化”。毕竟,如果某一金融机构因为过于兼顾利益相关者的利益而受到市场的惩罚,政府就应当承担减少反面外部效应的职责,否则,理性的金融机构就会逃避践行社会责任。易言之,合理的法律机制应该“奖优罚劣”,而

① [美]保罗·萨缪尔森、威廉·诺德豪斯:《经济学》(第16版),萧琛等译,华夏出版社1999年版,第267页。

② 参见主父海英:《金融负外部性研究》,辽宁大学2010年博士学位论文,第29页。

不是相反。①

无疑,金融机构践行社会责任的根源在于其经营活动的外部性,这也是企业践行社会责任运动的坚实根基。虽然自由放任的市场制度在经济发展过程中作出过积极贡献,但其所存在的市场失灵等先天缺陷以及缺乏自我修复能力,使得外部干预不可避免。对于以利润最大化为信念的传统公司制度,通过施加企业社会责任这一"道德包袱",正是对市场制度上述弊病的一种改造路径。② 毕竟,在未创造出一种比现有市场体制更有效率、更具合理性的制度之前,最为可行的选择是改善现有市场制度的不足之处。③之所以说金融机构践行社会责任只是针对外部性的问题而对股东至上的传统企业制度的局部改造,是因为这种改造在本质上是一个协调金融机构的盈利理念和促使其践行社会责任的过程,而不是否定利润至上的企业经营本质。④

因而,在"新发展理念"指导下制定金融机构社会责任的国内立法时,应当运用法律经济学分析方法对该制度实施可能导致的成本与收益进行比较。法律经济学分析表明,金融机构的经营活动会带来诸如风险传导、环境污染、生态破坏、文化入侵、劳动者与消费者权益保护不足等形形色色的"经济负外部性"问题。负外部性的存在使得金融机构的私人成本小于金融行业的平均社会成本,从而使得由社会承担的边际成本超过由单个银行机构承担的私人边际成本,使得社会机制处于无效率的状态。依据法律经济学所追求的效率原则,还必须要证明这些立法符合效率原则,即该法律制度的实施给整个社会带来的收益必须要超过其成本。具体来说,假定某一金融机构 A 多获得一个单位的经营收益,就会使另一个经济人 B 的经营环

① See Allen Goss, Gordon S. Roberts, "Corporate Social Responsibility and the Cost of Debt Financing", July 8, 2008, http://www.efmaefm.org/0efmameetings/efma%20annual%20meetings/2009 - milan/704.pdf,最后访问日期:2017 年 11 月 11 日。

② 参见刘志云:《商业银行践行社会责任的内在诱因与理论基础》,载《政法论丛》2014 年第 1 期。

③ See Kenneth Amaeshi, "Who Cares Wins: IFC and Promotion of Sustainable Project Finance Deals-any Implications for CSR Discourse?" http://www.radnetwork.org/admindb/docs/Amaeshi%20Kenneth%20Paper.doc,最后访问日期:2017 年 12 月 26 日。

④ 参见刘志云:《商业银行践行社会责任的内在诱因与理论基础》,载《政法论丛》2014 年第 1 期。

境恶化。为了消除这种负面影响,经济人B必须追加一定的成本支出,这种支出就是金融机构A多获得一个单位的经营收益所引起的全部成本的一个组成部分,叫作外部边际成本(MEC)。而私人边际成本(MPC)与外部边际成本(MEC)的总和,就是金融机构A多获得一个单位的经营收益的社会边际成本(MSC),即MSC = MPC + MEC。在不存在外部性的场合,外部边际成本(MEC)等于零,从而社会边际成本(MSC)就等于私人边际成本(MPC)。[①] 同理,在存在外部性的情况下,则会发生私人边际收益(MPB)与社会边际收益(MSB)的差异,其差额就等于外部边际收益(MEB)。[②] 外部性的存在使得资源配置效率受损,难以实现帕累托优化配置。

现代社会存在这样一个共识:法治与发展具有明显的正相关关系,这不仅是定性分析后的抽象结论,而且有着大量的实证研究作为根据。[③] 金融机构所具有的外部性,要求其担负起更多的社会责任。金融行业成为一个高风险的行业,如果一家金融机构经营不善,其负外部性特征较为容易被放大,从而产生的巨大影响可能波及许多利益相关者,影响到经济稳定。正如孙斯坦教授强调,“一个好的社会不能只关心国内生产总值。它还要努力帮助那些在自由市场条件下不能成功的人。一个相信自由市场的政府也应当采取措施确保每个人都能拥有很好的机会,也试图保护那些不能保护自己的人”。[④] 因此,“新发展理念”指导下的金融机构社会责任立法必然需要加强和完善对负外部性问题的处理。不过,负外部性的存在只是制定金融机构社会责任立法的必要条件而非充分条件,外部性的市场解决方案不同于政府解决方案这种观念,其本身就有部分的假定性,因为所有市场解决方案必须依赖由立法者或法院创设的法律规则。[⑤]

---

① 参见方平:《论有问题银行的负外部性》,载《经济评论》2000年第11期。

② 参见方平:《论有问题银行的负外部性》,载《经济评论》2000年第11期。

③ 参见世界银行:《1997年世界银行报告:变化世界中的政府》,蔡秋生译,中国财政经济出版社1997年版,第37页。

④ [美]凯斯·R.孙斯坦:《自由市场与社会正义》,金朝武、胡爱平、乔聪启等译,中国政法大学出版社2002年版,中文版序,第1页。

⑤ 参见[美]大卫·D.弗里德曼:《经济学语境下的法律规则》,杨欣欣译,法律出版社2004年版,第48页。

第五节　新发展理念下金融机构社会责任国际立法与实践之互动及其博弈分析

一、新发展理念下金融机构社会责任国际立法与实践之互动

"新发展理念"是一种开放的发展理念,考察金融机构社会责任的国际立法与实践之互动是开放的"新发展理念"的必然要求。20世纪80年代以来,国际经济立法是一场围绕跨国公司权益的立法,其以新自由主义理论下的个人主义为价值基点,关注"经济效益"或"经济增长",而无视社会问题,坚持资本利润最大化,忽视对跨国公司社会责任制度的建构。① 总体来看,由于发达国家和欠发达国家都没有努力地推动,因此为推动可持续发展而要求公司承担社会责任的国际立法进展缓慢。② 对此,有西方学者评价:"世界各国开展以低税率、消减社会福利和简化经济管理为手段吸引投资者及资本的无情竞争,根本就不是全球民众富裕的源泉,只会对资本拥有者有利,人类尊严生存的权利、社会保障权利和拥有完好无损的环境的权利只不过是自由主义祭坛上的牺牲品。"③

我国是世界上最大的发展中国家和全球第二大经济体,"新发展理念"的提出及其贯彻落实,无疑将为推动这个议题增加新的动力。开放发展是实现经济繁荣和国家富强的必由之路,也是贯彻与落实"新发展理念"的重要方面。经过几十年的改革开放,我国经济已经全面融入了世界经济体系,日后也必将更加深入地参与全球经济活动。实际上,随着国家层面对"走出去"战略的支持与"一带一路"倡议的实施,我国许多金融机构在境外广泛开展跨国经济活动,经济活动所在地的东道国也将会要求我国金融机构

---

① 参见刘志云:《后危机时代国家间跨国公司社会责任制度体系的构建》,载《政法论丛》2015年第6期。

② See Koen De Feyter,"World Development Law:Sharing Responsibility for Development", *Antwerp*:*Intersentia*,2001,p.207.

③ [德]格拉德·博克斯贝格、哈拉德·克里门塔:《全球化的十大谎言》,胡善君、许建东译,新华出版社2000年版,第43~44页。

承担社会责任。如何处理跨国活动的金融机构社会责任问题是我国未来经济发展进程中面临的重大挑战。“各种不同的法律秩序,尽管在其历史发展、体系和理论的构成及其实际适用的方式上完全不相同,但是对同样的生活问题,往往到细节上,采用同样或者十分类似的解决办法。”①因此,基于贯彻“新发展理念”的需要,我国也要从金融机构社会责任的国际立法中,汲取先进养分,助益国内立法,使之更好地与国际标准接轨。

随着近些年经济增长与社会问题的激烈冲突,发达国家与发展中国家逐渐取得了对包括金融机构在内的跨国公司行为进行合作规制的思想共识,从而使得在国际层面上构建包括跨国金融机构在内的跨国公司社会责任制度的可能性越来越大。包括联合国及其下属的人权委员会、经济合作与发展组织、世界银行、国际劳工组织等政府间国际组织,积极酝酿或修改企业社会责任标准。国际社会已经制定了一些有关跨国公司社会责任的国际立法,如《跨国公司和其他工商企业在人权方面的责任准则》《跨国公司行为指南》等。在金融业中,“可持续金融”在理念普及与实践上都取得了相当大的成就,而且企业社会责任通过“可持续金融”的理念与实践找到了一种合法的表达方式,传承和发扬了社会责任的意义。同时,大量的金融机构社会责任国际规范也得以构建与推广,《赤道原则》《联合国环境规划署金融倡议》(UNEPFI)、《国际金融公司社会和环境可持续性政策和绩效标准及信息披露标准》、联合国的《负责任投资原则》等,在督促金融机构践行社会责任方面发挥出越来越大的影响力。2008 年全球金融危机爆发,大量金融机构破产,全球经济陷入了自 20 世纪“大萧条”以来最大的危机。部分金融机构的贪婪行为不仅未能实现自身的可持续发展,反而给全球带来了重大损失。危机之后,要求金融机构承担更多社会责任的呼声日益高涨,金融机构社会责任问题更是成为广泛关注的焦点。

无疑,我国参与金融机构社会责任国际规范是贯彻与落实“新发展理念”的必然,但在“新发展理念”下实现参与金融机构社会责任的国际立法与实践之间的良性互动才是最终目的所在。具体而言,在“新发展理念”下

---

① [德]K. 茨威格特、H. 克茨:《比较法总论》,潘汉典、米健等译,法律出版社 2003 年版,第 54 页。

可从以下几方面实现实现二者之间的互动。

(一)积极参与相关金融机构社会责任国际立法

随着经济全球化的进一步深入,金融机构需要突破仅限于国内市场的狭隘阶段,而新自由主义思想通过主张贸易自由化、投资自由化与金融自由化,已经成为了占主导地位的意识形态和政策指导。[①] 金融机构积极参与国际经济事务成为了一个不可避免的趋势,但其参与国际事务过程中同样会产生外部性的问题,不仅绝大部分国家都要求金融机构承担相应社会责任,相关非政府组织对金融机构在业务经营过程中是否履行了社会责任也予以高度关注,某种程度上来说,社会责任已经成为了金融机构能否更好地走向国际市场的通行证。就当前来看,企业社会责任标准归纳起来大致有三类:一是由政府间国际组织提出的标准;二是非政府组织制定并倡导的标准;三是各跨国金融机构制定的行为守则。[②] 这种企业社会责任国际标准在效力上具有独特特征:第一,在企业之间可以直接适用,不需要国家的批准或者管制。企业社会责任国际标准的主体是企业,不是国家,只对企业行为有约束力,不像国际法那样必须经过国家的批准程序并借助于一国的国内法,其可以在不同国家的企业之间直接适用,并产生约束力。[③] 第二,它极有可能超越传统国际关系的范畴而发生效力。即便是在并不认同企业社会责任国际标准的国家,基于竞争的要求,相关标准也往往会产生域外效力,从而影响到该国的企业。[④] 因此,企业社会责任国际标准的这种独有的特征使得其有着强大影响力,使得金融机构不得不认真对待。为了在国际金融市场中树立良好声誉并占据有利地位,全球主要的金融机构都将社会责任纳入企业发展战略,并加强了金融机构社会责任标准的建设。可以说,企业社会责任在全球已经成为了金融机构一种时代潮流,以及提升其市场形象和竞争力的有效途径。

---

① 参见张晓红:《全球化中的新自由主义评析》,载《马克思主义研究》2002 年第 1 期。

② 参见李雪平:《企业社会责任国际标准的性质和效力——兼议 ISO 26000 制定中的法律问题》,载《环球法律评论》2007 年第 4 期。

③ 参见李雪平:《企业社会责任国际标准的性质和效力——兼议 ISO 26000 制定中的法律问题》,载《环球法律评论》2007 年第 4 期。

④ 参见李雪平:《企业社会责任国际标准的性质和效力——兼议 ISO 26000 制定中的法律问题》,载《环球法律评论》2007 年第 4 期。

目前,我国对外投资已经位居世界前列,成为海外投资的重要母国,特别随着我国"一带一路"倡议的实施,对外投资迅速增长。2017 年年末,中国对外直接投资存量 18090.4 亿美元,占全球外国直接投资流出存量份额的 5.9%,分布在全球 189 个国家地区。存量规模较上年末增加 4516.5 亿美元,在全球存量排名跃升至第 2 位,较上年前进 4 位。① 而所有这些成就的实现都离不开我国金融机构的参与或协助。但从实践来看,我国金融机构在国际市场上常常受到来自以"社会责任"为缘由的责难,固然这之中可能有我国金融机构社会责任意识不强的原因,但实际上很多是以"社会责任"为幌子,对我国金融机构的业务进行限制。造成这些因素的根本原因在于目前盛行于全球金融行业的社会责任标准,比如 2002 年拟定的伦敦原则,2003 年国际金融公司、花旗银行、荷兰银行、巴克莱银行、西德意志州银行共同制定的赤道原则,2003 年出台的《关于金融机构和可持续性的科勒维科什俄宣言》,2006 年国际金融公司规定的金融机构有关社会和环境责任的 8 个标准等,这些标准的制定都没有我国的身影,而这些标准都已经成为衡量企业核心竞争力的重要标准。实际上,这些有关于金融机构社会责任的标准是在发达国家的法律框架和社会期望基础上发展起来的。特别是在赤道原则已经发展成为全球金融行业通行的行业惯例的今天,以及经济全球化背景下,我国的金融机构,特别是有志于"走出去"参与全球竞争的金融机构,即使对于那些不想"走出去"但不得不面对"狼来了"的现实的那些金融机构,如果不遵循金融业这一新的行业惯例,履行环境与社会责任,必然会在越来越开放与激烈的金融行业竞争中失去竞争力。

此外,无论立法如何宣称其所秉承的价值观为所有文化和主体所接受,但其更多反映立法主体的意志、价值判断和利益诉求是客观事实。同样,关于金融机构社会责任国际立法所反映的理念与主导者的价值观基本一致,或是具体立法参与者协商妥协的结果,对于其他主体而言,即便是主导者或是其他主体对其利益有所考虑,也改变不了被边缘化的事实。与此同时,金

① 商务部、国家统计局、国家外汇管理局:《2017 年度中国对外直接投资统计公报》,载 http://fec.mofcom.gov.cn/article/tjsj/tjgb/201809/20180902791493.shtml,最后访问日期:2019 年 1 月 26 日。

融全球化的发展,带来了金融体系内在的脆弱性:一是金融全球化加剧了国际间的依赖性、依存性;二是金融全球化不但增大了理论上国际间发生金融危机的可能性,而且也的确诱发了相关事实;三是尽管金融全球化不断深入、扩大,但各国还是无法以实际行动抗击经济全球化带来的冲击。① 在这种情形下,金融机构履行相应社会责任对于维护稳定的金融体系至关重要。而我国金融机构也根本无法置身事外,即便我国金融机构未进行有违社会责任的行为,也可能会受到严重影响。

实际上,从我国积极参与其他领域社会责任的国际立法来看,参与行为能够取得不俗的效果,如在2010年,我国与世界90多个国家共同参与了国际标准化组织《ISO 26000社会责任指南》的制定工作。该指南吸纳了我国专家提出的重要意见。例如,我国学者建议在社会责任总则部分指出,既要尊重国际行为规范,又要考虑社会、环境、法律、文化、政治的多样性和经济差异性。② 最终版本的ISO 26000采纳了上述观点,而该文件适用对象不仅是企业,还包括所有类型的组织和实体。因此,作为有志于成为开放的完全的市场经济国家,我国在构建金融机构环境与社会责任制度时,应积极参与金融机构社会责任的国际立法,为我国金融机构参与国际竞争提供有利的条件,提高我国金融机构的声誉影响以及国际竞争力,也为贯彻与落实“新发展理念”提供助益。同时,参与金融机构社会责任国际立法也可运用先进的经验与国际性标准来要求我国金融机构对社会责任的切实践行,但这种内化是一个动态的、渐进的过程。在内化的过程中,从“勉强服从”到“自愿服从”的关键在于重复参与,这种参与有助于形成行为体利益、确立角色身份,并使国际规范发展成为国际秩序体系中的组成部分。③ 由此,无论从外部环境的要求,还是基于内部提升的考量,都有必要积极参与金融机构社会责任立法,以此践行“新发展理念”的要求。

---

① 参见郭春松、朱孟楠:《加强金融监管的国际协调与合作》,载《上海金融》2004年第10期。

② 参见《国际标准化组织正式发布社会责任国际标准》,载人民网:http://finance.people.com.cn/GB/13126743.html,最后访问日期:2018年12月17日。

③ See Harold Hongju Koh, "Why Do Nations Obey International Law?" *Yale Law Journal*, Vol. 106, 1997, p. 2655.

(二)通过“国家参与路径”与“金融机构参与路径”并行的方式,积极参与金融机构社会责任国际立法的谈判与制定

“新发展理念”下“开放发展”的一个重要要求就是提高我国在国际制度制定上的话语权。我国作为一个中央集权制度国家,国家在经济社会发展处于主导地位,无论是在国内层面,还是国际层面,国家始终是一个最重要的因素。在金融机构社会责任的国际立法的谈判与制定中,政府相关部门所扮演的角色,对于在金融机构社会责任国际立法中增强话语权和反映我国金融机构相关的利益,起到至关重要的作用。而且,对于我国为数众多的金融机构而言,在发展的初始阶段,其参与国际金融机构社会责任立法不仅缺乏必要的知识储备,而且可能还面临着集体行动的困境。此外,鉴于金融机构的特殊性,直接关系到国民经济秩序的稳定和全民的直接利益,几乎所有的国家都对其实行严格的监管,对于影响到金融机构经营行为的社会责任国际立法,国家有着强烈参与的冲动。因此,在金融机构社会责任国际立法的谈判与制定中,国家参与路径不可或缺。

如果说国家参与很大程度是建立在我国金融机构实力不足的情况下,但是近年来,随着我国经济发展,我国金融机构的实力整体上已经位居全球前列。在银行业领域,根据全球银行权威杂志英国《银行家》联合世界知名评估机构发布的《2017 全球银行品牌 500 强》榜单,我国有 43 家银行上榜,12 家进入前 50 强,品牌价值总计 2580 亿美元,首次超过美国银行业上榜品牌总价值,成为全球的领军者。按一级资本排名的前十大银行中,中国和美国的银行各占四席:中国工商银行(第 1 位)、中国建设银行(第 3 位)、中国银行(第 5 位)、中国农业银行(第 7 位)。[①] 在证券业领域,2014 年 5 月,《国务院关于进一步促进资本市场健康发展的若干意见》明确提出,要鼓励境内证券期货经营机构实施“走出去”战略,以增强国际竞争力。截至 2017 年 6 月,随着国泰君安证券股份有限公司于香港交易所的成功上市,共有 14 家境内证券公司在香港上市成功。同时,随着国外市场对于我国证券业的认知与认可程度不断上升,明晟公司(Morgan Stanley Capital International-

---

① 《2017 全球银行品牌 500 强排行榜发布 43 家中资行上榜》,载 http://www.china-10.com/news/476094.html,最后访问日期:2017 年 12 月 23 日。

al,MSCI)于2017年6月21日宣布中国A股正式纳入MSCI新兴市场指数,这是中国资本市场国际化进程的一大里程碑。境内券商国际化业务网络的扩张不仅仅体现在寻求海外上市,设立境外子公司、收购境外成熟金融机构的模式也愈发常见。① 在保险业领域,《财富》杂志发布2017年的世界500强名单中保险公司共计60家,我国共有中国平安保险(集团)股份有限公司、中国人寿保险(集团)公司、中国人民保险公司、中国太平洋保险公司、安邦保险公司、国泰人寿保险公司、友邦保险、新华人寿保险公司8家保险企业入围,在数量上仅次于美国。② 由此可见,我国金融机构已经成为了国际金融市场中的一股重要的力量。反观全球其他国家以及金融机构社会责任国际立法实践,绝大部分的发起和建立均由金融机构自发完成。也就是说,当前我国金融机构参与国际金融机构社会责任立法与我国金融机构的实力不相匹配。

而且,从实践来看,国内有少数金融机构积极参与了国际标准的建设,并取得了一定的效果。例如,这几年来国家开发银行积极参与国内外交流对话,其通过联合国全球契约、联合国环境规划署金融行动机构等国际性平台,广泛参与国际社会共同行动,参与相关社会责任国际标准的制订。国家开发银行作为联合国全球契约领导力平台会员、联合国全球契约反腐败工作组和联合国"冲突地区负责任投资"专家组成员,积极参与制定相关政策指南,包括联合国全球契约"在受冲突影响与高风险地区负责任商业实践指南"等文件,提升了中国的金融机构在社会责任领域的国际影响力和话语权,充分发挥了中国企业在国际社会责任领域的应有作用。③

"春江水暖鸭先知。"目前,金融机构社会责任的各种量化认证标准已经形成了一种企业社会责任全球语境,并且成为国际金融市场的门槛标准之一,这对国内金融机构而言是一种全新的外来文化,而且是一种无法保持

① 参见毕马威:《2017年中国证券业调查报告》,载http://www.360doc.com/content/17/0926/17/34265476_690369412.shtml,最后访问日期:2017年12月28日。

② 参见东方合信:《2017世界500强保险公司,看看你投保的公司有没有上榜?》,载http://www.sohu.com/a/166768829_99899514,最后访问日期:2017年12月28日。

③ 参见中国银行业协会:《中国银行业2010年社会责任报告》,载http://www.china-cba.net/bencandy.php? fid=137&id=7857,最后访问日期:2017年12月31日。

沉默、难以规避的外来文化。[①] 而且由于遵守公认的企业社会责任原则已经成为一种普遍行为,发展中经济体或转型经济体的跨国公司为了在国际上取得竞争资格,有时也不得不遵守基于发达国家利益而制定的企业社会责任标准。[②] 因此,为了将“新发展理念”落到实处,国内企业、行业协会、工会组织、企业社会责任学术界,包括政府,都有义务去关注和参与各种企业社会责任标准的制定过程,通过交往与沟通,争取在其制定过程中就能够反映出我们的利益需求,塑造参与的而非被动接受的企业社会责任国际形象。

(三)我国对金融机构社会责任国际立法参与策略要实现从单一的“积极参与”到“参与规则”与“主导规则”并行战略的转变

众所周知,企业社会责任运动起源于西方发达国家,在企业社会责任的标准和规则的制定以及企业社会责任实践的推进方面,发达国家都具有绝对的话语权,占据主导地位,甚至可以说国际社会责任体系几乎都是伴随西方国家和企业的发展和需要而应运而生的。[③] 经济基础决定上层建筑。客观地说,在国际经济领域,我国作为一个典型经济全球化的“后发型”参与者,在较长一段时期内只能充当现有金融机构社会责任规则的追随者,这也是一种基于现实考虑的理性选择。但是经过改革开放30多年的发展,我国作为全球最重要的跨国投资目的地和资本输出国之一,已经成为世界第二大经济体、第一大进出口国,拥有越来越广泛的国际经贸利益。国际力量总是需要对比总体朝着相对均衡的方向发展,国际经济规则的重构或再塑,是全球政治经济格局变化的必然结果。[④] 作为世界政治经济舞台上的重要力量,形势的发展和经济建设的客观需求,要求我国积极主动参与全球经济规则的重构。[⑤]

---

① 参见汤进路:《企业社会责任软法推进机制探析》,载《学海》2007年第5期。

② 参见联合国贸易与发展会议:《世界投资报告》,中国财政经济出版社2007年版,第206页。

③ 参见黎友焕:《国际新趋势与中资企业的社会责任》,载《国际经济合作》2014年第12期。

④ 参见陈德铭:《不当旁观者、跟随者,要做参与者、引领者,积极参与国际规则制定》,载《人民日报》2015年8月9日,第5版。

⑤ 参见陈德铭:《不当旁观者、跟随者,要做参与者、引领者,积极参与国际规则制定》,载《人民日报》2015年8月9日,第5版。

现实是残酷的。由发达国家主导的金融机构社会责任立法不可避免地渗入了一些西方社会的价值观,以及仅仅符合发达国家经济发展水平的要求,并成为了其维护竞争优势的重要手段。而且,发达国家近年来也不断地加重对有关标准的研究和制定力度。比如在全世界的1.6万项国际标准中,99.8%是由国外机构制定的,中国参与制订的不足2%。在我国现有的19278项国家标准中,仅有43.5%采用了国际和外国先进标准。[①] 有学者研究指出,以美国为代表的西方发达国家,已经越来越积极地抢占国际市场垄断地位,在金融机构社会责任国际标准领域也表现十分明显。[②] 当前,企业间的竞争已经从质量竞争、环境竞争等进入了以社会责任竞争为核心的全面责任竞争时代。这种全面责任竞争时代的典型特征之一就是企业社会责任高度融合于国际贸易、对外投资等政策和规则。企业社会责任由此成为了跨国企业进行管理的一种新框架,并成为西方发达国家维护其先发地位和竞争优势的重要手段,在全球予以推广。无论是发展中国家还是转型经济体,遵守这种行为准则成为其参与国际竞争并获得竞争优势的基本条件。易言之,在发达国家热情高涨地要派发蛋糕时,发展中国家真正需要的却是面包,发展中国家推进社会责任的真正动力应是其自身发展的需要以及西方国家市场准入带来的压力。[③] 这也从客观上决定,我国需要变被动为主动,积极寻求话语权,在增强自身经济实力的同时,重视发挥对国际金融机构社会责任体系的影响,从单纯的规则追随者转变成国际金融机构社会责任体系改革的推动者和建设者。

已所不欲勿施于人。金融机构社会责任标准能否顺利地建立,不仅与倡导者的自身综合实力相关,还与其行为在金融市场所享有的美誉度相关。换言之,并非每一种规范的文本都具有社会话语权,只有那些拥有强大资源力量或正式权力,以及在某个领域处于核心地位的主体所作出并提倡的文

---

① 参见王丹:《政府推进企业社会责任机制研究》,辽宁大学2010年博士学位论文,第155页。

② 参见毛丰付:《中国参与国际标准竞争:问题、原因与对策》,载《世界经济与政治论坛》2007年第2期。

③ 参见张宪初:《全球视角下的企业社会责任及对中国的启示》,载《中外法学》2008年第1期。

本，才具有相应的效应。[①] 因而，在我国很难打破现有国际金融机构社会责任立法的情况下，可以通过发挥我国金融机构社会责任法律规范模式的国际影响力与感召力，推出自己的“最佳实践”，成为其他国家的范本，进而使之融入国际经济业务过程中。2015 年 3 月经国务院授权，国家发展改革委、商务部、外交部联合发布了《推动共建丝绸之路经济带和 21 世纪海上丝绸之路的愿景与行动》，指明了企业社会责任在各合作重点领域的核心问题。如鼓励本国企业参与沿线国家产业投资和基础设施建设，促进企业在经营管理过程中遵循属地化原则，积极帮助当地发展经济、改善民生、增加就业，严格保护生物多样性和生态环境。在投资贸易中关注生态文明，就生态环境、生物多样性和应对气候变化加强合作，共建绿色丝绸之路。加强沿线国家民间组织的交流合作，以基层民众为重点，广泛开展减贫开发、教育医疗、生态环保和生物多样性等各类公益慈善活动，促进沿线贫困地区改善生产生活条件等。[②] 这看似督促我国企业（金融机构）在国际业务中应注意履行社会责任，但实际上应视为我国逐步建立社会责任话语权的过程。

习近平同志指出，我们不能当旁观者、跟随者，而是要做参与者、引领者，善于在国际规则制定中发出更多中国声音、注入更多中国元素，努力在经济全球化中抢占先机、赢得主动。[③] 当前，我国已经成为世界第二大经济体，国际贸易第一大国以及对外投资第三大国，金融机构与在金融机构助力下的非金融机构正在大规模地“走出去”。在这种背景下，我国对金融机构社会责任国际规范参与策略，也要实现从单一的“积极参与”到“参与规则”与“主导规则”的转变，提高我国在金融机构社会责任国际标准制定中的话语权，摒弃借企业社会责任国际标准之名限制我国经济发展的国际空间的相关不合理规则，以建设性姿态甚至引领者角色为全球经济治理提供更多

---

① See N. Phillips, T. B. Lawrence, C. Hardy, "Discourse and Institutions", *Academy of Management Review*, Vol. 29, 2004, p. 644.

② 参见中华人民共和国商务部综合司：《推动共建丝绸之路经济带和 21 世纪海上丝绸之路的愿景与行动》，载 http://zhs.mofcom.gov.cn/article/xxfb/201503/20150300926644.shtml，最后访问日期：2017 年 12 月 30 日。

③ 参见《习近平主持中共中央政治局第十九次集体学习并发表重要讲话》，载人民网：http://cpc.people.com.cn/n/2014/1207/c64094-26161930.html，最后访问日期：2018 年 4 月 25 日。

公共品,推行我国金融机构的企业社会责任认证标准并争取国际社会的认可,在开放发展中将我国的经济实力转化为国际制度性权力。这也是我国作为负责任大国的应有之义,也是贯彻落实“新发展”理念的过程。

(四)必须深化相关理论研究,为我国参与相关国际立法提供良好的对策建议

随着我国金融机构实力的增强以及“一带一路”倡议的实施,我国参与金融机构社会责任相关国际立法不可避免。但理论是行动的先导,完整、系统的理论研究是我国参与相关国际立法的前提,否则无异于盲人摸象,对参与社会责任立法倍感困惑,有心为之,不知以何为之。当前,我国对企业社会责任理论的研究期本就不长,对企业社会责任的立法研究期更是短暂,关于金融机构社会责任国际立法如何践行“新发展理念”的研究更是如此。仅有的理论研究成果也主要是对西方金融机构社会责任理论的简单介绍和复制,而我国的国情与西方国家存在着重大差别,虽然不能说是“削中国实践之足,适西方之履”,但缺乏系统、完整的研究却是客观事实。因此,应加强对金融机构社会责任国际立法的研究,特别是各主体之间关于价值取向的多样性理解,是相关国际立法成功的关键。

诚然,金融机构社会责任国际标准蕴含了人类对美好世界的愿景,是金融机构实现其良治的需要,特别是为诸如我国这样的发展中国家金融机构的长远发展提供了方向性的指导,也为金融机构经济利益和社会责任的协调发展奠定了规范化的基础。马克思认为,“所有的社会关系都首先是作为利益关系表现出来的”。① 金融机构社会责任国际立法则是这一领域利益冲突和协调的集中反映。在经济全球化背景下,由政府或非政府组织制定的衡量金融机构社会责任的各种“国际标准”相继问世,并在国际范围内得到了不同程度的推广,内容涉及劳工权益、消费者权益、环境保护等多个方面,社会问题本身的复杂性和无法量化的标准本就为国内立法带来很多困扰,更不用说在国际立法层面。组成当前国际社会的190多个国家经济发展水平不一,各国社会制度、文化传统不同,在“公平”理念和“保护”原则的口号下,各国一方面呼吁他国金融机构履行社会责任,另一方面又强调本

---

① 《马克思恩格斯全集》(第2卷),人民出版社1965年版,第573页。

国面临的矛盾和困难,具有特殊性,且经济全球化加剧了各国间贫富不均的状况。这种错综复杂的利益诉求决定了金融机构社会责任国际立法过程中必然充满广泛而多元的博弈,没有完全的赢家,谁能取得利大于弊的结果则有赖于实力与策略的综合较量。[①] 具体而言,在我国参与金融机构社会责任立法之前,需要对金融机构东道国、母国及跨国金融机构之间的利益关联及其博弈策略进行深入分析。

只要有利益冲突的地方,就会有博弈的存在。在解决金融机构社会责任立法利益冲突时,需要关注一门有关"彼此互不信任的人之间的冲突的科学",这门科学即为博弈科学,特别是在解决金融机构社会责任国际立法中多主体利益均衡的困境方面,"为这一自古以来困扰我们的问题带来启迪"。[②] 在金融机构社会责任国际立法过程中,最先涉及的金融机构母国与东道国的博弈。随着全球化的深入,各国之间的互相依存不断加深,一国的经济决策对其他国家的外部性不断增强,尤其是一国影响制定社会责任规则的能力较为强大时,如果其不考虑对其他国家的影响,则很可能会被另一方以"非合作"予以拒绝,只有在这一博弈的过程中,充分考虑到其外溢效应和其他国家的政策反应,其立法参与决策才可能到达到最佳效率状态。也就是说,在国际金融机构社会责任履行不可回避的情况下,东道国与母国之间合作是应有的基本态度,这也是我国参与金融机构社会责任立法能够创造出正外部性、有利溢出效应的前提。但是合作意味着利益的取舍,也意味观念的改变。时至今日,许多亚洲企业仍然认为,践行企业社会责任会阻碍自身发展,而在过去200年的时间中,欧美企业已经几无挑战地获得了竞争优势地位。[③] 这种观念具有一定的普遍性,也同样反映在金融机构上。然而,"自私"却不一定就能"自利",相反,很可能造成两败俱伤的结果,"囚徒困境"就充分说明了这一点。可以说,当今更加相互依赖的全球社

---

① 参见陈德铭:《不当旁观者、跟随者,要做参与者、引领者,积极参与国际规则制定》,载《人民日报》2015年8月9日,第5版。

② 刘安国:《2005年度诺贝尔经济学奖新闻公报》,载《经济学动态》2005年第10期。

③ See Philippe Gugler, Shi Jacylyn Y., "Corporate Social Responsibility for Developing Country Multinational Corporations: Lost War in Pertaining Global Competitiveness?" *Journal of Business Ethics*, Vol. 87, No. 1, 2009, pp. 3 – 24.

会,在赋予了我们新伦理观念的同时,也赋予了我们相应的物质基础以制定新的法律。①

因此,金融机构母国与东道国的合作具有必要性且已成为趋势。对于跨国金融机构而言,事实上,由于全球化的发展,跨国金融机构获得了一种"跨国逃避力量",对母国外交保护的依赖性逐渐减弱,关系逐步由"保护与被保护"转变为讨价还价的博弈关系。在这种环境中,无论是跨国金融机构的全球定位战略,还是母国的政治框架、法律制度、市场结构等因素对它们的制约,都可能使两者早已存在的潜在利害冲突变成现实。晚近,为实现利润最大化的目标,跨国金融机构逃避对母国的社会责任的行为日趋泛滥,并对母国的传统主权制度形成巨大冲击。② 而此时,母国与东道国在规制跨国金融机构活动方面的分歧却在不断消除。但是,不管是跨国金融机构的母国,还是东道国,都开始切实感受到对跨国公司社会责任合作控制的重要性。③ 作为跨国金融机构的母国,很多方面都有赖于东道国的支持和配合,比如监管金融机构的国外分支机构、打击税收逃避行为等。而诸如美国等一些发达国家,虽然早已制定了诸如《对外国人侵权法案》《反海外腐败法》等域外适用的、有关跨国公司社会责任的具体制度,但实际上其作用也相当有限,姑且不论跨国诉讼的高昂成本和东道国的配合程度,即使跨国公司败诉,也仅仅是对提起诉讼的原告负责,法院不能从整体上向该跨国公司施加社会责任。④ 同时,随着跨国金融机构力量不断增强,东道国也意识到了控制其行为的重要性,而为实现有效控制,就必须与母国齐抓共管,分工合作。⑤

认识本身不是目的,改造世界是认识的目的和归宿。在我国是否参与

---

① 参见[美]彼得·辛格:《一个世界——全球化伦理》,应奇等译,东方出版社 2005 年版,第 11 页。

② 参见刘志云:《法律视角下商业银行的社会责任:原理研究与实证分析》,法律出版社 2012 年版,第 99 页。

③ See Koen De Feyter,"World Development Law:Sharing Responsibility for Development",*Antwerp:Intersentia*,2001,p. 182.

④ See Koen De Feyter,"World Development Law:Sharing Responsibility for Development",*Antwerp:Intersentia*,2001,p. 199.

⑤ 参见刘志云:《法律视角下商业银行的社会责任:原理研究与实证分析》,法律出版社 2012 年版,第 100 页。

金融机构社会责任国际规范的问题上,必须以“新发展理念”为指导加强理论研究,厘清金融机构东道国、母国及跨国金融机构之间的利益关联及其博弈策略,为我国参与相关国际规范的制定提供了良好的对策建议。

二、新发展理念下金融机构社会责任国际立法的利益关系的博弈分析

博弈论作为一种研究行为互动决策的理论,其主要目的就是给行为人在相互影响中进行最佳的决策提供策略参考,即各利益相关方的行为决策是互相影响的,其进行决策时须将其他方的决策纳入自身决策的考虑之中,同时其他方进行决策时也会将其的策略纳入考量之中,在这种反复的考虑中,选择作出最有利的策略。在金融机构社会责任国际立法领域,东道国、母国、跨国金融机构同样如此,但他们之间博弈的最终结果无非也就是合作或不合作。只是在国际层面,由于各国发展层次,以及对社会责任理解、规制模式,以及文化传统等的不同,使得有关金融机构社会责任国际立法更加难以统一和协调。但是,金融机构社会责任国际立法是一个重复博弈的过程,有相当的可能性进行相互合作,因为当博弈重复进行时,参与人对其他主体过去的行为有完全信息,并且参与人数量较少时,在博弈中达到合作的结果是最有可能的。同时,即便是各方同意参与金融机构社会责任国际立法,由于没有强制履行的“正式管制”,其在参与行为规范和自我规制过程中仍然可能存在两类搭便车行为:第一种是所有参与方都同意相应的条款和条件,但有些参与方不遵守,有些则选择遵守,这时,不遵守的机构因为其作为规则的采用者而获得声誉收益,且不用付出相应的遵守成本;第二种“搭便车”行为则是在同行业中部分机构拒绝进行自我规制的情况下产生,这种情况可能导致采用者处于竞争劣势,进而影响其主动性。①

一般而言,金融机构遵守企业社会责任国际标准无外乎两个方面的原因:一是金融机构的内在动机,或基于维护自身形象的需要,或避免因不遵守社会责任标准所带来的麻烦甚至惩罚;二是金融机构的外部压力,即金融

① 参见刘志云:《赤道原则的生成路径——国际金融软法产生的一种典型形式》,载《当代法学》2013 年第 1 期。

机构的相互监督与制约。金融机构不遵守企业社会责任标准的行为会受到其他金融机构或其他主体的谴责和反对。诚然,如亚当·斯密所言,人类社会每个个体的行动规律与立法者意图施加的规则不是一回事。如果二者之间能够相互一致,则结局圆满,如果相互抵制,则会陷入混乱。[①] 企业社会责任立法同样如此,企业和立法者必须按相同方向作用,才能取得预期结果。在金融机构社会责任的国际立法实践中,由于相关立法的信息是公开的,金融机构根据关于社会责任的相关立法规定选择相应的策略,且策略的施行信息也是公开的,因此,我们将构建完全信息动态博弈模型展开分析。

首先,假设母国 $C1$ 先行决定是否参与金融机构履行社会责任的国际规范,若不参与则记为 $C1=0$,参与低标准国际规范的为 $C1=1$,参与高标准的国际规范的则记为 $C1>1$。东道国 $C2$ 观察到母国 $C1$ 的决策后,同样决定是否参与金融机构社会责任国际规范,不参与记为 $C2=0$,参与低标准的为 $C2=1$,参与高标准的记为 $C2>1$。此时,东道国 $C2$ 的决策函数为:

$$S(C2):C1\rightarrow C2$$

其次,金融机构 $F1$ 观察到东道国对于是否参与以及参与何种标准的金融机构社会责任的国际规范即 $C2$ 后,会做出是否在东道国开展经营活动以及经营规模的决策,若不开展,记为 $F1=0$,经营规模低水平记为 $F1=1$,经营规模高水平记为 $F1>1$。此时,金融机构 $F1$ 的决策函数为:

$$S(F1):C2\rightarrow F1$$

最后,假设金融机构 $F2$ 是市场的后来者,在综合考虑了该东道国参与的金融机构社会责任国际规范和金融机构 $F1$ 的经营决策后,会做出其自身相应的经营决策,$F2=0$ 表示不在该国经营,$F2=1$ 表示低水平的经营,$F2>1$ 表示高水平的经营。此时,金融机构 $F2$ 的决策函数为:

$$S(F2):F1\rightarrow F2$$

通过上述决策过程的描述我们可以发现,后行动的会根据先行动的博弈参与者的选择进行决策,即后行动者的战略是从先行动者到后行动者的战略空间的函数。

---

① 参见[英]亚当·斯密:《道德情操论》,蒋自强、钦北愚、朱钟棣、沈凯璋等译,商务印书馆1997年版,第302页。

对于上述三个函数,我们将通过设定适当的函数形式,使用逆向归纳法求解这些博弈的子博弈精炼纳什均衡。该博弈有两对纳什均衡,即(C1参与,C2不参与)和(C1不参与,C2参与)和(F1参与,F2不参与)和(F1不参与,F2参与),子博弈精炼纳什均衡就是剔除那些只在特定情况下是合理的,而在其他情况下并不合理的行动规则。很明显,在这个博弈过程中,参与是一个纳什均衡,也是一个占优选择。因此,我国对金融机构社会责任国际立法的战略应从对“国家参与”的强调到“国家参与”和“金融机构参与”并重的战略转变。

本章小结

我国经济社会的发展历程表明,每次重大理论的提出,都会对我国各方面的发展产生深远的影响。“新发展理念”的提出,既是对我国过去发展经验的总结,更立足于对未来发展方向的指导。由于金融机构的特殊性,其在贯彻与落实“新发展理念”过程中具有全局性、导向性与全面性的特殊功能,在践行金融机构社会责任方面有着重要的作用。“新发展理念”的提出实现了对金融机构传统理论的传承与超越,要求金融机构从“创新、协调、绿色、开放、共享”五个方面全面承担社会责任,对当前我国金融机构社会责任的实践提出了重大挑战,进而影响我国金融机构社会责任立法标准的选择,并要求按照“新发展理念”对我国金融机构践行社会责任的相关国内法律规定、政策及规范性文件等进行系统整理,处理好硬法责任与软法责任之间的关系。同时,由于经济全球化和我国深度融入世界经济的影响,“新发展理念”在顺应与指导这一趋势过程中,要求我国通过“国家参与路径”与“金融机构参与路径”并行的方式积极参与金融机构社会责任国际立法,参与策略上也要实现从单一的“积极参与”到“参与规则”与“主导规则”并行战略的转变,力争推出我国金融机构社会责任的“最佳实践”。

第二章　新发展理念下中国金融机构社会责任立法的技术进路研究

按照新发展理念推动我国经济社会发展，是当前和今后一个时期我国发展的总要求和大趋势。贯彻落实新发展理念，涉及变革种种思维方式、行为方式、工作方式，涉及调整各类工作关系、社会关系、利益关系。[①] 这从客观上决定了我们比以往任何时候都更加需要运用法治思维和法治方式开展工作，解决问题。当前，我国金融机构践行社会责任的现状越来越不能满足人民日益增长的对美好生活的需要，也越来越与我国金融机构的实力不相匹配，进而影响到了我国金融机构的发展。"新发展理念"实现了对传统金融机构社会责任理论的传承与超越，对我国新发展阶段下金融机构履行社会责任提出了严重挑战。也就是说，以"新发展理念"对我国基于传统理论下所构建的金融机构社会责任规范进行修正和完善成为了必然，这也是践行"新发展理念"

---

① 参见习近平：《在省部级主要领导干部学习贯彻党的十八届五中全会精神专题研讨班上的讲话（2016 年 1 月 18 日）》，人民出版社 2016 年版，第 38 页。

的一种方式。

无疑,立法是一项全面系统的工作,首先涉及的必然是立法技术路线的选择。立法技术顾名思义就是立法活动中以立法科学化为导向的种种方法和操作技巧,其目标在于使立法更加科学,正确调整社会关系和准确、有效、科学地反映立法者、执政者意愿,保障整个法治系统有效地运行,充分满足国家、社会和公民生活提出的种种需要。① "新发展理念"充满了辩证法思维,蕴含着丰富的方法论,在我国金融机构社会责任立法过程中,依照新发展理念的整体性和关联性进行系统设计,坚持具体问题具体分析,结合看待"两点论"和"重点论",遵循否定之否定规律、质量互变规律、对立统一规律,对于我国金融机构社会责任立法技术路线的选择和设计有着重要的意义。

第一节　新发展理念下中国金融机构社会责任立法的参与机制的设计

一、"新发展理念"对中国金融机构社会责任立法的参与机制之要求

正如亚里士多德所言:"法治应包含两重意义:已成立的法律获得普遍的服从,而大家所服从的法律又应该本身是制定得良好的法律。"②在亚里士多德法治观念的基础上,学界普遍倾向认为,"良法"应包含程序正义和实质正义两项基本原则。立法作为一项对社会各主体利益有重大影响的活动,其通过规定人们的权利和义务的方式来影响社会各主体的动机和行为,无疑也必须遵守程序正义和实质正义两项原则。虽然程序正义并不必然意味着实质正义,但程序正义是实现实质正义的前提,立法是立法过程中各种因素通过立法程序实现价值合成与利益整合的结果,立法程序的公平是现代法律制度中立法公平不可或缺的法理内涵,而且,唯有确保立法程序的公

① 参见周旺生:《立法学》,法律出版社 2016 年版,第 375 页。

② [古希腊]亚里士多德:《政治学》(第 3 卷),吴寿彭译,商务印书馆 2011 年版,第 202 页。

平，才能真正体现与保障立法结果与内容的公平。[1] 正如罗尔斯所强调的那样：“在纯粹程序正义中，不存在对正当结果的独立标准，而是存在一种正确的或公平的程序，这种程序若被人们恰当地遵守，其结果也会是正确的或公平的，无论它们会是什么样的结果。”[2]

公众参与作为实现现代民主的一种最为重要的形式，而立法又是现代民主的重要组成部分，公众参与立法具有天然的正当性，也是保障立法程序正义从而达到实质正义的必然进路。“无程序的民主只是偶然的民主，无程序的立法往往是专断或者幼稚的立法。”[3]立法的正当性取决于是否符合主流价值判断标准，而在多元价值并存的现代社会里，当某种价值已经很难说服社会大众的情况下，只有通过提供理性交流的程序，立法的结果才能够为公众所接受，而无论该结果是否有利于自己。[4] 也就是说，公众通过立法参与机制，在立法过程中通过沟通、协商、辩论等形式充分表达了自己的观点，有利于增强对法律的认同感，从而使法律获得普遍的服从，才能真正实现法律至上的现代法治国家理念。

在我国金融机构社会责任法制领域，存在着这样一种现实：国家层面的立法要么不完善，要么难以实施，而公众（金融机构的客户以及消费者自律组织等）千呼万唤的法律制度始终难以出台。之所以出现如此困境，在于相关利益主体未能参与其中，其利益诉求并未得到真正的重视和反映，制度的出台不是利益协调的产物，而是主观臆断的结果，从而导致了相关利益主体对其本能的排斥。更进一步来说，就是政府、企业和社会之间没有建立起一种推动社会责任承担的机制，这种机制应该是能够推动企业社会责任履行的动力机制和平衡机制，而既能够施以动力，又能维护彼此之间平衡的，只能是参与机制。因此，解决这些法律制定和实施之间的尖锐矛盾，必须重塑我国金融机构社会责任立法的参与机制。党的十八届五中全会提出，为

---

① 参见宋方青、周刚志：《论立法公平之程序构建》，载《厦门大学学报》（哲学社会科学版）2007 年第 1 期。

② ［美］罗尔斯：《正义论》，何怀宏译，中国社会科学出版社 1988 年版，第 228 ~ 229 页。

③ 徐向华、林彦：《我国〈立法法〉的成功和不足》，载《法学》2000 年第 6 期。

④ 参见汤善鹏：《现代立法程序的作用及其局限——一种基于法理学上的探讨》，载邓正来主编：《法律与中国——法学理论前沿论坛》（第 4 卷），中国政法大学出版社 2005 年版，第 340 页。

实现"十三五"时期发展目标,必须牢固树立并切实贯彻"创新、协调、绿色、开放、共享"的"新发展理念",从而破解发展难题,厚植发展优势。"理论在一个国家实现的程度,总是取决于切合这个国家的需要的程度。"①因此,"新发展理念"的贯彻与落实将是关系我国社会发展全局的一场深刻变革,也是指导和完善中国金融机构社会责任立法参与机制的核心理念,是一种"元理念"。

第一,中国金融机构社会责任立法的"创新发展",首先必须体现在立法的参与机制的创新上。创新涉及经济社会各个领域,是一个复杂的社会系统工程。坚持创新发展,在抓住关键、以重要领域和关键环节的突破带动全局的同时,也要坚持全面系统的观点。② 坚持"创新发展",意味着改革必须把发展基点放在创新上,形成促进创新的体制架构,塑造更多依靠创新驱动、发挥先发优势的引领型发展。③ 就我们所设计的中国金融机构社会责任立法参与机制而言,其本身就是一种对传统立法体制的突破,根本目的是要促成一种创新立法、监管与合作共治的治理架构。这种治理架构的形成关键在于参与机制的有效性,然而,要从根本上解决立法参与机制"有效性问题",即公众参与立法是否具有有效性,需要根据公众参与主体的感受来确认,如果公众不相信参与机制是有效的,其欲解决法律实施的难题的目的就不可能实现,参与机制也就形同虚设。因此,在这种创新的体制下,参与主体不仅有传统的国家权力部门以及监管部门,还有海量的国际组织、非政府组织、社会组织、自律性组织等非国家主体的广泛参与。不仅需要创新参与平台与参与模式,也要创新参与原则与参与内容。换句话说,中国金融机构社会责任立法的创新,首先必须体现在立法的参与机制的创新上。

第二,注重"协调发展"必须从立法参与机制的制度设计入手。"协调发展"强调要着力推动物质文明和精神文明协调发展、城乡协调发展、区域协调发展,推动经济建设和国防建设融合发展。无疑,注重"协调发展",必

---

① 《马克思恩格斯选集》(第1卷),人民出版社1995年版,第11页。

② 参见《习近平在省部级主要领导干部学习贯彻党的十八届五中全会精神专题研讨班上的讲话》,载《人民日报》2016年5月10日,第2版。

③ 参见《中共中央关于制定国民经济和社会发展第十三个五年规划的建议》,载 http://www.gov.cn/xinwen/2015-11/03/content_5004093.htm,最后访问日期:2017年12月27日。

须正确处理发展中的各种重大关系,牢牢把握中国特色社会主义事业总体布局。习近平总书记指出:“协调既是发展手段又是发展目标,同时还是评价发展的标准和尺度,是发展两点论和重点论的统一,是发展平衡和不平衡的统一,是发展短板和潜力的统一。”[①]因此,在中国金融机构社会责任立法的参与机制中,“协调发展”理念要求处理好各个立法参与主体之间权力与分工的协调,“自上而下”与“自下而上”两种参与模式的协调,参与内容即分别表达国家意志、市场力量、社会利益等方面的声音与渠道之间的协调。

第三,落实“绿色发展”是创新我国金融机构社会责任立法的参与机制的重要指引。自然环境的可再生能力是人类生存的基础和文明演进的前提。绿色是永续发展的必要条件和人民对美好生活追求的重要体现。绿色发展,是要解决好人与自然和谐共生的问题。[②] 人类发展活动必须尊重自然、顺应自然、保护自然。当前,生态环境问题已日益成为公众最关心的民生问题,公众已经从“求生存”转变到“求生态”。人们的这种主观意愿应该得到充分的表达和高度的重视。为此,我国“十三五”规划纲要提出“以提高环境质量为核心,以解决生态环境领域突出问题为重点,加大生态环境保护力度,提高资源利用效率,为人民提供更多优质生态产品,协同推进人民富裕、国家富强、中国美丽”的发展目标。这种“绿色发展”的理念和目标的实现需要人人参与,并成为全社会的行为准则。无疑,落实“绿色发展”,法律的干预是最有效、最重要的突破口。因此,在金融机构社会责任立法参与机制中,必须将公众对“绿色”的需求,对美好生态的向往,将“绿色发展”的理念与要求表达给立法部门,将国家与社会所要求的“绿色发展”落实到金融机构社会责任立法之中,使之成为构建金融机构社会责任立法的重要指引。

第四,贯彻“开放发展”必须成为中国金融机构社会责任立法的参与机制设计的基本要求。开放带来进步,封闭导致落后,这已为世界和中国的发展实践所证明。贯彻“开放发展”理念,必须顺应我国经济深度融入世界经

① 中共中央宣传部编著:《习近平总书记系列重要讲话读本(2016 年版)》,学习出版社、人民出版社 2016 年版,第 134 页。

② 参见中共中央宣传部编著:《习近平总书记系列重要讲话读本(2016 年版)》,学习出版社、人民出版社 2016 年版,第 134 页。

济的趋势,发展更高层次的开放型经济,积极参与全球经济治理和公共产品供给,提高我国在全球经济治理中的制度性话语权。① 同样,我国的法治建设也与国际法治的发展与变迁密不可分,并受到其他国家法律的重要影响。开放发展理念包含的主动开放、双向开放、公平开放、全面开放、共赢开放等重要思想也必将对我国法治建设产生重大的推动作用,反之也应成为我国法治建设的基本要求。实际上,我国金融机构社会责任立法参与机制本身就是一个开放的机制。金融全球化背景下,我国金融机构社会责任立法参与机制必须贯彻"开放发展"之理念,采取开放的参与原则,不仅做到参与主体的开放性,也要做到参与平台与参与渠道的畅通性;不仅要做到参与模式的开放性,也要做到立法议题与进程的开放性;不仅要表现为我国对金融机构社会责任立法的开放态度,也要表现在金融机构社会责任的国际标准的接受和采纳上,更多地参与金融机构社会责任国际标准的制定及其督促、治理与监管。

第五,"共享发展"理念必须落实到参与机制的各个方面。坚持"共享发展",就是要坚持发展为了人民、发展依靠人民、发展成果由人民共享,作出更有效的制度安排,使全体人民在共建共享发展中有更多的获得感,从而增强发展动力。② 霍尔巴赫指出,"任何社会的第一个法则就是规定人人都要互相帮助,都要享受生活乐趣,都要互利互惠。这个法则要求,每个人的幸福,不是别的什么,而是他自己献给其他社会成员的幸福所得到的报酬……每个人对别人负有义务,这是由共同利益和共同需要而联合起来的,有同样本性的人们的双方义务"。③ 哈耶克也认为:"良好的制度、利益共享的规则和原则,可以有效地引导人们最佳运用其智识从而有效地引导有益于社会目标的实现。"④我国金融机构践行社会责任的核心是对股东、雇员、客户,社区、环境以及国家等利益相关者的保护,要强调提供社会成员更多

① 参见中共中央《关于制定国民经济和社会发展第十三个五年规划的建议》,载 http://www.gov.cn/xinwen/2015-11/03/content_5004093.htm,最后访问日期:2017 年 12 月 27 日。

② 参见中共中央《关于制定国民经济和社会发展第十三个五年规划的建议》,载 http://www.gov.cn/xinwen/2015-11/03/content_5004093.htm,最后访问日期:2017 年 12 月 27 日。

③ [法]霍尔巴赫:《自然政治论》,陈太先、睦茂译,商务印书馆 1994 年版,第 18 页。

④ [英]F. A. 冯·哈耶克:《自由秩序原理》,邓正来译,生活·读书·新知三联书店 1997 年版,第 69 页。

发展和追求不同概念"利益"的机会,并强调人与人之间相互的关心和尊重,必须通过提高公民在公共事务中的参与程度来达到这一目标。[①] 这将引发我们对传统垄断式的国家对金融机构社会责任立法的参与模式的反思:金融机构社会责任立法必须设计出科学合理的多方参与机制,并以此带动多方共治,让更多的利益方积极参与、群策群力,制定出更优的社会责任法律体系,才能最终落实金融机构社会责任,营造金融机构社会责任法律文化,并确保由"人人共享"带来的发展成果。

在漫长的历史过程中,国家权力将不断向社会转移,公民将逐步学习和获得自己管理自己、管理社会的权力,而公众参与立法正是公众提高这一能力的机会和必经途径。[②] 十八届五中全会提出的"创新、协调、绿色、开放、共享"的五大发展理念,是我国发展思路、发展方向、发展着力点的集中体现,具有高度的战略性、纲领性、引领性的特点。立法参与机制作为现代民主与法治的重要内容,新发展理念也是新时期立法参与机制应遵循的基本纲领,必然赋予立法参与机制新的内容和要求。换言之,我国金融机构社会责任立法参与机制的设计上,必须首先落实"创新发展",注重"协调发展",并以"绿色发展"为重要指引,以"开放发展"为基本要求,将"共享发展"理念落实到参与机制的各个方面。

二、公共理性理论和市民社会理论的兴起以及中国金融机构社会责任立法参与机制的转变

公共理性是当代西方政治哲学中的核心理念之一。具言之,公共理性就是横跨国家理性、政党理性、利益集团理性和个人理性,并以成熟自律的公民社会为基础的利益整合的机制和合作共治的能力。[③] 公共理性应成为各种理性之间沟通、协调和统一的中介与桥梁,作为一种处理不同意见的对话模式,公共理性倡导以大家都能接受的规则和前提来进行讨论协商,提倡

---

① See R. B. Stewart, "Regulation in a Liberal State: The Role of Non-commodity Values", *Yale Law Journal*, Vol. 92, 1983, p. 1557.

② 参见姜明安:《公众参与与行政法治》,载《中国法学》2004 年第 2 期。

③ 参见吕嘉健:《中国需要公共理性吗》,载 http://www.aisixiang.com/data/78990.html,最后访问日期:2017 年 12 月 27 日。

以对方能够接受的理由进行说服。[①] 正如罗尔斯所指出的：公共理性的价值观不仅包括恰当地运用判断、推理和证据的概念，而且包括合理性和公平意志的美德，这些方面的表现是遵守准则和常识的程序，在无争议的情况下接受科学的方法和结论，还必须尊重规定合理的政治讨论的准则。[②]

市民社会则是指国家体制之外的一种社会自治力量，主要由相对独立的团体和组织组成，具有独立性与制度性的特点，泛指介于“国家”和“个人”之间的宽泛区域，是国家权威和个人自由的缓冲地带。[③] 20 世纪后期，当市民社会再度兴起时，其更多是以非政府组织等形式出现，由此所构成的新市民社会表现出更强的自治特征，强调出于共在共存的目的去开展活动，超越了任何以个人或社会为理论原点出发的设计，不再要求个人与社会之间的附属关系，而是要健全的实质性的公共生活形态。[④]

公共理性理论和市民社会理论的兴起在很大程度上改变了中国金融机构社会责任立法的参与机制。欧金·埃利希毫不夸张地说：“在任何时候，尤其是在当前，法律发展的重心不在于立法，不在于所谓的法律科学，也不在于司法裁判，而在于社会本身。”[⑤]

第一，在参与主体上，中国金融机构社会责任立法由单一参与主体转变为多元参与主体，并且多元参与主体之间的博弈开始变得愈发活跃。根据公共理性理论，现代公共理性对政府理性的监督和批判是后者制定科学决策的重要前提。作为理性在社会公共生活中的公开运用，公共理性力图在多元语境下，通过公民等多种社会与政治力量的参与生成公共生活的基本规则，寻求关于社会基本结构与基本制度的正当性共识。[⑥] 就金融机构社会责任立法而言，单纯的国家权力部门和政府机关制定的法律不足以充分

---

① 参见吕嘉健：《中国需要公共理性吗》，载 http://www.aisixiang.com/data/78990.html，最后访问日期：2017 年 12 月 27 日。

② 参见[美]约翰·罗尔斯：《政治自由主义》，万俊人译，译林出版社 2002 年版，第 139 页。

③ 参见王媛丽：《论市民社会的形成及其原因》，载《行政科学论坛》2010 年第 2 期。

④ 参见张康之、张乾友：《新市民社会背景下的国家与社会治理——对基于市民社会的国家理论的考察》，载《文史哲》2011 年第 1 期。

⑤ 冯岚：《“活法”理论研究——埃利希法律社会学思想评述》，载郑永流主编：《法哲学与法社会学论丛》（第 6 辑），中国政法大学出版社 2003 年版，第 245 页。

⑥ 参见李海青：《当代政治哲学视域中的公共理性——一种规范性的分析》，载《哲学动态》2008 年第 6 期。

反映金融机构所有利益相关者的利益。正因如此,基于"新发展理念"的中国金融机构社会责任立法参与主体的改变显得非常必要。这在立法参与机制中首要反映的便是,金融机构社会责任立法的主体由单一转变为多元。各利益相关者以"创新理念""共享理念""绿色理念""开放理念""协调理念"等共同融入金融机构社会责任的立法过程,并且相互之间开展广泛的立法互动,构成我国金融机构社会责任立法的利益平衡与科学性之保障。

同时,市民社会理论深刻地揭示了市民社会这样一种介于政府与个人之间的新兴主体的功能与意义。这些新兴主体不仅包括我们通常所熟知的各金融行业的自律性组织,比如中国银行业协会、中国证券业协会、中国保险业协会、中国股权众筹行业联盟、各地的互联网金融协会等,而且还包括各种民间的监督力量,譬如各种非政府组织、相关社会组织、新闻媒体、第三方独立机构等。这些主体既不是国家机关也不是金融行业的具体业务机构,而是独立的一种社会组织,具有重要的制度化特点。在传统的国家立法之外,市民社会所制定的各种制度和规范已经成为各国金融机构社会责任治理框架的重要部分。非国家或政府主体基于"创新理念""开放理念""协调理念""绿色理念""共享理念"等对立法的参与,将进一步丰富金融机构社会责任立法内容,同时也可增强立法的科学性。

可见,公共理性理论和市民社会理论深刻地表明,社会既不是单个行为的结果,也不是同一类型或相同角色(具有相同功能)的主体双边行为的结果,而是处于一定社会结构中具有不同功能的各类主体行为互动的结果。其优劣在一定程度上又可依该社会行为规范的合理性对人的行为予以约束人为地建构而变化。因而,任何人不仅负有不损害其所处的良好关系状态的消极责任,也负有利用自己的智识促进社会规范的科学化与合理化,并遵循之,以建构更优的关系状态的积极责任。[①] 也就是说,我国金融机构社会责任立法的参与主体将更加主动、更加积极融入这一过程,利益的博弈也会更加激烈,最终所产生的制度也必将更加合理和让各方得以遵守。可以预期的是,在"新发展理念"下,中国金融机构社会责任的总体治理能力有望

---

① 参见刘水林:《经济法是什么——经济法的法哲学反思》,载《政治与法律》2014年第8期。

借此获得进一步的提升。

第二,在参与模式上,中国金融机构社会责任立法的参与模式由传统的"自上而下"单一模式,转变为"自上而下"与"自下而上"的参与路径并行的多元化参与模式,并且两种模式相互交叉建构、共生共进。公共理性理论和市民社会理论目的都在于生成公共生活的基本规则与关于社会基本结构的正当性共识,以促进公益、维护公民之权益。① 公共理性理论和市民社会理论兴起的背景下,社会治理模式"不再是监督,而是合同包工;不再是中央集权,而是权力分散;不再是由国家进行再分配,而是国家只负责管理;不再是行政部门的管理,而是根据市场原则的管理;不再是由国家'指导',而是由国家和私人部门合作"。② 因此,在"新发展理念"下必然要求必须改变传统单纯以政府为中心的社会治理模式,改变"自上而下"的单一管理模式,转向由社会群体广泛参与的多元主体的社会治理模式,从而实现上下互动、合作协商的管理方式,更好反映各方的利益诉求。当前,在其他发达国家中,普遍对"自上而下"的方式进行了改变,基本采取了在政府、商业机构、非政府组织和其他利益相关者之间分散权力和责任的模式。③ 但是,由于我国政府相对强势的地位,我国的社会责任立法体系主要由政府有关环境保护、消费者权益、科技创新等方面的政策构成,实行的是政府主导的"自上而下"的行为模式。④ 当然,这种模式的建立有其历史的客观性,但是随着我国市场经济的发展,我国市民社会逐步成熟,政府以外的其他主体起到了越来越重要的作用,继续用"自上而下"的方式推动企业社会责任发展的空间是有限的。因此,为了贯彻落实"新发展理念",政府应该转变观念,认识到非政府组织应是承接政府部门社会职能的组织,是公民社会活跃的

---

① 参见李海青:《理想的公共生活如何可能:对公共理性的一种政治伦理学阐释》,载《伦理学研究》2008 年第 3 期。

② 俞可平主编:《治理与善治》,社会科学文献出版社 2000 年版,第 6 页。

③ See John M. Conley, Cynthia A. Williams, Engage, "Embed, and Embellish: Theory Versus Practice in the Corporate Social Responsibility Movement", *UNC legal Studies Research*, Paper No. 05 - 16, 2005.

④ 参见韦黎兵:《履行企业社会责任!政府推着企业走》,载《南方周末》2007 年 11 月 1 日,第 C17 版。

公共部门,其职能之一就是在协助政府治理社会,而非与政府争权。①

随着公共理性理论和市民社会理论的兴起,各种自律组织、非政府组织以及公众等热衷于参与金融机构社会责任立法,多元化的立法参与模式为他们的广泛参与打开了大门。过去,传统的金融机构社会责任立法主要是国家层面制定的法律,在这种单一法律渊源下,立法参与也与法律实施的路径同向而行,即都是沿着"自上而下"的路径。在"新发展理念"引领下,政府以外的各种组织开始参与金融机构社会责任立法时,他们要么是最贴近金融机构业务、站在实务第一线的自律机构,要么是基于特定目的而成立的非政府组织等组织,拥有自身的参与目标与价值。他们或通过自身制定相关规则、或参与地方政府制定的金融机构社会责任立法、或借助自律机构或者地方政府的平台参与国家层面法律的制定,最终使金融机构社会责任成为金融机构普遍遵守的行业惯例,形成长效的自我完善机制。

这样,一种"自下而上"的金融机构社会责任立法参与模式开始形成,并与传统"自上而下"的参与模式并行不悖,互相结合、互为补充、多元融合、共管共治。实际上,我国《立法法》第5条规定"立法应当体现人民的意志,发扬社会主义民主,坚持立法公开,保障人民通过多种途径参与立法活动"就是对公共理性理论和市民社会理论内涵的回应,该条不仅规定了社会主体的立法"参与权",并强调了可以通过"多种途径"参与立法活动。显然,"新发展理念"下的"协调发展""共享发展"等内容必然要求"多种途径"包含"自上而下"与"自下而上"两种模式。

第三,在参与内容上,金融机构社会责任立法开始从原来的封闭性向开放性转变,并且内容之间的内部联系更加密切。在我国金融机构社会责任法律体系中,在相当长的时期内,法律和政府制定的法规、规章和规范性文件等占据着最重要的地位,并且内容相对封闭。其他社会主体参与立法的路径和保障机制并未得以真正建立和有效运行,这不得不说是我国金融机构践行社会责任低下的重要原因之一。立法学原理表明,只有充分体现人民意志的法律,才能得到广泛的认同和普遍的遵守,唯有充分体现国家和人民的现实需要的法律,才能被人们普遍遵守。只有这样的法律制度,才具有

① 参见陈振明:《公共管理学》,中国人民大学出版社2003年版,第418页。

"正当性"。这时,一个必须反思的问题是:如何才能增强广大利益相关方对于金融机构社会责任法律制度的认同和尊重呢?

公共理性理论和市民社会理论本质上都强调社会主体对公共事务的参与。实践中,一些社会群体通过自主治理,有时也能够实现公共利益。但是,问题的关键在于要能够形成一个有效的机制,使各种组织在不同条件下都能够发挥作用,而不是仅仅依靠某一组织来克服暂时的困境。① 显然,在公共理性理论和市民社会理论下,必然要求将传统封闭的立法参与机制转变为开放式的立法参与机制。在金融机构社会责任法律制度创制的过程中,践行"新发展理念"不仅需要给予各种自律性协会、媒体、非政府组织、公众等表达利益诉求之渠道,也必须考虑如何融入金融行业践行社会责任的国际标准或者规范等,同时还要考虑金融机构社会责任立法与现行《劳动法》《环境保护法》《企业所得税法》等中对职工参与制度、公司环境保护制度、信息披露制度和公益诉讼制度等进行必要的修订与完善,从而使得参与内容丰富与多元化,反映出利益相关方的各种诉求,提高立法本身的"正当性"。

三、中国金融机构社会责任立法参与的技术路线图以及运作效果预估

第一,中国金融机构社会责任立法参与机制的技术路线图。我国《宪法》规定:"人民依照法律规定,通过各种途径和形式,管理国家事务,管理经济和文化事业,管理社会事务",这是公众参与社会管理的宪法依据,也是金融机构社会责任立法参与机制建立与运作的根本依据。金融机构社会责任立法机制的建立使得在政治、经济等活动中没有掌握权力的公民和其他社会主体的意见能被考虑或最终反映在金融机构社会责任的法律文本中。但是,这个机制的有效建立有赖于其所包含的各个范畴的内容的完善和有效运转。参与制度的立法设计应当符合参与的自愿性和参与的真实性两项基本要求。参与的真实性尤为重要,这是参与制度立法设计的核心环

① 参见麻宝斌:《治道变革:公共利益实现机制的根本转变》,载《吉林大学社会科学学报》2002 年第 3 期。

节，其强调的是参与者拥有充分、实质的参与机会以影响立法内容，而非形式上的参与。[①] 具体而言，为了保证参与的自愿性和真实性，中国金融机构社会责任立法参与机制应当包括参与主体、参与理念、参与的基本原则、参与模式、参与的形式、参与内容以及参与优势等基本范畴。

从参与主体来说，基于参与机制的开放性，我们认为至少应当包括全国人大及其常委会、国务院、中国人民银行、银保监管委员会、证监会、财政部、发改委、地方人民政府、行业自律组织以及相关国际金融组织、社会媒体、非政府组织等。主体参与的广泛性是参与机制的主要特征之一，亦是参与之优势所在。一般而言，在现代国家体制中，为了使其符合程序正义和实质正义的要求，在立法过程中，都强调要了解各社会主体的利益诉求，建立相应的参与机制，让公众参与决策过程、表达利益诉求是最直接、最有效、最真实传达信息的方式。[②] 不仅如此，在这过程还必须体现参与主体的多元性和广泛性，主体的广泛性能够确保立法的客观性和可接受性。

从参与的理念来看，以“创新、协调、绿色、开放、共享”为核心的“新发展理念”是中国金融机构社会责任立法参与机制的重要指导理念。新发展理念，指明了“十三五”乃至更长时期我国的发展思路、发展方向和发展着力点，揭示了我国实现更高质量、更有效率、更加公平、更可持续发展的科学路径。其既是发展观，也是方法论，体现了发展目的、发展动力、发展路径、发展方式的有机统一，体现了生产发展、生活富裕、生态良好的辩证统一，体现了发展的合规律性与合目的性(发展为了人民)的内在一致。[③] 我国金融机构社会立法参与机制作为社会公共利益实现的路径之一，无疑应以新发展理念作为基本的指导思想。

从参与的原则来看，参与“硬法”的制定时主要突出“协调一致原则”、“政府的实质参与原则”、“低侵扰性原则”和“程序正当原则”等，参与“软

① 参见徐向华：《中国立法关系论》，浙江人民出版社 1999 年版，第 219 页。

② 参见石佑启、陈咏梅：《论开放型决策模式下公众参与制度的完善》，载《江苏社会科学》2013 年第 1 期。

③ 参见张怡恬、金碚、胡鞍钢、王永昌：《新发展理念引领发展新时代(治国理政新思想新实践)——关于树立创新、协调、绿色、开放、共享发展理念的对话》，载《人民日报》2016 年 8 月 2 日，第 7 版。

法”的制定时主要突出“法律优先”和“法律保留原则”“充分调动相关利益主体积极性原则”“充分协商原则”“民主原则”等。

从参与的模式来看,我们可以将其归纳为三条线的模式:一是以中央银行为核心的金融宏观调控线,以“自上而下”的参与模式为主,“自下而上”的参与模式为辅;二是以监管部门(中国银保监管委员会、中国证监会等)为核心的市场规制线,也以“自上而下”的参与模式为主,“自下而上”的参与模式为辅;三是以行业自律组织以及相关行业的国际组织、非政府组织等为核心的金融业自律和第三方监督线,以“自下而上”的参与模式为主。

从参与形式来说,金融宏观调控线主要由人民银行牵头,中央各宏观调控部门和金融监管部门、地方政府和各行业主管部门等实质参与,对行业自律组织、金融机构、社会媒体以及公众等开放式参与;金融市场规制线由金融监管部门牵头,中国人民银行、发改委、物价局等其他部门实质参与,对行业自律组织、金融机构、社会媒体以及公众等开放式参与;行业自律和第三方监督线由行业自律组织联合金融机构或者由非政府组织等实质参与,对国家相关部门开放参与。

从具体的参与内容来看,在金融宏观调控线,由中国人民银行制定货币政策与信贷政策进行宏观管理,其他部门制定相关执行政策与制度;在市场规制线,由金融监管部门制定具体金融行为规章制度,其他部门制定监管范围内的规章制度;在金融业自律和第三方监督线,主要由相关组织通过市场调查与听证,制定反映金融机构诉求的规范或指引。

从参与优势来看,国家有关部门主导的立法,以法律、法规以及部门规章为核心,由于其法律位阶高、适用范围广、社会影响大,能够快速地构建出我国金融机构社会责任法制体系的基本框架。但是,这种立法必须照顾多方面的利益、考虑多样的具体情况,只能抽象设定行为规则,忽略具体的细节差异,要求行为主体作为或不作为,因此多是原则性、概括性的规定。[①]而金融业自律和第三方监督方面的自律性规范或指引等具有明显的程序简单、调整快捷、变动灵活、针对性强等优势,因此,只有二者的互补才能达到最佳的治理效果。

---

① 参见张清、武艳:《职业协会治理的软法之维》,载《江海学刊》2013年第9期。

综上所述,中国金融机构社会责任立法参与机制的技术路线图谱大致如表2-1所示。

表2-1　中国金融机构社会责任立法参与机制的技术路线图

参与主体	参与理念	参与原则	参与模式	参与形式	参与内容	参与优势
全国人大及其常委会、国务院、中国人民银行、银保监管委员会、财政部、发改委、地方人民政府等	创新、协调、绿色、开放、共享	协调一致原则、政府的实质参与原则、低侵扰性原则和程序正当原则等	以中央银行为核心的金融宏观调控线,以"自上而下"的参与模式为主,"自下而上"的参与模式为辅	金融宏观调控线由中国人民银行牵头,中央各宏观调控部门和金融监管部门、地方政府和各行业主管部门等实质参与,对其他主体开放式参与	中国人民银行制定货币政策与信贷政策进行宏观管理,其他部门制定相关执行政策与制度	法律位阶高、适用范围广、社会影响大
			以监管部门为核心的金融市场规制线,以"自上而下"的参与模式为主,"自下而上"的参与模式为辅	金融市场规制线由金融监管部门牵头,中国人民银行、发改委、物价局等其他部门实质参与,对其他主体开放式参与	由金融监管部门制定具体金融行为规章制度,其他部门制定监管范围内的规章制度	
行业自律组织、相关行业的国际组织、非政府组织、媒体、其他社会组织、公众等		法律优先和法律保留原则、充分调动相关利益主体积极性原则、充分协商原则、民主原则等	以行业自律组织、相关国际组织、非政府组织等为核心的金融行业自律和第三方监督线,以"自下而上"的参与模式为主	行业自律和第三方监督线由行业自律组织联合金融机构或者由非政府组织等实质参与,对国家相关部门开放参与	通过市场调查与听证,制定反映金融机构诉求的自律规范、指引等	程序简单、调整快捷、变动灵活、针对性强

第二,中国金融机构社会责任立法参与机制的运作效果预估图谱。"参与是人的基本需要,没有参与,就失去了意见表达的机会;没有参与,就

压缩了理性决策的空间;没有参与的公共生活,是不文明的生活。”①我国金融机构社会责任立法参与机制通过制度设计,使社会各利益相关主体参与到了金融机构社会责任立法过程中来,能确保冲突性的观点亦被考虑,并通过建立权利分享、权力监督和博弈制衡等机制,确保社会责任立法的公共利益价值取向,②有利于保障社会公共利益及社会各方主体利益,有利于增强公众的民主意识。

具体而言,通过前述中国金融机构社会责任立法参与机制的技术路线图谱,从参与机制的运作效果来说,既有法律法规的统合调控与规制,又有自律性规范或指引的第三方督促与自治;既有权力层面的多部门参与干预,又有社会层面的利益相关者自律;既有国家层面的宏观调控与市场规制综合协调制度,又有行业层面与社会层面的社会立法民主协商制度;既有国家有关部门立法集中突显的国家意志,又有自律性组织与金融主体普遍反映的市场需求等。据此,中国金融机构社会责任立法参与机制的运作效果预估图谱如图 2－1 所示。

根据这个运作效果预估图谱,我们可以对新发展理念下中国金融机构社会责任立法参与机制的绩效进行检验。而检验立法参与机制绩效最简便的方法是,检验通过这个立法参与机制所达成的立法成果,即所构建的法律体系的基本指标。对此,我们可以从多个角度和指标进行立法成果的绩效检验:

一是位阶体系的完整性。一般而言,完整的法律体系由各种不同位阶的规范性文件所组成。按照新发展理念下我们所设计的中国金融机构社会责任立法参与机制,不仅有官方主体,比如我国最高国家权力机关,还有政府机关以及行业组织、金融市场主体和非政府组织等,这种多主体参与机制能够有效保障中国金融机构社会责任立法位阶体系的完整性。

二是体系结构的层次性。法律体系应当是由不同位阶的规范性文件组成,且不同位阶的规范性文件在数量上一般应呈现金字塔形。即位阶最高

---

① 中央编译局比较政治与经济研究中心:《公共参与手册:参与改变命运》,社会科学文献出版社 2008 年版,第 1 页。

② See Valentina S. Vadi,“Environmental Impact Assessment in Investment Disputes:Method, Governance and Jurisprudence”, *Polish Year book of International Law*, 2010, p. 30.

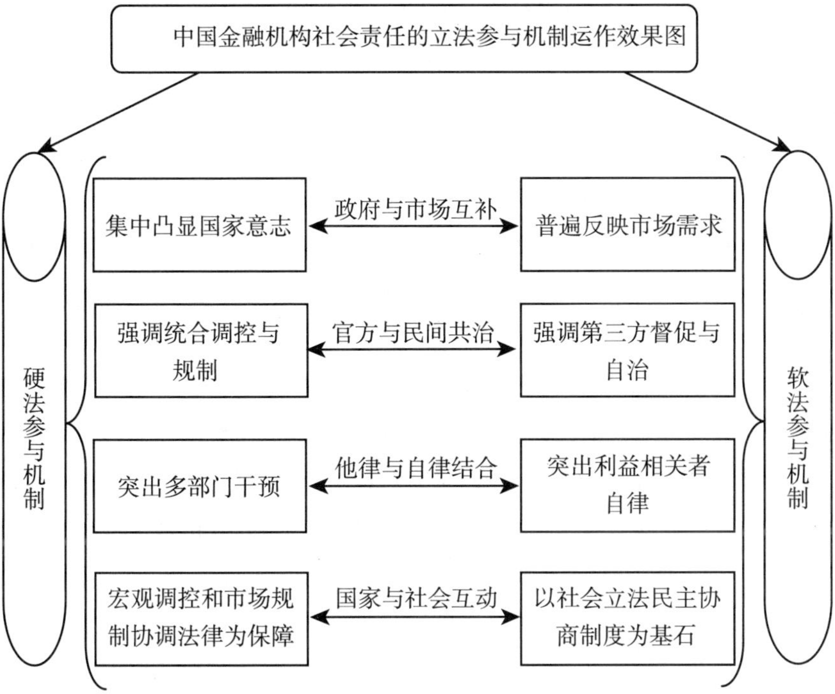

图 2－1　中国金融机构社会责任立法参与机制的运作效果预估图

的文件应当最少，位阶较高的文件次之，位阶最低的文件应当最多。[①] 显然，按照我们的立法参与机制的设计，中国金融机构社会责任立法既有位阶最高的法律，又有法规规章，还有大量的自律规则等。不同位阶的法律，根据其效力和数量，自动组合成一个呈金字塔形状的制度规则体系。

三是法律体系的系统性。所谓系统性，主要是指在特定的法律规则体系中，既要有核心规范，又要有配套制度。按照我们对参与机制的设计，中国金融机构社会责任立法中位阶最高的法律在该体系中始终处于核心地位，其次是确定金融机构社会责任的各种权利义务的基础法律依据。而其他的法律渊源，特别是一些自律规则或指引则属于辅助其实施的配套制度。

不仅如此，我们对立法参与机制的设计还能在最大程度上保证立法的正义和科学性。由于立法参与机制的广泛和灵活，不仅不同的利益主体均

① 参见代杰：《论法律评价指标》，载《唐山学院学报》2013 年第 2 期。

可融入立法活动，而且从立法的层次性转换视角，这种灵活的立法参与机制，还能推动立法的公平、民主和科学性从最低效力的制度制定过程延伸到法律等高层次规范的制定过程。因此，我们对中国金融机构社会责任立法参与机制的上述设计总体表示乐观，并设计数理模型对此进行检验。

第三，中国金融机构社会责任立法参与机制的运作效果预估的法律经济分析验证。我们将以国外已经形成了完整性、层次性和系统性的金融机构社会责任立法的现实数据为基础，通过广泛收集各国已有的数据，从而检验三方面社会责任立法特性的实际效果。

具体来说，我们通过检索和梳理国外各个国家对于金融机构社会责任的相关法律法规，按照完整性、层次性和系统性的三个维度建立相关的衡量指标。基于量表评分的方式，我们可以对各国社会责任立法的完整性、层次性和系统性进行量化评分。同时，基于世界银行、国际货币基金组织的相关统计数据，构建各国金融机构履行社会责任的效果衡量指标，从而构建国家层面的面板固定效应模型，以对完整性、层次性和系统性三方面标准对于金融机构社会责任立法与实践效果进行客观评估。具体模型设计如下：

$$Y_{it} = \mathrm{INT}_{it} + \mathrm{HIE}_{it} + \mathrm{SYS}_{it} + X_{it} + \lambda_i + \mu_t + \varepsilon_{it}$$

其中，i 表示国家，t 表示年份，Y_{it}用来衡量各国金融机构在履行社会责任方面的表现，INT_{it}是对各国社会责任立法完整性的衡量，HIE_{it}是对各国社会责任立法层次性的衡量，SYS_{it}是对各国社会责任立法系统性的衡量，X_{it}表示其他可能影响各国金融机构履行社会责任表现的变量，包括各国的人均 GDP、贫困人口数量等。λ_i 和 μ_t 表示国家固定效应和年份固定效应，分别用来控制不随国别变化和年份变化的因素的影响。ε_{it}表示其他扰动项。

通过结合其他国家的现实数据，运用该模型可以有效地识别我国金融机构社会责任立法的不同维度对金融机构践行社会责任的现实影响，从而反过来验证我国金融机构社会责任立法参与机制设计的是否合理，并及时调整立法参与机制的不同要素，以保持最佳的立法机制运作状态。

四、"新发展理念"对中国金融机构社会责任立法的参与机制的持续把握与动态修正

新发展理念，特别是"创新发展"理念，不仅对中国金融机构社会责任

立法的参与机制的构建具有重要的指导意义，而且也是对该参与机制持续把握与动态修正的理论基础。创新是历史进步的动力、时代发展的关键，位居中国“五大发展理念”之首。习近平总书记指出，抓住了创新，就抓住了牵动经济社会发展的“牛鼻子”。[①] “创新发展”理念要求构建发展新体制，深化行政管理体制改革，进一步转变政府职能，持续推进简政放权、放管结合、优化服务，提高政府效能，激发市场活力和社会创造力。[②]

第一，必须提高国家权力部门以及监管机构的立法效能。新制度经济学派认为，由于存在报酬递增与自我强化机制，制度变迁受路径依赖效应的影响，使得特定制度安排沿着某一制度变迁的既定方向在演化变迁过程中不断强化，[③]即曾经的选择决定了现在及未来可能的行为决策。[④] 基于此，公共部门至今一直在我国政治、经济、文化生活中占据最为主要的作用，其公信力、影响力、权威性无可比拟。而且学者研究也发现，对于类似中国这样的发展中国家，企业履行社会责任的动因主要来源于外部制度的压力，政府政策和法律法规的影响力最为显著，行业准则次之，舆论监督等也是不可忽视的力量。[⑤] 为此，必须及时出台科学合理高效的法律制度，发挥政府在金融机构社会责任治理中的核心作用。在我们的参与机制的设计框架中，该项机制创新之一是对应了国家权力部门以及监管部门相关制度的制定和实施。通过在法律、行政法规、规章制定和执行中，发挥国家权力部门以及政府部门之间的“协调一致原则”和“实质参与原则”，并秉持“低侵扰性原则”与“程序正当原则”等，提高政府对金融机构社会责任治理的效能。

第二，要促进市场活力。市场主体积极参与是提升市场活力的关键，也

---

① 参见中共中央宣传部编著：《习近平总书记系列重要讲话读本（2016 年版）》，学习出版社、人民出版社 2016 年版，第 133 页。

② 参见中共中央《关于制定国民经济和社会发展第十三个五年规划的建议》，载 http://www.gov.cn/xinwen/2015-11/03/content_5004093.htm，最后访问日期：2017 年 12 月 27 日。

③ 参见卢现祥：《西方新制度经济学》，中国发展出版社 2003 年版，第 27 页。

④ 参见[美]道格拉斯·C. 诺斯：《经济史中的结构与变迁》，厉以平译，商务印书馆 1994 年版，第 15 页。

⑤ See Wang, L., H. Juslin, “The Impact of Chinese Culture on Corporate Social Responsibility: The Harmony Approach”, *Journal of Business Ethics*, Vol. 88, 2009, pp. 433-451.

是创新金融机构立法参与机制的路径之一。金融机构作为社会责任的承担者,其对社会责任的“冷暖”有着最为客观的感受。“让听得见炮声的人来决策”其所产生的效果可能最为显著,即金融机构制定的社会责任守则或指引,金融机构最有可能或最先予以遵守。同时,由金融机构所组成的行业组织也发挥了越来越重要的作用,其能够有效提升金融行业整体社会责任实现程度。这是因为,相比具有高度稳定性的法律规定,行业协会规则的制定和修改较为灵活,能够及时关注业内最新动态,并可以针对各金融机构在履行社会责任过程中遇到的具体情况进行调整,有效实施监管。同时,行业协会相对更加专业,可以弥补政府部门专业素质上的相对不足,制定出的规范更加贴近金融机构经营活动的实际。而且,由于行业协会是基于共同利益和价值取向而成立的自律组织,其在制定规则过程中更加注重平等和交流,在一定程度上能够缓解金融机构对社会责任规定的抵触,增加金融机构自觉进行社会责任活动的动力。

因此,有效的行业自律机制是连接金融机构自治与政府监管之间的桥梁,既可以有效避免监管真空,又在很大程度上减轻了外部监管成本,从而成为法律制度和政府政策之外的一种较优的社会责任制度。为加强行业组织在促进和监督金融企业承担社会责任方面的作用,可由行业协会制定相应的规则,要求金融机构通过各种渠道加强相关信息披露,定期发布“社会责任报告”,积极规范金融机构管理其自身的社会责任。总的来说,要激发市场主体在金融机构社会责任治理中的主人翁意识,通过行业自律部门与金融机构出台自律规范或规范指引,以行业自治与市场驱动的形式,把金融业市场主体的活力激发出来,不但可以增强立法的科学性,更能切实提高执法和守法的实效。

第三,必须激发社会的创造力。当今,全球化时代的一个显著的特征就是非政府组织等非国家行为变得愈加活跃,社会影响力和公信力变得越来越强大,已经成为全球治理的一个重要组成部分。一般而言,非政府组织是致力于解决某一群体或关注某一问题的非营利性私人组织。在趋向独立于政府运行的意义上,非政府组织与其他组织机构不同,它们以价值为导向,并以利他主义与自愿主义的原则为指导。① 正是源于此，英美法系已更加倾向于通过法律从企业“外部”去解决非股东利益相关者的问题，而不是将其纳入公司的决策中，从企业“内部”解决。② 时至今日，西方国家的社会利益制衡机制已经与非政府组织紧密结合，尤其是在金融机构社会责任领域，由非政府组织等制定或推动的国际标准或规范，使得金融机构在劳工、环保和人权等领域的长期面临来自非政府组织的压力，对金融机构践行社会责任起到了巨大的推动作用。有关学者的研究也证明了这一点，如 J. L. Campbell 认为非政府组织对企业社会责任水平有显著影响，③L. W. Fransen 和 A. Kolk 也主张非政府组织参与到企业的社会责任活动中来有利于企业提高社会责任水平。④ 管理学大师德鲁克曾对此评论道，人们已经普遍认识到，政府并不能够履行所有的社会职责，其能力是极为有限的，非营利部门可以发挥巨大的作用，而不仅仅是拾遗补缺，为政府的工作增姿添彩，其角色是至关重要的。⑤

从国外的实践可以看出，非政府组织等第三方力量对于推动金融机构践行社会责任发挥了很大的作用，为了推进我国金融机构践行社会责任，发挥非政府组织的力量和作用是理性的选择。然而，在我国虽然非政府组织等第三方力量逐步受到重视，但其作用还是明显受限，与非政府组织等在国外所发挥的作用有明显差距。此外，在金融机构践行社会责任方面，我国完全依赖政府部门与行业组织的监督总是有其自身的局限性，金融机构本身数量众多、性质多样，而践行社会责任的具体行为又纷繁复杂，因而难以实现

---

① See Anneke Hoijtink, *The Sustainability Attitude of Commercial Banks: Final Thesis for the Department of Economics*, Faculty of Economics and Business Administration University of Tilburg, September 2005.

② See Kevin Campbell, Douglas Vick, *Disclosure and the Market for Corporate Social Responsibility, in the New Corporate Accountability-Corporate Social Responsibility and the Law*, United Kingdom: Cambridge University Press, 2007, p. 248.

③ See Campbell, J. L., Why Would Corporations Behave in Socially Responsible Ways? An Institutional Theory of Corporate Social Responsibility, *Academy of Management Review*, Vol. 32, No. 3, 2007, pp. 946 – 967.

④ See Fransen, L. W., Kolk, A., “Global Rule-Setting for Business: A Critical Analysis of Multi-Stakeholder Standards”, *Organization*, Vol. 14, No. 5, 2007, pp. 667 – 684.

⑤ See Drucker, Peter F., *Managing the Nonprofit Organization: Practices and Principles*, Oxford: Butterworth-Heinemann Ltd., 1990, p. ix.

事无巨细的监管。“创新发展”是解决发展动力的问题，在推动我国金融机构践行社会责任力量不足的情况下，积极发挥非政府组织等第三方监督力量的专业化、长期化作用，多角度多领域地督促金融机构践行社会责任便显得至关重要。

十八届三中全会中共中央《关于全面深化改革若干重大问题的决定》提出：“要创新社会治理，改进社会治理方式，激发社会组织活力。”激发社会组织的活力成为了“创新发展”的重要内容。“法律的基本功能就是改变激励因素”，①对于金融机构社会责任立法参与创新机制而言，即要激发社会第三方力量，诸如非政府组织等组织在金融机构社会责任治理中的督促作用。这些督促对前面两种立法参与具有很强的外部刺激效果，是中国金融机构社会责任立法参与创新机制不可或缺的重要一环。无疑，在“新发展理念”下政府、行业组织、第三方力量以及金融机构都必须在这方面开展积极行动：②第一，政府应推动建立扶持第三方监督力量崛起的机制。既通过政府购买服务的形式对所执行的项目给予帮助，又以调研、协商等方式与第三方进行互动和沟通。第二，金融机构行业协会要与第三方监督力量形成合力。通过各种倡议、协商等形式与第三方监督力量进行合作与交流，并鼓励金融机构接受第三方力量的监督与合作，改变金融机构对第三方监督力量的认识，营造一种合作的气氛。第三，金融机构自身也要提高认识，改变与第三方力量的“敌对”情绪，认识第三方监督机构对于克服潜在经营风险和自身践行社会责任的积极推动作用，努力创造与第三方力量更多的沟通与合作机会。第四，第三方力量应积极提升自身的监督能力和水平，以更加有效的方式开展监督活动，创造与政府部门、行业组织、金融机构以及其他的第三方力量等在督促金融机构践行社会责任方面的更多合作机会，以理性、独立、公正的态度开展督促工作与问责活动。

总体而言，创新发展新体制的上述三大基本理念，在中国金融机构社会责任立法的参与机制安排的持续把握与动态调整过程中始终处于指导性的地位。无论具体的参与立法的机制安排怎么变，也无论具体的机构和分工

---

① [美]理查德·A. 波斯纳：《正义/司法的经济学》，苏力译，中国政法大学出版社 2002 年版，第 75 页。

② 参见刘志云：《法律视角下商业银行的社会责任：原理研究与实证分析》，法律出版社 2012 年版，第 414 页。

如何进行调整,“提高立法效能”、“促进市场活力”和“激发社会创造力”的基本理念和原则保持不变。

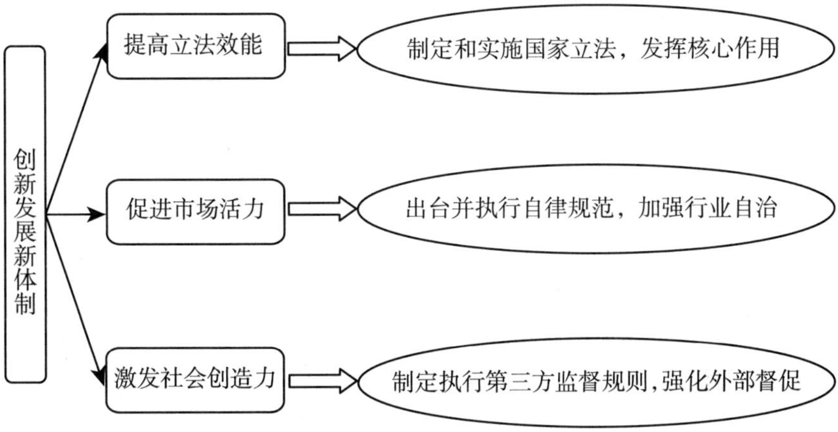

图2-2　创新发展新体制对中国金融机构社会责任立法的参与机制的效能图

第二节　新发展理念对中国金融机构社会责任立法的“系统性”要求

一、“新发展理念”对中国金融机构社会责任立法的“系统性”要求以及法律经济分析

“新发展理念”要求新时期我国金融业总体发展的方向为“创新、协调、绿色、开放、共享”,这不仅对我国金融机构履行社会责任提出了更高的要求,也为中国金融机构社会责任立法提出了必须具备“系统性”的基本要求。这是因为,五大发展理念相互之间是相辅相成、相互补充的,是一个有机统一体,是一个发展系统。在五大发展理念这个系统中,创新是发展的根本动力、协调是对各种关系的兼顾、绿色是人与自然的和谐共处、开放是国内外的利益共赢,共享是发展成果的分享。符合“系统性”要求,不仅需要金融机构践行社会责任的各方面的立法完善,也必须理顺立法系统中各要素以及立法内容之间的层次排列、结构组合、逻辑机制,形成一个真正的内

部逻辑自洽、各部分之间共生共进、良性运作的法律有机体。只有达到立法的"系统性"要求,才能确保"创新、协调、绿色、开放、共享"等发展理念的贯彻和落实。为此,必须梳理各要素之间的基础理论逻辑关系,寻找理论支撑。

唯物辩证法的系统性理论着眼于系统整体,通过系统分析,把握好系统中各要素之间的关系、不同层次的系统之间的关系,以及与外部环境的关系等,从而发挥系统整体的最佳功能。① 系统性理论对于指导中国金融机构社会责任立法体系的建立具有重要的指导价值,对于贯彻与落实"新发展理念"能够发挥重要作用。

首先,从认识和处理系统中各要素之间的关系的角度认识中国金融机构社会责任的立法体系。系统性理论认为,事物都具有相对的独立性,作为一个系统而存在,是由事物内部互相联系的各要素、各部分所组成的有机整体。同时,系统是由要素组成的,要素不能脱离整体。② 中国金融机构社会责任法律体系就是由法律、行政法规、规章、规范性文件、自律规则以及国际标准和规范等各种要素组成的一个系统。而该系统中的要素,不论是法律还是行政法规等,本身又是一个独立的系统。比如,法律层面,至少涵盖了《商业银行法》《中国人民银行法》《银行业监督管理法》《反洗钱法》《公司法》《劳动法》《劳动合同法》《妇女权益保障法》《工会法》《环境保护法》《节约能源法》《社会保险法》《企业所得税法》《未成年人保护法》《职业病防治法》《残疾人保障法》《清洁生产促进法》《反不正当竞争法》《消费者权益保护法》《公益事业捐赠法》等法律规范。部门规章和规范性文件则至少涵盖了国家相关部门发布的《关于落实环保政策法规,防范信贷风险的意见》《关于加强银行业金融机构社会责任的意见》以及《集体合同规定》《禁止使用童工规定》《未成年工特殊保护规定》《女职工劳动保护规定》《工伤保险条例》《最低工资规定》《关于企业实行不定时工作制和综合计算工时工作制的审批方法》《国务院关于修改〈国务院关于职工工作时间的规定〉的决定》等,对金融机构践行社会责任设置的某方面的基本标准。

① 参见牛振友:《系统性理论与领导班子的优化》,载《领导之友》1991 年第 2 期。
② 参见牛振友:《系统性理论与领导班子的优化》,载《领导之友》1991 年第 2 期。

其次，从不同层次的系统之间的关系角度了解中国金融机构社会责任的立法体系。系统理论的能级原理表明，稳定的结构是由不同层次、不同能级的要素组成的复杂系统。在该复杂系统中，每一要素因能量的大小不同而处于不同的位置，保证了结构的稳定和有效。① 在我国金融机构社会责任立法体系中，国家法律的效力是最高的，在全国具有普适性，其他层面的规定均不得违反法律的基本精神。此外是行政法规、规章、规范性文件等，它们的效力仅次于法律，效力最低的应属自律性规范等。这些法律制度规范尽管效力不同，层次有别，但都处于金融机构社会责任法律系统之中，并且保证了该系统的稳固性和有效性。此外，按照系统论的观点，小系统包含在大系统之中，与大系统不断地进行能量交换，大系统质的规定性决定着小系统质的规定性。② 对于我国金融机构社会责任立法体系，一旦有关社会责任立法体系中效力较高规范发生变化，必然会影响到效力相对较低的稳定性，进而使立法体系的稳固性和有效性受到影响。

最后，系统理论的层次性原理要求我们在实际工作中，必须处理好中国金融机构社会责任法律体系不同层次的系统之间的关系，注意它们之间的联系和区别，抓好关键的层次。在中国金融机构社会责任立法体系中，不同层次的制度规范，他们各自的独特功能和价值是不一样的。效力最高的当属法律，并且具有通过司法保障其执行的独特优势。这更多地体现出国家对于金融机构社会责任治理的总体要求和态度。而处于较低层次的自律性规范或指引等，尽管在系统中的位阶相对较低，但它们更直接地贴近金融机构的具体业务，能反映更多的利益相关者的治理诉求。根据系统理论的层次性原理，我们必须科学区分它们各自的作用和功能，在处理涉及金融机构社会责任的不同层面和领域的问题的时候，适当选择不同的工具，并合理处理这些不同层次制度之间的关系，才能最大限度地提升系统的功能和价值。诚如达玛什卡所说："法律规则就好像是一个个音符，尽管它们当时的每一个都可能具有内在的艺术价值，但这并不能保证一场音乐会的成功。"③此

---

① 参见牛振友：《系统性理论与领导班子的优化》，载《领导之友》1991 年第 2 期。

② 参见丰子义：《全球化与当代社会发展的新变化》，载《高校理论战线》2012 年第 8 期。

③ [美]米尔伊安·R. 达玛什卡：《司法和国家权力的多种面孔》，郑戈译，中国政法大学出版社 2004 年版，第 2 页。

外,系统理论认为,系统要素之间的相互作用是系统演化的根本动力,系统内的相互作用以系统与外部环境的相互作用为前提,即系统的演化依赖于外部环境。① 这就告诉我们,必须利用好外部条件,创造好的外部环境。对于中国金融机构社会责任立法来说,仅仅做好系统本身的立法工作还远远不够,如何营造良好的金融机构社会责任法治文化,强化投资者教育及其权利意识和维权能力的培养,也是当务之急。

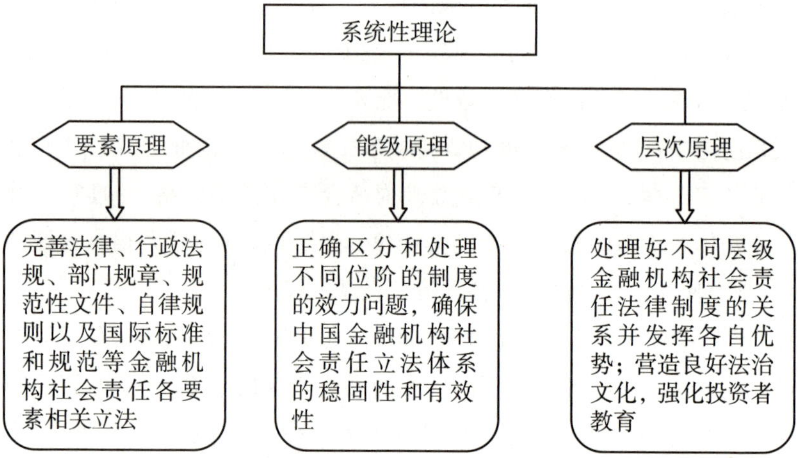

图 2-3 系统性理论视角下的中国金融机构社会责任立法体系图解

“系统地而不是零散地”观察分析、思考认识事物,有利于透过现象在矛盾双方对立统一的过程中把握事物发展的本质和规律。② “新发展理念”下中国金融机构社会责任立法只有做到系统内各基本要素的立法完善,才能真正理顺中国金融机构社会责任立法系统中各要素以及立法内容之间的层次排列、结构组合、逻辑机制,形成一个真正的内在逻辑自洽、各部分之间共生共进,从而实现良性运作的法律有机体。只有遵循“系统性”的要求,才能真正实现立法的协调性,才能确保“创新、协调、绿色、开放、共享”等新发展理念的贯彻和落实。从系统论的角度打造中国金融机构社会责任

① 参见潘鸣:《社会主义核心价值体系建设机制试论》,苏州大学2011年博士学位论文,第37页。

② 参见范义:《论习近平“系统性”辩证思想方法》,载《思想政治工作研究》2015年第4期。

法律体系是否能够满足“新发展理念”的要求,我们可以从法经济学的视角来进行验证:

其一,系统性能够在很大程度上提高中国金融机构社会责任法律体系的整体效益。系统性理论不仅强调各要素本身的系统建设,而且非常重视系统之间的协调一致。系统性的一个重点在于系统结构,即系统内部各组成要素之间的相互联系、相互作用的方式或秩序。① 可以用下式表示:$S=(E,R)$。这里 S 表示中国金融机构社会责任立法的整体系统,E 表示组成社会责任立法整体体系的各要素的集合,R 表示建立在集合 E 上的各种关系的集合,这些关系既包括内部要素间的关系,也包括内部要素与外部环境之间的关系。在中国金融机构社会责任立法系统内部,以金融宏观调控线为例,我们可以将我国整个有关金融机构社会责任的金融宏观调控法律制度设定为 S,将我国金融市场上存在的中央银行、国务院各部委、各级政府部门、各行业主管部门等多头主体出台的信贷政策设定为 E,将以信贷政策管理权为核心的金融宏观调控立法体系设定为 R。基于“协调发展”理念,以信贷政策管理权为核心的金融宏观调控立法体系将类似于英美的衡平法,它能够统率和协调建立在各主体出台的信贷政策 E 之上的各种关系的集合,并进而提升中国金融机构社会责任整体系统 S 的效能,有效地避免当前我国金融市场上多头主体出台信贷政策的散乱、重复、冲突、低效率等矛盾和问题。

从经济法原理的角度看,中国金融机构社会责任立法的效益的最大特点就在于其社会利益本位和整体性,即与其他民商私法相比,社会责任立法具有典型的宏观性、全局性,更侧重于整体社会利益的保护。无疑,系统性理论指导下构建的中国金融机构社会责任法律体系将在很大程度上提高其整体效益。

其二,系统性理论对构建中国金融机构社会责任法律体系的重要价值,还体现在其能够极大地降低立法成本。我们在进行立法工作时,总是会从边际成本和边际收益的角度进行考虑。边际成本是指每新增生产一单位的

---

① 参见彭洁、涂勇:《基于系统论的科技基础设施概念模型研究》,载《科学学与科学技术管理》2008 年第 9 期。

产品(或者每新增购买一单位的产品)所引发的总成本的增量。边际收益是指每一单位新增产品所带来的收益。

我们设定中国金融机构社会责任立法的边际成本为MC,边际收益为MR,根据边际成本递减规律,当MC < MR时,表示中国金融机构社会责任立法尚未达到满足社会需求的状态,因此,每增加制定和实施一项新的金融机构社会责任立法,由于法律的体系化、系统化以及它们的相互支持关系之存在,其边际成本MC呈递减态势。同时,系统性金融机构社会责任立法也有利于降低立法的间接成本。

因此,进行中国金融机构社会责任系统性立法,其边际成本相对较小。如果这种系统性立法被无限制地推后,当MC > MR时,立法本身花费的成本会更多,由此造成的立法滞后损失也会巨大。因此,执行系统性的中国金融机构社会责任立法势在必行。

二、新发展理念下中国金融机构社会责任立法“系统性”建设的技术路线图以及运作效果预估

第一,根据系统性原理,中国金融机构社会责任立法必须注重系统内各要素本身内容的完善。按照系统论的观点,整个链条是由各环节组成的,其功能和完善程度取决于各环节的组合方式及科学性程度,而非多个环节的简单相加。① 因此,从技术路径的角度来说,需要对系统内的各个子系统立法进行完善和修订,比如对《中国人民银行法》《银行业监督管理法》《商业银行法》《证券法》等相关规定进行修订或完善。在具体完善过程中,首先,应遵循“创新发展”理念,既要在立法机制上进行创新,也要体现在金融机构社会责任内容的创新上,形成金融机构践行社会责任的驱动力。其次,要秉承“开放发展”的理念,开放发展的要义是解决发展内外联动问题,在内系统内子系统立法时,既要广泛汲取现行国内有益的实践,也要注重国外相关经验的吸收,使我国金融机构社会责任的立法更加合理,更加符合全球化特征。最后,要以“绿色发展”理念为子系统立法的重要指引。环境是人类

---

① 参见范义:《论习近平“系统性”辩证思想方法》,载《思想政治工作研究》2015年第4期。

发展的基础,环境保护也应当是金融机构最基本的社会责任,对《中国人民银行法》《银行业监督管理法》《商业银行法》《证券法》等社会责任相关规定进行完善时,必须推进人与自然和谐共生,实现经济发展和生态保护双赢的重要目标。

第二,依据"共享发展"理念以及系统的能级性原理和层次性原理,中国金融机构社会责任立法需要处理好不同立法主体以及硬法与软法之间的关系。系统的能级性原理和层次性原理要求不同的能级应具有不同的责任、权力和利益,并按层次具有稳定的组织形态。从法律的视角看,"不是所有向往之物都能成为法定权利",①法律只能选择最为基础的部分进行强制规范,其他内容更适合以软法机制推进,因为企业社会责任的这种道德伦理性本质特征内在契合了强调多元、参与、合作、理性的软法机制。② 其优势在于,软法的制定不需要复杂的程序,不以国家强制力为后盾,依赖共同体成员的自觉遵守,能够节约大量的社会成本,促进形成公民自觉守法的法秩序。③ 具体而言,"硬法"路径以具有法律强制力的手段为保障,避免金融机构的相关决策和行为损害利益相关方的基本权益,一旦违反就实施法律制裁,更多针对的是金融机构的不作为责任,而"软法"路径则主要通过声誉机制、提升利益相关方的权益等督促金融机构积极作为,更多针对的是金融机构的积极责任。④ 因而,国内金融机构践行社会责任立法的完善,不仅需要修改作为硬法的法律法规,而且还要以政策指引、行业自律规范、国际金融组织或非政府组织推行的"民间立法"或"私政府立法"等软法为补充,把"硬法"与"软法"有机地联系起来才能全面衡量一个企业是否尽到了社会责任。也只有通过硬法的约束与软法的引导,才能符合"创新、协调、绿色、开放、共享"理念的机制,最终达到强化金融机构社会责任的目的。

按照金融机构社会责任的内容,我们可以明确涵盖"硬法"与"软法"的

---

① [美]E. 博登海默:《法理学——法哲学与法律方法》,邓正来译,中国政法大学出版社2004年版,第441页。

② 参见汤道路:《企业社会责任软法推进机制》,载《学海》2007年第5期。

③ 参见姜明安:《软法在构建和谐社会中的作用》,载罗豪才等:《软法与公共治理》,北京大学出版社2006年版,第85~108页。

④ 参见王京:《大型民营企业履行社会责任可圈可点》,载 http://finance.china.com.cn/roll/20161220/4033991.shtml,最后访问日期:2018年4月21日。

"制度"的角色定位。包括:第一,相关立法和政策必须界定金融机构对投资者的责任;第二,相关立法和政策必须构建一个良好的用工制度,明确金融机构对员工的社会责任,保护雇员的权益;第三,相关立法和政策必须明确金融机构对环境、社区的社会责任,提高社会的整体效用;第四,金融监管立法以及政策必须构建全面的风险管理体系,明确金融机构对债权人的社会责任;第五,相关立法和政策必须通过要求金融机构转换经营理念和经营机制、遵守金融监管法律法规等,明确金融机构对股东与政府的社会责任。①

同时,按照"共享发展"理念的要求,发展过程人人参与,发展成果人人享有,就其实现途径而言,要在共建中共享、在共享中共建。我国金融机构社会责任立法,其至少涉及三个方面的主体,即政府、第三方组织(公众)、企业。责任和利益都不可能由任何一方完全承担,也不能由任何一方完全主宰整个立法的过程。固然,在现阶段,由政府主导和监管具有客观的合理性,但其局限性也日益显现,特别是对于具有"软法"性质的一些社会责任,离开了第三方力量,或是金融机构自身缺乏社会责任意识,有关金融机构社会责任的规定几乎无落实的可能。因此,金融机构社会责任立法既要提高金融监管机构监管的有效性,也需要行业组织、非政府组织等社会力量的积极参与,更为重要的是健全金融机构内控机制来配合。

第三,系统的存在和发展离不开外部环境与政策,中国金融机构社会责任立法要发挥其最有效的治理效果,除了法律之外,还离不开政策、文化等外部环境的支持。系统理论认为,系统的功能与外部环境的状态及其变化密切相关,一旦环境发生了变化,系统的功能就可能随之发生变化,环境的不同,同一个系统也可以表现出不同的功能。② 实际上,系统理论从提出至今就一直认为系统并不是孤立的,与环境发生着关系。系统论的创始人贝塔朗菲就认为,"系统是处在一定相互联系中与环境发生关系的各组成部

---

① 参见刘志云:《法律视角下商业银行的社会责任:原理研究与实证分析》,法律出版社2012年版,第48页。

② 参见魏宏森、曾国屏:《系统论——系统科学哲学》,清华大学出版社1995年版,第227~228页。

分的整体”。①

反观,“创新、协调、绿色、开放、共享”五大发展理念,新发展理念中的“创新、协调、共享”等理念都实现了对系统论的传承与超越。法律学者在论述法律概念时,某种程度上就已经体现了这种系统论的观点,如孟德斯鸠认为,“法是人类的理性,各国的政治法和公民法只不过是人类理性在各个场合的实际应用而已”;②霍姆斯认为:“法律本来就是我们道德生活的见证和外部积淀。”③作为立法最终结果的产物的法律本身尚且如此,这从本质上就决定了立法从来都是一个社会系统工程,我国金融机构社会责任立法也不例外,涉及包括法律、经济、社会、文化等在内的诸多领域,任何一个领域都有可能会影响金融机构社会责任立法这个系统的有效运行。因此,在“新发展理念”指导下,按照系统论观点,就技术路线的角度而言,金融机构社会责任的履行既需要法律强制力的保障,也需要金融机构的自觉。因为,所有的外部督促机制要实现其目标与效果,最终都必须依靠金融机构将其转化成内部督促机制,从而引导其践行社会责任。

在“新发展理念”下,我们可以沿着上述技术路径,对中国金融机构社会责任立法的系统性运作效果进行预估:预估之前首先需要明确目标函数和约束条件,金融机构社会责任立法需要在收益和成本之间寻求系统性目标实现的最大化,我们设定收益为 R,成本为 C,系统性的收益主要包括便利不同要素之间的衔接配合,实现不同要素的专业化分工,我们用 SPE 代表专业化收益。系统性的成本随着要素架构的复杂化,交易成本也相应地随之增加,我们用 TC 代表交易成本。SPE 和 TC 的大小又取决于法规的数量(用 Y 来表示)和监督主体的数量(用 X 来表示)。因此,中国金融机构社会责任立法系统性的目标函数为:

$$\text{Max} \quad F(Y,X) = SPE(Y,X) - TC(Y,X)$$

约束条件为:$SPE(Y,X) > 0, TC(Y,X) > 0$

---

① 杨春时等编:《系统论、信息论、控制论浅说》,中国广播电视出版社 1987 年版,第 35 ~ 47 页。

② [法]孟德斯鸠:《论法的精神》(上卷),张雁深译,商务印书馆 2010 年版,第 12 页。

③ [美]E. 博登海默:《法理学:法律哲学与法律方法》,邓正来译,中国政法大学出版社 2004 年版,第 394 页。

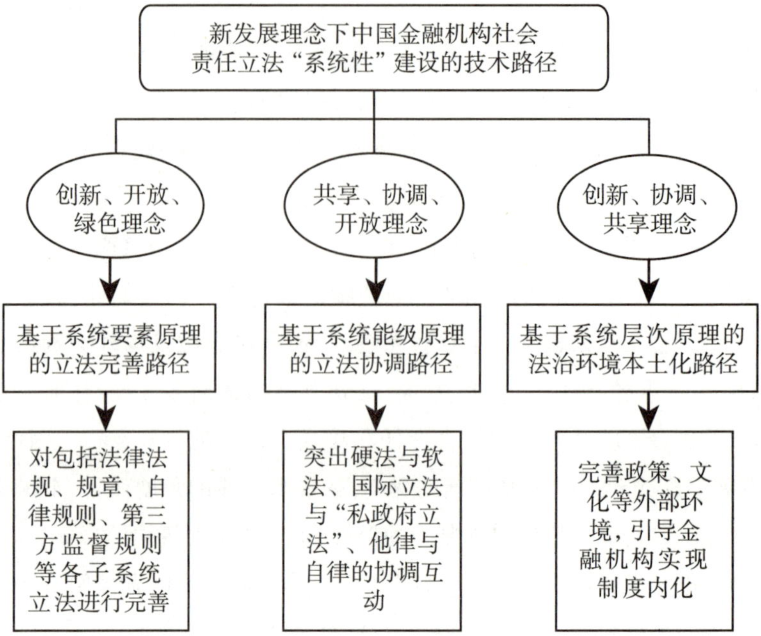

图2-4　新发展理念下中国金融机构社会责任立法“系统性”建设技术路径图

为了求解最优化，设定拉格朗日函数为：

$$\rho(Y,X)=SPE(Y,X)-TC(Y,X)+\lambda_1 SPE(Y,X)+\lambda_2 TC(Y,X)$$

通过一阶条件的求导，可以求得中国金融机构社会责任立法系统性运作的合理关系并且预估其效果。

基于上述理论模型的研究可知，一方面，在完善系统内各要素的技术路线的指引下，我国金融机构社会责任立法的基本法律制度有望得到进一步完善和规范，这将全面搭建起我国金融机构社会责任法律体系的基本框架，并在全社会达到显著的宣誓性效果。无疑，这对于金融机构履行社会责任能够营造良好的法治环境。另一方面，在区分立法系统内部各子系统的地位和层级、加强不同子系统之间以及与外部环境的联系的技术路线的指引下，我国金融机构社会责任立法将逐步改变传统立法体制下，金融机构践行社会责任的外部督促机制中完全依赖政府相关机构与行业组织的监督所带来的天然局限性。此外，金融机构社会责任的诸多内容都是自愿性的，政府机构不适宜强制介入，发挥非政府组织、媒体、会计师事务所等第三方力量的作用可能会取得更好的效果。

三、新发展理念下中国金融机构社会责任立法的“系统性”建设的具体方案

创造相应的体制机制条件，是使新发展理念真正引领发展实践，实现“精神变物质”的关键。① 新发展理念下中国金融机构社会责任立法的系统性建设，可依据系统性相关原理，从以下三个方面编制具体的推动方案。

第一，以完善基础法律为中心，推进以中国人民银行为核心的金融宏观调控线的法治化进程。系统论认为，整体性是一些要素相互联系后能够形成一个新的系统，并能产生不同于其构成要素和构成要素总和的新属性，这是系统性最重要的性质，对整体性的认识构成了对事物认识的最重要方面。② 为保障中央银行的金融宏观调控效果，督促金融机构履行社会责任，前面我们已经介绍了关于完善我国信贷政策管理权的基础法律框架的立法建议。基于系统性原理，在以中国人民银行为核心的金融宏观调控线的法治化进程中，至少还应当有两项基础性法律框架必须予以搭建：

一是以“协调发展”理念为基础，建立我国的宏观调控综合协调制度。宏观调控综合协调法律制度对于金融机构履行社会责任具有重要的辅助作用。从本质上讲，宏观调控综合协调法律制度的目的在于通过建立一套行动的协调程序和方法，进而形成稳定统一的协调机制，避免多头监管下的各自行动，互不相通，提高宏观决策和调控效率。③ 反观我国，以落实绿色信贷为例，环境保护部、中国人民银行、银保监管委员会都有相关权力进行监管。实际上从所颁发的文件上来看，就可知对这三者的协调难度。除 2007 年 8 月根据国家环保总局、原中国银监会、中国人民银行三部委《关于落实环保政策法规防范信贷风险的意见》和 2016 年 8 月中国人民银行、财政部、

---

① 参见《新发展理念引领发展新时代——关于树立创新、协调、绿色、开放、共享发展理念的对话》，载 http://theory.people.com.cn/n1/2016/0802/c40531 - 28602638.html，最后访问日期：2017 年 12 月 18 日。

② 参见范义：《论习近平“系统性”辩证思想方法》，载《思想政治工作研究》2015 年第 4 期。

③ 参见刘辉：《完善我国体育产业信贷支持体系的经济法逻辑——法理分析与路径选择》，载《武汉体育学院学报》2016 年第 4 期。

国家发展和改革委员会、环境保护部、原中国银监会、中国证监会、原中国保监会7部委联合印发了《关于构建绿色金融体系的指导意见》之外，实际上，三家都曾各自出台过相关实施绿色信贷的政策。如中国人民银行就出台过《关于改进和加强节能环保领域金融服务工作的指导意见》；原银监会出台的政策文件则更多，有《关于认真贯彻国家宏观调控政策严密防范银行业风险的通知》《关于深入贯彻落实国家宏观调控措施切实加强信贷管理的通知》《防范和控制高耗能高污染行业贷款风险的通知》《节能减排授信工作指导意见》《绿色信贷指引的通知》等。可见，一家金融机构如果需要落实好绿色信贷政策，就必须掌握诸多文件，同时还要根据文件要求的内容向不同的监管主体进行汇报，不仅加大金融机构履行绿色信贷的成本与难度，甚至有可能造成监管的真空。

因此，要使信贷政策管理权协调一致运行，必然需要建立宏观调控综合协调法律制度。德国"国家经济平衡发展委员会"的模式可为我国提供良好借鉴，通过制定《宏观调控法》的形式，在国务院下设宏观调控委员会，国务院总理兼任宏观调控委员会主任，成员包括涉及宏观调控部门的负责人，并建立定期会议制度，听取宏观调控部门和专家代表的意见。如此一来，我国信贷政策的出台综合了管理部门和行业代表的意见，并由此自动纳入中央银行的宏观调控管理体系。[①] 这样，中国人民银行才能真正从总体和宏观的视角，来规划、优化和治理金融机构对于社会弱势群体、弱质产业，以及涉及环境等的社会责任的践行。因此，从系统性角度来说，宏观调控综合协调制度是中国金融机构社会责任立法整体系统中不可或缺的一个内容。

二是以"共享发展"理念为指引，建立政府实质参与制度。边沁认为："社会一旦组成，政府就必然产生，它对于保持和维护社会秩序是必需的。"[②]科斯的"政府替代"理论也对政府的作用进行了很好的说明，即"政府是一个超级企业，因为它能通过行政决定影响生产要素的使用"。如果需要，它就能完全避开市场，但这种优越地位，企业却不具备。这样，就使

---

① 参见刘辉：《完善我国体育产业信贷支持体系的经济法逻辑——法理分析与路径选择》，载《武汉体育学院学报》2016年第4期。

② [英]边沁：《政府片论》，沈叔平等译，商务印书馆1996年版，第128页。

"政府有能力以低于私人组织的成本进行某些活动"。① 施沃伦也曾强调企业履行社会责任,不仅要靠企业自觉,更要靠政府强制和法律规范的外在约束,但这就有赖于政府经济职能的转换。② 具体而言,政府相关部门在推动企业践行社会责任方面所起的作用可以分为四个部分:③首先,政府拥有制定法规政策的职权。借此政府可以制定关于环境保护、信息披露、劳工条件、消费者保护、慈善管理和股东权利等方面的规章制度,由此改善公司、机构与其他组织可持续发展的意识以及行动。其次,政府可以通过组织研讨会、发表宣言与倡议、部署相应具体行动等对企业践行社会责任行为起到激励、监督与协调作用。再次,政府可以提供财政补贴或优惠等形式对履行社会责任的行为表示鼓励,使得企业践行社会责任更有动力。例如,补贴无害环境的产品开发,与私营部门联合为绿色投资融资,激励可持续消费,为投资于绿色基金的个人和公司提供财政方面的优惠措施(如税收补偿)等。最后,政府建立社会责任的标签或认证制度,表明哪些产品是以可持续发展方式开发或生产的。世界银行的研究报告也对政府在推进企业社会责任中的主要作用进行了总结:一是通过立法或财政等手段,对企业的行为进行控制、检查、处罚或奖赏;二是以创设基金、提高社会责任意识、建立激励机制等方式推动企业;三是积极整合相关资源,与各利益相关者之间加强对话;四是以政府宣传、政府支持项目的方式对企业的"亲社会责任行为"表示赞同。④

我国作为一个传统的中央集权国家,政府在国民经济政治生活中一直起着主导作用,虽然近年来,随着市场经济发展和改革开放的深入,政府以外的其他主体积极参与国家政治生活,但无疑,政府始终处于居中核心的地

---

① [美]罗纳德·哈里·科斯:《论生产的制度结构》,盛洪、陈郁译,上海三联书店 1994 年版,第 121 页。

② 参见李宝平:《企业社会责任及其实施机制研究》,西南财经大学2010 博士学位论文,第 192 页。

③ See Anneke Hoijtink, *The Sustainability Attitude of Commercial Banks*: *Final Thesis for the Department of Economics*, Faculty of Economics and Business Administration University of Tilburg, September 2005.

④ See Tom Fox, Halina Ward, Bruce Howard, *Public Sector Roles in Strengthening Corporate Social Responsibility*: *A Baseline Study*, Washington: The World Bank, 2002, p. 3.

位。正如马克斯·韦伯所指出的那样:“习惯于某种行动模式、保持这种习惯的本能尤其是保持传统的本能,在促成习惯性的法律秩序方面有着巨大的影响力。这种影响力之强大,远远超过任何威胁性的强制手段所产生的反响……”[①]而且,就国内对社会责任认知和践行的实际状况来看,社会责任的发展还不可能主要依靠公司自愿,即便是公司自愿参与社会责任立法活动,也由于面临“集体行动”困境使得效果甚微。此外,有专业机构所进行的“企业社会责任公众评价调查”结果显示,公众认为造成企业缺乏社会责任感的第一责任人是政府部门,其次才是企业自身。[②] 有学者研究也发现,同一企业在中国与在欧洲承担社会责任的差别之一就是:在英国,消费者和投资者是影响力较大的利益相关者,而在中国,政府才是最重要的利益相关者。[③] 由此可见,政府在我国的金融机构社会责任体系中处于中心角色,占据着主导地位。

因此,在“新发展理念”指导下建构我国金融机构企业社会责任体系的过程中,不能忽视政府的作用,政府的推动作用对于我国企业社会责任体系构建至关重要。政府实质参与对于金融机构社会责任治理具有极强的引导作用。具体在金融机构履行信贷政策所涉及的信贷政策而言,一方面,政府制定相应的产业信贷优惠政策,支持金融机构发放扶持类产业贷款;另一方面,政府通过建立政策性金融机构发放专项贷款,直接履行金融机构社会责任。建议在我国拟制定的《宏观调控法》中增加政府实质参与的内容。针对涉及金融机构社会责任的信贷优惠政策主要包括三方面内容:其一,通过制定相关信贷财政补贴政策,中央和地方财政对符合条件的金融机构给予适当的财政补贴;其二,通过制定特殊产业信贷税收优惠政策,中央和地方税务部门对符合条件的金融机构实施税收减免优惠;其三,通过设立特殊产

---

① Timasheff N., Rheinstein M., Shils E.,“Max Weber on Law in Economy and Society”, *American Sociological Review*, Vol. 19, 1954, p. 808.

② 参见刘建辉:《企业社会责任缺失谁之过?》,载 http://business.sohu.com/20060713/n244247749.shtml,最后访问日期:2018 年 1 月 2 日。

③ See Cheng Lin sun, *Berkshire Encyclopedia of China: Modern and Historic Views of the World's Newest and Oldest Global Power*, Berkshire Publication Group, 2009, p. 24.

业的担保基金，对相关产业贷款申请人提供担保，支持其获得金融机构的贷款。①

日本著名经济学家青木昌彦认为，政府在金融发展中的作用主要在于制度创新、政府功能的创新，而非替代市场机制对金融资源的有效配置。②无疑，前述三种政府的实质参与制度对于金融机构履行社会责任具有原生性的助力效果。因此，政府实质参与制度是中国金融机构社会责任立法整体系统中至关重要的一环。

第二，以实现监管制度内化为中心，推进以监管部门为核心的微观市场监管线的法治化进程。前面我们已经提到在新发展理念下，基于金融机构的社会责任考虑，金融监管具体制度需要进行完善。从系统性原理出发，这些制度如果是作为一个整体，那么可以看作一个独立于金融机构内部控制制度的单独系统。让这两大系统之间发生联系，也就是实现监管部门的有关社会责任的监管制度在金融机构的内化，是制度经济学视角下，监管制度发挥最优监管效果的必然路径。

金融机构践行社会责任的行动者毕竟在于金融机构自身，外部督促机制的目的在于提升金融机构内部督促机制的有效性，建立与完善金融机构践行社会责任的"内部督促机制"才是关键所在。因此，必须加强金融机构践行社会责任的内部督促机制的建设，提高其践行社会责任的能力。具体而言，内部督促机制应包括：改造金融机构的企业文化，建立倡导社会责任的企业文化，提升履行社会责任的内在意识；完善金融机构的治理结构，加强内部制约，保护利益相关者权益；建立与完善内部管理机构和制度，将社会责任内化为金融机构经营行为；推广与完善社会责任信息披露制度等。③

最近一些年，西方国家立法动向也正如此发展，如美国一些州就在公司法中设置"其他利益相关者条款"，明确要求公司管理者考虑非股东利益相

---

① 参见刘辉：《完善我国体育产业信贷支持体系的经济法逻辑——法理分析与路径选择》，载《武汉体育学院学报》2016年第4期。

② 参见赵洪：《政府在金融发展中的作用——以马来西亚为例的研究》，厦门大学2004年博士学位论文，第27～46页。

③ 参见刘志云：《法律视角下商业银行的社会责任：原理研究与实证分析》，法律出版社2012年版，第414～415页。

关者的利益为制定法上一项义务；英国于2006年新修订通过的《公司法》明确经营者在决策过程中要尽量考虑非股东主体利益的义务，并出台了更加细致、有利于促进金融机构践行社会责任内部督促机制建设的强制性规定；德国则通过推行职工参与公司治理制度，完善企业内部治理机制，强化企业提高履行社会责任的能力。鉴于此，我们可以积极借鉴西方国家的先进立法经验，修改与完善《公司法》的相应条款，将践行社会责任的法律义务嵌入金融机构的内部治理结构与经营流程之中，缔造良好的金融机构践行社会责任的内部环境。具体而言，这些条款涉及：第一，明确董事等高级管理人员在决策过程中，有必要考虑雇员、消费者、供应商、环境、社区等利益相关者利益的法律义务，而不仅只向股东承担信托义务；第二，强化外部董事、独立董事的配置，使其成为利益相关者的代言人；第三，扩大职工代表监事比例和明确监事会在涉及利益相关者事务方面的监督职权；第四，建立严格的问责机制，对公司在管理社会责任问题上进行有效的督促；第五，成立代表不同利益相关者的社会责任顾问委员会，对董事以及其他管理者提出相关意见和政策建议或对企业执行社会责任的相关情况进行披露或告知；第六，完善定期发布社会责任报告等公司社会责任信息的披露制度。①

无疑，监管制度内化是基于创新、协调和共享发展理念以及系统层次原理，构建中国金融机构社会责任的法治环境本土化路径的必然要求。

第三，以"开放发展"理念为中心，推进金融业自律这条线。"开放发展"理念的核心要求之一金融行业组织不仅需要积极制定各种督促或引导金融机构践行社会责任的规范或指引，也必须支持国内金融机构加入国际标准或者履行国际协议。推动金融机构加入国际相关原则和协议是金融业自律组织的重要职责之一，也是我国金融机构社会责任治理整体系统的重要组成部分。

以中国银行业协会为例，不仅其自身必须积极参与国际标准建设，同时应积极鼓励乃至组织国内银行业金融机构参与国际标准的建设。其在推动国内银行业加入金融机构践行社会责任相关国际规范或标准方面，仍有很

① 参见刘志云：《法律视角下商业银行的社会责任：原理研究与实证分析》，法律出版社2012年版，第400～401页。

大的发挥空间。至今国内银行特别是大型商业银行在加入国际相关原则和协议方面落后于国际大型商业银行。银行业金融机构加入和履行国际准则,从短期来看,可能因严格执行相应行为规范有所损失,但长远来看,对于提高银行的形象以及管理水平非常有利。时至今日,除国家开发银行、兴业银行、中国工商银行、招商银行等之外,大部分中资银行都还处于观望状态。为此,中国银行业协会要积极组织开展培训,促进国内银行业了解"赤道原则""联合国环境规划署金融倡议""联合国全球契约""联合国社会责任投资"等各种银行业践行社会责任的国际规范或标准,并选择接受其中符合自身实际者。同时,还要积极研究银行经营过程中社会与环境风险管理方面的国际规范或标准,诸如 SA 8000 社会责任管理标准、ISO 14000 环境保护标准、EMAS 环境审核规则、OHSAS 18001 职业安全卫生管理系统认证等,积极推动国内银行业办公经营中社会与环境管理制度的建设。①

四、新发展理念对中国金融机构社会责任立法"系统性"的方向把握以及动态修正

在中国金融机构社会责任立法的系统性建设问题上,我们必须牢固树立和贯彻"创新、协调、绿色、开放、共享"五大发展理念。这就要求,在基于系统要素原理走立法完善之路时,始终以"新发展理念"为指引,对与中国金融机构社会责任相关的所有法律法规、规章、自律规则、第三方监督规则等各要素和子系统立法进行完善。

第一,在基于系统能级原理走立法协调之路时,始终以"共享"、"协调"和"开放"发展理念为指引,突出"硬法"和"软法"、"国家间立法"与"私政府立法"、他律与自律的协调和互动。

金融机构有效履行社会责任的前提是社会责任立法实现内外兼顾,因为社会责任很多内容的履行具有自愿性,不具备强制执行力,而且其所涉及的很多方面较为专业,政府相关机构以及行业组织无法做到事无巨细,这就决定了社会责任立法必须强调"共享"、"协调"和"开放"的发展理念。具

---

① 参见刘志云:《商业银行社会责任的兴起及其督促机制的完善》,载《法律科学》2010 年第 1 期。

体而言:其一,政府在强调金融机构不践行社会责任予以制裁,即突出硬法作用的同时,在其评价体系中也应加入更多的软性因素。例如,政府部门在对商业银行的实际业绩进行评价时,不能只是关注其经营业绩,要更多地关注其在劳动保护、公平用工、消费者权益保护、环境保护和支持慈善事业等社会责任方面的履行情况,调动商业银行践行社会责任的积极性。① 其二,积极发挥非政府组织、媒体等第三方监督力量。在制度层面建立一个扶持第三方监督力量崛起的机制,通过委托、购买的形式对其所执行的项目给予物质、资金和信息等方面的帮助,并积极与第三方力量进行互动和沟通。同时,积极通过各种有效的激励措施,推动金融机构积极、主动、自觉地践行社会责任。其三,充分发挥金融机构行业组织的作用。由金融机构行业组织与第三方监督力量开展合作与交流,共享监督经验,互通监督信息,形成"合力"。同时,也积极鼓励银行业通过与其监督、合作,改变银行对第三方监督力量的传统认识,宣传、推广表现突出的银行及其优秀合作方案与经验,积极营造良好的合作氛围。②

第二,在基于系统层次原理走法治环境本土化之路时,应始终以"创新"、"协调"和"共享"发展理念为指引,完善中国金融机构社会责任相关的政策、文化等外部环境,引导金融机构实现制度内化。

按照系统理论的观点,公共政策系统和环境之间的相互作用存在输入、转换和输出三个阶段,其中,输入性参与在于为政府决策提供动力和信息;输出性参与在于贯彻和实施政府的政策;转换则体现为决策。一个有效运行的公共政策系统中,关键在于输入性参与和输出性参与处于平衡状态。③ 要实现这种平衡状态,其关键点在于将金融机构能够外部政策转化为内部意识并付诸行动。具体而言:

首先,建立金融机构履行社会责任的外部监督措施。积极鼓励社会责任的利益相关者即股东、消费者、债权人、职工、所在社区等,全过程参与金

---

① 参见朱文忠:《国外商业银行社会责任的良好表现与借鉴》,载《国际经贸探索》2006 年第 4 期。

② 参见刘志云:《法律视角下商业银行的社会责任:原理研究与实证分析》,法律出版社 2012 年版,第 413 ~ 414 页。

③ 参见王学杰:《改善我国公共政策参与方式的思考》,载《中国行政管理》2001 年第 2 期。

融机构社会责任建设，对金融机构践行社会责任实现无缝监督，即通过事前参与，积极对相关金融机构践行社会责任指引或标准发表意见和建议；通过事中监督，及时向金融管理部门反映金融机构在日常经营活动中发生的损害利益相关者的行为，予以纠正；通过事后评价，由利益相关方对金融机构定期向社会披露的社会责任履行情报告内容进行评价，不断完善社会责任监督体系。①

其次，完善金融机构的内部监督机制。完善金融机构公司治理结构，建立相应的模式，将履行社会责任纳入公司治理环节。如金融机构董事会公司治理目标应更加注重内外部各种利益相关因素的协调，以及更加重视员工、消费者、供应商等先前被忽略的因素。② 再如，通过设立金融机构社会责任委员会等专门组织，督促金融机构决策时综合考虑利益相关者利益，并同时建立强制性的社会责任会计，真实反映金融机构履行社会责任的情况，且能够以此为基础对金融机构履行社会责任状况进行评价。建立定期发布社会责任报告制度，促进金融机构形成履行社会责任的行动自觉。

最后，作为金融机构自身，应认识到第三方力量对于克服自身商业经营中潜在风险和践行社会责任有着重要作用，消除对第三方力量的敌意，提升合作意识，并积极创造更多沟通、交流以及合作的方式与机会，寻求更为融洽的共处方式，化解不必要的误解。同时，非政府组织、媒体以及公众等第三方力量自身，也要努力提升自身的监督能力和水平，寻求更好的监督方式，创造与其他主体之间在督促金融机构践行社会责任方面的合作机会，以更加公正、理性的态度去开展对金融机构践行社会责任监督与问责活动，从而谋取社会效应的最大化。③

总之，我们认为，中国金融机构社会责任立法的系统性建设之路径，就是全面贯彻落实“创新、协调、绿色、开放、共享”五大发展理念之路径。而中国金融机构社会责任立法的系统性的方向把握以及动态修正，也同样以

---

① 参见张志峰、张志暹、袁治伟：《对社会尽责 为社会负责——对金融机构社会责任的思考》，载《中国金融》2009 年第 2 期。

② 参见张安毅：《论商业银行的社会责任》，载《金融理论与实践》2008 年第 3 期。

③ 参见刘志云：《法律视角下商业银行的社会责任：原理研究与实证分析》，法律出版社 2012 年版，第 414 页。

五大发展理念为指导。

第三节 新发展理念下中国金融机构社会责任立法的方法选择、技术路线图以及互动关系分析

一、立法方法的绩效评估以及中国金融机构社会责任立法的方法选择

“工欲善其事，必先利其器。”系统而可靠的方法论，既标志着一门学科的成熟程度，也是其纵深发展的基础。[①] 拉伦茨教授在其名著《法学方法论》中指出：“法学之成为科学，在于其能发展及应用其固有之方法。”[②]因此，立法方法的研究和运用在我国金融机构社会责任立法中有着重要作用。从各国立法实践来看，在立法过程中，问卷调查法、田野调查法、比较研究法、历史分析法、实证分析法、规范分析法、效果预测法、法经济分析法、模型推演法是常见的立法方法。

问卷调查法是指在确定金融机构社会责任立法规划或者立法前，相关政府部门以问卷的方式向特定群体不特定对象调查了解立法的必要性以及立法需求等问题的方法。问卷调查的一般程序是：设计调查问卷，选定调查对象，发放问卷，回收和审查问卷。然后，再统计分析问卷的调查结果，进行理论研究。问卷调查方法关键在于问卷的设计，问卷本身的质量直接影响着参与者在填写问卷时的态度和行为。一份烦琐且冗长的问卷会使被调查者产生厌倦的情绪，而一份表述不清或语句唐突的问卷则会使被调查人对研究者的能力产生怀疑。这些因素都可能会导致问卷质量下降，进而影响研究目的的实现。为提高问卷的信度和效度，金融机构社会责任问卷设计应遵循三个基本原则：第一，必须以调查研究课题的研究假设为指导；第二，坚持问卷设计与调查目的和内容的统一；第三，尽量减少阻碍被调查者

---

① 参见林来梵、郑磊：《宪法学方法论》，载《宪政与行政法治评论》2007 年第 3 期。

② ［德］卡尔·拉伦茨：《法学方法论》，陈爱娥译，台北五南图书出版有限公司 1997 年版，第 218 页。

合作的各种因素。因此,问卷应按照以下流程进行设计,即通过文献回顾以及与金融行业的经验调查和访谈形成问卷题项;与学术界专家和金融行业专家进行广泛讨论;选取预试样本进行预测试后修改问卷,形成最终问卷。① 问卷调查法的主要优点在于可以避免主观偏见和便于对调查结果进行定量研究,同时能够在更广泛的范围内对众多调查对象进行调查;其主要缺点在于只能获得书面的社会信息,不能保证填答的环境和质量,且很难作深入的定性调查。

田野调查法强调的是到"田野"中去,金融机构社会责任的立法者和研究者一定要深入到所研究对象的社会工作生活环境中去,并且要在其中工作生活相当长时间。其工作流程是,金融机构社会责任的立法者和研究者在确定了研究问题或现象后,不要带任何假设地进入"田野"中,通过观察和访谈获得相关资料并进行初步的分析和归纳后,再次进入"田野",然后又开展进一步的观察和访谈及分析归纳,由此逐步达到对研究对象和问题的理论概括与解释。② "田野调查"的目的不仅仅在于深入田野获得大量前所未有的资料,而是要通过对田野资料的分析,回答自己的研究问题,发现事物背后的普遍规律。田野调查的优点在于不仅能够提供一手尤其是微观/个人层次的数据,以检验同一层次的法律理论,而且还可以通过识别场景特殊性来创造新概念或拓展现有概念的内涵。更重要的是,田野调查可以帮助研究者认识到现有理论的不足,发现新的经验模式或因果机制,并直面法律世界的真问题。它同时还是证实和证伪法律假设的利器;其主要缺点是时间和经济成本高昂、科学发现的外部有效性较弱以及受制度约束较大。③

比较研究法是根据一定的标准,对两个或两个以上有联系的不同国家或者地区的金融机构社会责任立法进行考察,寻找其异同,探求普遍规律与

---

① 参见王长义:《社会责任对跨国公司在华子公司竞争优势的影响研究》,山东大学 2011 年博士学位论文,第 89 页。

② 参见佚名:《田野调查(field research)的基本方法》,载 https://wenku.baidu.com/view/e8fd20f8cc22bcd126ff0c8b.html,最后访问日期:2018 年 1 月 3 日。

③ 参见卢凌宇:《政治学田野调查方法》,载《世界经济与政治》2014 年第 1 期。

特殊差异的方法。“一切认识、知识均可溯源于比较。”①在金融全球化背景下研究金融机构社会责任立法问题，必然需要从全球金融机构社会责任立法的相关性和融合性的角度对不同国家进行比较研究。比较研究的目的不是强硬地照搬某一国家的制度类型或模式，而是在于通过对不同国家、地区的金融机构社会责任立法制度和理论进行对比，在甄别其优劣的基础上，结合我国实际情况进行吸收、借鉴、改造、同化，从而做到“洋为中用”。② 比较研究法的优点是有助于认识事物的本质和规律，更好地认识我国的实际情况，并获得新的发现，促进法律制定；其缺点是难以确定比较分析的主体和拟定客观有效的标准，选择样本的客观性和随机性往往难以保证。

历史分析法主要是用发展的观点，将金融机构社会责任同类立法的过去和现在进行比较，研究其变化和发展趋势。伽达默尔有言：“个体的前见比起个人的判断来说，更是个人存在的历史实在。”③论者与被论者一样，都不能脱离自己身处的境遇。若不能从当下问题的特殊时代背景出发来分析问题，其所论要么是盲人摸象，要么是屠龙之技。进一步说，若不能清晰地展现自己对于所论问题的本体视域与基本前见，则不但无法表明论者全部观点的基本脉络，还会使论者的认识前结构丧失对历史反思的机会。金融机构社会责任制度是历史累积和沉淀的产物。以历史的和发展的眼光研究金融机构社会责任立法，不仅有助于增进对它的整体理解和认识，从而更好地理解和认识当今全球化条件下的金融机构社会责任法律制度，而且可以从对其历史演变的领悟中获得洞察其发展前景的提示。因此，历史分析方法要求我们不仅要揭示现存法律制度的历史成因，而且要为法律制度的过渡和变迁寻找有益的线索和途径，即研究现存制度与目标制度（制度的规范阐释）的差异及其成因，进而研究如何进入应然的制度状况。在研究金融机构社会责任立法时，要具备历史眼光，展开适度的历史分析，才更能以

---

① ［德］K. 茨威格特、H. 克茨：《比较法总论》，潘汉典、米健、高鸿钧、贺卫方译，法律出版社2003年版，德文第二版序。

② 参见刘爱龙：《论法务会计证据学的研究对象及方法》，载《审计与经济研究》2011年第6期。

③ ［德］伽达默尔：《真理与方法——哲学解释学的基本特征》，洪汉鼎译，上海译文出版社2004年版，第357页。

全球化的视角为论者提供对金融机构社会责任立法制度前结构的自我反思和历史更新的机会。[①]

实证分析法是在价值中立的理想条件下,以对经验事实的观察为基础来建立和检验知识性命题的各种方法的总称。其特点为:关注回答“是什么”;从客观角度分析问题;可以通过经验事实验证结论。[②] 实证分析方法在法学研究中的应用,表现为通过收集、获取法律制定和实施的客观情况,按照一定程序规范对一切可进行标准化处理的法律信息进行经验研究和量化分析,认识和揭示法律现象之间的相互关系、变化规律和发展趋势,以实现对法律现象的正确解释。简而言之,主要是以数据为主对“规范”(法条)进行分析。无疑,对金融机构社会责任实践与制度的实证分析,能够为金融机构社会责任理论研究提供坚实的现实基础,能够使金融机构社会责任立法立足现实,有的放矢,从而提高立法的科学性、合理性、有效性以及正当性。

规范分析法是法学研究的基本方法,它以制度规范,特别是以法律规范、法律体系为对象进行内涵与特征的诠释,对法律条文的具体含义与制度内涵等方面进行分析,力图能够全面解释制度规范的真正内涵。在法学研究中,规范分析的研究内容定位为法律规范本身,关注法律规范的建构和立法的完善,注重对法律规范内部的逻辑演绎和规范价值。研究中国金融机构社会责任立法问题,一方面,需要对金融机构社会责任的相关制度进行规范分析,诠释相关制度的内涵,尤其是对我国现行金融机构社会责任的相关法律规范进行剖析,研究这些法律规范的性质、内部构成要素及其在各个部门法乃至整个法律体系中的地位。规范分析既可以通过阐明既有法律规范的内涵而促成法律规范的实施,也可以反思或发现金融机构社会责任法律制度存在的不足之处,进而提出完善的建议。另一方面,从立法角度看,立法是完善金融机构社会责任制度的重要方式,而制度的完善实质上是一个法律规范的建构过程。为了保证金融机构社会责任立法的科学性,必须要

---

① 参见韩忠亮:《金融全球化背景下金融监管立法的博弈分析》,中国政法大学2007年博士学位论文,第5页。

② 参见郑健壮主编:《微观经济学》,浙江大学出版社2010年版,第26页。

对完善的相关法律对策建议进行规范分析，针对金融机构所担负的不同社会责任配置不同类型的法律规范、确定法律规范的内部构成要素并合理定位其在各个部门法中的地位。

法律经济学分析法是将经济学的分析方法和研究路径引入到法律及其相关领域的研究。法律的经济分析主要包括了三项紧密相关的内容，即预测具体法律的潜在影响；解释特定法律存在的原因；决定要制定的法律的内容。[①] 事实上，早在一百多年前，霍姆斯就大胆地预言："对法学的理性研究来说，研究文本的人是属于现在的，而未来则属于研究统计学和精通经济学的人。"[②]经济分析法学的方法论对法学研究的深化具有重要的价值。金融机构社会责任涉及的金融法、公司法、合同法、劳动法、环境法、国际法等方面的法律制度，只有通过客观准确的衡量这些法律的实施效果，才能提出更为科学的制度设计与对策建议。才能让相关法律法规在制定、修改和完善时落实"新发展理念"，防范和化解金融风险，维护金融安全，促进金融公平。法律经济学的分析方法是有助于实现上述目标的重要研究方法。

此外，立法过程中，还会用诸如效果预测、模型推演等方法。立法活动中的效果预测，是指采用专门的科学手段和方法，就有关立法的未来状况和发展趋势进行预测的立法方法。模型推演则主要通过数理模型推演的办法，结合调取的法律实施中可能涉及的一些基础数据和参数，预测法律正式实施后效果的立法方法。

通过上述关于立法方法的比较可以看出，不同的立法方法存在不同的成本和收益，不同的国家在立法的过程中也表现出不同的选择倾向，例如美国和欧盟立法的方法选择模式差别比较大：美国以成本和收益分析模式(cost-benefit analysis)而著称。立法前必须评估对经济、社会、环境的影响，对收入分配、社会公正、人的尊严的影响，政府监管机构在提出立法议案时必须提交立法的监管分析(regulatory analysis)评估报告。欧盟主要是影响评估模式(impact assessment)。立法须对有关市场失灵和监管失灵的重大

---

① 参见[美]大卫·弗里德曼：《经济学语境下的法律规则》，杨欣欣译，法律出版社2004年版，第9~10页。

② [美]斯蒂文·J.伯顿：《法律的道路及其影响》，张之梅等译，北京大学出版社2005年版，第6页。

政策、二级法律和规章，进行包括经济影响、社会影响和环境影响、积极影响和消极影响、直接影响和间接影响、欧盟之内影响和欧盟之外影响的评估。

无论是美国模式还是欧盟模式，尽管在立法阶段的评估要求不同，但在立法方法的综合性和系统性方面具有很多的共同点。“新发展理念”下中国金融机构社会责任立法的方法选择同样要坚持综合性和系统性的要求，将前述不同的立法方法，依照其各自的优势和劣势进行整合适用。通过问卷调查法和田野调查法，探明中国金融机构社会责任立法的真实所需，通过比较研究、历史分析、实证分析、规范分析方法，从古今、中外等不同的视角论证中国金融机构社会责任法律制度的合理性和正当性，通过效果预测、法经济分析、模型推演等多种方法对中国金融机构社会责任立法进行效果预估和方案选择。正如当代著名社会学家、政治思想家安东尼·吉登斯所说，“我们现在应该是问题驱动，而不是学科驱动，问题应该是最重要的决定性因素。人们不应该感到有某种义务或责任而局限于某一特定的领域，或者被视为某一个学科的学者”。[①] 总之，如何发挥各种立法方法之长，强调各种方法的整合与互动，是“新发展理念”下中国金融机构社会责任立法的方法选择的基本原则。

二、中国金融机构社会责任立法的方法运用技术路线图

通过对不同的立法方法进行分析，我们不难发现，随着人类社会的发展，社会对于立法的需求在增强，对立法方法和立法技术的要求也在提高。早期的单一立法方法已经完全不能适应现代社会立法之需要，复合式的立法方法开始被重视并普遍运用。我们认为，在复合式的立法方法趋势下，不仅立法方法不能单一和绝对化，在不同的立法阶段，也要侧重使用不同的方法。比如，问卷调查、田野调查一般主要用于制定立法规划和立法之前，比较研究法、历史分析法则更多运用于制度拟订过程中，实证分析法、规范分析法、效果预测法、模型推演法则主要是在制度拟订完毕，通过和实施之前

---

① 吉登斯：《英国前首相布莱尔精神导师吉登斯谈福利国家》，载 http://www.infzm.com/content/trs/raw/32832，最后访问日期：2018 年 1 月 3 日。

的阶段,对实施效果进行预判。因此,关于中国金融机构社会责任立法的方法运用的技术路线图可以显示如图2-5所示。

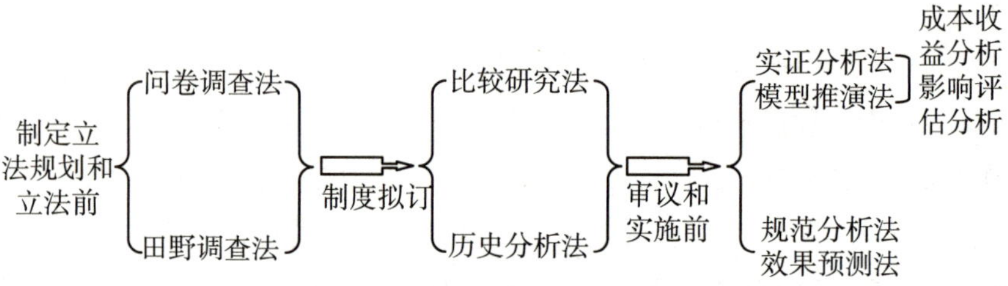

图2-5 中国金融机构社会责任立法的方法运用的技术路线图

三、中国金融机构社会责任立法的方法之间互动关系分析

立法者在选择规制对象和作为法律适用条件的事实特征时,万不可简单任意,而必须根据"法的规范目的"要求进行评价、整理和取舍,而"法的规范目的"本身则是社会道德规范、政府的行政追求、原有法律体系、紧迫的现实需要等共同作用形成的。[①] 因此,中国金融机构社会责任的立法方法,不能单一化与绝对化,而应当以"创新发展"、"协调发展"、"绿色发展"、"开放发展"和"共享发展"等理念为指引,综合采用多种立法方法。

第一,任何一种单一的方法都无法完全满足立法所需。立法是一个利益重新分配的过程,在制度层面上,必须对短期利益和长期利益进行恰当配置。[②] 然而,由于在当前这种经济、社会、政治生活急剧变化的时代,立法和审判很难迅速对新的社会关系、新的价值、新的价值体系做出新的价值判断。[③] 也就是说,任何一种单一的立法方法都不足以反映客观实际,进而不能均衡地考虑各方利益。而且在这些立法方法中,我们可以看到,有的方法与其他方法之间可能本身就是对立的或者存在价值取向上的逆向。比如实证研究是研究"是什么"或"怎么样"的知识体系,而规范研究是研究"应该

---

① 参见王志远:《事实与规范之间:当代中国刑法立法方法论批判》,载《法制与社会发展》2011年第1期。

② 参见吴元元:《信息能力与压力型立法》,载《中国社会科学》2010年第1期。

③ 参见[日]川岛武宜:《现代化与法》,王志安等译,中国政法大学出版社1994年版,第281页。

是什么”或“应该怎么样”的知识体系。当我们把法律制度拟定出来以后，结合现实生活做规范分析，虽然能对其实施效果进行一定的预测，以及对其价值进行一定的评判，但这种预测和评判明显带有浓重的主观价值判断的色彩。“新发展理念”强调价值追求的多元性与兼容性，这从本质上决定了单一的立法方法不能完全反映“新发展理念”蕴含的内容。而且从金融机构的特殊性来看，金融机构的复杂性也需多种的立法方法来反映其真实秉性。因此，如果能够结合与之对立的实证分析方法，则能更好地反映制度的真实价值，或者让立法者距离该制度的真实价值更近，以便利其作出是否选择和是否需要修订的决定，进而确保立法的相对科学。

第二，每一种立法方法在不同的立法阶段具有不同的价值位阶，但任何一种单一的方法都不是绝对没有价值的。“协调发展”是“新发展理念”的重要构成，不同阶段不同位阶的立法方法之间的协调配合是“新发展理念”下的应有之义。虽然前述立法方法的技术路线图列明了在不同立法阶段的立法方法，但这并不代表在该阶段就不需要采用其他阶段的主打方法，而仅仅表示在这一阶段更加侧重的立法方法。比如在制度拟订的阶段，我们强调比较分析和历史分析的方法，但也需要立法绩效预估，即用实证分析方法预估正在拟定的制度的实施前景。而且各种立法方法都提供了一个视角，能从各自角度论证其合理性和改进的建议。例如，通过田野调查收集到的数据与通过问卷等定量方法收集到的数据一样，并不是只有量化的数字资料才能被称为数据，在社会科学研究领域，并不存在谁更有价值的问题，都是进行必要研究的重要数据而已。同样，定性研究与定量研究也不存在谁更有价值的问题，只是什么情况下使用哪种方法更适合研究主题而已。[①]换言之，定量方法和定性方法遵循共同的推理逻辑，都是科学的研究方法，只是风格不同而已，其区别仅在于技术手段。[②]

第三，必须加强各种立法方法的综合、协调运用。立法是客观事实选择和主观价值判断的有机统一。在现实生活中，围绕利益而产生的社会关系

---

① 参见佚名：《田野调查的基本方法》，载 https://wenku.baidu.com/view/e8fd20f8cc22b-cd126ff0c8b.html? from = search，最后访问日期：2018 年 5 月 1 日。

② See Gary King, Robert O Keohane, *Sidney Verba*, *Designing Social Inquiry: Scientific Inference in Qualitative Research*, Princeton University Press, 1994, pp. 3-4, 7-9.

极其复杂，要从实质上客观、真实地反映所涉及社会关系承载的利益，需要结合运用历史分析、问卷调查、比较分析、实证分析等方法解析社会关系的发生过程，从而为立法者主观价值判断提供一个相对真实、完整、准确的事实基础。虽然“新发展理念”下“创新发展”、“协调发展”、“绿色发展”、“开放发展”和“共享发展”等都有不同的侧重点，但又强调彼此之间的协调配合，这实际上与“新发展理念”所倡导的理念是一致的。而且定性方法如田野调查，与模型推演和实证分析等定量研究本身可以互为补充，并非天然对立。戴维·莱廷就提倡“创造性互补”地运用不同概念和研究方法。将定性分析与大样本统计分析和形式模型相结合，发展出的理论猜想将更经得起考验。[①] 比如，田野调查法的运用一般需要立法主体“亲身体验”两年以上；而在田野调查法实施的过程中，也可以实施问卷调查。又如，在历史分析方法运用过程中同样也可以运用比较分析的方法；在实证分析过程中，也可以运用问卷调查、比较分析等方法。正如，“范式提供视角，理论则用来解释看到的东西”。[②] 因此，对于我国金融机构社会责任立法而言，多数方法并不是互相对立的，而是可以结合使用的。

第四，要特别突出实证分析、模型推演等定量方法的价值。对于中国金融机构社会责任立法来说，由于金融机构对股东、对员工、对客户、对环境、对社区、对国家等各方利益相关者的社会责任的履行都可能直接影响其成本和收益。从法经济学的视角，必须在各种利益主体之间寻找一个合理的平衡点，而借助规范分析和纯价值判断，难免会出现偏差。正如有学者所言，对经济法进行法经济分析的目的在于它能更好地理解经济法以及能够确定具体的经济法规则的好与坏。[③] 因此，就中国金融机构社会责任这个特定的立法系统来说，结合实证分析和模型推演等做成本和收益分析、影响评估等是十分必要的。

中国金融机构社会责任立法方法的互动见图 2-6。

---

① See David Laitin, "The Perestroikan Challenge to Social Science", *Political Science*, Vol. 31, No. 1, 2003, p. 175.

② [美]艾尔·巴比：《社会研究方法》，邱泽奇译，华夏出版社 2000 年版，第 69 页。

③ 参见李昌麒：《如何使经济法学的研究更务实、更深入》，载李昌麒主编：《经济法论坛》（第 1 卷），群众出版社 2003 年版，第 9 页。

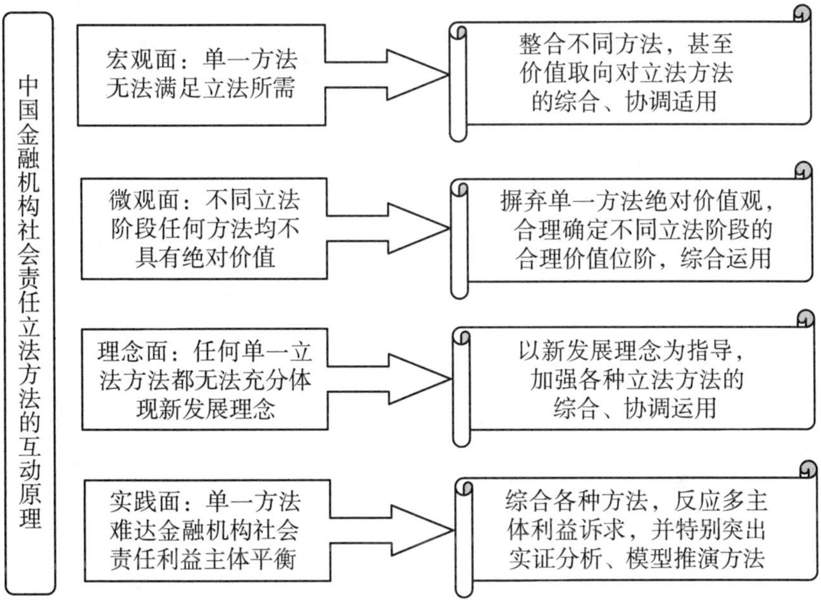

图2－6　中国金融机构社会责任立法方法的互动图

第四节　新发展理念下中国金融机构社会责任立法的渊源选择

一、新发展理念对中国金融机构社会责任立法的渊源选择的要求

法律之渊源是一个具有一定开放性和层次性的体系。各国学者的论述就充分体现了这一点。我国周旺生教授认为法律渊源是法律得以形成的资源、进路和动因。所谓资源，指法和法律制度是基于什么样的原料形成的，是基于习惯、判例、先前法、外来法，还是基于道德、宗教戒律、乡规民约、政策、决策、学说之类形成的；所谓进路，指法是基于什么样的途径形成的，是基于立法、行政、司法，还是基于国际交往之类形成的；所谓动因，指法是基于什么样的动力和原因形成的，是基于日常社会生活、社会发展的需要，还

是基于经济、政治、文化、历史之类的作用形成的。① 由此，我国金融机构社会责任立法的渊源选择是一个涉及经济与社会发展多方面因素的系统工程，受到国内外诸多因素的制约。新形势下，“新发展理念”对中国金融机构社会责任的法律渊源提出的具体要求，主要体现在“创新、协调、绿色、开放、共享”五个方面。具体地讲：

在“创新发展”理念下，中国金融机构社会责任立法的法律渊源的选择必须突出治理机制和治理模式的创新，必须改变仅仅依靠国家法律和行政法规、规章治理金融机构社会责任问题的现实。因为国家法律层面的规定往往相对比较原则并且对不同金融领域的金融机构的针对性指导相对较弱。行政法规、规章等尽管来源于行政机关和金融监管部门，相对更加贴近于市场，但是不能充分反映被监管对象的多种利益诉求。而软法由于立法过程的开放性，社会公众能够更广泛、深入和多样化的参与，制定主体在充分听取各种意见的同时，也能充分说明理由并宣传劝导，以获取最广泛的认同和理解。也就是说，软法的内容经充分协商达成合意结果，可以协调矛盾，平衡各种利益关系，能够获得最大限度的社会支持。② 因此，在“创新发展”理念下，需要更多融入金融市场上各机构、各行业自律组织以及非政府组织等主体的利益诉求和一些国际组织在金融机构社会责任方面制定的国际规范或标准等。当然，这从另一个角度也反映出立法的开放性，是“开放发展”理念的必然要求和应有之义。

在“协调发展”理念下，必须对各种形式的法律渊源进行协调。在任何一个国家，法律制度都是一个体系，制度与制度之间具有关联性且相互依存。一种制度的价值目标需要贯穿于一套相互制约和补充的制度中，而不可能只依赖于某一个特定的制度。③ 因此，各种层次的法律渊源，无论是国际法渊源还是国内法渊源，无论是“硬法”性质的法律渊源还是“软法”性质的法律渊源，无论是国家权力部门或监管部门立法，还是行业自律组织立法等，都必须在共同的“新发展理念”下，依赖共同的目标、一致的价值取向与

---

① 参见周旺生：《法的渊源和法的形式界分》，载《法制与社会发展》2005 年第 4 期。

② 参见方世荣：《论公法领域中“软法”实施的资源保障》，载《法商研究》2013 年第 3 期。

③ 参见苏力：《制度是如何形成的》，北京大学出版社 2007 年版，第 55 页。

基本原则的“协调”,一起达成“系统性”要求,形成合力,摆脱杂乱无序、各自为政的状态。

在“绿色发展”理念下,法律渊源的选择必然体现为多样性。“绿色发展”产生于人们对生活质量维持和提高的要求,这种要求具有多样性和层次性的特性,这种要求也反映在金融机构社会责任法律渊源选择层面。公司法、环境法等基本法律中对此予以回应固然重要,但是由于金融行为的复杂性、多变性与专业性,再加上制定法所固有的稳定性和滞后性,国家金融宏观调控机关——中国人民银行对金融机构的宏观调控政策显得尤为重要。以信贷政策管理为例,如何将其纳入法制化框架予以规范,是关乎发展绿色金融的一个重要内容。在以信贷政策管理权为核心的治理架构中,信贷政策管理的主管机关与执行机关以及相应的监督机关等达成的规范性文件也是重要的法律渊源。这就要求我国金融机构社会责任立法的渊源形式必须多种多样。显然,不同的法律渊源之间的协调和配合又是“协调发展”理念的必然要求。

在“共享发展”理念下,中国金融机构社会责任法律渊源的选择必须突出社会多元主体对金融机构践行社会责任的督促机制,一方面明确其治理权限和职责,另一方面保障其享受这种共同治理带来的发展成果。追逐利益是个人、组织、集团乃至国家进行行动的最终目的。[①] 但如同罗尔斯所指出的那样,作为一群人联合起来形成的社会体,既有利益的一致性也有利益的冲突性,必须确定一套原则以分配利益。[②] 可见,他们之间既有可能存在共同利益,也会发生利益冲突。特别是金融机构与社会公众之间,由于实力的差距与公众之间集体行动的困境,二者之间利益冲突更易发生,且往往是以社会公众的利益受损为结局。因此,法律必须“对各种利益重要性做出估价或者衡量,以及为协调利益冲突提供标准。法律无法选择确认每一主体的每一项利益,但必须为协调利益冲突加以平衡”。[③] 这种利益平衡的功能是“共享发展”的基础,也是中国金融机构社会责任法律渊源选择必须考

---

① 参见王雄文:《社会主义民主形式的利益分析》,载《求索》2010 年第 7 期。

② 参见[美]约翰·罗尔斯:《正义论》,何怀宏等译,中国社会科学出版社 1988 年版,第 2 页。

③ 付子堂:《法律功能论》,中国政法大学出版社 1999 年版,第 92 页。

量的因素,由各类法律渊源所构成的体系必须能够实现利益平衡的功能。

二、新发展理念下中国金融机构社会责任立法渊源的选择方案

“法律规则的渊源可在它最初可以被识别为具有法律效力的行为规则并从而产生法律有效性的过程中找到。”[①]当然,随着社会的发展,人们和法律本身对金融机构的行为是否应当承担社会责任会发生变化,“‘构成负责任的行为’这个概念在不同的地方、不同的文化中有着不同的认识,即使在同一个地方、同一个文化,随着时间的变化也会有所差异。比如,几年前,人们并不认为食品公司应当对其顾客的肥胖承担什么责任”。[②] 总体来说,随着应负社会责任行为的增加,金融机构社会责任的渊源有扩大的趋势。动力机制与平衡机制,是人类社会赖以运行的最根本、最基础、最普遍的机制。[③] 因此,要将“新发展理念”落到实处,立法渊源的选择关键在于能够形成督促金融机构履行社会责任的机制。

具体而言,“新发展理念”下金融机构践行社会责任的督促机制由一个庞大系统的制度体系与运作机制构成,除包括要求金融机构履行社会责任的各种法律规范之外,还包括监管机构发布的规范性文件、命令、指引乃至具体监管活动,也包括行业组织颁布的各种自律性文件与评价标准,以及开展的培训、指导等具体活动。[④] 同时,非政府组织、社会公众、媒体、同行等第三方力量对金融机构践行社会责任的引导与监督,以及金融机构本身所建立的践行社会责任的内部督促机制等,也是督促机制的重要组成部分。但从长远而言,在市场经济得到充分发展后,通过商业规则落实金融机构的社会责任是最终选择。发挥公众与市场的监督作用,以及非政府组织在制衡国家利益中的作用,自下而上构建金融机构社会责任,让金融行业主导自身责任制度的构建。最终使金融机构社会责任从法律责任发展成为金融机

① [英]詹宁斯、瓦茨修订:《奥本海国际法》(第1卷第1分册),王铁崖等译,中国大百科全书出版社1995年版,第13页。

② Antonio Vives,“Corporate Social Responsibility:The Role of Law and Markets and The Case of Developing Countries”,*Chicago-Kent Law Review*,Vol. 83,2008,pp. 201 - 202.

③ 参见李忠杰:《论社会发展的动力与平衡机制》,载《中国社会科学》2007年第1期。

④ 参见刘志云:《国内银行业践行社会责任的外部督促机制:问题与完善》,载《经济法论丛》2011年第2期。

构普遍遵守的行业惯例,形成长效的自我完善机制。

从性质上讲,在这个庞大系统的制度体系与运作机制中,既有“硬性”的督促机制,也有“软性”的约束机制。实践中,只有将二者结合起来,有效联结在一起,才能形成强大的合力,督促金融机构践行社会责任,而不是一个庞大涣散或者静止的“制度体系”。[①] 我国现有的金融机构践行社会责任的督促机制也如此,其是一个相互作用、庞大繁杂的“制度体系”以及相关运作机制,既包括硬法也包括软法,硬法与软法并重;既有国家立法,也有社会立法,国家立法与社会立法并重;既有国内立法,也有国际立法,国内立法与国际立法并重。

此外,该制度系统还特别强调硬法与软法、国家立法与社会立法、国内立法与国际立法的协调机制建设。

三、新发展理念下中国金融机构社会责任立法渊源的技术路线与运作效果图谱

金融机构社会责任包含了对政府、股东、消费者、员工、社区等的责任,而且金融机构的主体有银行、证券公司、保险公司、信托机构等,业务类型千差万别,监管主体也不同,不可能由《公司法》或《商业银行法》等单独规制,也不可能制定一部包罗万象的社会责任法,它需要一个庞大的法律系统去分门别类地涵盖。目前,就我国金融机构社会责任的法律渊源而言,不仅包括规范性法律文件确立的最低要求,还包括金融业协会内部的自律规范以及金融机构根据自身实际提出的更严格要求,也包括接受国际通行的金融机构社会责任标准的约束。因此,从立法渊源的角度来说,新发展理念下中国金融机构社会责任立法应当从硬法和软法两个层面着手。

就“硬法”角度来说,需要制定的重要法律、法规、规章主要有《宏观调控法》《金融消费者保护法》《企业社会责任法》等;需要进行修订完善的法律、法规、规章、规范性文件包括《中国人民银行法》《银行业监督管理法》《商业银行法》《证券法》《保险法》《信托法》《公司法》《未成年人保护法》

① 参见刘志云:《国内银行业践行社会责任的外部督促机制:问题与完善》,载《经济法论丛》2011 年第 2 期。

《慈善法》《职业病防治法》《残疾人保障法》《清洁生产促进法》《反不正当竞争法》《商业银行信息披露办法》等。

就“软法”角度来说,需要制定的重要自律规则主要有:关于相关金融领域如银行客户、证券投资者和保险消费者利益保护方面的自律规则;针对特殊金融业务环节的自律规则,比如金融信息保护、特定金融行为的收费问题等;需要第三方监督机构制定的规则,比如针对特定金融行业的金融机构社会责任履行情况披露规则等。通过前述技术路径,同时也鼓励银行、证券等金融机构内部出台有关企业社会责任的内控制度文件,比如《环境与社会风险管理政策》《适用赤道原则的项目融资管理办法》《适用赤道原则项目融资分类指引》《环境与社会风险专家评审规范》以及适用赤道原则项目融资的示范合同文本、配套示范文本以及相关指导意见、实施意见等。

在国际规范或标准的参与方面,可以经过绩效评估,选择参与由相关国际组织或非政府组织倡导或制定的涉及金融机构践行社会责任的国际标准或规范,包括赤道原则、联合国环境规划署金融倡议、联合国全球契约、碳披露项目(Carbon Disclosure Project)、SA8000社会责任管理标准、GRI可持续发展报告指南、AA 1000审核规则等。无疑,金融机构选择加入国际标准或规范就必须遵循更加严格的社会责任标准,披露更加详细的社会责任信息,以符合提高透明度的要求。从效果上讲,这不仅会提升相关金融机构的管理水平,向国际上先进的金融机构看齐,也会极大改善金融机构的形象和声誉,获得公众认可和投资者青睐。①

基于上述立法渊源的完善,其基本运作效果如图2-7所示。

① 参见刘志云:《国内银行业践行社会责任的外部督促机制:问题与完善》,载《经济法论丛》2011年第2期。

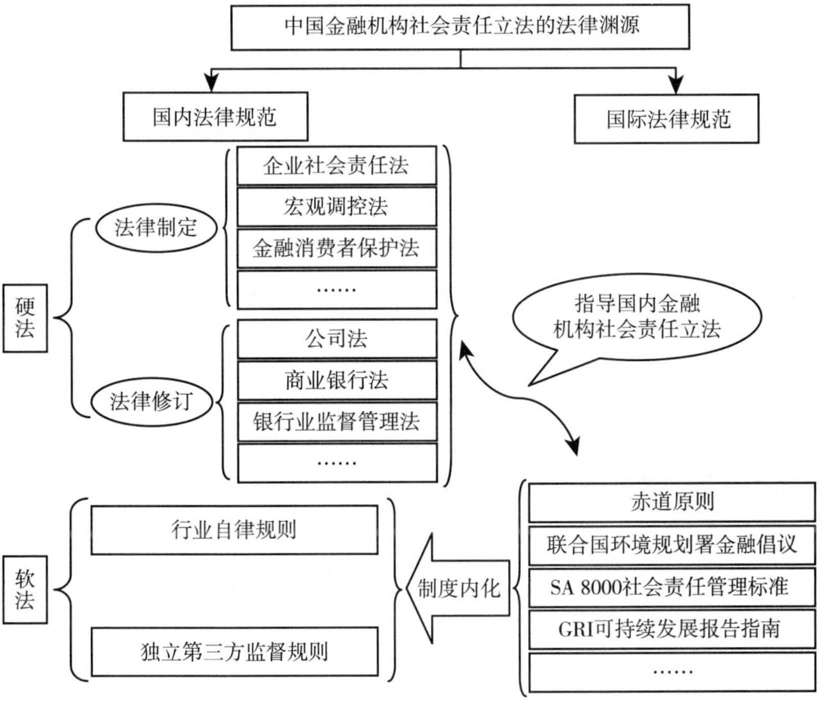

图 2-7　中国金融机构社会责任立法的法律渊源图谱

四、新发展理念对中国金融机构社会责任立法渊源的方向把握以及动态调整

法律秩序是一个有秩序的体系，存在着一个以宪法为顶端的和谐一致的金字塔结构，其并不是大量法律规范的简单集合，任何法律规范都不是独立存在的，都是整个法律秩序中的有机组成部分。① 金融机构社会责任立法渊源的多样性，同样也需要形成一个有秩序的体系。因此，在五大新发展理念中，"协调发展"理念是中国金融机构社会责任立法渊源方向把握及动态调整过程中的核心理念。

坚持"协调发展"，必须牢牢把握中国特色社会主义事业总体布局，正

① 参见李龙、刘诚：《论法律渊源——以法学方法和法律方法为视角》，载《法律科学》（西北政法学院学报）2005 年第 2 期。

确处理发展中的重大关系，不断增强发展整体性。在对中国金融机构社会责任立法渊源的方向进行把握以及动态调整时，要特别注意国家法律、法规、规章与自律规则和非政府组织的监督规则等的协调发展，不能肆意扩大法律的调整范围而挤占自律规则和非政府组织监督规则的存在空间。因为三者各自从不同的视角和本位服务于中国金融机构社会责任治理的总体目标：法律代表国家政府处于最高的地位；自律规则代表市场主体和被监管的对象，是处于最低位阶的反映被监管者利益诉求的规则；非政府组织则是在公共理性理论、市民社会理论兴起的背景下，处于市场主体和国家二者之间，既制定监督规则独立对金融机构实施监督，又能起到很好的沟通市场和国家两级的中介和桥梁作用的机构。因此，必须以“协调发展”理念为指引，在立法渊源的方向把握以及动态调整中，寻求多方主体、多个视角、不同本位治理的相对平衡与和谐一致，不得任意偏废一方。

此外，强调“人人参与、人人尽力、人人享有”，以多方介入、共管共治为特色的“共享发展”理念，无疑也同时体现了上述协同治理原理，并成为指导中国金融机构社会责任立法渊源方向把握以及动态调整的又一重要理念。共享发展本质是要实现对人的利益包括公益和私益的公平配置，其主要包括三层含义：一是维护和满足每个社会成员的基本尊严和基本生存条件，二是保证每个社会成员的基本发展条件，三是伴随社会进步，不断提高每个社会成员的生活水平和发展能力。① 共享发展的三层含义从本质上与社会责任所倡导的理念、内涵是完全契合的。如果不能很好地处理，可能会造成诸多不利后果：一是共享机制受阻，社会差别导致的矛盾越来越大；二是共享边界不清产生平均主义，影响到创造财富的主动性和积极性；三是共享机制内部失衡，解决一种不公平的同时又产生了新的不公平等。② 因此，作为最佳利益分配机制承载方式的法律渊源必然反映“共享发展”的本质要求。就金融机构社会责任立法而言，无论是国家法律、法规、规章，还是与自律规则、非政府组织的监督规则，都必须以“共享发展”理念为引领，既要在社会责任的分配过程体现“共享”，更要在分配的最终结果，即法律渊源

① 参见王涛：《〈慈善法〉的立法理念、制度创新和完善路径》，载《法学论坛》2018 年第 1 期。
② 参见姜明安：《法治思维与五大发展理念》，载《中国司法》2016 年第 2 期。

的内容上体现共享。

本章小结

新发展理念是新时期金融机构社会责任立法的技术进路应遵循的基本纲领,必然要求立法的技术进路选择新的内容和要求。具体而言,在金融机构社会责任的立法参与机制上,应倡导开放式的立法参与机制,并以“提高立法效能”、“促进市场活力”和“激发社会创造力”的基本理念和原则;在推进金融机构社会责任立法的方法选择上,因各种立法方法功能与使用场景的不同,基于新发展理念的要求应综合地采取多种立法方法,提高我国金融机构社会责任立法的科学性和合理性;在立法渊源的选择上,既要强调立法渊源的多样性,也应形成一个有机协调的整体,并且要能够形成督促金融机构履行社会责任的机制。金融机构社会责任立法的技术进路是一个动态调整的过程,在这之中应全面贯彻落实“创新、协调、绿色、开放、共享”五大发展理念,以此进行方向把握以及动态修正。

第三章　新发展理念下中国金融机构社会责任国内立法的完善研究

可持续发展理念有效促进了国际规范的推广以及各国国内法的革新,从而奠定了金融机构社会责任全球兴起的制度基础。近年来,我国金融机构践行社会责任的问题得到了政府与社会的双重关注,国内金融机构践行社会责任活动正在勃兴。然而,与国际同行相比,我国金融机构践行社会责任尚处于滞后状态,难以达到"新发展理念"之要求。究其原委,在于我国金融机构社会责任的制度建设严重落后。比照"创新、协调、绿色、开放、共享"理念之要求,我国金融机构社会责任既有立法存在诸多缺陷,亟须优化与完善。对此,"新发展理念"作为金融机构社会责任立法的理念导向,厘定了金融机构社会责任立法的新要求、价值取向和基本原则,这对于未来我国金融机构社会责任立法模式的确立和相关制度的完善具有重要的指导意义。

第一节 中国金融机构社会责任的国内实践与相关法律制度建设的关系分析以及互动效果检验

一、金融机构践行社会责任运动的国内外兴起

(一)金融机构践行社会责任运动的国外兴起

企业社会责任源于20世纪70年代经济全球化发展和跨国公司对外扩张。当时,整个社会爆发了极其严重的消费者权益受损以及环境污染等重大问题,故而在欧美的一些发达国家兴起了以环境保护、提升产品质量、保护员工合法权益等为重要内容的公司社会责任运动,并在国际组织以及非政府组织的宣传和推广之下,逐步影响到了其他国家乃至全球。① 人们逐渐开始深刻反思公司在社会中所处的位置和责任,能否可持续发展成为了各国民众担忧的焦点,要求公司承担社会责任的呼声也日渐高涨。② 在此背景下,可持续发展理念慢慢走近公众视野并不断扩大其影响力,尤其是金融行业,对可持续发展理念的推进与落实发挥着至关重要的作用。

如前所述,可持续发展的思想发轫于20世纪70年代。科技和经济的迅猛发展,在提升百姓生活质量的同时,也对环境和资源造成了极大破坏和损耗,导致人们在获取利益之前就承受了大自然的报复,一系列环境问题和其他破坏人类生活品质的社会问题随之而来。在此情况下,人们开始反思和检讨仅功利追求发展经济的观念,并积极摸索更为绿色、健康的发展方式。由此,可持续发展理念应运而生,旨在寻找协调经济发展和环境保护的发展之路,而企业的可持续性发展可以理解为是在原来追求的经济价值的基础上添加了社会和环境等价值因素,这些新添加的价值因素是针对更大范围利益相关者的需求,包括股东、雇员、消费者、供应商、社会、环境和政

---

① See María Luque Calv,"Corporate Social Responsibility and Micro-Finance an Effective Partnership for Socio-Economic Development", Master's degree candidate, July 2009, Instituto De Emprasa Master in International Relations.

② 参见刘志云:《商业银行践行社会责任的内在诱因与理论基础》,载《政法论丛》2014年第1期。

府等,尤其是考虑到子孙后代的需要。[①] 而金融机构作为企业形式之一,在社会经济的发展中起到了至关重要的作用,特别是在对可持续发展的促进方面。

作为配置社会资源的中介机构,金融机构具有社会性、公众性等特性,该特殊的行业性质决定了金融机构理应承担起社会责任。尤其在20世纪50年代之后,随着科技和经济的发展,金融机构的发展也随之变化,具体体现在:组织形式不断创新,出现了很多大规模跨国界的金融机构;业务形式不断创新,具有综合化经营态势;金融机构的经营技术和风险日益复杂;金融机构的管理形式不断创新等。由此,金融机构创造了越来越多的国民生产总值,其影响力和企业规模也明显超过了绝大多数的实体经济企业。[②] 无疑,若金融机构仅着眼于经济发展和财富增长,其将给世界和人类造成巨大影响。是故,基于社会性和公众性的内生性要求,金融机构不仅有发展经济的职责,更肩负着保护其他利益相关者利益的社会责任。

从实践来看,众多的研究报告或调查结果表明,银行等金融机构在社会经济发展中发挥着至关重要的作用,[③]有影响可持续性发展的能力。[④] 例如,银行业对可持续性发展的贡献至少包含以下几个方面:第一,商业银行及其客户的经济稳定发展对经济长期稳定发展起到关键性作用;第二,由商业银行提供资金的企业或项目的经济可持续性有利于社会经济的可持续;第三,商业银行在业务经营中强调对自然资源的保护有利于环境的可持续发展;第四,商业银行在业务活动中对社会福利的提高要求将促进整个社会的可持续性。[⑤] 正因如此,商业银行必须承担社会责任的观念在金融服务业中逐渐变成一个深入人心的共识,它们在金融活动中充当了筛选、监督和

---

① 参见刘志云:《商业银行践行社会责任的内在诱因与理论基础》,载《政法论丛》2014年第1期。

② 参见朱慈蕴:《论金融中介机构的社会责任——从应对和防范危机的长效机制出发》,载《清华法学》2010年第1期。

③ See R. Levine, "Finance and Growth, Theory and Evidence", *NBER Working Paper* 10766, *Cambridge*, *Mass.*, *NBER*, 2004.

④ 参见刘志云:《商业银行践行社会责任的内在诱因与理论基础》,载《政法论丛》2014年第1期。

⑤ 参见刘志云:《商业银行践行社会责任的内在诱因与理论基础》,载《政法论丛》2014年第1期。

强制执行等关键性作用，具体包括：[①]第一，筛选是对有关潜在的借款人和投资目标的信息的生产和加工，借款人必须关注风险和回报之间的平衡。银行机构对投资机会的评估，将对资源配置产生积极的影响。由此，企业不得不通过拓宽信息、提高管理水平和市场条件等，达到商业银行的融资条件。[②] 易言之，商业银行可以通过辨别在产品推广和工艺革新中最有可能成功的企业进行扶持，从而促进科技变革与经济发展。第二，监督是指商业银行如果批准了相应贷款，则需持续监督和评测该项贷款的用途。无疑，此种后续监督将会在很大程度上促使相应企业的高层管理人提升管理质量，从而实现资源的最优配置。第三，强制执行是指面对借款人违反合同或为预防上述情况发生，商业银行所采取的对策。合同条款的强制执行同商业银行和金融市场参与者都有紧密联系。法律制度决定了商业银行行使权利的可能性、方式以及在为企业融资过程中银行自身所必须建立与完善的内部风险控制体系。如此一来，商业银行在提供贷款时通过采取强制执行、后续监督评测等方式，能够敦促相应部门、行业实现可持续发展。

事实上，可持续金融为金融机构的金融产品多样化和服务质量提升提供了极大的发展空间，其对金融机构的意义重大。以银行业为例，至少包括以下两个方面：一是将社会和环境风险考虑进商业银行的经营策略和借贷过程中。商业银行可以将这些风险考虑进借贷和投资评估过程中来提高资产业务的可持续性，这样它们就可以将投资集中在有很好的环境、社会和经济表现的那些企业和项目上，从而帮助自己通过减少没有可持续性意义的投资来维护资产的安全，增加金融的稳定性，并促进银行声誉的提高。二是能够为与可持续性发展紧密相关的新兴领域中的创新产品的推出与发展提供机会。这就需要商业银行创造出更多的金融产品和服务，从而能够支持有社会和环境效益的产品和项目的商业开发。这些新增加的机会至少包括或涉及：可持续能源的研发、能源使用效率的提高、提高产品生产的环保水平、生物多样性的保护、针对妇女和低收入家庭的小额信贷和金融服务

---

① See Rafael La Porta, Florencio Lopez-de-Silane, Andrei Shleifer, Robert W. Vishny, "Law and Finance", *Journal of Political Economy*, Vol. 106, 1998, pp. 1113 – 1155.

② 参见刘志云：《商业银行践行社会责任的内在诱因与理论基础》，载《政法论丛》2014 年第 1 期。

等。针对这些金融产品的开发与经营可以开拓新的市场和目标客户,同时使自己与别的竞争者区分开来,提高银行在核心客户和股东心目中的声誉,吸引新的资金投入到银行领域。

无疑,可持续发展问题引发了金融机构社会责任活动的勃兴,相应反映到国际和国内的立法层面。一方面,在国际层面,在"国家间立法"即政府参与的国际立法尚无重大举动的情况下,国际机构、非政府组织以及包括跨国银行在内的许多跨国公司,围绕可持续发展的"私政府立法"却呈现出百花齐放的态势。其中,具有重要影响力的措施包括:全球报告倡议组织(GRI)的可持续报告编制指南、赤道原则、国际金融公司(IFC)的《社会和环境可持续政策与绩效标准》《关于金融机构可持续性的科勒维科什俄宣言》(Collevecchio Declaration)、沙利文原则、联合国全球契约、联合国环境规划署金融倡议、联合国负责任的投资原则、道琼斯可持续发展指数、富时社会责任指数、SA 8000 社会责任管理标准等。[①] 这些标准或指数极大地增强了企业的可持续发展意识,促进了企业社会责任运动的开展。另一方面,在国内层面,将金融机构社会责任进行法律化规范,也慢慢成为各个国家法律修改的重心。自 20 世纪 60 年代以来,美国进行了一系列以保护消费者权利为主旨的金融立法,如《金融服务现代化法》《金融管制改革白皮书》《多德-弗兰克华尔街改革和消费者保护法》;自 20 世纪 80 年代开始,美国各州开始对公司法进行修订和完善,增加了"利益相关者"条款,为客户、消费者、企业员工和社会公众等主体在内的企业利益相关者提供法律保护;[②]1977 年,美国颁布了《社区再投资法》,提出要求银行关注社区的金融需求。英国 1974 年通过的《消费者信用法》、1984 年制定的《数据保护法》、2000 年颁布的《金融服务与市场法》等构成了自上而下的金融消费者保护法律体系。此外,德国、日本、荷兰、瑞典、加拿大等国家皆在不同程度上实现了金融机构社会责任的法治化。

至此,我们可以看到,可持续发展的理念推动了各国国内法的变化与督

---

① 参见刘志云:《商业银行践行社会责任的内在诱因与理论基础》,载《政法论丛》2014 年第 1 期。

② 参见肖顺武、石斌:《商业银行社会责任激励机制研究》,载《经济法论坛》2015 年第 1 期。

促金融机构践行社会责任的国际规范的提倡与推广，从而奠定了兴起金融机构社会责任全球热潮的制度基础。

（二）金融机构践行社会责任运动的国内兴起

近年来，我国金融机构践行社会责任的问题得到了政府与社会的双重关注。事实上，国内银行、证券公司、保险公司等金融机构践行社会责任运动的兴起并非偶然，而是面临金融创新以及国内外背景所作出的回应。当前，国内很多证券公司、商业银行等金融机构接受了践行社会责任的理念，并且事实上也有很多金融机构已经开始构建相应的社会责任机制来贯彻社会责任理念。① 例如，截至2016年年末，超过4/5的证券公司在内部构建了相应制度，超过2/3的证券公司按时发布社会责任践行报告或将其融入到年度报告中。还有少数证券公司设立了相应志愿者组织以及基金，积极拓展践行社会责任的方式。② 相比之下，尽管保险业履行社会责任水平明显不足，但也获得了一定的成绩，在精准扶贫方面，中国保险行业协会组织全行业开展“7·8保险扶贫健步走”扶贫公益活动，在12天内共有1877万余人次参与活动，捐赠步数达到220亿步，形成了覆盖全国包括“三区三州”在内的31个省（自治区、直辖市）64个保险扶贫项目，51家保险公司积极认领并快速推动项目落地。在支持实体经济方面，截至2018年11月底，累计发起设立各类债权、股权投资计划1018项，合计备案（注册）规模2.42万亿元，保险资金已成为保险行业支持实体经济和民生建设的重要手段。其中，支持“一带一路”倡议投资规模达10269.85亿元；支持长江经济带和京津冀协同发展战略投资规模分别达4913.15亿元和2086.22亿元；支持棚户区改造投资规模达1616.16亿元；支持振兴东北老工业基地政策投资规模达455.12亿元。③

自2000年联合国提倡跨国公司践行社会责任伊始，各国企业社会责任

---

① 参见刘志云：《国内银行业践行社会责任的外部督促机制：问题与完善》，载《经济法论丛》2011年第2期。

② 《证券公司助力脱贫攻坚战略初见成效》，载证券时报网：http://www.stcn.com/2017/0904/13613315.shtml，最后访问日期：2019年1月26日。

③ 《2018中国保险十大新闻及十大事件》，载新浪财经：http://finance.sina.com.cn/money/insurance/bxdt/2019-01-03/doc-ihqhqcis2635246.shtml，最后访问日期：2019年1月26日。

的实践活动逐步高涨。事实上,国内金融机构践行社会责任的政策诱因来自它们所面临的内外双重压力。从外部来说,金融机构践行社会责任之压力源自于政府、行业协会、股东、多边金融组织等主体。从内部来看,坚持社会效益和经济效益的协调统一,不但能够增强金融机构的竞争力,更有助于金融机构实现可持续发展。金融机构既是市场主体,也是“企业公民”,而“企业公民”的主要特质在于社会责任的履行。在追求经济利益的同时,努力践行社会责任,致力于社会效益的增长,有助于增强金融机构的影响力和声誉,进而反哺经济效益增长,在行业中取得竞争优势,实现可持续发展。鉴于此,国内金融机构践行社会责任的政策诱因可以归纳为如下两点:对于金融机构而言,履行社会责任意味着获得竞争优势和良好声誉,有助于科学评估和减少风险;对于社会而言,有利于贯彻落实可持续发展战略。①

同时,金融机构社会责任运动在国内的勃兴同近几年中共中央倡议的“和谐社会”战略联系密切。改革开放以来,我国经济经历了几十年的迅猛发展,但也引发了劳工权益和消费者权益受损、环境污染等影响社会安定的重大问题,严重影响我国社会经济的持续增长。由此,中共中央发起了构建“和谐社会”战略的提议。显然,和谐社会是十分复杂的战略工程,其对市场主体履行社会责任提出了巨大需求。而我国金融机构作为撮合资金供应者和资金需求者的枢纽,不但是我国经济的关键部门,也是再次分配社会资源的重要途径,其不但对客户、员工、消费者等主体承担经济责任,更对构建和谐社会、提升环境保护等承担了道德责任和法律责任。② 金融业的发展与百姓生活休戚相关,由此决定了我国金融机构应树立履行社会责任的理念,运用自身所处的公众资金提供者的功能优势,积极践行社会责任,从而使全社会形成践行社会责任的良好氛围。

国务院、相关政府监管机构以及相关分支机构所颁布的各种要求金融机构践行社会责任的行政法规、部门规章、规范性文件以及从事的具体的监

① 参见刘志云:《商业银行社会责任的兴起及其督促机制的完善》,载《法律科学》2010 年第 1 期。

② 参见刘志云:《商业银行践行社会责任的内在诱因与理论基础》,载《政法论丛》2014 年第 1 期。

管活动，构成了国内金融机构践行社会责任的具体官方监管机制。[①] 例如，2007年12月和2015年12月，原银监会、原保监会分别发布了《关于加强银行业金融机构社会责任的意见》《中国保监会关于保险业履行社会责任的指导意见》，首次明确要求银行业、保险业践行社会责任；2016年7月1日，国务院国资委发布了《关于国有企业更好履行社会责任的指导意见》。有关绿色金融方面，2016年8月31日，中国人民银行、财政部、发展改革委、环境保护部、原银监会、证监会、原保监会等相关部门联合发布了《关于构建绿色金融体系的指导意见》，对绿色金融的发展做出了顶层设计；2016年12月5日，国务院印发了《"十三五"生态环境保护规划》，明确倡导"建立绿色金融体系"。此外，原银监会、证监会、原保监会也先后颁布了《绿色信贷指引》《关于绿色信贷工作的意见》《绿色信贷统计制度》《绿色信贷实施情况关键评价指标》《关于支持绿色债券发展的指导意见》等文件。

为进一步加强对金融消费者权益的保护，2015年11月4日，国务院办公厅发布了《国务院办公厅关于加强金融消费者权益保护工作的指导意见》；原银监会、证监会、原保监会、中国人民银行先后出台《商业银行金融创新指引》《个人理财业务管理暂行办法》《证券投资者保护基金管理办法》《期货投资者保障基金管理暂行办法》《证券期货投资者适当性管理办法》《关于建立保险消费者权益保护工作社会监督员制度的通知》《关于加强反保险欺诈工作的指导意见》《中国保监会关于加强保险消费者权益保护工作的意见》《保险公司服务评价管理办法》《中国保监会关于进一步规范保险理赔服务有关事项的通知》《关于全面推进保险纠纷诉讼与调解对接机制建设的意见》《中国保监会关于加强保险消费风险提示工作的意见》《中国人民银行金融消费者权益保护实施办法》等一系列法规规章。此外，其他的一些规范性文件，如《集体合同规定》《禁止使用童工规定》《未成年工特殊保护规定》等也为金融机构践行社会责任设置了基本标准。[②]

作为金融行业自律性组织的银行业协会、证券业协会、保险业协会，以

---

① 参见刘志云：《国内银行业践行社会责任的外部督促机制：问题与完善》，载《经济法论丛》2011年第2期。

② 参见刘志云：《国内银行业践行社会责任的外部督促机制：问题与完善》，载《经济法论丛》2011年第2期。

及其他诸如全国总工会、全国妇联等保护专门群体的群众性组织所发布的各种规范性文件形成了促使金融机构践行社会责任的自律性督促力量。① 例如,在建设自律制度方面,2009 年 1 月,中国银行业协会发布了首部《中国银行业金融机构企业社会责任指引》,并先后发布了《中国银行业公平对待消费者自律公约》《中国银行业文明服务公约》《银行业从业人员职业操守》《中国银行业零售业务规范》《中国银行业柜面服务规范》《关于加强银行服务收费自律工作的六点共识》《中国银行业社会责任工作评价体系》等"一揽子"公约制度;中国证券业协会也先后发布了《证券公司集中交易安全管理技术指引》《证券期货经营机构信息技术治理工作指引(试行)》《证券公司客户资产管理业务规范》《证券公司投资者适当性制度指引》《证券经营机构投资者适当性管理实施指引(试行)》《首次公开发行股票网下投资者管理细则》等一系列文件。

此外,为督促金融机构践行社会责任,2010 年中国银行业协会发布了《中国银行业社会责任工作评价体系》,规定了涵盖经济、社会、管理、环境等不同层面的 60 多个评价指标,从而有效提升了银行业社会责任评估体系的科学性。显然,自律性组织所指定的规范性文件和展开的社会责任活动能够有力促进金融机构践行社会责任。②

来自民间的监督力量,如媒体、非政府组织、公众等,所发布的各种倡议性文件或其他具体活动,形成了督促金融机构践行社会责任的第三方监督力量。显然,随着经济的发展和公众责任意识的提高,涵盖非政府组织、媒体、公众等构成的第三方监督力量,可以对金融机构践行社会责任发挥有效的敦促功能。这种第三方监督力量,既有国内因素也有跨国因素;监督形式既有制度化的各种标准化文件、可持续发展指标,也有旨在推动金融机构践行社会责任的具体活动。无疑,随着我国改革开放和金融体制改革步伐的加快,第三方监督力量对于国内金融机构践行社会责任将发挥愈加重要

---

① 参见刘志云:《国内银行业践行社会责任的外部督促机制:问题与完善》,载《经济法论丛》2011 年第 2 期。

② 参见刘志云:《国内银行业践行社会责任的外部督促机制:问题与完善》,载《经济法论丛》2011 年第 2 期。

的作用。①

在政府的推动和社会的压力下,国内金融机构也开始采取各种行动予以回应。例如,在银行业,2006 年 5 月,上海浦发银行发布了国内首份银行社会责任报告。2007 年 5 月,中国建设银行发布了《2006 年企业社会责任报告》,成为四大国有商业银行中首家发布社会责任报告的银行。2009 年 5 月,中国银行业协会发布了《2008 年度中国银行业社会责任报告》,宣示了整个银行业对履行社会责任的积极态度。最为引人瞩目的是,2008 年 10 月 31 日,兴业银行宣布采纳"赤道原则",成为中国首家采纳"赤道原则"的金融机构;②在证券业,2008 年,宏源证券、中信证券等证券公司发布了国内首次社会责任报告。2011 年,中国证券业协会首次公布行业履行社会责任情况报告,昭示出整个证券业积极履行社会责任的决心与趋势。2016 年 6 月,证监会发布了《证券公司风险控制指标管理办法》及其配套文件,并于 10 月正式启动新办法下的风险控制指标报表。对此,国金证券成立了风险计量研发组,专门负责风险管理模型风险控制指标的开发和管理工作。兴业证券通过对宏观历史数据的分析建立了统一的宏观压力情景;③在保险业,2010 年 5 月,苏黎世保险在华机构正式在公司内部推行"创建'绿色'办公室"政策,该政策旨在通过在公司内部贯彻实施相关环保政策,为员工创造一个"绿色"的办公环境。如提出在日常工作时间内,将所有具有省电模式功能的复印机设置为省电模式,在非工作时间内关闭复印机。④ 2014 年,中国人寿保险公司与专业社会责任研究咨询机构合作,完成了"社会责任管理改进"项目,构建了中国人寿社会责任指标管理体系,包括 9 个一级指

---

① 参见刘志云:《国内银行业践行社会责任的外部督促机制:问题与完善》,载《经济法论丛》2011 年第 2 期。

② 参见刘志云:《商业银行社会责任的兴起及其督促机制的完善》,载《法律科学》2010 年第 1 期。

③ 参见《2016 年度证券公司履行社会责任情况报告(上)》,载中国证券业协会官网:http://www.sac.net.cn/hysj/zxtjsj/gzdt/201709/t20170912_132937.html,最后访问日期:2018 年 3 月 1 日。

④ 参见《苏黎世保险在华机构企业社会责任白皮书(2010)》,载 http://183.91.33.13/cache/www.zurich.com.cn/chs/Zurich%20China%20CSR%20Whitepaper(2009-2015)_v3.pdf?ich_args=0ea8829f3993d81351df697bd442959f_1_0_0_4_f8fb05ec9a17668bb85c4887b034c7172b0049394ebf0d0052f862613562b5f6_5815b91c5818c62094c84cc9a186935f_1_0&ich_ip=33-23,最后访问日期:2018 年 3 月 1 日。

标、35个二级指标和119个三级指标，明确了归口管理部门和管理责任，对表现较差的指标提出了改进计划。① 2015年，太平洋保险在集团范围内顺利建立了企业社会责任管理网络，对各个职能部门、子公司及二级机构的企业社会责任专责人员予以明确，并协助新增子公司太保养老投资、太保安联、安信农保设立了相关职能及指标收集体系。2015年8月，该集团邀请企业社会责任领域专家举办了首次全系统范围内的企业社会责任专项培训，集团及各子公司、二级机构的共70余名企业社会责任专责人员通过现场、视频会议的形式参与了培训。②

至此，我们可以看到，我国金融机构在"建立常态化社会责任机制""支持国家战略""满足消费者多元化服务需求""落实绿色金融""服务'三农''小微'等普惠金融领域""开展公益活动""加强员工关怀和培训""定期发布社会责任报告"等方面已经取得了初步发展，金融机构践行社会责任运动正在兴起。

二、中国金融机构社会责任的国内实践状况与相关法律制度建设的关系分析

与国际同行相比，以及以通行的国际规范观之，我国金融机构践行社会责任仍然处于非常滞后的状态，难以达到"新发展理念"所提出的要求。至今，多数国内金融机构并没有把践行社会责任上升为企业文化，融入内部公司治理机制以及外部业务经营模式，更多的是把践行企业社会责任问题当作在形式上满足相关监管部门以及公众的要求而做出的消极性应对。究其原因，这与国内金融机构社会责任制度建设的落后状态紧密相关。金融机构社会责任的制度建设不仅包括以成文法表现出来的"硬法"的建设，也包括以公众的舆论和非政府组织的监督、行业协会的自律性规范指引和企业自身的相关内控机制等形式表现出来的"软法"的建设。从效果上来看，金融机构践行社会责任的状况与相关制度建设之间表现出双向关系：

---

① 参见《中国人寿保险股份有限公司2015年社会责任报告》，载 http://www.e-chinalife.com/IRchannel/http/gb2312/responsibility.html，最后访问日期：2018年3月1日。

② 参见《中国太平洋保险2015年企业社会责任报告》，载 https://www.cpic.com.cn/template2/aboutUs/file/CPIC_Social_Res_Report2015.pdf，最后访问日期：2018年3月1日。

一方面，如果相关制度建设及时、全面、科学，则可以有效提高金融机构对社会责任领域的关注，切实敦促其加大投入，建立规范化、常态化的企业践行社会责任机制。例如，我国银行业金融机构与保险业金融机构、证券业金融机构在定期发布年度社会责任报告上所存在的数量与质量方面的巨大落差，就印证了这一点。早在2007年，原银监会即发布了《关于加强银行业金融机构社会责任的意见》，中国银行业协会亦于2009年1月发布了《中国银行业金融机构企业社会责任指引》，并先后制定了《中国银行业2010年度社会责任评比工作方案》、《中国银行业社会责任工作评价标准体系》和《中国银行业社会责任工作数据统计表》等系列文件，连续发布国内银行业的年度社会责任报告，鼓励与督促银行业金融机构建立定期发布企业社会责任报告之机制。同时，中国银行业协会在编制年度银行业社会责任报告时吸收国际标准制定指标体系的做法，也为会员银行在编制自身的年度社会责任报告时参考国际标准提供了借鉴范本。以《2014年度中国银行业社会责任报告指标体系》为例，其制定过程中就参照了《社会责任指南(ISO 26000)》和《可持续发展报告指南G4.0》。伴随相关制度的完善，我国银行业金融机构社会责任年度报告数量与质量都得到了较好的提升。

以图3-1为例，该图表明2011~2016年间中国银行业金融机构提交独立第三方机构进行鉴证的年度报告总数不断增加，同时，在负责鉴证的第三方机构当中，会计师事务所所占比重也不断上升，表明审核机构专业性程度在不断加强。

相较之下，原保监会直至2014年7月才发布首份《中国保险业社会责任白皮书》，2015年12月方才发布《中国保监会关于保险业履行社会责任的指导意见》。中国保险业协会也仅仅只以合集形式发布过2010年度和2012年度的保险行业企业社会责任报告，其所做工作仅限于简单收取、汇总、发布各保险公司社会责任报告，并没有进行综合、概括全行业整体情况，或是进行编制保险业社会责任报告标准和范本的工作。同样，国内证券行业的状况也与保险行业基本类似。至今，与银行业金融机构相比，保险业金融机构与证券业金融机构在定期发布企业社会责任报告方面，无论在数量上还是质量上都相差甚远。无疑，产生如此重大差异的原因之一，与相关监管部门和行业自律组织的制度建设情况紧密相关。

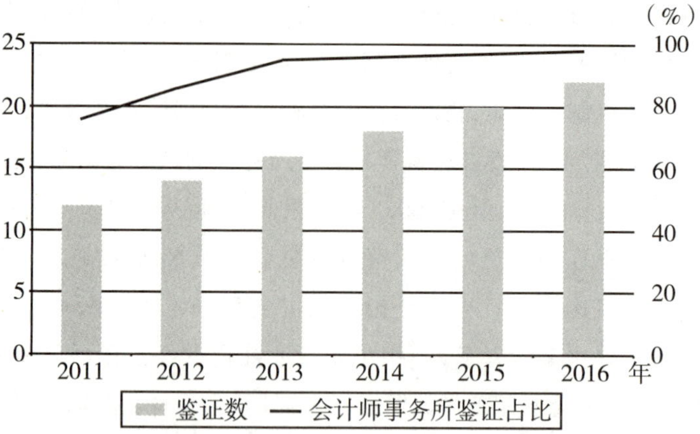

图3-1 2011~2016年中国银行业金融机构年度社会责任报告鉴证情况

另一方面，制度建设上若未能及时反映、回馈现实需求，则可能极大影响到金融机构践行社会责任的相关成果的进一步深化和巩固。金融机构践行社会责任，将导致直接支出的增加和利润收入的减少。就短期而言，拥有良好的践行企业社会责任绩效的金融机构，虽然能够得到更多的利益相关者的支持，但是由于其为履行企业社会责任承担了资金和其他资源上的支出，短期间内将会造成企业收益水平的降低。因此，要想引导金融机构持续、主动地承担社会责任，除了寄希望于金融机构股东和经营管理层具有较高的个人道德觉悟外，更重要的是建立相应的长期收益回馈机制，使金融机构股东、经营管理层通过理性的利益计算发现践行社会责任能够带来的潜在商机以及长期收益，从而自觉、自发地加大社会责任投入。事实上，大部分研究表明，金融中介机构的社会参与行为和经济绩效之间存在着一种正相关关系，①其社会责任的松懈，可能一时增加利润，但往往得不偿失，或名

① 从实证研究的结论来看，支持企业社会责任与企业价值创造正相关的研究文献日益增加。据Roman、Ronald等在1999年对20世纪80~90年代38份实证研究的统计，发现企业社会责任与财务绩效呈正相关关系的研究有23份，认为无关或没有结论的有10份，认为负相关的有5份，虽然结论未能完全统一，但是证明企业社会责任与财务绩效呈正相关关系的结论占多数；在基于国内企业数据的实证研究中，温素彬、方苑利用我国46家上市公司2003~2007年的面板数据，检验了社会责任与财务绩效之间的关系，发现大多数企业的社会责任变量对当期财务绩效的影响为负，但长期看，企业社会责任对财务绩效的影响为正。参见沈洪涛、沈艺峰：《公司社会责任思想——起源与演变》，上海世纪出版社2007年版；温素彬、方苑：《企业社会责任与财务绩效关系的实证研究——利益相关者视角的面板数据分析》，载《中国工业经济》2008年第10期。

誉扫地,或因惩罚性措施而倒闭,无法实现公司的存续。[①] 在国内金融业对民间资本逐渐开放,民营资本占比不断提高的今天,通过制度建设注重实现"义"与"利"的统一,将是金融机构社会责任国内立法方面不可回避的重点。

总体来看,我国金融机构践行社会责任的动力不足,与现有的制度建设只着眼于外部管理而忽视金融机构践行社会责任的内在商业动机需求,以及相关制度在"公平"与"效率"取向上的失衡密切相关。金融机构践行社会责任的具体制度设计必须兼顾"公平"与"效率"的价值取向,才能促使金融机构践行社会责任的行为变为自觉与可持续的行为。具体地讲,金融机构履行社会责任的兴起,无论是在国内还是国外,都是一种必然,其中蕴含着深厚的法学、经济学以及哲学方面的理论支持。在传统的日常用语和商业用语等不同语境中对其理解会存有差异。无疑,日常用语中的金融机构社会责任受到道德语言的约束并被期许了更高的价值要求。此语境中的理解往往遵循这样的论调,即金融机构社会责任是一种美德,应当主动追求,而不是出于为了诸如公司利润或声誉这种工具理性或功利目标而为之的行为。但在商业用语的语境中,对金融机构社会责任的解读则采用了实用主义方法,作出的是近似于"它能给我们什么"的理解,试图将其定位为风险最小化但机会最大化的一个发展机会或空间。若将商业经营和金融机构社会责任割裂开来,与金融机构盈利脱离,那么将难以产生预期的效果。事实上,当前之所以很多金融机构积极践行社会责任,归根结底源于其将社会责任和金融机构利益、商机挂钩,唯有如此,方能产生预期实效。[②] 只有建立在这种认识上,中国金融机构社会责任的立法兼顾"公平"与"效率"价值取向,才能紧贴地气,符合社会经济的发展,推动立法本身的科学性、合理性与有效性。[③]

---

① 参见朱慈蕴:《金融中介机构在金融活动中说明义务与社会责任之探讨》,载王保树主编:《商事法论集》(第18~19卷),法律出版社2011年版。

② 参见刘志云:《商业银行践行社会责任的内在诱因与理论基础》,载《政法论丛》2014年第1期。

③ 参见刘志云:《法律视角下商业银行的社会责任——原理研究与实证分析》,法律出版社2012年版,第26页。

三、中国金融机构社会责任的国内实践与相关法律制度建设的互动效果检验

为准确分析金融机构社会责任的国内实践与相关法律制度建设的互动效果，我们将缩小评估对象范围，选取社会责任发展较为成熟的银行业，通过对比社会责任报告制度运行发展不同阶段的实施效果，进一步检验和印证中国金融机构社会责任的国内实践与相关法律制度建设的互动关系。近年来，随着社会责任报告的作用和价值日益受重视，有关社会责任编写的规则，包括编制社会责任报告需要参考的标准、指南、指导意见、指引等各类规范和文件也越来越多。从国务院国资委《关于中央企业履行社会责任的指导意见》，到上海证券交易所、深圳证券交易所关于上市企业履行社会责任的指引，再到香港联交所提出的《环境、社会及管治报告指引》；从国际较为通用的 GRI 系列指南，到 ISO 26000 社会责任国际标准；从《社会责任报告编写指南》（GB/T 36001－2015）再到金融业各个行业报告编写指南、指引，逐渐成了金融机构编制社会责任报告的规则体系。

（一）数据来源与收集

第一，研究时间界定。综观我国银行业社会制度的演变历程，2007 年以前国内还没有出现实质性的银行业社会责任报告制度，而在 2007 年及以后，先后发布了几个具有可操作性的法规。例如，2007 年银监会发布《关于加强银行业金融机构社会责任的意见》；2009 年银行业协会发布《中国银行业金融机构企业社会责任指引》；2009 年上海证券交易所发布《公司履行社会责任的报告编制指引》；2009 年中国工商银行发布《社会责任信息披露管理办法》；2009～2014 年中国社科院发布《中国企业社会责任报告编制指南（CASS-CSR）》一系列指南；2010 年国际标准化组织 ISO 发布《ISO 26000：社会责任指南（2010）》；2011 年香港联交所发布《环境、社会及管治报告指引》；2012 年中国建设银行发布《中国建设银行股份有限公司年度社会责任报告编制披露工作规程（试行）》等，具体如表 3－1 所示。因此，研究时间起点可以选定为 2006 年，即大部分银行业社会责任报告制度形成之前。关于截止时间，由于目前大多数银行业 2017 年社会责任报告尚未发布，因而我们将研究时间截至 2016 年。

是故，样本研究期间选定为 2006～2016 年，以比较银行业社会责任报

告制度在2006年前后所产生的制度效果，以及2007～2016年期间随着银行业社会责任报告制度逐步完善而产生的制度效果。

表3-1　有关银行业社会责任报告制度的相关文件

文件类型	发布时间(年)	文件名称	发布单位
国际(境外)规范	1999	《AA 1000原则标准(2008)》	英国社会责任研究机构Account Ability
	2000	全球契约的十项原则	联合国
	2006	《可持续发展报告指南G3版》	全球报告倡议组织(GRI)
	2010	《ISO 26000：社会责任指南(2010)》	国际标准化组织ISO
	2011	《环境、社会及管治报告指引》	香港联交所
	2013	《可持续发展报告指南G4版》	全球报告倡议组织(GRI)
	2015	《环境、社会及管治报告指引》修订版	香港联交所
国内法律规范	2007	《关于加强银行业金融机构社会责任的意见》	中国银监会
	2009	《中国企业社会责任报告编制指南(CASS-CSR-1.0)》	中国社科院
	2011	《中国企业社会责任报告编写指南(CASS-CSR-2.0)》	中国社科院
	2014	《中国企业社会责任报告编写指南(CASS-CSR-3.0)》	中国社科院
	2015	《社会责任指南》《社会责任报告编写指南》《社会责任绩效分类指引》社会责任系列国家标准	国家质检局和国家标准委

续表

文件类型	发布时间(年)	文件名称	发布单位
自律文件	2006	《深圳证券交易所上市公司社会责任指引》	深圳证券交易所
	2008	《关于加强上市公司社会责任承担工作暨发布〈上海证券交易所上市公司环境信息披露指引〉的通知》《上海证券交易所上市公司环境信息披露指引》	上海证券交易所
	2009	《公司履行社会责任的报告编制指引》	上海证券交易所
		《中国银行业金融机构企业社会责任指引》	中国银行业协会
金融机构内部规则	2009	《社会责任信息披露管理办法》	中国工商银行
	2012	《中国建设银行股份有限公司年度社会责任报告编制披露工作规程(试行)》	中国建设银行

第二,研究样本选择。对此主要以我国银行核心一级资本的净额排序,①挑选出排名前30的银行。需要说明的是,我们在数据搜集和统计中发现,银行业发布社会责任报告的表现排名与核心一级资本净额排名基本一致。因此,该研究样本选择具有一定的科学性和合理性。

第三,数据来源说明。为减少研究噪声、提高数据质量,我们从公信度较高且数据被普遍认可的数据库或网站获取研究数据,即数据来源于原银监会、银行业协会、上交所、深交所、行业蓝皮书、相关银行官网等,所获数据资料类型主要是可持续发展报告、社会责任报告资料,保证了数据的完整

① 新浪新闻中心:《2017 中国银行业 100 强榜》,载 http://news. sina. com. cn/o/2017 - 11 - 17/doc-ifynwnty4335273. shtml,最后访问日期:2018 年 3 月 27 日。

性与充分性。①

（二）银行业社会责任报告制度运行前后统计与分析

银行业 2006～2016 年社会责任报告部分发布情况见表 3－2。

表 3－2　银行业 2006～2016 年社会责任报告部分发布情况②

	2006	2007	2008	2009	2010	2011	2012	2013	2014	2015	2016
中国工商银行	N	Y	Y	Y	Y	Y	Y	Y	Y	Y	Y
中国银行	N	N	Y	Y	Y	Y	Y	Y	Y	Y	Y
中国建设银行	Y	Y	Y	Y	Y	Y	Y	Y	Y	Y	Y
兴业银行	Y	Y	Y	Y	Y	Y	Y	Y	Y	Y	Y
中国农业银行	N	N	Y	Y	Y	Y	Y	Y	Y	Y	Y
交通银行	Y	Y	Y	Y	Y	Y	Y	Y	Y	Y	Y
招商银行	Y	Y	Y	Y	Y	Y	Y	Y	Y	Y	Y
中国邮政储蓄银行	N	N	N	N	N	N	Y	Y	Y	Y	Y
中信银行	N	N	Y	Y	Y	Y	Y	Y	Y	Y	Y
中国民生银行	N	Y	Y	Y	Y	Y	Y	Y	Y	Y	Y
上海浦东发展银行	N	N	N	N	Y	Y	Y	Y	Y	Y	Y
中国光大银行	N	N	N	N	Y	Y	Y	Y	Y	Y	Y
平安银行	N	N	N	Y	Y	Y	Y	Y	Y	Y	Y
华夏银行	N	N	Y	Y	Y	Y	Y	Y	Y	Y	Y
北京银行	N	Y	Y	Y	Y	Y	Y	Y	Y	Y	Y
上海银行	N	Y	Y	Y	Y	Y	Y	Y	Y	Y	Y
广发银行	N	Y	Y	Y	Y	Y	Y	Y	Y	Y	Y
江苏银行	N	N	N	N	N	N	N	Y	Y	Y	Y
浙商银行	N	N	N	N	N	N	N	N	N	N	Y
恒丰银行	N	N	N	N	N	N	N	N	N	N	N
重庆农村商业银行	N	N	N	N	N	N	N	N	N	Y	Y
南京银行	N	N	N	N	N	N	Y	Y	Y	Y	Y
徽商银行	N	N	N	N	N	N	N	N	N	N	N
盛京银行	N	N	N	N	N	N	N	N	N	N	N
宁波银行	N	N	Y	Y	Y	Y	Y	Y	Y	Y	Y
上海农商银行	N	Y	Y	Y	Y	Y	Y	Y	Y	Y	Y
天津银行	N	Y	Y	Y	Y	Y	Y	Y	Y	Y	Y
渤海银行	N	N	N	N	N	Y	Y	Y	Y	Y	Y

① 参见赵萱等：《企业环境责任信息披露制度绩效及其影响因素实证研究》，西南大学 2015 年博士学位论文。

② 数据说明：在该表格中，若银行在当年发布了社会责任报告则为 Y（有），反之则为 N（无）。

续表

	2006	2007	2008	2009	2010	2011	2012	2013	2014	2015	2016
锦州银行	N	N	N	N	N	N	N	N	N	N	N
北京农商银行	N	N	N	N	N	N	N	N	N	N	N
发布社会责任报告数量	4	11	16	17	19	20	22	23	23	24	25
披露率(%)	13.3	36.7	53.3	56.7	63.3	66.7	73.3	76.7	76.7	80	83.3

以2007年为分界,2006年30家银行中共有4家银行公布社会责任报告,披露率为13.3%;随着2007年后有关银行业社会责任报告制度的逐步形成与完善,2007~2016年30家银行中分别有11家、16家、17家、19家、20家、22家、23家、23家、24家和25家,披露率分别为36.7%、53.3%、56.7%、63.3%、66.7%、73.3%、76.7%、76.7%、80%和83.3%。由此可以看出,银行业社会责任报告制度逐渐形成并完善后,银行业社会责任披露率有明显提高,具体如图3-2所示。

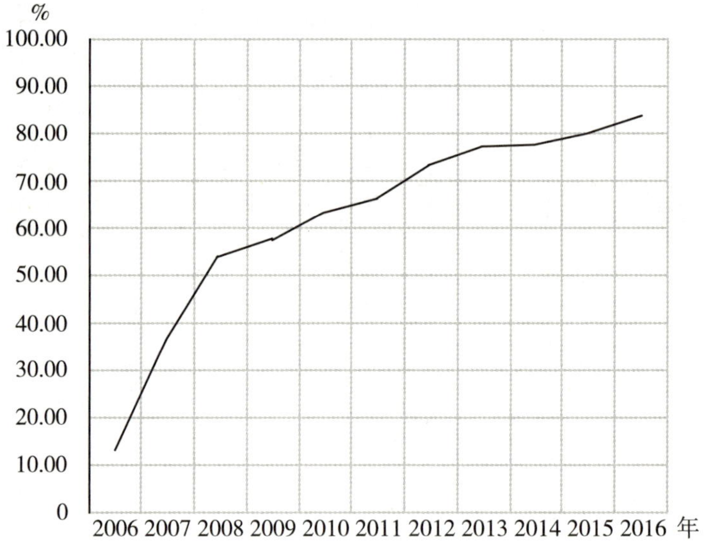

图3-2　2006~2016年部分银行社会责任披露率

上述图表在一定程度上表明,银行业社会责任披露情况与社会责任报告制度的发展程度呈正相关。在相关社会责任报告制度逐步完备的情况下,可以从软、硬两方面有效约束银行业履行其社会责任;反之,若立法存在缺失，则将极大影响到敦促银行履行其社会责任的实效。以此类推，证券公司、保险公司等其他金融机构的社会责任披露情况也会在很大程度上受社会责任报告制度发展程度的影响。

可以预想，银行业由于具有愈加完善的社会责任报告制度以及其他相关制度，其践行社会责任的实效亦会越来越好。反观证券业和保险业等其他金融行业，相关国际规范、国内法律法规、自律文件和企业内部规则在2006～2016年付之阙如，严重滞后于实践需求，故而我们对非银行业金融机构未来践行社会责任实效欠佳应有所心理准备。

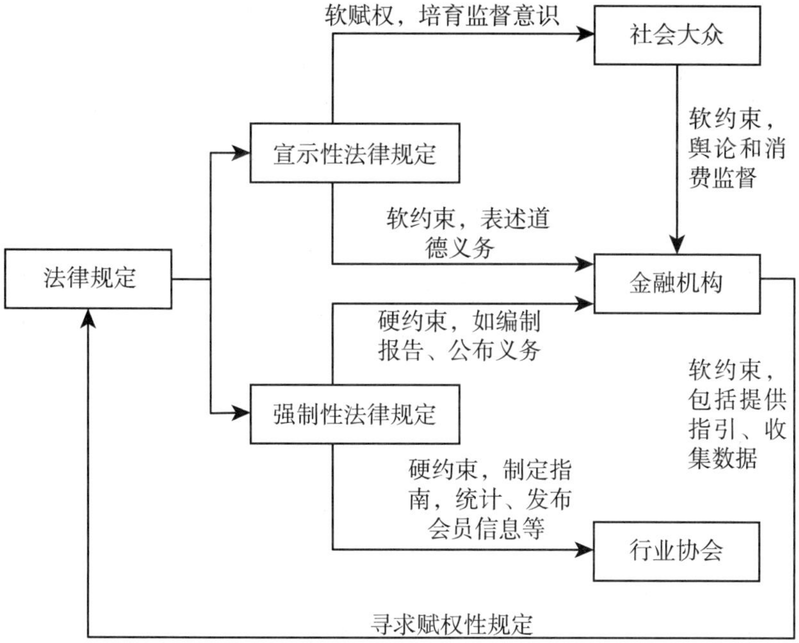

图3－3 中国金融机构社会责任国内实践与制度建设的互动效果

第二节 新发展理念下中国金融机构社会责任的现有立法存在的问题以及改进方向

一个高效的制度体系，必须具备系统性特征，构成一个位阶分明、层次清楚、逻辑自洽、相互建构、共生共进的法律有机体。以此观之,我国金融机构社会责任现有立法差之甚远,只能说刚刚完成基本的起步。比照“创新、协调、绿色、开放、共享”的“新发展理念”的要求,并观察现有实践与既有制度建设之间的互动效果,当前金融机构社会责任立法亟须改进。无疑,对于现有立法进行反思与评价,是完善立法的基础工作。同时,现有立法的缺陷,也指明了立法改进之方向。

一、“创新”理念下中国金融机构社会责任的现有立法存在的问题以及改进方向

(一)金融机构履行社会责任的形式单一

目前在我国金融机构履行其社会责任的实践中,存在的最大问题是形式单一。在很多人的观念里,企业社会责任在某种程度上等同于扶贫和公益慈善活动的参与程度。这主要体现在众多商业银行、证券公司、保险公司以及行业协会发布的年度企业社会责任报告和官网中,扶贫和慈善公益活动的着墨颇多,深刻反映出目前金融机构对企业践行社会责任的内涵理解偏差。例如,中国证券业协会发布的2016年证券公司履行社会责任情况的报告显示,扶贫公益篇占据了整篇报告的“半壁江山”;①中国证券业协会的“会员履行社会责任工作动态”页面除去展示各年度证券公司履行社会责任情况的报告外,其余大部分报告的是捐款救灾活动,如“九寨沟抗震救灾　多家券商在行动”以及“心系震区！方正证券向地震灾区捐款55万元”等;②中国保险行业协会官网尚未开发建设社会责任专栏,但我们通过在官网搜索“社会责任”关键词,发现大部分信息和扶贫公益相关,如“君康人寿积极履行社会责任各地扶贫工作全面展开”“‘阳光之星爱心计划’走进河南周口第47所阳光保险博爱学校顺利揭牌”“民生保险1.8亿元保险保

---

① 参见《2016年度证券公司履行社会责任情况报告——精准扶贫专题报告》,载中国证券业协会官网:http://www.sac.net.cn/hysj/zxtjsj/gzdt/201709/t20170912_132938.html,最后访问日期:2018年2月1日。

② 参见《“会员履行社会责任工作动态”专栏》,载中国证券业协会:http://www.sac.net.cn/hysj/zxtjsj/gzdt/,最后访问日期:2018年2月1日。

障　助力精准扶贫”“中国人寿向湖北贫困地区13.7万人捐赠保险”等。①

此外，由行业协会等自律或社会组织颁布的有关社会责任实践奖项大多集中于表彰慈善公益活动。② 例如，以中国农业银行“抗击灾害　传递爱心”为代表的7个项目获得“年度社会责任优秀奖”，获奖事例如下：2015年4月25日尼泊尔发生8.1级强烈地震，我国西藏自治区辖内聂拉木县、定日县、吉隆县等地受灾严重。灾害发生后，中国农业银行向西藏地震灾区紧急捐款1000万元，并号召员工积极为灾区捐款，并且，该行在震后第一时间启动应急预案，积极开展灾后救援，聂拉木支行震后第二天迅速设立临时服务点提供金融服务，吉隆口岸支行设立灾区首个“帐篷银行”开展灾区金融服务工作；③又如，2016年12月2日，在由新华网和中国社科院共同主办的“2016中国社会责任公益盛典暨第九届中国企业社会责任峰会”上，天风证券凭借在扶贫公益方面的突出成绩，荣获“2016中国社会责任杰出企业奖”。④ 无疑，金融行业对其履行社会责任的认识仍然流于表面，误认为支持慈善公益即为履行社会责任的核心内容。

尽管习近平总书记在《中国共产党第十九次全国代表大会报告》中指出，要重点攻克深度贫困地区脱贫任务，确保到2020年我国现行标准下农村贫困人口实现脱贫，贫困县全部摘帽，解决区域性整体贫困，做到脱真贫、真脱贫，⑤但金融机构不能极端地把扶贫做慈善作为践行社会责任的唯一方式。事实上，金融机构履行社会责任的方式不只局限于支持慈善公益一种，这可以从国内外学者和各组织机构对金融机构履行社会责任所下的

① 《君康人寿积极履行社会责任各地扶贫工作全面展开》《“阳光之星爱心计划”走进河南周口第47所阳光保险博爱学校顺利揭牌》《民生保险1.8亿元保险保障　助力精准扶贫》《中国人寿向湖北贫困地区13.7万人捐赠保险》，载中国保险业协会官网：http://www.iachina.cn/jrobot/search.do?q=%E7%A4%BE%E4%BC%9A%E8%B4%A3%E4%BB%BB，最后访问日期：2018年2月1日。

② 参见《2015年度中国银行业社会责任工作先进机构和个人奖项揭晓》，载中国银行业协会官网：http://www.china-cba.net/do/bencandy.php?fid=42&id=15309，最后访问日期：2018年2月1日。

③ 参见《2015中国银行业社会责任工作先进机构揭晓》，载搜狐理财官网：http://money.sohu.com/20160624/n456108615.shtml，最后访问日期：2018年3月29日。

④ 参见《天风证券荣获“2016中国社会责任杰出企业奖”》，载环球网：http://china.huanqiu.com/citynews/2016-12/9771856.html?qq-pf-to=pcqq.group，最后访问日期：2018年2月1日。

⑤ 参见余玮：《中共十九大：中国共产党人立起新坐标》，载《中华儿女》2017年11月5日。

定义中窥探一二。例如,有学者指出,金融机构的社会责任事实上是一种道德责任,是在自身经营活动和股东、消费者、雇员等利益相关者相互影响之下所自发、积极承担的责任。[①] 国内有学者认为,对于商业银行而言,其社会责任是指商业银行在追求盈利、实现股东利润最大化过程中,主动维护非股东利益相关者如员工、金融消费者、债务人等的利益,并积极促进环境保护等社会公益性事业的行为。[②] 此外,还有学者认为,商业银行应承担的社会责任包括关心公共健康问题、保护自然环境、提高劳动力素质、支持慈善事业和公益活动、维护国家宏观经济安全和社会稳定以及支持社区经济和社会发展。[③] 从 2007 年起,国内金融监管部门或行业自律部门陆续颁布了规范与引导商业银行社会责任的规章制度,在这些规章制度中也对商业银行社会责任的内涵作出了相关界定。[④] 例如,在 2007 年 4 月由原中国银监会上海监管局发布的《上海银行业金融机构企业社会责任指引》第 3 条规定,本指引所称企业社会责任是指银行业金融机构对其股东、员工、金融消费者等利益相关者以及社会与环境的可持续发展所应承担的法律责任和道德责任。再如,中国银行业协会于 2009 年 1 月发布的《银行业金融机构企业社会责任指引》第 3 条规定,本指引所称企业社会责任是指银行业金融机构对其股东、员工、消费者、商业伙伴、政府和社区等利益相关者以及为促进社会与环境可持续发展所应承担的经济、法律、道德与慈善责任。参照前述国内外学者以及相关机构对企业社会责任的界定,我们也很容易得出金融机构社会责任的定义,即是指金融机构在追求利润最大化的同时,承担起对股东、雇员、客户、社区、环境、国家等方面的经济责任、法律责任或道德责任。无疑,支持慈善捐款等公益事业属于金融机构承担的对国家方面的社会责任,除此之外,还应重视其对股东、雇员、客户、社区、环境等方面

---

① See L. Murean, C. A. Gheorghe, "The Relation Between the Romanian Commercial Banking Companies and the Corporate Social Responsibility", *Bulletin of the Transylvania University of Braov*, Vol. 2, No. 51, 2009, p. 207.

② 参见刘淑君:《我国商业银行社会责任机制建构之软法进路》,载《上海金融学院学报》2013 年第 3 期。

③ 参见朱文忠:《商业银行企业社会责任标准与机制研究》,经济管理出版社 2009 年版,第 105 页。

④ 参见方芳:《法律视角下商业银行社会责任与社区发展》,载《新疆社会科学》2014 年第 6 期。

的社会责任。

鉴于此，金融机构践行社会责任的相关立法亟须制度创新，即对金融机构履行社会责任的方式加以丰富和准确勘定，鼓励和指导金融机构积极承担起对股东、雇员、客户、社区、环境等各个方面的社会责任。

（二）金融机构社会责任的内部督促机制创新不足

金融机构践行社会责任的性质更多的是属于“自我管制”，外部督促机制对于金融机构社会责任的要求能否实现，必须依赖于金融机构自身能否改变治理结构和建立相应的作用机制，培养自觉承担社会责任的意识以及能力，主动地承担责任，自律地规范自己的行为。因此，内部督促机制的建设与创新对于金融机构践行社会责任发挥着极为重要的作用。①

对此，政府相关部门与行业组织等都有深刻认识。例如，在保险业，原中国保监会发布的《中国保监会关于保险业履行社会责任的指导意见》规定：改善企业管理，降低经营成本，提高投入产出水平，持续为股东、客户和社会创造价值，增强保险行业在金融市场中的竞争力。将社会责任指标融入产品研发中，提供具有社会效益的产品和服务；优化治理结构和机制，遵守法律法规和行业规范，在经营决策中充分考虑社会效益；注重在保险企业经营管理各方面贯彻社会责任理念。在银行业，原中国银监会发布的《关于加强银行业金融机构社会责任的意见》规定：各银行业金融机构要根据经营规模、业务复杂程度和发展战略，明确社会责任目标；要参照国内外企业社会责任的良好做法，在授信及业务流程和管理程序中体现企业社会责任的管理要求；要建立适当的评估机制，定期评估企业社会责任履行情况。同样，建立和完善商业银行践行社会责任的“内部督促机制”也是中国银行业协会发布的《中国银行业金融机构企业社会责任指引》的重要内容。该《指引》第22条、第23条、第24条规定：银行业金融机构应深化对企业伦理化经营的认识，将社会责任融入发展战略、治理结构、企业文化和业务流程中；在组织层面上建立相应的决策与执行机构，依托战略、组织和流程的支持建立履行企业社会责任的长效机制；银行业金融机构应加强企业社会责

---

①　参见刘志云：《国内银行践行社会责任的内部督促机制分析》，载《厦门大学学报》（哲学社会科学版）2011年第5期。

任的制度化管理,形成包括制订计划、实施计划、跟踪检查、期末评估、发布报告等环节在内的流程化管理机制,提升企业伦理决策水平,努力实现企业社会责任履行与企业日常经营的有机结合,使企业社会责任履行循环往复、良性发展;银行业金融机构应建立适当的内外部评估机制,定期评估企业社会责任履行情况,包括信贷等核心业务对社会与环境的影响,并将企业社会责任评估与改善内部管理相结合,提升经营管理绩效。从实践角度来分析,以上规定对于国内金融机构践行社会责任的内部督促机制的建设与完善起到了很大的促进作用。中国证券业协会在2016年发布的《2016年度证券公司履行社会责任情况报告》中指出,证券行业的社会责任理念和意识不断提升,各证券公司的企业精神、企业文化建设日益加深;为保证企业和环境和谐相处,保持企业的可持续发展,各证券公司积极主张绿色办公、绿色经营、绿色出行,培育节约行为,将企业的社会责任理念落实到每一位员工的日常行动中,不断提高企业和员工的绿色环保意识,实现企业的可持续发展。① 中国银行业协会在2015年发布的《中国银行业社会责任报告》指出,我国银行正日益深化责任意识,完善责任体系,健全责任机制,履行社会责任不断融入银行业金融机构自身战略及日常经营管理。②

截至2015年年末,共有110家银行确立了社会责任理念,69家银行公布了社会责任报告。有关践行社会责任工作的相应雇员约有3315人,银行共组织社会责任培训和研讨会约1211次,相当于上一年度的4倍。可以说,银行逐渐将践行社会责任当作日常行动。譬如,中国工商银行在8年内连续组织社会责任培训班,共培训约840人;国家开发银行颁布了包含中文、英文、西班牙文等多版本的社会责任年度报告,并且多次参与国内外社会责任的交流座谈;中国交通银行构建起了企业风险管理责任制度和社会责任发展责任制,并多次组织社会责任的研讨会,积极推进社会责任观念的贯彻和落实;中国银行积极构建和优化社会责任指标体系,加大力度进行社

① 参见《2016年度证券公司履行社会责任情况报告——精准扶贫专题报告》,载中国证券业协会官网:http://www.sac.net.cn/hysj/zxtjsj/gzdt/201709/t20170912_132938.html,最后访问日期:2018年2月1日。

② 高一村:《中国银行业协会发布〈2015年度中国银行业社会责任报告〉》,载《中国社会组织》2016年第12期。

会责任考核,通过微博、微信等途径组织开展社会责任的培训和交流;中国建设银行在总行设立社会责任处,并且运用手机 H5 宣传和推广社会责任报告,5 日内的报告浏览量达到约 16 万次。[①]

随着各金融机构社会责任管理架构的日臻成熟和各项管理规范的体系化推进,我国金融机构初步建立起一套多维度、多层次的社会责任规划管理及落实监督体系,使行业社会责任从战略高度有效落实到经营管理和社会贡献层面。例如,作为较早关注节能减排、倡导绿色信贷的商业银行,兴业银行首创效能融资,积极发展低碳金融,以有益于环境和社会的方式发展融资业务,追求经济效益和社会责任的兼容。[②] 为此,兴业银行制定了严格周密的环境与社会风险管理制度,其标准主要包括以下几方面:第一,外部规范,即我国关于环境、健康、安全及其他有关银行信贷标准的法律规范,主要包括法律、法规、规章及其他规范性文件;第二,内部规范,例如兴业银行内部关于环境、健康、安全问题的信贷指引、风险管理制度、操作流程及内部管理规范;第三,特别规范,例如《赤道原则》、《国际金融公司可持续发展政策与绩效标准》和《国际金融公司环境、健康与安全指南》等。[③] 依据以上标准,兴业银行构建了一整套的银行环境与社会风险管理的组织架构、流程以及具体运作体系。[④]

总体而言,近年来国内金融机构在构建内部督促机制,践行社会责任方面取得了明显进步。但是,其在立法方面仍然存在以下两个方面的问题:

1. 督促金融机构建立健全内部治理机制的相关立法缺失

"现代机制设计理论认为,每一种治理机制都有缺陷,其所治理的结果都不是最优的,唯有综合运用不同治理机制方能获得最佳效果。"[⑤]无疑,系

---

① 参见中国银行业协会:《中国银行业 2015 年度社会责任报告》,载 http://finance.ce.cn/rolling/201606/24/t20160624_13170531.shtml,最后访问日期:2018 年 2 月 1 日。

② 参见刘志云:《国内银行践行社会责任的内部督促机制分析》,载《厦门大学学报》(哲学社会科学版)2011 年第 5 期。

③ 参见刘志云:《国内银行践行社会责任的内部督促机制分析》,载《厦门大学学报》(哲学社会科学版)2011 年第 5 期。

④ 参见《兴业银行 2016 年年度可持续发展报告》,载 http://quotes.money.163.com/f10/ggmx_601166_3370199.html,最后访问日期:2018 年 2 月 1 日。

⑤ 张兆国:《利益相关者视角下企业社会责任问题研究》,中国财政经济出版社 2014 年版,第 160 ~ 161 页。

统设计治理模式才能使利益相关者治理机制发挥应有功用。根据机制设计所用资源的不同来源,企业治理机制可分为两部分,即企业外部治理机制和企业内部治理机制。其中,企业外部治理机制主要包括企业控制权市场、政府监管、产品和要素市场、声誉市场、舆论市场等;企业内部治理机制主要包括董事会、激励机制、股权结构等。① 企业外部治理机制和企业内部治理机制之间相互配合、相互促进。

当前国内金融机构内部治理机制的立法缺失至少包括以下方面:首先,目前相关立法并未要求国内金融机构必须在董事会中建立专门组织,负责社会责任事项。② 金融机构因为关涉国民经济命脉,故而对于消费者、员工、雇员、股东、社区等利益相关者皆会产生极大影响。事实上,当一个组织机构掌握了能够控制其他主体的权力,且其他主体别无选择之时,其他主体就具有表达自身诉求的需求,同时该社会组织亦须提供其他主体参与其中的途径。③ 鉴于此,我国金融机构可以在董事会下成立专门负责企业践行社会责任的机构,从而有助于其他主体表达利益需求,有助于金融机构与其他主体之间的协调与沟通。而中国证监会于 2012 年 12 月 11 日发布实施的《证券公司治理准则》第 41 条仅规定证券公司经营证券经纪业务、证券资产管理业务、融资融券业务和证券承销与保荐业务中两种以上业务的,其董事会应当设立薪酬与提名委员会、审计委员会和风险控制委员会。从目前的实践来看,相对于花旗集团与汇丰银行等直接将负责社会责任管理的委员会放到董事会下面而言,国内除中国邮政储蓄银行、兴业银行等少数银行外,④大多数银行、证券公司、保险公司等金融机构都没有在董事会下设

---

① 参见肖坤:《中国上市公司资本结构治理效应研究》,中国财政经济出版社 2008 年版,第 98 页。

② 参见刘志云:《国内银行践行社会责任的内部督促机制分析》,载《厦门大学学报》(哲学社会科学版)2011 年第 5 期。

③ 参见田春雷:《金融企业社会责任之辩——兼论企业社会责任的异质性与阶段性》,载《武汉大学学报》(哲学社会科学版)2011 年第 6 期。

④ 兴业银行在董事会下设立了社会责任工作领导小组,由董事长任组长、行长任副组长,统一领导全行的社会责任工作。参见《兴业银行 2016 年可持续发展报告》,载 https://www.cib.com.cn/cn/aboutCIB/social/report/index.html,最后访问日期:2018 年 3 月 22 日;中国邮政储蓄银行在董事会下设立了社会责任委员会,负责全行的社会责任事项。参见《中国邮政储蓄银行 2016 年社会责任报告》,载 http://www.psbc.com/data/tosend/resource/upload/shezebaogao2016.pdf,最后访问日期:2018 年 3 月 22 日。

立专门的社会责任委员会，无疑，该种机构设置难以督促金融机构积极践行社会责任。

其次，在关于金融机构董事会职权、董事遴选标准及关注事项的现有立法中，缺乏对金融机构经济责任之外的其他社会责任内容的关注。具体表现为：第一，对于商业银行董事会的职权，《股份制商业银行董事会尽职指引（试行）》中作出了规定，即第2条提到“董事会应当诚信、勤勉地履行职责，确保商业银行遵守法律、法规、规章，切实保护股东的合法权益，并关注和维护存款人和其他利益相关者的利益”，但在董事会的具体职责方面，却没有将之贯彻落实，即没有将关注其他利益相关者利益视为董事会的具体职责。[①] 而《证券公司治理准则》更是对董事会应当履行的义务只字未提；第二，对于董事的遴选标准，相关立法仅仅规定有关董事在经济层面所需的技能，但却忽视了除此之外的其他方面。[②] 在实践中，国内大多数商业银行遴选相应董事时，主要考察的是经济方面的技能，如中国银行董事会对独立董事选聘的主要依据是“具有五年以上法律、经济、金融、财务或者其他履行独立董事职责所必需的工作经验”；[③]第三，在董事的具体职责的规定中，并未规定董事还应考虑经济责任之外的社会责任。[④] 对此，《股份制商业银行董事会尽职指引（试行）》第50条规定，董事对商业银行及全体股东负有诚信与勤勉义务。董事应当按照相关法律、法规、规章及商业银行章程的要求，认真履行职责，维护商业银行和全体股东的利益。只要相关立法中规定金融机构需要履行除经济责任以外的其他社会责任，一定会引致实践中金融机构对其他责任的忽视。实际上，由于内部董事与公司经营所存在的千丝万缕关系，在实践中能够推动企业践行社会责任必须更多地依赖于独立董事，因为他们是不在公司担任除董事外的其他职务，并与其所受聘的上市

---

① 参见刘志云：《国内银行践行社会责任的内部督促机制分析》，载《厦门大学学报》（哲学社会科学版）2011年第5期。

② 参见原中国银监会于2006年2月1日起施行的《中资商业银行行政许可事项实施办法》第122条。

③ 参见《中国银行股份有限公司章程》，载 http://www.boc.cn/invester/ir6/200812/P020081222837215107002.pdf，最后访问日期：2018年3月22日。

④ 参见《中国银行股份有限公司章程》，载 http://www.boc.cn/invester/ir6/200812/P020081222837215107002.pdf，最后访问日期：2018年3月22日。

公司及其主要股东不存在可能妨碍其进行独立客观判断的关系的董事。[①] 不过,至今规定独立董事职责的最权威文件,即 2001 年 8 月中国证监会发布的《关于在上市公司建立独立董事制度的指导意见》中对于独立董事的职责的详细规定,虽然也会对上市公司践行经济之外的其他方面的社会责任有所涉及,但从总体上并没有明确以及直接要求独立董事必须关注上市公司践行经济责任之外的其他方面的社会责任。无疑,一旦立法没有要求银行董事必须兼顾经济责任之外的其他社会责任问题,就必然在实践中造成董事对银行经济责任之外的其他社会责任的漠视。[②]

再次,在公司决策程序中,独立董事的相关立法标准偏低。独立董事越多,其越能关注其他利益相关者的利益。以银行业为例,花旗集团规定董事会中独立董事必须占到2/3 以上。目前,由 16 位董事构成的董事会中有 14 位独立董事。[③] 相比之下,国内银行机构董事会中独立董事所占比例明显偏低,难以在公司决策中发挥重要作用。例如,截至 2017 年年底,中国农业银行和中国银行的董事会均由 13 名成员组成,其中 5 名为独立非执行董事,刚超过董事总数的 1/3;中国工商银行的董事会由 16 名成员组成,其中 6 名为独立非执行董事,刚超过董事总数的 1/3。[④] 无疑,仅从当前国内五个大型商业银行董事会中独立董事的比例来看,很难保证公司决策能够平衡各方面利益相关者的权益。国内相关立法显然也没有重视这个问题,如《股份制商业银行董事会尽职指引(试行)》第 54 条第 1 款仅规定:"董事会应当根据商业银行的规模和业务状况,确定董事会合理的规模和人员构成。

① 参见刘志云:《国内银行践行社会责任的内部督促机制分析》,载《厦门大学学报》(哲学社会科学版)2011 年第 5 期。

② 参见刘志云:《国内银行践行社会责任的内部督促机制分析》,载《厦门大学学报》(哲学社会科学版)2011 年第 5 期。

③ See Citi, *Board of Directors*, 载 https://www.citigroup.com/citi/about/leaders/ernesto-zedillo-bio.html,最后访问日期:2018 年 5 月 20 日。

④ 中国农业银行董事会情况资料获取网址:http://www.abchina.com/cn/AboutABC/investor_relations/corporate_governance/directors/director/,最后访问日期:2018 年 4 月 1 日;中国银行董事会情况资料获取网址:http://www.boc.cn/investor/ir6/201504/t20150402_4829998.html#3,最后访问日期:2018 年 4 月 1 日;中国工商银行董事会情况资料获取网址:http://www.icbc-ltd.com/ICBCLtd/%E5%85%AC%E5%8F%B8%E6%B2%BB%E7%90%86/%E8%91%A3%E4%BA%8B%E4%BC%9A/%E8%91%A3%E4%BA%8B%E4%BC%9A/%E8%91%A3%E4%BA%8B%E4%BC%9A.htm,最后访问日期:2018 年 4 月 1 日。

为保证董事会的独立性，董事会中应当有一定数目的非执行董事。注册资本在10亿元人民币以上的商业银行，独立董事的人数不得少于3人。”《证券公司治理准则》第30条规定：“根据本准则第二十九条规定建立独立董事制度的证券公司有下列情形之一的，独立董事人数不得少于董事人数的1/4：（一）董事长、经营管理的主要负责人由同一人担任；（二）内部董事人数占董事人数1/5以上；（三）中国证监会认定的其他情形。”无疑，上述规定以及低标准要求，难以要求金融机构建立平衡利益相关者利益的董事会机构。

最后，缺乏董事来源多元化的相关规定。目前国内金融机构对于女性员工的健康保护、公平信贷权等方面践行的社会责任严重不足。造成这种现象的原因很多，董事来源没能实现多元化是其中之一。① 事实上，在花旗集团当前董事遴选中，为了充分照顾到性别平衡与地区平衡，通过董事来源多元化促进公司利益相关者的权益平衡。② 至今，花旗集团董事会中女性董事占了5人。③ 我国只有中信证券等少数金融机构对此问题给予了关注，如中信证券董事会在架构、人数及组成等方面充分考虑了董事会成员的技能、知识、经验及多元化等因素，确保了董事会成员具备适合公司经营发展所需的技巧、经验及多样的观点与角度。④ 然而，国内大部分金融机构目前的董事选聘标准的立法与实践大多未将此项内容考虑在内，功利性的选聘标准基本上是唯一标准，没有照顾到性别与种族以及地区等因素而产生的董事，难以保证银行在决策上对利益相关者的各方面权益进行均衡。⑤

2. 社会责任管理制度体系不够完善

目前，多数金融机构没有建立完善的社会责任管理制度体系。例如，为

---

① 参见刘志云：《国内银行践行社会责任的内部督促机制分析》，载《厦门大学学报》（哲学社会科学版）2011年第5期。

② 参见刘志云：《国内银行践行社会责任的内部督促机制分析》，载《厦门大学学报》（哲学社会科学版）2011年第5期。

③ See Citi, *Board of Directors*, https://www.citigroup.com/citi/about/leaders/ernesto-zedillo-bio.html, 2018-4-1.

④ 参见《中信证券2016年度社会责任报告》，载 https://quotes.money.163.com/f10/ggmx_600030_3136266.html，最后访问日期：2018年3月22日。

⑤ 参见刘志云：《国内银行践行社会责任的内部督促机制分析》，载《厦门大学学报》（哲学社会科学版）2011年第5期。

保护消费者权益，贯彻落实“共享发展”理念，金融机构应该建立和配置相应的机构和人员，赋予其相应权限，使他们在日常金融服务中能保证保护消费者权益的有效落实。① 在我国金融消费者权益保护制度建设中，金融机构内部消费者保护建设也是很重要的一个环节。为了保护金融消费者权益，2012 年 3 月，银监会颁布了《关于完善银行业金融机构客户投诉处理机制切实做好金融消费者保护工作的通知》，部署了银行业内部消费者权益保护工作，指出各个银行应当确立保护金融消费者权益的观念，同时应当将其纳入到金融机构内部文化建设中，构建内部消费者投诉处理制度，从而优化公司治理，增加银行声誉，进一步完善企业治理，提升企业诚信水平。此政策一出，各金融机构对于消费者权益保护的工作更加关注与重视。② 譬如，2012 年 3 月，中国工商银行设立了消费者权益保护办公室，③其中的工作人员包括对公业务、联络沟通、对私业务三个团队。中国工商银行整个 28 家一级分行纷纷确立了消费者权益保护的相应部门，从而形成了消费者权益保护工作组织架构。中国工商银行消费者权益保护办公室的工作职责包括：起草消费者权益保护工作规章制度；规划、指导、管理和考核消费者保护工作；确立以平衡银行和消费者利益为核心的产品和服务定价规则；研究消费者对金融机构产品和服务的体验情况和反馈意见，并提出相应完善意见；配合监管部门，组织全行消费者保护的监督检查工作；跟踪、研究和推广消费者保护法律法规，研究国内外同业消费者权益保护的工作态势；组织和召开银行消费者权益保护的培训工作。④ 其后在 2012 年 7 月和 2013 年 1 月，先后发布相应意见以提升中国工商银行的金融消费者权益保护工作。无疑，中国工商银行在践行消费者保护社会责任方面为金融机构树立

---

① 参见刘志云：《国内银行践行社会责任的内部督促机制分析》，载《厦门大学学报》(哲学社会科学版)2011 年第 5 期。

② 参见董成武：《基于委托代理理论的金融消费者权益保护机制研究》，中国农业大学 2017 年博士学位论文。

③ 《中国工商银行 2012 年社会责任报告》，载 http://www.icbc-ltd.com/ICBCLtd/%E7%A4%BE%E4%BC%9A%E8%B4%A3%E4%BB%BB/%E4%BC%81%E4%B8%9A%E7%A4%BE%E4%BC%9A%E8%B4%A3%E4%BB%BB/2012%E5%B9%B4%E5%BA%A6/，最后访问日期：2018 年 4 月 20 日。

④ 参见董成武：《基于委托代理理论的金融消费者权益保护机制研究》，中国农业大学 2017 年博士学位论文。

了良好的标杆。但根据各大金融机构发布的社会责任报告,除中国工商银行等少数金融机构成立了消费者保护相关部门并发布了相关制度文件外,大多数金融机构尚未构建起完善的消费者保护管理制度体系,导致消费者保护难以在实践中顺利落实。

总之,国内金融机构在社会责任管理的内部督促机制建设上亟须完善,立法应充分发挥督促作用,建立健全公司治理机制和社会责任管理制度体系,从而使金融机构能够自主、积极、能动地践行社会责任。

二、"协调"理念下中国金融机构社会责任的现有立法存在的问题以及改进方向

(一)实体性规定与程序性规定搭配不协调

鉴于金融机构社会责任的理论和实践均尚处于发展阶段,特定金融机构履行社会责任的方式、支出的费用数额也受到其主营业务类型、机构规模和盈利状况的影响,难以一概而论,因此法律应避免从定量角度对金融机构施以强制性法律义务,而是应更多着眼于程序性规定。然而,目前我国有关金融机构社会责任的立法大多强调金融机构履行社会责任的义务等实体性规定,忽视社会责任报告信息披露等程序性环节。事实上,社会责任报告能够弥补金融机构信息披露不足的缺陷,因为《证券法》和《公司法》规定的信息披露规则主要侧重于财务会计信息,鲜少关注雇员、消费者、环境保护等信息。是故,金融机构发布专门的社会责任报告有助于弥补上述不足,形成金融机构践行社会责任的考核机制。金融机构的社会责任报告乃金融机构的自我检验和评估,能够向社会昭示自己的行为是否符合社会责任标准。① 实证分析显示,现有立法有关金融机构履行社会责任的程序性规定存在以下缺陷:

首先,有关金融机构社会责任报告之相关规定笼统,可操作性差。如原中国银监会发布的《关于加强银行业金融机构社会责任的意见》、中国银行业协会发布的《中国银行业金融机构企业社会责任指引》以及上海证券交

---

① 参见朱慈蕴:《金融中介机构在金融活动中说明义务与社会责任之探讨》,载王保树主编:《商事法论集》(第18~19卷),法律出版社2011年版。

易所发布的《上海证券交易所上市公司环境信息披露指引》等皆只笼统指出相关机构应定期发布企业社会责任报告,但对报告编制的原则、要求、标准以及违反编制规则的责任等具体要求却未作说明。如此,立法的粗疏不但不能对金融机构履行社会责任提供有效指引,反而加剧金融机构披露社会责任报告的混乱与无序。譬如,尽管近几年在社会压力和政府推动下,中国工商银行、中国银行、中国建设银行等商业银行纷纷发布了社会责任报告。但截至2016年年底,全国4399家银行中发布社会责任报告的银行数量仍然微乎其微。关于社会责任报告的内容,花旗、汇丰等国际著名银行发布的社会责任报告皆十分周延详尽,主要包括环境、社会、经济等各个方面,其中还设有很多子项内容。譬如,汇丰银行发布的2016年社会责任报告设有人权、雇员、客户、可持续金融等多个板块,同时,每个板块还进一步细分为相应子栏目,如“雇员”板块又细分成“雇员激励”“雇员福利”“雇员健康与安全”等子栏目。① 每个具体栏目不但有相应的数字统计及其横向比较,还有相应全球排名比较等内容。反观我国,大多数银行社会责任报告较为简单,具有明显的选择性披露目的。譬如,中国工商银行发布的2016年社会责任报告中,分为“责任战略”“服务实体经济打造价值银行”“环境友好打造绿色银行”“崇尚公益打造爱心银行”“管理有爱打造和谐银行”“内外保障打造诚信银行”“社会风险打造品牌银行”7个板块,俨然成了宣传自己的“变相广告”;②中国农业银行在2017年发布的社会责任报告,分为“做金融服务‘三农’的国家队”“做支持国计民生的主力军”“做助力生态文明的领军者”“做缔造卓越品质的先锋号”“做与员工共前行的引导者”“做推动社会和谐的排头兵”6个部分,③着力凸显该行的“光辉形象”。值得称赞的是,中国邮政储蓄银行发布的2016年社会责任报告深刻贯彻了“创新、协调、绿色、开放、共享”的新发展理念,其在“实践”一章中设置了

---

① 参见《汇丰银行2016年社会责任报告》,载 www. hsbc. com/ – /media/hsbc-com/newsroomassets/2017/pdfs/170427-esg-final-update. pdf,最后访问日期:2018年1月2日。

② 参见刘志云:《商业银行社会责任的兴起及其督促机制的完善》,载《法律科学》2010年第1期。

③ 参见《中国农业银行2017年社会责任报告》,载 http://www. abchina. com/cn/aboutabc/csr/csrreport/201803/t20180327_1364872. htm,最后访问日期:2018年1月2日。

“创新：深耕三农金融服务”“共享：金融服务惠及百姓千家”“协调：助力经济转型与升级发展”“绿色：致力推动生态文明建设”“开放：推动‘一带一路’倡议实施”“共赢：综合金融服务对接客户需求”6 个专栏，①实现了“新发展理念”与社会责任理念的融合。但仔细审视，每个具体栏目中只有过去一年的相应正面案例，缺少与往年的变化比较以及对践行相关社会责任的反思。中国邮政储蓄银行发布的社会责任报告质量仍旧处于较低的水平。无疑，上述现象昭示出当前国内大多数银行对披露社会责任报告活动不够重视，相应行为仅仅是为了应付监管机构以及百姓需求。另一方面，非银行金融机构如证券公司、保险公司等，对履行社会责任的信息披露远不及银行所达到的程度。据调查，目前我国只有极其有限的非银行金融机构对其履行社会责任的内容进行披露，②典型如中信证券、兴业证券、华泰证券、平安保险、人寿保险、太平洋保险等。

其次，缺少要求社会责任报告开展第三方独立鉴证的相关规定。社会责任报告是金融机构展示自己的平台，但其中不足之处是金融机构编写与发布的报告存在着“选择权”。同时，发布的数据是否客观公正也会让利益相关者产生怀疑。因此，从客观上讲，社会责任报告在某种意义上扮演着“变相广告”的角色。为了增加这种广告的公信力，企业就必须开诚布公地与各方交流以增进信任和支持，但前提是相关利益方必须首先相信企业所提供的信息确实是客观描述了企业在社会、环境以及道德方面的表现。③这时，如果能通过独立的第三方对企业社会责任报告进行专门鉴证，那么相关利益方更可以相信金融机构发布的社会责任报告内容的真实性和客观性。而且，除了确保数据的准确性之外，对社会责任报告的独立鉴证还可向利益相关方提供后者所希望看到的评价信息。鉴于此，一种可行的做法便是聘请第三方机构对社会责任报告的内容作出独立鉴定。④ 当前，对于这

---

① 参见《中国邮政储蓄银行 2016 年社会责任报告》，载 http://www.psbc.com/data/tosend/resource/upload/shezebaogao2016.pdf，最后访问日期：2018 年 1 月 2 日。

② 参见睢立军、李婷：《我国金融机构履行社会责任存在的问题及对策》，载《经济纵横》2016 年第 10 期。

③ 参见王沛、王帅：《BV 验证：提升企业的战略价值》，载《进出口经理人》2009 年第 9 期。

④ 参见刘志云：《法律视角下商业银行的社会责任——原理研究与实证分析》，法律出版社 2012 年版，第 236 页。

一问题,《中国银行业金融机构企业社会责任指引》第25条规定:“银行业金融机构应积极建立企业社会责任披露制度,原则上应于每年六月底前向中国银行业协会提交上一年度的企业社会责任报告。鼓励实施社会责任履行的第三方独立鉴证,强化全社会协调的银行业社会责任评价体系,并通过报刊、网站等渠道公开披露企业社会责任的履行情况。”该条规定虽然鼓励银行业实施社会责任履行的第三方独立鉴证,但具体如何鉴证、谁来鉴证,以及鉴证部门和银行之间如何相互衔接等规定尚付阙如,从而增加了第三方鉴证开展的难度。[①]

最后,缺乏具有针对性的金融机构社会责任报告指南和相应指标体系。如前所述,我国金融机构社会责任报告披露活动已经在实践中展开。2006年6月,上海浦东发展银行作为中资银行的代表,首次发布社会责任报告,披露了该行践行社会责任的相关活动和内容。其后,中国银行、中国建设银行、兴业银行等亦发布了各行社会责任报告。但截至目前,我国还未发布具有针对性的金融机构社会责任报告原则指南和相应的行业责任指标体系。金融机构编制社会责任报告无以为据,绝大多数金融机构仅能借鉴国际相关原则指南和指标体系、国内社会责任国家标准和指南以及粗疏的各行业社会责任指引进行编制。[②] 例如,国家开发银行在2016年发布的社会责任报告编写说明中指出:本报告编制参考了全球报告倡议组织《可持续发展报告指南(GRI4.0)》《组织社会责任指南(ISO 26000)》及金融服务行业补充指南、《社会责任指南(GB/T36000)》、联合国《变革我们的世界:2030年可持续发展议程》;[③]上海浦发银行在2016年发布的社会责任报告的编排中参考了国际标准化组织ISO《ISO 26000:社会责任指南(2010)》、中国社会科学院《中国企业社会责任报告编写指南3.0》、全球报告倡议组织《可持续发展报告指南(G4)》、中国银监会《关于加强银行业金融机构社会责任

① 参见高岚君、吴凤君:《全球化视野下的企业社会责任法律研究》,法律出版社2011年版,第270页。

② 参见田春雷:《金融企业社会责任之辩——兼论企业社会责任的异质性与阶段性》,载《武汉大学学报》(哲学社会科学版)2011年第6期。

③ 参见《国家开发银行2016年社会责任报告》,载http://www.cdb.com.cn/shzr/kcxfzbg/shzr_2016/,最后访问日期:2018年4月2日。

的意见》、中国银行业协会《中国银行业金融机构企业社会责任指引》、上海证券交易所《上海证券交易所上市公司环境信息披露指引》等。① 同时,既有立法缺乏金融机构编制社会责任报告采用具体会计及统计等方法进行披露之量化信息的相关规定,使得当前大部分金融机构社会责任报告主要采用文字叙述等定性方式披露社会责任履职信息,难以满足各方信息适用者的需求。鉴于此,当前立法首先必须尽快完善信息披露制度,细化社会责任报告编制具体规则。其中确立金融机构社会责任信息披露的原则乃立法核心任务。

我们认为,首先,金融机构社会责任信息披露之原则应至少包括五方面,即完整性原则、真实性原则、及时性原则、可比性原则以及可理解性原则:②完整性原则要求金融机构所披露的社会责任信息要能够全面地反映企业承担或忽视社会责任的情况,不得遗漏;真实性原则要求金融机构所披露的社会责任信息要能够客观地反映金融机构承担或忽视社会责任的情况,既不能夸大,也不能缩小,要经得起审核考验;及时性原则要求金融机构要及时地披露承担或忽视社会责任的情况,特别是对经济、社会和环境有重大影响的事项(如环境污染等),要及时向有关部门报告和向社会披露,不得延误;可比性原则要求金融机构所披露的社会责任信息要有利于各利益相关者对金融机构社会责任的表现进行分析和比较,如做好不同年度数据的比较表格,以便让阅读者清晰地看到金融机构在不同年度里各项指标所显示的进步与不足,以强化所披露内容的"中肯性",同时既要披露自身的"功绩",又要展示经营的不足之处;可理解性原则要求金融机构所披露的社会责任信息要容易被信息使用者理解和接受,这就要求在披露社会责任信息的报告中,应采用简洁的语言,对专业词汇作出解释,多使用流程图、数据表等工具。

其次,为了增强金融机构发布的社会责任报告的公信力,提请第三方进

---

① 参见《上海浦发银行 2016 年社会责任报告》,载 http://news.spdb.com.cn/about_spd/social_responsibile_work/qyshzrxgbd/201704/P020170405407301672107.pdf,最后访问日期:2018 年 4 月 2 日。

② 参见张兆国:《利益相关者视角下企业社会责任问题研究》,中国财政经济出版社 2014 年版,第 175 页。

行独立鉴证并出具权威的鉴证意见是有效的办法。现有立法应明确规定第三方鉴证的机构和鉴证标准,以便于金融监管部门与行业协会采取进一步的强化措施,鼓励金融机构学习与效仿。

最后,有必要制定金融行业统一的企业社会责任报告指南框架及责任目标体系,指引金融机构披露履行社会责任信息的有效性。值得注意的是,中国社科院于2017年11月8日正式发布了《中国企业社会责任报告指南基础框架(CASS-CSR 4.0)》,为金融机构更好地编写社会责任报告进行了专业指导。对此,我国金融行业监管机构、行业协会与专家学者亦应效仿之进行联合协作,研究与发布一部统一的金融机构社会责任报告指南框架及责任目标体系,从而引导金融机构规范编制与发布社会责任报告。

(二)立法的调整主体不协调,多数是对金融机构的直接规制,而对行业协会以及非政府组织等民间监督力量的鼓励不够

国内金融业的实践表明,行业协会以及民间第三方监督力量对企业社会责任议题的关注程度,将极大影响到会员金融机构履行其社会责任的积极性。但目前,提倡与引导行业协会以及民间第三方力量通过发布指引、定期收集数据、发布排名等措施约束金融机构践行社会责任的法律规定依然处于缺位状态。目前只有银行业协会专门发布了《中国银行业金融机构企业社会责任指引》,而证券业协会、保险业协会等其他金融行业协会组织尚未出台针对性的自律规则,这反映出相比于证券业、保险业等其他金融行业,我国银行业对践行社会责任更为重视,也从侧面昭示了我国既有立法对行业协会等民间监督力量发挥软约束作用的引导严重不足。

这里的行业协会主要是指对金融机构经营管理行为可以产生制约和影响或提供服务的一些组织,如银行业协会、证券业协会、保险业协会、工会组织、国际多边社会责任协会、消费者组织等。例如,中国银行业协会于2009年1月制定和发布的《中国银行业金融机构企业社会责任指引》,积极倡导银行业金融机构将社会责任融入到发展战略、治理结构、企业文化和业务流程中,以便对于国内银行业践行社会责任发挥至关重要的作用。无疑,要使行业组织真正发挥规范金融机构经营行为的作用,就应切实加强行业

管理机构的督导作用。[①] 正如中国银行业协会秘书长黄润中所言:“中国银行业协会要发挥好社会组织‘服务国家、服务社会、服务群众、服务行业’的重要作用,继续从责任理念宣贯、顶层制度设计、最佳实践推广等方面层层推进,同时通过培训教育、研讨交流、信息披露等多种方式,促进业内责任管理经验交流,积极推广银行业责任理念和责任文化,提升行业的公众影响力和美誉度。”[②]

来自民间的监督力量,如非政府组织、社会舆论等,所发布的各种倡议性文件或其他具体活动,构成对国内金融机构践行社会责任的第三方监督力量。[③] 其中,非政府组织主要是指对金融机构经营管理行为可以产生制约和影响或提供服务的一些组织,如国内行业工会组织、国际多边社会责任协会、国际劳工组织、人权组织、消费者组织、环保组织、宗教团体以及其他民间机构或非政府组织等。[④] 如在中国,2006 年设立的“中国企业社会责任联盟”为民间非政府组织的先驱力量,可以说,“中国企业社会责任联盟”是中国企业社会责任领域的首个正式组织机构。该机构召集了全社会力量,组织我国社会责任活动的规范化展开。[⑤] 社会舆论对金融机构践行社会责任的促进作用体现在:一是监督作用,即由社会公众和舆论对金融机构践行社会责任行为进行监督;二是导向作用,即营造便于敦促金融机构践行社会责任的整体风气;三是褒贬作用,即对践行社会责任的金融机构进行赞扬和奖赏,对不践行社会责任的金融机构进行披露和批评。[⑥] 当然,有效实现上述功能的两个基本前置要件为信息真实以及社会舆论独立。

---

① 参见刘志云:《商业银行社会责任的兴起及其督促机制的完善》,载《法律科学》2010 年第 1 期。

② 中国银行业协会秘书长黄润中:《合力引领 共推企业社会责任工作迈上新台阶——在 2017 年度中国银行业社会责任工作研讨会上的讲话》,载 http://www. china-cba. net/do/bencandy. php? fid = 43&id = 16444,最后访问日期:2018 年 4 月 2 日。

③ 参见刘志云:《国内银行业践行社会责任的外部督促机制:问题与完善》,载《经济法论丛》2011 年第 2 期。

④ 参见刘志云:《商业银行社会责任的兴起及其督促机制的完善》,载《法律科学》2010 年第 1 期。

⑤ 参见廖涛:《中国企业社会责任标准》,载《华人世界》2006 年第 8 期。

⑥ 参见张兆国、陈华东、曹丹婷:《企业社会责任与企业治理整合研究》,载《科学决策》2016 年第 3 期。

对行业协会以及非政府组织等民间监督力量立法的缺位,一方面使得这些组织督促金融机构践行社会责任的地位被漠视,进而被排斥在政府、企业和金融机构构成的三角之外。例如,2011年4月底,“绿色流域”的负责人于晓刚将新出炉的、由“绿色流域”[①]同国内9家非政府组织共同撰写的《中国银行业环境记录(2010)NGOs报告》以快递形式送往国内14家上市中资银行,其中在报告中遭受批评的深圳发展银行直接将快递以“无人签收”形式退回。此后一个多月来,于晓刚接连更换了三次收信人姓名——从深圳发展银行董事长到董事局秘书,再到行长办公室,结果均遭“拒收”。[②] 事实上,在过去几年的银行环境政策调查和信息收集过程中,为了解中资银行环境政策、“两高”贷款以及环保贷款,“绿色流域”曾向受调查的14家上市中资银行发放了调查问卷,最终只有招商银行、兴业银行和上海浦东发展银行反馈了问卷,中国银行和中信银行反馈了部分资料,其余银行均没有作出回应。[③] 虽然环保部在2006年颁布了《环评公众参与暂行办法》,在2007年颁发了《环境信息公开条例》,同时中国人民银行也在2007年发布了《商业银行信息披露办法》,但相关银行仍然以“环境信息并不是法定上市公司的披露内容”而拒绝披露。[④] 从“拒收”事件以及问卷调查反馈的情况我们可以看到,国内大部分中资银行对于与非政府组织沟通问题的漠视,甚至可以见到其中的“傲慢”。值得注意的是,第三方力量的监督作用尚未发挥出来之时,国内银行与媒体、非政府组织等的“奖项、称号合作”却开展得如火如荼。在各大银行的官方网站以及它们所发布的社会责任报告中列举的获得媒体、非政府组织乃至科研单位等颁发的各种奖项、称号的数量之多、“质量”之高,让人匪夷所思。[⑤] 因为如果这些奖项具有足够

---

① “绿色流域”的全称为“云南省大众流域管理研究及推广中心”,是一个在中国西部致力于推广可持续的综合流域管理的民间环保组织。其使命是:提供参与式的流域管理的知识、技术、决策及规划方法。与广泛的利益相关者合作,共同寻求可持续的流域资源的利用和管理。有关“绿色流域”的具体情况以及最新动态,详见其官方网站(www. greenwatershed. org)。

② 参见袁瑛:《让那些银行变“绿”,太难了!》,载《南方周末》2011年6月23日。

③ 参见袁瑛:《让那些银行变“绿”,太难了!》,载《南方周末》2011年6月23日。

④ 参见袁瑛:《让那些银行变“绿”,太难了!》,载《南方周末》2011年6月23日。

⑤ 参见刘志云:《国内银行业践行社会责任的外部督促机制:问题与完善》,载《经济法论丛》2011年第2期。

的含金量的话,应已证明所有的商业银行在践行社会责任方面都做到了“中国第一”“世界领先”。可事实却恰恰相反,这种“奖项或称号合作”的泛滥现象不仅没法起到奖优罚劣的作用,反而扮演了“吹鼓手”的角色,当然这也脱离不了被相关机构“物质俘获”的嫌疑。[①] 另一方面,行业协会以及非政府组织等民间监督力量是否会主动对金融机构实施监督、采取措施以及推动实施力度如何全凭自觉,这也是导致中国证券业协会和中国保险业协会目前均只发布过两次证券公司履行社会责任情况报告和保险行业企业社会责任报告便不见下文的重要原因。

因此,国内行业协会以及其他第三方民间力量对金融机构践行社会责任的监督力量可谓任重而道远。这不仅需要国内金融机构自身接受监督的意识与合作精神的提高,也需要行业协会以及其他第三方监督力量督促意识的提高。站在法律的视角观之,必须由政府、行业组织、金融机构以及其他第三方力量共同发挥作用,在全行业范围内营造重视金融机构社会责任工作的氛围,建构起更加科学、合理的敦促金融机构践行社会责任的良好合作机制。[②]

(三)权利、义务与责任的规定不协调,多课以义务而缺乏赋权性规定和制裁性规定

其一,既有立法多课以义务而赋权性规定缺失。健全的法律内容应力求刚柔并济,除课以金融机构践行社会责任的义务外,也应通过赋权性规定,积极给予其正面反馈。而这正是我国金融机构社会责任现有立法的最大缺陷,即基本是以施加义务为主,忽视金融机构的“效率”问题,引致金融机构消极对待,难以将金融机构社会责任“内化”于公司文化,融入金融机构内部治理机制以及外在业务经营模式中。诚如学者所言:“企业社会责任法律化,既包括通过法律对企业课以强行性义务,对不履行社会责任的企业给予一定的惩罚和否定性评价,又包括通过法律对履行社会责任的企业

---

① 参见刘志云:《国内银行业践行社会责任的外部督促机制:问题与完善》,载《经济法论丛》2011 年第 2 期。

② 参见刘志云:《国内银行业践行社会责任的外部督促机制:问题与完善》,载《经济法论丛》2011 年第 2 期。

给予一定的激励和肯定性评价。"①

金融机构社会责任的法律制度对金融机构社会责任的践行起到规范指引作用,但这种指引必然要服务于金融机构本身的发展需要,这就决定了法律制度不仅追求"公平"价值,而且追求"效率"价值。如何通过金融机构社会责任的法律制度的建设,提高金融机构的经营效率,以达到帕累托或者卡尔多—希克斯最优状态,就是我们必须关注的问题。然而,当前立法缺少对金融机构践行社会责任的激励性规定,忽视金融效率,势必会削弱金融机构履行社会责任的积极性。以银行业支持慈善事业为例,目前我国银行严重缺乏实施慈善行为的积极性,而这主要可归因于国内当前立法及其相关政策所提供的激励机制不足。②

对于中国银行业而言,支持慈善事业一直只是一种充满功利色彩的"作秀"行为,而未成为一种文化现象。在中国企业500强中,大型商业银行始终都排在资产规模以及营业收入榜单的前列,但各类慈善榜单如"2009年中国慈善排行榜十大慈善企业""2009年中国国有上市企业慈善公益榜"前20名、"2010年中国国有上市企业慈善公益榜"前20名,③近如"2017中国慈善企业排行榜"前20名等,④都未见中资银行。"2016年度全国慈善会十大爱心企业"也只有资产规模相对偏小的股份制银行,即兴业银行获此殊荣,无大型商业银行的踪影。⑤ 以上数据表明,仅就中资商业银行支持慈善事业的金额绝对数来看,与其自身实力极不相称,与其他行业的

---

① 冯果、袁康:《浅谈企业社会责任法律化》,载《湖北社会科学》2009年第8期。

② 参见刘志云:《国内银行业践行社会责任的外部督促机制:问题与完善》,载《经济法论丛》2011年第2期。

③ 参见刘志云:《国内银行业践行社会责任的外部督促机制:问题与完善》,载《经济法论丛》2011年第2期。

④ 《2009年中国慈善排行榜十大慈善企业》,载 http://www.bwenw.cn/qiyebangwen/20090426/qy bw23 16.html,最后访问日期:2009年9月16日;《2009年中国国有上市企业慈善公益榜》,载《南方周末》2010年1月7日;《2010年中国国有上市企业慈善公益榜》,载《南方周末》2010年12月30日;《2017中国慈善企业排行榜》,载 http://www.jiemian.com/article/1333980.html,最后访问日期:2018年1月16日。

⑤ 参见《2016年度全国慈善会十大爱心企业》,载 http://www.csgyb.com.cn/organize/qiye/,最后访问日期:2018年1月16日。

先进企业相比更是远远落后。[①] 从制度建设上来看，浏览各大中资银行2017年披露的社会责任报告，仅有中国民生银行、包商银行等少数银行成立了相应的公益捐赠基金并制定了一系列有关公益基金管理的规范文件，尚未看到其他银行有这方面的行动。[②] 由此可见，国内中资银行的慈善行为仍然处于较低级的状态，缺乏制度化、系统化以及长效化措施。

究其原因，中资银行慈善行为的积极性缺乏与当前立法赋权性规定缺失密不可分。具体而言，现存立法对企业捐助的减免比例偏低。根据我国2016年9月出台的《慈善法》第80条的规定，自然人、法人和其他组织捐赠财产用于慈善活动的，依法享受税收优惠。企业慈善捐赠支出超过法律规定的准予在计算企业所得税应纳税所得额时当年扣除的部分，允许结转以后三年内在计算应纳税所得额时扣除；2017年2月最新修正的《企业所得税法》第9条规定，企业发生的公益性捐赠支出，在年度利润总额12%以内的部分，准予在计算应纳税所得额时扣除。超过年度利润总额12%的部分，准予结转以后三年内在计算应纳税所得额时扣除。[③] 与以前的《企业所得税法》相比，当前有关企业捐助的税收政策打破了以往超额部分不允许结转扣除的规定，更加符合国际惯例，也将有效刺激金融机构的大额捐赠行为。尽管如此，我国既有立法和发达国家相比仍然有一定差距：美国税法典规定，对于企业的慈善捐赠支出准予在税前利润10%额度内扣除，而超额的部分则可在结转后5个会计年度内扣除；[④]英国、新西兰等国家税法规定，对于企业的慈善捐赠支出可以从应税所得中全额扣除；[⑤]加拿大税法规

---

① 参见《银行做慈善，请再给点力》，载民主与法制网：http://www.mzyfz.com/cms/caijing/caijingguancha/xuezheguandian/html/791/2012-08-29/content-493202.html，最后访问日期：2018年3月3日。

② 参见《银行做慈善，请再给点力》，载民主与法制网：http://www.mzyfz.com/cms/caijing/caijingguancha/xuezheguandian/html/791/2012-08-29/content-493202.html，最后访问日期：2018年3月3日。

③ 参见《拟允许捐赠超额部分结转扣除（聚焦审议）》，载人民网：http://gongyi.people.com.cn/n1/2017/0223/c151132-29101458.html，最后访问日期：2018年3月3日。

④ See Internal Revenue Code 501(c)(3).

⑤ See Hon Dr Michael Cullen, Hon Peter Dunne, "Tax Incentives for Giving to Charities and other Non-profit Organisations", https://taxpolicy.ird.govt.nz/sites/default/files/2006-dd-charitable-giving.doc, 2018-6-7.

定,对于非营利机构的捐赠准予在应纳税所得额的75%范围内全部扣除。[①]可见,同其他国家相比,我国相关法律规定的企业捐助减免比例明显偏低,难以实现对金融机构慈善行为的有效激励。

在改进方向上,应将金融机构践行社会责任与商业动机紧密联系在一起,提炼出能够与金融机构践行社会责任形成良好互动,促进金融机构践行社会责任问题变成"自觉自发"行动的立法方案,从而建构出具有科学性、合理性、有效性的中国金融机构社会责任法律体系,并具有高度的"正当性",能够让金融机构自觉遵守与服从,"内化"到企业文化中。据此,达成制度建设与社会责任实践之间的双赢互动效果,激发金融机构践行社会责任的积极性。仍以慈善事业为例,积极投入慈善不仅要有善心,还要有良好的鼓励慈善的法律与制度做支撑。[②] 前述提到的美国、英国、加拿大、新西兰等国家对于企业捐赠的税收减免比例较高,且有些国家对超出允许扣除的金额有向后结转的机制。这些规定都对金融机构慈善事业的发展起到激励作用。我国亦应学习美国等域外国家有关慈善立法的精髓,完善鼓励金融机构慈善事业的激励性规定,适当提升金融机构慈善捐助的税收减免比例,将慈善与商业利益密切相连。

其二,既有立法缺乏对金融机构违反社会责任相关义务的制裁性规定。目前我国金融业监管机构、行业协会以及其他相关组织虽针对金融机构践行社会责任颁布了相应的指引或意见,但显然这些指引或意见的约束力有待加强,上述规范性文件皆缺少有关责任的规定。[③] 例如,作为行业自律规范的《中国银行业协会银行业金融机构企业社会责任指引》《深圳证券交易所上市公司社会责任指引》中没有列明任何违反行业自律的惩戒条款,其效果是只见银行自身的"自律",却丝毫看不到"行业的自律"。[④] 如果说

---

① See Income Tax187.7.

② 参见《银行做慈善,请再给点力》,载民主与法制网:http://www.mzyfz.com/cms/caijing/caijingguancha/xuezheguandian/html/791/2012-08-29/content-493202.html,最后访问日期:2018年3月3日。

③ 参见刘志云:《国内银行业践行社会责任的外部督促机制:问题与完善》,载《经济法论丛》2011年第2期。

④ 参见刘志云:《国内银行业践行社会责任的外部督促机制:问题与完善》,载《经济法论丛》2011年第2期。

《中国银行业协会银行业金融机构企业社会责任指引》《深圳证券交易所上市公司社会责任指引》拘泥于自律性质,只能更多地采取倡导性语言的话,那么在目前最权威的、由中国银监会发布的《关于加强银行业金融机构社会责任的意见》中,除了倡导与呼吁的语句外,也基本上找不到违反法律义务的责任规定。如此,在立法设计上,金融机构是否履行这些指引或意见所强调的社会责任就变成了一种选择性与随意性行为。①

具体到金融机构践行社会责任的不同领域,相关法规亦昭示出对法律责任的漠视。例如在环境保护方面,国家环保总局、中国人民银行、中国银监会三部门联合于2007年7月12日发布了《关于落实环保政策法规防范信贷风险的意见》,②该意见分为四个部分,其中前两部分高屋建瓴,从意义和制度框架上强调了银行在涉及环保的工程项目中审慎发放贷款的义务,第三部分倡导银行在发放绿色贷款方面的行动指南。但是相较之下,第四部分对违反该意见的银行的处罚措施只寥寥数句,仅仅规定对于商业银行违规向环境违法项目贷款的行为,应当进行处罚,导致重大损失的,应当对相关责任人和机构追究责任。实难与第三部分相呼应,未免显得头重脚轻。③ 又如2016年8月中国人民银行、财政部、原银监会等7部委联合印发了《关于构建绿色金融体系的指导意见》,其总结了近一年来我国绿色金融发展的成功实践,创造性地提出相应激励约束机制以及融资工具,从而回应我国绿色产业发展不同的投融资诉求。但是,该意见倡导性特征明显而制裁性规定缺乏,其既无专章追究责任之规定,在每部分项下亦无具体制裁要求,如此难以对金融机构践行社会责任起到有效的约束作用。

为督促金融机构真正践行社会责任,我国立法还应对金融机构违反践行社会责任行为之惩罚措施作出明确规定,以提升违法成本,督促金融机构认真履行社会责任。

---

① 参见刘志云:《国内银行业践行社会责任的外部督促机制:问题与完善》,载《经济法论丛》2011年第2期。

② 参见《关于落实环保政策法规防范信贷风险的意见》,载中国银行业监督委员会官网:http://www.cbrc.gov.cn//chinese/home/docView/20080129C3FA6D993AC4AEF7FFE133D6E2AD0D00.html,最后访问日期:2019年1月16日。

③ 参见高岚君、吴凤君:《全球化视野下的企业社会责任法律研究》,法律出版社2011年版,第270页。

三、“绿色”理念下中国金融机构社会责任的现有立法存在的问题以及改进方向

近年来，生态文明建设、可持续发展的重大政策连续出台，绿色发展已经成为国家战略。2014 年 4 月，新《环境保护法》颁布，环境立法修法进程加快；2015 年 5 月，中共中央政治局颁布了《关于加快推进生态文明建设的意见》，将“绿色化”与新型工业化、城镇化、信息化、农业现代化并列，生态文明建设的力度空前；2015 年 9 月，中共中央政治局会议审议通过了《生态文明体制改革总体方案》，成为生态文明领域改革的顶层设计和部署；2015 年 10 月，十八届五中全会提出“绿色发展”，与创新发展、协调发展、开放发展、共享发展一道，成为指导我国“十三五”时期发展的发展观；2016 年 3 月，两会审查和批准《国民经济和社会发展第十三个五年规划纲要（草案）》，增加了环境质量的考核指标，并首次将 PM2.5（细颗粒物）写入指标。这些年，国家还连续出台了《水污染防治行动计划》（俗称“水十条”）、《大气污染防治行动计划》（俗称“气十条”）、《大气污染防治法》、《土壤污染防治行动计划》（俗称“土十条”）等众多环境领域的政策、法规、制度、规划等。2016 年 12 月 5 日，国务院印发《“十三五”生态环境保护规划》，明确提出“建立绿色金融体系”。

伴随着国家节能减排事业的不断发展，中国的绿色信贷、绿色债券体系也开始建立、发展和逐步完善。2012 年 2 月，原中国银监会发布了《绿色信贷指引》，明确提出“全面评估银行业金融机构的绿色信贷成效，按照相关法律法规将评估结果作为银行业金融机构监管评级、机构准入、业务准入、高管人员履职评价的重要依据”。同年发布的《银行业金融机构绩效考评监管指引》，规定银行业在进行绩效评测时，应当引入各种有关社会责任的考评指标。2013 年，原中国银监会下发了《关于绿色信贷工作的意见》，规定各个银行业金融机构以及银监局应当努力将绿色信贷理念融入银行经营活动和监管工作中，提升银行推行绿色信贷的积极性。同年，中国银监会制定了《绿色信贷统计制度》，要求各家银行对所涉及的环境、安全重大风险企业贷款和节能环保项目及服务贷款进行统计。2014 年 6 月，原中国银监会进一步印发了《绿色信贷实施情况关键评价指标》，作为绿色银行评级的

依据和基础。2015 年 1 月 19 日,原中国银监会与发改委在北京联合发布《能效信贷指引》。同年年初,原中国银监会下发《中国银监会办公厅关于下发绿色信贷实施情况自评价两个模板的通知》,2015 年和 2016 年先后两次开展了全国主要 21 家银行的绿色信贷自评价工作。2015 年年底,中国人民银行和国家发展改革委办公厅分别出台了《绿色债券支持项目目录》和《绿色债券发行指引》。2016 年 3 月和 4 月,上交所和深交所分别发布了《关于开展绿色公司债券试点的通知》以及《关于开展绿色公司债券业务试点的通知》,以鼓励机构投资者投资绿色公司债券。2016 年 8 月中国人民银行、财政部、银监会等 7 部委联合印发的《关于构建绿色金融体系的指导意见》,绿色金融上升至国家战略。① 随后,中央全面深化改革领导小组在 2016 年的 G20 杭州峰会上倡议将绿色金融首次纳入会议议程,并形成了 G20 绿色金融综合报告。2017 年 3 月,原中国证监会发布了《关于支持绿色债券发展的指导意见》,对绿色债券的发行主体、信息披露、资金投向等内容作出了概括性规定。与绿色金融相关的中央政策和法律法规见表 3－3。

表 3－3　与绿色金融相关的中央政策和法律法规

发布时间	发布单位	文件名称
2013 年 2 月	原中国银监会	《关于绿色信贷工作的意见》
2013 年 11 月	原中国银监会	《绿色信贷统计制度》
2014 年 4 月	第十二届全国人大常委会第八次会议	新《环境保护法》
2014 年 6 月	原中国银监会	《绿色信贷实施情况关键评价指标》
2015 年 1 月	中国银监会与国家发展改革委员会	《能效信贷指引》
2015 年 1 月	原中国银监会	《关于下发绿色信贷实施情况自评价两个模板的通知》
2015 年 5 月	国务院	《关于加快推进生态文明建设的意见》
2015 年 4 月	中央政治局常务委员会会议	《水污染防治行动计划》

① 参见钱立华:《中国银行业绿色信贷体系》,载《中国金融》2016 年第 22 期。

续表

发布时间	发布单位	文件名称
2015 年 9 月	国务院	《生态文明体制改革总体方案》
2015 年 9 月	国务院	《大气污染防治行动计划》
2015 年 12 月	中国人民银行	《绿色债券支持项目目录》
2015 年 12 月	国家发展改革委办公厅	《绿色债券发行指引》
2016 年 1 月	第十二届全国人民代表大会常务委员会第十六次会议	《中华人民共和国大气污染防治法》
2016 年 3 月	上海证券交易所	《关于开展绿色公司债券试点的通知》
2016 年 4 月	深圳证券交易所	《关于开展绿色公司债券业务试点的通知》
2016 年 5 月	国务院	《土壤污染防治行动计划》
2016 年 8 月	中国人民银行、财政部、发展改革委、环境保护部、原银监会、证监会、原保监会	《关于构建绿色金融体系的指导意见》
2016 年 12 月	国务院	《"十三五"生态环境保护规划》
2017 年 3 月	证监会	《关于支持绿色债券发展的指导意见》

我国金融机构也纷纷以绿色金融为核心，积极探索绿色金融产品和服务创新，有效推进了金融机构节能减排、生态文明建设、产业转型升级等方面工作。据统计，截至 2016 年 6 月，我国主要银行绿色信贷余额达致 7 万亿元，约占各项贷款的 9.0%，其中，节能环保服务和产品贷款余额约 5.6 万亿元，新能源等新兴产业贷款余额约 1.7 万亿元。[①] 浦发银行发布《绿创未来——绿色金融综合服务方案 2.0》，构成了覆盖低碳产业链上下游的绿

① 参见《银监会：加快推进银行绿色评价机制的建立》，载新浪财经：http://finance.sina.com.cn/roll/2016-09-02/doc-ifxvpxua7701436.shtml，最后访问日期：2018 年 1 月 1 日。

色金融产品和服务体系;兴业银行开展了个人低碳金融服务、节能减排融资服务、排放权金融服务等业务,构成一系列绿色金融产品服务体系;2016 年中国银行多次在国际市场发行绿色债券,净募集资金共计约 235.8 亿元人民币,共支持了近 30 个绿色信贷项目建设。① 广发证券积极支持绿色经济发展,通过 IPO、承销债券、股权投资等多种金融服务工具,促进环保企业及绿色产业发展,如 2016 年服务达志环保科技股份公司(一家专业从事新型环保表面工程化学品的研发、生产和销售的环保企业)上市;同年承销了交行绿色金融债 300 亿元,募集资金将大力支持环保、节能、清洁能源等绿色产业项目。② 无疑,伴随着全球化背景下金融机构社会责任运动的兴起,以及我国绿色金融法规和政策的日渐成熟和完善,近年来我国金融机构也大力推行包括绿色信贷在内的各种环境保护政策。

总体而言,在"绿色发展"理念视域下审视,当下无论是金融机构内部的绿色管理制度抑或对外的绿色金融法律制度,皆存在不可忽视的问题。

(一)对金融机构内部绿色管理制度的反思

近年来包括广发证券、中信证券、兴业银行、中国建设银行、中国农业银行等在内的许多金融机构开展了诸如"绿色办公环境"之类的行动。目前,国内金融机构所取得的成绩包括:第一,打造绿色渠道,推广低能耗服务。如兴业银行在日常工作中注重减少办公运营的资源能源消耗,降低运营成本,倡导"低碳办公",保护生态环境,减少温室气体排放。同时,为加强供应商绿色审查,对于存在不良环境与社会影响的供应商,将直接终止合同,并纳入黑名单。③ 第二,实施绿色运营,倡导低碳办公。如广发证券对办公耗材(墨盒、硒鼓和纸张等)强调循环重复利用,提倡纸张双面利用;利用公司 OA 系统网上办公和视频电话会议系统,大大减少了传统办公对耗材的

---

① 参见《中国银行 2016 年度发放绿色信贷余额达 6500 多亿元》,载新浪财经网:http://bank.cngold.org/c/2017-03-23/c4893647.html,最后访问日期:2018 年 1 月 1 日。

② 参见《广发证券 2016 社会责任报告》,载 http://news.10jqka.com.cn/field/sn/20170325/9873879.shtml,最后访问日期:2018 年 1 月 3 日。

③ 参见《兴业银行 2016 可持续发展报告》,载 https://www.cib.com.cn/cn/aboutCIB/social/report/,最后访问日期:2018 年 1 月 1 日。

使用量,并减少了差旅费用。① 据披露,目前已有少数金融机构,逐步将绿色运营制度化。譬如,中国民生银行颁布了《中国民生银行集中采购供应商监督管理考核办法》,通过颁布采购信息相应专刊等方式鼓励分支机构积极采购绿色产品;招商银行发布了《关于推行绿色低碳运营有关举措的通知》,其中设立了绿色低碳运营工作小组,来负责招商银行整个绿色低碳工作的运行;兴业证券披露制定的《兴业证券股份有限公司办公节能管理办法》《兴业证券股份有限公司营业办公用房装修管理暂行办法》,致力于从办公流程的每个环节和细节入手,引导员工节约资源,不断完善协同办公系统,建设节能型公司。但除此之外,多数中资银行、证券公司和保险公司依然未将节能环保视为社会责任,进而将其进行规范化运作。

(二)对金融机构绿色金融业务法律规制的检视

1. 当前传统规制手段难以克服绿色金融市场的信息偏在问题

根据规制理论,绿色金融法律规制实现最佳效果的前提是信息完全。但是,在实践中,绿色金融法律规制存在着信息偏在,即信息不对称问题,导致规制手段失灵。在绿色金融领域,不但企业和金融机构、监管机构以及社会公众间存在信息不对称问题,金融机构与监管机构和社会公众间也存在信息不对称问题。②

然而,传统的命令控制型法律规制手段不仅不能减缓信息不对称,反而会继续扩大信息偏在效应。譬如,1995 年中国人民银行发布的《关于贯彻信贷政策与加强环境保护工作有关问题的通知》规定,对法律法规明确禁止的违反环境保护政策的企业及其项目,不准金融机构向其发放贷款,对于已经发放的贷款应立即收回。金融机构若违法上述规定,应当立刻改正。上述文件即属于具有命令控制性质的传统规制手段。上述规制手段缺少激励措施,故而具有经济人理性的金融机构自然倾向于规避上述法律,隐藏可能损害自身权益的相关信息,传统规制手段非但没有发挥正常的规制效率,反而放大了信息偏在现象。

---

① 参见《广发证券 2016 社会责任报告》,载 http://news. 10jqka. com. cn/field/sn/20170325/9873879. shtml,最后访问日期:2018 年 1 月 1 日。

② 参见方桂荣:《信息偏在条件下绿色金融的法律激励机制构建》,载《法商研究》2015 年第 4 期。

而自2007年以来,借鉴国际经验,我国绿色金融法律规制一改严格管制常态,出现放宽管制的态势,逐步转向软法规制。譬如,2007年和2012年原中国银监会发布的《节能减排授信工作指导意见》和《绿色信贷指引》、2013年原中国保监会、环境保护部共同印发的《关于开展环境污染强制责任保险试点工作的指导意见(试行)》、2015年国家发改委、原中国银监会共同印发的《能效信贷指引》等文件,都进一步印证了我国绿色金融放宽管制的态势。绿色金融的软法规制充分彰显了让市场在资源配置中发挥决定性作用的理念,核心在于向市场主体传递放松规制的宗旨,从而鼓励市场主体积极能动地完成绿色交易。但事实上,目前我国绿色金融的发展阶段不利于软法规制效果的顺利发挥,软法规制并不是最佳的规制手段。因为"在公共治理中软法存在诸多局限:软法通常会背离当前立法宗旨;软法在实践中往往成为政府损害公众利益的工具;由于责任制度缺失,软法通常在实践中难以发挥良效"。① 是故,面临诸多缺陷的软法规制手段难以从实质上克服绿色金融的信息偏在问题。

无疑,能引起"帕累托改进"的法律规制,务必要对传统的规制手段实现创新与超越。② 我们认为,目前在我国绿色金融初步发展的大环境下,理应一改单纯运用传统命令控制型或软法规制手段,转而运用激励相容机制,即使得命令控制型规制模式与法律激励规制模式相结合,二者优势互补,共同发挥作用。

2. 金融机构绿色金融业务相关机构设置不明晰

为落实绿色金融政策,金融机构应该建立和配置相应的机构和人员,并赋予其相应权限,使他们在日常金融服务中能保证有关政策的执行。金融机构有无绿色金融专责部门,在研究制定行业、特定客户和项目的准入标准和政策,对绿色金融政策和标准进行跟踪、分析和评估,为业务监管提供技

---

① 马千里:《公共治理视域下"软法"实施的困境及消解》,载《沈阳大学学报》2009年第6期。

② 参见方桂荣:《信息偏在条件下绿色金融的法律激励机制构建》,载《法商研究》2015年第4期。

术支持，开发创新绿色金融服务和产品等方面的工作力度是大不一样的。① 但据披露，在中资上市银行中，目前仅有兴业银行成立了专门管理环境相关事务的部门——可持续金融部。具言之，兴业银行专门设立了社会责任工作领导小组作为决策主体；在组织架构上，兴业银行在 2009 年正式成立可持续金融中心，并于 2012 年将该部门转为一级部门，即可持续金融部，该部门下还成立了专司绿色金融不同职能的五个团队。② 兴业银行分行还专门成立了绿色金融业务推行部门、绿色金融业务管理团队、绿色金融产品经理等实践部门。无疑，兴业银行从总行到分行的组织架构，为推行绿色金融业务打下了坚实基础。另外，中国民生银行、南京银行等银行专门成立了相关部门来管理绿色信贷经营业务，招商银行也专门设立了绿色金融工作小组，除此之外，我们尚未查到其他银行设立绿色金融业务相关机构。③

实践中鲜有金融机构设置实施绿色金融的专门部门与人员，究其缘由，在于我国对于金融机构绿色金融业务相关机构设置和内部分工的规定粗疏，不够明确。在目前发布的与绿色金融相关的法律文件中，仅《绿色信贷指引》对绿色金融的组织架构作出了较为细致的规定安排。具言之，根据《绿色信贷指引》，金融机构应当成立“董事会或理事会—高级管理层—高管负责人及牵头管理部门”三个层次的组织管理模式。第一，董事会或理事会理应坚持“积极宣传环保节能与可持续发展等观念，注重银行在推动可持续发展与创建和谐社会中的积极功能，创建有助于社会发展的可持续经营方式”的战略，并且“制定和明确绿色信贷的总体发展策略，核查高级管理层确定的绿色信贷经营宗旨和相关报告”等；第二，高级管理层主要负责明确绿色信贷的宗旨，构建绿色信贷工作机制，确立相关人员的权力义务，对相关工作进行内控审核以及评估，每年向董事会或理事会报告上一年度该行绿色信贷的业务水平和发展情况，同时还应向监管机构汇报相关信

① 参见刘志云：《国内银行践行社会责任的内部督促机制分析》，载《厦门大学学报》（哲学社会科学版）2011 年第 5 期。

② 参见方桂荣：《集体行动困境下的环境金融软法规制》，载《现代法学》2015 年第 4 期。

③ 参见于晓刚编著：《中国银行业环境记录（2010）NGOs 报告》，载 http://www.cgbw.org/download_detail/&downloadsId=6c8e48ab-61b7-4e03-ad96-a789835a2b4a&comp_stats=comp-FrontDownloads_list01-1286930799990.html，最后访问日期：2011 年 9 月 1 日。

息;第三,牵头管理部门中的高管负责人由高级管理层进行安排和确定,其主要负责对相关资源进行配置,有序安排绿色信贷业务工作,并对相关工作进行协调。值得注意的是,上述《绿色信贷指引》中的相关规定尽管对实践具有一定的引导意义,但毕竟属于软法规制,缺乏必要的强制手段,更缺乏商业银行绿色金融业务经营的后续评价机制。除此之外,其他法律法规鲜少为金融机构应当如何为适应绿色金融业务的开展而进行内部机构的设置或调整提供指导。

3.绿色金融认证机制缺失

由于绿色金融有助于可持续发展,因而政府会考虑运用多种激励政策鼓励推行绿色金融业务,如会给予相应企业和金融机构一定的税收优惠。在此背景下,很多机构为获取税收优惠而将自己的非绿色项目进行"漂绿",即谎称自己的项目乃绿色经营,能够产生绿色效益。[①] 对此,如若上述"漂绿"项目不能被准确识别,则会导致市场上混进多个伪绿色项目,无法实现市场资源的合理配置。故而,有必要构建绿色认证制度,极力保证通过绿色金融体系所筹集的资金投入到真正产生绿色效益的绿色项目中。[②]

令人遗憾的是,当前我国有关绿色金融认证机制明显缺失,具体表现在如下两个方面:一是没有明确的绿色认证机构。所谓绿色认证机构,是指专门对相关绿色项目作出识别和认定的组织机构。目前我国的绿色认证制度略显粗糙,已经发布的相关规范如《关于在银行间债券市场发行绿色金融债券有关事宜的公告》《绿色债券发行指引》《关于开展绿色公司债券试点的通知》《关于开展绿色公司债券业务试点的通知》等中有关绿色债券的认证规定十分抽象,尚未明确规定认证机构的具体范围,从而造成绿色认证的无序。二是缺乏明确的绿色认证标准。所谓绿色认证标准,是指绿色认证机构认定和识别绿色项目的具体规则和标准。无疑,科学的绿色认证标准可以确保绿色认证的客观性、科学性和统一性,但遗憾的是,当前我国相关法律法规尚未明确绿色认证标准。

---

① 参见东方金诚:《关于中国绿色认证机制的研究报告》,载 http://www.dfratings.com/Info.aspx? m=20140515165009233206&n=20160914161810263802,最后访问日期:2018 年 2 月 1 日。

② 参见袁康:《绿色金融发展及其法律制度保障》,载《证券市场导报》2017 年第 1 期。

4.环保信息共享机制缺失

事实上,企业的环境情况并非固定不变,它会随着融资情况的不同而发生变化,显然环境状况所引致的风险是变动不居的。然而,金融机构受限于非专业的环保技术以及偏高的信息成本,难以掌握相关的环保信息,这就要求银行、证券公司、保险公司、环保部门、监管部门、司法机构等部门之间建立旨在实现信息共享与协调合作的机制。① 如果未能从具体操作层面上实现各个部门之间的信息共享,就无法充分了解企业的全面环境信息,并及时准确地判断金融机构的环境风险。② 为此,原国家环境保护总局、中国人民银行和原中国银监会三部门在2007年联合出台的《关于落实环境保护政策法规防范信贷风险的意见》中指出,环保部门要对违法项目的查处情况及时公开,并通报当地中国人民银行分支机构、银监部门和金融机构;各级环保部门和金融部门要密切配合,建立信息沟通机制,环保部门按照职责权限和《环境信息公开办法》的规定,向金融部门提供有关环境信息;环保部门、金融监管部门及有关商业银行可根据需要建立联席会议制度等。③ 原中国银监会和原国家环保总局通过签约《信息交流与共享协议》、发布《关于全面落实绿色信贷政策进一步完善信息共享工作的通知》等文件,明确在中国人民银行征信管理系统中增加企业的环境信息,并构建了相对简单的企业信息交换与共享机制。然而,上述信息共享机制面临诸多困境:④第一,金融机构与环保部门缺乏定期沟通的制度安排;第二,监管部门和环保部门共享的环境信息只包括企业的环境违法记录,显然信息共享的范围不够宽泛;第三,不同地域的信息共享水平不同,难以统一安排;第四,缺乏高效的信息共享途径。

综上所述,我国现行绿色金融政策虽然取得了一些效果,但绿色金融法律保障体系还不完善,导致在实践中绿色金融难以操作和落实。鉴于目前

---

① 参见王华秀:《论我国绿色信贷法律制度的完善》,载《特区经济》2012年第8期。

② 参见刘志云:《国内银行业践行社会责任的外部督促机制:问题与完善》,载《经济法论丛》2011年第2期。

③ 参见刘志云:《国内银行业践行社会责任的外部督促机制:问题与完善》,载《经济法论丛》2011年第2期。

④ 参见胡珀、强晓捷:《基于赤道原则对我国金融机构环境与社会责任的反思》,载《江西财经大学学报》2016年第5期。

我国环境破坏和污染的严重性,迫切需要加快制定绿色金融的相关立法,进一步完善绿色金融的激励机制、认证机制、环保信息共享机制,明确金融机构内部专门负责绿色金融业务的部门及其职责,从而促进绿色金融在我国的有效实施,回应"绿色发展"理念对金融机构践行社会责任的迫切需求。

四、"开放"理念下中国金融机构社会责任的现有立法存在的问题以及改进方向

"开放"理念要求金融机构具有开放发展意识,立法应促进金融机构的内部治理及业务经营与国际先进标准接轨,从而提升金融机构的国际竞争力。综观国内金融行业采纳社会责任标准现状,大量的金融机构社会责任国际规范得以构建与推广,如《赤道原则》《国际金融公司社会和环境可持续性政策和绩效标准及信息披露标准》《联合国环境规划署金融倡议》(UNEPFI)、联合国的《负责任投资原则》等国际规范,在督促金融机构践行社会责任方面发挥出越来越大的影响力。至今,兴业银行共加入了三项商业银行践行社会责任的国际标准或规范:2007 年 10 月,兴业银行正式签署了《金融机构关于环境和可持续发展的声明》,意味着其正式加入了"联合国环境规划署金融倡议";2008 年 10 月 31 日,兴业银行正式公开承诺采纳"赤道原则",成为中国首家"赤道银行";2008 年,兴业银行又开始向"碳披露项目"提交信息。招商银行也先后加入"联合国环境规划署金融倡议"与"碳披露项目"。① 中国工商银行于 2008 年加入了"碳披露项目",并不断加强与原中国银监会、环保部、有关国际组织的沟通和交流,对"赤道原则"开展相关研究。② 中国民生银行在 2004 年 8 月,参与了由联合国全球契约(UN Global Compact)联合 UNEP FI 和众多金融机构联合发布的《有心者胜》(Who Cares Wins)研究报告的编撰以及倡议活动,并在 2007 年成为第一个接受 SA8000 社会责任管理标准认证的中资银行。显然,一旦申请加入国际标准或规范,则说明金融机构应当更加积极地践行社会责任,定期发

---

① 参见刘志云:《国内银行业践行社会责任的外部督促机制:问题与完善》,载《经济法论丛》2011 年第 2 期。

② 参见于晓刚编著:《中国银行业环境记录(2009)NGOs 报告》,云南科技出版社 2010 年版,第 28 ~ 30 页。

布社会责任报告。可以说,这可以在很大程度上增加金融机构的可持续性,提高金融机构的业务经营质量,从而强化其声誉,塑造良好的企业形象。①

采纳国际先进社会责任标准对金融机构的长远发展具有重大意义。以赤道原则为例,赤道原则是非官方的,由世界主要金融机构遵循国际金融公司的相关政策和指南所研制的一种自愿性规则,主要目的在于规范与相关项目有关的环境问题和社会问题,主要应用于发达国家活跃银行防范在发展中国家开展项目融资业务时所产生的社会与环境风险。②赤道原则文件主要包括两部分,序言(preamble)和原则声明(statement of principles)。序言部分主要对与赤道原则有关的问题作了简要说明,包括赤道原则出台的动因、宗旨、意义、目的以及赤道银行的一般承诺。原则声明部分列举了赤道银行做出融资决定时需依据的特别条款和条件,共 9 条,即 9 项原则(赤道银行承诺只把贷款提供给符合这 9 个条件的项目)。首先,赤道原则有助于促使金融机构业务模式转型,从而提升资源配置的效率。事实上,金融机构的业务模式将实现由"重资产资本"向"轻资产资本"的态势转变,旨在避免金融机构的业务经营过度损耗资本,而赤道原则恰好能够帮助金融机构设计一套科学的配套解决方案。赤道原则能够帮助银行建立一套科学的业务管理流程,能够提供银行更为合理的筛选工具来筛查具有风险的业务项目,从而优化银行的业务结构,实现其自身的可持续发展。其次,赤道原则能够对金融机构的内控机制发挥拓宽广度和提升精度之功效。赤道原则规定,金融机构应当实施《赤道原则行动计划》,并将该计划纳入到合同中,从而有助于金融机构规范防范环境风险。最后,赤道原则有助于金融机构获得竞争优势。若金融机构采取了赤道原则而构建科学规范的环境与社会风险管理机制,则会在社会获得更好的声誉,从而提升金融机构的竞争力。③

在 2008 年兴业银行率先宣布引用和采纳赤道原则后,其在可持续发展道路上越走越宽。2003 年兴业银行在实施境外战略投资者引进计划过程

---

① 参见刘志云:《国内银行业践行社会责任的外部督促机制:问题与完善》,载《经济法论丛》2011 年第 2 期。

② 参见于东智等:《商业银行的社会责任》,中国金融出版社 2011 年版,第 89 页。

③ 参见《兴业银行:赤道原则为银行可持续发展提供解决体系》,载 https://www.cib.com.cn/cn/aboutCIB/social/news/20170413.html,最后访问日期:2018 年 3 月 1 日。

中,逐步吸收了境外银行更为优化的经营经验和理念,随即开启了可持续发展的探索之路。2006 年兴业银行寻找国际金融公司进行合作,首次在中国推行了能效效率融资项目。无疑,该合作进一步帮助兴业银行走出国门,进行可持续金融的深入探索。2007 年,兴业银行签署联合国环境规划署《金融机构关于环境和可持续发展的声明》。兴业银行多年来积极调研和评估引进赤道原则对自身发展的功效,成为探索中的赤道银行。为此,兴业银行还设立专门的绿色金融管理团队,近十年来不断探索可持续发展战略,通过引入赤道原则完善环境与社会风险管理机制,并且业务形式不断创新,开发了多种绿色金融产品和项目,成为了中国绿色金融领域中的先驱者和领路人。据统计,截至 2016 年年末,兴业银行采用赤道原则项目约 300 项,包括近 300 个客户,涉及投资总额约 11459 亿元,而项目的不良贷款率不足 0.1%。① 可以说,兴业银行在采取赤道原则和践行可持续发展中所作的一系列努力,获得了国内外的高度赞许。

由此可以看出,银行业在采纳社会责任国际标准方面成绩突出,而反观证券业、保险业等其他金融行业,其刚开始萌生践行社会责任的意识,每年仅有少数证券公司、保险公司、基金公司公布年度社会责任报告,而这些报告中涉及国际标准采纳的更是寥寥无几。究其原委,还是在于金融行业践行社会责任的意识缺失且监管机构和行业组织的督促不足,上述问题反映到立法层面具体表现为:

(一)有关督促金融机构采纳社会责任国际标准的法律法规过于笼统

目前,我国金融监管机构、各金融业协会针对金融机构对外开放,采纳社会责任国际标准方面出台了相关规定。例如,2007 年 12 月 5 日,原中国银监会在其颁布的《中国银监会办公厅关于加强银行业金融机构社会责任的意见》中指出,"银行业要参照国内外企业社会责任的良好做法,在授信及业务流程和管理程序中体现企业社会责任的管理要求"。2009 年 1 月 12 日,银行业协会在其颁布的《中国银行业金融机构企业社会责任指引》第 16

① 参见《兴业银行:赤道原则为银行可持续发展提供解决体系》,载 https://www.cib.com.cn/cn/aboutCIB/social/news/20170413.html,最后访问日期:2018 年 3 月 1 日。

条中规定:“银行业金融机构应依据国家产业政策和环保政策的要求,参照国际条约、国际惯例和行业准则制订经营战略、政策和操作规程,优化资源配置,支持社会、经济和环境的可持续发展。”第17条:“银行业金融机构应尽可能地开展赤道原则的相关研究,积极参考借鉴赤道原则中适用于我国经济金融发展的相关内容。”2016年8月31日,中国人民银行、财政部、发展改革委、环境保护部、原中国银监会、中国证监会、原中国保监会等相关部门在其发布的《关于构建绿色金融体系的指导意见》中指出:“应广泛开展绿色金融领域的国际合作。继续在二十国集团框架下推动全球形成共同发展绿色金融的理念,推广与绿色信贷和绿色投资相关的自愿准则和其他绿色金融领域的最佳经验,促进绿色金融领域的能力建设。”2017年3月2日,中国证监会在其颁布的《关于支持绿色债券发展的指导意见》中指出:“证券交易所应当积极参与绿色金融领域的国际交流合作,探索将绿色公司债券优先纳入境内外证券交易所互联互通机制,引入境外绿色公司债券优质发行人及专业投资者。定期开展政策培训,加强绿色公司债券推广及优秀案例宣传,推动中介机构强化服务意识。”

尽管上述法律法规反映了国家鼓励与支持金融机构采纳社会责任国际标准,制定公司规章制度的决心与态度,但显然相关规定还不够细致与周延。具言之,一是银行业监管机构及行业协会在此方面处于领先地位,率先出台了相应规定,但相比之下证券业、保险业等其他金融行业出台的规定基本上未涉及敦促金融机构采纳社会责任国际标准之内容;二是已出台的相关规定大多过于抽象与笼统,例如金融公司将国际标准融入金融机构规章制度中的具体原则、标准,我国通过立法程序将国际标准转化为国内标准的细则,各金融机构行业协会应如何监督金融机构制定与遵循国际标准等,皆须我国相关机构出台硬法与软法指引、细则予以进一步明确。

(二)采纳国际标准后的配套规则缺失

为确保金融机构规范、合理、有效地借鉴与制定国际标准,构建金融机构内部采纳国际标准的制度体系尤为关键。对此,兴业银行树立了较好的示范作用。我国第一个加入“赤道原则”的兴业银行,在宣布加入赤道原则后,即设立了专司赤道原则工作的相应领导小组,成员包括行长、副行长、董事会秘书等,领导小组组长则由董事长担任,该领导小组共包括7个部门。兴业银行总行设有负责环境和社会风险管理牵头工作的可持续金融室,其成员分别来自金融、生物、法律等不同专业。可持续金融室旨在践行赤道原则实施机制,负责起草赤道原则的运行计划和环境与社会风险管理制度,以及对外宣传和推行可持续金融理念。同时,兴业银行的各个分行亦设立了相关部门,负责赤道原则的环境与社会风险管理事宜。在制度规则层面,兴业银行先后发布了《适用赤道原则的项目融资管理办法》《环境与社会风险管理政策》《环境与社会风险专家评审规范》等文件。[①] 但是,其他金融机构几乎皆未成立相应的部门,研究与制定与国际标准有关的规章细则,为金融机构践行社会责任提供软法层面上的指导。而相应监管部门的立法文件也未见鼓励、要求金融机构设立内部研究与实施国际标准的组织体系,从而导致大多金融机构缺乏此意识。

除金融机构自身对国际标准的推行机制缺失以外,在国家层面,相关主管部门亦缺乏推行国际标准的配套规则。例如,2015 年 6 月,国家标准化管理委员会和国家质量监督检验检疫总局联合发布了《社会责任报告编写指南》(GB/T 36001 - 2015)、《社会责任指南》(GB / T 36000 - 2015)和《社会责任绩效分类指引》(GB/T 36002 - 2015)一系列社会责任国家标准,其作为我国国家层面的首个系列标准,对金融机构社会责任的推进具有关键意义。无疑,这将有助于我国各金融机构更好地理解社会责任并遵循更加明确的社会责任实施标准,从而规范金融机构践行社会责任之行为。[②] 该系列标准主要是参照 ISO 26000 社会责任国际标准而进行的本土化设计,旨在结合中国国情对企业社会责任活动机制作出更有针对性的指引。值得注意的是,该系列标准属于软法规范,各金融机构可以选择自愿遵守,因而仅具有倡导、鼓励性功能而缺乏强制性执行硬度。无疑,当前我国 GB/T 36000 系列标准的实施环节明显孱弱,主要表现为:一是缺乏关于系列标准的理解与实施的宣贯教材和官方的宣传解读。应当清楚,该系列标

---

① 参见《兴业银行可持续发展报告(2009)》,载 http://download. cib. com. cn/netbank/download/cn/Sustainable_Finance/2009Sustainable_Finance. pdf,最后访问日期:2010 年 10 月 22 日。

② 参见珂岩:《我国诞生首个社会责任国家标准——GB/T 36000 - 2015〈社会责任指南〉》,载《上海质量》2015 年第 8 期。

准作为专业性标准和国外标准的本土化文件,必然会有一些抽象或不容易理解的地方。这就需要官方对标准的相关概念、政策、方针进行权威、细致的解读,方便业内人士和行业协会展开具体实施工作。但目前相关机构尚未出台相应解读细则或教材,这无疑将对标准的顺利推行构成一定的阻碍。二是监管部门没有出台相应的优惠鼓励机制。适当的激励方能督促金融机构积极采纳相应标准进行制度建设,然而目前我国有关金融机构采纳国际标准以及国际标准本土化的国内标准的优惠政策尚付阙如,从而削弱了相应标准的实施效果。

为此,在"开放"理念的指引下,我国未来金融机构践行社会责任的相应立法可从以下几方面作出努力:一是证券业、保险业等金融行业的监管机构和行业协会应尽快制定相应规则,督促证券公司、保险公司等金融机构积极采纳国际标准,加强相应的制度建设;二是细化已出台的相应立法,进一步明确金融公司将国际标准融入金融机构规章制度中的具体原则、标准,我国通过立法程序将国际标准转化为国内标准的细则,各金融机构行业协会监督金融机构制定与遵循国际标准的具体指引等;三是建立健全采纳国际标准后的配套规则,通过制定税收优惠政策等措施,督促金融机构规范、有效推行国际标准。

五、"共享"理念下中国金融机构社会责任的现有立法存在的问题以及改进方向

"新发展理念"秉承的以人民为中心的发展思想,从根本上奠定了金融机构社会责任理论的思想基础。以人民为中心的发展思想要求金融机构不仅要追求自身利益,也要求金融机构的自身发展与人民幸福相统一。金融机构的自身发展也必须依靠人民,发展成果应当由人民共享。"共享发展"与企业社会责任的概念存在天然契合,其所强调的人人享有、各得其所,而不是由少数人垄断享有发展利益的观点,恰恰体现了企业社会责任理论所强调的应照顾全体利益相关者,而非仅仅是股东利益的核心要义。因此,在"共享"理念下,中国金融机构应当兼顾对股东、雇员、客户,社区、环境以及国家等利益相关者践行社会责任。

近些年,部分金融机构逐渐形成践行社会责任的意识,通过开展培训、

讲座等一系列活动来确保各个利益相关者共享金融机构的发展成果：

第一，在金融机构对投资者践行社会责任方面，2016 年兴业证券公司持续落实投资者教育保护工作要求，修订了《兴业证券股份有限公司投资者教育工作管理办法》，根据中国证监会《关于加强证券期货投资者教育基地建设的指导意见》，积极建设实体投资者教育基地，兴业证券的投资者教育基地建筑面积 560 平方米，地处福州市繁华地段，是投资者适当性管理、知识普及宣传和投教交流三位一体的平台。[①] 2016 年，兴业证券组织开展各类投资者教育宣传活动，积极配合中国证监会、福建监管局和沪深交易所，先后开展“做理性的投资人”、“3·15 投资者教育与保护主题系列活动”、私募基金投资者权益保护教育专项活动、“上交所期权讲堂”投资教育知识讲座、“深港通”投资者教育专项知识讲座等活动，宣教效果良好。[②] 中信证券在 2016 年积极参与中国证监会、深圳证监局、沪深证券交易所、中国证券业协会、中国证券投资者保护基金有限责任公司等监管机构、自律组织开展的各类投资者教育与保护活动，通过多种途径、采取多种方式为投资者及社会公众普及金融知识、开展投资者教育与保护工作，如积极参与上海证券交易所“投资者声音”调研活动和深圳证券交易所“投资者之声”活动、积极参与上海证券交易所“我是股东——中小投资者走进上市公司”的投资者教育系列活动，和深圳证券交易所“走进上市公司”的投资者开放日活动。[③] 此外，广发证券也十分注意保护客户的信息安全，其在 2016 年修订了《广发证券金管家综合服务系统（CRM）系统用户权限及信息安全管理细则》。[④]

第二，在金融机构对员工践行社会责任方面，2016 年，兴业证券围绕“高绩效团队建设”策略，聚焦“领导与管理能力”、“核心业务技能”与“通

---

① 参见《兴业证券 2016 年度社会责任报告》，载 https://estock.xyzq.com.cn/xysec/info/attach/60223，最后访问日期：2018 年 2 月 2 日。

② 参见《兴业证券 2016 年度社会责任报告》，载 https://estock.xyzq.com.cn/xysec/info/attach/60223，最后访问日期：2018 年 2 月 2 日。

③ 参见《中信证券 2016 年度社会责任报告》，载 https://quotes.money.163.com/f10/ggmx_600030_3136266.html，最后访问日期：2018 年 2 月 2 日。

④ 参见《广发证券 2016 年度社会责任报告》，载 http://stock.jrj.com.cn/share,disc,2017-03-25,000776,0000000000000hp11w.shtml，最后访问日期：2018 年 2 月 2 日。

用能力”三大主线，采用集中面授、在线学习、视频学习和移动学习等混合学习方式开展系列培训，全年实施 30 多项培训计划，参训员工 4200 余人次，在线学习 8600 多人次。① 2016 年兴业证券制定《公司工会建设指引》，从组织建设、工作方向、工作形式、经费收缴等方面指导公司各级工会建设；②中信证券认为，多元化员工结构是维持公司长久竞争优势的重要元素之一，一个具备多元化文化的公司应包括不同性别、年龄、技能、教育背景、行业经验及其他素质的员工，从而达到最合理的人员结构和平衡。公司采用市场化的人才选聘机制，关注多元化的人才吸引，通过校园招聘和经验招聘来招募海内外的优秀人才。③ 此外，广发证券在近些年先后建立并严格执行了人力资源管理制度和流程，如《广发证券员工工资管理规定》《广发证券员工劳动合同管理办法》《广发证券员工福利管理办法》《广发证券工会福利管理办法》等。④

第三，在金融机构对社会践行社会责任方面，2009 年，由兴业证券股份有限公司发起，经福建省民政厅批准设立的兴业慈善基金会，在 2016 年 11 月获得慈善组织认证，成为《慈善法》出台后福建省首个被认证为慈善组织的省级社会组织。⑤ 2016 年，兴业证券出台《关于进一步鼓励员工参与公益活动的通知》，员工捐赠或参与志愿服务可获得公益积分，可享受公益假期，员工向慈善基金会大额捐赠可获得公司一定比例的配捐，激发了员工参与公益的积极性。⑥ 2011 年 8 月 3 日，广发证券社会公益基金会在广州正式举办了启动仪式。广发证券以广发公益基金会为平台，系统化地开展了

---

① 参见《兴业证券 2016 年度社会责任报告》，载 https://estock. xyzq. com. cn/xysec/info/attach/60223，最后访问日期：2018 年 2 月 2 日。

② 参见《兴业证券 2016 年度社会责任报告》，载 https://estock. xyzq. com. cn/xysec/info/attach/60223，最后访问日期：2018 年 2 月 2 日。

③ 参见《中信证券 2016 年度社会责任报告》，载 https://quotes. money. 163. com/f10/ggmx_600030_3136266. html，最后访问日期：2018 年 2 月 4 日。

④ 参见《广发证券 2016 年度报告》，载 http://ir. gf. com. cn/rest/file/download? file_id = 58ef75f1024f56041e000373，最后访问日期：2018 年 2 月 4 日。

⑤ 参见《兴业证券 2016 年度社会责任报告》，载 https://estock. xyzq. com. cn/xysec/info/attach/60223，最后访问日期：2018 年 2 月 4 日。

⑥ 参见《兴业证券 2016 年度社会责任报告》，载 https://estock. xyzq. com. cn/xysec/info/attach/60223，最后访问日期：2018 年 2 月 4 日。

多种形式的公益活动，如2016年广发公益基金会出资100万元人民币，资助27所省直院校的1177名贫困生。① 此外，2016年兴业银行向福建省扶贫基金会、扶贫开发协会捐赠扶贫资金20万元，并将于2016～2020年间连续捐赠5年，预期投入100万元，用于福建省23个扶贫开发重点县的扶贫项目。②

第四，在金融机构对环境践行社会责任方面，兴业证券作为中国绿色金融的先行者，无疑起到了很好的表率与示范作用。兴业证券负责经营的海峡股权交易中心积极推进低碳经济发展，其于2016年12月启动了福建省碳排放权交易，开始交易福建省碳排放配额、林业碳汇、国家核证自愿减排量（CCER）3类产品。③ 2017年11月29日，兴业银行与九江银行在江西省赣江新区签订绿色金融合作协议，国内首个绿色金融同业合作正式落地。④根据协议，兴业银行先期将提供智力输出、管理输出服务，参与九江银行绿色金融业务规划，提供研究、培训等专业支持，并通过提供绿色金融体制机制、管理模式及标准体系的规划咨询与设计，推动双方在绿色投融资、财富管理、资产管理、风险管理等方面开展深度合作和业务创新。同时，双方还将逐步深化品牌共建与协同推广，共同实现"由绿到金"的共赢发展。2017年以来，兴业银行还分别与浙江省、贵州省、内蒙古自治区、新疆维吾尔自治区签署了绿色金融战略合作协议，承诺为上述地区提供近3000亿元的绿色融资。⑤ 在提供融资的同时，兴业银行积极通过"融智"支持地方绿色金融体系建设，比如发挥专业优势，参与首批国家绿色金融改革创新试验区方案和相关制度的研究起草，"一地一策"支持各省（区）建设各有侧重、各具

---

① 参见《广发证券2016年度报告》，载 http://ir. gf. com. cn/rest/file/download? file_id = 58ef75f1024f56041e000373，最后访问日期：2018年2月4日。

② 参见李岚：《"责任"让金融服务更温暖》，载《金融时报》2017年6月30日。

③ 参见《兴业证券2016年度社会责任报告》，载 https://estock. xyzq. com. cn/xysec/info/attach/60223，最后访问日期：2018年2月4日。

④ 参见陆宇航：《加快创新探索 推进绿色金融体系建设》，载《金融时报》2017年12月23日。

⑤ 参见陆宇航：《加快创新探索 推进绿色金融体系建设》，载《金融时报》2017年12月23日。

特色的试验区,加快探索形成面向全国可复制、可推广的经验;[①]此外,中国工商银行在绿色信贷的推行方面也处于领先地位。据悉,中国工商银行已经构建起绿色发展的长效战略,在调研绿色信贷服务和产品类型、流程等方面获得了不俗的成果。[②] 在2017年7月由中国工商银行主办,中国金融学会绿色金融专业委员会指导的环境风险分析国际讨论会上,中国工商银行公布了其研究成果《环保政策变化对商业银行钢铁行业信用风险影响的压力测试分析报告》和《ESG绿色评级与绿色指数研究报告》,可见,中国工商银行在探测环境风险、量化环境风险方面已经发展得愈加成熟。截至2016年年底,中国工商银行投向绿色项目的贷款余额为9785.61亿元,占同期公司贷款的比重为14.2%,贷款余额较2015年增长7.0%,高于同期公司贷款余额增速约6.8个百分点。[③]

但是,从"共享"理念的视角观之,当前金融机构在对利益相关者践行社会责任方面依然存在诸多不足,尤其是证券业和保险业,在关照利益相关方、践行社会责任方面的效果明显不如银行业。具言之:

(一)当前法律忽视大多数利益相关者的权益保护

对于《商业银行法》的立法宗旨,该法第1条规定:"为了保护商业银行、存款人和其他客户的合法权益,规范商业银行的行为,提高信贷资产质量,加强监督管理,保障商业银行的稳健运行,维护金融秩序,促进社会主义市场经济的发展,制定本法。"而《银行业监督管理法》第1条则规定:"为了加强对银行业的监督管理,规范监督管理行为,防范和化解银行业风险,保护存款人和其他客户的合法权益,促进银行业健康发展,制定本法。"由此可知,上述规定仅仅涉及银行自身经营及其客户和存款人事项,对于股东、环境、社区等其他利益相关者的事项却未置可否。[④] 同时,从社会责任

---

① 参见《兴业银行牵手九江银行 国内首个绿色金融同业合作落地》,载中国证券网:http://news.cnstock.com/news,bwkx-201711-4158009.htm,最后访问日期:2018年2月4日。

② 参见《兴业银行牵手九江银行 国内首个绿色金融同业合作落地》,载中国证券网:http://news.cnstock.com/news,bwkx-201711-4158009.htm,最后访问日期:2018年2月4日。

③ 参见金融时报:《环境风险分析助推金融机构绿色转型》,载http://finance.jrj.com.cn/2017/07/20093622774082.shtml,最后访问日期:2018年2月4日。

④ 参见刘志云:《国内银行业践行社会责任的外部督促机制:问题与完善》,载《经济法论丛》2011年第2期。

的分类视角看，这两个条款只涉及商业银行社会责任中的部分法律责任，对于其他方面的法律责任，以及经济责任与道德责任等鲜有提及。同样，《证券法》第 1 条规定："为了规范证券发行和交易行为，保护投资者的合法权益，维护社会经济秩序和社会公共利益，促进社会主义市场经济的发展，制定本法。"《保险法》第 1 条规定："为了规范保险活动，保护保险活动当事人的合法权益，加强对保险业的监督管理，维护社会经济秩序和社会公共利益，促进保险事业的健康发展，制定本法。"审视上述规定，显然《证券法》和《保险法》更侧重于保护行业本身、投资者、客户的利益，而对员工、社会、环境等利益相关者的权益保护问题只字未提。国家最高层次的立法尚未对金融机构践行社会责任，保护利益相关者的合法权益作出强制性规定，难以期待下位法以及行业协会、金融机构自身对利益相关者的重视。

（二）既有相关法律法规粗疏，难以实现对利益相关者的有效保护

1. 有关金融机构对客户践行社会责任方面

一是概念缺位或界定不明。例如，商业银行客户的概念未在立法中有明确界定，引发了理论与实务界在相关适用上的混乱。我国各金融领域的部门法均未明确提出"金融消费者"这一概念。我国仅仅是将其作为在银行、证券、保险、基金、信托等金融领域购买相关商品、接受相关服务的自然人、个人的统称。① 当然，原中国银监会已将购买银行产品、接受银行服务的顾客视为"金融消费者"，同时在很多规范性文件中频繁使用这一概念，② 但它还不是一个法律概念，仅仅被视为一个购买金融产品和接受金融服务者的概括性统称，缺乏明确的内涵和外延。金融消费者法律概念的缺位，不利于商业银行对其给予足够的保护，必须引起必要的重视；此外，我国尚未在立法上对商业银行客户进行统一的分类，而客户分类可以差异化商业银行对客户的社会责任。谨慎地管理及分区零售与专业客户层，可适当分配

---

① 参见马艳丽：《消费者主体范围的重新界定——从金融消费领域谈起》，载《消费导刊》2010 年第 5 期。

② 例如，中国银行业监督管理委员会上海监管局于 2007 年 4 月 9 日发布的《上海银行业金融机构企业社会责任指引》第 3 条规定："本指引所称企业社会责任是指银行业机构对其股东、员工、金融消费者等利益相关者以及社会与环境的可持续发展所应承担的法律责任和道德责任。"

规范上的负担、成本及效益。然而在实践中,我国银行供客户使用的账户主要有个人储蓄账户和单位账户,对应的,我国商业银行通常根据客户和银行之间往来资金量的多少以及给银行带来的收益上的不同,将客户进一步划分为个人客户与公司客户两大类。这种分类并不利于从更有效的层面对客户进行全面保护。二是《公司法》的规定过于原则。我国《公司法》第5条尽管对公司践行社会责任的义务作了规定,但该规定过于笼统和抽象,既没有解释公司应对客户履行的社会责任的具体含义,也没有明确金融机构未践行对客户的相关社会责任时应该承担的具体法律责任,这在一定程度上影响了该条款在实践中的可操作性。三是监管机构或行业协会制定发布的各类有关社会责任的《指引》《意见》等文件也存在诸多问题:以银行业为例,除了对商业银行社会责任的定义和内容作出明确界定外,并没有从确保客户的知情权、选择权、安全权、投诉权得到保护的角度,系统具体地规定商业银行如何落实对客户的社会责任,尤其需要强调的是,在这些文件中,客户的选择权保护往往被忽略;上述《指引》和《意见》皆没有对违反者应承担何种法律责任或经济责任作出制裁性规定,不能起到真正的监督约束作用等。①

2. 有关金融机构对股东践行社会责任方面

一是股东大会在金融机构对股东践行社会责任中的不足。作为金融机构的权力机关,股东大会在金融机构对股东践行社会责任总的不足突出表现为累积投票制度存在缺陷。根据我国《公司法》第105条规定,所谓累积投票制,是指股东大会选举董事或者监事时,每一股份拥有与应选董事或者监事人数相同的表决权,股东拥有的表决权可以集中使用。总的来说,累积投票制在我国金融公司中的运行情况并不理想,首要原因是立法态度的转变。由于我国《公司法》在累积投票制度的采用上赋予了公司自主选择的权利,导致实践中很少有金融机构采用该制度。其次是累积投票制度的运行缺乏配套措施。累积投票制度作用的发挥需要集中使用表决权,我国《公司法》只是在第106条中规定,股东可以委托代理人出席股东大会会

① 参见刘淑君:《我国商业银行社会责任机制建构之软法进路》,载《上海金融学院学报》2013年第3期。

议，代理人应当向公司提交股东授权委托书，并在授权范围内行使表决权，而没有对表决权的征集、表决权的代理方式和程序等问题作出明确规定，这也限制了累积投票制度的功能发挥，不利于中小股东的权益保护。

二是董事会在金融机构对股东践行社会责任中的不足。这主要体现在独立董事制度上。虽然在董事会中引入独立董事对于提高金融机构决策质量和更好地实现股东利益，具有重要意义，但是由于独立董事制度建立时间较短，因而存在一些不足。第一，独立性还不够。根据《股份制商业银行公司治理指引》的规定，商业银行独立董事由股东提名，经股东大会选举产生。该规定的结果就是，独立董事最终由银行大股东提名，造成独立董事成为大股东利益代言人的情况，从而无法确保在银行利益与大股东利益发生冲突时，独立董事能够坚持银行利益。因而独立董事不“独立”是独立董事制度的首要缺陷。第二，独立董事人数偏少，影响力不够。我国金融机构独立董事表现不佳与人数偏少也有直接关系。《股份制商业银行董事会尽职指引(试行)》第54条仅规定：“董事会应当根据商业银行的规模和业务状况，确定董事会合理的规模和人员构成。为保证董事会的独立性，董事会中应当有一定数目的非执行董事。注册资本在10亿元人民币以上的商业银行，独立董事的人数不得少于3人。”《证券公司治理准则》第30条规定：“根据本准则第二十九条规定建立独立董事制度的证券公司有下列情形之一的，独立董事人数不得少于董事人数的1/4：(一)董事长、经营管理的主要负责人由同一人担任；(二)内部董事人数占董事人数1/5以上；(三)中国证监会认定的其他情形。”无疑，上述规定的相应要求过低，难以真正约束金融机构构建起有助于平衡利益冲突的董事会机构。

3. 有关金融机构对社区践行社会责任方面

原中国银监会办公室在2007年12月发布的《关于加强银行业金融机构社会责任的意见》中指出，“银行业金融机构既是我国经济运行体系的核心参与者，也是我国社会组织体系的重要组成部分，承担着对股东、员工、金融服务消费者、社区、社会的责任”，“银行业金融机构发展不仅要关注经济指标，而且要关注人文指标、资源指标和环境指标”，“改善社区金融服务，促进社区发展；关心社会发展，支持社会公益事业”。不过，该意见并没有就银行如何对社区践行社会责任作出具体规定。此外，各地银监局也曾出台了相关文件,对各地银行业金融机构履行社会责任的内容进一步细化,使之更具可操作性。在各地银监局出台的指引当中,以上海市银监局发布的《上海行业金融机构企业社会责任指引》最为完备,其在“总则”部分第3条第6项规定了“改善社区金融服务,促进社区发展”,并在“分论”第四章第15条进一步规定:“银行业机构应为社区提供金融服务便利,创新小企业贷款等金融服务机制,提高金融服务质量,支持社区经济发展。”第16条规定:“银行业机构应关心社会发展,参与环境保护、社区建设等社会公益活动。”《四川省银行业金融机构履行社会责任指导意见》与《上海银行业金融机构企业社会责任指引》也作出了类似的规定,与上海市的做法相同,四川省的指引也将银行业金融机构对社区应承担的社会责任规定在分论中的“公共利益维护”一章中,其中第36条规定:“监管部门倡导银行业机构积极参与社区建设,鼓励职工志愿服务社会。热心参与慈善、捐助等社会公益事业,关心支持教育、文化、卫生等公共福利事业。在发生地震等重大自然灾害和突发事件的情况下,积极提供财力、物力和人力等方面的支持和援助。”在其他地方银监局公布的相关文件中,大多并未将社区列为银行业金融机构应当践行社会责任的利益相关者之一。至此,我们可以看到,相应规范性文件缺乏对金融机构践行对社区社会责任的细致规定,极大地降低了立法的可操作性。实际上,社区的发展及其影响力正日益壮大,现今众多的社区已是社会的细胞,成为与金融机构的生存发展息息相关的利益相关者。在某种意义上,金融机构所在的社区,是金融机构赖以生存和发展的基础。立法层面上对于社区社会责任规定的缺失,不能不说是一种遗憾。

4. 有关金融机构对员工践行社会责任方面

在硬法层面,事实上当前我国已经构建完成了相对完备的劳动者权益保护法律体系,对于金融机构员工的权利保障,目前基本上做到了有法可依。主要的法律法规包括《劳动法》《劳动合同法》《工会法》《职业教育法》《集体合同规定》《劳动保障监察条例》《劳动争议调解仲裁法》等。其中,《劳动合同法》和《劳动争议调解仲裁法》格外重要。我国《劳动法》确立的劳动合同制度对于破除计划经济体制下的行政配置式的劳动用工制度和构建市场化的劳动用工机制具有重大意义。但是随着我国市场经济的深入发展,原有的劳动合同制度更是暴露出了其局限性,如对于实践中存在较大争议的违约金问题、劳动合同期限问题、劳务派遣问题、非全日制用工问题等,《劳动法》中的劳动合同相关规定已经无法满足调整需要。对此,2007年出台的《劳动合同法》极大地扩展和深化了原有的劳动合同相关制度,并对实践中的新问题作出了积极回应。金融机构必须正确理解和适用《劳动合同法》的规定,妥善处理与员工之间的劳动关系,这也是其全面履行对员工的社会责任的必要前提。此外,2008 年 5 月 1 日生效的《劳动争议调解仲裁法》将公正、及时解决劳动争议、保护劳动者的合法权益以及构建和谐的劳动关系作为立法宗旨,其对于金融机构处理劳动争议、金融机构劳动者合法权益维护都有重大意义。

但是,在软法层面,当前行业组织在促进金融机构对员工践行社会责任方面存在明显不足。目前涉及员工利益保障的专门性自律性公约仅有《中国银行业从业人员流动公约》,还有零星规范涉及金融机构员工培训和素质提高的内容,规定在协会其他文件中。如《银行业协会工作指引》第 17 条第 4 项规定,协会应制定从业人员道德和行为准则,对银行从业人员进行自律管理,组织银行从业人员资格考试和相关培训,提高从业人员素质。《中国银行业自律公约》第 15 条则要求加强对员工的教育和培训,提高从业人员的整体素质和业务水平,等等。

5. 有关金融机构对国家践行社会责任方面

第一,金融机构践行对国家经济责任的立法缺陷。金融机构在资本市场和货币市场主要具有支付清算、信用创造、风险管控等多个功能,并且,随着金融衍生交易的迅猛发展,金融机构的上述功能亦被不断放大。譬如,金融机构可以为资本市场和货币市场的交易提供清算结算功能,并且还能为股份分割提供相应机制,从而减少各个主体的交易成本;公众通过金融机构可以了解价格信息,金融机构对整个资本市场和货币市场的资源进行配置;金融机构通过衍生交易,运用衍生工具可以有效转移和分散风险,从而丰富市场交易和保护投资者权益;金融机构通过一些绝佳的途径来解决实践中的“激励”问题。① 无疑,金融机构的地位和角色主要是随着金融衍生

① 参见[美]博迪·莫顿:《金融学》,伊志宏等译,中国人民大学出版社 2000 年版,第 23 ~ 24 页。

交易的壮大而不断凸显，人们日益重视金融机构的重要作用。金融机构已经不再满足于仅仅服务实体经济的职能，其更多地开始思考如何增加和创造自我价值。① 这就要求金融机构必须承担起对国家的社会责任，接受法律监督，服从宏观调控，维护金融市场稳定和正常秩序，实现自身的可持续发展乃至促进整个国民经济的健康发展。但是，目前我国金融机构在对国家践行社会责任方面仍然存在不少缺陷。以银行业为例，目前，原中国银监会规定商业银行资本充足率不得低于8%，核心资本充足率不得低于4%，已经覆盖《巴塞尔协议Ⅲ》的要求，而且多数银行都已经满足了这些要求。但与此同时，我们也应该看到，我国银行业的稳健运行仍然存在着风险和挑战。例如，近两年，部分商业银行为了获得可观利润，通过设计一些信贷资产类理财产品以尽量规避有关计提拨备的规定和要求，由此实现贷款的表外转移。尽管贷款已经转移表外，但是银行仍然需要承担贷后管理、到期回收的义务和责任，此时资本要求却降低了，必然会引发更大的风险。同时，我国银行业在风险管理机制方面尚未完善，必须进行进一步的强化。

第二，金融机构践行配合国家金融监管社会责任的立法缺陷。国家对金融机构进行监管，立足于金融机构自身的健康发展，以防范和化解金融机构的风险，保护金融消费者的合法权益，促进金融机构的合法、稳健运行，维护公众对金融机构的信心，保护金融机构的公平竞争，提升其竞争能力为目标而展开。目前，很多监管法律法规的实施并不利于金融机构经营水平和经营效率的提高，反而在一定程度上制约了金融机构的发展。一方面，现行的法律法规当中缺乏对监管机构监管行为的监督机制和司法审查制度。并且，监管法规大量地表现为规章及监管机构的规范性文件，这些文件的制定过程及内容不受司法审查，具有很大的任意性。不受监督的监管权力容易发生异化，也会对监管效果产生直接影响。另一方面，以银行立法为例，我国目前的银行法律监管制度在一些重要的内容上仍处于空白状态，如有关银行破产相关立法尚未出台；对于商业银行市场退出的监管只是进行了原则性立法，缺乏可操作性；对于商业银行进行审慎监管的系统性法规至今

---

① 参见朱慈蕴：《论金融中介机构的社会责任——从应对和防范危机的长效机制出发》，载《清华法学》2010 年第 1 期。

尚付阙如。此外,现行对金融机构进行监管的"一行两会"框架是为了适应分业经营现状而建立的,在应对混业经营的趋势时,就容易出现问题。受部门利益驱使,当对金融机构某些业务的监管有利可图时,各监管机构可能争相监管,出现监管重叠,使金融机构在多重监管之下发展受阻;而当对金融机构相关业务的监管无利可图时,各监管机构可能会互相推诿,导致监管真空,影响监管效果。为协调"一行三会"①之间的监管职能而建立的"监管联席会议机制"缺乏相应的程序规定和决策功能,也没有相应的制度保障,其实际效果一直为人们所诟病。②

至此,我们可以看到,目前我国立法对利益相关者的立法保护力度明显不够,仅仅制定原则性、宣示性规定不足以引起金融机构以及行业组织、第三方监督力量等各方注意。是故,我国应通过完善与细化有关金融机构对客户、员工、股东、社区、国家等各方践行社会责任的硬法与软法,以期实现利益相关者对金融机构业绩与进步的利益共享。

第三节　新发展理念下中国金融机构社会责任立法的价值取向与基本原则的确定

一、新发展理念对中国金融机构社会责任立法的价值取向与基本原则的新要求

"新发展理念"是我国在国家层面对经济、社会新常态提出的纲领性的新发展思路。作为社会经济活动的中心枢纽,金融机构践行社会责任不仅是"新发展理念"提出的新要求,也是贯彻与落实"新发展理念"的重要环节。因此,我国金融机构社会责任立法,应妥善考量"新发展理念",根据金融行业特性和经济发展新阶段的特点,更有效地督促金融机构履行社会责

---

① 2018年3月21日,中共中央印发了《深化党和国家机构改革方案》。其中提出,为深化金融监管体制改革,解决现行体制存在的监管职责不清晰、交叉监管和监管空白等问题,将银监会和保监会的职责整合,组建中国银行保险监督管理委员会。

② 参见刘卫东、晏艳阳:《完善我国金融监管协调机制的思路》,载《现代经济探讨》2009年第6期。

任,推动经济和社会转型,这就对中国金融机构社会责任立法的价值取向与基本原则提出了新的要求。

（一）“创新”理念对中国金融机构社会责任立法的价值取向与基本原则的新要求

在五大发展理念中,“创新”发展居于首要位置,是引领发展的第一动力。① 党的“十八大”在谈到坚持和发展中国特色社会主义时强调要创新发展理念,把改革创新精神贯穿到治国理政各个环节,用创新的理念引领社会管理、文化发展、科技发展等,为实施创新驱动发展战略提供了总方向。② 党的十八届二中全会进一步提出,要强化创新驱动,加快产业结构战略性调整,把理论、制度、科技和文化创新有机衔接,构建系统完备、科学规范、运行有效的制度体系。③ 十八届三中全会审议通过的中共中央《关于全面深化改革若干重大问题的决定》,对新时期全面深化改革做出了系统部署,强调着力推进社会领域制度创新,推进文化体制机制创新,推进社会事业改革创新,创新社会治理体制等,全面深化改革的总目标是完善和发展中国特色社会主义制度,推进国家治理体系和治理能力现代化。④ 十八届五中全会通过的《中共中央关于制定国民经济和社会发展第十三个五年规划的建议》,进一步明确创新是引领国家发展的第一动力,要使创新贯穿党和国家的一切工作,对于深入推进创新驱动发展战略、建设创新型国家意义深远。⑤ 由此可以看出,“创新”理念点透了发展的根本方向和基本思路:创新发展旨在解决发展动力问题,其思路是提升发展的质量和效益,为经济社会发展注入第一动力。⑥ 具体到金融机构践行社会责任的立法层面,“创新”

① 参见任理轩:《关系我国发展全局的一场深刻变革》,载《人民日报》2015 年 11 月 4 日。

② 参见《坚定不移沿着中国特色社会主义道路前进为全面建成小康社会而奋斗报告》,载 http://phycjy. pinghu. gov. cn/readnews. asp? id = 3121,最后访问日期:2018 年 4 月 22 日。

③ 参见《中国共产党第十八届中央委员会第二次全体会议公报》,载 http://www. farmer. com. cn/sh/fz/fzxw/201303/t20130301_814311. htm,最后访问日期:2018 年 4 月 22 日。

④ 参见《中共中央关于全面深化改革若干重大问题的决定》,载 http://www. gov. cn/jrzg/2013 – 11/15/content_2528179. htm,最后访问日期:2018 年 4 月 22 日。

⑤ 参见《中共中央关于制定国民经济和社会发展第十三个五年规划的建议》,载 http://cpc. people. com. cn/n/2015/1103/c399243 – 27772351. html,最后访问日期:2018 年 4 月 22 日。

⑥ 参见熊晓琳、王丹:《五大发展理念与中国特色社会主义》,载《思想理论教育学刊》2016 年第 1 期。

理念为确定中国金融机构社会责任立法的价值取向与基本原则提出了如下要求：

第一，金融机构自身在践行社会责任中的创新。增强践行社会责任的意识，将践行社会责任上升到金融机构的企业文化，落实到内部督促机制与社会责任管理制度体系，是“创新”理念对我国金融机构提出的必然要求。其中，企业文化是指企业全体职工在长期的生产经营活动中培育形成并共同遵循的最高目标、价值标准、基本信念和行为规范。① 作为企业观念形态文化、物质形态文化和制度形态文化的复合体，②企业文化的创新在金融机构社会责任语境下意味着要通过企业内部文化的培育，使国内金融机构将践行社会责任自修为一种内在与自觉的行为，融入公益责任观，从而对企业的经营管理、制度体系形成全方位指引。社会责任的践行归根到底必须依赖金融机构的自身行动，企业内部文化要想真正发挥作用必须依赖于其对商业银行的内在影响。因此，商业银行所建立的内部督导机制对于践行社会责任的意识培养与能力提升，将起着至关重要的作用。但是，如前文所述，国内相关立法与政策所构建的督促机制存在诸多不尽如人意之处，如督促金融机构建立健全内部治理机制的相关立法缺失、在公司决策程序中独立董事的相关立法标准偏低、相关立法缺乏有关董事来源多元化的相关规定等。以“创新”理念的视角观之，我国未来金融机构社会责任立法应以创新金融机构内部督促机制作为立法价值取向与原则，从而为金融机构践行社会责任提供内部动力。此外，社会责任管理制度体系的创新亦是金融机构社会责任立法的核心内容和要求。而目前我国绝大多数商业银行、证券公司和保险公司等金融机构未能将内部节能环保等活动视为一种社会责任并将其规范化运行。因而未来立法亦应将社会责任管理制度体系的创新作为重要内容。

第二，金融机构要求客户践行社会责任上的创新。金融机构庞大的资产规模和机构网络，以及社会赋予的信用中介、金融服务等职能，决定了其

① 参见吴振华：《社会责任：企业价值取向和发展诉求》，载《思想政治工作研究》2011 年第 2 期。

② 参见宋东梅：《企业文化与社会责任》，载《东南大学学报》2006 年第 2 期。

产品具有极强的外部性,其对经济、社会和环境等社会责任基本构成要素的影响远比一般企业深远和重大。[①] 尤其是随着金融机构规模和影响力的扩大,金融机构的公共性维度显著增加,其行为及其效果已经超出了个体行为的范畴而开始辐射社会和利益相关群体。[②] 换言之,金融机构不仅是社会责任的实践者,更有能力影响或推动其他企业践行社会责任。是故,金融机构社会责任立法应一改以往企业仅需自身践行社会责任的观念,而是要督促金融机构要求客户践行社会责任,并结合金融机构的具体性质和业务,在方式上作出一定的创新。

(二)"协调"理念对中国金融机构社会责任立法的价值取向与基本原则的新要求

"十八大"强调要全面推进经济、政治、文化、社会和生态文明建设,促进工业化、信息化、城镇化、农业现代化同步发展,为进一步推进协调发展做出了整体规划。[③] 十八届二中全会进一步强调要把全面推进社会主义经济、政治、文化、社会和生态文明建设同全面推进党的建设统一起来。[④] 十八届三中全会强调要形成科学有效的权力制约和协调机制,充分发挥党在总揽全局、统筹协调各方的领导核心作用。[⑤] 十八届四中全会强调要依法建立健全社会矛盾预警机制、畅通群众利益协调,更好统筹社会力量、调节社会关系,从根本上有利于化解社会矛盾、增进社会和谐。[⑥] 十八届五中全会指出协调是持续健康发展的内在要求,要正确处理发展中的重大关系,在增强国家硬实力的同时注重提升国家软实力,不断增强发展整体性、协调

---

① 参见周钰颖、林川:《商业银行社会责任与现金股利政策》,载《金融论坛》2013 年第 7 期。

② 参见朱慈蕴:《论金融中介机构的社会责任——从应对和防范危机的长效机制出发》,载《清华法学》2010 年第 1 期。

③ 参见《坚定不移沿着中国特色社会主义道路前进为全面建成小康社会而奋斗报告》,载 http://phycjy. pinghu. gov. cn/readnews. asp? id = 3121,最后访问日期:2018 年 4 月 22 日。

④ 参见《中国共产党第十八届中央委员会第二次全体会议公报》,载 http://www. farmer. com. cn/sh/fz/fzxw/201303/t20130301_814311. htm,最后访问日期:2018 年 4 月 22 日。

⑤ 参见《中共中央关于全面深化改革若干重大问题的决定》,载 http://www. gov. cn/jrzg/2013 - 11/15/content_2528179. htm,最后访问日期:2018 年 4 月 22 日。

⑥ 参见《中共中央关于全面推进依法治国若干重大问题的决定》,载 http://www. ce. cn/xwzx/gnsz/gdxw/201410/28/t20141028_3795791. shtml,最后访问日期:2018 年 4 月 22 日。

性,为增强薄弱环节的后续发展增强动力。[①] 应当说,协调发展旨在解决发展不平衡问题,其思路是调整发展结构,满足经济社会持续健康发展的内在要求。具体到金融机构践行社会责任的立法层面,“发展”理念为确定中国金融机构社会责任立法的价值取向与基本原则提出了如下要求:

第一,实体性规定与程序性规定相协调。程序性规范和实体性规范相互配合,方能构建出一套更为科学、合理的制度体系。程序性规范在制度构建中不可或缺,因为其可以有效保证制度的实质公平。法律是由国家强制力保障实施的规范,根据内容可划分为程序法和实体法两部分。其中,实体法主要规定法律主体的权利、义务和责任,其有效、公正地实施与落实的关键在于有程序法予以保障。而程序法不但能够促进实体法顺利实施,还能通过其自身程序体现的正义来实现实体上的正义,即确定当事人通过何种途径表达诉求、国家和政府如何回应当事人诉求,以及国家如何使违法主体承担应有责任等,甚至在特殊情况下,某些程序虽违背实体正义,但满足程序正义亦能获得社会公众的广泛认可和尊重。[②] 金融机构社会责任立法应是实体法和程序法的统一,充分彰显社会主义法治国家要求的法律理性。如学者所言,“通过程序可以联结一切法律关系,可以表达一切法律行为,可以彰显一切制度,可以彰显实体正义”。[③] 尤其是考虑到我国各个金融机构履行社会责任的方式、支出的费用数额受到其主营业务类型、机构规模和盈利状况的影响,难以一概而论,因而立法应着重通过程序性规定来推动实现实体正义,确保实体规定与程序规定的协调与统一。

第二,权、义、责三者相协调。法律主体的利益平衡主要通过确立和调整权利与义务来实现。法律主要以权利和义务为核心,旨在通过明确各当事人的权利和义务来引导有利于社会经济的行为,从而调整社会关系。[④] 其中,权利以其特有的利益导向和激励机制作用于人的行为,义务以其特有

---

① 参见《中共中央关于制定国民经济和社会发展第十三个五年规划的建议》,载 http://cpc.people.com.cn/n/2015/1103/c399243-27772351.html,最后访问日期:2018 年 4 月 22 日。

② 参见王建芹、章逸:《党内程序性法规与实体性法规协调性研究》,载《桂海论丛》2017 年第 1 期。

③ 彭京宜:《关于完善党内法规的若干思考》,载《理论前沿》2007 年第 7 期。

④ 参见张文显:《法学基本范畴研究》,中国政法大学出版社 1993 年版,第 38 页。

的利益约束作用于人的行为，权利和义务共同发挥作用，引导、激励和约束社会主体之行为。[①] 法律中对权利和义务的规定不能失之偏颇，弱化任何一方的功能皆无法顺利实现法律的利益平衡宗旨。[②] 而责任属于第二性义务，如果法律上的义务人背离法律规定的义务，则必须承担相应责任。是故，立法者应妥善安排权利、义务和责任以有效平衡各方利益。具言之，在权利与义务之间，立法者一旦确立了某主体的权利，则应综合考量数量、功能、结构等因素，有针对性地规定相应义务，从而平衡法律上的权利和义务；在权利与责任之间，要求立法者必须秉持“有权利必然有救济”之宗旨。[③] 换言之，任何权利都必须以相应责任作为保障，否则，该权利的设立便毫无意义，将失去法律效力。另外，责任的确立必须契合相应的权利，也就是说，相应责任必须能够弥补法律主体所受到的损害，既不能过度苛责，也不能轻微处罚，否则将无法实现实质公平；在义务和责任之间，法律责任旨在通过惩罚违法主体来救济当事人受损之权利，从而维护社会稳定。故而责任的确立不仅应谨慎节制，还应避免违反义务者通过违法行为取得更多利益，责任的确立务必适度。[④] 是故，为了实现金融机构社会责任立法的利益平衡，实现权、义、责三者的协调尤为重要。

第三，立法调整的主体相协调。现代立法是对诸多当事人的权利、义务和责任的调整，既有立法的直接调整主体，又有立法的间接调整主体。事实上，无论是直接调整主体还是间接调整主体，都对法律公平正义的实现起到重要的作用。具体到金融机构社会责任立法中，金融机构作为践行社会责任的直接主体，理应成为立法者重点关注的对象，对其施加权义责。但是，行业协会、非政府组织等第三方监督的力量亦是不可小觑。其中，行业协会作为介于国家和市场之间的中间力量，可有效督促金融机构践行社会责任，这主要源自于行业协会的自身特质，其中最典型的特征为自治性、非营利性以及经济群益性。首先，行业协会主要进行自我管制，即通过制定一系列行业规则来实现对会员的约束和管控，表现出一定的自治性；其次，行业协会

---

① 参见张斌：《论现代立法中的利益平衡机制》，载《清华大学学报》2005 年第 2 期。
② 参见张文显：《法理学》，高等教育出版社 1999 年版，第 56 页。
③ 参见张斌：《现代立法中的利益衡量》，吉林大学 2005 年博士学位论文。
④ 参见叶传星：《论设定法律责任的一般原则》，载《法律科学》1999 年第 2 期。

的设立具有公益属性，其旨在凝聚行业力量，致力于增加行业整体利益，这就决定了其并非以营利为目的之属性；最后，行业协会设立的关键目的在于调整行业的竞争格局，协调各方主体的利益，引导整个行业的稳定经营和发展。[①] 由此，行业协会可以通过加强对金融机构社会责任的宣传、制定行业社会责任标准、要求金融机构构建完善的社会责任制度、组织和实施社会责任认证等来督促金融机构切实践行社会责任。同样，来自民间的监督力量，如非政府组织、社会舆论等，所发布的各种倡议性文件或其他具体活动，也构成对国内金融机构践行社会责任的第三方监督力量，对国内金融机构践行社会责任起到了很好的督促作用。[②] 在"协调"理念下，立法者有必要重视第三方监督力量在督促金融机构践行社会责任方面的重要作用，实现立法调整主体的协调平衡。

(三)"绿色"理念对中国金融机构社会责任立法的价值取向与基本原则的新要求

"十八大"提出要在全社会牢固树立生态文明理念，大力推进生态文明建设，努力建设美丽中国，实现中华民族永续发展，这使得实现绿色发展的理念、美丽中国的图景深深植入中国特色社会主义。[③] 十八届三中全会强调要构建系统完整的生态文明制度体系，健全自然资源资产产权制度和用途管制制度，划定生态保护红线，实行资源有偿使用制度和生态补偿制度等，这就从制度和体制机制上确保了生态资源环境被有效保护、生态资源被高效开发利用，为生态文明建设保驾护航。[④] 十八届五中全会突出强调绿色是永续发展的必要条件，要形成人与自然的和谐发展的现代化建设新格局，对未来全面构建人与自然和谐关系提供了强大理论支撑。[⑤] 绿色发展

---

① 参见陈素玲：《行业协会在企业社会责任履行中的作用》，载《企业经济》2008 年第 6 期。

② 参见刘志云：《国内银行业践行社会责任的外部督促机制：问题与完善》，载《经济法论丛》2011 年第 2 期。

③ 参见《坚定不移沿着中国特色社会主义道路前进为全面建成小康社会而奋斗报告》，载 http://phycjy.pinghu.gov.cn/readnews.asp? id = 3121，最后访问日期：2018 年 4 月 22 日。

④ 参见《中共中央关于全面深化改革若干重大问题的决定》，载 http://www.gov.cn/jrzg/2013 - 11/15/content_2528179.htm，最后访问日期：2018 年 4 月 22 日。

⑤ 参见《中共中央关于制定国民经济和社会发展第十三个五年规划的建议》，载 http://cpc.people.com.cn/n/2015/1103/c399243 - 27772351.html，最后访问日期：2018 年 4 月 22 日。

旨在解决人与自然的和谐问题,其思路是改善发展的生态环境,为经济社会永续发展和美丽中国建设创造必要条件。具体到金融机构践行社会责任的立法层面,“绿色”理念为确定中国金融机构社会责任立法的价值取向与基本原则提出了促进可持续金融之要求。

所谓可持续金融(或称绿色金融),是指以保护环境为宗旨,树立金融机构的经营理念、管理制度和业务流程,使金融机构的经营既能保护环境,又能实现自我发展的金融发展模式。事实上,各金融机构因业务类型不同,其对环境的影响程度也随之不同,整体而言,金融机构对环境的影响十分复杂,包括直接影响和间接影响。例如在银行业,一些银行对于某些可能严重影响环境的项目给予贷款,无疑将引发重大的环境风险,此情况所引发的环境问题即为间接的;而银行自身因业务经营而排出的固体废物和液体废物则会对环境产生直接影响。[①] 更为严重的是,具有破坏环境的某些金融项目会为银行贴上“不诚信”标签,失去企业公信力,从而引发银行的金融风险。可以说,金融机构乃是推动可持续发展的重要力量:[②]在 1992 年召开的联合国环境与发展大会上,相关领导提出了“可持续发展”概念,强调金融机构的业务经营需要兼顾经济、社会与环境多方利益,为可持续金融的提出打下了坚实基础;同年,联合国环境规划署与国际上主要的金融机构共同设立了“联合国环境规划署金融行动机构”(UNEPFI),UNEPFI 提出应当在金融机构的业务经营中融入环境保护理念,并鼓励金融机构为保护环境的项目投资,从而完成金融机构自身和整个社会可持续发展的战略目标。在积淀了多年经验的基础上,1997 年,联合国环境规划署发布了著名的《金融机构关于环境和可持续发展的声明》,当前很多金融机构皆参与到该项计划中。无疑,为实现金融机构的持续、长远发展,其应注重对经济、环境、社会三方面的平衡,并融入到日常经营中,“寓义于利”地践行社会责任。

关于金融机构社会责任,在金融服务业中通过“可持续金融”的概念可以找到一种更简单的表达方式和合法手段,并使社会责任的意义得以保存

---

① 参见任辉:《环境保护与可持续金融体系构建》,载《财经问题研究》2008 年第 7 期。

② 参见方桂荣:《集体行动困境下的绿色金融软法规制》,载《现代法学》2015 年第 4 期。

并且发扬光大。[1] 作为“经济人”的企业,只有将践行社会责任与其自身利益紧密相连,方能有效敦促金融机构自觉践行社会责任。事实上,目前金融机构践行社会责任的出发点在于盈利而非纯粹出于人道主义精神。正如西方学者所言:“企业只有将践行社会责任与商业语言保持一致,方能真正贯彻落实社会责任。”[2]如今推行效果良好的可持续发展理念和实践印证了上述道理。可以说,可持续发展相比于社会责任,更容易被看作为一种商业表达而进行甄别。一言以蔽之,如果可持续金融的动力是企业利益,则更容易被金融机构接受。[3]

但是,对于大部分金融机构而言,推行可持续金融只是为了响应国家政策号召的一种政策。可以说,当前我们缺乏的是可持续发展的法律理念和可持续金融法制化的意识。因此,以“绿色”理念的角度观之,在可持续金融制度的构建上,我们必须树立可持续发展的理念,以促进可持续金融作为金融机构社会责任立法的价值取向和原则之基本要求。

(四)“开放”理念对中国金融机构社会责任立法的价值取向与基本原则的新要求

“十八大”报告指出,改革开放是坚持和发展中国特色社会主义的必由之路,要完善开放型经济体系,创新开放模式,全面提高开放型经济水平。[4]十八届二中全会针对国际国内复杂的经济发展形势,提出要进一步深化改革开放,这有利于我国经济形成持续健康发展的基本面。[5] 十八届三中全会强调要从构建能够促进对外开放的体制机制着手,加快完善开放型经济体系。这对我国经济发展在步入新常态后,激发发展后生动力,增强经济增

---

① 参见刘志云:《后危机时代国家间跨国公司社会责任制度体系的构建》,载《政法论丛》2015 年第 3 期。

② Kenneth Amaeshi,“Who Cares Wins:The IFC and Promotion of Sustainable Project Finance Ideals-Implications for CSR Discourse”, http://www. radnetwork. org/admindb/docs/Amaeshi%20Kenneth%20Paper. doc,2010 -9 -10.

③ 参见刘志云:《后危机时代国家间跨国公司社会责任制度体系的构建》,载《政法论丛》2015 年第 3 期。

④ 参见《坚定不移沿着中国特色社会主义道路前进为全面建成小康社会而奋斗报告》,载 http://phycjy. pinghu. gov. cn/readnews. asp? id =3121,最后访问日期:2018 年 4 月 22 日。

⑤ 参见《中国共产党第十八届中央委员会第二次全体会议公报》,载 http://www. farmer. com. cn/sh/fz/fzxw/201303/t20130301_814311. htm,最后访问日期:2018 年 4 月 22 日。

长质量和效益具有重要意义。[①] 十八届四中全会指出公正是司法的生命线，要构建开放、动态、透明、便民的阳光司法机制，这有利于为改革、开放、发展营造公正的法治氛围。[②] 十八届五中全会提出开放是国家繁荣发展的必由之路，要施行合作共赢的开放战略，构建广泛利益共同体，为继续推进“一带一路”倡议，持续扩大对外开放提供了保障。[③] 无疑，“开放”发展旨在拓展发展的视野和格局，以促使我国更加繁荣昌盛。这就决定了在“开放”理念下，金融机构社会责任的国内立法应兼容并包，积极借鉴社会责任国际标准，通过直接纳入立法程序转化为国内法一部分的方式，实现国内立法与国际立法的良性互动。

随着企业社会责任运动的日渐成熟，目前国际上也相继颁布了一系列规制金融机构社会责任的相应规则，为我国金融机构社会责任立法提供了良好的借鉴意义，代表性规则如下：(1)赤道原则。所谓赤道原则，即由世界主要金融机构根据国际金融公司和世界银行的政策和指南建立的，旨在决定、评估和管理项目融资中的环境与社会风险而确定的金融行业基准。一直以来，国际社会都忽视金融机构践行社会责任的重要作用，而金融机构社会责任评价标准的缺失也对世界金融的发展形成一定的梗阻，而赤道原则的提出则可有效回应这一问题。赤道原则尝试明确和细化环境和社会责任的适用标准，规定了国际项目融资应当适用的最低标准。同时，赤道原则还创新性地规定了金融机构社会责任标准，这对于促进整个金融业的可持续发展具有历史性意义。(2)《联合国全球契约》。该契约由联合国发布，旨在促使全球达成“共同原则和价值观”，运用全球力量促使企业秉持对社会和公民负责任的观念，从而使各企业主动积极回应全球化所带来的种种挑战。根据《联合国全球契约》，各个企业应当依循包括劳工、人权、环境等内容的十项原则。尽管加入该契约的来自全球各地的企业组织形式和经营

---

① 参见《中共中央关于全面深化改革若干重大问题的决定》，载 http://www.gov.cn/jrzg/2013-11/15/content_2528179.htm，最后访问日期：2018 年 4 月 22 日。

② 参见《中共中央关于全面推进依法治国若干重大问题的决定》，载 http://www.ce.cn/xwzx/gnsz/gdxw/201410/28/t20141028_3795791.shtml，最后访问日期：2018 年 4 月 22 日。

③ 参见《中共中央关于制定国民经济和社会发展第十三个五年规划的建议》，载 http://cpc.people.com.cn/n/2015/1103/c399243-27772351.html，最后访问日期：2018 年 4 月 22 日。

业务有所差异，但仍具有相同特点，即这些企业皆为领头者，通过承担起社会责任共同促进全球经济发展，在此过程中关涉多个利益主体，如雇员、股东、社区等。[①] (3)社会责任管理标准SA8000(Social Accountability 8000,SA8000)。该标准可以说是国际上首个规范企业社会道德责任的规则，其主要以保护劳动者合法权益为核心构建了一系列管理标准体系。[②] (4)ISO 26000(26000 Guidance launched from the International Organization for Standardization,ISO 26000)。ISO 26000是国际标准化组织的一个国际标准文件——"ISO 26000 社会责任指南"(Guidance on Social Responsibility)的技术编号。设计该标准的宗旨即为促进国际对社会责任达成共识，为国际上的相关组织确立一个相对清晰的社会责任框架，从而促进企业的可持续发展。[③] (5)国际劳工标准。联合国有一个专门负责保护劳动者权益的机构，即国际劳工组织，该组织设立的目的为实现实质公平，保护人权和劳工权益。该组织主要通过起草和制定建议书、公约来确定国际劳动的相应规则和标准，包括集体谈判、结社自由、废除强迫劳动等标准。[④] (6)OECD跨国公司指南(OECD Guidelines for Multinational Enterprises)。经济合作与发展组织在1976年制定和发布的该指南是迄今为止唯一由多国签署的、较全面的综合性跨国公司行为准则，旨在通过提供重要企业活动的全球框架，帮助国家和企业、工会以及非政府组织促进可持续实践。该指南被认为是世界上最为重要的公司自律行为规范之一，共包括10章，内容涵盖了大多数公司行为。这些章包括概念与原则、一般政策、信息公布、劳资关系、环境、打击贿赂、消费者利益、科学技术、竞争、税收。(7)ICCR全球公司责任准则(Interfaith Centre on Corporate Responsibility,ICCR)。为了积极促进企业社会责任与人类社会以及生态之间的可持续发展，全球公司责任准则应运而生。该准则在1995年正式提出，并于1998年由加拿大、英国和美国的宗教团体合作机构进行修订。该准则为全球企业

---

① 参见中国企业联合会：《引领全球企业的全球契约》，载《上海企业》2005年第11期。

② 参见徐学勤：《走进SA8000——关注企业社会责任管理标准》，载《科技创新导报》2008年第20期。

③ 参见郑文智：《民营企业雇主社会责任管理实证研究》，华侨大学2010年博士学位论文。

④ 参见周少青：《论三重框架下的劳工标准问题》，载《河北法学》2004年第11期。

社会责任提供了道德标准,其基本内容包括外部社区和公司业务社区两部分。(8)《可持续发展报告》指南。在可持续发展目标下,全球报告倡议组织(Global Reporting Initiative,GRI)主要负责对企业的环境、经济、社会三方面绩效进行评估,并通过报告形成公之于众,该报告即为《可持续发展报告》。该报告首次确立企业可持续发展报告的内容和框架,确立了统一的方法、语言和规则,适用于任何企业,因而被企业广泛采用。[①] (9)AA1000系列标准。AA1000系列标准是由《AA1000原则标准》(2008)、《AA1000核验标准》(2008)和《AA1000利益相关方参与标准》(2005)组成的。该系列标准为审计提供了系统且一致的基本准则,涵盖了企业信息披露和社会责任绩效的各个方面,旨在通过提高社会和道德标准、第三方设计标准和报告质量来支持机构向可持续发展目标迈进。

上述国际标准为我国金融机构社会责任立法提供了不错的借鉴意义,故而在"开放"理念下,我国立法应以鼓励金融机构积极采纳国际标准为基本要求,促进金融机构的业务经营、内部治理与国际先进标准接轨。

(五)"共享"理念对中国金融机构社会责任立法的价值取向与基本原则的新要求

"十八大"报告强调要须始终把实现好、维护好、发展好最广大人民根本利益作为党和国家一切工作的出发点和落脚点,保障人民各项权益,不断实现发展成果由人民共享。[②] 十八届二中全会提出要进一步做好保障和改善民生工作,时刻把群众安危冷暖放在心上,落实好各项惠民政策,不断在实现全体人民学有所教、劳有所得、病有所医、老有所养、住有所居目标上取得实实在在的进展,这使得民生工作更"接地气"。[③] 十八届三中全会指出要让发展成果更多、更公平地惠及全体人民,体现了中国特色社会主义的

---

① 参见黄江宁、朱嫵:《GRI环境业绩指标体系在中国的法律基础探析》,载《中国市场》2007年第17期。

② 参见《坚定不移沿着中国特色社会主义道路前进为全面建成小康社会而奋斗报告》,载http://phycjy.pinghu.gov.cn/readnews.asp? id=3121,最后访问日期:2018年4月22日。

③ 参见《中国共产党第十八届中央委员会第二次全体会议公报》,载http://www.farmer.com.cn/sh/fz/fzxw/201303/t20130301_814311.htm,最后访问日期:2018年4月22日。

本质。[①] 十八届五中全会明确指出共享是中国特色社会主义的本质要求，使全体人民在共建共享发展中有更多获得感，朝着共同富裕方向稳步前进，这是对中国特色社会主义本质的最生动诠释。[②] 应当看到，共享发展旨在解决社会公平正义问题，其思路是更公正地分配发展成果，更好地体现中国特色社会主义的本质要求。具体到金融机构践行社会责任的立法层面，"共享发展"理念为确定中国金融机构社会责任立法的价值取向与基本原则提出了利益主体全覆盖之要求。

传统的企业理论认为，企业经营的唯一宗旨即为经济利润最大化，股东享有企业剩余索取权以及控制权，企业治理结构仅是"资本雇佣劳动"型的单边治理结构，此乃"股东至上"的逻辑理论。[③] 但是，随着证券化程度、物质资本社会化的提升以及社会公众对企业社会责任的日益关注，上述逻辑理论遭受了一定的冲击。根据利益相关者理论，在本质上，企业仅仅是各相关主体订立的"一组契约"，此乃意味着：[④](1)企业的宗旨不只局限于追求利润最大化，还应追求整个企业价值的最大化。这彰显了各个利益相关者的不同价值和利益诉求。虽然不同的利益主体对企业的利益诉求不尽相同，如债权人的诉求为如约获得本息、股东的诉求为实现资本最大化、雇员的诉求为工资不断增长、政府的诉求为企业创造的收益最大化等，但是，上述不同的利益诉求皆被囊括在企业的整体价值最大化之中，无疑企业价值最大化方能准确表达企业的经营理念和宗旨。(2)不同的利益相关者付出的各种资本以及共同营造的良好环境构成企业发展的物质保证和基础。而上述资本除包括股东所投入的股权资本之外，还包括经营者、雇员、债权人、客户等主体投入的其他资本。上述资本以及良好的经营环境对于企业的经营和发展至关重要，在此层面，我们可以清楚地认识到，企业在实质上

---

① 参见《中共中央关于全面深化改革若干重大问题的决定》，载 http://www.gov.cn/jrzg/2013-11/15/content_2528179.htm，最后访问日期：2018 年 4 月 22 日。

② 参见《中共中央关于制定国民经济和社会发展第十三个五年规划的建议》，载 http://cpc.people.com.cn/n/2015/1103/c399243-27772351.html，最后访问日期：2018 年 4 月 22 日。

③ 参见仝君：《统筹城乡发展中的合作治理探析——基于一个合作治理结构模型的建构》，载《重庆行政》(公共论坛)2011 年第 3 期。

④ 参见张兆国：《利益相关者视角下企业社会责任问题研究》，中国财政经济出版社 2014 年版，第 44~46 页。

就是由不同资本形成的联合契约。(3)企业的整体利益不应局限于股东的个人利益,而是包括各个利益相关者的所有利益。换言之,企业在经营过程中应当同时兼顾股东和其他利益相关者的利益。(4)企业的发展必须依靠全体利益相关者的共同经营,而非仅仅依靠股东。唯有遵循此种企业发展模式,企业方能得到来自各利益相关者所投入的全部资源,进而实现企业的整体价值最大化。上述结论即为利益相关者理论的核心思想。

具体到金融机构社会责任理论中,长期以来,我国金融行业及股东享受了国家政策、法律倾斜之下的超额利润,然而近年来金融机构乱收费、金融机构员工"过劳死"等问题频发,昭示出我国金融机构未能协调好其与其他相关利益主体之间的利益冲突,反映了我国金融机构践行"共享发展"理念不足的现实。这就要求我国金融机构社会责任立法不能仅仅倾向于金融机构的利益,而是应兼顾客户、社区、环境、政府、国家等所有利益相关者之利益,实现企业成果由所有利益相关者共享。

二、新发展理念对中国金融机构社会责任立法的价值取向的指导意义与具体价值取向的确定

立法的价值取向直接影响到相关立法标准、立法方式、立法内容等诸多方面,以"新发展理念"为指导完善中国金融机构社会责任的具体制度,就要求必须首先以"创新、协调、绿色、开放、共享"五个方面的发展新理念为指导,界定相应的立法价值取向。具体内容如下。

(一)依据"创新发展"理念,我国金融机构社会责任立法的具体价值取向为"效率"

"创新发展"理念对金融机构社会责任立法提出了如下基本要求,即金融机构自身在践行社会责任方面实现创新,增强践行社会责任意识,将践行社会责任上升到金融机构的企业文化,落实到内部督促机制,以及金融机构在要求客户践行社会责任方面实现创新。以上述要求为准则,"效率"应当为我国金融机构社会责任立法所秉持的价值取向,以促使金融机构践行社会责任所产生的社会效益最大化。

效率等同于效益,最初学者对其所下的定义为:用最少的资源获得最多

的成果,实现价值最大化。[①] 当代经济学逐渐发现了成本包括私人成本和社会成本,收益包括私人收益和社会收益,而经济也具有外部经济性和外部不经济性,故而成本与收益也有了更为宽泛的定义。[②] 此即意味着,如今通过经济分析研究方法判定某行为或制度的效率时,不能简单比较单个主体的成本和收益,而是应当将该行为或制度所涉及的全部利益相关者的成本与收益进行权衡,唯有如此,方能更为准确、科学地判断出某行为或制度是否具有效率。同理,金融机构社会责任要求金融机构在内部管理和业务经营时不能仅考虑股东利益,更应综合考虑所有利益相关者之利益,实现全体利益的最大化;要求相关立法应关照金融机构所有利益相关者的权利和义务。在此层面,金融机构社会责任不仅有利于金融机构的自身发展,更有利于金融机构所有利益相关者之利益。

"创新发展"理念下的金融机构社会责任立法可以促进经济活动领域的"投入少而产出多"的效率追求,具体表现为:

第一,利益相关者参与金融机构治理可以降低代理成本。"创新发展"理念要求金融机构完善公司独立董事制度,强调股东、董事、经理、员工等主体的多方治理。在制度层面上,金融机构社会责任强调拓宽所有利益相关者参与公司事项的范围以及利益相关者自身的范围。众所周知,在金融机构的组织架构中,所有权和控制权分离乃常态,由此引致经理人员利用其优势地位而为自己谋福利,进而产生代理成本。鉴于信息偏在效应,使得股东难以监测金融机构经理人的行为。但是,雇员在金融机构内部则能更加方便地监测到经理人的行为,同样,债权人相较于股东来说也有信息上的优势。是故,这些利益相关者加入到企业治理中无疑能减少代理成本。当然,利益相关者对金融机构治理的参与不仅仅体现在内部治理结构中,更体现在外部市场中。在此之中,法律的作用在于为利益相关者的参与治理提供保障机制。如是,不但能够激励各利益相关者致力于提升金融机构的经营效率,还能妥善解决快速决策与广泛参与之间的矛盾,使得金融机构的决策

---

① 参见张文显主编:《法理学》,高等教育出版社、北京大学出版社 1999 年版,第 311 页。
② 参见谢鹏程:《基本法律价值》,山东人民出版社 2000 年版,第 133 页。

富有效率。[①]

第二,尊重人力资本有助于确保金融机构具有创新能力。传统观点认为在公司运营中,物质资本非常重要,而金融机构社会责任强调人力资本亦应受到重视,物质资本和人力资本在金融机构经营中同样重要,[②]两种资源皆为金融机构经营中至关重要的因素。金融机构社会责任使人们意识到人力资本的重要性,其不再隶属于物质资本,而是和物质资本同等重要,由此彰显出对劳动者权益的关照。这无疑将激励金融机构劳动者的工作热情,从而使金融机构的经营更富效率。公司的有限责任和契约的不完备性,使得公司的股东往往牺牲公平而只注重效率,关注资本市场上的套利机会。而当公司发生破产之虞,股东则会采取"用脚投票"策略跑路,却不会考虑如何拯救公司。反观公司的雇员和经营者,由于他们为公司投入了很多人力资本,若公司破产,直接会降低人力资本的价值,故而这些利益相关者会自发地关注公司的发展情况。在此层面,金融机构社会责任无疑会更有助于金融机构的长远发展。此外,充足、富裕的创新能力能够使金融机构获得更多的收益,而创新能力的重要来源则是人力资本。由于人力资本已经处于和物质资本相同的地位,因而利益相关者参与公司治理变得更加容易和可行。[③] 譬如,优化雇员工作的环境以及提升对其利益的保护程度,有助于激励雇员积极主动地创造收益,从而提升金融机构运行的整体效率。1962年,基尔比(Peter Kilby)发表了国际劳工组织(International Labor Organization)的生产率论证机构对印度、缅甸等国家不同行业调查的报告结果。根据该报告,优化雇员薪酬支付方式、整顿工厂架构、转变雇员的培训方式等,能够增加工厂产品的质量,同时劳动生产率平均提升3/4,单位劳动和单位资本的成本减少约1/3。上述数据深刻揭示了人力资本与生产效率的正向关系。[④] 上述例证尽管不是发生在金融机构,但事实上两者的运作机理却是相同的,换言之,在金融机构中提升对员工的利益保护,依然

① 参见王艳梅:《公司社会责任的法理学研究》,吉林大学2005年博士学位论文。

② 参见卢代富:《企业社会责任研究:基于经济学与法学的视野》,法律出版社2014年版,第189页。

③ 参见王艳梅:《公司社会责任的法理学研究》,吉林大学2005年博士学位论文。

④ 参见黎友焕:《中国企业社会责任研究》,中山大学出版社2015年版,第105页。

可以间接提升员工的劳动生产率。

（二）依据“协调发展”理念，我国金融机构社会责任立法的具体价值取向为“秩序”

“协调发展”理念对金融机构社会责任立法提出了如下基本要求，即实体性规定与程序性规定相协调、权、义、责三者相协调以及立法调整的主体相协调。以上述要求为准则，“秩序”应当为我国金融机构社会责任立法所秉持的价值取向，从而结束既有立法的“无序”状态并弥合落差。

秩序“意指在自然进程和社会进程中存在着某种程度的一致性、连续性和确定性”。[①] “法律不仅仅在乎正确的结果，更在乎法律的稳定性和可靠性。为实现这种稳定性和可靠性，法律往往会漠视公平正义。”[②]依法治国的前置要件即制定规范性制度以及对该制度严格遵循。“所有的社会公众各有各的长处，大家应当各司其职，发挥优势，从而使得整个社会成为统一的整体。”[③]在当代法治社会中，金融机构作为重要的中介机构，其所实施的所有行为皆应遵循法治秩序，同时还应致力于发展和完善法治秩序，这也正是让金融机构承担社会责任的初衷。

时代和阶级背景的差异使得人们对秩序的界定不尽相同。目前主要有等级结构秩序观、自由平等秩序观、社会本位秩序观三种观点，其中社会本位秩序观乃金融机构社会责任所秉持的价值观。[④] 庞德指出，秩序应当强调公民的利己本能和合作本能之间的和谐均衡，这就需要法律注重社会整体利益而非单纯强调个人的自由和权利。法国公法学家狄骥认为，国家的全部公民因劳动分工所形成的依赖关系构成了社会的秩序。[⑤] 而维持这种社会秩序的先决条件为具有社会连带关系所衍生出的相关法则。该法则必须凌驾于政府之上，且能够广泛适用于所有公民。上述理论在公司法的应用主要表现为金融机构社会责任。概言之，在金融机构社会责任领域，社会

---

① 姚金海：《公司社会责任的法哲学思考》，载《湖南社会科学》2004 年第 5 期。

② ［美］理查德·A. 波斯纳：《法理学问题》，苏力译，中国政法大学出版社 2002 年版，第 65 页。

③ ［美］E. 博登海默：《法理学——法律哲学与法律方法》，邓正来译，中国政法大学出版社 2004 年版，第 255 页。

④ 参见王艳梅：《公司社会责任的法理学研究》，吉林大学 2005 年博士学位论文。

⑤ 参见张文显主编：《法理学》，高等教育出版社、北京大学出版社 1999 年版，第 225 页。

本位秩序观要求金融机构应兼顾所有利益相关者之利益,而非单纯注重股东利益。

“协调发展”理念下的金融机构社会责任立法对秩序具有明显的促进作用,具体表现为:其一,金融机构社会责任构建了金融机构其他利益相关主体的秩序。传统观点认为,公司只需要向股东负责,无需向雇员、客户、消费者等其他利益相关者负责。而公司社会责任说则突破了传统观点,认为股东、社区、消费者、雇员等主体皆与金融机构的经营发展休戚相关,金融机构应当努力迎合上述利益相关者的不同诉求,唯有如此,方能在变动不居的金融市场中稳固地位。金融机构欲取得社会绝大多数人的认可,必须尽到公民义务。所谓公民义务,即“旨在兼顾自身利益和社会利益而实施行为”之义务,其包括但不限于崇尚人道主义精神,如推行平等的工作环境;通过慈善活动等推动社区发展;保护周边环境,如为提升空气和水的质量作贡献;将投资者利益摆在首要位置等。[①] 换言之,公民义务强调金融机构理应对其影响环境、社区以及社会公众的一切行为负责。总之,金融机构承担社会公民义务,意味着对利益相关者负责;反过来,对利益相关者负责,也就履行了金融机构社会责任。也即是说,金融机构不能时刻将股东利益置于首要位置,其必须综合考量所有利益相关者的不同诉求。金融机构社会责任构建了金融机构与其他利益相关者间的利益网络,形成了以金融机构为核心的利益场。无疑,金融机构社会责任凭借其富有逻辑和创新性的理念,赋予了金融机构更加广泛的权利义务制定规则。其二,关注群体利益,促成健康有序的商事信用秩序。交易双方彼此信任,乃促成交易的关键因素。唯有完全相信彼此能够严格依循交易规则,交易才能得以顺利进行。当代法律秩序的一个关键内涵即为“交易信赖”。所谓交易信赖,是指平等主体在交易关系中形成的信赖。在商事交易领域,此种信赖可以表达为商事信用。商事信用较为特殊,其为“经营性信用,即与盈利相关的一种特殊信用”。[②] 是故,金融机构社会责任强调对盈利目标和兼顾所有利益相关者

---

① 参见王艳梅:《公司社会责任的法理学研究》,吉林大学2005年博士学位论文。

② 冯果:《由封闭走向公开——关于商事信用的若干理论思考》,载中国法学会商法学研究会编:《中国商法年刊》(第2卷),吉林大学出版社2002年版,第32页。

利益目标之协调，因为社会公众的信赖形成一种社会资本，“社会资本与人力资本有所差异，其无法通过理智投资而取得。社会资本强调社会公众必须诚实、忠诚，依循普适的道德规则。在此意义上，建立于道德习俗之上的社会资本很难被瓦解”。[①] 当社会拥有较为充裕的社会资本时，则意味着具有更加稳固牢靠的商事信用秩序。

（三）依据“绿色发展”理念，我国金融机构社会责任立法的具体价值取向为“可持续”

“绿色发展”理念对金融机构社会责任立法提出了促进可持续金融发展的要求。以该要求为准则，“可持续”应当为我国金融机构社会责任立法所秉持的价值取向，从而使金融机构的业务经营与环境生态能够和谐共存。

可持续发展是绿色金融法律化追求的核心价值。可持续发展是指既满足现代人的需求又不损害后代人满足需求的能力。可持续发展强调兼顾长远利益和短期利益，兼顾长远目标和短期目标，从而实现环境、经济、社会等的综合发展。当可持续发展与金融相融合，则引出了可持续金融之概念。[②] 如前所述，所谓可持续金融，即以保护环境为宗旨，树立金融机构的经营理念、管理制度和业务流程，使金融机构的经营既能保护环境，又能实现自我发展。[③] 近几年，世界很多国家纷纷出台有关可持续金融的相关政策文件，譬如，法国相关法律明确规定，上市公司对资产负债表每年皆应实行环境压力评估与检测，并撰写和发布相应报告；2014 年年底，英国央行评估了国家保险行业可能引致的气候风险，以避免保险公司的业务经营破坏环境；巴西银行监管体系专门将可持续性目标纳入监管范畴中，要求银行必须起草和制定管理环境风险的治理战略，努力调研其业务经营对环境造成的影响并担负起相应责任；印度政府发行了很多绿色债券，从而加大力度投资绿色项目，促进可持续发展，并对银行业提出了 ESG 治理准则。[④] 其中在

---

① ［美］弗朗西斯·福山：《信任：社会美德与创造经济繁荣》，彭志华译，海南出版社 2001 年版，第 31 页。

② 参见王起国：《绿色证券法制研究》，载《西南政法大学学报》2013 年第 3 期。

③ 参见夏少敏、段凯莉：《绿色信贷业务的利益分析及制度完善》，载《太原理工大学学报》（社会科学版）2014 年第 1 期。

④ 参见杨海珍、李妍：《可持续金融的国际实践》，载《中国金融》2016 年第 24 期。

绿色信贷方面,很多国家通过政策性银行,为绿色项目提供信贷担保或贷款贴息,从而大力推动了清洁能源、低碳交通、绿色建筑发展等方面的纵深发展。例如在德国,复兴信贷银行作为政策性银行,致力于为绿色项目提供贷款,有效推动了德国的可持续发展。而世界上绿色项目最大的贷款方之一即为中国国家开发银行,据统计,截至 2016 年年底,国家开发银行绿色信贷项目贷款余额近 1.6 万亿元,居银行业首位。①

可持续金融旨在保护社会环境,欲强化社会公众的环保观念,提升环境保护力度,故发展可持续金融势在必行。当前,我国正面临共同发展环境、人口、资源、经济的严峻形势,随着经济发展进程的加快,如若继续忽视环境保护在经济发展中的重要地位,经济增长也将停滞不前,难以实现可持续发展。金融业关涉国民经济命脉,可谓我国经济活动的中坚力量。因而若在金融活动中考虑环境保护,则能够反哺我国经济结构,使之向生态型经济转型。是故,当下我国理应重视与关注金融机构社会责任的立法活动,促使金融机构更加重视其业务经营与环境保护间的密切联系,使得可持续金融构成我国可持续发展战略的关键组成部分之一。② 金融机构社会责任立法的生成背景为金融发展和环境保护的深度融合,环境保护与可持续发展理念贯穿始终。社会公众的无限需求和优先资源之间的对立冲突,引发了社会利益纠葛。而法律作为解决、协调利益冲突的工具,能够有效彰显利益诉求与利益冲突,进而平衡利益冲突。③ 立基于环境保护理念的金融机构社会责任立法关注社会整体利益,以社会本位为价值依归,旨在实现金融机构与社会的可持续发展。有学者指出,法治根本之义在于权力制约和权利保障,其基本要求是依良法而善治。④ 具言之,从政府的角度来看,政府应准确定位自己所处的角色,即其应致力于兼顾金融机构利益和社会整体利益,实现全社会的可持续发展。一方面,政府应当起草与发布相应政策意见,激

① 参见《国家开发银行 2016 年可持续发展报告》,载 http://www.cdb.com.cn/bgxz/kcxfzbg1/kcx2016/,最后访问日期:2018 年 3 月 4 日。

② 参见任辉:《环境保护与可持续金融体系构建》,载《财经问题研究》2008 年第 7 期。

③ 参见范少虹:《绿色金融法律制度:可持续发展视阈下的应然选择与实然构建》,载《武汉大学学报》(哲学社会科学版)2013 年第 2 期。

④ 参见马长山:《国家、市民社会与法治》,商务印书馆 2002 年版,第 1 页。

励金融机构正视自身所承载的社会责任，积极保护环境，防范环境风险；另一方面，政府应着手制定相关的法律、法规和政策，推动适合中国国情的绿色金融产品的兴起和蓬勃发展。[①] 从金融业自身来看，金融机构应当起草与发布保护环境的相关文件，并配套相应的管理机制和监督机制，定期公布环境监测评估报告，环境监测评估报告具体应涵盖环境政策和制度、环境社会经济行为指标、环境社会经济行为的金融含义、可持续发展商业机会和支持环境社会经济持续发展的商业创新行为等内容。从具体业务来看，以银行业为例，银行业的主要业务为贷款，因而应注重构建绿色信贷决策制度。银行在评估项目授予贷款之前，应当参照环境因素系数和环境保护标准，从根本上防范污染，杜绝一切可能破坏环境的伪绿色项目。总之，金融机构社会责任立法要求确立可持续金融法治理念，并在可持续价值取向的指导下，秉承“寓义于利”的理念，在金融领域加强金融机构的社会责任。

（四）依据“开放发展”理念，我国金融机构社会责任立法的具体价值取向为“普适”

“开放发展”理念对金融机构社会责任立法提出了兼容并包、积极借鉴社会责任国际标准的要求。以该要求为准则，“普适”应当为我国金融机构社会责任立法所秉持的价值取向，从而有效指导我国相关立法汲取一般性规律，掌握后发优势、实现跨越式发展。

所谓普适性，即指事物所具有的超越时、空条件的稳定、不变的特征和能够应用在所有人身上的价值，其根植于普世主义思想，强调普遍的事实能够被发现且被理解，是作为本土性的对应概念而提出的。[②] 事实上，社会公众所居住的世界具有诸多类似的特征，不同国家的社会公众皆会面临相同的社会问题，对此，不同国家的社会主体提出了相应的规则标准来解决上述问题和困境。那些彰显社会公众法律实践的共同性的规则标准，昭示出世界人类相同的价值追寻。[③] 更为重要的是，“所有法律制度，理应强调那些凌驾于特定经济结构之上的价值，其中最为关键的价值主要包括平等、自由

---

① 参见任辉：《环境保护与可持续金融体系构建》，载《财经问题研究》2008 年第 7 期。

② 参见刘光华：《本土性与普适性：中国经济法研究的反思》，载《兰州大学学报》（社会科学版）2011 年第 6 期。

③ 参见胡海洋：《全球化下应重视文化对法的普适性的认同》，载《当代法学》2003 年第 3 期。

以及安全等”。[①] 此种依托于社会公众生活的共性和相同价值追求而衍生的法的共性,就是法的普适性。事实上,法在调解各种法律关系之中也体现了很多共性,包括立法原则、立法技术等方面。经济全球化对法律的普适性提出了更多的要求,尤其在社会责任领域,推出了国际性的共同规则与标准。如赤道原则、《联合国全球契约》、国际劳工标准、OECD 跨国公司指南、ICCR 全球公司责任准则、社会责任管理标准 SA8000 等。随着各个国家之间频繁的经济往来和文化的交流、融合与吸收,各个国家内部的立法呈现出更高的普适性,即各个国家倾向于相互借鉴与移植他国法律。

有效的金融机构社会责任立法应当可以指导我国相关立法汲取国际立法的一般性规律。该规律包括立法模式、立法原则、立法技术、立法内容等多个方面。值得注意的是,在如今全球化趋势下,金融机构社会责任立法应当妥善处理立法的普适性与特殊性的关系。法旨在调整社会公众之间的利益关系,其肇始于社会生活,根生于国内的传统文化和社会背景。由于各个国家的经济状况、政治体制、民族种类有所差异,加之不同的文化背景,导致法律精神、法律宗旨、法律原则、法律实施等方面具有不同特征,也恰恰是这些差异引导世界朝着多样化、多元化的方向发展。世界各国法律以其特殊性而存在的基于各国不同的文化、经济、政治所表现出来的法律的差异性即是法的特殊性。法的特殊性包括两个层面,一是法律概念和法律规则有所差异;二是法律价值、原则、理念、文化不尽相同。[②] 在处理普适性和特殊性之间的关系上,不能失之偏颇,只注重于其中一方,法的普适性和特殊性应当相互配合、相互促进,形成良性互动。无疑,我国金融机构社会责任立法在应对全球化过程中,理应强调法的普适性与特殊性的紧密结合,以期通过法的特殊性来彰显法的普适性。

(五)依据“共享发展”理念,我国金融机构社会责任立法的具体价值取向为“公平”

“共享发展”理念与企业社会责任的概念存在天然契合,其所强调的人

---

① [美]E. 博登海默:《法理学——法律哲学与法律方法》,邓正来译,中国政法大学出版社 2004 年版,第 2 ~ 3 页。

② 参见胡海洋:《全球化下应重视文化对法的普适性的认同》,载《当代法学》2003 年第 3 期。

人享有、各得其所，而不是由少数人垄断享有发展利益的观点，恰恰体现了企业社会责任理论所强调的应照顾全体利益相关者，而非仅仅是股东利益的核心要义。基于此，“共享发展”理念对金融机构社会责任立法提出了利益主体全覆盖之要求。以该要求为准则，“公平”应当为我国金融机构社会责任立法所秉持的价值取向，从而实现各利益相关者共享发展收益。

在法律上，公平的表现形式为平等配置法律主体的权利和利益。但是，赋予当事人权利，只是为法律主体享有权利提供了平等的机会和条件，但不能确保其能实质上获取权利和利益，因为“法律必须把人、物和事件划分为不同类型，并根据相应标准进行规制与调整”。① 对不同主体划分为不同类型，暗示出法律承认社会中的主体具有强势和弱势之差异。是故，契合社会公众内心理想的实质公平只不过是一种道德上的期盼，并非法律所能肩负的任务。② 法律所致力达到的公平，乃是一种相对意义上的公平，即只局限于“凡为法律视为相同的人，都应当以法律所确定的方式来对待”。③ 而金融是国家与政府进行宏观调控的关键工具之一，国家通过金融体制来调整经济，主要是运用各种金融杠杆调节货币供给总量和结构，在全社会配置货币资金，从而规范国民经济的运转，以保持经济总量之平衡。④ 国家通过立法规定金融机构社会责任时，应着眼于社会总体的公平，即要求金融机构的发展结果应普惠于所有利益相关者，而非仅仅股东获益。

值得注意的是，金融机构社会责任强调兼顾社会利益和经济利益，金融机构践行社会责任不但有助于提升自身效率，更能贯彻社会正义，实现效率和公平的统一。“效率”是资源投入和产出的比率，旨在强调价值的高效生产；“公平正义”是对正直美德、公道心的彰显，旨在强调价值的公平分配。最初，人们对效率仅仅关注生产效率和资本积累，但随着社会经济的高度发展，效率的内涵也发生了变化，它更注重多种价值的共同提升。强调金融机

① [美]E. 博登海默：《法理学——法律哲学与法律方法》，邓正来译，中国政法大学出版社2004年版，第285页。

② 参见江帆：《经济法的价值理念和基本原则》，载《现代法学》2005年第5期。

③ [美]E. 博登海默：《法理学——法律哲学与法律方法》，邓正来译，中国政法大学出版社2004年版，第285页。

④ 参见崔军林：《“绿色金融法”及其价值取向》，载《河南金融管理干部学院学报》2005年第4期。

构承担相应的社会责任之目的,就是要求金融机构在追求经济效益的同时,关注与其经营和发展有关的社会问题,为社会稳定与发展也作出相应的贡献。在经济学上,效益表示投入和产出、成本与收益之间的关系,倡导以最少的资源消耗获得最大的效益,效益是经济学的主题,而公平是法学的主题,经济学考虑的是如何增加社会财富,而法学考虑的是如何公平地分配社会财富。[①] 随着法律对社会经济生活的影响,效益已成为当代法律的基本价值目标。金融机构的经济活动可以用效益作为评价标准,也可以用公平公正作为评价标准,法律对许多权利的安排或手段方式的选择,常常以公平和效益的双重目标为依据。事实上,从更广义的角度观之,公平与效率相互依托,相互耦合。公平存在的前提是提升效率,而效率的实现也必须符合公平正义。金融机构践行社会责任即是致力于公平和效率合二为一的社会活动,这就要求金融机构在推动经济增长的同时还应满足公正之要求,不损害其他利益相关者之合法权益。同样,金融机构在维护其他利益相关者利益的同时也应有效率作为保障,因为经济效率提升才是金融机构行动的根本动力。没有效率的公平,只能导致金融机构选择牺牲道德责任,并丧失行动的决心与动力。是故,金融机构社会责任立法应当以兼顾公平与效率为核心。金融机构社会责任不仅涵盖经济和社会效率原则,也包括分配公平和关心社会的正义价值,更正了金融机构的片面理性观念,可以说,金融机构社会责任的内在价值即体现为效率与公平的内在统一。效率和公平的统一亦彰显了金融机构践行社会责任的合法性,是金融机构社会责任作为理论命题和管理实践具有生命力的重要原因。

三、新发展理念对中国金融机构社会责任立法的基本原则的指导意义与具体原则的确定

(一)依据“创新发展”理念,中国金融机构社会责任立法的基本原则确定为“利益相关者利益最大化原则”

依“创新发展”理念下的“效率”价值观,金融机构社会责任要求金融机构在采取行动时既追求股东利润最大化,又最大限度地考虑非股东利益相

① 参见周丽莎:《少数民族文化权保护立法研究》,中央民族大学2013年博士学位论文。

关者的利益;金融机构社会责任也涉及金融机构及其参与者之间的权利义务配置问题,它要求以一种对金融机构的所有利益相关者负责任的政策取向构造金融机构以及金融机构参与者之间的权限结构。[①] 是故,以"创新发展"理念观之,中国金融机构社会责任立法的基本原则应被确定为"利益相关者利益最大化原则"。

在全球化浪潮中,社会、经济、环境等因素深入融合,任何一方都不可偏废。金融机构不但是经济体系中的中坚力量,区域社会中的团体机构,更是对环境能够产生直接影响的关键主体。是故,金融机构应不仅仅着眼于实现自身利益最大化,还应努力为创造实现利益最大化的环境、社会等作出贡献。有经验和远见的企业家往往能看到,优化雇员薪资结构、保护社会环境、关注慈善捐助活动有利于企业的长远发展。特别是从可持续发展理念观之,金融机构若仅追求经济利益最大化未免有些眼光短浅,尤其在可持续发展的理念中,金融机构仅以追求利润最大化作为终极目标显得过于狭隘和自私,其应关照社会其他利益相关者之利益。[②] 金融机构应当以最大限度地实现利益相关者利益最大化为准则和目标,在创造利润、对股东利益负责的同时,还要承担对员工、消费者、社区和环境等利益相关者的社会责任,包括遵守商业道德、保护劳动者的合法权益、保护环境等。[③]

(二)依据"协调发展"理念,中国金融机构社会责任立法的基本原则确定为"一致性原则"

依"协调发展"理念下的"秩序"价值观,金融机构社会责任立法要求建立金融机构与多方位的社会主体的利益相关秩序;要求关注群体利益,促成健康有序的商事信用秩序。[④] 是故,以"协调发展"理念观之,中国金融机构社会责任立法的基本原则应被确定为"一致性原则"。

一致性原则主要包含以下四个层面的内涵:第一,指导立法实现金融业内践行社会责任标准的统一化、规范化;第二,使权、义、责在立法中的权重

---

① 参见王艳梅:《公司社会责任的法理学研究》,吉林大学2005年博士学位论文。

② 参见王春梅、许明华:《关注社会责任——企业可持续发展的必经之路》,载《商业经济》2005年第3期。

③ 参见顾文忠:《企业社会责任对我国对外贸易的影响》,南开大学2012年博士学位论文。

④ 参见王艳梅:《公司社会责任的法理学研究》,吉林大学2005年博士学位论文。

保持一致;第三,使实体性和程序性规定在立法中的权重保持一致;第四,使行业协会以及非政府组织等民间监督力量的相关规定与直接规范金融机构践行社会责任的立法权重保持一致。其中,金融机构社会责任国家标准的一致性问题尤为关键。一个统一的国家标准是推动企业社会责任在一个国家得到规范和持续深入发展必不可少的条件。[①] 然而,目前我国尚未制定一个这样的社会责任标准。实际上,在社会责任国际标准 ISO 26000 发布后,各个国家制定统一的社会责任国家标准进程明显加快。2011 年就已有 36 个国家采用和将 ISO 26000 转化为自己国家的标准。而且,不仅多个发达国家纷纷制定了社会责任国家标准,一些发展中国家也开始探索和制定统一的社会责任标准。比如,2011 年 7 月,印度政府发布了第一份企业社会责任领域指导准则即《印度企业社会、环境和经济责任资源准则》。[②] 因此,我国应适应国际企业社会责任发展潮流,尽快出台统一的企业社会责任国家标准,为我国企业开展社会责任实践提供重要依据和指导。在此基础上,出台统一的金融业社会责任标准,为金融机构践行社会责任提供有力指引。

(三)依据"绿色发展"理念,中国金融机构社会责任立法的基本原则确定为"金融机构合理赋权原则"

依"绿色发展"理念下的"可持续"价值观,金融机构社会责任立法要求促进可续持金融发展,引导金融机构将履行社会责任的动机从消极的合规性动机转向积极的自发性动机。是故,以"绿色发展"理念观之,中国金融机构社会责任立法的基本原则应被确定为"金融机构合理赋权原则"。

一般而言,凡是立法皆涉及法律激励。所谓法律激励是指把激励制度上升到法律层面,来规范主体行为,产生"激励"效应。法律激励包括正向激励(奖励性的)和反向激励(惩罚性的),即通过明确相关主体的权利和责任等法律规范的设置来实现。其中,正向激励也可称为赋权。以绿色信贷为例,德国、美国等发达国家的法律激励做得比较好,这些国家的相关实践

① 参见肖红军、郑若娟:《CSR 推进机制建设的主要问题及应对》,载《WTO 经济导刊》2014 年第 9 期。

② 参见肖红军、李伟阳、许英杰:《企业社会责任评价研究——反思、重构与实证》,经济管理出版社 2014 年版,第 249 页。

很好地验证了绿色信贷法律激励机制的合理性。德国把财税激励用立法形式予以规范,政府专门安排了复兴信贷政策性银行来实施绿色信贷法律激励制度,如此保证了政府的激励性资金得以公开、公平与高效运用,并取得了良好的社会效果。例如,对提供给绿色项目贷款的银行给予一定的贷款贴息,对贷款从事绿色产业项目的企业,给予不到1%的贷款优惠利率,贷款期限可持续10年,以保证绿色产业的可持续发展。① 美国实施绿色信贷法律激励机制相对来说较为顺利,原因在于设计了较为合理和科学的激励机制并适用于相关立法中。例如,美国1978年出台的《能源税收法》,把财税激励等措施上升到法律层面。

借鉴国际经验,中国亦应尽快出台相应激励机制,以推动具有环境保护作用的金融创新。以银行业为例,为鼓励绿色信贷高速发展,应构建相应财税制度对其形成正面激励。其一,先从宏观层面鼓励银行业贯彻绿色信贷政策,推动社会企业的绿色发展,形成环保经济的社会氛围。如可以规定银行业对进行绿色经营、符合国家产业政策、有助于节能减排的企业提供绿色信贷服务,在一定期限内免征营业税或适当授予一定的贷款利息优惠;而对于化工、电力、钢铁等严重破坏环境的行业的企业贷款则应对信贷进行适当控制,即规定较高的贷款利率。其二,国家应对实施绿色信贷政策的银行给予一定的财政补贴。因为银行既对拥有绿色项目的企业给予贷款优惠,同时又减少了对其他企业的贷款,无疑将削减银行的经济利润,从而影响银行践行社会责任的动力。此时,财政补贴可以发挥正向激励作用,保障银行具有符合自身发展需求的盈利水平。② 同时,由于具有绿色项目的企业往往是经济实力较为孱弱的新兴企业,这意味着银行对这些企业放贷将面临更高的经营风险,若这些企业无法按时还清贷款,国家可以对银行给予一定的补贴,从而消除银行的顾虑,保证银行对绿色信贷的忠诚。如此,在绿色信

---

① 参见曾煜、陈旦:《供给侧改革背景下绿色信贷的制度创新》,载《江西社会科学》2016年第4期。

② 参见田秀丽:《绿色信贷激励机制分析》,载《内蒙古财经学院学报》(综合版)2012年第4期。

贷推行初期,国家、银行、企业三方应联动共同促进绿色信贷发展。①

无疑,有效的制度安排能够促使金融机构兼顾经济责任和其他社会责任。激励机制包括运用价格、税收、信贷、收费、保险等经济手段调节影响经济主体的行为,对不承担社会责任的金融机构及其客户,采取禁止或限制性规范,对符合社会责任要求的金融机构及其客户则采用减免税收、费用、贴息贷款、财政补贴等鼓励性规范,以确保金融机构有效践行社会责任。限制性规范与鼓励性规范并举,以促进金融机构及其客户积极履行社会责任。②

(四)依据“开放发展”理念,中国金融机构社会责任立法的基本原则确定为“对标国际原则”

依“开放发展”理念下的“普适”价值观,金融机构社会责任立法应当可以指导我国相关立法汲取国际立法的一般性规律,掌握后发优势、实现跨越式发展。是故,以“开放发展”理念观之,中国金融机构社会责任立法的基本原则应被确定为“对标国际原则”。

目前,国际上的金融机构社会责任标准主要有以下三种:一是政府间国际组织制定的标准;二是非政府组织制定的标准;三是各跨国公司自身制定的规定。③ 事实上,金融机构采用国际标准,不仅有助于督促其践行社会责任,亦有助于其自身的发展。以赤道原则为例,赤道原则可以帮助金融机构获得如下优势:(1)作为国际通行的社会责任标准有助于金融机构降低成本,从而提升收益;(2)具有国际通行的金融机构社会责任执行大纲,有助于提升项目审核和通过的效率;(3)赤道原则的采纳有助于提升项目融资通过的概率;(4)赤道原则的采纳有助于降低贷款的风险;(5)赤道原则的采纳有助于金融机构获得更高的声誉和社会公信力。例如,瑞穗银行在采纳赤道原则之前,其项目融资的世界排名在20名左右,但自2003年采纳赤道原则之后,其融资排名大幅上升,排在世界第3名。无疑,采纳赤道原则

---

① 参见曾煜、陈旦:《供给侧改革背景下绿色信贷的制度创新》,载《江西社会科学》2016年第4期。

② 参见范少虹:《绿色金融法律制度:可持续发展视域下的应然选择与实然构建》,载《武汉大学学报》(哲学社会科学版)2013年第2期。

③ 参见李雪平:《企业社会责任国际标准的性质和效力——兼议ISO 26000制定中的法律问题》,载《环球法律评论》2007年第4期。

对金融机构提升经营业绩具有显著作用。[①] 同时,对标国际原则,也是中国实行“走出去”战略的必然选择。在国际舞台上,中国欲实现“和平崛起”,则应积极走出国门,由此,中国应当实现从资本输入国向资本输出国的转型。在此过程中,受到国际通行规则的批评在所难免。我们不应当把批评视为国际对中国设立的贸易壁垒,而应严格遵循国际规则进行国际贸易和金融交易,不能使金融业成为以较低标准的“向下游竞争”的推动者。我们当前的任务是推动国内的金融体制与国际通行的金融规则对接,从而使中国在国际舞台上担任保护环境和践行社会责任的负责任的大国,减少因非政府组织的频繁调研所产生的社会舆论压力,获得国际社会的赞赏和支持,如此实现中国真正的“走出去”战略。

对此,我国立法者应当积极调研国际上有关金融机构社会责任的相关规则和标准。中国金融机构应对中国和项目所在国的社会与环境方面的法律与中国和项目所在国批准的国际条约尽量知悉和研究,时刻关注国际有关金融机构社会责任的立法动态。特别是要准确掌握国际金融公司新制定的社会和环境可持续性政策、绩效标准以及信息披露政策。同时,我国金融机构还应将国际规则本土化和内部化,结合自身发展情况和中国国情将其内化为金融机构的内部规则。以赤道原则为例,我国金融机构在采纳赤道原则后,应当积极编写《赤道原则指南》和《赤道原则内部程序》等文件,以对金融机构的相关业务作出明确指引。

(五)依据“共享发展”理念,中国金融机构社会责任立法的基本原则确定为“利益相关者利益平衡原则”

依“共享发展”理念下的“公平”价值观,金融机构社会责任立法应覆盖与关照所有利益主体,妥善权衡不同利益相关者间的权益。是故,以“共享发展”理念观之,中国金融机构社会责任立法的基本原则应被确定为“利益相关者利益平衡原则”。

我们认为,利益相关者利益平衡是以股东利益为前提下的相对平衡。在经济制度下,股东为实现利润最大化而创造公司,可见,盈利才是公司设

---

① 参见陶玲、刘卫江:《赤道原则:金融机构践行企业社会责任的国际标准》,载《银行家》2008 年第 1 期。

立的宗旨,这便是金融机构社会责任的逻辑起点。公司若没有盈利,股东将得不到利益,在此情况下更不能苛责股东推动金融机构践行社会责任,因为这不符合经济人的理性特征。公司盈利与利益相关者利益二者之间的关系,可以说公司盈利是利益相关者利益实现的前提,而保护利益相关者利益又能反过来帮助提升公司盈利。如果公司盈利的目标不能实现,则意味着公司没有足够的资金进行业务经营和日常运作,股东的初始目标也无法实现,如此何谈公司承担社会责任;反之,如果公司实现了盈利目标,则意味着股东利益获得满足,其也更有动力考虑公司践行社会责任问题。无疑,金融机构股东之利益和其他利益相关者之利益相互配合,共同发挥作用。对于股东来说,盈利乃其终极目标,在竞争异常激烈的资本市场和货币市场中,唯有保障股东获取利润,金融机构才能有持续存在的基础,公司践行社会责任才有保障;相反,当金融机构是否存续都成问题时,更不能奢望其基于平等价值保护其他利益相关者的利益了。

四、新发展理念下中国金融机构社会责任立法的价值取向与基本原则之间的互动关系以及法律经济学分析

无疑,作为贯彻与体现了"新发展理念"的产物,"效率、秩序、普适、可持续、公平"的立法价值取向与"利益相关者利益最大化、一致性、金融机构合理赋权、对标国际、利益相关者利益平衡"的立法基本原则之间,存在着一一对应的关系。其互动关系如图 3-4 所示。

根据图 3-4,结合法经济学相关理论,以中国金融机构社会责任立法必须全面遵循上述派生于"新发展理念"的价值取向与基本原则为前提,就如何通过立法形成对金融机构履行社会责任的强大正向引导作用这一问题,我们可以结合"理性人"假设初步分析如下:根据该假设,个体所为之一切行为皆出于利益驱动,在其行动的每一阶段都进行着自觉或不自觉的成本收益计算,金融机构作为排除了情感等非理性因素的拟制人格,"理性人"假设对其的可适用性更强。而根据该假设,金融机构能持续、自发履行社会责任的前提在于,其通过理性计算,确信通过承担社会责任而获取的未来收益将超过其当下支出的当期成本。

欲使立法能成为金融机构理性计算的依据,发挥对它们的引导作用,其

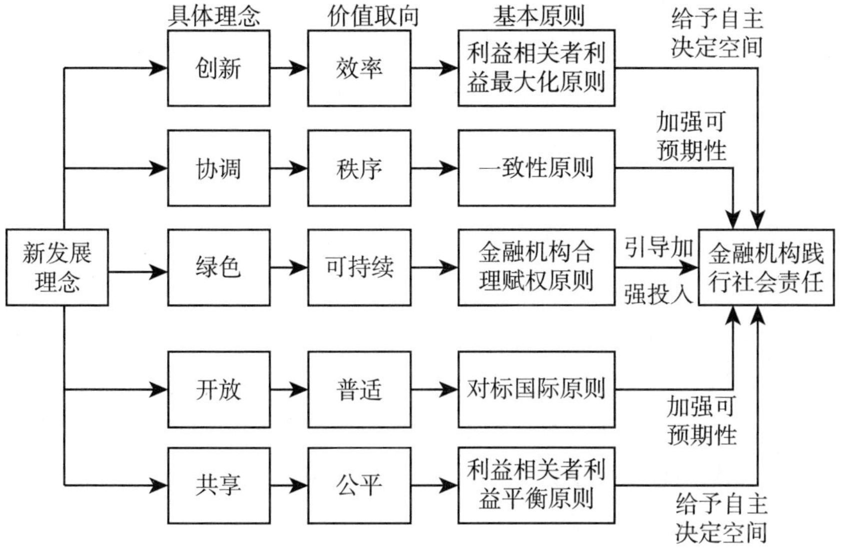

图 3－4 新发展理念下中国金融机构社会责任立法的价值取向与基本原则之间的互动关系

前提之一在于相关制度具有可预期性,金融机构可据以进行相对长期的规划,而无需考虑规划实施期间因制度变更带来的额外合规成本。“协调发展”和“开放发展”的理念正是作用于此,通过确立“秩序”和“普适”的价值取向,推导出构建或完善相关法律制度时应遵循“一致性原则”和“对标国际原则”,为加强相关制度的可预期性,引导金融机构选择遵守相关法律制度奠定了基础。

使立法能成为金融机构理性计算依据的第二个前提,则是相关制度没有过于僵化、“一刀切”,在履行社会责任方面为金融机构预留了足够的自主决定空间,使得金融机构经过理性计算后得出的结论有用武之地,能够付诸实施。“共享发展”和“创新发展”的理念恰恰起到了这个作用,通过确立“公平”和“效率”的价值取向,推导出构建或完善相关法律制度时应遵循“利益相关者利益平衡原则”和“利益相关者利益最大化原则”,允许金融机构就如何平衡和最大化利益相关者的利益进行自主的理性计算和决策、执行。

而确保金融机构倾向于以相关立法为理性计算之依据后,金融机构履行社会责任的积极性如何则取决于具体的立法内容。欲使金融机构履行社会责任成为长期、可持续的常态,立法时就必须考虑“绿色发展”理念,以及其派生出的“可持续”价值取向和“金融机构合理赋权原则”,确保个体金融机构践行社会责任后,在尽可能增加社会整体福利的同时,其自身的未来收益应超过其当期的支付成本。其中,在计算个体金融机构的未来收益时,应考虑到由于搭便车效应的存在,个体金融机构践行社会责任所带来的部分未来收益(如稳定的社会秩序、繁荣的经济),将由全体金融机构共享。

因此,运行良好的金融机构社会责任法律制度在实效上应同时满足下列条件,即假设有 n 个金融机构,其承担社会责任的支出分别为 $C_1, C_2, \cdots C_n$,未来所带来的“效率、秩序、普适、可持续、公平”和“可持续”等共享利益记为 P_i,各金融机构承担社会责任带来的品牌溢价和业务增长等个体收入记为 $P_1, P_2, \cdots P_n$,则需满足 $nP_i + P_1 + P_2 + \cdots + P_n > C_1 + C_2 + \cdots + C_n$,同时需满足 $P_i + P_1 > C_1, P_i + P_2 > C_2$。

具体来说,我们设定目标函数为

$$Max\ Y = nP_i + P_1 + P_2 + \cdots + P_n - C_1 - C_2 - \cdots - C_n, \tag{1}$$

Y 代表社会收益。我们要求解 Y 的最大化收益。

约束条件分别为 $P_i + P_1 > C_1$ (2)

$$P_i + P_2 > C_2 \tag{3}$$

为求解 Y 的最大化收益水平,设定如下拉格朗日函数:

$$Y = nP_i + P_1 + P_2 + \cdots + P_n - C_1 - C_2 - \cdots - C_n + \lambda_1(P_i + P_1 - C_1) + \lambda_2(P_i + P_2 - C_2) \tag{4}$$

该函数旨在帮助我们明晰,金融机构社会责任立法应当赋予金融机构合适的社会责任负担,并在金融机构履行社会责任之未来收益无法弥补其当期支付成本时,通过赋权性规定对其予以弥补,从而实现社会整体收益的最大化。同时,该函数也使得在新发展理念下确定的中国金融机构社会责任立法中的“价值取向”与“基本原则”之间的互动关系,以及协同效应一目了然。

综上,金融机构社会责任立法中的“效率、秩序、普适、可持续、公平”的立法价值应当以实现“金融机构承担社会责任带来的品牌溢价和业务增长等个体收入大于支出成本”为旨趣,以“创新、协调、绿色、开放、共享”发展理念为内核,衍生出“利益相关者利益最大化、一致性、金融机构合理赋权、对标国际、利益相关者利益平衡”的金融机构社会责任立法基本原则,使得立法价值和基本原则彼此呼应，相得益彰，共同致力于引导立法机构对金融机构社会责任立法构建出合理、有效的具体制度。

第四节　金融机构社会责任的立法模式介绍与绩效评估以及新发展理念下中国的方案选择

一、金融机构社会责任的立法模式介绍与绩效评估

金融机构社会责任的立法模式可分为集中式立法模式和分散式立法模式两种，而这两种立法模式都有其各自的理论基础和立法技术来支持。其中，集中式立法模式就是将相关的金融机构社会责任立法全部规定于一部法律之中，属于形式统一的金融机构社会责任立法模式；分散式立法模式则是一方面在基本法中制定公司社会责任的相关原则与基本规则，另一方面将公司社会责任的具体规定归入到各个特别法中，属于实质统一的金融机构社会责任立法模式。[①] 随着金融机构的发展及其影响力的扩大，以及公众对人权、劳工、环境、慈善等问题的日益关注，国际社会对金融机构社会责任的呼声也逐渐高涨。

(一)分散式立法模式及其绩效评估

1. 美国的金融机构社会责任立法实践

在公司法层面，一直以来，美国各个法院审理相关案件主要遵循股东利益至上原则。不过自 20 世纪后，保护利害相关者利益原则开始兴起。具体到立法层面，自 20 世纪 80 年代后，美国各个州纷纷修改公司法，引入了著名的"利益相关者条款"，开始注重保护除股东以外的其他利益相关者之利益。[②] "利益相关者条款"具体涵盖如下内容：[③](1)除股东以外其他主体主

---

① 参见翟啸林：《我国企业社会责任立法问题研究——基于企业二元目标的统一》，曲阜师范大学 2012 年硕士学位论文。

② See Steven Hill, "Stakeholders Vs. Stockholders: A Pennsylvania Miracle", *Dollars and Senses*, July-Aug., 1995, pp. 16 – 19.

③ 参见朱圆：《美国公司法中的社会责任条款探析》，载《山东科技大学学报》(社会科学版)2008 年第 5 期。

要包括债权人、消费者、雇员、社区等;(2)董事会在决策时必须考虑除股东以外其他主体的合法利益或其决策对除股东以外其他主体的影响;(3)董事会在决策时可以考虑其决定对全国和所在州的影响,以及对其他社区和社会利益的影响;(4)董事会可以考虑公司和股东的长期、短期利益;(5)董事会可以考虑公司独立性的维持对于公司、股东利益的影响;(6)董事会可以考虑其他相关要素;(7)管理层可以包括在内。

在践行消费者保护责任方面,美国自20世纪60年代以来进行了一系列以保护消费者权利为主旨的金融立法,具体立法如下:①1969年的《诚实贷款法》,强调保护银行客户知情权的重要性,规定银行必须及时进行信息披露,让客户知悉银行的所有贷款本息以及年利率。1970年的《公平信用报告法案》,强调对金融消费者隐私权保护的重要性,规定银行不能擅自透露本行消费者的个人信息,除非用于特定用途,如司法审判,当然消费者个人有权获取信息并且质询其信用记录。1974年的《信贷机会均等法》,强调保护金融消费者公平交易权的重要性。1978年的《金融隐私权法》,禁止银行以交易与否作为威胁,要求金融消费者赋予银行公开其信息的权利。并且,该法要求金融消费者享有取得所有金融信息的权利。1999年的《金融服务现代化法》,单独有一章专门规定保护金融消费者隐私权,强调金融机构保护消费者个人隐私权的重要性。2009年的《金融管制改革白皮书》,重点强调应加大力度保护消费者,且规定可以设立金融消费者保护局以向消费者公开和提供必要的交易信息。同年公布了《信用卡业务相关责任和信息披露法案》,旨在从信息披露、权益保护、年轻消费者保护、与礼品卡有关的消费者保护和整体固定五方面来保护信用卡消费者的合法权益。2010年的《多德-弗兰克华尔街改革和消费者保护法》,正式规定设立金融消费者保护署,以防范消费者权益受损并提供救济途径。

在践行环境责任方面,美国是首个制定绿色金融相关法律的国家,其相关法律法规包括联邦和州两个层面。1980年,美国国会颁布了著名的《超级基金法》,又称《综合环境反应、赔偿和责任法》。其后,该法历经多次修

---

① See Griffin, Mary and Videla, Mauricio, "The CFPB: Standing up for Consumers in the Financial Marketplace", *Business Law Today*, Vol. 2016, No. 7, pp. 1-3.

改与完善，其与1986年的《超级基金修正案和再授权法》、1992年美国环保总署的《贷款人责任规则》、1996年的《资产维持、贷款人责任和存款保险法》和2002年的《小型企业责任救济和棕色地块整治法》以及美国各州颁布的相应政策法规共同形成美国金融机构践行环境责任的立法体系。① 其中关于对银行践行环境责任的规制，《超级基金法案》明确规定了银行具有保护环境、考虑业务对环境影响的法律义务和法律责任。除此之外，美国还有另外近30部有关环境保护的法律法规提及企业承担的环境责任，由此，上述法律法规从不同法律立场对银行践行环境责任作出了相关要求和规定。奥巴马上任后，提出了著名的"绿色新政"，引起了全世界的注意和效仿，也确实对美国经济的发展产生了正面作用。譬如，2009年美国政府颁布致力于促进低碳经济发展的《美国清洁能源与安全法案》和《美国复苏与再投资法案》，事实证明，美国能够摆脱2008年金融危机阴影复苏经济，与上述法案的推出紧密相关。②

在践行社区责任方面，1977年，美国颁布了《社区再投资法》，强调银行应当尽力满足社区的相应诉求。具言之，不允许银行大批量地放贷给较为发达的地区和社区，银行应当更加关照相对落后地区和社区的贷款诉求，对此银行应肩负社会责任，保护社会、社区的整体利益。③ 整体而言，《社区再投资法》大致包括以下三方面内容：第一，适用对象。该法规定《社区再投资法》的适用对象包括所有加入联邦存款保险体系的银行、投行等金融机构；第二，监管机构。该法规定，相关监管机构应当重点考察金融机构对相对落后地区的服务程度；第三，考核程序。该法规定，金融机构是否有资格设立分公司、开展新业务的考察依据为监管机构的评级结果。④《社区再投资法》的颁布，不但有助于推动落后地区的经济发展，更提升了众多金融机构的声誉和社会公信力，有利于金融机构的自身发展。据统计，1996～2008

---

① See Fairfax, Lisa, "Doing Well While Doing Good: Reassessing the Scope of Directors, Fiduciary Obligations in For Profit Corporations with Non-Shareholder Benefits", *Washington & Law Review*, Vol. 59, 2002, pp. 409－474.

② 参见安国俊、曹超：《绿色金融国际立法与借鉴》，载《中国金融》2017年第18期。

③ 参见董世坤：《美国"社区再投资法"评价及启示》，载《亚太经济》2013年第3期。

④ The Federal Reserve, https://www.federalreserve.gov/consumerscommunities/cra_about.htm, 2018－2－5.

年期间,银行等金融机构对美国相对落后的社区给予小企业贷款约6300亿美元,在很大程度上提升了人们生活的质量,深化了社会公平。① 此外,20世纪70年代美国还颁布了《公平住宅法》,规定银行等金融机构应当公布贷款人的个人信息,这有利于监管机构对银行的借贷情况进行排名,从而督促银行将更多贷款投入到落后社区。②

在践行劳工保护责任方面,③1970年,美国颁布了《职业安全健康法》,明确规定了雇员的权利和雇主的义务。根据该法,企业应当确保雇员所在的工作环境安全,其不会对雇员身体造成损害。同时,对各个行业工作场所的粉尘标准等与健康有关的标准进行了针对性的规定,包括雇主违反上述要求所应受到的具体处罚。同样,《矿山安全与健康法》也明确规定了矿工的权利和雇主的义务和责任。《合同工作时间与安全标准法案》明确规定雇主应当向加班的雇员支付相应工资,并进一步细化了工资标准。《平等工资法案》消除了性别歧视,规定对于同等工作量,男性职工和女性职工享有同样的待遇,也就是"同工同酬"。

在践行慈善责任方面,美国的立法实践十分先进。④ 1921年的美国《税法》(Revenue Act)将公司纳税者严格区分于个人纳税者,根据该法,个人纳税者可因实施慈善捐赠行为而扣减所得税,但公司却并未有此优惠待遇。当时的国会之所以作此规定,是担心公司会过分追求崇高目标而置股东利益于不利境地。然而,依据《税法》制定的《国库条例》(Treasury Regulation)改变了这一状况。《国库条例》将公司的慈善捐赠行为视为《国内税收法典》(Internal Revenue Code)第162条(a)款中"正常和必要"(ordinary and necessary)的营业支出而准许扣减所得税。当然,公司的慈善捐赠行为需要至少满足以下三个因素之一,即该捐赠行为是为了实现与公司运营有关的

---

① 参见柳立:《美国"社区再投资法"的实践对我国的启示》,载《金融时报》2010年5月17日,第5版。

② See Introduction of Fair Housing Act, https://www.britannica.com/topic/Fair-Housing-Act, 2018-3-4.

③ Daniel Kurt, 8 Federal Laws that Protect Employees, https://www.investopedia.com/articles/personal-finance/120914/8-federal-laws-protect-employees.asp, 2018-3-4.

④ Non-profit Law Guide to Charitable Organization Law, https://www.hg.org/nonprofit-organizations.html, 2018-3-4.

目标且向社会公共机构作出,或为了员工的利益,或建立在一项可以对公司产生直接收益的合理预期的基础之上。至1936年以后,《国内税收法典》的修订版进一步将公司慈善捐赠所扣减的税额定为可高达公司应税收入的5%,将公司社会责任的落实与利益激励机制有效地结合起来,促使公司更好地履行社会责任。

2. 英国的金融机构社会责任立法实践

在公司法层面,英国1985年《公司法》就已经对公司保护相关利害关系人利益作出了简要规定,例如,"公司可以行使任何有助于公司经营之行为的权力",[①]"董事会的决策应当综合考量雇员、消费者、股东等所有利害关系人的利益"。[②] 而后2006年颁布的新《公司法》,进一步具体规定了公司所有利益相关者之利益。例如,规定董事决策和行事不仅应着眼于公司的经济利益,还要综合考量该行为可能涉及的所有利益相关者之利益,包括:[③](1)董事决策可能引发的效果;(2)公司雇员的利益;(3)培养公司与供应商、消费者和其他人商业关系的需要;(4)公司运作对社会和环境的影响;(5)公司维护高标准商业行为之声誉的愿望;(6)在公司成员之间公平行事的需要。

在践行消费者保护方面,英国的立法较为完善,具有一整套完整的立法体系:[④]1974年,英国颁布了《消费者信用法》,旨在保护消费者的知情权,规定若银行拒绝向消费者提供贷款则应说明具体缘由。1984年,英国颁布了《数据保护法》,旨在保护消费者的信息安全,规定禁止其他主体采取欺诈方法获取消费者个人信息,除非是基于正当、合法目的。2000年,英国颁布了《金融服务与市场法》,规定英国金融服务局必须将保护消费者合法权益作为首要监管目标,另外还规定了金融服务局对金融消费者承担的主要

---

① [英]保罗·戴维斯:《英国公司法精要》,樊云慧译,法律出版社2007年版,第289~294页。

② [英]丹尼·斯吉南:《公司法》,朱羿锟等译,法律出版社2005年版,第303~304页。

③ 参见李建伟:《论公司社会责任的内涵界定与实现机制建构——以董事的信义义务为视角》,载《清华法学》2010年第2期。

④ See Mr Jackie WU and Ms Vicky LEE, "Protection for Banking Consumers in the United Kingdom and the United States of America: Fees and Charges", http://www.legco.gov.hk/yr01-02/english/sec/library/0102rp01e.pdf, 2018-4-1.

义务，包括：对于因金融机构破产而受到损失的金融消费者作出相应补偿；对于金融机构与金融消费者之间的纠纷，专门设立金融申诉审查员服务中心作为非正式解决途径；向社会公众普及金融知识；针对社会公众的咨询提供便捷服务等。

在践行环境责任方面，英国很早就制定了相应的绿色政策，以期保护环境。英国与绿色经济相关的立法主要确立了如下原则：防范污染、可持续发展以及污染者付费，由此构成了英国一整套防范污染的标准和环境影响评估机制。当下，英国主要是通过立法来实现保护环境的目标。例如，英国颁布的有关防范污染、保护环境的相关立法主要包括《污染预防法》、《环境保护法》、《废弃物管理法》和《水资源法》等，以便规制社会公众破坏环境的行为，为社会营造良好环境。① 上述法律法规中皆规定了与绿色信贷相关的内容。《污染预防法》旨在对企业的生产和产品制作过程作出细致规定，从而规范企业的行为，保护周边环境。其中涉及约 9000 个工艺过程，相关监管机构必须对工艺过程进行严格审核，唯有审核通过后，企业方有资格采用相应的技术，以减小企业对环境的破坏。值得注意的是，英国在早期也大力推行低碳经济发展，推出了一系列政策法规。② 如在 2003 年，英国颁布了《我们的能源未来：创建低碳经济》，对西方国家后续提倡低碳经济发展理念产生了深刻影响。其后，在 2008 年，英国还颁布了著名的《气候变化法案》，在世界上率先提出 CO_2减排以提升空气质量。此外，英国还推行了很多激励政策，旨在推动绿色信贷在英国的顺利实施，例如根据《贷款担保计划》，政府可以为企业向银行的贷款提供相应担保，但前提是企业的环境指标必须符合要求，否则政府将拒绝为其提供担保。如此有力地防范了企业破坏环境、污染环境的不良行为，同时也减轻了银行对违规企业放贷的风险。

在内部督促机制的建设上，英国确立了银行系统性风险监管领导机构。

① See Michael Coxall and Elizabeth Hardacre, Clifford Chance LLP, “Environmental law and practice in the UK (England and Wales): overview”, https://uk.practicallaw.thomsonreuters.com/6-503-1654?transitionType=Default&contextData=(sc.Default)&firstPage=true&bhcp=1, 2018-4-3.

② 参见安国俊、曹超：《绿色金融国际立法与借鉴》，载《中国金融》2017 年第 18 期。

2008年爆发的全球金融危机,致使英国的货币市场利率高涨,金融市场的流动性骤降,[①]无疑,此次金融危机为英国敲响了警钟,揭示出英国银行法面对系统性风险的失灵和低效。是故,英国颁布的新《银行法》旨在弥补先前金融监管体制的缺陷,对于监管机构的职责分工与信息共享机制等作出了详细规定。[②] 主要包括如下几方面:[③]一是明确英格兰银行、财政部以及金融服务局为英国金融监管体制中的负责主体,旨在维护金融安全;二是强调英格兰银行在维护英国金融稳定中具有重要作用。如英格兰银行可以对银行的支付体系实施监测,以及利用非公开方式支援陷入危机的银行;三是强化各个监管机构之间的信息共享能力,对信息共享机制作出细致规定,并且明确所有监管机构明示同意方能通过重要的决策。

在践行劳工保护责任方面,自世界经济发展史上第一部劳动法——19世纪的英国《工厂法》(Factory Act)实施开始,英国通过陆续制定《就业保护法》(Employment Protection Act)、《工会改革与职业权利法》(Union Reform and Employment Rights Act)、《劳动卫生与安全法》(Labor Health and Safety Act)、《性别歧视法》(Sex Discrimination Act)等来限制公司在雇佣、发薪和解雇等方面的权力,禁止公司对员工实行差别待遇。1984年的《财政法》(Finance Act)要求公司通过购买股票的形式分配给员工一定利润。[④] 1985年的《公司法》第35条规定,公司可以实施附属于或者有助于其开展经营活动的行为,第309条规定,董事会在作出决策时应将全体员工和其他利益相关者的利益纳入考虑范围。[⑤] 2006年的《公司法》允许公司对取得本公司及其母公司股份的员工给予一定的经济资助,同时扩大员工的合法权益受到侵害时寻求救济的途径和手段。[⑥]

在践行对债权人利益保护方面,1968年的《城市法典》(City Code)第9

---

① See FSA, "The Turner Review: A Regulatory Response to the Global Banking Crisis", http://www.fsa.gov.uk/pubs/other/turner_review.pdf, 2018-4-3.

② 参见杨松、宋怡林:《英国2009年银行法的发展与评价》,载《武大国际法评论》2011年第2期。

③ Banking Act, sec. 238-247(2009).

④ See Finance Act 1984, 23.

⑤ See Companies Act 1985, 35 & 309.

⑥ See Companies Act 2006, 139 & 140.

条规定,董事向股东会提出议案时,应当充分考虑股东的利益和公司员工、债权人的利益。[①] 1976 年的《公司法改革》(Company Act Reform)白皮书强调了公司对债权人等利益相关者的责任,并要求公司把社会责任的履行作为公司决策的核心内容。[②] 1999 年,英国《信托法》(Trust Act)要求退休信托基金的管理机构必须就基金投资项目所涉及的公司社会责任的实施程度如实告知投资者。[③] 在《信托法》实施后的 3 个月内,英国 60% 左右的退休信托基金就将"社会责任投资"原则纳入其投资决策中。根据英国 1986 年的《破产法》(Corrupt Act)第 214 条,当公司无可避免地需要进行破产清算时,董事负有采取任何措施减少债权人损失的义务。在破产清算中,如果清算人发现董事在之前违反了该义务,那么清算人可以向法院起诉,要求董事履行相关责任。[④] 这些条文为维护债权人和投资者等利益相关者的利益提供了有力保障,在推动公司履行社会责任上具有积极意义。

3. 德国的金融机构社会责任立法实践

德国是传统的大陆法系国家,其很早以前就构建了社会法体系,其中,企业社会责任乃该社会法体系的核心。[⑤] 德国 1919 年的《魏玛宪法》中有这样的条款:"公司虽然拥有所有权,但同时也需承担相应的社会义务。"[⑥] 如此昭示出,德国是第一个采用"公司社会责任"概念的国家。根据《魏玛宪法》的宗旨和精神,1937 年,德国颁布的《股份公司法》进一步指出"董事必须兼顾公司股东、雇员、客户等主体的利益以及社会公共利益"。[⑦] 很多学者认为,该规定率先提出将社会责任理念引入公司法,具有一定的历史性意义。令人遗憾的是,第三帝国的消亡使得《魏玛宪法》作废,继而在 1965 年德国颁布的《股份公司法》删除了上述公司社会责任条款。然而在德国,

---

① See City Code 1968,9.

② See Company Act Reform 1976.

③ See Trust Act 1999,7.

④ 参见葛伟军:《析英国新公司法中关于公司社会责任的规定》,载《政治与法律》2008 年第 4 期。

⑤ 参见卢代富:《企业社会责任研究:基于经济学与法学的视野》,法律出版社 2014 年版,第 239 ~ 240 页。

⑥ See Weimar Constitution 1919,2.4.5.

⑦ See German Company Law 1937,2.2.

公司应当兼顾所有利益相关者之利益,尊重社会整体利益已成为了一种惯例和习俗。①

在践行劳工保护责任方面,1976年,德国制定并颁布了《劳工参与权法》,规定公司组织(如有限公司、股份有限公司或职工数额达2000人以上的公司等)的员工享有该法所保障的参与权,并依法选派代表组织检察机关,参与企业经营的决策和监督。② 该法的立法宗旨源于两个:一是受社会主义理念影响,政府认为只有靠职工以更积极主动的态度参与经济活动,才能加强并促进职工权益的保障与改善;二是受社会伦理学说影响,政府确信只有赋予职工参与权,才能改善职工阶层的地位。在德国,劳工权利还与共同决定制度(Mitbestimmung)密不可分。德国的共同决定制度通常有两种表现形式:公司委员会共同决定与公司共同决定。其中,公司委员会共同决定是通过公司委员会在公司的运营中来实现职工参与,其所涉职工范围有限,且主要针对劳动法上的问题,③这一形式的法律基础为1972年的《公司委员会法》、《联邦人事代表法》、各州的人事代表法和《发言人委员会法》等。而公司共同决定制度是指职工代表在公司机构中与公司股东代表们一起完成公司法所规定的任务。④ 作为职工参与公司民主管理的最高层次,公司共同决定制度赋予了职工参与公司日常管理的权利,并以此来平衡股东与雇员之间的利益。德国的共同决定制度主要体现在四部法律中,即1951年的《煤炭钢铁行业共同决定法》、1956年的《共同决定补充法》、1976年的《共同决定法》和2004年的《监事会三分之一职工代表法》。其中,《煤炭钢铁行业共同决定法》主要针对德国的矿山和钢铁领域进行了规定,以赋予职工代表和股东代表等额比例参加监事会的权利为首要特征。根据该法第13条第1款规定,职工董事是作为平等授权的公司法定代表机构而被任命的,其职权范围主要包括劳动者的人事和社会事务。⑤ 作为《煤炭钢铁

---

① 参见[日]佐藤孝弘:《社会责任对德国公司治理的影响》,载《德国研究》2008年第4期。

② See Labour Participation Law,1976,30.

③ 参见范健、张萱:《德国法中雇员参与公司决策制度比较研究》,载《外国法译评》1996年第3期。

④ 参见[德]W.杜茨:《劳动法》,张国文译,法律出版社2003年版,第348~349页。

⑤ See Co Decision Law of the Coal and Steel Industry,13.

行业共同决定法》的补充,《共同决定补充法》的意义远不如《煤炭钢铁行业共同决定法》。同《煤炭钢铁行业共同决定法》第 4 条第 3 款的规定一样,《共同决定补充法》规定所有监事会成员享有平等权利并承担同等义务,基本上沿袭了《煤炭钢铁行业共同决定法》关于平等、共同决定制度的模式。《监事会三分之一职工代表法》是近年来德国公司共同决定制度的集大成者,其明确规定,职工代表在监事会中的比例为 1/3,并适用监事会成员平等原则。①

在践行环境责任方面,德国很早就针对循环经济发展颁布了多项政策法规。② 自 20 世纪 70 年代伊始,德国颁布了多项以合作、预防、污染者付费原则为核心的有关环境保护的相关法案。当然,目前德国尚未出台与绿色金融直接相关的法律法规,但却有着较为成熟的环境保护制度,整个制度皆贯穿着循环经济理念,从而推动了绿色金融的发展。③ 在 20 世纪 60 年代,德国很多企业大量堆放废弃物,对环境造成了极大的破坏。对此,德国政府于 1972 年特别颁布了《废弃物处理法》,对企业废弃物堆放行为进行了整治与规范,明确规定企业可以采取焚烧废弃物的形式对其进行环保处理,其他不适合焚烧的废弃物则进行填埋。尽管上述方式在一定程度上削减了废弃物对环境造成的损害,但也是治标不治本。鉴于此,1975 年,德国政府先后颁布了《联邦控制大气排放法》《废弃物处理法》《包装条例》等一系列法规。如前所述,《废弃物处理法》无法从根本上解决问题,因而德国政府开始致力于废弃物的循环利用,如提倡对废弃物的包装进行循环利用,并体现在《包装条例》之中,以此来规范商品的包装,从根本上减少废弃物,实现废弃物的循环利用。此种方式事实上是一种市场化的解决机制,旨在由企业自发自觉地承担环境责任。而德国 1986 年颁布的《废弃物法》则着眼于废

① 参见[德]罗伯特:《德国民商法导论》,楚建译,中国大百科全书出版社 1996 年版,第 305 ~ 306 页。

② David Elshorst, and Amrei Fuder, Clifford Chance, "Environmental law and practice in Germany: Overview", https://uk.practicallaw.thomsonreuters.com/4-503-0486? transitionType=Default&contextData=(sc.Default)&firstPage=true&bhcp=1,2018-4-20.

③ 参见安国俊、曹超:《绿色金融国际立法与借鉴》,载《中国金融》2017 年第 18 期。

弃物的最终处理。[①] 1996 年,德国颁布了《循环经济法与废弃物法》,将废弃物的处理分为了三个层次:一是从根源上讲,企业在生产过程中应尽量不产生废弃物,注重环境风险的防范;二是若不得已产生了废弃物,企业应设法对其进行循环利用,不污染周边环境;三是对于不能循环利用的废弃物的处理方式应当尽量实现“绿色”,即不对环境造成影响。德国将废弃物形象地比喻为“放错了地方的资源”,明确规定企业应当正确“绿色”处置废弃物,对其进行循环处理,并衍生出一系列的政策法规,典型如《专注清除废弃物企业法规》、《运输许可法规》、《废弃物处理企业准则》及《废弃物利用经济概念及废弃物平衡法规》等。[②] 除此之外,德国还设立了负责监督企业废物处理的专门监管机构,企业必须向监管机构证明,其可以对废物进行循环利用,如此方能生产相关产品。同时,企业还应当向监管机构披露废弃物的相关信息和处理情况,提前对处置废弃物进行方案设计,并告知监管机构。另外,2007 年和 2008 年,德国先后制定和颁布《环境损害保险一般条款》和《环境责任保险条款》等促进绿色保险的相关法规,[③]明确相关当事人的权利、义务和责任,以应对社会中的环境污染问题。

4. 日本的金融机构社会责任立法实践

相较于西方国家,亚洲有关公司社会责任的立法发展较晚,其中日本是亚洲比较早规定公司社会责任的国家之一。20 世纪 50 年代前后,日本开始重点研究公司社会责任,并取得了一系列成果。值得注意的是,由于日本的公司治理结构和管理体系与我国类似,故而其有关公司社会责任的相关立法对于我国具有一定的借鉴意义。在日本《公司法》中,公司社会责任具体体现在债券持有人会议制度以及主银行制度之中。上述两大制度旨在保护债券持有人和债权人的合法权益。其中,主银行制度主要是指银行作为债权人也一起进行公司治理,从而实现对债权人的利益保护。例如,《日本商法典》第 282 条规定:“公司的股东以及相关债权人,有权在任何时间申

---

① See Monika T. Neumann, “The Environmental Law System of the Federal Republic of Germany”, *Annual Survey of International & Comparative Law*, Vol. 3, Issue 1, 1996. pp. 70 – 110.

② 参见王红:《企业的环境责任研究》,经济管理出版社 2009 年版,第 43 ~ 49 页。

③ See Ina Dimireva, “Doing business in Germany: Environmental Rules”, https://www.eubusiness.com/europe/germany/environmental-rules/, 2018 – 4 – 20.

请查阅会计报告和监察报告,无论是书面形式还是电子形式。"①而债券持有人制度,主要是指根据信托契约的相关规定,公司的债券持有人享有委托授权之权利,以维护其利益。其具体规定主要体现在《日本公司法典》第715~742条之中,其中第718条和第719条对债权人会议的召集和决定程序作出了详细阐释。②

在践行环境责任方面,日本颁布了一系列法律法规。如1958年颁布的《工厂废物控制法》和《水质保护法》,1962年颁布的《烟尘规则》,1967年颁布的《环境污染控制基本法》和《公害对策基本法》,1974年颁布的《公害健康赔偿法》,1980年后相继颁布的《再循环法》《环境基本法》《节能法》,1990年后颁布的《节能法》《环境基本法》《再循环法》《循环型社会形成推进基本法》《21世纪议程行动计划》等,共同致力于促进日本的可持续发展。③ 除了在法律层面规定公司社会责任以外,日本很多公司内部也会制定相应的细则,引导公司践行社会责任。譬如,日本知名企业日立公司的执行副社长八丁地隆先生曾经指出,日立公司自始至终都极其重视公司的环境责任。其在制定与环保有关的方针政策时会提倡和呼吁公司的全体员工参与,由他们畅所欲言,提出反馈意见,进而实现社会责任的全员参与。④

在践行劳工责任方面,日本非常重视对员工利益的保护,提倡并推行"以人为本"理念,认为公司经营应以人为本,应把"人"的因素放在核心位置,并指出公司经营管理的主体是全体员工,需要全体员工的力量和智慧,因此,实行"全员经营"有利于调动生产积极性,从而保证正确的经营目标的实现。针对劳工问题,日本先后出台了《工会法》《劳动关系调整法》《劳动标准法》《紧急失业对策法》《男女同工同酬法》等,以此提高工人地位。日本的经营理念一向强调员工才是公司的主权者,经济团体联合会前任会长奥田硕日就一直主张维持雇佣关系并提出公司在经营过程中应当"以人为本"。

---

① 《日本商法典》第282条。

② 《日本公司法典》第718条和第719条。

③ 参见[日]佐藤孝弘:《日本的公司社会责任和社会期待》,载《亚太经济》2008年第4期。

④ 参见卡迪佳:《公司社会责任研究》,吉林大学2010年博士学位论文。

5. 其他发达国家的金融机构社会责任立法实践

与德国相似，荷兰的社会责任立法重点体现了劳资双方平等的理念，典型代表如1950年荷兰颁布的《工厂委员会法》。该法要求，公司内部应当设立工人理事会，其中的成员由公司的雇员进行选举，旨在维护公司雇员的合法权益以及代表雇员参与到公司治理之中。在该法案出台之前，雇员参与公司治理必须提前获得上层的同意，达成契约。① 但是，和德国公司体制有所区别的是，荷兰公司中职工不是直接参与公司治理，没有职工在监事会中任职。② 职工只能通过选举进入工人理事会参与相关决策。具言之，工人理事会主要有以下职能：对监事的人选享有推荐权，也可以否定监事人选，在董事会成员正式任命之前有权提出意见，有权否决监事的任命等。③

加拿大是率先将绿色信贷纳入到法律制度中的国家之一，经过近些年的发展其制度已经较为成熟。在加拿大，有关环境保护的法律体系由联邦和各省的法律规范组成，在此意义上，其法律体系架构同美国具有相似性。④ 在联邦层面，加拿大出台了《环境保护法》，明确指出所有制造、引发环境污染的主体都必须将污染消除。同时还规定了较为严格的银行共同责任，即如果银行获取了放贷企业污染物品的所有权，或是参与了企业项目的执行，则该银行也有责任消除对环境所造成的污染。在加拿大各省层面，不列颠哥伦比亚省出台的环保规定影响最为深远。根据相关规定，银行或银行指定的破产托管人和接收人，若取得了企业用以污染环境资产的所有权，则应当共同承担环境责任。值得注意的是，相较于美国，加拿大具有非常成熟而完善的环境信息共享制度。根据相关规定，企业的环境信息受加拿大政府、公民、协会、社区等多方监督，其必须每年向政府汇报环境信息，并由

---

① Model Rules of Procedure for Works Councils, https://www. ser. nl/ ~/media/files/internet/talen/engels/2015/model-rules-procedure-works-councils. ashx, 2018 - 4 - 20.

② Doing Business in the Netherlands, https://www. bakermckenzie. com/ -/media/files/insight/publications/2016/07/doing-business-in-the-netherlands-2016/dbiemeadoingbusinessnetherlandsjul16. pdf? la = en, 2018 - 4 - 20.

③ 参见刘俊海：《职工参与公司机关制度的比较研究》，载王保树主编：《商事法论集》（第1卷），法律出版社1997年版，第99～100页。

④ Canadian Environmental Law Introduction, https://www. siskinds. com/envirolaw/canadian-environmental-law-learn/intro-environmental-law/, 2018 - 4 - 17.

政府利用互联网、杂志等渠道披露给社会公众。

在瑞典,社会公众非常重视环境保护,并将关注可持续发展视为一种使命,由此,瑞典实现了经济迅猛发展与环境绩效优异的兼顾。[①] 1999 年,瑞典颁布了《环境保护法》,明确了环境保护的宗旨、细化了环境保护的评估指标以及具体实施细节。当前,瑞典很多公司都专门成立了推行社会责任和促进环境保护的相关机构。[②] 2005 年,瑞典颁布的其中一个法案规定,符合一定条件的公司每年除了上报财务年报以外,还须制作和提交企业可持续发展报告,报告应当涵盖资源利用、环境保护等各个方面的努力和成效。同时,可持续发展报告也将被视为政府对企业经营绩效进行评判和监督的关键因素。当然,除了环境保护外,瑞典对其他方面社会责任的践行也十分重视,并出台了诸多法律文件。[③] 如在雇员权益保护方面,1976 年,瑞典颁布了《劳动生活共决法》,明确指出工会享有随时查阅与公司运营有关的文件以及账目的权利,促使雇员参与公司治理,实现劳资双方平等。随后,在1983 年,瑞典颁布了《雇员投资基金法》,明确了雇员享有资本的控制权。[④]

韩国自 1996 年开始日益关注企业的社会责任,从关注慈善活动逐步拓展到环境、社区等各个方面,并颁布了相应法规。1996 年,韩国颁布了《企业伦理宪章》,明确规定企业的经营应当符合社会伦理,由此为企业社会责任的提出奠定了理论基础。其后,2003 年,韩国知名企业率先公布了可持续发展报告,从而引起社会对可持续发展的关注,并确立了企业社会责任和可持续发展的概念。2006 年,产业政策研究院和大韩商工会议所联合发布

---

① 中国赴瑞典考察企业社会责任代表团、陈文玲等:《瑞典政府和企业强化企业社会责任的作法及其启示》,载王志乐主编:《第三次提升——中国企业面临强化全面责任的挑战》,中国经济出版社 2008 年版,第 49 ~ 55 页。

② Introduction of The Swedish Environmental Code, http://www. swedishepa. se/Guidance/Laws-and-regulations/The-Swedish-Environmental-Code/,2018 - 4 - 20.

③ Sustainability Efforts in Swedish Companies, http://www. ey. com/Publication/vwLUAssets/EY_Sustainability_efforts_in_Swedish_companies/ $ FILE/B17007nordic-ccass-report-pages-WEB. pdf,2018 - 4 - 20.

④ Fredrik Nordlöf and Magnus Berterud, Counsel, Delphi Law Firm, Employment and Employee Benefits in Sweden: Overview, https://content. next. westlaw. com/Document/I2ef1284e1ed511e38578f7ccc38dcbee/View/FullText. html? contextData = (sc. Default) &transitionType = Default&firstPage = true&bhcp = 1,2018 - 4 - 20.

了《韩国式企业社会责任报告指南》。之后,韩国可持续发展委员会和环境部又联合发布了《可持续发展基本法》。除此之外,韩国的《消费者权益保护法》《劳动法》《环境法》等也构成了企业社会责任立法体系的组成部分。①

6. 部分发展中国家的金融机构社会责任立法实践

印度有关金融机构社会责任的规定主要集中于新《公司法》中。2012年,印度制定了新《公司法》,2013 年,该法经印度总理签署后正式生效。该法的签发标志着印度公司社会责任完成了法制化的转变。根据新《公司法》的相关规定,达到一定标准的公司应当将部分资金投入到践行社会责任活动中,并且对相关活动进行详细披露。若在一个会计年度内,公司尚未按要求践行社会责任,那么应当在董事会年度报告中解释缘由。具体而言,新《公司法》要求公司践行的社会责任主要涵盖提升教育质量、保护社会环境、消除性别歧视等内容。公司既可以将部分资金间接投资给服务于上述领域的基金,也可以直接捐赠给上述领域的负责部门。新《公司法》对公司应当践行的社会责任之规定比较宏观和抽象,因而具有较为宽松的解释空间。② 在公司践行环境责任方面,为实现可持续发展,保护居住环境,印度专门设立了国家环境规划和政策理事会,作为国家负责环境保护方面的权威行政组织。该组织的职能主要包括监督、协调、推进环境保护计划的执行,旨在防范环境恶化和保护动物福利。1976 年,印度联邦议会对《宪法》实施了第 42 次修订,将环境保护纳入到《宪法》之中,将其上升至国家层面,确立了相关主体的权利和义务。③

南非的国情与我国国情存在诸多相似之处。同我国相似,南非作为发展中国家,面临贫富差距大的发展困境以及其他问题,故而南非有关公司社

---

① See Mee-Hyoe Koo,"CSR Development Trends and Outlook in Korea-Institute for Industrial Policy Studies", https://www.forbes.com/sites/meehyoekoo/2013/04/21/csr-development-trends-and-outlook-in-korea-institute-for-industrial-policy-studies/#6ed7812d529c,2018－4－15.

② Companies Act, 2013 Key Highlights and Analysis, https://www.pwc.in/assets/pdfs/publications/2013/companies-act-2013-key-highlights-and-analysis.pdf,2018－4－16.

③ Els Reynaers Kini,Tavinder Sidhu and Surender Pal Bhatia,M V Kini & Co,Environmental Law and Practice in India:Overview,https://uk.practicallaw.thomsonreuters.com/0－503－2029?transitionType=Default&contextData=(sc.Default)&firstPage=true&bhcp=1,2018－4－16.

会责任的立法经验无疑对我国具有重大的借鉴意义。其中,《增进黑人经济权利法案》构成南非公司社会责任的重要内容之一。2004 年,南非颁布了《增进黑人经济权利法案》,强调消除种族歧视,赋予黑人同等的经济权利,使其能够在社会中平等行事。2007 年,南非又颁布了相配套的实施细则,即规定了相应的评价机制,企业帮助黑人的程度直接决定了其得分的高低,而只有高分企业才能获得证券交易所的认可和赞许,进而提升企业的公信力,并推动其经济发展。①

印度尼西亚于2007 年颁布的新《公司法》专设第五章第74 条来对公司社会责任之环境保护责任进行规定。② 根据第 74 条第 1 节的规定,经营天然资源行业或与天然资源行业有关的公司均负有相应的社会和环境保护责任。接着在第 2 节中,《公司法》规定,如果存在第 1 节所述的社会和环境保护责任,那么,经营天然资源行业或与天然资源行业有关的公司就必须承担。当然,这项责任的实施应当关注公司的合理与适当开支,将该开支计入公司预算,并成为公司的支出/费用。第 3 节提出如果公司没有履行第 1 节所述的社会和环境保护责任,那么,依据法律规定它将受到处罚。在第 4 节中,《公司法》要求应当进一步提供关于社会和环境责任的政府监管。

可以看到,上述国家的金融机构社会责任立法皆采取分散式立法模式,对社会责任的不同领域进行分别规制。诚然,分散式立法模式有其自身的优势,其富有灵活性,便于相关立法随时作出调整,以及时回应实践诉求。但缺点是其内容不够集中,各项法律制度间易生冲突与矛盾,故而稳定性较差。此外,由于规定零散,不便于普通民众和初学者进行法条查询,当然也给司法和执法者带来了一定的不便。

(二)集中式立法模式及其绩效评估

集中式立法模式的优势比较明显,其将相关的企业社会责任的法律法规全部归入到统一的一部法典中,其优势是内容比较集中和统一,体系也比

---

① South Africa's ANC to Push for Tougher Anti-racism Law, http://www.bbc.com/news/world-africa-35235102, 2018-4-20.

② See Indonesian Company Law 2007, 74.

较完整科学，各项法律制度的规定不易冲突，且具有很大的稳定性，同时也便于普通民众、学者和司法人员进行法条查询，具有极大的便利性。[①] 但是，该种立法模式要求的立法技术相当高，需要法律制定者具有较高的能够统观全局，并能够充分考虑到各种社会因素的能力。实际上，在我们搜集的资料中，尚未查到有国家采用制定专门法典的模式来规制金融机构践行社会责任，由此可见该模式实行起来的艰难程度。虽然没有找到单一集中式立法的实践，但我们也可以从逻辑上推导出单一集中式立法的缺陷，以便与分散式立法进行对照。

无疑，集中式立法模式和分散式立法模式各有各的优缺点，此种模式的优点亦是另一种模式的缺点，故而各个国家在进行立法时应当结合自身的发展情况选择立法模式。理想的立法模式应当既契合一国国情和社会发展情况，又能够竭力发挥其最大优势，并在最大程度上遏制其缺点。

二、新发展理念下中国金融机构社会责任立法模式的方案选择："集中＋分散"式立法模式

对于金融机构社会责任的立法模式，"集中式立法"和"分散式立法"各有优劣之处。具体选择哪种，抑或结合使用，既要借鉴考虑外国经验，也要充分考虑本国国情。考虑到两种立法模式的优劣，并结合我国金融监管体制以及金融业的发展状况，我们认为，我国应当采用"集中＋分散"式立法模式。其中，在立法技术上面，现阶段应当采用"渐进式"的先"分散"，后"集中"的立法方式，即在相关法律法规中逐步规定金融机构的社会责任，保证其明确性和可操作性，待相关内容、技术以及实践发展到一定阶段后，再制定专门的金融机构社会责任立法。具言之：

一方面，现阶段我国金融机构社会责任立法应采用"分散式立法"模式，其必要性具体表现在：其一，我国尚处于经济快速发展阶段，经济生活不同方面的发展水平存在差异，而分散式立法模式协调成本低，具有较快的反应速度，故而在其面对伴随金融业务的创新与发展所产生的履行社会责

① 参见黄俐君：《论企业社会责任的法律化》，华中师范大学2009年硕士学位论文。

任方面的新需求时可予以及时保护;[1]其二,采用分散的立法模式能够使金融机构社会责任法律体系充分适应现阶段的经济发展情况,根据新的社会要求增加新的法律内容的同时又不会影响法律体系的稳定性,因此是当前最佳的模式选择。[2] 从经验借鉴的角度分析,分散式立法将金融机构社会责任的相关规定体现在各个领域的立法中,这是目前绝大多数国家的一致选择。如美国、英国、加拿大、日本等国家皆未直接设立一部专门的金融机构社会责任法规而是通过在环境法等其他法律中分散地体现法律对金融机构从事不同业务过程中的责任要求。所以,就目前看来,通过制定或修改社会责任的各个领域的法律法规较为合理,亦符合国际潮流。当然,采用“分散式”的金融机构社会责任立法在中国国情下亦具有可行性:其一,在金融机构企业社会责任立法领域,我国立法主体多元化特征明显,特别是如果将软法也纳入考量范围的话,不仅是行业协会,甚至全国总工会、全国妇联等保护特殊群体的群众性组织以及关注特定领域的非政府组织、其他社会组织乃至金融机构自身都可能成为立法主体,这为我国从各利益相关者、各具体问题角度进行分散式立法提供了组织、人员方面的保障;其二,我国金融业社会责任领域就整体而言尚有许多立法空白,分散性立法在短期内不但不会导致立法冲突和重复现象,而且可以作为先行试验,为下一步以集中式立法模式推出专门性的金融机构社会责任立法奠定基础。

另一方面,从长远来看,我国未来金融机构社会责任立法亦应采纳“集中式立法”模式。

首先,我国现阶段金融行业总体履行企业社会责任情况仍不容乐观,尤其是广大的中小型民营金融机构,仍未形成普遍、明确的社会责任意识;其次,理论界对于金融机构社会责任的具体内涵,及其和一般企业社会责任相比的特殊性也存在争议;最后,实践中金融机构在落实具体企业社会责任机制的过程中往往缺乏标准、程序方面的指导,各行其是,导致难以进行横向比较。这些都说明,出台一部系统性规定金融机构企业社会责任的专门立

---

① 参见王晓、任文松:《多维法制视角下的企业社会责任》,中国社会科学出版社2012年版,第212页。

② 参见黄俐君:《论企业社会责任的法律化》,华中师范大学2009年硕士学位论文。

法尤为必要，通过对金融机构社会责任法的法典化，有利于明确金融机构企业社会责任的重要地位，实现企业社会责任的普遍履行。① 同时，就官方监管而言，我国为单一制国家，对金融机构的日常监管以"一行二会"为主，相对较少的金融监管部门使得这些部门在统一认识、联合立法等方面的合作存在较大可能；在行业自律领域与金融机构自身实践方面，以银行业为例，原中国银监会、中国银行业协会此前就发布过一系列意见、指引等，取得了较好的实效，中国工商银行等银行也曾于2010年联合发表过《金蜜蜂银行宣言》，承诺就企业社会责任进行自我约束，说明监管部门、行业协会、金融机构自身等也都有过在企业社会责任领域进行集中式软性立法的经验基础。是故，未来我国金融机构社会责任立法采用"集中式"模式具有较大的可行性。

鉴于此，目前我国金融机构社会责任立法的当务之急是尽快建立"以公司法为中心，金融业法为主干，辐射相关单行法"的立法层级。具言之，首先，在《公司法》中增设新的一章，以授权性规范来确立"公司社会责任"一般原则，明确公司社会责任的范围和权、义、责，不再是口号式、纲领式的轻描淡写，而是要体现出国家层面硬的力度。其次，修订我国目前的规制金融业的法律，如《商业银行法》《证券法》《保险法》，将绿色金融、金融消费者保护等内容纳入其中。再次，修订《环境保护法》《劳动法与社会保障法》《企业所得税法》《公益事业捐赠法》等相关法律法规，进一步细化金融业法律的相关规定，从而使这些法律相互衔接，立场统一。最后，待我国经济社会发展相对成熟，有关金融机构社会责任立法积累了一定的经验，立法者的立法技术得到有效提升后，再制定一部统一的《金融机构社会责任法》。如是，建立一个完整的新发展理念下中国金融机构社会责任法律规范体系，见图3-5。

---

① 参见冯果、袁康：《浅谈企业社会责任法律化》，载《湖北社会科学》2009年第8期。

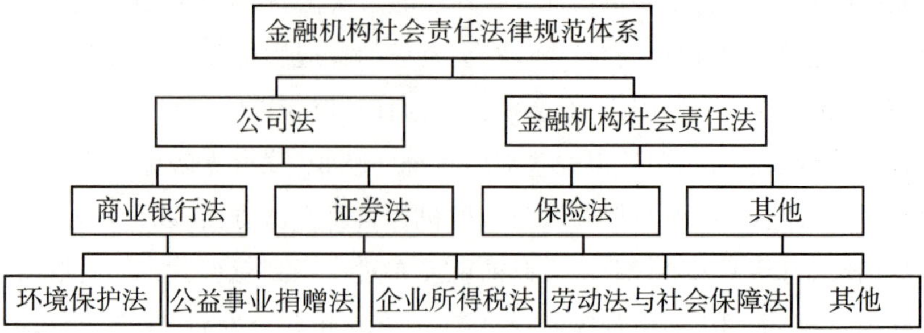

图3-5 新发展理念下中国金融机构社会责任法律规范体系

第五节 新发展理念下中国金融机构社会责任的具体制度构建或完善建议

现阶段,我国金融机构社会责任领域内普遍存在制度缺位或落后现象,而"创新、协调、绿色、开放、共享"五大发展理念,不仅确定了金融机构社会责任立法的要求、价值取向、基本原则以及立法模式,同时,还指引了整个法律体系五大板块的法律制度的构建与完善。

一、有关"创新发展"方面的制度安排

有关"创新发展"方面的制度安排主要聚焦于国内金融机构践行社会责任的内部督促机制创新以及践行社会责任的方式创新,强调"效率"的价值取向和"利益相关者利益最大化"的基本原则,要求践行社会责任的意识能真正"内化"成企业文化,并落实到金融机构的内部治理与外部经营过程中,产生最大实效。据此,"创新发展"的制度安排主要体现在以下部分。

(一)创新金融机构践行社会责任的方式,并创建与完善相应激励措施

如前所述,当下在我国金融机构履行其社会责任的实践中,存在的最大问题是履行形式单一,不少金融机构把企业社会责任等同于公益慈善活动的参与程度。对此,一方面,我国金融行业协会应充分发挥引领作用,在线

上积极将业内富有创新性的社会责任践行方式刊载于网站社会责任动态专栏中，在线下积极组织举办业内践行社会责任的讨论会议，宣传与探讨社会责任践行创新方式，从而激发业内对创新社会责任践行方式的热忱和动力。我国当下银行业协会、证券业协会、保险业协会等行业官方网站并无社会责任专栏，业内有关社会责任的实践仅设置在“业界要闻”“新闻公告”等栏目中，无疑不利于行业社会责任意识的凝聚与养成。故而建议金融机构行业协会发挥自身的引领功能，印发与金融机构践行社会责任方式指引有关的自律文件，并积极召开学习研讨会，集体讨论符合行业自身发展模式和特色的社会责任践行方式。另一方面，金融机构自身亦要积极学习业内其他金融机构创新性的社会责任践行方式，研读其他金融机构社会责任报告内容，发布有关金融机构创新社会责任践行方式的相关管理办法。以中国工商银行为例，近些年中国工商银行可谓是银行业践行社会责任的典范，其积极探索社会责任践行方式，发挥了不错的示范作用：[①]为加强服务实体经济能力，落实“共享发展”理念，中国工商银行在2017年创建了总行及各一级（直属）分行的普惠金融事业部，加快完善普惠金融组织架构，在支持小微、“三农”“双创”、扶贫等领域展现了大行的担当；为改善客户体验，中国工商银行2017年创新了多笔交易并行处理机制和先申请后办理的签单服务形式，为多业务需求客户提供一站式服务，免去客户手工填单环节，输密、签字及身份核查等次数较旧模式分别减少10%、66%和33%，取款、汇款等柜面业务处理时长平均减少20%以上，客户体验显著改善，等等。

当然，除加强宣传和培训，鼓励金融机构培育践行社会责任的正确履行方式之外，还应辅以适当的激励措施，引导金融机构积极履行社会责任，创建与完善相应激励措施。

第一，以公益捐助为例，应对金融机构参与公益捐助给予制度激励。在西方，很多国家都出台了对慈善事业给予的税收优惠政策，从而激励企业通过设立基金等方式做慈善公益。我国政府已经意识到这一问题，在《企业所得税法》中体现了对企业进行公益性捐赠，承担社会责任的鼓励。该法

---

① 参见《中国工商银行2017年社会责任报告》，载 http://v.icbc.com.cn/userfiles/Resources/ICBCLTD/download/2018/shzr_CN.pdf，最后访问日期：2018年4月23日。

第9条规定："企业发生的公益性捐赠支出，在年度利润总额12%以内的部分，准予在计算应纳税所得额时扣除。"建议《公司法》《商业银行法》《证券法》《保险法》等相关法规中增加类似条款，根据不同类型金融机构的年度利润实施差异化的应纳税扣除额。另外，在鼓励金融机构积极参与社会公益捐赠，履行社会责任的同时，还应建立保护机制，防止乱摊派、乱索取行为，在促进金融机构多捐赠的同时，不能采用竭泽而渔的方式，应保护金融机构的积极性。①

第二，对金融机构管理层积极履行企业社会责任进行激励。相应的激励机制可以涵盖如下内容：构建以股票期权为核心的长期激励机制；将管理层的薪酬与公司全年绩效挂钩，促使管理层尽心尽责；设立"在职消费"机制；对经理层适当给予一定的经济奖励，赋予其一定的职位、待遇和声誉，从而鼓励经理人勤勉尽责为公司行事；在对金融机构高管的考核中，应当引入与承担社会责任相关的非财务指标。

第三，对金融机构员工积极履行企业社会责任进行激励。为了激励公司雇员践行社会责任，参加社会活动，金融机构可以通过颁奖表扬的形式对那些积极做慈善工作的雇员和管理者进行表彰和鼓励，如可以设立"爱心奉献奖"或"见义勇为奖"等奖项。这些社会责任标杆的树立，将有助于夯实企业社会责任的文化基础，也使企业社会责任文化愈加明晰。此外，金融机构还可以要求，雇员在一定时期内拥有几个小时的时间可以享受带薪参加社会活动的权利，以此来调动企业管理层和员工逐步养成为社会做贡献的积极性和主动性。②

（二）创新与完善金融机构践行社会责任的内部督促机制

1. 创新金融机构内部治理结构

第一，创新董事会治理格局，革新董事制度。依传统公司法理论，公司的所有权、治理权和经营权分别由公司的不同主体掌控而非同一主体。一般认为，公司的股东享有所有权，公司的董事会享有公司的治理权，公司的

① 参见周燕、林龙：《新形势下我国民营企业的社会责任》，载《财经科学》2004年第5期。

② 参见朱文忠：《论构建商业银行社会责任价值观的系统工程模型》，载《经济界》2007年第1期。

经理享有公司的经营权,而上述权力分配的问题就是公司的治理问题。公司治理机制旨在对董事会和经理予以制衡,促使其为股东最大利益行事。[①]随着经济社会的发展,公司治理理论也在不断革新,呈现出向非股东利益相关者扩张的趋势。也即是说,当前公司治理机制的宗旨不仅仅局限于维护股东利益,而且维护那些非股东利益相关者之利益同样重要。为了实现该目标,在公司治理结构中引入非股东利益相关者参与,尤其是将其引入公司的重要机构——董事会中至关重要。在历史上,伴随着企业社会责任理论的深化与成熟,公司治理结构也逐渐发生变革,很多非股东利益相关者可以参与董事会决议,表达其利益需求。譬如,德国在 20 世纪 50 年代颁布了《企业宪法》《煤钢共同决定法》《共同决定法》等法规,其中要求在公司的董事会中应当有雇员代表。对此,建议我国立法考虑建立如下董事制度:一是消费者董事制度。为保护与金融机构建有长期稳定契约关系的消费者的合法权益,建议允许消费者派代表进入企业董事会;二是环境保护董事制度。政府可以选派环境专家进入企业董事会,负责监督和指导企业履行环境保护、节能减排等方面的责任;三是政府代表董事制度。德国、新加坡、波兰等国家为了加强对国有金融机构的监管,都在国有金融机构董事会中建立了这种制度;四是劳动者董事制度。即将员工代表纳入到董事会中,以切实维护劳方权益等。[②] 我国在《公司法》中规定,公司可以引进社会人士加入董事会,但我们认为,将劳动者、社会人士等利益相关方纳入到董事会中来,只是优化企业治理结构的第一步,还应该确定相关的比例,通过立法或企业章程的形式进一步明确非股东利益相关者在董事会中的重要角色。可行方案是董事会决议通过的前提为具有一定比例的非股东利益相关者的认可与同意。[③]

第二,创新社会责任决策与沟通机制,设立专门的金融机构社会责任委员会。该委员会可以将各方人士吸纳进来,共同研究有关社会责任的相应问题,从而平衡各方利益相关者的利益冲突。如此,便于利益相关方表达诉

---

① 参见何自力:《法人资本所有制与公司治理》,南开大学出版社 1997 年版,第 19 ~ 78 页。

② 参见张兆国:《利益相关者视角下企业社会责任问题研究》,中国财政经济出版社 2014 年版,第 162 页。

③ 参见冯果、袁康:《浅谈企业社会责任法律化》,载《湖北社会科学》2009 年第 8 期。

求,便于利益相关方与金融机构间的协调沟通,便于两者之间良性互动的最终养成。[1] 虽然目前有一些金融机构设立了这一委员会,但并没有吸纳各利益相关方参与。因此,在金融机构董事会决策中,当企业经济责任(追求股东利益)与社会责任发生矛盾时,往往是选择经济责任,而放弃社会责任。故设立专门的社会责任委员会可有效督促金融机构践行社会责任,关照利益相关方的权益。

第三,拓展金融机构社会责任监督途径,实现董事会、监事会的双重监督。同上述在董事会中建立共同的决策机制一样,在监事会中也应建立一种多元化并且相互制衡的监事会结构。换言之,在监事会中除了现有的股东监事制度和员工监事制度外,还应建立政府代表监事制度、消费者监事制度、环境监事制度、劳动者监事制度等其他利益相关者的监事制度,以便相互制约和监督,保护其合法权益。[2] 此外,确保公司董事会的独立性运作亦是加强监督的有力途径,这就要求董事会成员中独立董事应占相当的比例。以银行业为例,花旗集团明确规定董事会中独立董事必须占到2/3以上,[3] 相比之下,国内银行机构董事会中独立董事所占比例明显偏低,难以在公司决策中发挥重要作用。鉴于此,建议《公司法》《商业银行法》《证券法》《保险法》等相关法律中明确规定独立董事所占比例为2/3以上,以切实监督金融机构践行社会责任。

第四,建立相机治理机制,创新利益相关者的权益受损保护途径。所谓相机治理机制,是指当金融机构的经营以及社会责任的践行活动遇到阻碍或面临重大困境时,通过构建一种权益受损主体参与金融机构的治理以改变当前利益分配格局的机制,从而维护金融机构所有利益相关者之利益。相机治理机制发挥的前提为公司所有权的状态依存性以及合同契约的不完

---

① 参见田春雷:《金融企业社会责任之辩——兼论企业社会责任的异质性与阶段性》,载《武汉大学学报》(哲学社会科学版)2011年第6期。

② 参见张兆国:《利益相关者视角下企业社会责任问题研究》,中国财政经济出版社2014年版,第164页。

③ Citi, *Board of Directors*, http://www.citigroup.com/citi/investor/corporate_governance.html, 2018-4-23.

全性。[①] 相机治理机制主要涵盖债权人的相机治理、股东的相机治理、雇员的相机治理、客户的相机治理、政府的相机治理等多种治理机制。上述相机治理机制的运行机理为，当企业出现财务杠杆过度、盈利骤减、股利偏低、内部人道德风险严重、环境污染、雇员权益受损、产品和服务质量低劣、偷税漏税等情况时，公司的利益相关者可以利用控制权市场、破产机制、产品市场等相机治理机制来寻求保护，若仍然难以弥补其损失，则可以通过法律制度表达诉求。譬如，当公司无法清偿债权人债务时，债权人能够通过破产机制申请公司来维护其合法权益；当公司经营不善，出现持续亏损时，股东可以通过"用脚投票"、支持并购等相机性治理机制来维护自身权益；当公司出现不合规行为时，政府相关机构可以进行适当干预。

2. 创建金融机构社会责任管理机制与道德文化环境模型

改善我国金融机构践行社会责任的内部督促机制，除了规定董事会中独立董事的比例以及设立专门的社会责任委员会，将社会责任意识上升到企业决策层次并强化监事会的权力外，为了提高金融机构践行社会责任的能力，也有必要建立并完善金融机构社会责任的具体管理机制。[②]

具言之，应当建立与完善专门管理团队，负责践行社会责任事宜，并确定具体实体规定和程序规定，以规范社会责任践行活动。[③] 事实上，金融机构内部的机构建设与其践行社会责任的成效紧密相关。譬如，对欧盟一些银行践行社会责任调查的结果显示，功能性机构负责对"气候变化"的监管，大部分银行要求合规控制或审计机构来负责监管贿赂事宜。而对于"两性平等问题"，有 11 家银行（占样本银行的 65%）是由高级管理人员负责。无疑，欧盟地区银行业的此种内部机构建设可以为我国镜鉴，即分别构

---

① 企业的不完全性是指由于人的有限理性、外部环境的不确定性、交易过程中的机会主义行为和信息的不对称性等原因，签约当事人或仲裁人无法完全掌握信息，从而造成契约条款的不完备。企业所有权的状态依存性是指企业处于不同的经营状态下，对应着不同的企业治理结构。See Philippe Aghion, Patrick Bolton, "An Incomplete Contracts Approach to Financial Contracting", *The Review of Economic Studies*, Vol. 59, No. 3, 1992. pp. 473 – 494.

② 参见刘志云：《国内银行践行社会责任的内部督促机制分析》，载《厦门大学学报》（哲学社会科学版）2011 年第 5 期。

③ 参见刘志云：《国内银行践行社会责任的内部督促机制分析》，载《厦门大学学报》（哲学社会科学版）2011 年第 5 期。

建负责不同社会责任方面的专门机构，并规定不同机构的权、义、责，对其进行适当的约束和激励。

另外，由于金融机构社会责任在性质上属于“自我规制”型的责任，因此，如果让国内金融机构践行社会责任成为一种内在与自觉的行为，就必须改造金融机构的企业文化，融入公益责任观，培养践行社会责任的内在意识。[①] 有学者认为，金融机构可以通过道德认知—道德推理—道德行动—道德领导四个阶段的渐进努力，逐步培育一种比较优良的企业道德文化环境。[②]

第一阶段：道德认知阶段。该阶段强调金融机构制定相应的文件以提升雇员对社会责任的道德认知。金融机构在正式颁布相关道德规范和行为准则之前，应当多倾听公司雇员的相应建议，从而形成深层次的互动，使员工在建议的同时也对社会责任有着更为清晰的认识。为强化雇员的道德认知，金融机构可以确立公司社会责任信条，使公司所有雇员深刻理解何为公司社会责任，以及应当如何落实社会责任。譬如，银行可以制定如下社会责任信条：我行极其重视和推崇企业社会责任。对于雇员，我行应秉持公平原则，平等对待每一位员工，不能施以性别歧视，同时还应确保雇员的工作安全，对于雇员的需求我行应竭力满足，尊重每一个个体；我行极其重视客户的权益和体验，我行会竭诚服务，尽力满足客户的要求；我行一定聘用勤勉尽职的管理人员，确保这些人员的行为合理正当，公平公正；我行一定努力为社区负责，做个有爱心有责任的社会公民；我行保证尽力维护我们居住的环境和自然资源；我行一定维护股东权益，保证其获得合法收益等。无疑，公司社会责任信条应当囊括所有方面，清晰阐释社会责任的落实原则和行为准则，使所有人员树立起履行社会责任的意识。

第二阶段：道德推理阶段。该阶段强调金融机构应当组织各种教育培训活动，向雇员渗透社会责任文化，从而提升雇员的判断技能。由于一般的社会责任信条难以详细阐述如何解决道德困境，故而金融机构还应当组织

---

① 参见刘志云：《法律视角下商业银行的社会责任——原理研究与实证分析》，法律出版社 2012 年版，第 294 页。

② 参见朱文忠：《商业银行企业社会责任标准与机制研究》，经济管理出版社 2009 年版，第 123～125 页。

一些具体活动,如研讨会和培训会,激发雇员的道德意识,引导他们自己推理道德问题,以作出科学的选择。

第三阶段:道德行动阶段。该阶段强调金融机构应当具体解决人们遇到的道德困境。建议金融机构专门成立咨询服务机构以及相应的热线电话,倾听组织成员的声音,竭尽全力地帮助他们解决困境,并在此过程中不断深化道德文化境界。

第四阶段:道德领导阶段。该阶段强调金融机构上层领导的引领作用。事实上,金融机构的领导或管理层的行动和理念能够在很大程度上感染每一个员工,他们具有极大的公信力和领导力。因此,为了巩固金融机构的道德文化,有必要要求领导发挥引领作用。如此,上述四个阶段相辅相成,从而帮助金融机构构建更加良好的金融机构社会责任文化氛围。

金融机构道德文化环境模型见图 3 –6。

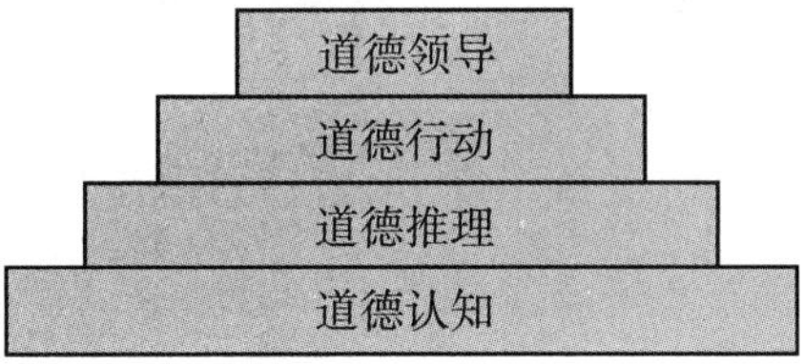

图 3 –6　金融机构道德文化环境模型

二、有关"协调发展"方面的制度安排

有关"协调发展"方面的制度安排主要聚焦于金融机构践行社会责任的"秩序"问题。通过对法律法规的构建或完善,强调"秩序"的价值取向和"一致性"的基本原则,具体制度的构建或完善表现为以下内容。

(一)完善金融机构社会责任的信息披露制度,强化程序性规定

第一,建立以强制性披露为主,自愿性披露为辅的社会责任披露方式,拓宽信息披露渠道。从政府规制的角度来看,可把金融机构社会责任信息披露的方式分为强制性披露和自愿性披露两种。其中,强制性披露是指根据法律法规的要求,金融机构必须在社会责任报告中披露相关内容;自愿性披露是指相关法律法规未作要求,而金融机构自愿在社会责任报告中披露相关内容。从我国现阶段来看,虽然金融机构践行社会责任有着不错的趋

势,但意识普遍不强,违反社会责任的事件频繁发生。针对这一现状,目前金融机构社会责任信息披露的方式应以强制性披露为主,自愿性披露为辅。① 其中,强制性披露的内容是我国相关法律法规应对金融机构社会责任所规定的范围,概括起来,包括金融机构对员工、投资者、环境和社区、债权人、股东与政府五个方面的社会责任。确定了所披露内容的维度后,每一个维度至少还应回答四个问题:一是要做什么,即金融机构承担该维度社会责任的计划,并区分必尽的(法律上的)和应尽的(道德上的)的责任;二是如何去做,即金融机构为了完成社会责任计划而如何管理社会责任;三是做的结果如何,即金融机构完成社会责任计划的情况如何,并进行比较分析;四是如何进一步改进,即金融机构今后在承担社会责任方面如何克服不足,发扬成绩。

此外,金融机构还应丰富信息披露渠道,使利益相关者可以通过多种途径获取社会责任践行情况与效果。如兴业银行即通过可持续发展报告、社会责任专刊和自媒体平台三种途径披露其社会责任实践效果。自 2008 年以来,兴业银行每年定期发布年度可持续发展报告(暨年度社会责任报告),全面报告该行社会责任实践成果;持续推出《"从绿到金"社会责任专刊》,及时总结社会责任良好的实践经验和做法;通过其官网企业社会责任栏目、赤道原则微博、微信公众号等自媒体平台,多角度地传递兴业银行可持续发展理念和社会责任实践成果,促进公众透明度和外部监督。②

第二,优化社会责任报告的披露方式,提升社会责任报告的披露质量。从披露的载体看,可把金融机构社会责任信息披露的方式分为单独性披露和整合性披露两种。其中,单独性披露是指金融机构将社会责任报告单独向外披露,而不与其他信息披露相整合;整合性披露是指金融机构将社会责任信息披露整合到中期和年度报告中一起披露。目前,国外越来越多的大型金融机构采用整合性披露方式(包括财务信息、内部控制信息和社会责任信息等)。这样做至少有如下几点好处:一是有助于避免信息重复;二是

---

① 参见张兆国:《利益相关者视角下企业社会责任问题研究》,中国财政经济出版社 2014 年版,第 178 页。

② 参见《兴业银行 2016 年可持续发展报告》,载 https://www.cib.com.cn/cn/aboutCIB/social/report/,最后访问日期:2018 年 4 月 3 日。

有助于不同方面的信息之间的联系，使各种利益相关者能更全面地认识金融机构；三是有助于更好地采用可拓展商业语言（extensible business reporting language），使各利益相关者能更快地分析和获取相关信息。而目前我国金融机构大部分采用单独性披露方式来披露社会责任报告，如中国银行、广发银行、光大银行、建设银行、工商银行、兴业证券、广发证券等金融机构每年都是通过发布年度社会责任报告的形式来昭示其履行社会责任的情况。是故，借鉴国际经验，我们建议我国金融机构采用整合性披露方式。

从披露的质量来看，不仅要注意披露信息的"重要性"、"实质性"与"清晰性"原则，也要注意与利益相关方的互动，进一步提高披露信息的"包容性"水平，并加强社会责任报告的"可比性"、"平衡性"以及"中肯性"。[①] 具言之，依据"重要性"原则，在公布数据与信息的重要性考量上，应充分考虑到金融机构自身的特点、媒体对银行业社会责任事项的关注焦点以及主要利益相关者的期望，而不是现有的单纯"炫成绩"的做法。同时，依据"实质性"评估原则，相关金融机构对于社会责任报告中所披露的信息，应综合考虑经济影响，社会及环境等因素，并以此为基础进行有关问题的实质性评估。在"清晰性"方面，国内金融机构社会责任报告应采用多元化的表达方式，尤其是更多使用图表、综合数据表、量化指标等，让利益相关者更直观地了解报告信息的内容。"包容性"要求金融机构构建能够甄别利益相关者期待的相应程序和制度，以及时筛选出利益相关者重点关注的事项并进行及时回应。在"可比性"与"平衡性"方面，金融机构应在报告架构和内容上尽量与以前年度保持一致，并在此基础上作出适当调整，以期更有利于利益相关者对报告的使用。同时，做好不同年度数据的比较表格，以便让阅读者清晰地看到商业银行在不同年度里各项指标所显示的进步与不足，以强化所披露内容的"中肯性"。

第三，引入第三方独立鉴证制度。金融机构披露的信息无需外部审核而由其自主决定，这就导致其披露内容倾向于强调做得好、做得多的方面，

---

① 参见刘志云：《国内银行践行社会责任的内部督促机制分析》，载《厦门大学学报》（哲学社会科学版）2011 年第 5 期。

其真实性和客观性必然会引起质疑,如公共比较关心的捐款和慈善等款项,难以直观真实地反映给大众。而且金融机构是否遵守了赤道原则进行绿色信贷亦不得而知。此时,引入第三方独立鉴证制度尤为必要。所谓第三方独立鉴证制度是指外部第三方机构基于特定的金融机构社会责任评价指标,依据所收集的金融机构社会责任信息,对金融机构的社会责任状况进行评价,比如金融机构社会责任报告编写水平、金融机构社会责任信息披露水平、管理水平以及金融机构社会责任实践等。[①] 金融机构第三方独立鉴证制度超出了金融机构社会责任自我评价的利益"俘获"情况,因而相对更具客观中立性。

关于第三方独立鉴证的主体,在美国主要有两类:第一类是投资基金组织,其审计目的是确保资金能流向那些社会责任感强的企业,以促使企业承担社会责任;第二类是社会公共利益相应监督机构,如消费者权益保护组织等,其审计目的是为各利益相关者作出决策提供信息,同时也对企业起到监督作用。对美国的这种做法,我国只能借鉴而不能照搬。这是因为,一是目前我国投资基金组织既不发达,也不规范,本身也存在社会责任问题,更重要的是没有专门的审计鉴证职责;二是目前我国环境保护协会、消费者权益保护协会等社会公共利益监督机构还不够健全,即便能够进行企业社会责任审计,也只是企业社会责任的某一方面,而不是企业社会责任的全部。是故,我们认为,应充分发挥我国现有鉴证机构的作用。我国现有的鉴证机构主要包括政府审计机构和会计师事务所。如根据平安集团 2015 年社会责任报告显示,平安集团的第三方鉴证机构为安永华明会计师事务所,希借以提升报告的真实性和客观性。[②] 从全球范围来看,主动将第三方独立鉴证的结论纳入公司社会责任报告也已成为越来越多的公司的选择。许多跨国银行,如荷兰国际集团、拉博银行集团、巴克莱银行、巴西伊塔乌集团、兴业集团等,都采取了这种做法。但亦应注意两个问题:一是注意分工,如国有金融机构的社会责任鉴证可以由政府审计机构负责,而非国有金融机构的

---

① 参见肖红军、李伟阳、许英杰:《企业社会责任评价研究——反思、重构与实证》,经济管理出版社 2014 年版,第 52 页。

② 参见《平安集团 2015 年社会责任报告》,载 http://resources.pingan.com/app_upload/file/about/pingan_baogao_2015.pdf,最后访问日期:2018 年 4 月 3 日。

社会责任鉴证则可由会计师事务所负责；二是考虑到金融机构社会责任审计的范围广、审计人员的知识结构要宽等问题，在进行金融机构社会责任审计时要适当吸收专家参与。①

需要说明的是，按照评价金融机构数量的不同，金融机构社会责任第三方评价可以分为针对特定个体金融机构的社会责任第三方评价和针对多个金融机构的社会责任第三方评价。前者往往是特定金融机构邀请外部第三方机构对其社会责任表现进行客观评价，以增强评价结果的可信性，后者则是社会机构或个人对多个金融机构的社会责任表现进行独立评价，目的是对特定时期某一行业践行社会责任情况进行整体或部分评价，从而发现一个行业社会责任的整体特征，以及对不同金融机构的社会责任表现进行比较，为政府企业社会责任政策的制定、学术机构企业社会责任的研究甚至单纯的企业社会责任排名提供评价支持。如前所述，前者主要应以政府审计机构和会计师事务所作为主要鉴证机构，而后者则应充分发挥权威行业媒体以及会计师协会团体的力量。以中国金融网为例证，中国金融网是我国最为权威、最有影响力的网络门户，其致力于构建和谐社会，宣传文明、科学的金融发展理念。引人关注的是，2008 年，中国金融网对于上一年度所有城市商业银行的社会责任作出了点评，率先站在媒体的立场评判各个银行践行社会责任的表现，从而引起了社会各界对银行业践行社会责任活动的关注。② 另一个典型例子为特许公认会计师公会（ACCA，一个总部设在英国的会计专业团体），世界最大的会计师专业团体之一，在 1990 年发起了“ACCA 可持续发展报告奖”。ACCA 网站表明该奖项旨在“促进组织的社会和环境影响报告更加透明”，该奖的目标是“确定和奖励传播企业业绩而不是企业业绩本身的创新性尝试”。该奖项涉及来自欧洲、非洲、北美和亚洲超过 20 个国家。以下国家（地区）的公司已经从该奖项中获益：中国香港、英国、爱尔兰、新加坡、巴基斯坦、澳大利亚、新西兰、马来西亚、南非、加

---

① 参见张兆国：《利益相关者视角下企业社会责任问题研究》，中国财政经济出版社 2014 年版，第 181 页。

② 参见朱慈蕴：《论金融中介机构的社会责任——从应对和防范危机的长效机制出发》，载《清华法学》2010 年第 1 期。

拿大和美国。①

关于金融机构社会责任的鉴证标准，目前国外有许多影响较大的相关标准，如美国社会责任国际组织发布的《社会责任国际标准 SA 8000》；国际标准组织发布的《环境保护体系 ISO 14000》和《产品质量管理体系 ISO 9000》；联合国发布的《全球契约》；道·琼斯设立的可持续发展指数；英国金融时报和伦敦证券交易所联合发布的"道德指数"等。而我国目前在这方面几乎是一片空白。随着我国金融机构社会责任的发展以及金融机构所披露的社会责任报告越来越多，有关政府部门应借鉴国际经验，结合我国实际，加快制定金融机构社会责任鉴证标准，以推动金融机构社会责任鉴证的发展。

关于金融机构社会责任的鉴证程序，我们亦应借鉴国际经验，相关立法应要求鉴证程序至少包括以下四个阶段：第一阶段，通过对被鉴证单位管理和承担社会责任的情况和环境进行调查、了解、分析和评估，制定金融机构社会责任审计计划；第二阶段，了解和评估相关资料的来源，寻找金融机构潜在的社会责任风险，确认和评估相关的控制制度；第三阶段，选择有效的鉴证程序和鉴证方法，实施鉴证计划；第四阶段，获取鉴证证据，形成鉴证报告。

（二）切实加强行业协会以及非政府组织等民间监督力量的督促作用

第一，真正发挥工会组织的监督和促进作用。欲推动工会组织督促金融机构践行社会责任，有必要加大力度对工会进行组织变革，并制定相关立法予以明确。行业工会组织改革应当以提升组织的独立性和工作水平、保护雇员利益为主要任务。其中，关于工会组织的方式，建议金融机构组建一个自上而下的工会组织体系，使工会组织的组建更加民主，发挥其维护金融机构雇员的功效；关于工会组织机构的设置，建议金融机构不再沿用传统的条块分工布局，而是根据地方和行业的不同组建相应工会组织；关于工会组织的活动内容，建议工会组织经常召集雇员开展维权活动，从而对金融机构的经营行为形成约束，保护雇员的合法权益；关于工会组织的理念，建议工

---

① 参见[英]艾村乌、[德]菲欧主编：《全球企业社会责任实践》，杨世伟译，经济管理出版社 2011 年版，第 14 页。

会组织转换思维,不能仅仅强调对雇员权益受损的事后救助,而是应多通过培训活动来提升雇员的维权意识和自救能力。

第二,切实加强行业协会的督导作用。为促使金融机构积极践行社会责任,金融行业协会应该积极发挥其引导作用,通过制定金融机构社会责任的践行标准等文件,统一和明确金融机构践行社会责任的具体方向,同时还应在相关自律文件中明确引导金融机构积极引入和采纳《赤道原则》以及加入国际社会责任组织。一旦加入这些组织或引入相应标准,即可以敦促金融机构积极采用SA8000社会责任标准、ISO 9000质量标准和ISO 14000环境保护标准作为行为准则,以提升金融机构践行社会责任的能力,规范企业运营。更为重要的是,金融机构作为中介组织,利用其行业地位可以有效敦促其客户践行社会责任,若客户违规践行社会责任,金融机构有权拒绝继续为客户提供服务。上述内容皆应当由行业协会纳入到自律规范中,发挥其行业引导功能。①

第三,促进非政府组织、其他社会组织以及国际金融组织对金融机构的第三方监管。在督促金融机构承担社会责任的外部力量中,非政府组织实际上扮演了不可忽视的角色。尽管它的重要作用还没有引起广泛关注,但是不容置疑的是,很多重要的和金融机构社会责任有关的国际标准,如SA8000标准、"道琼斯可持续发展指数"和"多米尼400指数"、赤道原则都是由非政府组织率先提出来并且付诸行动的。政府自上而下地制定法律并执行,必然在难以及时关注到的角落存在缺陷。非政府组织在很大程度上弥补了这一缺憾,对金融机构社会责任承担具有重要的指导意义。但是,相较于其他较为发达的国家或地区,我国非政府组织的发展具有滞后性。缺少来自非政府组织的监督和督促,金融机构践行社会责任将会面临更加艰难的处境。是故,政府以及金融机构皆应当重视非政府组织的积极功效,寻求机会与其沟通与合作,共同推动和谐社会的构建。而实现此目的的途径则为政府制定相关法律法规来督促各方重视非政府组织的作用。非政府组织的主要功能在于,倡导社会和平正义、保护弱势群体合法权益、承办政府

---

① 参见朱文忠:《商业银行企业社会责任标准与机制研究》,经济管理出版社2009年版,第120~121页。

的福利项目等。通过与政府形成相互配合的分工协作机制,非政府组织既能够克服政府作用的局限,也能进一步引导和督促金融机构对社会责任相关问题的重视。

第四,利用媒体舆论引发大众关注。媒体是政府的口舌,也是政府监督的眼睛。政府实行硬的监管手段,媒体则通过宣传报告平台,以软的形式推动商业银行等金融机构朝着好的方向不断完善自我,对其积极方面予以宣传表扬,对消极甚至违法的一面给予曝光,使金融机构践行社会责任的得失处于透明与阳光之下。也可以与金融机构实时互动,自我比照,并借助市场机制,运用经济手段激励金融机构积极承担社会责任。是故,我国应积极利用舆论引领金融机构践行社会责任,贡献社会。媒体可以通过互联网提倡和宣传金融机构社会责任理念,培养金融机构社会责任意识,有助于金融机构的高级管理人员秉持更为科学的可持续发展观念。譬如,媒体在评选先进金融机构或金融机构企业家时,可以将践行社会责任的程度作为评价标准,如此对金融机构的高层领导形成精神激励,从而更有动力践行社会责任。①

(三)通过强制性法律规定与软性指引,完善权、义、责的安排

我国的法律法规对于金融机构践行社会责任的权利、义务和责任都要清晰定位,尤其是明确规定惩罚与制约措施,涵盖对负责人员、违规部门甚至金融机构本身的制裁,不再是口号式、纲领式的轻描淡写,而是要体现出国家强制力度。

第一,完善鼓励金融机构践行社会责任的赋权性规定。金融机构社会责任法律化的途径既包括强制又包括激励。金融机构社会责任以国家强制力作为依托,立法要求金融机构对雇员、股东、客户等承担相应的义务,若违反了相应义务,则应承担法律责任。此即立法对金融机构施以的强制性义务。当然,金融机构社会责任立法还有激励性规定,即针对金融机构践行社会责任行为予以政策优惠和政府补贴。具有高度社会责任感的金融机构积极履行社会责任,缺乏社会责任感的金融机构按最低限度消极履行社会

---

① 参见朱文忠:《论构建商业银行社会责任价值观的系统工程模型》,载《经济界》2007 年第 1 期。

责任,这将会造成金融机构的各自负担处于不平衡状态。[①] 对此,法律有必要予以回应,对认真践行社会责任的金融机构授予一定的政策激励,使其能够维持正常经营和获得良好声誉,在竞争市场中获得优势地位。具体而言,立法可以作出如下赋权性规定:对践行社会责任的金融机构施以适当的税收优惠和政府补贴、政府扶持等手段,以降低金融机构的活动成本;相关政府机构和行业协会定期公布认真践行社会责任的金融机构并进行排名,从而提升社会公众的认知度,对金融机构产生正面的激励作用;通过政府采购订单的定点投放,促进金融机构的良性发展。如此,可以有效推进市场的公平竞争。

第二,细化金融机构违反践行社会责任相关义务的制裁性规定。一方面,完善相关法律责任。以金融机构对员工践行社会责任的法律机制为例,虽然总的来说我国已经建立了相对完备的劳动法律体系,使得金融机构员工权益保障基本上做到了有法可依,但是金融机构践行对员工的社会责任实践表明,我国相关立法还需不断改进,尤其在法律责任方面。具言之,现行《工会法》的重要进步就是专门规定了违反工会法的法律责任,这就为工会制度运行和工会作用的发挥提供了保障,也使得整部法律更加完整,有利于更好地保护员工的合法权益。但是,就法律责任的规定而言,《工会法》还有相当的改进和完善空间。一是责任追究程序应该进一步予以明确。例如该法第 50 条对于职工是否可以作为申请人申请处理、申请期限、劳动行政部门的处理期限与方式,以及人民政府处理方式与期限等问题没有细致规定,需要进一步明确。二是在《工会法》中行政处罚规定较少、处罚力度不够,应该在将来《工会法》的修订中予以加强。三是需要进一步扩大法院受案范围,增强司法保护力度。现行《工会法》只是在较窄范围内允许违反该法的行为进入诉讼通道,包括工会权益受到侵害提请劳动行政部门或政府处理,而上述部门不予理睬或拖延不予办理时;侵占工会经费和财产不予返还的;职工因参加工会活动或工会工作人员因履行职责被解除劳动合同

---

① 参见冯果、袁康:《浅谈企业社会责任法律化》,载《湖北社会科学》2009 年第 8 期。

经劳动争议仲裁机构处理后仍不服的。[①] 从工会的良性运行与保障角度来看,扩大司法对于工会的救济空间无疑是有益的。[②] 另一方面,应构建完备的行业协会内部自律惩戒机制。一是对会员金融机构的惩戒。如果通过机会主义行为获得短期收益并不对其长期收益造成不良影响,即不自律行为得不到惩戒,那么行为主体为追求长期利益和维护公共秩序而放弃短期超额收益是不划算的。[③] 因而从促进金融机构健康发展和实现长期利益的角度看,必须对金融机构的不自律行为进行惩罚。对于金融机构违反自律规范的行为,应该根据其行为类型、情节严重程度、危害后果大小等因素,决定给予行业内部通告批评、限期整改、集体抵制乃至取消会员资格的惩罚。应该强调的是,行业自律规范是经过全行业公开讨论通过的,并非针对某一家金融机构,而是着眼于行业整体利益,因而对所有金融机构都是公平的,理应得到执行。为了使自律规范能够得到有效遵守,各金融行业协会应该设立相应的执行机构。二是对金融机构从业人员的惩戒。从自律的需要看,对金融机构从业人员的违规行为,金融机构协会可以结合具体案情,给予警告、行业内通报批评、公开谴责,情节特别严重的可以吊销从业资格证书。三是对各金融行业协会工作人员的惩戒。无论是对会员金融机构的惩戒,还是对金融机构从业人员的惩罚,都会影响到他们的切身利益,因此应该在惩戒机制之外配套相应的申诉机制,以确保惩戒本身的公正性和适当性。因此,《工会法》法律责任的完善有助于更好地保护员工的合法权益。

第三,建立政府部门督促金融机构践行社会责任的问责机制。[④] 所谓问责机制,就是对不作为的部门及个人进行责任追究,使之承担风险的一种约束机制。在促使金融机构承担社会责任方面,对有关政府部门建立问责机制,使它们对其不作为承担风险,有助于促使他们切实履行对金融机构践行社会责任的监督职责。一套完整的问责机制应当具备问责的主体、问责

---

① 参见于兆波、马鸿燕、马大宇、马蕾:《依法治校背景下的高校工会》,载《北京理工大学学报》(社会科学版)2005 年第 1 期。

② 参见姜颖:《工会法律责任的确立与完善》,载《工会理论与实践》2002 年第 4 期。

③ 参见刘芬华:《行业自律制度的发源与效率——一般逻辑及在中国银行业的推演》,载《当代财经》2007 年第 12 期。

④ 参见张兆国:《利益相关者视角下企业社会责任问题研究》,中国财政经济出版社 2014 年版,第 169 页。

的客体、问责的程序、问责的结果四个要素。根据这一基本框架，要强化问责机制对有关政府部门的约束作用，使他们在促使金融机构承担社会责任方面有所作为，就必须解决好如下几个问题：首先，要明确责任。即明确有关政府部门及其负责人在促使金融机构承担社会责任方面的“责任清单”。其次，要明确问责方。即由谁来负责，我们的建议可以是上一级主管部门，也可以在各级人大中设立专门的问责委员会。再次，要明确追究手段。可以根据失职的严重程度或所造成的经济损失和不良影响的大小，采取轻重不同的处罚措施或追究手段。例如，通报批评、扣发薪酬、降低职务、撤销职务、开除公职等都是视失职程度所采取的追究手段。如果触犯了国家法律，就要通过司法程序追究责任人的法律责任。最后，要公开透明。即追究失职行为的过程要吸收群众代表参加，追究失职行为的结果要向社会披露，以便接受社会的监督。

当然，最后法律对于金融机构践行社会责任更应明确相应的法律义务，在公益事业方面亦应如此。当前我国出台的《公益事业捐赠法》中有关公益捐赠的规定只是一种口号和宣言，规定过于抽象和宏观，缺乏可操作性。是故，我国立法应当考虑对金融机构的公益捐赠行为施以强制性义务，规定将收益中一定比例的金额捐赠给社会。当然，对此可能会有学者予以反对，认为公益性质的捐赠行为本来就是一种自愿性行为，不能将其变成企业的负担，否则就是“恶法”。我们认为，令金融机构将收益中一定比例的金额捐赠给社会的被动行为，属于大多数金融机构能够承担的范围，这是一种具有合理性的义务。当然，此种强制性义务必须以金融机构具有一定收益为前提，若金融机构亏损，则自然不存在捐赠义务。在法律规定的捐赠义务比例之上，若金融机构愿意，当然也可以投入更高比例的金额于公益事业，但这并非是一种难以承受的负担。税收制度是督促金融机构投身于公益事业的配套机制。当前，我国相关法律法规仅仅规定，对金融机构捐赠的收益可以减免企业所得税，但是缺乏相关否定性评价。对此，建议我国法律规定，对不履行捐赠义务的金融机构施以相对更高的企业所得税，并且多收的企业所得税应当限制在捐赠义务额度之内。

三、有关“绿色发展”方面的制度安排

(一)完善金融机构内部绿色管理制度

金融机构本身也是环境资源的消耗者,加强金融机构办公运营过程中能源的消耗控制也是“绿色发展”理念的内核之一。[①] 根据对世界知名银行践行社会责任的调查显示,绝大多数被调查的银行皆引入了 ISO 14000 或 EMAS 等内部环境管理规则,进而设计了适合自身发展的社会责任内部管理制度。并且,诸如花旗集团与汇丰银行等,往往将银行内部的能源损耗、纸张使用、水资源利用等作为内部环境管理有效性评价的关键指标。[②] 可以说,在这些银行建设内部管理机制过程中,ISO 14001 或 EMAS 等规则发挥了很好的参考意义。譬如,ISO 14001 中环境管理所涵盖的环境方针、规划、实施与运行、检查与纠正措施、管理评审五个内容,是国内银行内部环境管理机制建设的关键内容。而该标准所包含的环境管理的各个要素,包括环境方针、环境要素、法律与其他要求、目标与指标、环境管理方案、机构和职责、培训、意识与能力、信息交流、环境管理体系文件编制、文件管理、运行控制、应急准备和响应、监测、违章、纠正与预防措施、记录、环境管理体系审核,以及管理评审要素名称等,是建构国内金融机构内部环境管理机制时必须考虑的重中之重。[③]

(二)完善绿色金融法律制度

1. 构建绿色金融法律激励机制

第一,优化绿色金融法律规制理念。绿色金融法律激励机制效用发挥需要一定的外在条件,若片面性地将其独立,最终只会导致规制失灵。这就要求在构建绿色金融法律激励机制的同时,还要厘定绿色金融法律规制理

---

① 参见刘志云:《国内银行践行社会责任的内部督促机制分析》,载《厦门大学学报》(哲学社会科学版)2011 年第 5 期。

② EMAS-the European Eco-management and Audit Scheme, http://ec.europa.eu/environment/emas/about/summary_en.htm,2010 - 12 - 5.

③ 参见刘志云:《国内银行践行社会责任的内部督促机制分析》,载《厦门大学学报》(哲学社会科学版)2011 年第 5 期。

念。[①] 首先,强调合作规制。“合作规制旨在弥补传统命令控制型规制手段的缺陷,核心是规制者与被规制者双方进行沟通博弈。”[②]事实上,只有在政府与市场沟通协作的场域下,绿色金融法律激励机制才会真正发挥作用。具体来说,作为规制者的政府应当转变传统规制观念,弱化其强制性主导规制的属性,强化其与市场主体的平等协商与合作,从而平衡政府与社会之间的利益冲突,促使绿色金融市场主体更加积极主动地参与到绿色金融规制的活动之中。其次,强化信息规制。信息规制旨在减缓因信息不对称给信息弱势方造成的损害,是由政府或信息强势方定期或不定期向社会公众披露特定信息而形成的一种规制模式。值得注意的是,直接信息规制、间接信息规制[③]以及强制性信息规制、激励性信息规制,在绿色金融法律规制中共同发挥作用,既具有预防功能,又具有矫正效果。最后,注重竞争规制。竞争乃是激励机制发挥作用的前置要件,因为竞争自身带有激励作用,由竞争引发的激励有三方面的动力源,即信息比较动力、生存动力以及改善声誉动力。[④]

第二,合理运用绿色金融激励性工具。绿色金融法律激励机制的理念转变仅仅是获得良好效果的前置要件,而法律激励工具的选择与运用发挥着决定性作用。法律激励工具能够确保绿色金融目标的切实实现,主要具有如下功能:提升政策绩效;加强政府与社会的沟通与协作;促使相关组织机构自发制定相应规则和标准。[⑤] 我们认为,对于绿色金融的激励性工具

---

① 参见方桂荣:《信息偏在条件下绿色金融的法律激励机制构建》,载《法商研究》2015 年第 4 期。

② 高秦伟:《私人主体与食品安全标准制定——基于合作规制的法理》,载《中外法学》2012 年第 4 期。

③ 直接信息规制是由政府制定信息披露法律制度赋予企业与金融机构信息披露的义务,在被规制主体拒绝或部分拒绝履行义务时,追究其法律责任的规制方式;间接信息规制是一种较弱的强制性信息规制方式,没有直接信息规制见效快,但具有保护市场机制的功能,使市场不致因过度依赖政府而丧失自身配置资源的作用。参见方桂荣:《信息偏在条件下绿色金融的法律激励机制构建》,载《法商研究》2015 年第 4 期。

④ 参见肖兴志:《自然垄断产业规制改革模式研究》,东北财经大学出版社 2003 年版,第 147 页。

⑤ 参见陈振明等:《政府工具导论》,北京大学出版社 2009 年版,第 68 页。

可以作如下简要设计：[1]一是差别性货币政策，旨在通过使用利率、存款准备金等货币政策工具，敦促金融机构开展绿色金融业务；二是税收差异化，旨在通过设定不同税率的税收制度，对纳税人实行差异化征税，以对纳税人参与绿色金融构成一定的激励；三是财政贴息贷款。它是指国家财政在一定时期内，对国家计划所确定的重点产业的固定资产投资或各级财政依据国家计划而扶持的中小企业更新改造项目的贷款利息，给予一定比例的贴还；[2]四是激励型监管，它是指对各类监管指标进行综合设计和应用，尤其强调监管部门对服务于绿色金融的金融机构的监管倾斜；五是政策性融资担保，即以政府信用为担保，旨在提升具有绿色环保项目的企业获得银行贷款的可能性；六是融资风险补偿机制，它是指政府设立专门的绿色金融扶持资金，以激励金融机构积极为具有绿色项目的企业提供资金。另外，绿色金融法律激励工具的组合应当结合绿色金融规制的环节和工具的特性进行设计，而这亦应作为今后实务界和学术界的重要目标。

2. 完善绿色金融的机构设置

由于绿色金融的业务操作颇为烦琐复杂，且具有极高的技术性要求，故而设立专门的决策机构对绿色金融进行统筹安排尤为重要。对此，汇丰银行在董事会下专门成立了可持续金融委员会，主要负责绿色项目的调研和宣传；花旗银行在内部也专门成立了环境和社会风险政策审查委员会，负责对绿色金融项目的风险进行甄别以及配合社会与环境风险管理体系的运行工作。反观我国，绝大多数金融机构没有设立专门的部门负责绿色金融业务，只是采取一种“董事会决定总体战略—高级管理层制定政策指南—业务部门具体执行”的业务模式，显然难以满足复杂的绿色金融业务需求。据统计，当下仅有兴业银行针对赤道原则成立了相应的领导小组，以顺利实

① 参见方桂荣：《信息偏在条件下绿色金融的法律激励机制构建》，载《法商研究》2015 年第 4 期。

② 参见贾绍华：《厚积之思：贾绍华经济文集》（第 1 辑），海南出版社 2005 年版，第 287 页。

施绿色信贷业务。该机制通过设置可持续金融室①联结了总行与分行的工作,在很大程度上提升了信息共享效率,各分行一旦发现问题可以及时向总行汇报,而总行也能迅速解决问题。值得注意的是,可持续金融室直接向董事长负责,从而可以提升行政效率,减少一些不必要的流程。② 鉴于此,建议我国金融机构借鉴汇丰银行、花旗银行、兴业银行等做法,在组织内部专门设立绿色金融政策委员会或可持续金融室,负责绿色金融战略与政策的制定以及重大绿色金融项目的审批。

3. 完善绿色认证机制

绿色认证机制一方面能够提升绿色项目的透明度,使金融机构和投资者准确知晓更为真实的相关信息,便于他们作出抉择;另一方面还能帮助金融机构识别真正的绿色项目,故而对绿色金融的规范运行具有重大意义。绿色认证制度的构建,主要包括绿色认证机构的设置和绿色认证标准的确立两方面内容。

为确保绿色认证的公证、科学和客观,相应的绿色认证机构必须具有独立性、权威性和专业性等特质。因此,绿色认证机构的范围既不能过度分散,也不能和政府关系紧密。我们认为,绿色金融相关立法可以授予相关学术组织,如中国金融学会绿色金融专业委员会,以及相关环保组织,如中国环境保护协会进行绿色认证。同时,我国绿色认证机构不宜过少或过多,应根据当下绿色金融业务的实践情况予以合理安排,以避免绿色认证行业形成行业垄断或因滥设而形同虚设。并且还应配套绿色认证的准入机制和退出机制,规范绿色认证行业秩序,保障绿色认证的权威性和公正性。

明确的绿色认证标准可以确保绿色认证的统一化和公正性。我们认

---

① 可持续金融室,是环境与风险管理工作的牵头部门,其中包括5位分别来自法律、金融、生物、环境工程等领域的组成人员,共同履行领导小组办公室职责。具体来说,包括银行环境与风险管理的政策和制度的拟定、制定赤道原则实施规划,并负责本行可持续金融的对外宣传、交流和联系工作,为本行经营机构发展可持续金融提供指导。参见《兴业银行的绿色宣言——赤道原则年度执行报告(2008～2009)》,载 https://www.cib.com.cn/cn/aboutCIB/social/report/equator.html,最后访问日期:2018年6月7日。

② 参见龙卫洋、季才留:《基于国际经验的商业银行绿色信贷研究及对中国的启示》,载《经济体制改革》2013年第3期。

为,绿色认证标准具体主要包括如下内容:①一是项目的绿色标准,包括项目是否符合绿色目录、绿色效益指标及应达到的绿色效益标准、历史上同类项目的绿色效益等,用以度量绿色投融资项目的绿色标准;二是融资方的绿色标准,包括其在环境领域的信用记录、自然环境风险控制能力、绿色项目的投资建设或运营管理经验、其在环境领域已实现的绿色效益等,作为参考因素,用以度量融资方的绿色程度及其对于绿色项目的运营经验与能力。

4. 完善环保信息共享机制

绿色金融发挥有效作用的前提条件为金融业监管部门和证券公司、银行、保险公司等联合构建起环保信息共享机制,环保信息共享机制可以确保绿色金融法律激励机制的顺利实施。一方面,环保部门与金融业监管部门之间理应构建环保信息共享机制。金融业监管部门负责对金融机构的环境风险控制工作进行监管,而其中的重要指标就是环保信息。对此,环保部门应当和金融业监管部门启动联动机制,确保环保部门能够随时将相关信息汇总给金融业监管机构,而金融业监管机构亦能将贯彻环保政策相对较好的金融机构反馈给环保部门,由环保部门将其列为标杆客户。②另一方面,环保部门与金融机构之间也应构建环保信息共享机制。环保部门应将企业的环保认证及奖赏惩罚信息及时提供给银行、证券公司等金融机构,使金融机构既能够不断完善其企业征信体系,也能够将企业的环保信息作为能否对该企业进行投资的重要指标和依据。而金融机构在监督企业贷款使用情况过程中,一旦发现企业的不良环保信息,亦应及时反馈给环保部门。通过构建完善的环保信息共享机制,使各部门之间能够共享环保信息,联合协作,降低环境风险,从而推动绿色金融的顺利实施。

落实到立法层面,我们认为,相关法律法规可明确金融机构专门设立与环境保护部门和金融业监管部门进行沟通的联络机构,专司金融机构、环境保护部门以及金融业监管部门之间的定期沟通与协调,构建有效的信息沟通机制。③ 此外,相关法律法规还应对绿色金融信息共享平台的构建和运

---

① 参见袁康:《绿色金融发展及其法律制度保障》,载《证券市场导报》2017 年第 1 期。

② 参见王华秀:《论我国绿色信贷法律制度的完善》,载《特区经济》2012 年第 8 期。

③ 参见周杰普:《论我国绿色信贷法律制度的完善》,载《东方法学》2017 年第 2 期。

行作出明确规定。面对日益增长的绿色金融融资需求，建立一个全国统一的绿色金融信息共享平台迫在眉睫。利用绿色金融信息共享平台，各相关机构之间可以通过统一的信息交换标准、采用成熟的数据挖掘技术，实现信息的交换、管理和共享。在共享信息内容方面，绿色金融信息共享平台应将与环境风险、企业环境污染等有关的信息全部纳入。其中，绿色评级是信息共享的重要内容。无论是绿色项目抑或企业，皆应进行绿色评级。绿色评级应当综合考量中国国情和行业特性，随时跟踪行业绿色标准的提升。[①] 在环保信息的推广和应用方面，应不断拓宽信息的发布和传播途径，积极通过媒体、互联网等披露和传播绿色金融信息。[②]

四、有关“开放发展”方面的制度安排

“开放发展”方面的制度安排强调“普适”的价值取向和“对标国际”的基本原则，要求金融机构在践行企业社会责任过程中尽量接轨国际标准或规范，为推动其自身和相关企业“走出去”创造便利，并增强自身的市场竞争力。具体制度的构建或完善表现为以下内容。

（一）通过强制性规定与软性指引，加强行业协会对金融机构采纳国际标准的督促作用

目前，国内有少数银行积极参与国际标准的建设，并取得了一定的效果。例如，这几年来国家开发银行积极参与国内外交流对话，其通过联合国全球契约、联合国环境规划署金融行动机构等国际性平台，广泛参与国际社会共同行动，参与相关社会责任国际标准的制定。国家开发银行作为联合国全球契约领导力平台会员、联合国全球契约反腐败工作组和联合国“冲突地区负责任投资”专家组成员，积极参与制定相关政策指南，包括联合国全球契约“在受冲突影响与高风险地区负责任商业实践指南”等文件，提升了中国的金融机构在社会责任领域的国际影响力和话语权，充分发挥了中

① 参见韩立岩、王臻：《绿色信贷发展的国际比较与启示》，载《国际经济合作》2014 年第 2 期。

② 参见纪霞：《国外绿色信贷发展经验及启示》，载《改革与战略》2016 年第 2 期。

国企业在国际社会责任领域的应有作用。[①] 总的来讲,国内银行业参与国际规则的建设方面还比较被动,对于大多数银行业金融机构来说,尚不清楚参与的意义所在,证券、保险等行业更是如此。因此,鼓励与组织金融机构"主动"参与国际规则的建设,也应该作为各金融行业协会的一个重要工作,而不只是单单鼓励各金融机构的"被动"加入。

各金融业行业协会要把法治工作与行业自律维权和专业服务工作相结合,充分发挥社会组织对其成员单位的行为引导、规则约束与权益维护作用。[②] 具体来说,要重点做好以下几方面的工作:一是主动参与和推动金融立法,积极向全国人大、最高人民法院和政府有关部门提出立法建议,反映行业立法诉求,同时自身也要积极制定有关金融机构采纳国际标准的行业自律规则。二是积极开展对金融机构践行社会责任的国际规范或标准的研究与培训,推动国内金融业主动接受符合自己实际情况并能促进自身能力建设的各种践行社会责任的国际规范或标准,加入诸如"赤道原则""联合国环境规划署金融倡议""联合国全球契约""联合国社会责任投资"等各种践行社会责任的先锋行动,督促金融业务满足践行环境与社会责任的要求。同时,还要积极开展对诸如 SA8000 社会责任管理标准、ISO 26000 社会责任指南、ISO 14000 环境保护标准、EMAS 环境审核规则、OHSAS 18001 职业安全卫生管理系统认证等金融行业经营过程中的社会与环境风险管理方面的国际规范或标准研究、培训并推动国内金融行业办公经营中社会与环境管理制度的建设。

(二)建立健全金融机构采纳国际标准的制度建设

为及时回应当前国内外金融的快速发展及相应挑战,稳妥实现金融企业又好又快发展的愿景目标,积极关注国际标准并汲取其先进理念已经成为国内金融机构未来的战略选择之一。对此,国内金融机构在借鉴国际标准时,应充分结合国情,借鉴国际标准的理念、框架,推进金融机构业务政

---

① 参见中国银行业协会:《中国银行业 2010 年社会责任报告》,载 http://www.china-cba.net/bencandy.php?fid=65&id=7611,最后访问日期:2018 年 8 月 31 日。

② 参见《发挥行业协会引领作用 坚守依法合规经营底线在全国银行业"六五"普法总结表彰大会上的讲话》,载和讯网:http://bank.hexun.com/2016-08-17/185554476.html,最后访问日期:2018 年 8 月 31 日。

策与国际标准接轨，完善内部社会与环境风险防范机制。具言之，相关硬法和软法应鼓励国内金融机构从以下几方面着手做好准备工作：

第一，全面熟悉相关国际标准并建立跟踪和研究机制。以赤道原则为例，当金融机构采纳了赤道原则时，其应当审慎核查相关项目，包括形式审查和实质审查，其中，实质审查最为关键，旨在审核社会和环境评估报告、行动方案与东道国的相关国际条约、法律法规等是否相符。① 鉴于此，国内金融机构有必要知悉和研究相关融资地区的国际条约、法律法规、国际金融公司内部的自律规则等，积极学习和借鉴国外的先进理念。同时，跟进和调研我国本土的相关政策法规也很关键。

第二，结合我国国情，逐步将国际标准转化为金融机构的内部政策。当前，国际上绝大多数有关绿色金融的法律规范过于宏观和原则，缺乏具体的操作细则。鉴于此，我国国内立法者和金融机构有必要将相关国际规范和标准细化，以便于实践运作。例如对于赤道原则，JP 摩根就制定了《绿色投资指南》，汇丰银行分别于 2004 年和 2005 年推出了《林地及林产品贷款条例》和《水利工程贷款条例》等。② 同时，金融机构还应把可持续发展、社会发展与自身业务相结合，梳理国家相关政策制度要求，进一步建立健全绿色信贷等体系，完善环境、政策风险防范措施，逐步扩大风险控制范围。

第三，加强培训和宣传。国内金融机构应加大对员工实施国家标准的培训力度，全面增强员工对国际标准的理解和认识；还可以适当考虑参加国际金融公司等多边金融机构组织的培训，并与国际上活跃的金融机构建立稳定沟通机制，③以便全面系统地了解其在组织架构、操作流程、企业文化、技术支持、公共交流等方面的运作模式及履行情况，同时分析自身差距并扩大社会影响力。

（三）完善金融机构采纳国际标准的配套机制

第一，加强国际标准与金融机构战略决策、生产运营活动的融入，出台

---

① 参见于东智、吴羲：《赤道原则：银行绿色信贷与可持续发展的"白皮书"》，载《金融管理与研究》2009 年第 1 期。

② 参见于东智、吴羲：《赤道原则：银行绿色信贷与可持续发展的"白皮书"》，载《金融管理与研究》2009 年第 1 期。

③ 参见于东智、吴羲：《赤道原则：银行绿色信贷与可持续发展的"白皮书"》，载《金融管理与研究》2009 年第 1 期。

相关优惠政策形成有效激励。这就需要进一步加强对国际标准的宣传解读,鼓励各金融机构根据自身实际出台更具操作性、体现行业特色和企业实际的细则和规范,此外组织决策者的认识和理解也会影响到其后续的推进。① 此外,为积极鼓励金融机构先行先试,大胆实践,由监管部门出台鼓励优惠政策,从而形成政府鼓励、市场认可、社会推崇的推进机制和良好氛围。

第二,加强对金融机构执行国际标准的评估。② 为了使金融机构推行国际标准富有成效,就需要业内设立相应的专家委员会对金融机构实施国际标准的效果进行评估。专家委员会以各金融机构提交的报告、规则文件及其他有关资料等书面资料作为依据,对金融机构履行社会责任国际标准义务的情况作出审议和评价,特别是对金融机构所担负的社会责任对企业达成其经济目标的积极影响和消极作用作出客观评价。此外,还应对金融机构社会责任国际标准实施的公正性作出评价。这既要考虑其形式公正,更要考虑其实质公正;既要考虑到金融机构背后的物质和制度支撑差异,更要考虑到该标准对金融机构在同行竞争中所带来的有利条件和不利影响。

五、有关"共享发展"方面的制度安排

"共享发展"的制度安排主要是通过相关法律法规,以及行业自律制度、社会监督机制等软性约束机制的制定或修改,强调"公平"的价值取向和"利益相关者利益平衡"的基本原则,要求金融机构在履行其社会责任时,考虑可能受其业务行为影响的利益相关者的权益,并适当向更弱势的群体倾斜,以实现利益相关者对金融机构业绩与进步的利益共享。具体制度的构建或完善表现如下。

(一)在法律中明确规定金融机构应兼顾所有利益相关者之利益

在《公司法》《商业银行法》《证券法》《保险法》条款中,明确规定公司的定义是"以营利为目的的兼顾社会责任的企业法人",明确要求企业必须

---

① 参见 WTO 经济导刊编辑部:《十问社会责任国家标准》,载《WTO 经济导刊》2015 年第 8 期。

② 参见李雪平:《企业社会责任国际法律问题研究》,中国人民大学出版社 2011 年版,第 269 页。

兼顾雇员利益、消费者利益、债权人利益、供应商利益、中小竞争者利益、当地社区利益、环境利益、社会弱势人群利益和整个社会利益等。改变董事只向股东承担信托义务的原有立法，将这种受托责任向雇员、消费者、供应商、环境、社区等利益相关者扩展，明确董事等高级管理人员在决策过程中应尽考虑利益相关者利益的法律义务，而对于更高层次的道义责任，包括慈善捐赠、帮助社区建设等，也可以采用倡导性条款的形式纳入《商业银行法》《证券法》《保险法》及其他相关金融立法中。①

（二）完善金融机构对客户践行社会责任的相关制度

1. 对《商业银行法》《证券法》《保险法》等相关法律法规之修正

一是应通过立法尽快明确商业银行客户、证券业投资者等相关概念并作适当分类。客户或投资者的分类是建构金融机构行为规范之第一步。在分类的基础上，可以进一步深化金融机构销售产品种类的限制、其他行为规范（例如推介适当性义务、产品说明义务）的适用范围，乃至金融机构不当销售的法律责任等规范的调整。② 以银行业为例，建议我国借鉴欧盟《金融工具市场指令》的事前分类办法，根据风险承受能力、经济状况、投资经验等，可以将银行客户分为专业客户和非专业客户两种类型，同时应当主动告知客户其所属的类型。即便客户一开始被告知是专业客户，也应该主动告知其可以变更自己的客户属性。在对客户进行分类之后，商业银行应自觉给予非专业客户更高层次的保护。二是应在《商业银行法》《证券法》《保险法》及其他相关金融立法中明确规定商业银行、证券公司、保险公司保护客户、投资者、投保人权益的社会责任的具体内容，即应确保知情权、选择权、安全权、投诉权受到保护。三是应在《商业银行法》《证券法》《保险法》及其他相关金融立法中增加相应条款，督促商业银行、证券公司、保险公司等金融机构对客户践行社会责任，明确规定相关奖惩事项。

2. 出台统一的《金融消费者保护法》

我们认为，仅以在金融领域的消费会获取一定的投资收益而将中小投

---

① 参见刘志云：《国内银行业践行社会责任的外部督促机制：问题与完善》，载《经济法论丛》2011 年第 2 期。

② 参见陈肇鸿：《由比较法观点论金融机构客户之分类》，载《军法专刊》2010 年第 4 期。

资者排除在消费者保护之外是不合理的。在现实生活中,一个家庭购买金融产品,与专业的投资毕竟有很大的不同,从直接目的上看,虽然是为了获取资产升值,最终却还是为了家庭的生活消费。更何况,实践中,消费者与投资者的界限并不是绝对的,尤其是小投资者,其与消费者之间存在着一定的同质性,投资实际上代表的是延迟的消费。从这个意义上来看,每位消费者都是潜在的投资者,因此,以事后是否会转卖投资产品作为是否给予中小投资者以消费者地位保护的依据,是值得商榷的。消费者保护的根本目的,在于消除生产者与消费者之间在人力、财力、信息上的差距,填补由于信息不对称等原因造成消费者处于弱势地位的不足。由于金融商品的多样化、复杂化、专业化,金融机构与一般投资者之间,无论是信息获取能力还是交涉能力,都显示出相当大的差距,故在金融领域对一般投资者按照消费者实施保护实属必要。当前我国迫切需要颁布一部《金融消费者权益保护法》,将"金融消费者"作为一个法律概念正式提出,并加以专门性的具体规定。待立法时机成熟,还应以此法为核心,出台相关配套法律制度,以构建金融消费保护的完整法律体系。同时,我国还应借鉴美国建立金融消费者保护署(CFPA)的经验,通过立法建立专门的金融消费者保护机构,赋予其保护金融消费者权益不受侵害的各项具体职责。

3. 对其他相关法律法规的优化

在安全权方面,重点是要解决我国金融机构客户金融隐私权保护问题,法律应在客户的金融隐私权保护与银行信息披露之间实现较好的平衡。对此,美国《金融隐私权保护法》可以为我国完善相关立法提供很好的借鉴意义,我国可在相关立法中构建金融机构、客户、客户信息受让者以及法院之间信息公开与客户金融隐私权的平衡关系。一方面,相关法律法规应明确规定,客户享有与个人金融信息相关的若干权利,如对个人金融信息违法披露的请求救济权和异议权,以及对金融资料受让人身份、受让的目的、受让后的资料保管情况和使用方式的质询权;另一方面,相关法律法规应当明晰,金融机构保护客户的金融隐私乃法定义务,特别应当明确金融隐私权保护的信息范围以及保护的除外情况,对可以应用保密信息的主体、使用条件、使用程序，以及是否需要再保密、如何再保密等作出准确阐释。[①] 鉴于此，我国应尽快制定统一的《金融隐私权保护法》，将金融机构的金融隐私权保护义务上升到法定义务，明确规定金融机构金融隐私权保护的内容，清晰界定受保护的客户信息范围，即有关客户账户的信息、有关客户交易的信息及金融机构因保管客户的账户所获取的与客户有关的任何信息。该法还应明确规定金融机构金融隐私权保护的例外情形，明确规定客户享有与个人信息保护相关的知情权、修改权和索赔权等重要权利。[②]

在选择权方面，以银行业为例，一方面，应优化原有的禁止搭售的相关规定，制定有关商业银行收费的具体方法，禁止商业银行不合理收费。同时，还应赋予银行客户变更选择的权利，即规定客户享有在合理时间内以合理手段更改原先的选择或直接退出的权利。另一方面，商业银行的垄断地位，从某种程度上也影响了客户的选择权。银行业“店大欺客”的根本原因在于国内商业银行业的供求矛盾和有效竞争的不足。理论上只要符合《商业银行法》的准入条件，任何企业或个人就能够开办商业银行，但实际上要通过行政审批却十分困难，这就使得银行业的供应相对市场需求存在着巨大的缺口。今后应进一步对外资银行，尤其是我国的民营机构开放银行业准入，以扩大市场竞争机制，增加客户的选择自由。在投诉权方面，为了更好地督促金融机构重视客户投诉，可通过相关立法强制要求金融机构在社会责任报告中披露与客户投诉相关的具体数据，如客户投诉范围、客户投诉解决成功率、客户满意度变化等，并可要求商业银行明确投诉受理解决的最短时限。

在纠纷解决方面，可借鉴英国 FOS 的经验，通过相关立法设立一个专门处理客户投诉金融机构的争端解决组织。该组织最好是中立性的机构，既不是监管者，也不是消费者保护组织，它独立地解决争端纠纷，进行调解，作出裁定。投诉人在向该组织投诉之前，应首先向相关金融机构投诉。只有在对金融机构的处理不满意，或在规定时间内未接到投诉处理结果时，

---

① 参见许多奇：《银行保密义务与信息披露的现实冲突和法律整合——以信贷资产证券化为中心》，载《法学》2007 年第 6 期。

② 参见谈李荣、张德：《客户金融隐私权保护制度》，载《农村金融研究》2006 年第 7 期。

才可向该组织投诉。在英国,如果金融机构或消费者对 FOS 裁定员的裁定不满意,可向调查员申请复核。调查员作出的裁定为 FOS 的最终裁定,若消费者持有异议,仍可以诉诸法律诉讼,但是,若最终裁定被消费者接受,则金融机构也必须接受。① 我国可以通过立法借鉴参考这一制度。

(三)完善金融机构对股东践行社会责任的相关制度

1.完善累积投票制度

从功能角度来看,累积投票制度具有保护中小股东利益、改善公司治理的效用,对于促进商业银行稳健经营和可持续发展具有特殊意义。与此同时,也应该清醒地认识到累积投票制度并非万能,且其效用也可被其他制度或机制所替代。从累积投票制度的实际运行情况来看,我国应首先科学确定累积投票制度的立法模式。从国外来看,不外乎是强制性规定或者允许股份公司通过章程或股东大会决议方式自主确定。从国际立法趋势上来看,现在大多数国家和地区采用的是任意性立法模式。必须承认,累积投票制度从根本上来说只是制衡大股东,完善公司治理的备选项之一,不是唯一的,但是环顾采用任意性立法模式的国家和地区可以发现,它们在公司治理方面和控制大股东滥权方面有比较成熟的市场机制,如产品市场、职业经理人市场、控制权市场等,这些都压缩了累积投票制度的存在空间,降低了该制度生成的必要性。如果不考虑这些因素的影响,简单地说我国也应该顺应国际立法趋势,采用任意性立法模式的话,那么结果将是不幸的,这已经被实践所证实。众所周知,我国的市场经济发达程度还很有限,就公司法领域而言,市场机制的建设情况和功能发挥尚存在诸多问题,在这种背景下,强制性引入累积投票制度不失为好的选择,这对于保护金融机构中小股东利益、改善金融机构公司治理都有意义。②

此外,还应重视中小股东表决权的行使。"行使表决权是股东参与公司管理的重要手段,股东通过行使表决权可以对公司的意思和意志施加影响,表决权赋予了股东参加股东大会并通过股东大会决议形成公司意思的

---

① 参见周良:《论英国金融消费者保护机制对我国的借鉴与启示》,载《上海金融》2008 年第 1 期。

② 参见林章兵:《独立董事制度与监事会制度比较分析》,载《商业研究》2004 年第 6 期。

权利。”[①]对于金融机构的中小股东而言,出席股东大会行使表决权当然是其重要权利之一,但是并非所有中小股东均有这样的便利。尽管我国从中小股东权益保护角度规定了累积投票制度,扩张了其表决权,然而该制度若要发挥作用,还需要有配套制度保障中小股东表决权的正常行使。鉴于《公司法》实际上不合理地限制了股东表决权的代理行使,妨碍了累积投票制度的正常运行,法律应该明确:凡是具有完全民事行为能力的自然人均可作为股东的代理人出席股东大会,如果公司章程将代理人限定于本公司的股东范围之内,则应认定为无效。

2. 改进金融机构独立董事制度

实践证明,独立董事与较高的公司价值相关,具有积极的独立董事的公司比那些具有被动的非独立董事的公司运行得更好,国际机构投资者将日益需要公司的董事会中包含越来越多的独立执行董事。[②] 完善的独立董事制度对于金融机构的发展也是十分重要的,目前我国应该积极采取措施,弥补独立董事制度的不足。一是应促进独立董事的真正独立。在现有的独立董事选聘机制下,无法避免独立董事成为大股东的代言人。因此,应该重建独立董事的提名选聘机制,可以考虑由中小股东提名,然后由金融机构股东大会选举决定,这样可以在一定程度上减少金融机构大股东对独立董事人选的影响,提高独立董事的独立性,从而确保其站在银行整体利益的高度履行职责。二是增加独立董事人数。独立董事之所以被讥讽为“花瓶董事”,其中一个重要原因就是,在董事会中独立董事人数偏少,在决策中不能起到关键性作用,形同点缀。从英美国家来看,其商业银行的独立董事人数所占比例通常在50%以上,这对于独立董事作用的发挥,显然具有积极意义。因此,我国应该修改有关独立董事人数的规定,提高其在董事会中的比例,为发挥独立董事作用创造有利条件。三是切实保障独立董事的知情权。由于独立董事多以兼职方式出任,且在金融机构的年工作时间较短,因而在信息获取方面无法与执行董事相比,这也构成了独立董事的履职障碍。实际

① 王彦明:《论德国法中的表决权——基于德国〈有关增强企业控制与透明度法〉的研究》,载《社会科学战线》2007年第5期。

② 参见孙洪波、孙鸿莉、党建玲:《浅谈我国的独立董事制度》,载《交通财会》2003年第6期。

上,信息的充分占有是独立董事履行职责和发挥作用的必要前提。因而必须明确银行在确保独立董事知情权方面的义务和责任,建立有效的信息传递机制,发挥金融机构董事会办公室和秘书的共同作用,使独立董事能够及时充分地获取相关信息。

3. 协调好监事会与独立董事之间的关系,完善外部监事制度

监事会和独立董事都有监督作用,两者并存是我国公司治理结构的一大特色。从《上市公司治理准则》、《股份制商业银行公司治理指引》和《股份制商业银行独立董事和外部监事制度指引》规定的内容中可以发现,监事会与独立董事的职权存在部分冲突,需要进行协调。对于已经上市的股份制金融机构而言,协调好监事会和独立董事的关系十分重要。从职能的角度看,独立董事不应该突破董事会的职权范围,其工作重心在于对公司的经营决策、经理的聘任或解聘、任免董事等提出建议,从而加强董事会的内部制衡;对相关事项进行事前事中监督工作,弥补监事会事后监督的不足。与此同时,必须从法律上对独立董事与监事会独立性的外部关联关系、对独立董事与监事会的工作受到阻碍的解决办法,以及独立董事与监事不履行监督与勤勉职责时的处罚办法作出规定,并明确独立董事与监事的职责,避免出现同时授权、监督混乱的局面。① 此外,还应完善外部监事制度。以银行业为例,根据相关法律规定,我国商业银行监事会的组成人员包括代表股东的监事、代表职工的监事和外部监事。外部监事制度是我国监事会制度的重要组成部分,外部监事作用的发挥对于商业银行整个监事会作用的发挥有重大影响。从外部监事的设立初衷来看,一是应该严格遵守《股份制商业银行独立董事和外部监事制度指引》中关于外部监事任职资格、退出机制的规定,确保外部监事与商业银行及其主要股东之间不存在可能影响其独立判断的关系。二是应该适当增加外部监事的数量,增强其在监事会中的影响力,以期更好地发挥监督作用。三是应该完善外部监事的法律责任以及提高银行监事的综合素质,处理好党委会与监事会的关系,增强监事会的独立性,扩展其职权。

---

① 参见林章兵:《独立董事制度与监事会制度比较分析》,载《商业研究》2004 年第 6 期。

4. 构建完备的行业协会自律惩戒机制

一是对会员金融机构的惩戒。如果通过机会主义行为获得短期收益并不对其长期收益造成不良影响,即不自律行为得不到惩罚,那么行为主体为追求长期利益和维护公共秩序而放弃短期超额收益是不划算的。[①] 因此,从促进金融机构健康发展和实现长期利益的角度来看,必须对金融机构的不自律行为进行惩罚。对于金融机构违反自律规范的行为,应该根据其行为类型、行为严重程度、危害后果大小等因素,决定给予行业内部通告批评、限期整改、集体抵制乃至取消会员资格的惩罚。应该强调的是,行业自律规范是经过全行业公开讨论通过的,并非针对某一家金融机构,而是着眼于行业整体利益,因此对所有金融机构都是公平的,理应得到执行。为了使自律规范能够得到有效遵守,行业协会应该设立相应的执行机构。二是对金融机构从业人员的惩戒。从自律的需要看,对金融机构人员的违规行为,金融业协会可以结合具体案情,给予警告、行业内通报批评、公开谴责,情节特别严重的可吊销从业资格证书。三是对金融机构协会工作人员的惩戒。无论是对会员金融机构的惩戒,还是对金融机构从业人员的惩戒,都会影响到他们的切身利益,因此应该在惩戒机制之外配套相应的申诉机制,以确保惩戒本身的正当性和适当性。[②]

(四)完善金融机构对社区践行社会责任的相关制度

在我国,目前区域经济发展不平衡,相较于发达地区而言,欠发达地区存在着资金需求迫切与投资收益率较低的矛盾。因此,金融机构受利益驱动,不可避免地会引致欠发达地区资金缺乏的窘境,阻碍了欠发达地区的经济发展。目前存在的主要问题包括:农村地区、中西部地区存款资金外流,金融机构从落后地区撤并,弱化网店功能,只存不贷或基本不贷,中小企业融资难,办理助学贷款难等,信贷歧视比比皆是。[③] 美国《社区再投资法》的

---

① 参见刘芬华:《行业自律制度的发源与效率——一般逻辑及在中国银行业的推演》,载《当代财经》2007 年第 12 期。

② 参见刘志云等:《商业银行社会责任的法律问题研究》,厦门大学出版社 2011 年版,第 223 页。

③ 参见孙天琦、杨岚、张晓东:《美国〈社区再投资法〉(1977—2009):三十年来在争议中的不断变革、下一步改革的方向及其对我们的启示》,载《西部金融》2009 年第 9 期。

制定和实施比较好地解决了信贷歧视的问题,有助于缓解经济欠发达地区的资金需求问题,在促进区域经济的复兴和发展过程中起到了非常积极的作用,①可以说是为我们提供了一个较为成功的范例。

1. 完善金融机构开展社区投资服务的法律法规

2017 年 4 月 7 日,原中国银监会在其发布的《关于提升银行业服务实体经济质效的指导意见》中提出,要持续提升"三农"和小微企业金融服务水平,由此表明政府与银监会鼓励金融机构支持贫困地区发展的取向。以推动"农村承包土地经营权抵押贷款"为例,农民之所以在收入分配中成为最弱势的群体,根源在于其财产性收入来源的极度狭窄。除了土地之外,农民似乎没有其他可兹利用的财产增收渠道,但法律对土地的严格管制又导致农民难以通过其他渠道获取更多的财产性收入。党的十八届三中全会之后,情况正在发生微妙变化。2015 年年初,《关于农村土地征收、集体经营性建设用地入市、宅基地制度改革试点工作的意见》出台,这意味着土地改革将步入攻坚阶段。当下世界许多国家和地区设立了不同的农地金融模式,如日本的农林渔业金库模式、美国的联邦土地银行模式、德国的土地抵押信用合作模式、中国台湾地区的土地银行模式等。尽管不同国家和地区的模式有所不同,但皆有相同的宗旨,即致力于为农业生产提供长期、稳定的金融服务,从而推动农村的土地制度改革。② 在我国,已有很多地区进行了农村金融的试点改革,如福建三明农地抵押贷款试点、宁夏同心县农地抵押试验等地方性试点试验。③ 无疑,我国有关农地金融化的严苛制度并未构成实践发展的梗阻。在政策层面,我国始终在积极研究和摸索消弭农地金融化制度障碍的有效途径。从"扩大农村有效担保物范围"到"原则上,凡法律没有禁止、物品权属清晰、风险可控、可用于贷款抵押担保的各类动产和不动产,都可进行试点"等规定中可以看出,政策制定者和金融监管当局对农地金融都给予了宽容态度。④ 信息严重不对称的农村信贷市场对农

---

① 参见符浩勇:《美国〈社区再投资法〉实施效应及对我国的启示》,载《海南金融》2004 年第 6 期。

② 参见高伟、孟春:《探索农地金融新模式》,载《中国证券报》2015 年 1 月 19 日。

③ 参见高圣平:《农地金融化的法律困境及出路》,载《中国社会科学》2014 年第 8 期。

④ 参见高圣平:《农地金融化的法律困境及出路》,载《中国社会科学》2014 年第 8 期。

村经济的发展构成严重阻碍,这就要求我国相关立法应着眼于释放农地的财产功能和融资潜力,对农地产权制度、农地流转制度、农地金融制度等作出相应革新。①

2. 建立健全监管部门对金融机构对社区投资的考核机制

金融机构对社区的服务制度需要一定的强制性,其实施的效果在一定程度上还取决于监管部门的执行力,构建高效的监督、执行机制乃制度构建的重要内容。因此,监管部门应制定详细的评估考核标准和相应的惩罚激励机制。以美国为例,美国 CRA 颁布的前 10 年,金融机构也没有认真对待过,后来监管当局动用银行并购申请的否决权,对大银行设置贷款、服务、投资考核标准后,这种局面才得以改善。对于监管机构而言,在监管考核过程中,不仅仅要考察金融机构的贷款发放情况,同时还要考核金融机构提供的金融服务(如开设的分支机构数量、开户服务、支付服务等),分析当地经济发展的情况以及合理的资金需求等。② 考核达不到要求的要坚决限期退出辖区金融市场,将原占有的市场资金份额让给有能力增加社区信贷投入的机构。

3. 建立社区再投资配套机制

美国很多大银行都成立了专门的社区事务部,但大银行一般不会自己直接发放社区贷款,而是通过向众多的社区发展金融机构提供融资支持的间接方式来支持社区发展。在我国,制定类似 CRA 的规定也要考虑这一因素。比如许多大型金融机构由于缺乏零售银行业务经营机构,难以凭借自身的组织结构来满足农村社区的再投资比率。同时,我国的信贷基础设施发展欠缺,金融信息不对称,房产用于抵押方面的限制,使得风险评估、对贷款合理定价以及贷款结构配置等变得十分困难,监管成本也会非常大。③因此,需要督促我国金融业发展更多的中小型社区金融机构来解决提供社

---

① 参见冯果、李安安:《收入分配改革的金融法进路——以金融资源的公平配置为中心》,法律出版社 2016 年版,第 181 页。

② 参见孙天琦、杨岚、袁静文:《美国的〈社区再投资法〉及其对中国欠发达地区的启示》,载《西安交通大学学报》(社会科学版)2011 年第 4 期。

③ 参见孙天琦、杨岚、袁静文:《美国的〈社区再投资法〉及其对中国欠发达地区的启示》,载《西安交通大学学报》(社会科学版)2011 年第 4 期。

区投资服务问题，由大金融机构向社区发展分支金融机构提供融资支持，如提供批发性贷款等。

（五）完善金融机构对员工践行社会责任的相关制度

1. 构建真正意义的集体谈判制度

集体谈判制度作为一项运行了上百年的机制，被西方国家视为“民主社会的必要组成部分”和“处理公共部门中劳资关系的正常手段”，①其存在价值是不言而喻的。建立真正的集体谈判制度有助于金融机构员工提高其谈判能力，争取和维护自身合法权益，促使金融机构遵守劳动法律规定，保障员工权利的实现。我国目前的集体谈判制度还应当进行修正和完善：一是提高工会与工会代表的独立性。当前应该改变工会主席由金融机构领导兼任的情况，实践中金融机构的这种选择往往也是从便利工作角度考虑的，但是这显然不利于反映普通员工的利益诉求。而由员工担任工会主席有助于提高工会的独立性。此外，《集体合同规定》明确要求，职工一方的协商代表由本单位工会选派，未建立工会的，由本单位职工民主推荐并经本单位半数以上职工同意。因此，必须确保参加集体协商的职工代表是由银行职工选举产生的，这就要求金融机构不得干预工会的正常工作程序，否则应该承担相应责任，所以应该对《工会法》进行完善，以确保真正选出代表职工利益的“代表”。二是切实重视集体谈判。金融机构应该意识到，尽管集体谈判制度构建的最初目的在于维护劳动者的权益，但由于该制度能够保障劳动关系的稳定性，故而与金融机构的根本利益相契合。因此，金融机构重视、参与集体谈判不是“亏本买卖”。金融机构在与工会谈判过程中，应该切实考虑员工实际、银行实际、将来集体合同的履行要求以及相关法律的规定等因素，从而与工会签订具有“执行力”的集体合同。三是确保集体谈判正常启动。依据《集体合同规定》，集体协商任何一方均可就签订集体合同或专项集体合同以及相关事宜，以书面形式向对方提出进行集体协商要求之日起20日内以书面形式给予回应，无正当理由不得拒绝进行集体协商。据此，如果工会向金融机构提出集体谈判要求，金融机构有义务予以回应。

---

① 朱海龙、宁丹萍、彭鑫：《美国劳动关系三方协调法律机制的形成与思考——以工人运动为视角》，载《国外社会科学》2016年第3期。

为了保证集体谈判的正常启动,必须进一步规定用人单位拒绝集体谈判或者对工会提出的集体谈判要求不予回应之行为的法律责任。在这方面,可以借鉴日本《劳动组合法》的有关规定,将“雇主无正当理由拒绝与劳动者的代表进行集体谈判的行为”界定为“不当劳动行为”,并赋予劳动者对“不当劳动行为”提起损害赔偿诉讼的权利。四是理性对待罢工问题。虽然并不普遍,但是客观来说,罢工现象在我国是存在的。我国目前从法律上既未明确赋予劳动者罢工权,也没有禁止劳动者罢工,而依据“法不禁止即自由”的一般原则,劳动者应该享有罢工权。“罢工权是市场经济环境下劳动者的基本权利,是文明国家普遍承认的公民权,也是劳动者劳动权的自然延伸。保障罢工权有利于社会的和谐和稳定,有利于维护弱势群体的权益,有利于市场经济的健康发展。”①集体谈判不外乎两种结果,一种是谈判成功,劳资双方签订集体合同,另一种是未能签订集体合同。在谈判失败的情况下,工会迫使雇主回到谈判桌前最有效的方式就是使用或者威胁使用罢工手段。其实,从世界范围来看,虽然罢工存在负面影响,但是其积极性还是主要的,因为罢工之“目的在劳动条件只维持、改善或其他经济利益之获得,并以缔结或修订团体协约为目标”。当然,劳动者在行使罢工权的时候,应该由工会组织和领导,并符合法律的相应要求。从实际情况上来看,我国尽快明确劳动者的罢工权是十分必要的,当前的首要任务是制定相应规则,将罢工权的运行导入集体谈判制度,使之成为确保集体谈判顺利进行、签订集体合同的有力工具。

2. 行业协会应完善自律规则,增强规则的可操作性

作为行业秩序的重要维护者之一,金融业协会在继续做好金融业从业资格认证及相关培训工作的同时,还应该不断完善自我,为金融机构员工的发展和利益保障发挥积极作用。其中,各金融业协会制定相应公约,鼓励、督促会员金融机构自觉遵守《劳动法》《劳动合同法》等法律法规尤为关键。为了确保公约的实施效果,各金融业协会应该在公约中明确相应奖惩规则,对自觉守法的会员金融机构予以表彰,对违反公约的会员金融机构予以通报批评、警告、罚款,直至取消会员资格,情节特别严重的,应该报请劳动保

---

① 胡星斗:《经济罢工权立法的探讨》,载《学术界》2010 年第 6 期。

障行政部门处理。当然，规则的设立只是基础，规则得到有效执行才能真正发挥其价值。对此，行业协会应该严格执行自律性惩罚规则。这些规则对于维护金融业员工在行业内部依法正常流动十分重要，也是金融机构员工劳动权保护的内容之一。金融业协会是相对独立于会员金融机构的自律组织，并非是为了某一家会员金融机构的利益而工作，而是立足于整个金融机构的发展，因此应该站在金融业全局的高度，通过自律工作委员会严格执行有关惩戒性规范，在构建金融机构和谐劳动关系方面发挥应有作用，为金融业长远发展作出努力。

（六）完善金融机构对国家践行社会责任的相关制度

1. 国家经济责任方面

以银行业为例，一是坚持强化重点风险管控，严守风险底线，建立完善的风险管理体制。其中，银行的风险管理体系应致力于当下风险和未来风险的双重评估，并且也应监测国家的产业政策、宏观经济等变化对行业可能造成的正面和负面影响。具体而言，银行应定期对热门行业以及其他具有极高风险的领域实施压力测试，甄别潜在风险，以及时提出相应解决对策和计划，主要包括如下措施：其一，有效甄别、精准计算、随时评估和严格控制银行所有业务和交易中的潜在风险，保证银行能够持续、稳定、安全运营；其二，将公司治理、银行风险管理和声誉风险管理有机结合，定期跟进和监测声誉风险以及引发风险的各种因素和传播渠道，结合银行情况制定有关防控和应对声誉风险的管理办法和内部规则，以将声誉风险对银行造成的影响降到最低；其三，定期跟进、甄别和监测银行的操作风险，构建相对健全完善的操作风险管理体系，主要包括：内部组织架构、董事会的监督控制、高级管理层的职责、操作风险管理政策、风险管理方法和程序等相关规则；其四，甄别、监测、评估和防范地方融资平台风险，做好地方融资平台风险管控工作，准确分类，提足拨备，及时对坏账进行核销，持续关注时效，在有效期内保全和回收贷款；其五，综合考虑合规风险与信用风险、市场风险、操作风险和其他风险之间的关系，保证不同风险管理政策和程序的统一性，构建和完善合规风险管理框架，以有效甄别和防控合规风险。

二是落实贷款新规，健全风险防范长效机制与风险准备金制度。商业银行应当确立“实贷实付”的贷款理念，规范与细化贷款程序，对于专用账户、合同订立等关键环节进行详细规定,从而强化贷款的管理工作,防范风险,更好地服务实体经济。另外,应当构建完善的风险准备机制。应当说,风险准备金制度乃防范银行风险的最后一道防线,当前我国金融市场处于高速发展阶段,许多乱象也相伴而生,增加了银行的经营风险。是故,银行设立充足的风险准备金,能够有效强化银行的风险抵御能力,避免带来重大损失。①

三是进一步改善商业银行的公司治理。继续完善公司治理架构,明确不同主体的权、义、责,加强发展战略的管理,变革商业银行的业务发展模式和盈利模式;合理构建薪酬制度,优化相应的激励约束机制;规范关联交易,加强信息披露。

2. 配合国家金融监管方面

相关部门必须确立审慎性监管原则,规范金融机构的市场退出监管制度,处理好政府干预与自主经营之间的界限。政府监管机构在对金融机构进行监管时,应当遵循依法、公开、公正和效率的原则。同时,为了应对混业经营趋势,在对金融机构进行监管时,各监管机构之间的监管目标、程序、方法等也必须合理、科学、高效,建立良好的监管协调机制,避免监管真空,防范监管重叠,降低监管成本,提高监管效率。相较于监管机构,行业自律组织具有专业性优势,能够弥补法定监管机构工作人员专业素质方面的不足。行业自律规则也比监管法律法规有更强的灵活性与弹性,可以根据具体情势的变化随时进行修正,弥补监管制度的不足。因此,今后应进一步健全金融业行业自律机制,在法律层面上对各金融行业协会的地位与作用给予充分的重视,这不仅有利于对于金融机构的监管工作,也能够在一定程度上对监管机构起到监督约束作用,防止权力的滥用。此外,还需加强非政府组织、媒体、社会公众等第三方力量对金融机构依法合规经营的监督作用,尤其是充分发挥新闻媒体的作用,弥补监管信息透明度的不足。

---

① 参见陈启清:《宏观调控与商业银行的策略选择》,载《观察思考》2004 年第 19 期。

第六节　新发展理念下中国金融机构社会责任具体制度内部的互动关系以及效果预估

一、新发展理念下中国金融机构社会责任具体制度内部的互动关系

（一）新发展理念下中国金融机构社会责任具体制度的纵向互动关系

就金融机构社会责任的特定领域的具体法律制度内部而言，在立法完备得当的情况下，国际规范、国内基本法律、监管部门规章制度、行业自律制度、金融机构内部制度与金融机构间，应形成如图3－7所示的互动关系——具有"硬法"性质或软约束力的国际规范或标准通过转化为国内基本法律制度、规范性文件或行业指引，具备一定的约束力；监管部门通过规章制度、规范性文件或命令、指引等进一步细化国内基本法律中的相关规定，对金融机构形成约束力，同时将一些宜保持弹性的问题交由行业自律组织；行业自律组织通过组织章程、专门性指引等行业自律制度的形式对金融机构形成敦促、劝导；金融机构将强制性规定与软性指引"内化"到公司企业文化、内部治理制度以及外部经营规则中，实现自我约束。由此，整个中国金融机构社会责任的具体制度之间达到上层法指导下层法、下层法落实上层法、"硬法"与"软法"互相配合、按照利益相关者划分的立法之间互相协调的多方位约束状态，金融机构也在这个过程中根据其合规成本等与国内立法部门和监管部门之间进行反馈、博弈，提出一定的赋权性要求。

其中，实现"硬法"与"软法"的有效沟通与协调尤为关键。"软法"(soft law)是相对于"硬法"(hard law)而提出的法学范畴。"硬法"是指那些需要依赖国家强制力保障实施的法律规范，而"软法"则是指那些效力结构未必完整、无需依靠国家强制保障实施、但能够产生社会实效的法律规范。① 对属于"硬法"的金融机构社会责任，在立法技术上可以运用禁止性

① 参见罗豪才、宋功德：《认真对待软法——公域软法的一般理论及其中国实践》，载《中国法学》2006年第2期。

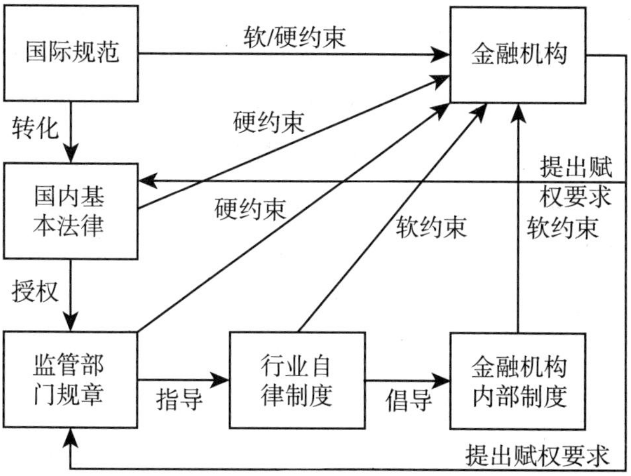

图3－7 新发展理念下中国金融机构社会责任具体制度的纵向互动关系

规范、义务性规范等强制性规范加以规定,并课以相应的法律责任;对属于"软法"的金融机构社会责任,可以用法律原则的形式加以规定、以宣示性规定的形式加以规定或者以激励性规范的形式加以规定。软法可以通过规定积极后果的方式实现金融机构社会责任,这种利益激励方式同企业的利润最大化目标是一致的,也正因如此,企业更乐意、更主动去实施立法者所提倡的行为。① 事实上,无论是在国内层面还是国际层面,近年来正是不断涌现的金融机构社会责任的"软法",起到了督促金融机构践行社会责任的良好效果。具言之,在金融机构社会责任法治中,理想的"硬法"和"软法"关系是:②一是软法作为硬法的先行法。在金融机构社会责任硬法阙如或制定硬法条件不成熟时,软法可先行一步,在相应领域制定出原则性的规定,一旦条件成熟,这些软法通常成为制定硬法的重要渊源;二是软法对硬法作出解释。在金融机构社会责任硬法已制定但条文抽象笼统的情况下,软法以更细密的规则作出解释使硬法原则性规定更具体化,从而使硬法更顺畅地运作;三是软法填补硬法留下的空白。硬法的稳定性和严肃性使其

① 参见蒋建湘:《企业社会责任的法律化》,载《中国法学》2010 年第 5 期。

② 参见范少虹:《绿色金融法律制度:可持续发展视域下的应然选择与实然构建》,载《武汉大学学报》(哲学社会科学版)2013 年第 2 期。

具有僵化性,无法适应现实的多变性。对于金融机构社会责任硬法中需要顺应实际情况做出调整的部分,可由软法作出规定,从而保持硬法的稳定性。无疑,金融机构社会责任立法中硬法为核心,软法主要起到对硬法的补充作用。在今后金融机构社会责任法治建设中,在强调运用金融机构社会责任政策注重软法作用的同时,要逐步提升硬法的重要作用,形成"软硬兼施"的治理模式,实现金融机构社会责任软法与硬法治理的有效沟通和协调。①

从"硬法"角度来说,需要制定的文件主要有《金融机构社会责任法》《金融消费者保护法》等;需要进行修订完善的法律、法规、规章、规范性文件包括《中国人民银行法》《银行业监督管理法》《商业银行法》《证券法》《保险法》《信托法》《公司法》《未成年人保护法》《慈善法》《职业病防治法》《残疾人保障法》《清洁生产促进法》《反不正当竞争法》《商业银行信息披露办法》等。从"软法"角度来说,需要制定的文件主要有:关于相关金融领域如银行客户、证券投资者和保险消费者的利益保护方面的自律规则;针对特殊金融业务环节的自律规则,比如金融信息保护、特定金融行为的收费问题等;需要第三方监督机构制定的规则,比如针对特定金融行业的金融机构社会责任履行情况披露规则等。通过前述技术路径,同时也鼓励银行、证券公司等金融机构内部出台有关企业社会责任的内控制度文件,比如《环境与社会风险管理政策》《适用赤道原则的项目融资管理办法》《适用赤道原则项目融资分类指引》《环境与社会风险专家评审规范》以及适用赤道原则项目融资的示范合同文本、配套示范文本以及相关指导意见、实施意见等。

(二)新发展理念下中国金融机构社会责任具体制度的横向互动关系

"创新发展"意味着我国金融机构社会责任立法的价值取向与基本原则,必须能够指引金融机构自身在践行社会责任的观念与方法上创新,以及指引金融机构要求客户践行社会责任时在方式与督促机制上创新。以上述

---

① 参见范少虹:《绿色金融法律制度:可持续发展视域下的应然选择与实然构建》,载《武汉大学学报》(哲学社会科学版)2013 年第 2 期。

要求为准则,“效率”应当为我国金融机构社会责任立法所秉持的价值取向,以促使金融机构践行社会责任所产生的社会效益最大化。依“创新发展”理念下的“效率”价值观,金融机构社会责任要求金融机构在采取行动时既追求股东利润最大化,又最大限度地考虑非股东利益相关者的利益;[①] 金融机构社会责任也涉及金融机构及其参与者之间的权利义务配置问题,它要求以一种对金融机构的所有利益相关者负责任的政策取向构造金融机构以及金融机构参与者之间的权限结构。换言之,金融机构社会责任既表现为对社会负责任的特定公司行为,又体现为一套有利于金融机构所有利益相关者利益的制度安排。是故,以“创新发展”理念观之,中国金融机构社会责任立法的基本原则应被确定为“利益相关者利益最大化原则”。而在“创新发展”理念的要求、价值取向和基本原则指引下,中国金融机构社会责任立法应当创新金融机构践行社会责任方式,创建与完善相应激励措施,以及创新与完善金融机构践行社会责任的内部督促机制。

“协调发展”意味着我国金融机构社会责任立法的价值取向与基本原则必须能够指引实体性规定与程序性规定相协调,权利、义务与责任三者相协调以及实现立法调整主体的协调。以上述要求为准则,“秩序”应当为我国金融机构社会责任立法所秉持的价值取向,从而结束既有立法的“无序”状态并弥合落差。依“协调发展”理念下的“秩序”价值观,金融机构社会责任立法要求建立金融机构与多方位的社会主体的利益相关秩序;要求关注群体利益,促成健康有序的商事信用秩序。是故,以“协调发展”理念观之,中国金融机构社会责任立法的基本原则应被确定为“一致性原则”。而在“协调发展”理念的要求、价值取向和基本原则指引下,中国金融机构社会责任立法应当完善金融机构社会责任的信息披露制度,强化程序性规定、切实加强行业协会以及非政府组织等民间监督力量的督促作用,以及通过强制性法律规定与软性指引,完善权、义、责的安排。

“绿色发展”要求我国金融机构社会责任立法的价值取向与基本原则在指导立法时,必须能够促进可持续性金融的发展,促进生态环境的保护与生产力进步之间的协调。以该要求为准则,“可持续”应当为我国金融机构

① 参见李祖全:《经济法视域下的企业社会责任规制》,载《特区经济》2009 年第 11 期。

社会责任立法所秉持的价值取向,从而使金融机构的业务经营与环境生态能够和谐共存。依“绿色发展”理念下的“可持续”价值观,金融机构社会责任立法要求促进可持续金融发展,引导金融机构将履行社会责任的动机从消极的合规性动机转向积极的自发性动机。是故,以“绿色发展”理念观之,中国金融机构社会责任立法的基本原则应被确定为“金融机构合理赋权原则”。而在“绿色发展”理念的要求、价值取向和基本原则指引下,中国金融机构社会责任立法应当完善金融机构内部绿色管理制度以及完善绿色金融法律制度。

“开放发展”要求我国金融机构社会责任立法的价值取向与基本原则能够指导具体法律制度在构建上做到“兼容并包”,以鼓励金融机构积极采纳国际标准为基本要求,促进金融机构的业务经营、内部治理与国际先进标准接轨。以该要求为准则,“普适”应当为我国金融机构社会责任立法所秉持的价值取向。依“开放发展”理念下的“普适”价值观,金融机构社会责任立法应当可以指导我国相关立法汲取国际立法一般性规律,掌握后发优势、实现跨越式发展。是故,以“开放发展”理念观之,中国金融机构社会责任立法的基本原则应被确定为“对标国际原则”。而在“开放发展”理念的要求、价值取向和基本原则指引下,中国金融机构社会责任立法应当通过强制性规定与软性指引,加强行业协会对金融机构采纳国际标准的督促作用、建立健全金融机构采纳国际标准的制度建设,以及完善金融机构采纳国际标准的配套机制。

“共享发展”意味着金融机构的发展与进步能够全民共享,这不仅意味着要改变以往有关立法向金融机构利益倾斜的倾向,要求其承担更多责任,也意味着不同利益相关者,股东、雇员、金融消费者、环境、社区、国家之间,其权益应得到合理的照顾和分配,不能厚此薄彼。因此,金融机构社会责任立法的价值取向与基本原则应能指导具体立法做到相关利益主体全覆盖,促进利益的共享。以该要求为准则,“公平”应当为我国金融机构社会责任立法所秉持的价值取向,从而实现各利益相关者共享发展收益。依“共享发展”理念下的“公平”价值观,金融机构社会责任立法应覆盖与关照所有利益主体,妥善权衡不同利益相关者间的权益。是故,以“共享发展”理念观之,中国金融机构社会责任立法的基本原则应被确定为“利益相关者利益平衡原则”。而在“绿色发展”理念的要求、价值取向和基本原则指引下,中国金融机构社会责任立法应当在法律层级对兼顾所有利益相关者之利益作出明确规定,完善金融机构对客户、股东、社会、员工、国家践行社会责任的相关制度。

如是,在“创新、协调、绿色、开放、共享”五大发展理念下,中国金融机构社会责任立法构成一个位阶分明、层次清楚、逻辑自洽、相互建构、共生共进的系统的制度体系。其中,“创新、协调、开放”理念下的金融机构社会责任制度主要在宏观上发挥提纲挈领之功效,“绿色、共享”理念下的金融机构社会责任制度主要在微观上作细致入微的指引。具言之,在宏观层面,“创新”理念指出金融机构社会责任制度应当在践行方式和具体建构上实现传承和超越,为金融机构社会责任立法奠定了总体基调;“协调”理念指出金融机构社会责任立法应当实现实体性规定与程序性规定相协调,权利、义务与责任三者相协调以及实现立法调整主体相协调,为金融机构社会责任的立法框架确立了大方向;“开放”理念指出立法应鼓励金融机构积极采纳国际标准,促进金融机构的业务经营、内部治理与国际先进标准接轨,明确了金融机构社会责任立法技术应秉持国际化研究视野和路径;在微观层面,“绿色、共享”理念主要针对金融机构社会责任立法内容进行指导,其中前者侧重于局部,即金融机构环境责任制度,后者则侧重于整体,即金融机构社会责任的各个方面。无疑,“创新、协调、开放”理念和“绿色、共享”理念下的金融机构社会责任立法层次分明,相互促进,前者为后者的实现提供宏观指导,后者为前者的贯彻提供微观视角,二者相互建构,共同致力于构建中国金融机构社会责任立法体系。新发展理念下的中国金融机构社会责任具体制度的横向互动关系见图3-8。

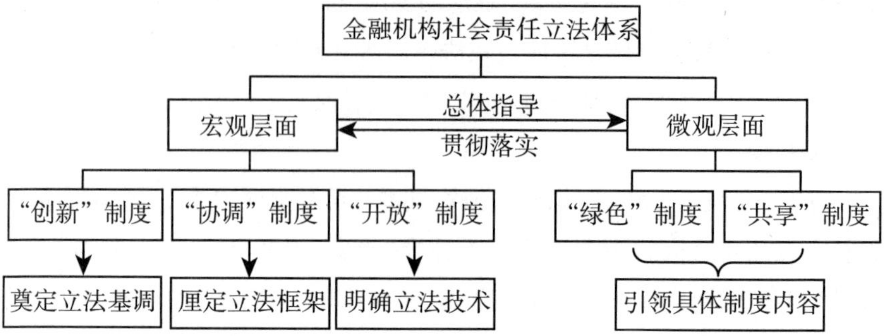

图3-8　新发展理念下中国金融机构社会责任具体制度的横向互动关系

二、新发展理念下中国金融机构社会责任具体制度内部互动的效果预估

(一)新发展理念下中国金融机构社会责任具体制度的纵向互动效果预估

为预估某一具体制度内部形成上述互动关系的实效,我们选取了金融机构企业社会责任年报制度作为具体例子,并随后运用法经济学方法对其效果进行预估。金融机构年度社会责任报告具体制度的互动关系可以描述为:由强制性法律规定,一定规模以上的金融机构具有发布社会责任年度报告的义务,并强制相关行业协会积极履职,制定社会责任年度报告范本和具体编写指引,统一本行业内社会责任年度报告的格式、指标;金融机构据此定期规范编制、发布其年度社会责任报告,并提供便捷的下载、阅览,以供独立董事等内控机制组成人员和消费者、投资人等利益相关者获取、参考与分析,监督其履责情况;利益相关者根据年报发现企业存在不规范行为或年报内容虚假的,通过反馈机制进行监督,或通过投资者保护的集团诉讼制度、公益维权类社会团体、影响金融机构的信用评级和传播相关信息等途径,低成本、高效率地对其进行消极反馈;而金融机构在积极履行其社会责任后,其尽责情况经法律规定的特定方式认证后,可作为依据提出相应的税收抵免等赋权要求。

对金融机构企业社会责任年报制度设计的互动实效进行预估时,我们首先建立一个衡量制度互动关系的自变量INTER,该自变量根据制度的主体数量和相互关系进行设定,模型的因变量设定为制度互动的效果表现,用Performance进行表示。在检验该模型的数据来源时,我们以与金融机构社会责任类似的上市公司重大事件强制披露制度作为对照研究样本,结合沪深两市上市公司绩效数据,对模型进行实证检验。

具体模型设计为:

$$Performance_{it} = INTER_{it} + X_{it} + \lambda_i + \mu_t + \varepsilon_{it}$$

其中,i代表上市公司,t代表年份,被解释变量$Performance_{it}$代表上市公司的年度绩效表现,X_{it}代表上市公司的所有制形式、雇员人数等指标,λ_i和μ_t分别代表不随企业和不随年份变化的因素的影响,为互相独立的随机扰动项。通过运用相关数据对上述模型进行实证检验,从而可以评估具体制度互动的实际效果。

将相应数据代入模型计算后,我们可以预测,不同层级的金融机构社会责任立法之间形成了相互依存、互为补充的正向促进关系,随着不同层级金融机构社会责任立法的日益完善,未来金融机构披露社会责任报告将愈加规范,并对企业绩效产生正向影响。

(二)新发展理念下中国金融机构社会责任具体制度的横向互动效果预估

为提高效率,我们同样选取了金融机构企业社会责任年报制度作为具体例子对其效果进行预估。

对金融机构企业社会责任年报制度设计的互动实效进行预估时,我们首先建立一个衡量制度互动关系的自变量INTER,该自变量根据制度的主体数量和相互关系进行设定,模型的因变量设定为制度互动的效果表现,用Performance进行表示。在检验该模型的数据来源上,我们以与金融机构社会责任类似的上市公司重大事件强制披露制度作为对照研究样本,结合沪深两市上市公司绩效数据,对模型进行实证检验。

具体模型设计为:

$$Performance_{it} = INTER_{it} + X_{it} + \lambda_i + \mu_t + \varepsilon_{it}$$

其中,i代表上市公司,t代表年份,被解释变量$Performance_{it}$代表上市公司的年度绩效表现,X_{it}代表上市公司的所有制形式、雇员人数等指标,λ_i和μ_t分别代表不随企业和不随年份变化的因素的影响,为互相独立的随机扰动项。通过运用相关数据对上述模型进行实证检验,从而可以评估具体制度互动的实际效果。

以五大发展理念为指引,从创新、协调、绿色、开放、共享五个方面研究针对性的设定对于金融机构社会责任立法的要求。为了获得社会责任立法制度实施的最优制度效果,我们将分别选取已有的五方面的代表性制度办法,包括:中国工商银行发布的《社会责任信息披露管理办法》、中国银行业协会发布的《中国银行业金融机构企业社会责任指引》、全球报告倡议组织发布的《可持续发展报告指南 G4 版》、国际标准化组织 ISO 发布的《ISO 26000:社会责任指南(2010)》以及原中国银监会发布的《关于加强银行业金融机构社会责任的意见》,分别作为"创新""协调""绿色""开放""共享"发展理念下的代表性制度。其中,中国工商银行发布的《社会责任信息披露管理办法》为金融机构自创的管理规范,在中国具有先驱性意义,因而具有创新性;中国银行业协会发布的《中国银行业金融机构企业社会责任指引》为整个银行业的社会责任报告制度建立提供了统一性标准和指引,协调了相应实体性规定和程序性规定以及权、义、责的安排,因而具有协调性;全球报告倡议组织发布的《可持续发展报告指南 G4 版》说明了可持续的意义和相应报告细则,对我国金融机构社会责任报告贯彻"绿色"政策提供了重要的借鉴意义,因而具有"绿色"性;国际标准化组织 ISO 发布的《ISO 26000:社会责任指南(2010)》乃国际权威标准,为国内金融机构社会责任报告制度的完善提供了国际视野,因而具有开放性意义;原中国银监会发布的《关于加强银行业金融机构社会责任的意见》明确指出,银行业金融机构社会责任报告要据实阐述履行社会责任的理念,明确在相关利益者权益保护、环境保护、公共利益保护等方面的目标和措施,体现企业战略与社会责任、企业成长与和谐社会的一致性,充分发挥银行业金融机构在生态文明建设、服务公众、回报社会中的带动和影响作用,[①]无疑昭示出"共享发展"理念的内核,即以人为本,成果共享。

基于政策文本分析总结各制度的核心特征并进行量化处理,在此基础上结合沪深两市上市公司绩效数据,首先分析某一方面制度对社会绩效的

---

① 参见《关于加强银行业金融机构社会责任的意见》。

影响。

具体模型设计为：

$$\text{Performance}_{it} = \text{INSTITUTION}_{it} + X_{it} + \lambda_i + \mu_t + \varepsilon_{it}$$

其中，i 代表上市公司，t 代表年份，解释变量 INSTITUTION 代表与创新、协调、绿色、开放和共享相关的代表性制度特征，被解释变量 Performance_{it} 代表上市公司的年度绩效表现，X_{it} 代表上市公司的所有制形式、雇员人数等指标，λ_i 和 μ_t 分别代表不随企业和不随年份变化的因素的影响，为互相独立的随机扰动项。通过运用相关数据对上述模型进行实证检验，从而可以检验具体单一制度的实际效果。

在上述分析的基础上，我们进而将对五方面的制度实施效果进行联合检验，探讨各制度之间的相关作用关系，从而为合理设计五方面的具体金融机构社会责任立法提供有效依据。以下基于具体的模型和数据进行实证检验。

具体模型设计为：

$$\text{Performance}_{it} = Innova_{it} + Coordi_{it} + Green_{it} + Open_{it} + Share_{it} + X_{it} + \lambda_i + \mu_t + \varepsilon_{it}$$

其中，其他变量的含义同前一模型相同，解释变量中，*Innova* 代表创新相关的制度，*Coordi* 代表协调相关的制度，*Green* 代表绿色相关的制度，*Open* 代表开放相关的制度，*Share* 代表共享相关的制度。通过运用数据的实证检验，我们将发现对于企业绩效的关键影响制度以及制度影响的不同具体程度，从而为更有针对性地设计金融机构社会责任立法提供实践依据。

将相应数据代入模型计算后，我们可以预测，在五大发展理念下，金融机构社会责任立法的要求、价值取向、基本原则、“创新、协调、绿色、开放、共享”不同方面制度以及制度之间，构成一个互相配合互相促进的制度体系，随着“创新、协调、绿色、开放、共享”不同方面制度的日益完善，未来金融机构披露社会责任报告将愈加规范，并对企业绩效产生正向影响。

本章小结

以劳工运动、人权运动、消费者运动、环保运动等高涨为背景，“企业社会责任运动"于20世纪80年代在西方逐渐兴起,并在20世纪90年代得到各国政府以及众多重要国际组织、非政府组织的广泛关注和大力支持,从而获得蓬勃发展。① 其中,"金融机构践行社会责任"表现尤为突出,构成"企业社会责任运动"的重要部分。在这种背景下,我国金融机构践行社会责任的问题得到政府与社会的双重关注。为加强金融机构的社会责任感,近年来我国政府、金融业监管部门、金融业自律组织率先行动,先后颁布了一系列旨在规范与促进国内金融机构践行社会责任的各种规章制度,与此同时,国内金融机构也开始采取各种行动予以回应。但是,迄今多数国内金融机构尚未把践行社会责任上升为企业文化,融入内部公司治理机制以及外部业务经营模式中,更多的是把践行企业社会责任问题当作在形式上满足相关监管部门以及公众的要求而做出的消极性应对。究其原因,这与国内金融机构社会责任的制度建设落后状态紧密相关。

比照"创新、协调、绿色、开放、共享"的"新发展理念"之要求,当前金融机构社会责任立法亟须改进。以"创新发展"理念观之,目前在我国金融机构履行其社会责任的实践中存在的最大问题是形式单一,在很多人的观念里,企业社会责任在某种程度上等同于扶贫和公益慈善活动的参与程度。同时,金融机构社会责任的内部督促机制创新不足,主要表现在督促金融机构建立健全内部治理机制的相关立法缺失和社会责任管理制度体系不够完善两方面。以"协调发展"理念观之,首先,实体性规定与程序性规定搭配不协调,既有立法大多强调金融机构履行社会责任的义务等实体性规定,忽视社会责任信息披露等程序性环节;其次,立法的调整主体不协调,多数是对金融机构的直接规制,而对行业协会以及非政府组织等民间监督力量的鼓励不够;最后,权利、义务与责任的规定不协调,多课以义务而缺乏赋权性规定和制裁性规定。以"绿色发展"理念观之,一方面,多数中资银行、证券公司和保险公司未能将内部环境问题的管理制度化、高效化并专业化,仍然将关注内部节能环保视为一种"活动",而没有将其上升为一种践行社会责任意识并将之进行制度化管理;另一方面,关于绿色金融的法律规制,当

① 参见刘志云:《知名跨国银行践行社会责任的现状及其特点分析》,载《法治研究》2012年第1期。

前传统规制手段难以克服绿色金融市场的信息偏在问题、金融机构绿色金融业务相关机构设置不明晰、绿色金融认证机制缺失以及环保信息共享机制缺失，难以回应“绿色发展”理念对金融机构践行社会责任的迫切需求。以“开放发展”理念观之，当前有关督促金融机构采纳社会责任国际标准的法律法规过于笼统，同时缺乏采纳国际标准后的配套规则，从而削弱了金融机构践行社会责任的实施效果。以“共享发展”理念观之，当前有关金融机构对客户、股东、员工、社区、国家等践行社会责任的相关法律法规粗疏，难以实现对利益相关者的有效保护。

对此，“新发展理念”作为金融机构社会责任立法的理念导向，厘定了金融机构社会责任立法的新要求、价值取向和基本原则，这对于未来我国金融机构社会责任立法模式的确立和相关制度的完善具有重要的指导意义。“创新发展”要求我国金融机构社会责任立法必须能够指引金融机构自身在践行社会责任的观念与方法上创新，以及指引金融机构要求客户践行社会责任时在方式与督促机制上创新。以上述要求为准则，“效率”应当为我国金融机构社会责任立法所秉持的价值取向，“利益相关者利益最大化原则”应作为金融机构社会责任立法秉持的基本原则。“协调发展”要求我国金融机构社会责任立法必须能够指引实体性规定与程序性规定相协调，权利、义务与责任三者相协调以及实现立法调整主体的协调。以上述要求为准则，“秩序”应当为我国金融机构社会责任立法所秉持的价值取向，“一致性原则”应作为金融机构社会责任立法秉持的基本原则。“绿色发展”要求我国金融机构社会责任立法必须能够促进可持续性金融的发展，促进生态环境的保护与生产力进步之间的协调。以该要求为准则，“可持续”应当为我国金融机构社会责任立法所秉持的价值取向，“金融机构合理赋权原则”应作为金融机构社会责任立法秉持的基本原则。“开放发展”要求我国金融机构社会责任立法必须能够指导具体法律制度在构建上做到“兼容并包”。以该要求为准则，“普适”应当为我国金融机构社会责任立法所秉持的价值取向，“对标国际原则”应作为金融机构社会责任立法秉持的基本原则。“共享发展”要求我国金融机构社会责任立法必须做到相关利益主体全覆盖，促进利益的共享。以该要求为准则，“公平”应当为我国金融机构社会责任立法所秉持的价值取向，“利益相关者利益平衡原则”应作为金融机构社会责任立法秉持的基本原则。通过法经济学分析可知,金融机构社会责任立法中的“效率、秩序、普适、可持续、公平”的立法价值应当以实现“金融机构承担社会责任带来的品牌溢价和业务增长等个体收入大于支出成本”为旨趣,以“创新、协调、绿色、开放、共享”发展理念为内核,衍生出“利益相关者利益最大化、一致性、金融机构合理赋权、对标国际、利益相关者利益平衡”的金融机构社会责任立法基本原则,使得立法价值和基本原则彼此呼应,相得益彰,共同致力于引导立法机构对金融机构社会责任立法构建出合理、有效的具体制度。

金融机构社会责任的立法模式可分为集中式立法模式和分散式立法模式,两种立法模式各有优劣之处。具体选择哪种,抑或结合使用,既要借鉴考虑外国经验,也要充分考虑本国国情。我们认为,我国应当采用“集中+分散”式立法模式。其中,在立法技术上面,现阶段应当采用“渐进式”的先“分散”,后“集中”的立法方式,即在相关法律法规中逐步规定金融机构的社会责任,建立“以公司法为中心,金融业法为主干,辐射相关单行法”的立法层级。待相关内容、技术以及实践发展到一定阶段后,再制定专门的金融机构社会责任立法。

“创新、协调、绿色、开放、共享”五大发展理念,不仅确定了金融机构社会责任立法的要求、价值取向、基本原则以及立法模式,同时,还指引了整个法律体系五大板块的法律制度的构建与完善。“创新发展”理念要求中国金融机构社会责任立法应当创新金融机构践行社会责任方式,创建与完善相应激励措施,以及创新与完善金融机构践行社会责任的内部督促机制。“协调发展”理念要求中国金融机构社会责任立法应当完善金融机构社会责任的信息披露制度,强化程序性规定、切实加强行业协会以及非政府组织等民间监督力量的督促作用,以及通过强制性法律规定与软性指引,完善权、义、责的安排。“绿色发展”理念要求中国金融机构社会责任立法应当完善金融机构内部绿色管理制度以及完善绿色金融法律制度。“开放发展”理念要求中国金融机构社会责任立法应当通过强制性规定与软性指引,加强行业协会对金融机构采纳国际标准的督促作用、建立健全金融机构采纳国际标准的制度建设,以及完善金融机构采纳国际标准的配套机制。“共享发展”理念要求中国金融机构社会责任立法应当在法律层级对兼顾所有利益相关者之利益作出明确规定、完善金融机构对客户、股东、环境、社会、员工、国家践行社会责任的相关制度。

就金融机构社会责任的特定领域的具体法律制度内部而言,在纵向上,国际规范、国内基本法律、监管部门规章制度、行业自律制度、金融机构内部制度与金融机构间,应形成上层法指导下层法、下层法落实上层法、"硬法"与"软法"互相配合、各利益相关者互相协调的多方位约束状态。在横向上,"创新、协调、开放"理念和"绿色、共享"理念下的金融机构社会责任立法层次分明,相互促进,前者为后者的实现提供宏观指导,后者为前者的贯彻提供微观视角,二者相互建构,共同致力于构建中国金融机构社会责任立法体系。为预估某一具体制度内部形成上述互动关系的实效,我们运用法经济学方法,以金融机构企业社会责任年报制度为例证进行分析。将相应数据代入模型计算后,我们可以预测,在五大发展理念下,不同层级的金融机构社会责任立法之间形成了相互依存、互为补充的正向促进关系,金融机构社会责任立法的要求、价值取向、基本原则、"创新、协调、绿色、开放、共享"不同方面制度以及制度之间,构成一个互相配合、互相促进的制度体系。随着不同层级金融机构社会责任立法以及"创新、协调、绿色、开放、共享"不同方面制度的日益完善,未来金融机构披露社会责任报告将愈加规范,并对企业绩效产生正向影响。

第四章　新发展理念下中国参与金融机构社会责任国际立法研究

新发展理念是一个开放的发展理念，故而其“崇尚创新、注重协调、倡导绿色、厚植开放、推进共享”的要求也必须放诸于国际视野，而非封闭自足。无疑，随着我国国际地位的稳步提升，必然将在全球治理当中发挥更为重要的作用并承担更多的责任，这就要求我国在新发展理念的指导下，更好地统筹国际国内两个大局，解决好内外发展联动之问题。长期以来，企业对社会责任的承担都是国际社会关注的重点，而金融机构的社会责任，则因其本身货币资源的调配者之定位和能够从外部推动关联企业承担社会责任的特殊性，在 2008 年金融危机的洗礼下，成为当前瞩目的焦点。我国不仅要在新发展理念的指导下逐步完善金融机构社会责任的国内立法，同时也要与时俱进地积极参与到该领域的国际立法当中，为我国经济与世界经济的深度融合之态势提供助力。由此，在全面分析当前金融机构社会责任国际立法发展状况的基础上，以新发展理念为指导，通过对我国国家主体和金融机构主体参与该领域国际立法的现状与问题进行研究，进而提出更优的参与战略和具体路径，并分析金融机构社会责任国际立法和国内立法之间的互动机制，便成了必然的研究方向。

第一节　新发展理念下中国参与金融机构社会责任国际立法的必要性分析

无论是在国内市场还是全球市场，建立一种能够保证社会经济合作的良性循环与有效运作的经济结构体系均是十分重要的。[①] 那种个人权利至上、把个人价值等同于社会价值，以及赋予资本无限权益的思路，显然无益于实质正义的实现和该体系的构建。晚近企业社会责任运动的蓬勃发展，既是对之前企业只关注经济责任而漠视社会责任和道德责任之现实的反对，也是对以上思路的质疑。当前的实践表明，企业践行社会责任已然成为国际社会的共识，同时也是一个良性可持续合作体系的必然要求，金融机构作为一种特殊的企业更是难辞其咎。就我国而言，参与金融机构社会责任国际立法，既有提高金融机构自身市场竞争力的需要，也是配合与推进中资企业“走出去”战略的要求。在当前的国家施政方针下，参与金融机构社会责任国际立法也是贯彻与落实“新发展理念”的重要组成部分。

一、中国参与金融机构社会责任国际立法，是提高金融机构市场竞争力的需要

从15世纪的地理大发现到19世纪的世界贸易和工业化的发展，再到冷战的结束与信息时代的来临，世界范围内各主体间不断扩大和加深的联系表明“全球化并非一个选择，而是一种现实”。[②] “世界范围内的社会关系正不断强化，这种关系以这样一种方式将彼此距离遥远的地域连接起来，即

---

① 参见刘志云：《商业银行践行社会责任的内在诱因与理论基础》，载《政法论丛》2014年第1期。

② Kenneeth N. Waltz, “Globalization and Governance”, *Political Science and Politics*, Vol. 32, No. 4, 1999, p. 694.

此地所发生的事件可能是由许多英里以外的异地事件而引起,反之亦然。”[①]无疑,全球化在深刻地重塑世界方方面面的同时,也带来了机遇和挑战。不论愿意与否,中资企业与中国金融机构都必须面对这个跨国合作与全球竞争的新局面,而在金融无质性、信息技术、金融自由化思想等因素推动下的金融全球化,则更是放大了对金融机构的挑战。

社会本位思潮影响下产生的所有权相对化(或者说社会化)理念,要求所有权的行使应当受到一定限制并考虑公共利益,这反映在企业制度中,就是其决策不能仅仅追求自身的利润最大化,还应当考虑公共利益,即承担社会责任。按照企业公民理论的说法,企业与自然人一样,作为政治国家和市民社会的一分子,在享受它们所赋予的权利和安定的成长环境,以及各种基础设施的同时,也应当承担一定的政治、法律和道德义务,其中又以对企业的利益相关者们承担的责任最为重要。在诸多此类理论的影响下,越来越多的企业开始注重对社会责任的承担,并在不断重复的实践中将其内化为一种企业文化,此时,企业对社会责任的践行逐渐成为增强企业竞争力的一个重要因素。

所谓企业竞争力,是指企业所独有的、难以模仿的能力,这种能力能够保证企业在市场竞争中的长期优势,获得超额利润,其实质是企业各种资源整合的结果,也是企业保证自身生存和可持续发展的关键。[②] 根据国际著名的非营利性研究机构兰德公司的长期研究,企业竞争力可以分为三个层面:第一层面是产品层,包括企业产品生产及质量控制能力,企业的服务,成本控制,营销、研发能力;第二个层面是制度层,包括经营管理要素组成的结构平台,企业内外环境,资源关系,企业运行机制,企业规模,品牌,企业产权制度;第三个层面是核心层,包括以企业理念、价值观为核心的企业文化、内外一致的企业形象、企业创新能力、差异化个性化的企业特色、稳健的财务、拥有卓越的远见和长远的全球化发展目标,而企业社会责任,则体现于企业竞争力的这三个层面当中,见图 4-1。[③]

---

① [英]安东尼·吉登斯:《现代性的后果》,田禾译,译林出版社 2000 年版,第 56~57 页。

② 参见邓泽宏等:《政治社会学视域中的企业社会责任研究》,人民出版社 2016 年版,第 51 页。

③ 参见田虹:《企业社会责任及其推进机制》,经济管理出版社 2006 年版,第 146 页。

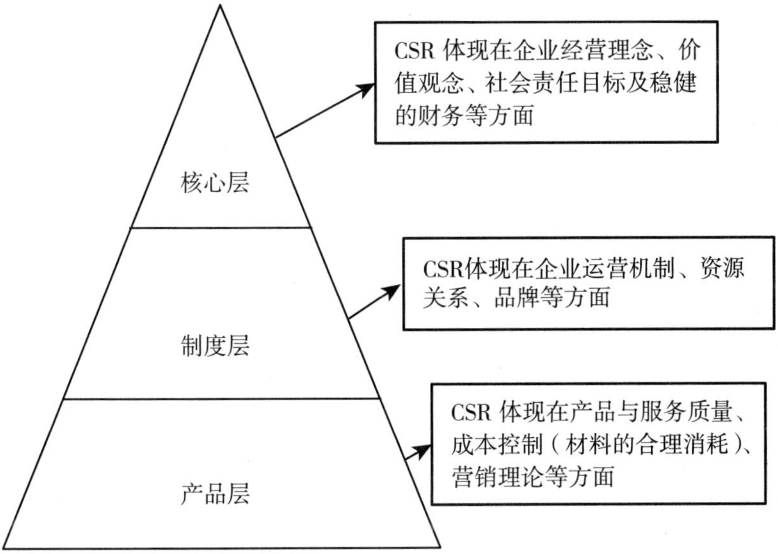

图 4-1　企业社会责任在企业竞争力层面上的体现

具体而言，企业从核心层面建立起来的企业社会责任意识，将会贯穿于企业文化、发展目标、结构平台、运行机制、产品研发与销售等所有环节，帮助企业打造内外一致的良好社会形象和品牌形象。“企业通过对关乎社会利益的活动的关注，向公众传达了一种值得对其长期信赖的讯息，这种信赖促使人们对企业的价值观和发展前景抱有积极的认同和期待。”①基于此种认同和期待，以及体现社会责任的公司治理层面的制度设计，企业一方面吸引了大量消费者，另一方面增强了对优秀人才的黏性，这实际上便是对市场和能够降低成本并提升竞争力的优秀人才的占有，无疑将极大地提升企业的竞争力。同时，企业社会责任要求企业在产品的研发、生产和销售上注重对各利益相关者利益责任的承担，提高资源利用效率并降低危害，从而成为企业创新的重要驱动力。②

而在当前，企业的创新能力不仅是企业存续和发展的根本动力，同样也

① 易凌、罗俊杰等：《企业社会责任及其立法研究》，科学出版社 2015 年版，第 55 页。

② See Isabel Gallego-Á lvarez, José Manuel Prado-Lorenzo and Isabel-María García-Súnchez, “Corporate Social Responsibility and Innovation: A Resource-based Theory”, *Management Decision*, Vol. 49, No. 10, 2011, pp. 1709 - 1727.

是新发展理念的重要环节。一个受国际金融公司中国项目开发中心组织的“中国私营部门的可持续性发展”项目资助，名为“企业社会责任与市场竞争力：企业社会责任在提升中国私营部门竞争力以及可持续发展中的作用”的实证调查研究也表明，企业履行社会责任将会极大地增强其竞争力，该研究在对我国12个城市的1268家企业、4个城市的政府机构，以及5个城市的345名个人进行调查和分析之后得出了两个结论：一是市场竞争以及来自供应链的压力可以有效地推动企业社会责任的施行；二是企业社会责任会提供真实的商业机会，即帮助企业通过保持稳定的雇员队伍、获取更大的市场份额以及获得更多的外部融资来提高盈利水平。① 事实上，欧洲企业社会责任协会早在2005年便直接提出了责任竞争力的理念，要求把企业社会责任融入企业经营的过程当中，将它视为企业战略发展的有机组成部分，是企业生存发展的重要前提。② 我国学者则将之理解为专业优势、社会责任和经济效益的集合，企业运用自身专业优势解决社会、环境、员工等方面问题，使得企业履行社会责任的同时，经济效益也得以同步提升，即企业的责任竞争力得到增强。③ 由此我们可以看到，无论是国内还是国外的学术或者实践研究，其落脚点均是企业对社会责任的良好践行，将对其竞争力的增强大有裨益。

企业社会责任的战略重要性在于，如果处置得当，它可以保证商业的长期发展，无论是金融机构还是非金融机构均在这一点上达成了共识。④ 原中国银监会于2007年发布的《关于加强银行业金融机构社会责任的意见》就明确指出：“市场竞争不仅是技术、产品质量和价格的竞争，更是社会责任意识的竞争……坚持经济效益和社会效益的统一，是推动提升竞争力的

---

① 参见沈艳、姚洋：《企业社会责任与市场竞争力：企业社会责任在提升中国私营部门竞争力以及可持续发展中的作用》，外文出版社2010年版，第15页、第202页。

② 参见卞继红：《我国中小企业集群责任竞争力研究——以外向型制造业中小企业集群为例》，载《财经问题研究》2011年第11期。

③ 参见殷格非、于志宏、崔生祥主编：《责任竞争力——企业社会责任最佳实践案例集》，中国人民大学出版社2008年版，第1页。

④ See Decker O. Sallyanne, “Corporate Social Responsibility and Structural Change in Financial Services”, *Managerial Auditing Journal*, Vol. 19, No. 6, 2004, p. 712.

有效途径，也应该成为银行业金融机构实现可持续发展的核心战略。”①从某种程度而言，企业整合自身资源和内在能力，以及与外部竞争环境的交互作用这一核心竞争能力的最终落脚点，就是能够更好地满足消费者的需求，而产品的竞争力和企业的社会影响力，则成为企业竞争力的关键。与实体企业一样，金融机构对社会责任的践行也将体现于其核心层、制度层和产品层三个层面，需要金融机构将企业社会责任贯穿于企业文化、发展理念、管理理念、运作制度、产品研发和销售等各个方面，由内至外地树立社会责任意识。但却也有着显著的不同，一个最为直接的体现便是金融机构的产品并非实体，有着无质性的特点，这使得消费者在购买金融产品的时候，基本上只能关注于风险和收益两个方面。随着金融全球化的进程和互联网与金融的深度结合，金融产品呈现出同质化的趋势，金融机构很难只通过产品上的创新来获取更多的消费者。同时，即便是金融机构从产品内部作出了权益架构、风险和收益间比例等方面的创新，经历过2008年次贷危机的消费者们显然还是会持观望态度。

此时，如果金融机构或者其产品能够很好地展现出履行了社会责任的特性，或许将成为消费者或者政府部门选择某家金融机构及其产品（影响金融机构竞争力的关键因素）的重要决定因素之一。行为金融学的期望理论和从众心理便很好地解释了这一点。按照期望理论，人们并不能在每一种情况下都清楚地计算得失和风险概率，其选择往往受到个人偏好、社会规范和观念习惯的影响。而在当今社会，人们常常对践行社会责任的企业青睐有加。根据2004年康恩企业公民研究（Cone Corporate Citizenship Study）的调查报告，大多数的人（90%）会考虑更换产品，以避免与有不良企业公民名声的企业交易，大部分的人（75%～80%）还会发言抨击该公司、卖掉该公司的股票并拒绝为它工作；2001年希尔&诺顿/贺诺斯的民意调查则显示，有高达79%的美国人会以企业的品德表现来决定是否购买该公司的产品，另外有36%的美国人认为那是决定是否购买的重要因素。② 同时，基

---

① 中国银行业监督管理委员会：《关于加强银行业金融机构社会责任的意见》第2点。

② 参见［美］派翠西亚·奥伯汀：《2010大趋势——自觉资本主义的兴起》（上），徐爱婷译，智库文化股份有限公司2005年版，第123～124页。

于人的有限理性、对信息的观测以及认知能力的差异而产生的从众心理,则使得理性人往往会接收别人或者群体的行为信号,进而作出与之相一致的行为选择。也就是说,人们除了风险收益等考虑,因对企业社会责任的认可而对产品进行选择的时候,其行为也往往容易带动别人的行为。由此,在金融产品因其无质性和同质化,以及消费者的不信任而难以以金融产品本身所表现的内容拉开竞争力的情形下,金融机构通过履行社会责任来对产品增加社会责任的属性,并通过各类公益活动提升其形象和社会影响力,从而获得青睐,便成为其提升竞争力的重要环节。

40 年来的改革开放给我国带来了翻天覆地的变化,进出口总额从 1978 年的 355 亿元人民币跃升到 2017 年的 27.79 万亿元人民币,连续多年稳居世界第一大贸易国之位;国民生产总值从 1978 年的 3678.74 亿元人民币增长到 2017 年的 827122 亿元人民币,于 2010 年超越日本成为世界第二大经济体并一直保持。① 但如此短时间内的高速增长必然带来发展的不平衡,经济挂帅背景下的企业逐利本性被最大化,经济效益成为其首要乃至唯一目标,国内众多企业还遵循着所有权绝对化的思路而将公共利益抛之脑后,社会责任远未内化为一种企业文化,反而成为一种形式上遵循社会本位的点缀。近年来出现的大量矿难、员工猝死、消费纠纷和环境污染等事件,无一不体现着我国企业对承担社会责任的漠视。例如,三鹿集团从 2007 年开始在其生产的婴幼儿配方奶粉中加入工业原料三聚氰胺,导致全国大量婴幼儿在食用该奶粉之后出现肾结石症状,并出现死亡案例;②四川凉山彝族自治州大量儿童被骗至珠三角地区的工厂做童工,收入的 2/3 被压榨干净,工作和生活环境十分恶劣,同时面临着毒打、强奸甚至死亡的威胁;③内蒙

① 参见中华人民共和国海关总署:《海关总署 2017 年全年进出口有关情况新闻发布会》,载 http://fangtan. customs. gov. cn/tabid/539/InterviewID/119/Default. aspx,最后访问日期:2018 年 3 月 20 日;中华人民共和国国家统计局:《2017 年四季度和全年国内生产总值(GDP)初步核算结果》,载 http://www. stats. gov. cn/tjsj/zxfb/201801/t20180119_1575351. html,最后访问日期:2018 年 3 月 20 日。

② 参见佚名:《中国奶制品污染事件》,载 https://baike. baidu. com/item/% E4% B8% AD% E5% 9B% BD% E5% A5% B6% E5% 88% B6% E5% 93% 81% E6% B1% A1% E6% 9F% 93% E4% BA% 8B% E4% BB% B6/86604? fr = aladdin,最后访问日期:2018 年 4 月 11 日。

③ 参见饶德宏等:《揭秘凉山童工悲惨生活 反抗者面临死亡威胁》,载 http://www. china. com. cn/city/txt/2008 - 04/28/content_15023158_2. htm,最后访问日期:2018 年 4 月 11 日。

古腾格里工业园和宁夏中卫工业园区中的大量化工企业，直接将未经处理的污水排至腾格里沙漠腹地，同时抽取地下水进行生产，导致该地区的空气、地下水严重污染，生态环境遭受不可逆的伤害；①光大证券在2013年因系统操作和技术性错误等原因造成的乌龙指事件，使得上证指数异常波动，造成当日盯市约1.94亿元的损失，而其当天下午所做的ETF卖出和卖空股指期货合约，则涉及价格操纵和内幕交易行为；②农业银行北京分行因严重违反审慎经营规则，票据包内出现部分票据被报纸替代，并且票据进出未建立台账，使其票据买入返售业务发生重大风险，涉及金额约39.15亿元；③昆明泛亚有色金属交易所股份有限公司利用政府背书、名人效应以及高收益的承诺，以"庞氏骗局"的模式大量吸收资金却无法兑现，涉及资金430亿元，投资者22万余人，④等等。凡此种种，皆使得大部分无论是目前只能致力于国内经营的企业，还是已经"走出去"的企业，都很难经受得起国际社会的"企业社会责任国际立法"的审视。

作为一种货币资源的调配者和向社会公众提供服务、传递价值的特殊公众企业，金融机构在履行和推动企业社会责任，进而增强企业的市场竞争力方面更是扮演着特殊的角色并起到重要作用，它们不仅是社会责任规范的被动接受者，更是主动提供者。这就意味着国际社会对金融机构的社会责任提出了更高要求：一方面，践行社会责任已经成为增强企业竞争力的重要因素，对于经营虚拟产品的金融机构而言，则更应当注重践行社会责任以增强公信力，防止挤兑等事件发生，而"将企业社会责任作为公司治理的工具也提供了一个很好的处理对金融机构治理和监管失灵的机会"，⑤由此，

---

① 参见陈杰：《沙漠之殇》，载《新京报》2014年9月6日，第A12版。

② 参见佚名：《8·16光大证券乌龙指事件》，载 https://baike.baidu.com/item/8%C2%B716%E5%85%89%E5%A4%A7%E8%AF%81%E5%88%B8%E4%B9%8C%E9%BE%99%E6%8C%87%E4%BA%8B%E4%BB%B6/9509216? fr = aladdin，最后访问日期：2018年4月11日。

③ 参见宋易康：《农行39亿票据案四责任人终身禁业 票交所上线遏制中介乱象》，载 http://www.yicai.com/news/5373206.html，最后访问日期：2018年4月11日。

④ 参见董希淼：《"泛亚"最响亮的耳光打了谁》，载 http://finance.sina.com.cn/zl/bank/2016-02-07/zl-ifxpfhzk9066908.shtml，最后访问日期：2018年4月11日。

⑤ Z. Jill Barclift, "Corporate Social Responsibility and Financial Institutions: Beyond Dodd-Frank", *Banking & Financial Services Policy Report*, Vol. 31, No. 1, 2012, pp. 13-19.

金融机构自身应当严格遵守对企业社会责任的“硬法”规制和“软法”约束，并积极完善对企业社会责任的践行机制；另一方面，金融机构必须以其本身所特有的资源配置功能，引导、鼓励、约束和敦促与之发生业务联系的企业践行社会责任，从外部推动关联企业对社会责任的践行进而提升竞争力。例如，商业银行可以在融资条件中将社会、道德和环境条件考虑进去，其有能力对企业或者其他借款人的管理与经营方式提出额外的要求。①

金融机构社会责任的国际立法，正是从这两个方面对金融机构提出要求，并建构起规制内容。中国金融机构的内部治理与外部经营，无论是在国内经营还是跨国竞争，都需要接受这种国际标准的审视，才能在金融全球化浪潮中提高自己的市场竞争力，在同行中脱颖而出。

二、中国参与金融机构社会责任国际立法，是推进中国企业“走出去”战略的要求

国际关系学界的新自由制度主义者认为全球化并非全新的现象，其与20世纪70年代的时髦用语“相互依赖”有着紧密的联系，同时用“全球主义”这一可以描述程度增强或减弱的用语来与单纯表示增强的“全球化”相区别。在他们眼中，全球主义包括经济全球主义、环境全球主义、军事全球主义、社会和文化全球主义四个独立的维度，而政治全球主义、法制全球主义等则蕴含于以上四个维度之中。② 实际上，无论是经济全球主义、环境全球主义，还是军事全球主义，乃至社会和文化全球主义，都是法律全球主义的根源，法律全球化是法律全球主义的增强状态，也是稳固各个领域的全球化成果以及促进它们继续发展的动力或工具。③ 滥觞于20世纪初美国关于企业对其利益相关者负责观念的企业社会责任理念，在晚近工人运动、自然资源和环境保护运动、消费者保护运动等的推波助澜，以及包括民族国

---

① See Bert Scholtens, “Corporate Social Responsibility in the International Banking Industry”, *Journal of Business Ethics*, Vol. 86, 2009, pp. 159 – 175.

② 参见[美]罗伯特·基欧汉、约瑟夫·奈：《权力与相互依赖》（第4版），门洪华译，北京大学出版社2012年版，第253～258页。

③ 参见刘志云：《当代国际法的发展：一种从国际关系理论视角的分析》，法律出版社2010年版，第479页。

家、跨国公司、国际组织、非政府组织等在内的主体的呼吁和实践下,已然成为不可逆转的潮流。这样一种典型的社会和文化的全球化,无疑需要法律的全球化这一工具来为其保驾护航,巩固已有的成果并推动其进一步发展,当前层出不穷的标准化建设文件、国际条约等便是最好的现实脚注。由此,无论是一般性的企业社会责任国际立法,还是专门的金融机构社会责任国际立法,都有着全球性或普世性的基因,是国际社会对普通企业与金融机构的基本要求,也成为中资企业与中国金融机构走出国门,参与全球竞争的必备要件。

早在20世纪70年代,邓小平同志的对外开放思想便孕育了中国企业"走出去"战略。1978年12月,党的十一届三中全会明确提出:"在自力更生的基础上,积极发展同世界各国平等互利的经济合作。"①随后,党的"十四大""十五大""十六大""十七大"②等重要会议都对"走出去"战略进行了继承与发展。我国的"十五"纲要、"十一五"纲要、"十二五"纲要、"十三

① 张春晓:《当当缘何入驻腾讯》,载《市场研究》2012年第9期。

② 1992年,党的"十四大"报告指出:要"积极开拓国际市场,促进对外贸易多元化,发展外向型经济。……积极扩大我国企业的对外投资和跨国经营。……坚定不移地实行对外开放,不断加强和扩大同世界各国在平等互利基础上的经济、科技合作,加强在文化、教育、卫生、体育等各个领域的交流"。1997年,党的"十五大"报告指出:"对外开放是一项长期的基本国策。面对经济、科技全球化趋势,我们要以更加积极的姿态走向世界,完善全方位、多层次、宽领域的对外开放格局,发展开放型经济,增强国际竞争力,促进经济结构优化和国民经济素质提高。……要鼓励能够发挥我国比较优势的对外投资。"2002年,党的"十六大"报告指出:"坚持'引进来'和'走出去'相结合,全面提高对外开放水平。……实施'走出去'战略是对外开放新阶段的重大举措。鼓励和支持有比较优势的各种所有制企业对外投资,带动商品和劳务出口,形成一批有实力的跨国企业和著名品牌。积极参与区域经济交流和合作。"2007年,党的"十七大"报告指出:"加快实施'走出去'战略。按照市场导向和企业自主决策原则,引导各类所有制企业有序到境外投资合作。……逐步发展我国大型跨国公司和跨国金融机构,提高国际化经营水平。……做好海外投资环境研究,强化投资项目的科学评估。提高综合统筹能力,完善跨部门协调机制,加强实施'走出去'战略的宏观指导和服务。"2012年,党的"十八大"报告指出:"全面提高开放型经济水平。适应经济全球化新形势,必须实行更加积极主动的开放战略,完善互利共赢、多元平衡、安全高效的开放型经济体系。……坚持出口和进口并重,强化贸易政策和产业政策协调,形成以技术、品牌、质量、服务为核心的出口竞争新优势……加快'走出去'步伐,增强企业国际化经营能力,培育一批世界水平的跨国公司。统筹双边、多边、区域次区域开放合作。"

五”纲要①也均强调了对中国企业“走出去”战略的实践。在此期间,推动“走出去”战略的配套措施也相继出台,包括从限制到放松的管制、简化手续等外汇管理制度改革、有选择性地通过专项基金和产业投资基金等支持对外投资、规范对外投资制度、构建对外投资服务体系,等等。

2015 年 10 月,习近平同志在党的十八届五中全会上首次提出“创新、协调、绿色、开放、共享”五大发展理念,其中的“开放发展”部分无疑是对我国“对外开放”基本国策的全面深化。而当前旨在“促进经济要素有序自由流动、资源高效配置和市场深度融合,推动沿线各国实现经济政策协调,开展更大范围、更高水平、更深层次的区域合作,共同打造开放、包容、均衡、普惠的区域经济合作架构”②的“一带一路”倡议,则既是“开放发展”理念的直接实践,也成为我国企业“走出去”战略的“时代印记”。数据显示,我国在 2017 年与“一带一路”沿线国家贸易额为 7.4 万亿元人民币,同比增长了 17.8%,增速高于全国外贸增速 3.6 个百分点,其中,出口 4.3 万亿元人民币,增长 12.1%,进口 3.1 万亿元人民币,增长 26.8%;我国企业对沿线国家直接投资 144 亿美元,在沿线国家新签承包工程合同额 1443 亿美

---

① 2001 年“十五”规划纲要第五篇第十七章第四节:“实施‘走出去’战略,鼓励能够发挥我国比较优势的对外投资,扩大国际经济技术合作的领域、途径和方式。……支持有实力的企业跨国经营,实现国际化发展。健全对境外投资的服务体系,在金融、保险、外汇、财税、人才、法律、信息服务、出入境管理等方面,为实施‘走出去’战略创造条件。完善境外投资企业的法人治理结构和内部约束机制,规范对外投资的监管。”2006 年“十一五”规划纲要第九篇第三十七章第一节:“实施‘走出去’战略,支持有条件的企业对外直接投资和跨国经营。以优势产业为重点,引导企业开展境外加工贸易,促进产品原产地多元化。通过跨国并购、参股、上市、重组联合等方式,培育和发展我国的跨国公司。……完善境外投资促进和保障体系,加强对境外投资的统筹协调、风险管理和海外国有资产监管。”2011 年“十二五”规划纲要第十二篇第五十二章第二节:“加快实施‘走出去’战略……逐步发展我国大型跨国公司和跨国金融机构,提高国际化经营水平。做好海外投资环境研究,强化投资项目的科学评估。……加快完善对外投资法律法规制度,积极商签投资保护、避免双重征税等多双边协定。健全境外投资促进体系,提高企业对外投资便利化程度,维护我国海外权益,防范各类风险。‘走出去’的企业和境外合作项目,要履行社会责任,造福当地人民。”2016 年“十三五”规划纲要第十一篇第四十九章:“引导企业集群式走出去,因地制宜建设境外产业集聚区。……鼓励金融机构和企业在境外融资。支持企业扩大对外投资,深度融入全球产业链、价值链、物流链。建设一批大宗商品境外生产基地及合作园区。积极搭建对外投资金融和信息服务平台。”

② 参见《授权发布:推动共建丝绸之路经济带和 21 世纪海上丝绸之路的愿景与行动》,载新华网:http://www.xinhuanet.com/world/2015-03/28/c_1114793986.htm,最后访问日期:2018 年 3 月 22 日。

元,同比增长14.5%。[1] 事实上,自2006年以来,我国金融类和非金融类对外投资流便基本保持着向上的态势,后者的上升势头尤为明显,见图4－2。2015年,我国对外投资存量更是突破了万亿美元大关,稳居全球第三大对外投资国之位。按照联合国贸易和发展会议于2017年6月8日发布的《2017年世界投资报告:投资和数字经济》,2016年亚洲发展中国家的外国直接投资流入量下降了15%,至4430亿美元,中国的对外直接投资则飙升了44%,达到1830亿美元,创历史新高,使中国首次成为全球第二大投资国。[2]

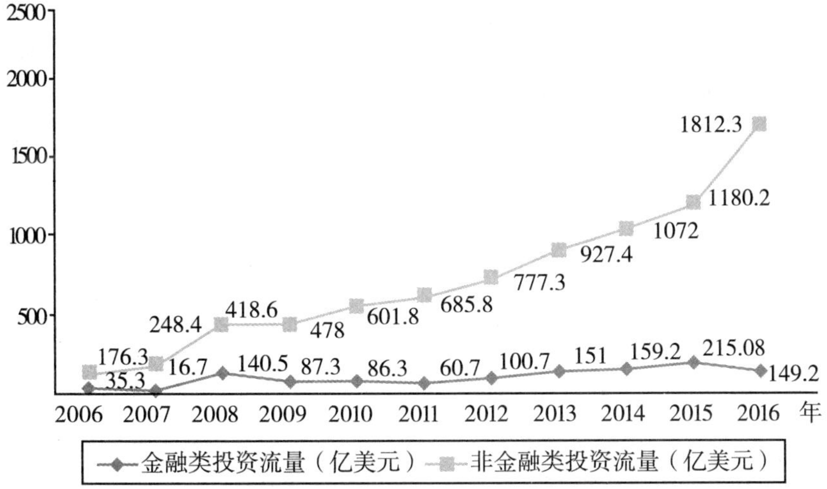

图4－2　中国金融类、非金融类对外投资流量统计图

资料来源:参见中国商务部、中国国家统计局、国家外汇管理局发布的2006～2016年度的中国对外直接投资统计公报。

但值得注意的是,近年来中国企业和金融机构在积极"走出去"的同时,也产生了大量影响巨大社会责任方面的负面事件,且其产生的频率远超出其他排名前列的对外投资国。典型事件包括:首钢公司自1992年收购秘鲁铁矿公司以来,几乎每年都会因工资偏低、健康与安全状况欠佳和不注重

① 参见《商务部召开例行新闻发布会》,载中国商务部数据中心:http://data.mofcom.gov.cn/article/zxtj/201803/39973.html,最后访问日期:2018年3月22日。

② United Nations Conference on Trade and Development, World Investment Report 2017: Investment and Digital Economy, http://unctad.org/en/PublicationsLibrary/wir2017_en.pdf, 2017－10－26.

当地就业的保护等问题发生罢工事件，同时也出现了支付价格（3.118 亿美元）高于评估基准价（2.62 亿美元）的腐败现象、投资承诺不兑现（承诺在 1992～1995 年期间投资 1.5 亿美元，实际只投资 3500 万美元）等问题。[①] 苏丹麦洛维大坝于 2010 年落成，但其建设计划却并未经过苏丹环境部门的批准，联合国环境规划署的评估表明，这一大坝产生的淤泥损失、河岸侵蚀和生物多样性丧失等问题，将对苏丹北部尼罗河河谷地区造成重大生态影响，同时约有 5 万名农民因其修建而被迫迁移至不毛之地，其间苏丹政府对反抗人士进行暴力镇压，而作为项目主要贷款方的中国进出口银行，则因这些问题成为国际社会的众矢之的。[②] 中国工商银行于 2010 年 6 月同意为埃塞俄比亚的吉贝三级大坝项目提供 5 亿美元的贷款，该大坝将会中止河流的自然周期，破坏河岸上的耕地、牧场以及世界最大的沙漠湖图尔卡纳湖的渔场，并摧毁下游流域的文化和生态系统，银行监察组织、国际河流组织和图尔卡纳湖之友三个国际组织均对此表示关注和反对，[③]随后国外许多媒体对此进行报道，极大地影响了中国工商银行的国际形象。近年来大量“中概股”因数据造假、对关联交易行为进行隐瞒或严重依赖于该行为、会计违规、税负和收入严重不成比例、重大资金挪用或支付不透明等原因被做空或引发集体诉讼，进而被罚巨款甚至被迫大量退市，等等。究其原因，除掉一些政治因素、文化差异外，根本原因在于大量的中资企业和金融机构在国内没有严格履行社会责任的习惯，相关的机制构建徒有其表，远未内化为一种企业文化，将此经营理念与方式带到海外，引起东道国政府与民众的强烈反对甚至抵制。集中表现为：违反当地劳工保护、人权保护、环境保护、文化遗产保护等方面的法律法规，甚至涉及贿赂、洗钱、造假上市等犯罪行为，大中型国企热衷于通过一些非正常手段走东道国高层路线等。一些重

---

① Barbara Kotschwar, Theodore H. Moran, Julia Muir, *Chinese Investment in Latin American Resources: The Good, the Bad, and the Ugly*, Working Paper WP 12 – 3, Peterson Institute for International Economics, February 2012.

② See International Rivers, Merowe Dam, Sudan, https://www.internationalrivers.org/zh-hans/node/7436, 2017 – 10 – 30.

③ See International Rivers, China's Biggest Bank to Support Africa's Most Destructive Dam, https://www.internationalrivers.org/resources/china% E2% 80% 99s-biggest-bank-to-support-africa% E2% 80% 99s-most-destructive-dam-3758, 2017 – 10 – 30.

大社会责任事件甚至上升为外交事件，对我国国家形象产生了极其不利的影响。

有鉴于此，我国开始重点关注对外投资过程中各类企业对社会责任的承担，国家有关部门，包括商务部、发改委、外交部等屡次召开各种会议并进行培训，颁布各种规章制度与规范性文件等，要求中国“走出去”的各类企业在海外严格履行社会责任。例如，在规章制度或指导性文件的建设上，有关部门先后颁布《关于进一步规范我国企业对外投资合作的通知》《中国企业境外可持续森林培育指南》《中国企业境外森林可持续经营利用指南》《境外中资企业（机构）员工管理指引》《对外投资合作环境保护指南》《中国境外企业文化建设的若干意见》《中国对外承包工程行业社会责任指引》《规范对外投资合作领域竞争行为的规定》《中国工业企业及工业协会社会责任指南》，等等。2012 年 5 月，商务部公布“十二五”时期对外投资合作的主要任务和重点工作，其中一项主要任务便是要“推进境外中资企业与当地融合，加强行业组织协调自律，规范企业境外经营行为，引导企业开展文化建设，遵守当地法律，履行社会责任，增强资源、生态、环保意识”。① 其 2016 年 7 月 14 日印发的《商务发展第十三个五年规划纲要》中也指出应当“引导企业遵守所在国法律法规，增强社会责任意识，保障员工合法权益，注重资源节约利用和生态环境保护，实现与所在国互利共赢、共同发展”。此种将中资企业和金融机构海外投资中的社会责任问题上升到国家高度的态势，在世界跨国投资史上都是非常罕见的。

根据日本等国的金融机构海外投资经验，大致上可以把金融机构国际化划分为三个阶段：第一个阶段是海外探路的阶段，在海外设立分支机构或者代表处，熟悉当地经营环境，既可以采取绿地投资的方式，也可以采取并购的方式，获得在当地的经营权；第二阶段是服务本国企业海外投资的阶段，以国内“走出去”的企业为服务对象，“随船出海”；第三个阶段是本地化或者国际化经营阶段，金融机构在宗主国扎根成长，成为本地化或者国际化

---

① 中华人民共和国商务部新闻办公室：《商务部确定“十二五”时期对外投资合作发展主要任务和重点工作》，载 http://www.mofcom.gov.cn/aarticle/ae/ai/201205/20120508125338.html，最后访问日期：2017 年 10 月 30 日。

经营的企业。① 当前中国对外投资的最大特点是金融企业与非金融企业并行，央企、国企为核心，大项目为主，带动民营企业一起“走出去”，总体来看并未完全进入第二阶段，仍处在第一阶段向第二阶段的过渡时期。走出去的中资企业的配套融资主要由中国金融机构提供，直接利用国外信贷资金的比例较低，国家开发银行、中国银行等为大型对外基建项目提供了主要的信贷资金支持，而中国工商银行、中国建设银行等则为中国企业的海外扩张提供了主要资金来源。

以中国银行为例，其已经在全球拥有 600 多家分支机构，约 16 万亿资产，成为支持中国企业“走出去”战略的重要金融机构。该行在“一带一路”沿线国家设立的分支机构覆盖率已经达到 50% 以上，截至 2017 年年末，其已经跟进“一带一路”重大项目逾 500 个，项目总投资额约 4500 亿美元，提供意向性授信支持超过 1050 亿美元；2015 年至 2017 年间，完成对沿线国家各类授信约 1000 亿美元；累计支持中资企业“走出去”项目约 4205 个，提供贷款承诺超过 2805 亿美元，其中，海外并购贷款签约金额 910 亿美元，海外经营性贷款签约金额 1733 亿美元。② 同时，也有相当一部分中资企业通过作为资本中介金融机构的努力运作，积极在海外资本市场进行直接融资，形成影响颇大的“中概股”概念。

在以上“走出去”模式下，中国海外投资中金融类投资流量与非金融投资类投资流量基本呈现同步发展的状态。反过来，这种特点既表明了中资金融机构在“走出去”的中资企业践行社会责任问题上将大有作为，也表明这同时是它们必须承担起的任务。在落实“走出去”战略的过程中，中国金融机构一方面需要不断完善自身对企业社会责任的践行，另一方面也承担着引导、规范与其有着紧密业务联系的中资企业在海外履行社会责任的任务，发挥着促进中资企业履行社会责任的关键性作用。特别是在当前“一

---

① 参见何帆、姚枝仲等：《中国对外投资：理论与问题》，上海财经大学出版社 2013 年版，第 157 页。

② 参见中国银行：《中国银行股份有限公司 2017 年度社会责任报告》，载 http://www.boc.cn/aboutboc/boccsr/201803/t20180329_11873861.html，最后访问日期：2018 年 4 月 12 日。

带一路”倡议的进展一日千里的形势下，[1]我国金融机构正以全新和积极的态势走向世界，其对企业社会责任国际立法的积极参与和良好践行，不仅是出于提高其自身声誉与盈利能力的需要，也是其所肩负的引导与约束客户履行社会责任的任务所决定的，更是贯彻落实“新发展理念”的必然要求。

三、中国参与金融机构社会责任国际立法，是贯彻与落实“新发展理念”的重要方面

“新发展理念”的贯彻与落实，不仅仅是一个国内问题，还是一个国际性的问题。中国已是一个全球性大国，中国市场深深融入国际市场，中国的发展不仅要依托国内的发展，而且必须做到国内与国际发展同步。没有国际市场的支持，不会有中国国内社会经济的长足进步。同时，中国的大国责任是做一个全球性的领导者，无论是在经济、文化还是政治方面，都应该扮演模范国家的角色。对于中国目前的大国形象来说，“硬实力”的进步一日千里，但“软实力”的提升却举步维艰。回归到我国企业“走出去”战略，中国企业要“走出去”，履行好社会责任无疑是关键的环节。“新发展理念”一方面为之提供了新的战略支撑与理论指导，另一方面也对其提出了“崇尚创新、注重协调、倡导绿色、厚植开放、推进共享”之要求。即中国企业在践行“开放理念”的同时，必须坚持“创新发展”以提高效率、坚持“协调发展”以促进和谐、坚持“绿色发展”以维护永续、坚持“共享发展”以推动公平。

对外开放是我国的基本国策，以开放促改革、以开放促发展也是我国过去三十多年的经验和共识。[2] 开放发展理念要求我们“顺应我国经济深度融入世界经济的趋势，奉行互利共赢的开放战略，发展更高层次的开放型经济，积极参与全球经济治理和公共产品供给，提高我国在全球经济治理中的

---

① 数据显示，我国主导的亚投行成员总数增至 84 个，42 个为“一带一路”沿线国家，批准 20 多个投资项目，总额超过 37 亿美元；丝路基金签约 17 个项目，承诺投资 70 亿美元，支持项目涉及总投资金额达 800 亿美元；6 家中资银行在沿线 19 个国家设立 80 多家分行、子行、代表处等，中国银联卡覆盖沿线 50 多个国家，超过 400 万商户和 40 万台 ATM；中国出口信用保险公司为沿线近 20 个国家合作项目提供各种类型的保险服务，与白俄罗斯、格鲁吉亚等国签订合作协议。参见《“一带一路”数据观：“一带一路”的 2017》，载中国“一带一路”网：https://www.yidaiyilu.gov.cn/xwzx/gnxw/43662.htm，最后访问日期：2018 年 3 月 22 日。

② 参见曹立主编：《治国理政新理念：全面解读新发展理念》，人民出版社 2016 年版，第 97 页。

制度性话语权，构建广泛的利益共同体”，[①]以“推动对外开放进入‘全面开放、全面参与、全面合作、全面提升’的新阶段”。[②] 无疑，这一升级理念的践行和新阶段的达成，不仅需要我国政府提供良好的制度环境支撑和对接，更需要企业在践行各类国际标准上的表里如一，即我国政府与企业在相关的商业规则上与国际社会处于“同一语境”。具体到金融机构社会责任方面，就是我国政府应当吸收有关金融机构社会责任的国际规则，因地制宜地制定相关政策法规，营造国际化的金融机构社会责任环境；我国金融机构应当严格遵循社会责任相关的国际规则，言行一致地践行社会责任要求，以此促进我国金融机构践行社会责任制度和实践层面的国际化，进而推动开放发展新局面的达成。

创新是引领发展的第一动力。坚持创新发展，就是要把创新摆在国家发展全局的核心位置，不断推进理论创新、制度创新、科技创新、文化创新等各方面创新，让创新贯穿党和国家的一切工作，让创新在全社会蔚然成风。[③] 正如前文所言，金融机构践行企业社会责任的一大特性，不仅在于其自身应当严格遵循社会责任的相关规则，还在于必须以其本身所特有的资源配置功能，引导、鼓励、约束和敦促与之发生业务联系的企业践行社会责任。创新发展理念同样从这两个维度对我国参与金融机构社会责任国际立法提出了要求：一方面，金融机构要按照国际规则的要求，通过理念内化、机制架构、金融产品等方面的创新来更好地履行社会责任；另一方面，金融机构要通过信用控制、额度限制、利率把控等激励或惩罚措施来达成对关联企业践行社会责任的有效督导。如此，才能实现更高水平的对外开放，推动我国金融业的发展以及与世界金融体系的深度融合，提升我国和金融机构的国际形象，进而引领经济的进一步发展。

坚持“协调发展”是经济社会持续健康发展的内在要求，意味着要更加注重正确处理发展中的重大关系，加强经济社会发展的薄弱环节；更加注重

---

① 《授权发布：中国共产党第十八届中央委员会第五次全体会议公报》，载新华网：http://news.xinhuanet.com/politics/2015-10/29/c_1116983078.htm，最后访问日期：2017 年 11 月 3 日。

② 胡鞍钢、鄢一龙、唐啸等：《中国新发展理念》，浙江人民出版社 2017 年版，第 108 页。

③ 参见《中共中央关于制定国民经济和社会发展第十三个五年规划的建议》，载新华网：http://www.xinhuanet.com/fortune/2015-11/03/c_1117027676.htm，最后访问日期：2017 年 11 月 3 日。

通过拓宽发展空间提升发展后劲、以实现公共资源均衡配置促进协调发展。[①] 在对外开放思想、"走出去"战略、开放发展理念和"一带一路"倡议的鼓励下，我国对外投资连年攀升，已然成为世界第二大对外投资国，却也出现了诸如因央企之间恶性压价超低价中标波兰道路项目最后严重亏本违约被索赔事件、因环境问题爆发的缅甸"密松大坝"事件与加纳金矿开采事件、因劳工保护问题爆发的赞比亚事件等不和谐音符，集中体现为经济效益挂帅下对环境和社会效益的漠视，毫无社会责任意识。易言之，就是走出去过程中的整体性和平衡性不强，硬实力一日千里而软实力举步维艰。我国参与金融机构社会责任国际立法，就是为了通过对国际标准的践行来提升"走出去"的软实力，达至硬实力和软实力协调的双腿迈进。而在具体的实施过程中，我们则应当重点关注金融机构社会责任国际规则与国内规则的协调，以及金融机构实践中国内与国外的一致。

"绿色发展"是永续发展的必要条件和人民对美好生活追求的重要体现，也是中国对可持续发展实践的结晶和超越，其核心要义在于正确处理好人与自然的和谐共生问题。环境保护一直是国际社会关注的焦点，也是外贸投资的基本准则和企业社会责任的重要方面，大量的国家间立法和私政府立法都对该问题进行了规定，包括联合国《负责任投资原则》、国际金融公司的《社会和环境可持续性政策和绩效标准以及信息披露政策》、经济合作与发展组织《跨国公司指南》中的环境条款，等等。虽然我国也颁布了大量有关环境保护的规则，如《环境保护法》《关于落实环保政策法规防范信贷风险的意见》《对外投资合作环境保护指南》，但就实践来看，无论是走出去的企业还是在国内的企业，无论是实体企业还是金融机构，均未对这些规则进行良善的实施，不仅使得国内经济发展和人口、资源、环境的矛盾日益激化，也使得中资企业在国际上主持或参与的项目爆发大量环境问题而饱受诟病，凡此种种，皆是对绿色发展理念的严重背离。绿色发展理念要求我们"坚持节约资源和保护环境的基本国策，像对待生命一样对待生态环境，统筹山水林田湖草系统治理，实行最严格的生态环境保护制度，形成绿色发展方式和生活方式，坚定走生产发展、生活富裕、生态良好的文明发展道

---

① 参见国家行政学院编写组编著：《中国新发展理念》，人民出版社2016年版，第5页。

路，建设美丽中国，为人民创造良好生产生活环境，为全球生态安全作出贡献”。[①] 而我国加入金融机构社会责任国际立法，实际上就是从国际和国内两个方面，对绿色发展理念平衡经济—社会—自然三大系统，统一发展和保护，进而实现天人互益和永续发展的深度实践。

有关企业是否应对股东或者利益相关者负责，在经过20世纪30年代至50年代多德与贝利、20世纪60年代贝利与曼尼之间的经典论战之后逐渐清晰——“企业之所以受到法律的允许和支持，主要是因为它为社区提供服务，而不是因为它为所有者创造利润。”[②]而所谓利益相关者，则是指“在企业发展活动中拥有切身利益的主体，可以分为两种主要类型：一是外部利益相关者，包括商业伙伴、供应商、客户、本地社区、自然环境等。二是内部利益相关者，包括雇员和股东”。[③] 金融是现代经济的发动机，对金融机构这类专业性组织而言，其不仅应当承担基本和普遍的企业社会责任要求，还应当履行因其特殊功能和地位而产生的特别责任，包括保持自身稳定性、促进流动性、降低风险等。但实践中金融机构却总是以其专业性、产品的无质性、强大的资本后盾等优势地位，谋取自身的利益最大化，将对利益相关者的保护抛之脑后，使得社会贫富差距愈加明显，典型如2008年全球性金融危机产生的一个重要根源，便是贪婪的华尔街资本肆无忌惮地利用大量复杂的金融衍生工具规避监管来牟取暴利，这实际上就是漠视社会责任的表现。共享发展理念所要求的“发展为了人民、发展依靠人民、发展成果由人民共享，作出更有效的制度安排，使全体人民在共建共享发展中有更多获得感，增强发展动力，增进人民团结，朝着共同富裕方向稳步前进”，[④]无疑是对企业社会责任中利益相关者理论的升华，我国对金融机构社会责

① 《习近平：决胜全面建成小康社会 夺取新时代中国特色社会主义伟大胜利——在中国共产党第十九次全国代表大会上的报告》，载新华网：http://news. xinhuanet. com/politics/19cpcnc/2017 - 10/27/c_1121867529. htm，最后访问日期：2017年11月5日。

② 李伟阳、肖红军、郑若娟编译：《企业社会责任经典文献导读》，经济管理出版社2011年版，第25页。

③ L. Murean, C. A. Gheorghe, “The Relation Between the Romanian Commercial Banking Companies and the Corporate Social Responsibility”, *Bulletin of the Transilvania University of Braov*, Vol. 51, No. 2, p. 207.

④ 《授权发布：中国共产党第十八届中央委员会第五次全体会议公报》，载新华网：http://news. xinhuanet. com/politics/2015 - 10/29/c_1116983078. htm，最后访问日期：2017年11月5日。

任国际立法的参与,就是实践这一理念的必由之路。

总之,随着企业社会责任在我国理论和实践层面的延展,无论是纯粹在国内经营还是积极参与"走出去"战略的金融机构,都必须适应这一全球性趋势与要求,并从企业文化、经营制度和业务实践中积极参与到金融机构社会责任的国际标准确立当中。

第二节 金融机构社会责任国际立法的发展状况和中国的参与现状、存在的问题

从法律渊源上来看,金融机构社会责任立法包括国内的制度建设与对国际立法的参与;而从系统论的角度观察,金融机构社会责任法律体系应该是一个国内立法与国际立法有机结合的体系,两个层面的立法不是简单的堆砌相加,而是互相建构、共生共进。我国金融机构社会责任的法律体系,显然也应当是这样一个良善运作的有机体系,而这同样也是新发展理念"注重协调"和"厚植开放"的必然要求,一方面,"协调发展"理念要求我们对国内外的金融机构社会责任立法给予同样的关注,金融机构特别是走出去的金融机构,更是要能够经受得起国际国内相关立法的共同审视;另一方面,"开放发展"理念"提高对外开放水平,协同推进战略互信、经贸合作、人文交流,形成深度融合的互利合作格局"①的要求,则表明我国对金融机构社会责任法律体系不仅要注重文本层面的互相构建,更要加强实践和意识层面的相互交流与共生共进。

整体来看,金融机构社会责任国际立法可以分为两种:一种是国家间通过协商达成的国际条约或协定,通过国家公权力的模式,用"直接转化"或"间接转化"的方式构成国内立法的一部分,典型如国家参与的国际人权条约、国际金融条约、国际投资条约、国际贸易协议中有关企业社会责任部分;另一种国际立法是金融机构、非政府组织等非国家行为体,通过协商或

---

① 《习近平总书记系列重要讲话读本(2016 年版)》之八:《以新发展理念引领发展——关于树立创新、协调、绿色、开放、共享的发展理念》,载《人民日报》2016 年 4 月 29 日,第 9 版。

自身的主导力量,将某种它们所认可的社会责任规范标准化,用道义感召与市场力量让更多的金融机构接受,并内化到自身的内部治理机制当中,同时将社会责任标准外加给金融客户。前一种我们可以称之为"国家间立法",其性质为传统的国际法,根据强制程度在属性上可以分为"硬法"与"软法"两种类型;后一种我们称之为"非国家间立法"或"私政府立法",其性质为新型的国际立法,基本属于"软法"性质,属于"自我规制型"国际立法,它们一旦得到国家的认可,也可能转化成"国家间立法"即传统国际法或国内法。从当前情势来看,由于国家间分歧以及立法成本等问题,传统的"国家间立法"进展缓慢,新型的"非国家间立法"发展迅速,构成当前的主流。鉴于金融机构社会责任国际立法分为"国家间立法"与"非国家间立法"两种性质,以及存在"国家参与"与"金融机构参与"的两种参与路径,故而,我们必须分开论述,并探讨它们之间的交叉性。

一、"国家间立法"层面的金融机构社会责任国际立法的发展状况

无疑,金融机构社会责任作为企业社会责任的重要一环,从跨国公司社会责任问题角度对其展开论述是符合理论逻辑的,而当前"国家间立法"层面专门针对金融机构社会责任国际立法的缺失,则更是说明了这一点。在"国家间立法"层面,包括金融机构在内的跨国公司社会责任的现有立法规范主要由《世界人权宣言》以及相关条约组成,包括《国际劳工组织公约》《联合国儿童权利公约》《关于环境和发展的里约宣言》《联合国反贪污公约》等。不过,这些公约或宣言要么属于"软法"性质,要么虽然是"硬法"性质但往往在内容上过于宏大,以宣示性为主,从而难以具体执行。要落实到细分领域,则需要制定更具体的国际立法。

(一)20世纪80年代之前的"国家间立法"层面金融机构社会责任国际立法发展状况

早在20世纪初,企业是否需要承担社会责任,便引起了实务界的关注和理论界的零星探讨,但直到20世纪中期才最终被广泛认可并逐渐见诸于各国的法律和相关条约之中。如美国德克萨斯州于1917年在其《公司法》中赋予公司进行慈善捐赠的权力,其后各州逐步效仿,到1928年有5个州效仿,1938年为9个州,1948年为15个州,1959年为41个州,1970年达48

个州;[①]德国1937年《股份公司法》规定董事必须追求股东的利益、公司雇员的利益和公共利益;欧洲六国于1957年签订的《罗马条约》要求各成员国追求某些社会目标,而公司则是实现它们所明确的社会目标的主要手段和载体。

20世纪70年代的"滞涨"宣告了凯恩斯主义的失败,改良后的自由主义再度占据主流经济发展指导思想的地位,并渗透到当时的国内和国际立法当中,在此种理论和立法趋势,以及各主要西方国家迫切追求经济稳定和迅速增长的背景下,米尔顿·弗里德曼提出的"企业唯一的且仅有的社会责任就是实现利润最大化"[②]被普遍接受,企业社会责任的法律规制问题则被当然地忽视。"现代企业应当尽可能地避免来自社会的任何阻碍,致力于市场竞争;企业的第一目标是保存自己的生存,企业的第二目标是追求利润最大化。"[③]这体现在相关国际规则制定当中的典型例子,便是联合国20世纪70年代推动的《跨国公司行动守则》的破产,1974年8月,联合国依据1908号决议在秘书处设立"跨国公司中心",准备《跨国公司行动守则》的谈判工作,同年12月,依据1913号决议在经济及社会理事会成立"跨国公司委员会"主持该《守则》的起草、讨论和谈判工作,但谈判期间困难重重,长期无法达成一致,到1993年,"跨国公司中心"被解散,制定《跨国公司行动守则》的努力随之付诸东流。虽然除《跨国公司行动守则》的谈判外,联合国内设的其他机构、国际组织、国际劳工组织(ILO)以及其他一些国际组织,也曾草拟或制定过关于跨国公司活动的守则或原则等一些国际文件或区域文件,但这些文件,要么范围狭小而带有局限性,要么不具有法律约束力。[④] 而20世纪80年代之后的国际经济立法中,突出的表现便是在双边、

---

① 参见卢代富:《企业社会责任研究——基于经济学与法学的视角》,法律出版社2014年版,第228页。

② Milton Friedman, "The Social Responsibility of Business is to Increase its Profits", *The New York Time Magazine*, September 13, 1970.

③ Birch D., Jonker J., "The CSR Landscape: An Overview of Key Theoretical Issues and Concepts", In: Jonker J., de Witte M. (eds) *The Challenge of Organizing and Implementing Corporate Social Responsibility*, London: Palgrave Macmillan, 2006, pp. 14-15.

④ See Glen Kelley, "Multilateral Investment Treaties, A Balanced Approach to Multinational Corporations", *Columbia Journal of Transnational Law*, 2001, Vol. 39, No. 2, pp. 520-521.

区域、多边的立法谈判中尽可能多地取消对投资者的管制，同时最大限度地赋予其权利以助其获取最大利益。

（二）20世纪80年代至21世纪初的“国家间立法”层面金融机构社会责任国际立法发展状况

20世纪80年代至21世纪初，在新自由主义主导的国际经济秩序下，国家间经济立法在要求各国市场向资本开放的同时，一方面，未能为它们提供由于市场开放过快伴随而来的经济安全与金融稳定所需要的制度保障，从而导致“国家与资本”之间的权责失衡；另一方面，一味追求自由化的立法对资本的巨大效益，却忽视由此所带来的社会问题，导致“资本与社会”之间的权责失衡。[①] 相关恶果逐步显现，跨国公司依靠其特殊身份和母国的保护逃避国际规则约束和东道国法律制衡，进而污染环境、侵犯劳工利益、侵害知识产权、逃税避税等问题屡见不鲜，成为晚近国际社会反全球化潮流出现的重要因素之一。由于接受和签订有关人权、劳工和环境责任的贸易条约和国际惯例的主体是国家，跨国公司得以隐藏在国家“面纱”之下，它们宣称任何违反国际法的责任，东道国都应当向国家追究——跨国公司是在条约或习惯法下没有法律人格来承担权利或义务的非国家行为者。[②]

随着经济全球化以及国际经济立法的发展，不断壮大的跨国公司的确获得了一种“跨国逃避力量”，对母国外交保护的依赖性逐渐减弱，它们的关系日渐从保护与被保护的和谐关系，向讨价还价的博弈关系转变。而随着跨国公司这种能力的增强，东道国逐渐感到必须对跨国公司行为进行控制，这种控制要能对拥有“跨国逃避力量”的跨国公司达到实效，就必须依赖与母国的齐抓共管，分工合作。[③] 国家之间开始重新考量跨国公司社会责任的法律规制问题。

---

① 参见刘志云等：《后危机时代的全球治理与国际经济法的转型》，法律出版社2015年版，第339页。

② See Ilias Bantekas, “Corporate Social Responsibility in International Law”, *Boston University International Law Journal*, Vol. 22, 2004, p. 310.

③ 参见刘志云：《法律视角下商业银行的社会责任：原理研究与实证分析》，法律出版社2012年版，第99页。

典型如经济合作和发展组织(Organization for Economic Co-operation and Development,OECD)的成员国于1997年在巴黎签订了《国际商业交易活动反对行贿外国公职人员公约》。同时,自1999年起,该组织开始修订1976年《跨国公司行为指南》,并于2000年6月完成后推荐给经济发展和合作组织的成员国,该指南提出了在全球背景下开展负责任的商业行为,并且符合适用法律及国际公认标准的自愿原则和标准,是唯一经过多边商定,并且各国政府承诺推广的综合性负责任商业行为守则。2010年5月,经合组织《国际投资与跨国公司宣言》及相关决定的42个经合组织及非经合组织加入国的政府又对其进行了更新,并于2011年5月在庆祝经合组织成立五十周年的部长级会议上正式通过最新版本。① 又如,国际劳工局理事会于2000年修正了其于1977年通过的《国际劳工组织关于多国企业和社会政策的三方原则宣言》,该宣言旨在鼓励跨国公司对经济和社会进步作出积极贡献,尽可能缩小和解决这些企业的各类活动所引起的困难,并考虑到联合国的各项决议建立新的国际经济秩序,在内容上主要确立了劳工保护的以下方面的原则,即就业(促进就业、机会和待遇平等、就业保障)、培训、工作和生活条件(工资和福利、最低年龄、安全和卫生)、劳资关系(结社自由和组织权利、集体谈判、协商、对申诉的审议、劳资纠纷的解决)等。②

2003年8月13日,联合国促进和保护人权小组委员会通过决议,批准了《跨国公司和其他工商企业在人权方面的责任准则》。该准则对跨国公司活动所涉及的国际法原则进行了一次全面论述,"体现了国际法,尤其是国际人权法领域中有关跨国公司和其他工商企业活动目前的主流趋势",③ 所涉范围包括机会平等和非歧视、人身安全、劳工权益、尊重国家主权和人

---

① OECD, OECD Guidelines for Multinational Enterprises (2011 Edition), http://www.oecd.org/daf/inv/mne/48004323.pdf, 2017-11-15.

② International Labour Office (ILO), Tripartite Declaration of Principles Concerning Multinational Enterprises and Social Policy, http://www.ilo.org/wcmsp5/groups/public/—ed_emp/—emp_ent/documents/publication/wcms_101234.pdf, 2017-11-15.

③ United Nations Economic and Social Council, Mr. Alfonso Martínez, Mr. Guissé, Mr. Kartashkin, Mr. Park and Mr. Weissbrodt, Draft Resolution (E/CN.4/Sub.2/2003/L.8), https://documents-dds-ny.un.org/doc/UNDOC/LTD/G03/154/42/PDF/G0315442.pdf? OpenElement, 2017-11-16.

权、保护消费者、保护环境等诸多内容。[①] 但该提议不仅引发了工商界与人权倡导团体之间分歧巨大的辩论,而且很少得到政府的支持,因而最终并未获得联合国人权委员会的通过。为了打破僵局,人权委员会设立了人权与跨国公司和其他工商企业问题秘书长特别代表一职,以着手一个新的进程,最终于2011年3月21日通过了《工商企业与人权:实施联合国"保护、尊重和补救"框架指导原则》,该原则是在研究和协商的基础上历经三个阶段而最终提出的,其内容基于"国家尊重、保护和实现人权和基本自由的现有义务;工商企业作为社会专门机构,履行专门职能的作用,要求其遵守所有适用法律和尊重人权;权利与义务需要在遇有违反时获得适当和有效补救"三大原则展开,分为三大部分31条。[②] 但值得注意的是,以上立法基本上属于"软法"性质,缺乏强制效力,并未得到很好的执行。

(三)2008年金融危机以来的"国家间立法"层面金融机构社会责任国际立法发展状况

2008年席卷世界的国际金融危机对权责严重失衡的国际经济自由化立法敲响了警钟,迫使国际社会对几十年来新自由主义主导下的全球化进程进行了一次重大反思与检讨,也由此开始修正新自由主义思潮影响下,一味围绕资本权益而罔顾对其合理规制的原有治理模式,限制资本的权利并赋予其必要的社会责任成为新理念。[③] 对于企业来说,金融危机实际上为其提供了一个巨大的潜在和新的机会,企业社会责任则是在危机中幸存的唯一钥匙。[④] 毕竟在危机中践行社会责任能够增强企业的集约化经营,作为其与利益相关者和评价者紧密联系的保证——这些人在选择新的公司、

---

① United Nations Economic and Social Council, Norms on the responsibilities of transnational corporations and other business enterprises with regard to human rights (E/CN. 4/Sub. 2/2003/12/Rev. 2), https://documents-dds-ny.un.org/doc/UNDOC/GEN/G03/160/08/PDF/G0316008.pdf?OpenElement, 2017-11-16.

② United Nations General Assembly, Guiding Principles on Business and Human Rights: Implementing the United Nations "Protect, Respect and Remedy" Framework (A/HRC/17/31), http://www.un.org/en/ga/search/view_doc.asp? symbol = A/HRC/17/31, 2017-11-16.

③ 参见刘志云:《后危机时代的全球治理与国际经济法的发展》,载《厦门大学学报》(哲学社会科学版)2012年第6期。

④ See Aras, G., and Crowther, D., *Governance in the Business Environment*, *Developments in Corporate Governance and Responsibility*, Emerald Group Publishing Limited, 2011, p. 55.

产品和销售者时占据核心地位。[①] 在危机爆发后的数年里，无论是在国际金融立法，还是国际投资立法，抑或国际贸易的立法上，都表现出扭转“国家与资本”“资本与社会”间长期失衡的权责关系和赋予资本承担社会责任的努力。[②] 而此种扭转，无疑与我国新发展理念“注重协调”所要求的经济发展与政治、社会、文化以及生态协调发展的要求，有着深厚和统一的内在机理。

在国际金融立法方面，充满着新自由主义气息的放松监管所宣扬的“轻触式监管”“最好的监管就是最少的监管”等理念，在 2008 年金融危机后的满地狼藉中可谓是被千夫所指，全球范围内的加强金融监管之变革开始轰轰烈烈地展开，其主要措施一方面体现为加强对资本运行风险的监管，包括重构宏观审慎监管和深化微观审慎监管，防止金融机构不负责任地滥用金融创新从而再度引发风险；另一方面表现在把对金融消费者的保护提升到新的高度。相关国际性金融组织，包括金融稳定理事会（Financial Stability Board，FSB）、巴塞尔银行监管委员会（Basel Committee on Banking Supervision，BCBS）、国际货币基金组织（International Monetary Fund，IMF）和国际证监会组织（International Organization of Securities Commissions，IOSCO）等纷纷出台相关规范性文件以推动国际层面的监管改革。例如，2009 年召开的 G20 峰会在《华盛顿宣言》的基础上正式提出了审慎监管的国际架构和加强监管的若干建议，并宣告了金融稳定理事会的成立；[③]金融稳定理事会于 2010 年 1 月发布了《增强国际金融实施标准框架》，指出金融市场是全球性的，必须统一标准以防止影响国际金融稳定的跨界、区域和全球性不利因素的发展，规定了一系列整合与实施计划；[④]为了更好地保护

---

① Elmar-Laurent Borgmann and Nadezda Kokareva，“Sustainability of CSR Projects in Times of Economic Crises”，In Duygu Türker，Huriye Toker，and Ceren Altuntas.（eds）*Contemporary Issues in Corporate Social Responsiblity*，Lanham，MD：Lexington Books，2014，p. 123.

② 参见刘志云：《后危机时代的全球治理与国际经济法的发展》，载《厦门大学学报》（哲学社会科学版）2012 年第 6 期。

③ See G20，Declaration on Strengthening The Financial System-London Summit，http://www. g20. org/images/stories/docs/eng/london. pdf，2017 - 11 - 17.

④ See FSB，FSB Framework for Strengthening Adherence to International Standards，http://www. fsb. org/wp-content/uploads/r_100109a. pdf? page_moved = 1，2017 - 11 - 19.

金融消费者权益，二十国集团（G20）财长和央行行长会议于2011年法国巴黎会议上通过了《G20金融消费者保护高级原则》，其是现有国际金融原则或准则的补充，适用于所有的金融市场部门；①巴塞尔银行监管委员会于2011年发布了《巴塞尔协议Ⅲ》，并在当年的G20峰会上获通过，该协议在监管理念、监管对象、监管工具上都进行了极大的革新，其意义在于，从监管制度层面确立了微观审慎与宏观审慎相结合的监管模式，将银行监管的范围延伸到整个金融体系及实体经济的层面。②

在国际投资立法上，原来紧紧围绕投资者权益的立法理念也得到调整，"平衡投资者利益与东道国利益"成为新的立法指导思想；在立法内容上，曾经一度被新自由主义者视为"洪水猛兽"、体现了国家对跨国公司管制的一系列条款，包括东道国为了公共利益的征收权、国家安全例外、临时安全措施、审慎措施等，已重新纳入或考虑纳入作为国际投资法最重要渊源的双边投资条约（BITs）中。③ 典型的例子便是美国政府于2012年4月20日公布的《2012年美国双边投资协定范本》，该范本从透明度、准入前国民待遇和负向列表、环境与劳工保护、政府中立竞争与国企规制等多个方面对之前的《2004年美国双边投资范本》进行了较大的革新，在环境和劳工保护方面，其要求"缔约方不能为了鼓励投资而削弱本国环境法中对环境保护的要求，确保不会使用放弃或其他减少的手段或者提供放弃或减少的手段来影响环境法的有效实施"。④ 国际社会开始越来越注重投资行为对利益相关方所造成的影响，例如，经济发展和合作组织成员国于2015年11月17日达成了一项历史性协议，从2017年年初开始，各国将不对大型、低效煤电技术出口提供任何信贷支持，包括美国进出口银行、世界银行、欧洲投资银

---

① See FSB, G20/OECD High-Level Principles on Financial Consumer Protection, http://www.oecd.org/daf/fin/financial-markets/48892010.pdf, 2017-11-19.

② 参见刘志云：《后危机时代国家间跨国公司社会责任制度体系的构建》，载《政法论丛》2015年第3期。

③ 参见刘志云等：《后危机时代的全球治理与国际经济法的转型》，法律出版社2015年版，第41页。

④ 2012 U.S. Model Bilateral Investment Treaty, https://www.state.gov/documents/organization/188371.pdf, 2017-11-17.

行都已经停止了对燃煤发电厂的支持。①

在国际贸易立法方面,世界贸易组织多哈回合谈判自2001年启动以来一直处于无休止的状态,谈判的结束遥遥无期。但与此同时,双边或区域的自由贸易协议的谈判却开展得如火如荼,原先环境、劳工、人权等议题长期被参与国家间贸易立法的国家,尤其是发展中国家所抵触,但在非国家行为体的不断努力与推动下,相关国家开始改变这种态度。② 例如,美国前总统奥巴马于2009年正式宣布加入跨太平洋伙伴关系协定(Trans-Pacific Partnership Agreement,TPP)的谈判,并于2015年10月达成协议,其内容包括农业、劳工、环境、投资、技术性贸易壁垒等30个章节,涵盖了环境、社会议题与传统的经济议题。2016年2月4日,美国、日本、澳大利亚、文莱、加拿大、智利、马来西亚、墨西哥、新西兰、秘鲁、新加坡和越南12个国家在奥克兰正式签署了《跨太平洋伙伴关系协定》。虽然美国总统特朗普于2017年1月23日签署行政命令宣布退出《跨太平洋伙伴关系协定》,但这并不妨碍其所体现的在双边或区域自由贸易协议中不同种类的议题相互联结打包,环境、劳工、人权等问题被广泛重视与接纳之趋势。又如,自中国习近平主席于2013年提出建设"丝绸之路经济带"和"21世纪海上丝绸之路"的"一带一路"倡议构想以来,中国已与路线上的国家达成了包括《中华人民共和国政府和新西兰政府关于加强"一带一路"倡议合作的安排备忘录》《中华人民共和国和俄罗斯联邦关于深化全面战略协作伙伴关系、倡导合作共赢的联合声明》《中华人民共和国和阿拉伯埃及共和国关于加强两国全面战略伙伴关系的五年实施纲要》等在内的诸多贸易协定,这些协定涉及的内容非常广泛,且大都包含了环境保护、卫生安全等方面的措施。这些协定很好地体现了我国新发展理念所提出的,在发展更高层次的开放型经济、推进同"一带一路"国家和地区多领域互利共赢的务实合作的开放发展过程中,保持我国"软实力"和"硬实力"的协调并举,打造"成熟、负责任、有吸引力"的大国形象之要求。

2017年11月,东盟成员国及东盟自贸伙伴国澳大利亚、中国、印度、日

---

① 参见佚名:《经合组织:新协议限制煤电政府补贴》,载《能源评论》2015年第12期。

② 参见刘志云:《经济立法转型》,载《南风窗》2013年第11期。

本、韩国和新西兰的国家元首和政府首脑于菲律宾马尼拉举行成员国会议，并发布了《区域全面经济伙伴关系协定》(Regional Com-prehensive Economic Partnership, RCEP)协定框架，该框架涵盖了货物贸易；标准、技术法规与合格评定程序；自然人移动等18个方面的内容，其中的“政府为了合法的公共政策目标进行规制的权利”“为食品安全以及保障人类和动植物健康的要求设定基本框架”等要求，显然是对“资本与国家”“资本与社会”之利益平衡的体现。①

二、“非国家间立法”层面的金融机构社会责任国际立法的发展状况

全球化的重要特征之一，是民族国家的主权及政府的权力日益削弱，而跨国组织(transnational organizations)和超国组织(supranational organization)的影响日益增大，随着民族国家传统的政府权威的削弱，治理和全球治理的作用则日益增大。② 所谓“全球治理”，是指为了解决全球性的公共问题与增进全球公共利益，包括国家与非国家行为体在内的各种公共、私人机构以及个人，通过制定与实施具有约束力的正式或非正式的国际机制(regimes)，对全球范围的各个领域进行多层次的、网络式的协调与行动。③ 这在晚近的包括规制金融机构在内的企业社会责任国际立法中表现为，以民族国家为主导的、基于国家间共同利益长期博弈后产生的企业社会责任“国家间立法”发展缓慢，而全球化背景下大量出现的跨国参与所产生的普遍性的法律思维和理念，却使得由国际组织、非政府组织、跨国公司等扮演立法主体的“非国家间立法”或“私政府立法”呈现出蓬勃发展的态势。在联合国相关机构、国际金融公司、跨国银行、国际组织等的倡导和努力下，国际社会相继推出了一系列标准和规范，虽然这些标准和规范属于缺乏强制性的“软法”，但共同的理念基础却使之有效地引导着金融机构践行社会

---

① 参见《〈区域全面经济伙伴关系协定〉(RCEP)谈判领导人联合声明》，载中国“一带一路”网：https://www.yidaiyilu.gov.cn/zchj/sbwj/34911.htm，最后访问日期：2017年11月17日。

② 参见俞可平：《全球治理引论》，载李惠斌主编：《全球化与公民社会》，广西师范大学出版社2003年版，第81页。

③ 参见刘志云：《论全球治理与国际法》，载《厦门大学学报》(哲学社会科学版)2013年第5期。

责任运动的开展。总体来看,这些标准和规范大致可以分为如下五类。

(一)国际金融公司(International Finance Corporation,IFC)与跨国银行倡导的社会责任标准

主要包括《可持续发展框架》《赤道原则》。国际金融公司成立于1956年,是世界银行的姐妹机构和世界银行集团的成员,同时也是全球私营部门债务和股本融资的唯一多边来源,截至目前国际金融公司共有184个成员国,旨在从投资、咨询和筹集资金等方面入手促进发展中国家私营部门的发展。[①] 为了确保投资的良好环境和社会影响,国际金融公司早在1998年就通过了环境和社会保障及其信息披露政策,2006年2月21日,国际金融公司董事会通过了新的《可持续发展框架》,并于2006年4月30日生效,包括"社会和环境可持续性政策"、"绩效标准"、"信息披露政策"、"环境和社会考察程序"、"指导文件"和"环境、健康和安全指南"6个文件。[②] 这一框架规定了国际金融公司及其客户在项目中的作用和责任,很好地帮助了两者改善和管理其投资的环境和社会绩效。2011年5月12日,国际金融公司董事会批准了《可持续发展框架》的更新版本,并于2012年1月1日开始实施,新版本从信息的获取、金融中介、供应链、气候变化、商业和人权、性别、土著人、执行8个方面进行了升级。[③] 虽然该框架只是对国际金融公司本身及其客户的行为具有强制性,但目前该框架已经得到了全球私营部门的认可,被公认为是项目融资方面的最佳做法。

赤道原则(Equator Principles,EPs)是金融机构采用的一种风险管理框架,用于确定、评估和管理项目中的环境和社会风险,其主要目的是为尽职调查提供一个最低标准,以支持负责任的风险决策。[④] 赤道原则由世界主

---

① IFC,About IFC,http://www. ifc. org/wps/wcm/connect/corp_ext_content/ifc_external_corporate_site/about + ifc_new,2017 - 11 - 18.

② IFC, IFC Sustainability Framework - 2006Edition, http://www. ifc. org/wps/wcm/connect/topics _ ext _ content/ifc _ external _ corporate _ site/sustainability-at-ifc/policies-standards/ifcsustainabilityframework_2006,2017 - 11 - 18.

③ See IFC, IFC ' s Updated Sustainability Framework, http://www. ifc. org/wps/wcm/connect/6c6cd30049800a1fa93bfb336b93d75f/Updated _ SustainabilityFramework _ Fact-sheet. pdf?MOD = AJPERES,2017 - 11 - 18.

④ Equator Principles, About the Equator Principles, http://www. equator-principles. com/index. php/about-ep/about-ep,2017 - 11 - 18.

要金融机构根据国际金融公司和世界银行的政策与指南建立,这项准则要求金融机构在向一个项目投资时,要对该项目可能对环境和社会的影响进行综合评估,并且利用金融杠杆促进该项目在环境保护以及社会和谐发展方面发挥积极作用。①

(二)联合国相关机构倡导或推行的倡议或标准

主要包括《联合国环境规划署金融倡议》(United Nations Environment Programme-Finance Initiative,UNEP FI)、《联合国全球契约》(United Nations Global Compact)、《联合国负责任投资原则》(Principles for Responsible Investment,PRI)等。

《联合国环境规划署金融倡议》是联合国环境规划署(United Nations Environment Programme,UNEP)和全球范围内的相关金融机构于1992年促进可持续金融地球首脑会议之后,成立的一个伙伴关系,包括银行、保险公司和投资者在内的200多家金融机构与联合国环境规划署合作,了解当今的环境、社会和治理挑战,它们对金融的重要性,以及如何积极参与解决这些问题,同时推动国家层面的对话以引起金融从业人员,主管、监管部门和政策制定者的关注,并在国际层面上促进金融机构参与诸如全球气候谈判之类的进程。②

《联合国全球契约》旨在动员全球的公司和利益相关者通过将其战略与人权、劳工、环境和反腐败四个层面的十项原则相结合,负责任地开展投资,创造我们所希望的世界。③ 其由联合国原秘书长科菲·安南于1995年和1999年两度提出和完善,并于2000年在联合国总部正式启动,2006年成立了由20名来自各个地区的企业、社会人士和工会组成的全球契约理事会,截至目前已经有来自170多个国家的12000多个签署人参与。④

《联合国负责任投资原则》创立于2005年,是与《联合国环境规划署金

---

① 参见刘志云:《赤道原则的生成路径——国际金融软法产生的一种典型形式》,载《当代法学》2013年第1期。

② UNEPFI,About United Nations Environment Programme-Finance Initiative,http://www.unepfi.org/about/,2017-11-22.

③ United Nations Global Compact,Our Mission,https://www.unglobalcompact.org/what-is-gc/mission,2017-11-22.

④ United Nations Global Compact, Participation, https://www.unglobalcompact.org/participation,2017-11-22.

融倡议》和《联合国全球契约》协作的一项投资者倡议,其旨在揭示环境、社会和治理(Environmental, Social and Governance, ESG)议题对投资的影响,同时推动这些议题更好地融入签约机构的投资和决策当中,有力地补充了联合国全球契约,同时也是《联合国环境规划署金融倡议》工作的自然延伸,为全球投资界提供了一个框架用以推动建设更加稳定可持续的金融体系。截至2017年11月,全球内已有50多个国家的1400多家机构签署了该项原则,资产总额高达59万亿美元。①

2016年1月1日,由世界各国领导人在2015年9月的一个历史性的联合国峰会上通过的《2030年可持续发展议程》正式生效,其提出的17个目标将在未来15年内全面施行,将动员各国努力消除各种形式的贫困,打击不平等和应对气候变化,同时确保没有人掉队。② 在此基础上,《联合国环境规划署金融倡议》《联合国全球契约》《联合国负责任投资原则》的机构已经联合起来成立了联合国金融可持续发展目标联盟,这一联盟的目的是将私人和金融部门成员和利益相关者的大型网络汇集起来,促进可持续发展目标融资的更密切合作,从而最大限度地发挥它们的集体影响。③ 我国历来十分注重对此类"非国家间立法"的参与,在党的十八届五中全会公报对开放理念的阐述当中,便直接性地指出要"积极承担国际责任和义务,积极参与应对全球气候变化谈判,主动参与二〇三〇年可持续发展议程"。④

(三)金融机构内部社会责任管理的国际标准

主要包括SA8000(Social Accountability 8000 International standard)社会责任管理标准、ISO 14000环境管理系列标准、ISO 26000社会责任标准等。

SA8000标准是为世界各地的工厂和组织制定的首个社会责任认证标

---

① PRI, About the PRI, https://www.unpri.org/about, 2017-11-22.

② Sustainable Development Goals 17 Goals to Transform Our World, The Sustainable Development Agenda, http://www.un.org/sustainabledevelopment/development-agenda/, 2017-11-22.

③ UNEPFI, UNEP FI, UN Global Compact and PRI Form UN Alliance for SDC Finance, http://www.unepfi.org/news/unep-fi-un-global-compact-and-pri-form-un-alliance-for-sdg-finance/, 2017-12-13.

④ 参见《授权发布:中国共产党第十八届中央委员会第五次全体会议公报》,载新华网:http://news.xinhuanet.com/politics/2015-10/29/c_1116983078.htm,最后访问日期:2018年3月26日。

准,是一个适用于全球任何行业的整体性框架,旨在帮助获得认证的组织彰显其在公平对待员工方面所做的努力。该标准从童工,强迫性或强制性劳动,健康与安全,组织工会的自由和集体谈判的权利,歧视、惩戒性措施,工作时间,薪酬福利,管理体系 8 个方面衡量企业在工作场所社会责任的表现,体现了《世界人权宣言》及《国际组织劳工宪章》中的劳工标准,同时尊重、补充并支持世界各国的国家劳动法,目前已帮助 200 多万名劳工获得符合道德规范的工作条件。其严格的标准和程序确保了在不影响商业利益的前提下,让供应链达到最高标准的社会责任要求,故而备受各品牌及行业领军企业好评。① 2014 年 6 月,社会责任国际组织(Social Accountability International,SAI)用新的标准 SA8000:2014 取代了旧的 SA8000:2008 年版本,新标准的过渡期为 2016 年 1 月 1 日至 2017 年 12 月 31 日,在此期间内组织应当将其标准升至 SA8000:2014 才能保持对其的认证。②

ISO 14000 环境管理系列标准是由国际标准化组织(International Organization for Standardization,ISO)技术委员会 ISO/TC 207 及其各小组研发的环境管理标准,旨在提供各类实用工具来帮助各种类型的公司和组织管理它们的环境责任,ISO 中央秘书处为 TC207 预留了 100 个标准号,标号为 14000 - 14100,统称为 ISO 14000 环境管理系列标准,其中 ISO 14001 是环境管理体系标准的主干标准,它是企业建立和实施环境管理体系并通过认证的依据。③ 为了应对新的趋势和确保与其他管理体系标准兼容,TC207 颁布了新的 ISO 14000:2015,其关键变化涉及在组织战略规划过程中加强环境管理的重要性、更加注重领导、增加保护环境免受损害和退化的主动行动、提高环境性能、考虑环境因素的生命周期思考、增加通信策略 6 个方面。④

---

① See SAI, SA8000 Standard, http://www. sa-intl. org/index. cfm? fuseaction = Page. ViewPage&pageId = 1689,2017 - 12 - 14.

② See SAI, Upgrading SA8000: 2008, http://www. sa-intl. org/index. cfm? fuseaction = Page. ViewPage&pageId = 1840,2017 - 12 - 14.

③ See ISO, ISO 14000 family-Environmental management, https://www. iso. org/iso - 14001 - environmental-management. html,2017 - 12 - 14.

④ See ISO, ISO 14001 Environmental Management Systems-Revision, https://www. iso. org/iso - 14001 - revision. html,2017 - 12 - 14.

ISO 26000社会责任标准由国际标准化组织于2004年成立的社会责任工作组负责起草，是一个适用于包括政府在内的社会组织履行社会责任的国际标准，立足于推动组织和利益相关方的社会责任，推动全球视野下的可持续发展，增进社会的健康和福利，该标准于2010年11月1日在世界各地许多不同利益相关者之间进行了5年的谈判后正式启动。[①] 其包含了社会责任的7大核心要素，分别是：组织管理、人权、劳动实践、环境、公平经营、消费者问题、社区参与及发展。[②]

（四）可持续发展指数

晚近，国际资本市场对责任投资[③]理念表现出浓厚的兴趣，越来越多的投资者和资产管理公司将环境、社会和公司治理（ESG）因素引入公司研究和投资决策的框架中。[④] 数据显示，全球可持续发展投资在2016年年初达到了22.89万亿美元，比2014年的18.28万亿美元增长了25%，而2012年到2014年全球可持续投资资产则增长了61%。[⑤] 随着责任投资理念的发展，国际主要的指数公司都推出了ESG指数及衍生投资产品，如多米尼400社会指数（Domini 400 Social Index）；明晟公司环境、社会和公司治理系列指数（MSCI ESG Indexes）；道琼斯可持续发展指数（Dow Jones Sustainability Index）；富时社会责任指数（FTSE4Good Index）等。

创立于1990年5月的多米尼指数是美国第一个以社会性与环境性议题为筛选准则的指数，由KLD研究与分析有限公司（KLD Research & Analytics, Inc.）编制，旨在为社会责任型投资者提供一个比较基准，并帮助

---

① See ISO, ISO 26000 – Social Responsibility, https://www.iso.org/iso-26000-social-responsibility.html, 2017–12–14.

② See ISO, Social Responsibility – 7 Core Subjects of ISO 26000, https://www.iso.org/files/live/sites/isoorg/files/archive/pdf/en/sr_7_core_subjects.pdf, 2017–12–14.

③ 所谓“责任投资”，是指在投资过程中在财务回报的考量之外，将环境、社会和公司治理（ESG）等因素纳入投资的评估决策中。

④ 参见郭沛源：《ESG责任投资之一：ESG的“前生今世”》，载http://opinion.caixin.com/2017–06–15/101102009.html，最后访问日期：2017年12月15日。

⑤ Global Sustainable Investment Alliance, Global Sustainable Investment Review 2016, http://www.gsi-alliance.org/wp-content/uploads/2017/03/GSIR_Review2016.F.pdf, 2017–12–15.

投资者了解社会责任评选准则对公司财务绩效的影响。① 多米尼社会责任性股票型基金在1991年开始运作,同时也给投资者一个投资在依此指数所建立的投资组合上的机会,指数的维护更新由KLD进行,由符合一定的社会性评选准则的400家公司普通股票所组成。②

明晟公司(Morgan Stanley Capital International)是美国著名的指数编制公司,其推出的MSCI指数广为投资人士参考,明晟公司同时也是世界上最大的ESG指数供应者和研究者。MSCI ESG指数旨在帮助客户把环境、社会和治理因素纳入其投资的决策过程,并提供一种常规的衡量ESG投资的方法,帮助机构投资者更有效率地检测ESG投资绩效以及管理、衡量和报告ESG的任务。MSCI ESG指数主要有MSCI ESG领导者指数、MSCI SRI指数、MSCI ESG全球指数、MSCI全球环境指数等多个标准。③

道琼斯可持续发展指数由标准普尔道琼斯指数和RobecoSAM公司于1999年共同创立,是全球首个可持续发展基准,其从经济、环境和社会标准方面追踪世界领先公司的股票表现。该指数其实是一个指数家庭,包括全球指数、地区指数、国际指数等系列指数,如道琼斯可持续发展世界指数、欧洲指数、澳大利亚指数等。这些指标为将可持续性考虑纳入其投资组合的投资者提供基准,并为希望鼓励公司改善其企业可持续性做法的投资者提供一个有效的参与平台。④

富时社会责任指数由富时指数公司于2001年开始发布,是首个度量符合全球公认企业责任标准的公司表现的指数系列,旨在衡量企业在环境绩

---

① 参见刘志云:《银行业践行社会责任的"私政府立法":兴起背景与原理探究——一种从国际关系理论视角的分析》,载刘志云主编:《国际关系与国际法学刊》(第1卷),厦门大学出版社2011年版。

② 参见智库·百科:《多米尼400社会指数》,载http://wiki.mbalib.com/wiki/%E5%A4%9A%E7%B1%B3%E5%B0%BC400%E7%A4%BE%E4%BC%9A%E6%8C%87%E6%95%B0,最后访问日期:2017年12月15日。

③ See MSCI, MSCI ESG Indexes, https://www.msci.com/documents/1296102/6365510/ESG_FactSheet+-+Sept%2717.pdf/350c279c-c280-4a57-acb1-a9f7d29419fc, 2017-12-15; MSCI, MSCI Environmental, Social & Governance (ESG) Indexes: A modern approach to ESG indexes, https://www.msci.com/documents/1296102/6365510/ESGUniverse-brochure+-+Sept%2717.pdf/c9861862-ea22-4c4d-955a-32aa91dd588f, 2017-12-15.

④ Robeco SAM, Dow Jones Sustainability Indices, http://www.sustainability-indices.com/index-family-overview/djsi-family-overview/index.jsp, 2017-12-16.

效、社会和治理方面的实践,符合资格的企业需就多个企业责任主题落实措施,包括环境管理、缓解气候变化、反贪污腐败、维护人权、劳工权利和供应链劳工标准,并符合严格的全球准则,才可成为富时社会责任指数的成分股;其作用包括:帮助投资者识别和投资于符合全球公认企业责任标准的公司;为投资经理提供一个责任投资基准和工具,以开发责任投资产品;让投资者把握优良企业责任所带来的投资机会;作为要约的工具,鼓励企业承担更多责任。[①]

(五)企业社会责任报告的编排指南与审核标准

主要包括全球报告倡议组织(Global Reporting Initiative,GRI)的《可持续发展报告指南》、国际审计与鉴证准则委员会(International Auditing and Assurance Standards Board,IAASB)发布的《国际鉴证约定准则》(ISAE3000)、英国社会和伦理责任研究院(Institute of Social and Ethical Accountability,ISEA)发布的 AA1000 系列社会责任报告审验标准等。

全球报告倡议组织由美国非营利组织"环境责任经济联盟"(Coalition for Environmentally Responsible Economies,CERES)、泰勒斯研究所(Tellus Institute)和联合国环境规划署共同创立,目的是为了构建一个问责机制确保公司遵循 CERES 的原则开展负责任的环境行为,其于 2001 年成为一个独立的非营利性组织,并以联合国环境规划署官方合作机构的身份成为联合国的合作成员。[②] 全球报告倡议组织帮助全球企业和政府了解和讨论他们的行为对可持续发展的关键性问题,如气候变化、人权、治理和社会福祉的影响,使得其行动能真的为每个人带来经济、社会和环境利益,全球报告倡议组织的可持续发展报告标准基于多利益相关方的利益发展起来,并根植于公共利益。[③]全球报告倡议组织于 2000 年颁布了第一个广泛的可持续发展报告全球性框架指南,该指南使报告机构披露其对环境、社会和经济的关键性影响——包括好的和坏的,这些可靠的、相关的和标准化的信息,可

---

① FTSE Russell, FTSE4Good Index, http://www.ftse.com/products/indices/FTSE4Good, 2017-12-16.

② GRI, GRI's History, https://www.globalreporting.org/information/about-gri/gri-history/Pages/GRI's%20history.aspx, 2017-12-17.

③ GRI, ABOUT GRI, https://www.globalreporting.org/information/about-gri/Pages/default.aspx, 2017-12-17.

以更好地评估机会和风险,并在企业内部和利益相关者之间进行更明智的决策。2013 年,全球报告倡议组织公布了第四版的《可持续发展报告指南》(G4),包括报告的原则,规范披露和对任何规模的组织或部门的可持续发展报告编制实施手册几个部分。[①] 2016 年 10 月 19 日,全球报告倡议组织颁布了第一个全球可持续发展报告标准——全球报告倡议组织标准,其具有模块化、相互关联的结构,代表着在一系列经济、环境和社会影响方面报告的全球最佳做法,适用于所有行业的任何组织,能够很好地反应适用的组织在可持续发展方面的影响和贡献,同时也为监管者和政策制定者们提供一个可信的参考,该标准鼓励并支持在前述监管者和政策制定者管辖范围内的公司作出值得信赖的非财务性报告,该标准于 2018 年 7 月 1 日之后全面取代 G4。[②]

国际审计与鉴证准则委员会是一个独立的标准制定机构,通过设置高质量的国际审计准则、质量控制、审核、其他鉴证和相关业务来服务于公共利益,并推动国际标准和国家标准的衔接。国际审计与鉴证准则委员会成立于 1978 年 3 月,其前身是国际审计实务委员会(International Auditing Practices Committee,IAPC),它颁布了包括适用于历史财务信息审查的国际审计标准(International Standards on Auditing,ISAs)、国际审查参与标准(International Standards on Review Engagements,ISREs)、适用于对历史信息以外的其他财务资料审验的验证服务国际标准(International Standards on Assurance Engagements,ISAEs)等诸多标准。[③] 其中国际审计与鉴证准则委员会发布的名为"国际鉴证约定准则(ISAE3000),历史性财务信息审计或检查以外的鉴证约定"的准则于 2005 年 1 月 1 日起正式生效,该准则制定了适用于国际审计准则的历史性财务信息审计和检查之外的鉴证约定的基本原则和主要程序。[④] 该标准成为使用最为广泛的对企业社会责任报告进

---

① GRI, G4 Sustainability Reporting Guidelines, https://www. globalreporting. org/information/g4/Pages/default. aspx,2017 - 12 - 17.

② GRI, GRI Standards, https://www. globalreporting. org/standards; GRI: Getting Started with The GRI Standards, https://www. globalreporting. org/standards/getting-started-with-the-gri-standards/,2017 - 12 - 17.

③ IAASB, About IAASB, http://www. iaasb. org/about-iaasb,2017 - 12 - 17.

④ 参见刘志云:《法律视角下商业银行的社会责任:原理研究与实证分析》,法律出版社 2012 年版,第 161 页。

行外部审计的标准之一。2013 年 12 月,国际审计与鉴证准则委员会颁布了修订后的 ISAE3000,其适用于 2015 年 12 月 15 日或之后的审计报告。①

Accountability 是英国社会和伦理责任研究院于 1995 年成立的一家非营利性组织,其通过与各组织在可持续性战略、其业务的环境和社会影响、创新和增长机会、利益有关者参与和报告其信息等方面的合作来推进负责任的商业做法,提高长期业绩。② 其所颁布的 AA1000 系列标准,为各组织提供了一种适用 Accountability 指导原则和坚定的可持续发展保证以及利益相关者参与的简单、实用、易于使用的框架,20 多年来,各组织一直信任并应用问责制的标准,以指导其在可持续发展战略、治理和业务管理方面的做法,当前的 AA1000 系列标准主要由 AA1000 原则标准(2008)、AA1000 审验标准(2008)、AA1000 利益相关方参与标准(2015)三个文件组成。③

当前,正是这些"私政府立法"性质的国际立法,正有效地引导着国际金融机构践行社会责任运动轰轰烈烈地展开,并将践行社会责任的理念与意识"内化"到金融机构的经营和管理活动之中。从性质上讲,这些标准或规范属于国际层面的"软法",而且属于没有国家参与的"私政府立法",属于"自我规制"性质,这种新型约束机制完全不同于依赖国家权力与国家间博弈而产生与实施的传统国际法律规范,它们的产生背景以及生成原理,有其自身的独特之处。④ 当然,这些"私政府立法"在没有正式转化成"国家间立法"之前,缺乏国家权力作为它们适用与执行的保障。这种性质的规范,虽然与"国家间立法"相比也有其独特优势,但势必会留下某些缺陷或问题,在这种情况下,来自同行、市民社会、公众的监督以及提高银行业务的透明度对于减少这种搭便车情形至关重要。由此,加强对金融机构践行社

① IAASB, International Standard on Assurance Engagements (ISAE) 3000 Revised, Assurance Engagements Other than Audits or Reviews of Historical Financial Information, http://www.ifac.org/publications-resources/international-standard-assurance-engagements-isae-3000-revised-assurance-enga, 2017 - 12 - 17.

② Accountability, About us, http://www.accountability.org/about-us/about-accountability/, 2017 - 12 - 17.

③ Accountability, Standards, http://www.accountability.org/standards/, 2017 - 12 - 17.

④ 参见刘志云:《银行业践行社会责任的"私政府立法":兴起背景与原理探究——一种从国际关系理论视角的分析》,载刘志云主编:《国际关系与国际法学刊》(第 1 卷),厦门大学出版社 2011 年版。

会责任的舆论监督与引导,并强化“私政府立法”的透明度,加强以非政府组织为代表的公民社会对金融机构的问责机制,将声誉打造成“奖优罚劣”的有效手段,成为克服“私政府立法”这方面缺陷的重要手段。①

客观地讲,“私政府立法”的勃兴是金融机构社会责任国际立法发展过程中的一个里程碑,也是在“国家间立法”迟滞不前或效果欠佳时的良好替代方案。这些“自我规制”性质的规范存在着缺陷是很正常的,但这并不能否定其有效性乃至“合法性”,因为世上并不存在没有缺陷并从不遭到违反的规范,即便对以国家公权力作为执行保障的国内法而言亦是如此;相反,针对已发现的缺陷不断进行改正与完善,才是保持规范生命力以及有效性的正确途径。②

三、金融机构社会责任国际立法的“国家间立法”与“私政府立法”的互动

无疑,全球化时代的迅猛发展带来了国际社会对全球治理的呼吁,而全球规制从某种意义上来说则是全球治理的核心,因为没有一套能够为全人类共同遵守、确实对全球公民都具有约束力的普遍规范,全球治理便无从说起,其包括用以调节国际关系和规范国际秩序的所有跨国性的原则、规范、标准、政策、协议和程序。③虽然作为全球规制制度重要元素之一的法律并非一个独立的全球化现象,但却在事实上产生了法律全球化的趋势,更是成为推动经济全球化、军事全球化、环境全球化和社会与文化全球化的工具。在“全球治理”法制化的进程中,一种普世性的伦理和价值是必需的,只有人类理性中产生一种愿意服从代表人类共同价值以及共同道德规范的法律观念,才可能实现一个较高水平的“全球治理”的法治化局面。④

---

① 参见刘志云:《赤道原则的生成路径——国际金融软法产生的一种典型形式》,载《当代法学》2013 年第 1 期。

② 参见刘志云:《银行业践行社会责任的“私政府立法”:兴起背景与原理探究——一种从国际关系理论视角的分析》,载刘志云主编:《国际关系与国际法学刊》(第 1 卷),厦门大学出版社 2011 年版。

③ 参见俞可平:《全球治理引论》,载李惠斌主编:《全球化与公民社会》,广西师范大学出版社 2003 年版,第 76 页。

④ 参见刘志云:《法律全球化进程中的特征分析与路径选择》,载《法制与社会发展》2007 年第 1 期。

金融机构社会责任作为一种金融机构对利益相关者经济责任、法律责任和道德责任的集合，可以说是社会文化全球化的重要体现，此种全球化源于所有权绝对化所带来的以形式正义掩盖实质正义、对负外部性的漠不关心以及“重资本权益，轻资本义务”的实践引发的，人们对所有权无限制的反思和所有权相对化的共同要求，同时也与我国提出的新发展理念有着深厚的内在统一性。这一普适性伦理与价值无疑也成为金融机构履行社会责任的法律全球化的基础，并对金融机构在全球范围内履行社会责任这一社会文化全球化的进程，起到推动和巩固的反作用，具体表现为通过国家间、非国家间乃至个体之间的各类正式或非正式规则或安排来促进金融机构承担社会责任。

国际关系学界的新自由制度主义者列举了 5 种全球治理的形式，包括在领土疆界内采取单边国家行为，降低脆弱性，或接受外在标准，增强竞争力；强国或国家集团采取单边行动，以影响领土之外的国家、企业、非政府组织等行为体；区域合作，增强政策的有效性；全球层次的多边合作，建立管理全球化的国际机制；跨国和跨政府合作——包括“公民社会”——以管理全球化，其方式不涉及一致性的国家行为。[①] 我们同样可以将金融机构社会责任全球实现的法律路径分为 5 种模式。

一是各国参照国际通行做法或者国际示范法，乃至发展较为完善的别国的做法，构建或修改本国有关金融机构社会责任相关规范，使得自身与国际社会处于“同一语境”。例如，随着国际性交易所将大量投资基金用于社会责任投资上，为了给社会责任投资商们提供一个基准，也为了更广泛地推动企业社会责任的发展，南非约翰内斯堡股票交易所在 2004 年发布了一个可持续发展指数，并称其为约翰内斯堡社会责任投资指数；[②]土耳其在加入欧盟的过程中受到欧共体法律在环境保护、消费者安全、雇员权利、竞争政策、公共卫生、反腐败、男女平等以及反歧视等多个方面的评估与审视，以

① 参见[美]罗伯特·基欧汉、约瑟夫·奈：《权力与相互依赖》（第 4 版），门洪华译，北京大学出版社 2012 年版，第 287 页。

② 参见[英]塞缪尔·O. 艾杜乌、[德]沃尔特·利尔·菲欧主编：《全球企业社会责任实践》，杨世伟译，经济管理出版社 2011 年版，第 357 页。

促使其法律符合要求。①

二是通过双边协商或联合行动达成推动金融机构社会责任实现的合意，如美国《2012 年美国双边投资协定范本》从透明度、环境与劳工保护、强化公众参与等多个方面，对包括金融业在内的企业投资的社会责任进行了规定。

三是通过区域性的合作或者安排，来达到涉及多个国家，且单边或者双边安排无法解决的金融机构践行社会责任问题。例如欧盟在 2008 年金融危机之后颁布了包括《金融工具市场指令Ⅱ》《消费者信贷监管指令》《打包零售与保险类投资产品管理指令》等在内的法律，以极大地提升对金融机构的行为监管和金融机构对金融消费者保护的责任。

四是在全球性的多边框架下构建推动金融机构践行社会责任的国际机制，典型的例子便是联合国框架下包括《可持续发展议程 2030》《联合国反贪污公约》《跨国公司和其他工商企业在人权方面的责任准则》等在内的诸多框架，以及巴塞尔银行监管委员会、金融稳定委员会、国际货币基金组织和国际证监会组织等颁布的各类规则。

五是跨国和跨政府合作，包括公民社会在内的管理全球化。当前，诸如国际协定、技术标准化、跨国公司或者非政府组织的倡议等在内的“非正式”的治理方式，在推动金融机构社会责任的全球实践方面，远比国家间的正式规则更加多样和有效。例如，目前已经有来自 170 多个国家的 12000 多个签署人参与了《联合国全球契约》；②有来自 50 多个国家超过 1400 家机构签署了《负责任投资原则》，这些机构代表的资产总额达 59 万亿美元；③绝大多数的投资人都对多米尼 400 社会指数、明晟公司环境、社会和公司治理系列指数、道琼斯可持续发展指数予以极大关注并以此指导其投资等。

值得注意的是，这 5 种治理形式并不是完全独立或者相互隔绝的，而是处于一种深深的相互依赖状态或垂直互动之中，毕竟全球治理就是一个多主体、多规则、多方式、多层次的治理进程，对金融机构社会责任的治理显

---

① See Michael, Bryane & Ohlund, Erika, “The Role of Social Responsibility in Turkey's EU Accession”, *Appearing in Insight Turkey January*-March 2005.

② See United Nations Global Compact, Participation, https://www.unglobalcompact.org/participation, 2017-12-18.

③ See PRI, About the PRI, https://www.unpri.org/about, 2017-12-18.

然也是如此,双边条约的内容有可能构成区域或多边条约的内容,正式的规则也有可能来源于私人领域默认的习惯。这显然与我国新发展理念所蕴含的"共商共建共享"之全球治理理念有着深厚的共性。从性质上看,如果说国家之间的双边、区域和多边条约带有国家间立法的基因,那么新自由制度主义者所阐述的第五种方式则无疑属于私政府立法范畴,它们之间的互动同样也体现为国家间立法和私政府立法之间的交融。

自由主义国际法学者的研究不仅证明了这一点,更表明了两者之间的互为因果的关系,他们颠覆性地指出国际法律制度是"自下而上"而非传统国际法学者所宣扬的"自上而下"或者"由外至内"创立的,各类主体——尤其是个体——在国际法律制度的构建当中都有着重要的作用,个体和国家之间在国际法律层面的互动至少从三个层次中反映出来:一是个体和群体在国内和跨国社会中创立的自我管理的规则;二是政府创立的在国内和跨国社会中规制个体和群体的规则,包括能在国外产生效力的国内法、政府间的谅解备忘录以及国际组织、跨国组织、跨国公司等制定的规则,等等;三是国家间制定的管理它们之间相互关系的正式的国际公法规则。[①] 这三个层层递进的法律之间显然有着千丝万缕的联系,具体而言,第一层次的法律为后两个层次的法律提供了本源性的规则,毕竟国际社会中的国家行为实际上是其内部优势群体在博弈后的共同选择,第二层次的法律在中间起到了"承上启下"的传导作用,在将个体和群体间自发形成的,体现帕累托最优的制度选择进行"国家意志化"的同时,也为第三层次法律的架构提供了直接性的基础,而反过来,后两种国家参与且吸收了第一层次规则的法律实际上是将个体间互相默认的习惯加入强制力并上升为法律。

由此我们可以看到,无论是新自由制度主义者的五种全球治理路径,还是自由主义国际法学者对国际法的三层次之划分,从性质的角度看,实际上都体现了私政府立法和国家间立法的互动关系。这在金融机构企业社会责任立法中也是一样,而在晚近有关金融机构社会责任"私政府立法"蓬勃发展,"国家间立法"迟滞不前的境况下,这种互动显得更为重要。毕竟在这

---

① Anne-Marie Slaughter, "A Liberal Theory of International Law", *American Society of International Law*, Vol. 94, 2000, pp. 240 - 253.

一法律系统中,单一的“私政府立法”或“国家间立法”均无益于其治理效能的全面提升,需要两者在和谐一致、配合得当以及良性循环的基础上,达到新发展理念所阐述的“协调发展”之状态。

一方面,传统的国内立法与国家之间的立法,不可能脱离“私政府立法”而凭空存在。如果对那些非国家间正式制定的各种规则,以及国家间制定的、旨在调整政府与私人关系的经济规则的作用视而不见的话,则国家间正式制定的调整国家之间关系的国际法律规则,无论是其建构还是实施,都将成为“无源之水、无本之木”。[①] 金融机构社会责任的私政府立法为国家间立法提供了良好的前期经验、现实基础以及修正路径。非国家行为体在全球化的趋势下越来越容易通过正式或非正式的接触形成利益共同体,这些有着共同理念的主体间自发形成的各种有关金融机构社会责任的规则,虽然没有民族国家特有的强制性、正式性程序的加持,但却也属于团体成员之间共同认可的“良法”之列,有着坚实的合法性和有效性基础,为金融机构社会责任的国家间立法提供了大量的前期实践和经验探索。

以自由主义国际法的视角观之,这样一种金融机构社会责任私政府间的“下层立法”无疑很好地为其国家间的“上层立法”作了大量的铺垫和准备工作,营造了良好的先期立法和后期实践环境,后者的产生与运作离不开前者长期以来的呼吁和内化。晚近国际社会成立的大量有关金融业对环境和社会影响的机构和达成的共识,如联合国环境规划署于2014年1月发起旨在推动各国金融政策制定者和监管者的合作,使金融体系为绿色包容的经济发展有效调动资金的“可持续金融体系的探寻与规划”;[②]2015年联合国第三次发展筹资问题国际会议通过的,包括一系列旨在彻底改革全球金融实践并为解决经济、社会和环境挑战而创造投资措施的《亚德斯亚贝巴行动议程》;[③]2016年1月在G20平台上成立的绿色金融研究小组等,从某

---

① 参见刘志云:《法律视角下商业银行的社会责任:原理研究与实证分析》,法律出版社2012年版,第213页。

② See UN Environment, About us, http://unepinquiry.org/about-us/, 2017-12-22.

③ UN News Center, DDIS: Successful Outcome at UN Financing Conference Vital for Future Development Agenda, http://www.un.org/apps/news/story.asp?NewsID=51424&Kw1=Addis+Ababa&Kw2=&Kw3=#.WlNnmVMdgZQ, 2017-12-22.

种程度而言都是金融机构社会责任运动和规则“自下而上”发展和推动的结果。同时,这些“自下而上”的立法也为传统国家之间“自上而下”设立的某些规则提供了反向的修正建议和路径,如 GRI 自 2000 年以来公布的四个版本的《可持续发展报告指南》和其 2016 年公布的 GRI 标准;BCBS 发布的三个版本的《巴塞尔协议》等,它们在不断根据实践修正金融机构承担社会责任路径和标准的同时,实际上也是为国家间立法提供了补足或者修正性建议。

另一方面,金融机构社会责任的私政府立法和国家间立法并不是前者对后者的单向影响,其国家间立法实际上也是私政府立法生成的立足点和强制力的保障来源,并发挥着能动的反作用。许多金融机构社会责任的私政府立法都是脱胎于国家间立法对该问题的关注,并在高层次的正式立法“失灵”的境况下开展另一个层面的矫正和实践。毕竟国家间立法的形成本就是一个国家之间利益博弈的过程,当无法形成满意的利益交换和共识之时必然难以达成协议,更遑论对其的执行,而某些协议强制力的欠缺对实践效果的限制更是加速了这一失灵趋势。例如,在 2015 年联合国气候会议上由 195 个国家共同达成的《巴黎协议》将全球气候治理的理念确定为低碳绿色发展,①截至 2016 年 4 月一共有 175 个国家签署了该协议,②但美国作为目前世界上唯一的超级大国旋即在 2017 年 6 月 1 日宣布退出该协议。许多签署了《公民权利和政治权利国际公约》(ICCPR)《经济、社会和文化权利国际条约》(ICESCR)《联合国儿童权利公约》的国家在签署之后就违反了这些公约的内容。③

一些国际条约的遵守在国家利益面前显得有些脆弱,甚至是领导人的替换就能决定加入与否,此时的私政府立法便有了用武之地,这种非正式立法在志同道合成员合意的基础上,将金融机构社会责任国家间立法无法达

---

① See UNFCCC, Historic Paris Agreement on Climate Change, http://newsroom. unfccc. int/unfccc-newsroom/finale-cop21/, 2017 - 12 - 23.

② UN, List of Parties that Signed the Paris Agreement on 22 April, http://www. un. org/sustainabledevelopment/blog/2016/04/parisagreementsingatures/, 2017 - 12 - 23.

③ 参见刘志云:《法律视角下商业银行的社会责任:原理研究与实证分析》,法律出版社 2012 年版,第 214 页。

成、难以实践或者效果不明显的内容形成内部规则，进行实践和宣传，通过市场的力量将这些行为内化。例如，社会责任国际组织的SA8000标准就体现了《世界人权宣言》及《国际组织劳工宪章》中的劳工标准，同时尊重、补充并支持世界各国的国家劳动法；①赤道原则由世界主要金融机构根据国际金融公司和世界银行的政策与指南建立，要求金融机构对其投资的项目进行事先的评估；国际金融公司的《社会与环境可持续政策和绩效标准以及信息披露政策》中有关劳工权利的内容来自国际劳工组织的被迫劳动、童工、非歧视，以及自由结社和联合谈判这四个核心标准。② 而这些行为又正如上文所描述的那样为国家间立法的进一步达成和遵守提供了现实的基础，两者之间形成一个良性循环。此外，国家间立法也为私政府立法在依靠市场驱动之外增加了一层民族国家特有的强制力保障。故而总体来看，金融机构社会责任的国家间立法和私政府立法呈现出一种相辅相成、互为因果的正相关之关系。

四、中国对金融机构社会责任国际立法的参与以及存在的问题

正如金融机构社会责任国际立法分为"国家参与"的"国家间立法"与"非国家参与"的"私政府立法"两种路径一样，从发挥直接性作用的角度而言，我国对金融机构社会责任国际立法的参与，以及存在的问题，显然也必须分成这两条线来叙述。并且，新发展理念的"崇尚创新、注重协调、倡导绿色、厚植开放、推进共享"，是对我国政府和社会各个主体的共同要求，需要所有主体各司其职地共同参与。

无疑，国家的公共部门在推动本国金融机构履行社会责任方面发挥着重要作用。世界银行的一份报告显示，政府在推动私人部门承担社会责任

① See SAI, SA8000 Standard, http://www. sa-intl. org/index. cfm? fuseaction = Page. ViewPage&pageId = 1689, 2017 - 12 - 23.

② 参见刘志云：《银行业践行社会责任的"私政府立法"：兴起背景与原理探究——一种从国际关系理论视角的分析》，载刘志云主编：《国际关系与国际法学刊》（第1卷），厦门大学出版社2011年版。

过程中主要通过四种方式来发挥作用:[①]一是强制性命令(mandating),政府在法律框架中对不同的行业设置履行社会责任的最低标准,并以此对其进行控制、检查和奖惩;二是推动(facilitating),政府通过税收激励和惩罚、信息公开、便利获取国外的最佳实践、公布表现不佳的企业和自愿的框架协议等方式对推动私人部门的社会责任实践起到催化、辅助和支持的推动作用;三是合作(partnering),与利益相关者和公民社会合作以提升社会责任能力;四是支持(endorsing),通过政策文件、公共采购和公共管理的示范作用、对个体企业的直接奖励等方式来支持企业的社会责任行为。而在全球化背景和信息技术普遍化、跨国金融控股集团大量涌现等因素的作用下,金融业实际上早已全球化了,与之紧密相关的金融机构社会责任问题无疑也成为一个国际性问题,仅靠一国的治理显然难以奏效,对其的国家间立法规制成为必然,这显然也与新发展理念"厚植开放"的要求不谋而合。

就我国而言,从 1949 年到改革开放之前,我国与"二战"之后形成的新的国际法律秩序之间处于一种互不信任甚至对立的状态,在相当长的一段时期内,中国实际上处于国际体制之外,主要作为国际法的观察者和批评者,而非参加者与践行者。[②] 此时,就更遑论对企业社会责任这一细分领域国际规则的参与了。当 20 世纪中期企业社会责任被各国逐渐接受且纳入立法之时,我国还处于高度集权的计划经济时代,彼时的政府与企业包办社会一切,企业纯粹属于执行国家计划的工具,体现的是国家利益,境外的企业社会责任这一理念在国内不会也不必提起。自 20 世纪 70 年代,尤其是改革开放以来,随着我国国力的提高以及意识形态的变化,加之国际形势变迁之大背景,我国与国际法之间的关系发生了很大的转变,我国开始尝试接受并参与到既有国际法律体系中。例如,我国于 1972 年出席了联合国在斯德哥尔摩召开的人类环境会议,这是我国恢复联合国席位之后参加的第一个大型国际会议,并对《人类环境宣言》的修改作出了贡献。实际上,自 20

---

① Tom Fox, Halina Ward, Bruce Howard, *Public Sector Roles in Strengthening Corporate Social Responsibility: A Baseline study*, International Institute for Environment and Development (IIED), 2002, pp. 3 – 6.

② 参见刘志云:《国际法上的中国道路》,载门洪华等主编,《中国战略报告》(第 3 辑),格致出版社、上海人民出版社 2016 年版,第 277 页。

世纪70年代以来,我国几乎参加了所有的政府间国际组织、成为300多项多边条约的成员,从一个体系的挑战者变成了积极的参与者,参与到了当前所有领域的造法进程当中。[①] 在党的十八届五中全会正式提出新发展理念之后,我国顺应经济深度融入世界经济的趋势,更加积极主动地参与到了全球经济治理和公共产品的供给当中。

在国际经济立法方面,我国在20世纪90年代以前主要以发展中国家的态度以及投资中的东道国的身份来定位。例如,在国际贸易、国际投资乃至国际金融的"国家间"立法谈判中,对于发达国家积极主张的,包括劳工保护、人权保护、反腐败等与金融机构践行社会责任紧密相关之问题,我国的态度与策略基本是消极与抵制的。不过,21世纪以来,随着我国成为世界第一大贸易国、世界第二大经济体以及世界前三的资本输出国,我国的态度与策略发生了重大转变。尤其是自2008年国际金融危机爆发以来,我国在国际体系中的地位得以大幅度上升,在"积极参与全球经济治理和公共产品供给,提高我国在全球经济治理中的制度性话语权,构建广泛的利益共同体"[②]的指导下,中国正在"有条不紊"地融入到国际秩序的重构过程中,并开始了从单纯的"积极参与"转变为实施"参与规则"与"主导规则"并行的战略。

当前,我国正以积极的姿态参与到与劳工保护、反腐败、反洗钱、环境气候保护等问题紧密相关的立法谈判中。例如,我国于1990年加入《男女同酬公约》、1992年和1998年分别签署了《联合国气候变化框架公约》与《京都议定书》、1997年交存参加《国际电信联盟公约》的批准书、2000年签署《联合国打击跨国有组织犯罪公约》、2011年签署《欧亚反洗钱和反恐融资组织协议》,2012年交存对《关于合作查明和切断在上海合作组织成员国境内参与恐怖主义、分裂主义和极端主义活动人员渗透渠道的协定》的核准书,等等。

此种战略同样也体现在与金融机构社会责任有关的国家间立法之上,最典型的例子便是对绿色金融的关注。例如,2015年12月15日,正值中

---

① See Xue Hanqin, China and International Law: 60 Years in Review, Chatham House International Law Summary(8 March 2013).

② 参见《授权发布:中国共产党第十八届中央委员会第五次全体会议公报》,载新华网:http://news.xinhuanet.com/politics/2015-10/29/c_1116983078.htm,最后访问日期:2018年3月28日。

国担任 G20 轮值主席之际,二十国集团(G20)财政和央行副手会在中国三亚通过了发起绿色金融研究组的提案,该研究小组由中国和英国共同主持,联合国环境规划署作为秘书处支持;①2016 年的 G20 杭州峰会第一次正式讨论了绿色金融的议题,并在当年的领导人公报中明确提出要扩大全球的绿色金融规模,从提供清晰的战略性政策信号与框架、推动绿色金融的自愿原则、扩大能力建设的学习网络、支持本地绿色债券市场发展、开展国际合作以推动跨境绿色债券投资、鼓励并推动在环境与金融风险领域的知识共享、改善对绿色金融活动及其影响的评估方法 7 个方面,克服绿色金融发展面临的环境外部性内部化所面临的困难、期限错配、缺乏对绿色的清晰定义、信息不对称和分析能力缺失等挑战;②2016 年 12 月,联合国环境规划署和中国环保部签署了《关于建设绿色"一带一路"的谅解备忘录》,组建了绿色"一带一路"国际研究小组,③在 2017 年 5 月的"一带一路"国际合作高峰论坛上,两者共同倡议建立"一带一路"绿色发展国际联盟,该联盟由联合国环境规划署牵头,中国环保部做支撑,致力于借助国际层面的平台,促进"一带一路"沿线国家在环境、生态、金融等方面的合作,④等等。这些实际上也是绿色发展理念在金融机构社会责任领域的具体体现。

相比之下,我国金融机构参与社会责任国际立法方面却稍显滞后。据统计,截至 2018 年 3 月,仅有蚂蚁金服、台州银行、国家开发银行、招商银行、工商银行、兴业银行和平安银行 7 家大陆金融机构参与了《联合国环境规划署金融倡议》;⑤兴业银行和江苏银行两家银行宣布适用《赤道原

① UNEP inquiry, G20 Green Finance Study Group Document Repository, http://unepinquiry.org/g20greenfinancerepositoryeng/, 2017 - 12 - 23.

② G20, G20 Leaders' Communique Hangzhou Summit, http://unepinquiry.org/wp-content/uploads/2017/01/2016 - 09 - 04 - g20 - communique - en.pdf, 2017 - 12 - 23.

③ 参见张倩:《一带一路倡"绿"共赢》,载 http://theory.gmw.cn/2017 - 05/21/content_24542841.htm,最后访问日期:2017 年 12 月 27 日。

④ 参见班娟娟:《"一带一路"绿色发展国际联盟将正式启动》,载 http://www.china.com.cn/news/2017 - 07/03/content_41141118.htm,最后访问日期:2017 年 12 月 27 日。

⑤ UNEP FI, Asia Pacific Members, http://www.unepfi.org/members/asia-pacific/, 2018 - 03 - 28.

则》；[1]璞玉投资、易方达基金公司、华夏基金公司、绿地金控、九鼎投资、云月投资、嘉实基金7家投资管理者和商道融绿、社会企业研究所两家服务提供者签署联合国《负责任投资原则》；[2]275家公司、团体、商会等组织加入联合国《全球契约》(UN Global Compact)，仅占其总数12915家的2.13%；[3]鼎睿再保险公司1家参与联合国《可持续发展保险原则》(PSI)，见表4-1。[4]这显然与我国世界第二大投资国的地位不相符。

表4-1 我国金融机构参与金融机构社会责任国际立法数据统计

（截至2018年3月）

项目 \ 数据	全球机构数量（家）	我国机构数量（家）	我国机构占比（%）
《联合国环境规划署金融倡议》	222	7	3.15
《赤道原则》	92	2	2.17
《负责任投资原则》	1950	9	0.46
《全球契约》	12915	275	2.13
《可持续发展保险原则》	60	1	1.67

从个体来看，兴业银行于2007年、2008年分别加入了《联合国环境规划署金融倡议》《赤道原则》，并于2008年开始向"碳披露项目"提交信息。招商银行也先后加入《联合国环境规划署金融倡议》与"碳披露项目"。中国工商银行于2008年加入了"碳披露项目"。中国民生银行在2004年8月参与了由联合国全球契约联合UNEP FI和众多金融机构联合发布的《有心者胜》(Who Cares Wins)研究报告的编撰以及倡议活动，并在2007年成为

① Equator Principles, Equator Principles Association Members & Reporting, http://www.equator-principles.com/index.php/members-and-reporting, 2018-03-28.

② PRI, Search Results, https://www.unpri.org/searchresults? qkeyword = &parametrics = WVSECTION%7cSignatories, 2018-03-28.

③ UN Global Compact, Explore Our Participants, https://www.unglobalcompact.org/interactive, 2018-03-28.

④ Principles of Sustainable Insurance, Signatories & Supporters, http://www.unepfi.org/psi/signatory-companies/, 2018-03-28.

第一个接受 SA8000 社会责任管理标准认证的中资银行。根据中国银行业协会发布的《2016 年度中国银行业社会责任报告》,截至 2016 年年末,全行业共有 118 家银行业金融机构明确了社会责任理念,75 家发布了社会责任报告或可持续发展报告;从事社会责任的工作员工达到 1.1 万余人,开展社会责任培训 1283 余次,全年社会责任工作投入达 5887.5 万元;公益慈善项目数量达到 6056 个,投入总额达 11.1 亿元,同比增加 300 万元;员工志愿者活动时长 86.3 万小时。① 与此相比,证券机构的参与度要高一些,据中国证券业协会的《2016 年度证券公司履行社会责任情况报告(上)》显示,有超过 80% 的证券公司建立了履行社会责任的相关制度,三分之二以上的证券公司通过发布独立社会责任报告或者在公司年报中设置专门章节,向社会公众披露公司社会责任履行情况。② 在 2012 年,就有 57 家证券公司作出过全球契约十项原则、联合国关于环境的公约宣言以及其他官方或非官方与社会责任相关的承诺。③ 保险业协会的 2012 年保险行业企业社会责任报告专栏中,也有 108 家保险公司发布了其社会责任报告。④

以上数据似乎说明,我国金融机构履行社会责任正在逐渐成为一种规范性、常态化的行动,但现实情况并非如此。以银行业为例,与众多的银行业金融机构相比,当前我国银行业金融机构参与金融机构社会责任国际规范的数量可以说是少的惊人,而如果考虑到银行资产占据我国金融资产的 90% 以上,那么我们从总体来讲可以得出中国金融机构参与社会责任国际立法的程度是非常低的结论。我们并不否认我国金融机构在履行社会责任方面所做的"数据化"努力,但总体来看,我国金融机构履行社会责任的方面仍然处于一种很低的水平。截至目前,除了国家开发银行、兴业银行、招

---

①　参见潘光伟:《不忘初心 银行业履行社会责任再创佳绩——中国银行业协会党委书记、专职副会长潘光伟发布〈2016 年度中国银行业社会责任报告〉》,载 http://www.china-cba.net/do/bencandy.php? fid = 43&id = 16595,最后访问日期:2018 年 4 月 12 日。

②　参见中国证券业协会:《2016 年度证券公司履行社会责任情况报告》(上),载 http://www.sac.net.cn/hysj/zxtjsj/gzdt/201709/t20170912_132937.html,最后访问日期:2017 年 12 月 23 日。

③　参见中国证券业协会:《2012 年度证券公司履行社会责任情况报告》,载 http://www.sac.net.cn/hysj/zxtjsj/gzdt/201304/t20130419_62081.html,最后访问日期:2017 年 12 月 23 日。

④　参见中国保险业协会:《保险行业企业社会责任报告(2012 年度)》,载 http://www.iachina.cn/art/2013/8/15/art_22_9692.html,最后访问日期:2017 年 12 月 23 日。

商银行等加入了少许国际相关规则之外,大部分中资金融机构均处于观望状态。“践行企业社会责任”更多是一种“倡导性”和“实施性”行为,并没有将之内化并注重实效,实践中大量存在的侵犯消费者和雇员的权益、为破坏环境的项目融资以及机构内部督促机制的缺失等情况便是典型例证。在《2016 年全球环境绩效指数(EPI)评估报告》中,我国排在第 179 位,在 180 个参评国家中排名倒数第二,与 2014 年的 118 位相比呈现出断崖式的下滑,这反映出我国金融机构在绿色信贷等践行社会责任方面非常落后。①

总体来看,我国金融机构在参与企业社会责任的国际规则方面至少还存在着如下问题:一是金融机构企业社会责任报告在披露形式和质量上还有待进一步完善,例如,报告的编排方式尚未与国际完全接轨、不注重与利益相关方的互动等。二是金融机构践行社会责任内部督促机制还存在问题,例如,国际金融业广泛接受的践行社会责任的国际规范,还未完全纳入金融机构社会责任管理体系、金融机构内部社会责任管理部门的层级较低或存在技术问题等。三是外部督促机制没有体系化和强制力,具体表现为文本构建的原则化以及政府、行业组织、第三方监督力量没有系统化,非政府组织、媒体和普通公众构成的第三方监督基本被排除在督促机制之外。四是在具体的社会责任的承担方面还有缺陷,大部分的金融机构尚未达到将践行企业社会责任完全内化的程度,更多的是将其作为一种功利的、迎合大众的策略,以至于它们在践行的过程中还存在大量侵害员工和消费者权益、破坏环境、将慈善公益当成“作秀”的问题。

无疑,对于“国家层面”的企业社会责任国际立法,我国政府的态度与策略已经发生重大转变,而对于中国金融机构参与社会责任国际立法方面,中国金融机构的态度与策略也必须紧跟着转变,参与程度与水平都必须得到极大的提高。如果中国金融机构的态度与策略转变反而走在国家之后,则说明其市场化程度以及经营敏感度还需要进行大幅提升。如此,才能更好地体现新发展理念“创新、协调、绿色、开放、共享”所要求的各个主体共同参与,统筹国际国内两个大局,软实力与硬实力两条腿走路,形成一个更

① Yale, “Environmental Performance Index: 2016 Report”, http://epi.yale.edu/sites/default/files/2016EPI_Full_Report_opt.pdf,2017-12-23.

高层次的开放型经济。

第三节　新发展理念下中国金融机构对社会责任国际立法的践行情况、绩效评估以及优化路径——以兴业银行对赤道原则的参与为例

金融机构通过履行评估责任和定价金融资产、监督借款人、管理金融风险等职能，对社会经济的发展起到了巨大的推进作用。晚近，国家间掀起的以赋予资本权利为中心的“自由化”造法运动，造成了经济效益与社会利益的激烈冲突，使得要求金融机构承担社会责任，发展绿色金融、可持续金融的呼声愈发高涨。党和国家领导人提出的“新发展理念”的贯彻与落实，要求金融机构“崇尚创新、注重协调、倡导绿色、厚植开放、推进共享”，则对金融机构践行社会责任提出了更高和更具体的要求。

但从上文的数据中我们可以看出，目前我国金融机构在企业社会责任国际立法方面的参与程度非常低，与世界第一大贸易国、世界第二大经济体和第二大投资国的地位严重不相称。无疑，中国金融机构积极参与社会责任国际立法，既是其在国家战略层面落实“新发展理念”的责任，也有其提高自身声誉的道德上的必要性。当然，金融机构本身是一个逐利的经济体，以上责任与义务只能是一种外在约束，只有将金融机构参与企业社会责任国际立法与商业动机紧密结合在一起，中国金融机构参与企业社会责任国际立法才会成为一种自觉行为，相关国际立法才能“内化”到金融机构的内部文化与治理机制之中。为此，对金融机构参与社会责任的国际立法所产生的成本与收益进行客观的绩效评估就显得非常必要，只有证明金融机构参与社会责任国际立法是提高其经济效益与市场竞争力的重要手段之一，这种参与才能是自觉与持久的。

作为“国际银行界首次制定和认可的全球项目融资的环境与社会标准”，[①]赤道原则可以说是当前金融机构国际立法中影响最大的“私政府立

① 张长龙：《接受赤道原则促进金融和谐》，载《特区经济》2006 年第 6 期。

法”,我国的兴业银行和江苏银行业也分别于2008年和2017年签署了该项原则,成为赤道银行(Equator Banks),但鉴于目前江苏银行还处于构建制度体系与管理流程的执行过渡期,故而我们可以也只能以至今我国参与该原则时间最长的兴业银行为例进行绩效评估。而在这之前,对赤道原则及其与新发展理念之间的关系进行详尽解析,对我们更好地理解兴业银行在新发展理念指导下对赤道原则的执行显然大有裨益。

一、赤道原则与新发展理念

赤道原则是金融机构采用的一种风险管理框架,用于确定、评估和管理项目中的环境和社会风险,主要目的是为尽职调查提供一个最低标准,以支持负责任的风险决策。① 虽然学界和实务界对赤道原则从不同角度进行了界定,如“是金融机构单独创设其内部确定、评估和管理项目融资过程中所涉及社会和环境风险的政策、程序和做法的基准”;②“是一套国际先进的项目融资环境与社会风险管理工具和行业基准,旨在判断、评估和管理项目融资过程中的环境与社会风险,是金融可持续发展的原则之一,也是国际金融机构践行企业社会责任的具体行动之一”,③等等。但总体而言赤道原则就是“一套在融资过程中用以确定、评估和管理项目所涉及的环境和社会风险的金融行业基准”。

2002年10月,荷兰银行和国际金融公司邀请了包括巴克莱银行、西德意志州立银行、花旗集团在内的9家大型国际商业银行和金融公司在伦敦召开会议,讨论项目融资对环境和社会造成的影响,与会机构均提供了以往自身发生的项目融资过程中所造成的环境与社会问题,并在不同程度上影响了其利益和声誉。在花旗集团的建议下,各机构同意成立一个任务工作组,用来起草一个统一性的框架以为融资进行参考。在工作组成立之后的多次电话会议上,各方一致同意在世界银行和国际金融公司的相关政策,尤

---

① See Equator Principles, About the Equator Principles, http://www.equator-principles.com/index.php/about-ep/about-ep, 2017-12-25.

② 冯守尊主编:《赤道原则:银行业可持续发展的最佳实践》,上海交通大学出版社2011年版,第6页。

③ 兴业银行:《兴业银行的绿色宣言——赤道原则年度执行报告(2008~2009)》,第4页。

其是国际金融公司保障政策的基础上，建立一套在项目融资中有关环境与社会的指南。2003 年 2 月，花旗集团牵头在伦敦中部附近的格林威治召开商讨确立金融业统一的环境与社会影响风险管理行业标准的会议，包括荷兰银行、巴克莱银行在内的 9 家金融机构和国际金融公司参加了会议。由于考虑到举行会议的地方在格林威治，并且是地球的本初子午线，故而将会议达成的基准命名为“格林威治原则”。在会后向社会公众征求意见时，非政府组织提出了将其更名为“赤道原则”的建议。2003 年 5 月，在德国杜塞尔多夫（Dusseldorf）召开的“格林威治原则”第三次会议上，参会银行一致希望该金融行业基准不仅仅是代表北半球的呼声，而应当是一项全球性的倡议，采用“赤道原则”这个名称似乎更能代表这种平衡，所以，“格林威治原则”改名为“赤道原则”，并沿用至今。[①] 2003 年 6 月 4 日，包括荷兰银行、巴克莱银行、花旗集团、瑞士信贷银行、德国裕宝银行在内的 7 个国家的 10 家国际领先银行，在华盛顿的国际金融公司总部正式宣布采纳并实行赤道原则，截至 2018 年 3 月，共有来自 37 个国家的 92 个金融机构采纳了赤道原则，覆盖了 70% 的新兴市场国际项目债务融资。[②]

继 2003 年的最初版本发布之后，赤道原则又根据实际情况、发展趋势和国际金融公司新修订的绩效标准，与时俱进地进行了更新。当前通行的版本是 2013 年发布的“赤道原则Ⅲ”，其从赤道原则战略审查优先事项和建议、与国际金融公司更新的绩效标准相一致、支持赤道原则实现和达成一致性三大方面的适用范围、客户的公开报告、社会、气候、信息披露、术语表等 11 个角度对 2006 年的“赤道原则Ⅱ”进行了升级和修正。[③] 赤道原则Ⅲ包括正文、附件和附录三大部分，其中正文有四个部分，分别是：①序言，主要对赤道原则确立的动因、目的、采用赤道原则的意义等一般性问题和赤道原则金融机构（EPFI）的一般承诺进行了阐释；②适用范围，该部分规定了

---

① See Lazarus, S., “The Equator Principles: A Milestone or Just Good PR?”, *Global Agenda*, March 17, 2004.

② Equator principles, Equator Principles Association Members & Reporting, http://www.equator-principles.com/index.php/members-and-reporting, 2018 – 03 – 28.

③ See Equator Principles, The Equator Principles Ⅲ – 2013, http://www.equator-principles.com/index.php/equator-principles-3, 2017 – 12 – 26.

在支持一个新融资项目时，赤道原则适用的四种金融产品，包括项目资金总成本达到或超过1000万美元的项目融资咨询服务和项目融资、符合一定标准的用于项目的公司贷款和相关的过桥贷款；③具体原则，该部分列举了EPFI在作出投资决定时需要依据的十项具体原则（详见表4-2），EPFI承诺只会为符合条件的项目提供贷款；④免责声明，主要表明了赤道原则是一个金融机构自愿发展其内部社会和环境政策、程序和惯例的基准与框架，没有对任何个体和组织设定权利与责任，当EPFI适用的法律法规与赤道原则中提出的要求存在明显冲突时，应当优先遵守当地的法律法规。附件主要是赤道原则具体的执行要求，是对EPFI的强制性规定，包括气候变化：替代分析，温室气体排放的定量；最低报告要求两个文件。附录是相关的补充信息，包括术语表；在环境和社会评估文件中会涵盖的潜在环境和社会问题的示例清单；国际金融公司环境和社会可持续性绩效标准及世界银行集团环境、健康和安全指南三个文件。[①] 整体来看，赤道原则的实施效果显著，其在完善金融机构治理水平、应对环境和社会风险、提高金融机构信誉和品牌影响力等方面得到了极高赞誉。

表4-2 赤道原则Ⅲ：十项具体原则

原则1	审查和分类	EPFI将根据IFC的环境和社会分类操作流程对提交项目的潜在社会和环境的影响及风险程度进行如下分类：A类，项目对环境和社会有潜在重大不利并/或涉及多样的、不可逆的或前所未有的影响；B类，项目对环境和社会可能造成不利的程度有限和/或数量较少，而影响一般局限于特定地点，且大部分可逆并易于通过减缓措施加以解决；C类，项目对社会和环境影响轻微或无不利风险和/或影响
原则2	环境和社会评估	对于被评为A类和B类的项目，客户应当开展环境和社会评估，并提供一份令EPFI满意的包括解决与提呈项目有关的环境和社会影响以及风险措施的评估文件。评估文件可以由客户、顾问或外部专家任何一方制定，其应当包括一份环境和社会影响评估（ESIA），和可能需要的一项或多项专门研究

① See Equator Principles, The Equator Principles-June 2013, http://www.equator-principles.com/resources/equator_principles_Ⅲ.pdf, 2017-12-26.

续表

原则 3	适用的环境和社会标准	在对项目的评估过程中，如果项目位于非指定国家，评估过程应符合当时适用的 IFC 社会和环境可持续性绩效标准以及世界银行的环境、健康和安全指南（EHS 指南）。如果项目位于指定国家，则应符合东道国相关的法律、法规和许可
原则 4	环境和社会管理系统以及赤道原则行动计划	对于 A 类和 B 类项目，客户应当开发一套环境和社会管理体系（ESMS）以及一份环境和社会管理计划（ESMP）来对项目进行持续性管理和解决问题。当适用标准不能 EPFI 满意时，EPFI 将和客户共同达成一份赤道原则行动计划（AP）
原则 5	利益相关者参与	EPFI 会要求对评为 A 类和 B 类项目的客户证明，其已经采用一种在结构和文化上均合适的方式，持续与受影响社区和其他利益相关方开展了有效的利益相关者参与行动
原则 6	投诉机制	对于被评定为 A 类和部分视情况而定的 B 类项目，EPFI 会要求客户按照项目风险和不利影响的比例设立一套投诉机制，作为社会和环境管理体系（ESMS）的一部分
原则 7	独立审查	在项目融资方面，将会有一名与客户无直接联系的独立的环境和社会顾问对被评为 A 类和部分视情况而定的 B 类项目的评估文件进行独立审查，同时将提出或认可一套合适的赤道原则行动计划。在公司贷款方面，独立的环境和社会顾问将会对存在着土著居民、重要栖息地、重要文化遗产不利影响的项目进行独立审查
原则 8	承诺性条款	要求在契约中加入有关合规的承诺性条款
原则 9	独立监测和报告	要求所有 A 类项目和部分视情况而定的 B 类项目委任一名独立社会和环境顾问，或要求客户聘请有资格且经验丰富的外部专家，核实将要提交给 EPFI 的监测信息
原则 10	报告和透明度	所有 A 类项目和部分 B 类项目的客户报告，要保证客户能够在线获取其摘要，并将每年二氧化碳排放量超过 100000 吨项目的温室气体排放水平予以公布。EPFI 应至少每年向公众报告交易的数量及其实施赤道原则的过程和经验

资料来源：Equator Principles：The Equator Principles Ⅲ – 2013，http://equator-principles. com/wp-content/uploads/2017/03/equator _ principles _ III. pdf，2017 – 12 – 26。

早在20世纪末21世纪初,我国政府便对金融业在融资方面的环境、社会影响和社会责任,以及在国际上影响巨大的赤道原则给予了极大的关注。中国人民银行在1995年就下发了《关于贯彻信贷政策与加强环境保护工作有关问题的通知》,对金融部门在信贷工作中落实国家环境保护政策的问题进行了初步的规定。① 2007年7月,国家环保总局(现环保部)、中国人民银行和原中国银监会联合发布了《关于落实环保政策法规防范信贷风险的意见》,标志着中国"绿色信贷"政策的正式实施,旨在对不符合产业和环境政策的企业与项目进行控制,贯彻落实金融业可持续发展政策。② 同年11月和12月,原中国银监会分别印发了《节能减排授信工作指导意见》和《关于加强银行业金融机构社会责任的意见》,对银行业金融机构在促进全社会节能减排和履行社会责任方面做了进一步的部署。③ 实际上在《节能减排授信工作指导意见》当中,便直接体现了赤道原则的某些理念,典型的如其第14条指出"有条件的银行与金融机构可以根据借款项目对环境的影响程度将其分为三类:A类,严重改变环境原状且产生的不良环境和社会后果不易消除的项目;B类,产生不良环境和社会后果,但较易通过缓释措施加以消除的项目;C类,不会产生明显不良环境和社会后果的项目。"④2008年1月,国家环保总局和世行国际金融公司在京签署协议,合作研究制定符合中国国情的绿色信贷指南,为深化绿色信贷提供技术支持。⑤ 同年11月,环境保护部政策法规司和国际金融公司联合举行了《促进绿色信贷的国际经验:赤道原则及国际金融公司绩效标准与指南》出版发行仪式,该书全面介绍了"赤道原则"的内涵,社会和环境可持续性的绩效标准,62个行

---

① 中国人民银行:《关于贯彻信贷政策与加强环境保护工作有关问题的通知》。

② 国家环保总局、中国人民银行、原中国银监会:《关于落实环保政策法规防范信贷风险的意见》。

③ 原中国银监会:《节能减排授信工作指导意见》《关于加强银行业金融机构社会责任的意见》。

④ 原中国银监会:《节能减排授信工作指导意见》第14条。

⑤ 中国环境保护部:《国家环保总局与国际金融公司携手合作深化绿色信贷》,载http://www.mep.gov.cn/xxgk/hjyw/200801/t20080124_116824.shtml,最后访问日期:2017年12月27日。

业的环境、健康与安全指南。[1] 2009 年 3 月，环境保护部与国际金融公司在北京签署了一个长期合作备忘录，该备忘录主要从开展绿色信贷实施评估工作；开展“赤道原则”、“绩效标准”和“行业环境、健康与安全指南”相关培训；中国实施绿色信贷金融机构的优惠政策研究；绿色证券政策研究四个方面对合作进行了阐明。[2]

随着新发展理念在党的十八届五中全会上的提出，金融机构履行社会责任和绿色金融被赋予了新的时代意义。原中国保监会于 2015 年 12 月发布的《保险业履行社会责任的指导意见》、中国人民银行和财政部等于 2016 年 8 月共同发布的《关于构建绿色金融体系的指导意见》，以及 G20 杭州峰会上绿色金融议题的提出等事件，则直接性引发了我国金融业轰轰烈烈的社会责任运动。实际上对江苏银行在 2017 年 1 月加入赤道原则这一事实，新发展理念指导下的国内企业社会责任政策环境的变革显然也起到了巨大的推动作用。由此我们可以毫不夸张地说，新发展理念所提出的“崇尚创新、注重协调、倡导绿色、厚植开放、推进共享”的要求，无疑有助于鼓励我国金融机构加入赤道原则，更好地执行环境和社会保护政策；反过来，赤道原则实际上也很好地体现了新发展理念的各项要求，对其的大力推广有助于新发展理念在我国金融业的良好践行。

首先，采用赤道原则的金融机构所进行的融资行为与当前国家倡导的绿色金融高度一致，这使其能够很好地抓住新的市场机会，大力开展社会责任营销模式，在此框架下推动其金融产品的创新。如节能减排绿色贷款、碳金融项目、开发新的社会责任相关的投资工具与股票组合等。同时，赤道原则所要求的客户应当开发一套环境和社会管理体系（ESMS），以及一份环境和社会管理计划（ESMP）来对项目进行持续性管理和问题解决，实际上也为污染的解决提供了更多治理方式，这些无疑都体现了“创新是引领发展的第一动力”的创新发展理念。

---

① 参见陈菲：《环境保护部将联合世行国际金融公司制定信贷指南》，载 http://www.mep.gov.cn/xxgk/hjyw/200811/t20081107_130969.shtml，最后访问日期：2017 年 12 月 27 日。

② 参见邹静昭：《环境保护部与世行国际金融公司签订合作备忘录 致力于推行绿色信贷》，载 http://www.mep.gov.cn/xxgk/hjyw/200903/t20090312_135226.shtml，最后访问日期：2017 年 12 月 27 日。

其次,金融机构参与赤道原则实际上就是践行社会责任的具体表现,对金融机构平衡其商业利益和法律、道德、社会等方面的责任之间的矛盾有着重要的指导意义和推动作用。赤道原则Ⅲ第三部分的具体原则5所规定的利益相关者参与机制,实际上也是促使赤道原则金融机构从“股东利益最大化”向“利益相关者的利益平衡”转变,很好地体现了协调发展这一持续健康发展的内在要求。

再次,环境风险是赤道原则重点关注、评估和管理的风险之一,赤道原则整个文本设计在很大程度上都是围绕其展开的。坚持赤道原则的金融机构在实践中对环境风险的把握贯穿于整个项目的始终乃至后续影响,这不仅契合了当今时代绿色金融的主题,更是对绿色发展这一永续发展的必要条件和人民向往的美好生活之实现的重要推动力。

复次,开放发展是国家繁荣的必由之路,我国的发展奇迹与对外开放有着千丝万缕的关系。我国金融机构加入和践行赤道原则,本身就是走出去,融入全球金融市场的一个重要体现。对于金融机构来说,赤道原则的国际化标准有助于我国金融机构与国际大型金融机构进入“同一语境”开展国际项目融资的竞争,增强企业竞争力;对国家而言,则有助于推动国内市场和国际市场标准的协调一致,增强我国在全球金融市场规则构建中的话语权。

最后,金融机构实施赤道原则所带来的环境与社会效益是有目共睹的,这些成果在给赤道原则金融机构带来经济利益和声誉收益的同时,无疑也达成了社会各主体对这些成果的共享,典型如赤道原则指导下开展的扶贫贷款、三农贷款、绿色信贷。这显然与共享发展理念这一中国特色社会主义本质要求所体现的“以人为本”“发展成果由人民共享”“共同分享社会福祉”等内容不谋而合。

二、新发展理念下兴业银行对赤道原则的践行情况

兴业银行是中国节能减排融资的先行者,其早在2003年便引入了恒生银行、国际金融公司和新加坡政府直接投资公司三家境外战略投资者,接触到了国际银行的先进发展理念,从而开始对可持续发展融资进行探索。2006年5月,兴业银行与国际金融公司就中国公用事业能源效率融资项目

(CHUEE)签署一期合作协议,首创贷款本金损失分担机制,在国内率先推出能源效率贷款,一期项目涉及贷款9亿元人民币,所支持项目每年可减排350万吨以上二氧化碳和其他温室气体。① 2007年6月,兴业银行在赴英参加英国《金融时报》与国际金融公司联合举办的"全球可持续银行奖"颁奖典礼之时,首次接触赤道原则。2007年10月,兴业银行正式签署《金融机构关于环境和可持续发展的声明》,加入联合国环境规划署金融行动。2008年2月,兴业银行与国际金融公司签署能源效率融资项目二期合作协议,国际金融公司提供1.04亿美元的贷款本金风险分担,用于支持兴业银行发放节能减排项目贷款15亿元人民币,此举每年可以减排超过500万吨的二氧化碳。② 2008年6月,兴业银行董事会通过《关于申请加入赤道原则的议案》,10月31日,兴业银行正式公开承诺采用赤道原则,成为国内首家赤道原则金融机构,开始运用国际化思维和国际惯例落实金融机构的社会责任。③ 根据前文的分析我们可以知道,赤道原则很好地体现了我国新发展理念"崇尚创新、注重协调、倡导绿色、厚植开放、推进共享"的要求,由此,兴业银行对赤道原则的良好践行,实际上就是对新发展理念的贯彻落实。

(一)新发展理念下兴业银行践行赤道原则的框架结构

在加入赤道原则的首年过渡期内,兴业银行从内部管理体系和对外交流两条线锐意改革,很好地构建了其赤道原则实施框架。在内部管理体系方面,兴业银行主要通过搭建赤道原则制度体系、建设环境与社会风险管理系统模块、构建环境与社会风险专家库来建立环境与社会风险管理体系;通过组织行内项目融资报送与审查、完成首笔使用赤道原则项目审查来开展赤道原则的实施准备工作;通过开展赤道原则专题培训、编写内部学习资料、建立内部信息沟通机制来加强理念的宣传贯彻和提高操作能力。在对外交流方面,则主要通过参与国内外重大可持续奖项评选、建设可持续金融专栏来加大对外宣传力度;通过加强与监管机构的信息交流、与客户的沟

---

① 兴业银行:《兴业银行1988~2008社会责任报告》,第39页。
② 兴业银行:《兴业银行1988~2008社会责任报告》,第40页。
③ 兴业银行:《兴业银行1988~2008社会责任报告》,第40页。

通、与国内外同业交流和与非政府组织建立对话关系来构建与利益相关方的沟通机制两个层面开展。①

2010年,国际金融公司根据新形势对其可持续发展框架进行了审查和更新,新的绩效标准于2012年1月执行,在这种情况下,赤道原则协会决定对赤道原则Ⅱ进行更新,该程序于2011年7月启动,更新后的赤道原则便是赤道原则Ⅲ。② 兴业银行作为我国首家和当时唯一的一家赤道原则金融机构,积极踊跃地参加了该次修订工作,其通过区域电话会议、书面意见反馈讨论以及参加赤道原则年度大会等多种方式,结合自身在业务操作和环境与社会管理中的实践经验,以及中国国情提出了有益建议。③ 在赤道原则Ⅲ于2013年颁布之后,兴业银行也积极参照新版本,对自身的赤道原则实施架构和标准进行了及时合理的更新。

总体来看,兴业银行遵循依法合规、风险可控、集中管理、分类操作、规范流程、促进可持续发展的原则,④主要从以下5个方面开展对赤道原则的践行工作。

一是组织机构。兴业银行于2008年7月成立了由董事会和经营管理层人员组成的赤道原则工作领导小组,该小组办公室设在法律与合规部可持续金融室,负责银行环境与社会风险管理的政策和制度的拟定、制订赤道原则实施规划,并负责本行可持续金融的对外宣传、交流和联系工作,为本行经营机构发展可持续金融提供指导。⑤ 同时,设计了独立的"分行可持续金融职能部门——总行可持续金融室"的环境与社会风险两级审查审批体系,在各分行设置可持续金融职能部门,在分行负责包含赤道原则在内的环境与社会风险管理工作。⑥ 而后,赤道原则工作领导小组变更为社会责任工作领导小组,并形成了"董事会—高级管理层—社会责任工作领导小

① 兴业银行:《兴业银行的绿色宣言——赤道原则年度执行报告(2008~2009)》,第16页。

② See Equator Principles, About Equator Principles (EP Ⅲ) Update Process and Timeline, http://www.equator-principles.com/index.php/process-and-timeline,2017-12-27.

③ 兴业银行:《2012可持续发展报告》,第128页。

④ 兴业银行:《2009可持续发展报告》,第96页。

⑤ 兴业银行:《2009可持续发展报告》,第96页。

⑥ 兴业银行:《2010可持续发展报告》,第91页。

组—总行职能部门—环保官员—分行和子公司”的环境和社会风险管理组织架构。截至2015年年底,累计有33家分行成立了环境金融中心(其余分行也配备了环境金融产品经理),全行绿色金融团队近200人,中心配备了专职风险管理岗,负责辖区内赤道原则项目的产品支持、赤道原则适用性认定与风险分类、项目环境与社会风险评审等工作。①

二是制度体系。兴业银行构建了一套由“基础制度—管理办法—操作规程”组成的赤道原则项目执行制度体系,规范其在政策制定、业务流程以及信息披露等方面的流程操作。具体包括《环境与社会风险管理政策》《适用赤道原则的项目融资管理办法》《使用赤道原则的项目融资分类指引》《环境与社会风险专家评审规范》《环境与社会风险专家评审规范》以及适用赤道原则的示范合同文本、配套示范文本和相关指导意见、实施意见等。② 在赤道原则Ⅲ于2013年正式生效之后,为了全面实施新版的赤道原则,兴业银行依据赤道原则协会对于过渡期的要求,结合其赤道原则5年来的实施情况,以及业务条线和风险管理体系改革后的架构设置及职责变化,及时启动了赤道原则制度体系修订工作,发布适应新版赤道原则实施的项目管理办法,并不断提升制度体系整体的可操作性与融合程度。③

三是操作流程。兴业银行在赤道原则项目的环境与社会风险分类、评估、审查、合同签署以及监测等流程内嵌入常规的信用业务流程,构建了较为完善的总分行两级审核制。项目经由总分行开展适应性认定和分类两级审定之后,由经营机构开展授信前环境与社会风险尽职调查,其中根据赤道原则Ⅲ的要求,由独立第三方协助开展尽职调查并评估项目的赤道原则符合性,项目通过环境与社会风险审查之后,由信用审查部门最终作出授信决策。兴业银行适用赤道原则的项目融资业务环境与社会风险管理流程见图4-3。④

① 兴业银行:《2015可持续发展报告》,第83页。
② 兴业银行:《2009可持续发展报告》,第109~110页。
③ 兴业银行:《2013可持续发展报告》,第110页。
④ 兴业银行:《2014可持续发展报告》,第63页。

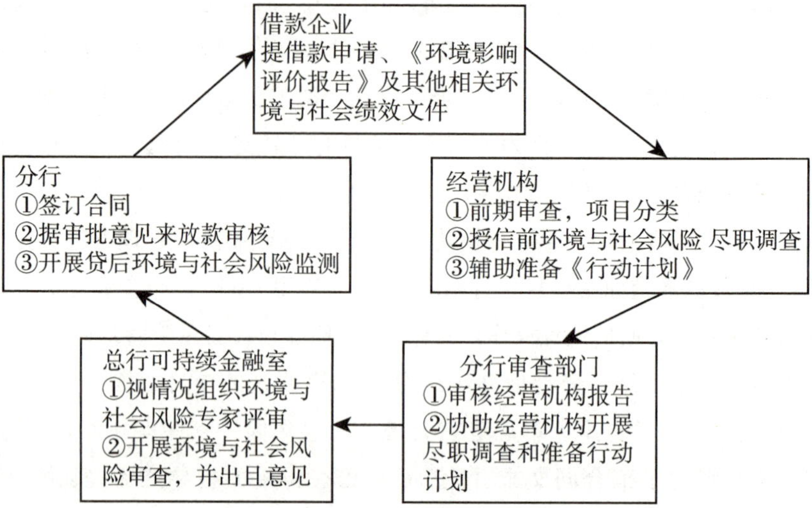

图4-3　兴业银行适用赤道原则的项目融资业务环境与社会风险管理流程

资料来源:兴业银行《2009可持续发展报告》,第97页。

四是开展相关培训。自兴业银行采纳赤道原则之日起,其便十分注重通过专题培训、网络课程、内部交流、网络学习会等方式普及赤道原则的知识,重点对赤道原则适用范围、评审要求、评审流程以及制度体系等相关内容开展集中宣传,促进分行绿色金融相关岗位人员专业能力的进一步提升,强化实施意识和专业能力建设,兴业银行历年赤道原则内部培训统计表见表4-3。

表4-3　兴业银行历年赤道原则内部培训统计表①

内容 年份	培训场次(场)	培训人次(人)	培训时长
2010	82(累计)	9452(累计)	
2011	68	20783	
2012	74	3026	
2013	56	2155	
2014	66	3870	
2015	59	3197	约5000分钟
2016	72	3900余	约6000分钟

资料来源:兴业银行2010~2016年社会责任报告。

① 2010年的数据是兴业银行自采纳赤道原则至2010年的累计培训数据。

五是开展大量的对外交流与沟通。一方面，通过兴业银行官网的“可持续金融”栏目、《可持续发展报告》、《从绿到金——社会责任专刊》、兴业银行赤道原则微博等渠道，与各利益相关方开展良好、充分、及时的沟通，进一步传播赤道原则和可持续发展理念；另一方面，参与国内和国际上的各类有关赤道原则、可持续发展、社会责任的研讨会、发布会等，加强与国内外监管部门、金融同业和非政府组织之间的对话交流。凡此种种，不仅是对“走出去”战略、可持续发展理念、生态文明建设、和谐社会等新发展理念参照的渊源理念的很好体现，更是对新发展理念“崇尚创新、注重协调、倡导绿色、厚植开放、推进共享”之要求的良善践行。

（二）新发展理念下兴业银行践行赤道原则的现实状况

数据显示，截至 2016 年 12 月 31 日，兴业银行累计对 971 笔融资项目开展了赤道原则适用性判断，所涉项目总投资额达 29076.32 亿元人民币，其中最终适用赤道原则的项目共有 307 笔，项目总投资额达 11458.47 亿元人民币，涉及 272 个客户，累计下柜金额 347.89 亿元。[①] 兴业银行历年赤道原则项目和金额统计表见表 4－4。正如前文所述，赤道原则很好地体现了新发展理念的各项要求，而实际上在新发展理念正式提出之前，早已采纳赤道原则的兴业银行的许多行为，便体现了新发展理念的一些理念渊源。例如，兴业银行在采用赤道原则之后，连续多年参与由赤道原则秘书局召开的赤道原则年度大会以及由国际金融公司召开的年度学习大会；2009 年 10 月，参加联合国环境规划署金融倡议机构全球峰会，并成为唯一一家在大会上作主题发言的中国银行；[②]2010 年，积极参与国际金融公司绩效标准及其指导说明的审查修订工作；2011 年 7 月，参加国际金融公司主办的可持续金融国际会议，在会上介绍兴业银行在可持续金融领域的实践和经验，并与参会泰国银行同业开展深入交流，等等，这些无疑很好地体现了彼时的“走出去”战略和提升对外开放水平的要求。

又如，在创新与推广绿色金融方面，兴业银行于 2009 年成立可持续金融中心，并在 2012 年将可持续金融中心升级为一级部门可持续金融部，开

① 兴业银行：《2016 可持续发展报告》，第 84 页。
② 兴业银行：《2009 可持续发展报告》，第 113 页。

创了致力于以金融创新支持可持续发展、通过多样化的金融工具促进低碳经济和循环经济发展的可持续金融业务,同时还建立了绿色金融认证体系,对每笔绿色金融项目实现了逐笔认证,开展了“可测量、可报告、可核查”的环境效益测算;[①]2009 年 7 月开具国内首张碳交付保函,8 月担任账户管理行,为中国首笔自愿减排量交易提供了交易结算和资金存管服务;[②]2013 年,推出了一个从产品、模式到解决方案的多层次服务专案“绿金融 · 全攻略(2013)”。[③] 在倡导绿色经营模式方面,兴业银行于 2009 年颁布了《办公节能管理办法》,要求在日常工作中关注节能降耗,通过制度管理、能耗设置、标志提醒、印制低碳办公手册及宣传画等多种方式不断增强员工的节能意识;[④]在 2010 年的总行大楼广告改造过程中采用先进节能技术,改造后节电 13 万度,减少 102.05 吨二氧化碳排放量;[⑤]从 2010 年开始每年参与“地球一小时”公益环保行动,等等。这些绿色融资和低碳办公行为,无疑是对党的“十五大”提出的可持续发展战略,以及“十七大”提出的生态文明建设等绿色化战略的积极实践。

在新发展理念被正式提出和明确之后,作为中国大陆地区最早的赤道原则金融机构,兴业银行更是在其指导下加大了对赤道原则的执行力度。例如,兴业银行在 2015 年、2016 年适用赤道原则的项目数量均保持在 40 个以上,2016 年的适用金额达到了 5813.32 亿元人民币的历史新高,同时其最终适用项目数量和金额占受审查项目的比例也均是历年最高,见表 4-4;兴业银行已建立起业内领先的绿色金融专业机构与专业团队,构建了一系列业内领先的绿色金融制度、流程安排及环境金融专业系统,并形成了丰富的集团绿色金融产品与服务体系,其绿色融资客户在 2015 年新增了 2796 户,增幅达 86%,业务覆盖低碳经济、循环经济、生态经济三大领域;[⑥]2016 年,兴业银行分别发行了境内首单绿色金融债、全国首单非上市公司

① 兴业银行:《2012 可持续发展报告》,第 83 页。
② 兴业银行:《2009 可持续发展报告》,第 68 页。
③ 兴业银行:《2013 可持续发展报告》,第 61 页。
④ 兴业银行:《2012 可持续发展报告》,第 92 页。
⑤ 兴业银行:《2010 可持续发展报告》,第 66 页。
⑥ 兴业银行:《2015 可持续发展报告》,第 58 页。

绿色资产证券化(ABS)——无锡交通产业集团公交经营收费收益权资产支持专项计划、国内首单慈善信托——兴业信托·幸福一期慈善信托计划,制定了《兴业银行金融扶贫开发服务方案》,从产品扶贫、产业扶贫、渠道扶贫、教育扶贫、定点扶贫等方面细化实施路径;①积极把握“一带一路”发展机遇,加强代理行跨境合作,紧贴企业“走出去”跨境金融需求,参与国际银团项目达40余个,并多次担任国际银团贷款牵头簿记行、牵头行及代理行等角色,投放国际银团贷款超过300亿元人民币,②等等。

表4-4 兴业银行历年赤道原则项目和金额统计表③

类别 年份	审查项目		适用项目		适用和审查比例	
	数量(个)	金额(亿元)	数量(个)	金额(亿元)	数量占比(%)	金额占比(%)
2010	577(累计)	6000(累计)	75	930.63		
2011	69	2898	37	512.35	53.62	17.68
2012	81	1179	45	683	55.56	57.93
2013	67	1104	23	520	34.32	47.10
2014	60	10053.21	37	1555.86	61.67	15.48
2015	45	1380	41	1380	91.11	100
2016	72	6462.11	49	5813.32	68.06	89.96

资料来源:兴业银行2009~2016年社会责任报告。

以上分析表明,我国兴业银行自采用赤道原则伊始便十分注重对自身的升级和实践,自上而下、由内至外地构建了组织体系、制度规范、操作流程等作为实施保障,并根据国内环境变化和赤道原则的修订进行持续更新和升级,很好地践行了新发展理念所参照的“走出去”战略、可持续发展理念、生态文明建设、和谐社会等渊源理念,在新发展理念提出之后,兴业银行更是在新

① 兴业银行:《2016可持续发展报告》,第57~75页。

② 参见兴业银行:《发力国际银团业务:兴业银行助力构建“一带一路”金融动脉》,载https://www.cib.com.cn/cn/aboutCIB/about/news/2017/20171117.html,最后访问日期:2017年12月29日。

③ 由于缺少2009年审查项目的数量和金额,所以在2010年的数据中,其审查项目的数量和金额是兴业银行从适用赤道原则以来的累计数目,其适用项目和审查项目之间的数量占比和金额占比也无法计算。该表所有数据单位为人民币。

发展理念的指导下不断加强对自身的践行。也正是因为如此,兴业银行成为了国际金融公司和赤道原则委员会在中国的重要战略合作伙伴,经常被邀请参与研讨会、经验交流会等,同时也在国内获得了大量荣誉。仅2017年以来,兴业银行便蝉联中国银行业协会"年度最具社会责任金融机构奖"和香港《镜报》"杰出企业社会责任奖",荣获《亚洲货币》"最佳公司社会责任银行"、《中国新闻周刊》"2017年度责任企业"、《金融时报》和《中国金融家》杂志"年度卓越社会责任金融品牌"、商务部《WTO经济导刊》"金蜜蜂2017优秀企业社会责任报告·客户信息披露专项奖"、"社会责任杰出企业奖"等奖项。①

三、新发展理念下兴业银行践行赤道原则的绩效分析

无疑,兴业银行践行赤道原则所产生的环境与社会效应是有目共睹的,而这些效应同样也为兴业银行带来了可观的收益。兴业银行从偏居东南一隅的地方性银行到区域性银行,再到全国性银行、上市银行,完成了四级跨越,也由单一银行演变为以银行为主体的综合金融服务集团;资产规模从2007年年初的6177亿元增加到2016年12月末的60859亿元,居国内股份制银行首位。② 根据国际权威媒体英国《银行家》杂志联合世界知名品牌评估机构Brand Finance发布的"2017全球银行品牌500强"榜单,兴业银行以105.67亿美元的品牌价值位列第21位,较去年大幅上升15位,品牌增值41.12亿美元,增速高达63.70%。③

当然,金融机构执行赤道原则是需要承担一定成本的。学者的研究表明,一些规模比较大的国际性银行倾向于采纳赤道原则,其在具体的社会、环境等政策上,优于非赤道原则金融机构的表现,但同时参与赤道原则的银行的经营利润相对较低,特别是在刚刚加入赤道原则或者进行升级改造的时

---

① 参见《责任承载价值 兴业银行荣获"社会责任杰出企业奖"》,载新华网:http://www.xinhuanet.com/money/2017-12/06/c_1122069741.htm,最后访问日期:2017年12月30日。

② 兴业银行:《2016可持续发展报告》,第7页。

③ Brand Finance, "Brand Finance Banking 500 2017 - The Annual Report on the World's most Valuable Banking Brands", http://brandfinance.com/images/upload/bf_banking_500_2017_locked.pdf, 2018-01-04.

候,这表明采纳赤道原则并不是一种粉饰行为,而是需要承担真实的费用责任。① 此种成本显然无法在短期内被抵销或者产生可观的效益,其收益是一个长期的过程,有时候甚至是无形的。上文表4－4中显示的兴业银行在2013年适用新的赤道原则Ⅲ之时大幅缩水的审查和适用项目,实际上就从某个侧面说明了适用赤道原则所要投入的人力物力成本的问题。

为了更好地衡量和了解兴业银行在新发展理念及其理论渊源指导下践行赤道原则的绩效,本书选取了同为全国性股份制商业银行的浦发银行、招商银行和民生银行作为样本银行,从经济绩效、环境绩效和社会绩效三个层面,通过描述性分析方法,开展兴业银行本身的纵向对比和与其他银行的横向对比来进行分析。

(一)新发展理念下兴业银行践行赤道原则的经济绩效分析

创新是引领发展的第一动力,新发展理念的"创新发展"理念明确指出"必须把发展基点放在创新上,形成促进创新的体制架构,塑造更多依靠创新驱动、更多发挥先发优势的引领型发展"。② 兴业银行对赤道原则的参与和良好践行,无疑有助于其在竞争日趋激烈和国际化的金融行业为机构本身和产品增加社会责任属性,并以此为突破点开展创新,进而获得更多的认可来增强其竞争力并提升经济绩效。同时,兴业银行对赤道原则这一国际规则的参与,本身就是积极融入世界经济趋势的行为,很好地契合了新发展理念"开放发展"的要求。由此,兴业银行对赤道原则的践行,不仅仅是提升自我竞争力和经济效益的重要途径,同时也是新发展理念的必然要求。

所谓经济绩效,是指机构对经济与资源分配以及资源利用有关的效率的评价。商业银行作为一个通过经营风险来创造利润的资源调配者,其在经济资源分配和利用上的效率无疑对国民经济的发展有着重要作用,而在我国银行业资产占据金融业资产绝大多数的境况下,这种影响只会更加深远。就企业社会责任而言,经济责任是企业应当履行的一项根本责任,中国银行业协会2009年发布的《中国银行业金融机构企业社会责任指引》对此

---

① See Bert Scholtens, Lammertjan Dam, "Banking on the Equator: Are Banks that Adopted the Equator Principles Different from Non-Adopters?" *World Development*, Vol. 35, No. 8, 2007, pp. 1307－1328.

② 参见《授权发布:中国共产党第十八届中央委员会第五次全体会议公报》,载新华网:http://news.xinhuanet.com/politics/2015－10/29/c_1116983078.htm,最后访问日期:2018年3月30日。

表述道："经济责任是指在遵守法律条件下，营造公平、安全、稳定的行业竞争秩序，以优质的专业经营，持续为国家、股东、员工、客户和社会公众创造经济价值。"①直观地看，赤道原则作为一个自愿性质的环境和社会风险管理框架，对其的适用必然要在金融机构本身组织架构、制度体系和操作流程上进行增加或者改变，这无疑直接性地增加了运行成本，同时，赤道原则非强制性的属性也成为对金融机构践行该项原则真实性的考验。此时，金融机构采纳赤道原则是否能够很好地推动其经济绩效的增长，将直接影响到其本身的良好实践和对其他银行的模范作用。

为了更好地了解兴业银行加入赤道原则是否为其带来了良好的经济效益，进而更好地履行其经济责任，我们选取了总资产、净利润、成本收入比和不良贷款率四个经济指标，搜集了兴业银行、浦发银行、招商银行和民生银行从2006年到2016年在这四个方面的数据进行纵向分析和横向对比，具体情况见表4－5～表4－8。

表4－5　样本银行总资产对比

银行/年份	兴业银行		浦发银行		招商银行		民生银行	
	金额（亿元）	增长率（%）	金额（亿元）	增长率（%）	金额（亿元）	增长率（%）	金额（亿元）	增长率（%）
2006	6177.04		6893.44		9341.02		7004.49	
2007	8513.35	37.8	9149.80	32.7	13109.64	40.3	9188.37	31.2
2008	10208.99	19.9	13094.25	43.1	15717.97	19.9	10543.50	14.7
2009	13321.62	30.5	16227.18	23.9	20679.41	31.6	14263.92	35.3
2010	18496.73	38.8	21914.11	35.1	24025.07	16.2	18237.37	27.9
2011	24087.98	30.2	26846.94	22.5	27949.71	16.3	22290.64	22.2
2012	32509.75	35.0	31457.07	17.2	34080.99	21.9	32120.01	44.1
2013	36774.35	13.1	36801.25	17.0	40163.99	17.8	32262.10	0.4
2014	44063.99	19.8	41959.24	14.0	47318.29	17.8	40151.36	24.5
2015	52988.80	20.3	50443.52	20.2	54749.78	15.7	45206.88	12.6
2016	60858.95	14.9	58572.63	16.1	59423.11	8.5	58958.77	30.4

资料来源：兴业银行、浦发银行、招商银行、民生银行2006～2016年年度报告。

① 中国银行业协会：《中国银行业金融机构企业社会责任指引》第3条。

商业银行总资产是指过去的交易或者事项形成的、由商业银行拥有或者控制的、预期会给商业银行带来经济利益的资源，也是商业银行偿还债务的根本保障。商业银行总资产的规模和增长率代表着其市场竞争力的水平和变化情况，某家商业银行的总资产的体量越大、增长率越高，表明其正常还本付息的能力和在行业内的竞争实力越强。

从表4－5中我们可以看出，兴业银行从2006年到2016年之间的总资产呈现出稳步增长的态势，2006年到2007年的增长率为37.8%，2008年是兴业银行成为赤道银行的第一年，其总资产增长率下降到了19.9%，但随后的几年都保持了30%以上的年均增长率。2013年，兴业银行根据赤道原则Ⅲ的要求进行机制升级，当年的总资产增速由之前30%以上下降到13.1%，但在这之后又保持了较高的增长水平。这表明，采纳赤道原则和适用新版规则的过渡期内，对兴业银行的总资产增长率有着一定的影响，但过渡期结束后则产生了良好的效益。横向的对比也很好地说明了这一态势，表4－5显示，兴业银行2008年的总资产增速在样本银行中处于中下水平，随后的四年却保持着最为稳定的高速增长，2013年增速下降又回落到样本银行的中下水平，但很快又在样本银行中保持了较为稳定的增长。从总资产年均增长率来看，兴业银行以23.66%的年均增速居样本银行之首，其余银行分别为：浦发银行21.98%、招商银行18.73%、民生银行22.12%。2016年，兴业银行以60858.95亿元的总资产成为全国性商业银行总资产第一名。

更具体的对比来源于和兴业银行同为地方政府控股商业银行，且体量相近的浦发银行，其2006年的总资产数额比兴业银行高出716.4亿元。经过多年的增长，兴业银行总资产于2012年首次超越浦发银行，但在适用最新版赤道原则的2013年却又被浦发银行反超。不过在随后的几年，兴业银行又保持了领先状态。根据标普全球市场情报2016年发布的最新全球银行排名，兴业银行以8158.5亿美元的总资产位居全球银行排行榜第35位，排名较2015年提升5位。①

---

① 参见兴业银行：《兴业银行全球银行排名第35位 市场地位进一步稳固》，载 https://www.cib.com.cn/cn/aboutCIB/about/news/2016/20160526.html，最后访问日期：2018年1月6日。

表 4 - 6　样本银行净利润对比

银行 年份	兴业银行		浦发银行		招商银行		民生银行	
	金额（亿元）	增长率（%）	金额（亿元）	增长率（%）	金额（亿元）	增长率（%）	金额（亿元）	增长率（%）
2006	37.98		33.53		71.07		38.32	
2007	85.86	126	54.99	64.0	152.43	114	92.12	140.4
2008	113.85	32.6	153.03	178.8	209.46	37.4	104.88	13.9
2009	132.82	16.7	172.96	13.0	182.35	-12.9	156.56	49.3
2010	185.21	39.4	252.81	46.2	257.69	41.3	229.76	46.8
2011	255.05	37.7	358.39	41.8	361.27	40.2	371.75	61.8
2012	347.18	36.1	447.54	24.9	452.72	25.3	506.52	36.3
2013	412.11	18.7	538.49	20.3	517.42	14.3	571.51	12.8
2014	471.38	14.4	620.30	15.2	560.49	8.3	597.93	4.6
2015	502.07	6.5	668.77	7.8	580.18	3.5	607.74	1.6
2016	538.50	7.3	699.75	4.6	623.80	7.5	602.49	-0.86

资料来源：兴业银行、浦发银行、招商银行、民生银行 2006～2016 年年度报告。

商业银行总资本规模的增长代表着其在市场上有着更强的竞争可能和更高的市场占有率，但并不能说明这些增长的资本是否为其带来了更多的收益，此时，商业银行的净利润这一商业银行在缴纳所得税之后的利润总额留成，就成了一个衡量其盈利能力的重要指标。

从表 4 - 6 中可以看出，纵向来看，兴业银行在 2006 年到 2016 年之间的净利润每年都在稳步增长，在加入赤道原则的前两年，即 2008 年和 2009 年，出现了增速下降的趋势，但在随后的 2010 年到 2012 年之间则保持了最为稳定的高速增长，年均在 30% 以上，这显然与赤道原则框架流程构建完成及其声誉的溢出效应有一定关系。2013 年兴业银行开始适用新的赤道原则，该年的净利润增速出现了较大幅度的下降，而随后在我国宏观经济形势不景气，经济进入新常态的大环境下，银行业整体进入了“白银时代”，各商业银行的净利润增长均有所下降。但从横向的对比我们依然可以看出，即便在宏观经济环境不佳的情形下，兴业银行 2014 年到 2016 年的净利润增速在样本银行当中仍然保持了一个中上的增长水平。

由此我们可以看到,兴业银行适用赤道原则对其净利润与总资产产生了相同的影响,即在过渡期内导致了两者的增速放缓,在过渡期之后则产生了较好的效益。根据美国《财富》杂志发布的“2016年世界500强排行榜”,兴业银行以464.464亿美元的营业收入位列195位,较2015年提升76位,为榜单中排名上升最快的银行,并以79.89亿美元的利润入围“世界500强最赚钱的50家公司”榜单。①

表4-7　样本银行成本收入比对比

银行 年份	兴业银行		浦发银行		招商银行		民生银行	
	数值(%)	增减(%)	数值(%)	增减(%)	数值(%)	增减(%)	数值(%)	增减(%)
2006	38.60				38.42			
2007	36.53	-2.07	38.62		35.05	-3.37	46.26	
2008	34.90	-1.63	36.69	-1.93	36.78	1.73	42.55	-3.71
2009	36.69	1.79	35.99	-0.7	44.86	8.08	42.17	-0.38
2010	32.91	-3.78	33.06	-2.93	39.90	-4.96	39.48	-2.69
2011	31.95	-0.96	28.79	-4.27	36.19	-3.71	35.61	-3.87
2012	26.73	-5.22	28.71	-0.08	35.99	-0.2	34.01	-1.6
2013	26.71	-0.02	25.83	-2.88	34.36	-1.63	32.75	-1.26
2014	23.78	-2.93	23.12	-2.71	30.54	-3.82	33.27	0.52
2015	21.59	-2.19	21.86	-1.26	27.67	-2.87	31.22	-2.05
2016	23.39	1.8	23.16	1.3	28.01	0.34	30.98	-0.24

资料来源:兴业银行、浦发银行、招商银行、民生银行2006~2016年年度报告。

除了净利润之外,成本收入比也是一个能很好衡量商业银行经营绩效的指标,其是指商业银行营业费用与营业收入之间的比率,能够反映出商业银行每一单位的收入需要支出的成本,该比率越低,说明商业银行单位收入的成本支出越低,获取收入的能力越强。②

通过表4-7我们可以看到,兴业银行在2006年至2016年之间成本收入比整体上处于下降的趋势,但在2009年其成本收入比却不降反升,这与

① 兴业银行:《2016可持续发展报告》,第13页。

② 参见闫超:《商业银行盈利能力与风险管理能力耦合关系研究》,载《金融纵横》2014年第12期。

兴业银行加入赤道原则之后的过渡期内进行的内部管理体制和项目操作流程的变更有一定联系。在改造完成后,其成本收入比继续保持了一个较高的降速,在样本银行中处于中上水平。2013 年,兴业银行适用新的赤道原则,其成本收入比在当年仅降了 0.02%,远低于样本银行同期 2.88%、1.63%、1.26% 的降速,但在这之后的降速却处于样本银行的中上水平,且其绝对数值在 2015 年在样本银行中为最低。

由此,我们同样可以看出兴业银行因赤道原则的需要对其内部制度进行变革的时候,增加了一定的成本,但在这之后却能产生较好的效益。根据 2017 年 7 月英国《银行家》发布"2017 全球银行 1000 强"最新排行榜,兴业银行按一级资本排名第 28 位,按总资产排名第 30 位,跻身全球银行 30 强,在全球 50 强银行"成本收入比"指标排名中,兴业银行高居榜首。①

表 4-8 样本银行不良贷款比率对比

银行 年份	兴业银行		浦发银行		招商银行		民生银行	
	数值(%)	增减(%)	数值(%)	增减(%)	数值(%)	增减(%)	数值(%)	增减(%)
2006	1.53		1.83		2.12		1.23	
2007	1.15	-0.38	1.46	-0.37	1.54	-0.58	1.22	-0.01
2008	0.83	-0.32	1.21	-0.25	1.11	-0.43	1.20	-0.02
2009	0.54	-0.29	0.8	-0.41	0.82	-0.29	0.84	-0.36
2010	0.42	-0.12	0.51	-0.29	0.68	-0.14	0.69	-0.15
2011	0.38	-0.04	0.44	-0.07	0.56	-0.12	0.63	-0.06
2012	0.43	0.05	0.58	0.14	0.61	0.05	0.76	0.13
2013	0.76	0.33	0.74	0.16	0.83	0.22	0.85	0.09
2014	1.10	0.34	1.06	0.32	1.11	0.28	1.17	0.32
2015	1.46	0.36	1.56	0.50	1.68	0.57	1.60	0.43
2016	1.65	0.19	1.89	0.33	1.87	0.19	1.68	0.08

资料来源:兴业银行、浦发银行、招商银行、民生银行 2006~2016 年年度报告。

① 参见兴业银行:《兴业银行挺进全球银行 30 强 成本收入比第一》,载 https://www.cib.com.cn/cn/aboutCIB/about/news/2017/20170704.html,最后访问日期:2018 年 1 月 6 日。

一般而言,商业银行会按照债务人及时足额偿还贷款本息的可能性将贷款项目分为正常、关注、次级、可疑和损失5类,①后三类被合称为不良贷款。不良贷款率则是指不良贷款占总贷款余额的比重,一个银行的不良贷款比率越高;说明其资产质量越差,经营风险越高;反之,则说明其资产质量越好,经营风险越低。而银行出现不良贷款的原因则大致可以分为包括借款人、政策环境、行政干预等在内的外部风险因素和包括决策失误、信贷人员素质、贷款结构不合理在内的内部风险因素两个方面。

从表4-8中我们可以看出,虽然兴业银行在样本银行中历年的不良贷款率不是降得最快或升得最慢的,但从绝对数值来看其在样本银行中基本上每年都是最低的,这与其加入赤道原则有着一定的关系。一方面,兴业银行在践行赤道原则的时候要根据其要求将贷款项目按照对环境和社会的不同影响划分为A、B、C三类,这样一种严格的分类显然契合了我国可持续发展和绿色金融的政策主题,基本不会遭遇不当的行政干预。同时,赤道原则所要求的借贷双方开展环境社会影响评估、协商具体处理政策以及贷款后的持续监管,都为兴业银行更好地把握借款方的实际情况,控制贷款风险作了充分的准备工作;另一方面,兴业银行按照赤道原则的要求建立了一整套包括组织机构、规章制度和操作流程在内的体系,这无疑对内部的风险有了更好的把控,而赤道原则所要求的独立的社会和环境专家的审查、监测和报告,以及赤道原则的实施绩效和经验的披露,更是为兴业银行贷款的内部风险控制加上了一层保险。

总体来看,兴业银行加入赤道原则对其带来的经济绩效主要体现为两个特征:一是在开始采纳赤道原则和适用新版赤道原则的过渡期内,其内部改造成本上升,对总资产、净利润和成本收入比产生了一定的影响,但是不良贷款比率却并未表现出受到过渡期的影响,在样本银行中长期表现良好。

---

① 《贷款风险分类指引》第5条规定:"商业银行应按照本指引,至少将贷款划分为正常、关注、次级、可疑和损失五类,后三类合称为不良贷款。正常:借款人能够履行合同,没有足够理由怀疑贷款本息不能按时足额偿还。关注:尽管借款人目前有能力偿还贷款本息,但存在一些可能对偿还产生不利影响的因素。次级:借款人的还款能力出现明显问题,完全依靠其正常营业收入无法足额偿还贷款本息,即使执行担保,也可能会造成一定损失。可疑:借款人无法足额偿还贷款本息,即使执行担保,也肯定要造成较大损失。损失:在采取所有可能的措施或一切必要的法律程序之后,本息仍然无法收回,或只能收回极少部分。"

这些过渡期内的成本大致可以包括:兴业银行构建组织体系和规章制度的人力物力成本、在操作流程中项目分类承担的潜在社会环境风险成本、尽职调查成本、实施过程的监管成本、项目无法成立时的机会成本,等等。二是在赤道原则过渡期结束,项目审查机制体系构建完成之后,兴业银行的总资产、净利润在样本银行中保持了较为高速的增长,成本收入比和不良贷款率也处于较低的状态,在经济绩效中展现出优于其他样本银行的趋势。其可能的原因在于,兴业银行对赤道原则的践行很好地契合了包括可持续发展观、生态文明建设、中国特色自主创新道路、科学发展观等在内的新发展理念的渊源理念,而在新发展理念提出之后更是对其进行了很好的实践,这表明兴业银行采纳赤道原则之后的融资项目非常符合当前的政策环境,不仅不会遭遇不当的管控,反而会受到极大的鼓励;对融资项目环境和社会风险的严格把控给兴业银行带来了良好的社会声誉,这在市场上表现为其亲和力的增强和声誉溢出,有利于其扩大市场份额并提高竞争力。

(二)新发展理念下兴业银行践行赤道原则的环境绩效分析

新发展理念的绿色发展理念要求我们"必须坚持节约资源和保护环境的基本国策,坚持可持续发展,坚定走生产发展、生活富裕、生态良好的文明发展道路,加快建设资源节约型、环境友好型社会,形成人与自然和谐发展的现代化建设新格局"。① 赤道原则作为一套在融资过程中用以确定、评估和管理项目所涉及的环境和社会风险的金融行业基准,金融机构参与的融资项目对环境所产生的影响是其重点关注、评估和管理的风险之一,其整个文本设计在很大程度上都是围绕这一内容展开的,赤道原则金融机构在实践中对环境风险的把握,贯穿于整个项目的始终乃至后续影响。由此,兴业银行对赤道原则的良好践行,无疑也是对新发展理念绿色发展之要求的深度执行。简单来说,环境绩效就是指一个组织机构对自身的环境管理所取得的可测量结果。

根据中国银行业协会2009年发布的《中国银行业金融机构企业社会责

---

① 参见《授权发布:中国共产党第十八届中央委员会第五次全体会议公报》,载新华网:http://news.xinhuanet.com/politics/2015-10/29/c_1116983078.htm,最后访问日期:2018年3月30日。

任指引》我们可以知道，环境责任是银行业金融机构社会责任的重要组成部分，是指银行在“支持国家产业政策和环保政策，节约资源，保护和改善自然生态环境，支持社会可持续发展”①方面的责任。那么，兴业银行在采纳赤道原则之后是否产生了良好的环境绩效？与同类样本银行相比其在控制融资项目的环境影响方面是否有更优的表现？为了更好地了解这一问题，我们搜集了兴业银行在加入赤道原则之后的相关环境影响指标，以及浦发银行、招商银行和民生银行2008年之后的绿色融资金额来进行对比分析，见表4－9和表4－10。②

表4－9 兴业银行践行赤道原则的主要环境指标

类别 年份	绿色金融数额③（亿元）	节约标准煤（万吨）	减排二氧化碳（万吨）	减排化学需氧量（万吨）	利用固体废弃物（万吨）
2008	33.04（累计）	324.42	1373.1		
2009	132.79	1039.74	3178.04	43.91	47.25
2010	312.85	1871.41	5165.08	76.84	673.76
2011	405.48	2231.06	6397.48	83.89	816.26
2012	215.84	2316.03	6683.47	88.65	1501.29
2013	2313.14	2344.34	6868.76	90.12	1504.39
2014	2144.86	2351.62	6879.93	123.47	1710.79
2015	2488	2553.86	7161.99	138.74	1729.04
2016	2715	2646.80	7408.31	168.04	1877.87

资料来源：兴业银行2008～2016年年度社会责任报告。

① 中国银行业协会：《中国银行业金融机构企业社会责任指引》第3条。

② 由于历年统计口径、各银行统计指标和发布报告质量的变化，本书在具体的指标有特殊情况时均进行了说明，且尽量按照一致的口径对样本银行数据进行统计。

③ 2011年之前的数据为节能减排融资数据，2011年及之后的数据为包括节能减排融资、排放权业务在内的绿色金融数据。

表4－10　样本银行绿色金融融资数额对比

银行 年份	兴业银行		浦发银行①		招商银行		民生银行②	
	数值（亿元）	增减（%）	数值（亿元）	增减（%）	数值（亿元）	增减（%）	数值（亿元）	增减（%）
2008	33.04（累计）				249.28		24.46	
2009	132.79	301.9	174.89		398.20	59.7	89.1	264.3
2010	312.85	135.6	214.61	22.7	462.51	16.2	29.09	－67.4
2011	405.48	29.6	255.16	18.9	1014.23	119.3	23.5	－19.2
2012	215.84	－46.8	256.52	0.53	1095.47	8.01	12.48	－46.9
2013	2313.14	971.7	1503.59	486.1	1163.72	6.23	36.72	194.2
2014	2144.86	－7.3	1521.04	1.16	1509.47	29.7		
2015	2488	16.0	1717.85	12.9	1565.03	3.68	114.04	
2016	2715	9.1	1738.12	1.18	1436.64	－8.20	138.23	21.2

资料来源：兴业银行、浦发银行、招商银行、民生银行2008～2016年年度社会责任报告。

从表4－9和表4－10中我们可以看到，兴业银行的绿色金融数额基本上保持了一个向上的趋势，在2013年的增速达到了971.7%，远高于样本银行同期的486.1%、6.23%和194.2%。从绝对数值来看，兴业银行的绿色金融融资也一直处于样本银行的前列，并从2013年开始保持着领先位置。与不断攀升的绿色融资金额相一致的是，兴业银行融资项目节约的标准煤、减排的二氧化碳和化学需氧量、利用的固体废弃物也处于连年的增长状态，即便是在融资金额略有下降的2012年和2014年，也保持了上涨的趋势。这无疑表明兴业银行在加入赤道原则之后更加注重以标准化、具体化的方式践行环境责任，并产生了良好的环境绩效。事实上除此之外，各样本银行还采取了多种践行环境责任的方式，例如，兴业银行注重减少办公运营的资源消耗，倡导"低碳办公"，注重办公用水、用电、用纸的数据统计并进

① 2012年及之前的数据为节能环保项目贷款余额，2013年及以后的数据为绿色信贷项目贷款余额，以原银监会颁发的《绿色信贷指引》为统计口径。

② 2008～2013年的数据为国家节能减排重点工程的贷款，2014年数据并未公布，2015年、2016年的数据为绿色信贷余额。

行总量控制;民生银行总行在2016年对供应商进行了100%的覆盖审查,优先购买环保标志产品,其当年的绿色采购总额达到90440万元,绿色采购比率为32.3%,等等。

以上分析表明,兴业银行采纳赤道原则对其环境绩效有着显著的推动作用,其在对融资项目的审查和数值方面的表现都优于未采纳赤道原则的同类银行。原因包括:一是兴业银行加入赤道原则,进而对融资项目进行严格的环境风险审查,不仅与新发展理念提出之前的多种绿色发展之渊源理念高度一致,更是很好地契合了新发展理念提出之后在我国不断升温的构建绿色金融体系之要求,有着良好的外部发展环境。二是兴业银行的一系列体现绿色金融的行为,包括加入赤道原则本身,以及在这之后形成的包含节能减排技改项目融资、CDM项目融资、节能服务商融资、绿色买方信贷、公用事业服务商融资、绿色融资租赁、排污权质押融资在内的绿色金融信贷体系,为其在绿色融资方面赢得了良好的市场声誉,更多的有社会责任的企业和想要进行融资的绿色企业,更倾向于与其合作,这不仅促进了其产生的环境绩效,更提升了经济绩效。

(三)新发展理念下兴业银行践行赤道原则的社会绩效分析

共享是发展的出发点和落脚点,新发展理念的共享发展明确指出,"发展要坚持以人为本,发展要依靠人民、发展是为了人民、发展成果要由人民共享"。[①] 对金融机构而言,其在自身的发展过程中一方面要"做大蛋糕",另一方面也要"分好蛋糕",并注重发展过程中的风险把控和良好社会影响的形成。而融资项目产生的社会影响和风险,同样也是赤道原则这一环境与社会风险管理框架最为关注的重点之一,其具体原则中所要求的借贷双方对项目社会环境风险的评估、利益相关者的参与机制、独立社会和环境顾问的审查,以及所适用的国际金融公司《社会和环境可持续性绩效标准》中规定的劳工和工作条件、社区健康与安全、生物多样性等标准,均很好地体现了赤道原则的这一精神。中国银行业协会发布的《中国银行业金融机构企业社会责任指引》也对银行业金融机构的社会责任进行了阐述,该指引

① 《授权发布:中国共产党第十八届中央委员会第五次全体会议公报》,载新华网:http://news.xinhuanet.com/politics/2015-10/29/c_1116983078.htm,最后访问日期:2018年4月2日。

第3条指出"社会责任,是指银行业金融机构以符合社会道德和公益要求的经营理念为指导,积极维护消费者、员工和社区大众的社会公共利益;提倡慈善责任,积极投身社会公益活动,构建社会和谐,促进社会发展",其是银行业金融机构企业社会责任的重要组成部分。兴业银行在采用赤道原则之后无疑对此进行了重点关注,为了更好地了解兴业银行采用赤道原则之后产生的社会绩效及其在同性质银行中的表现,我们搜集了其与浦发银行、招商银行和民生银行2008~2016年的员工人数、纳税额以及对外捐赠三个数据进行对比分析。

表4-11 样本银行员工人数对比

年份＼银行	兴业银行		浦发银行		招商银行		民生银行	
	数值（个）	增减（%）	数值（个）	增减（%）	数值（个）	增减（%）	数值（个）	增减（%）
2008	19536		17965		36916		19853	
2009	22004	12.6	21877	21.8	40340	9.3	22064	11.1
2010	29214	32.8	28081	28.4	43089	6.8	31454	42.6
2011	34611	18.5	31231	11.2	45344	5.2	40820	29.8
2012	42199	21.9	35033	12.2	48453	6.9	49227	20.6
2013	47290	12.1	38065	8.7	51642	6.6	53064	7.8
2014	49388	4.4	42532	11.7	75109	45.4	57406	8.2
2015	50472	2.2	47159	10.9	76192	1.4	57228	-0.3
2016	54208	7.4	51167	8.5	70461	-7.5	56168	-1.9

资料来源:兴业银行、浦发银行、招商银行、民生银行2008~2016年年度社会责任报告。

从表4-11中我们可以看到,与其2008~2016年稳步增长的总资产规模相适应的是,兴业银行2008~2016年的员工人数也呈现出连续上升的趋势,同时也并未出现招商银行和民生银行类似的负增长现象。这一态势显然为正处于宏观经济不景气,经济增速下行时期的我国提供了大量的工作岗位,有利于缓解矛盾和保持社会稳定。除此之外,兴业银行员工的男女比例长期保持在0.8~0.9:1之间,女性员工明显多于男性员工,并且在2012~2016年之间出现了0.89:1到0.82:1的降幅,很好地规避了就业性别歧视的问题。兴业银行业十分注重员工的权益保护和福利待遇,如搭建了员工权益保护网,职工"喜丧病困灾"五必访;建立了行长信箱、民主生活会、电子论坛等意见反馈渠道;劳动合同签订率100%;社会保障、体检健康档案、公积金全覆盖;创立的"兴师荟"、"兴培伴"、"政能量"和"行动力"四个非正式学习社成为全行性的标杆社群,等等。

表4-12 样本银行纳税数额对比

银行/年份	兴业银行		浦发银行		招商银行		民生银行	
	数值(亿元)	增减(%)	数值(亿元)	增减(%)	数值(亿元)	增减(%)	数值(亿元)	增减(%)
2008	44.45		66.20		92.07		62.63	
2009	67.38	51.6	74.85	13.1	70.97	-22.9	49.23	-21.4
2010	81.39	20.8	83.48	11.5	111.75	57.5	92.2	87.3
2011	120.26	47.8	118.04	41.4	170.86	52.9	149.67	62.3
2012	162.13	34.8	163.51	38.5	218.42	27.8	203.15	35.7
2013	230.86	42.4	196.09	19.9	252.62	15.7	220.42	8.5
2014	283.48	22.8	243.44	24.1	278.07	10.1	234.33	6.3
2015	319.72	12.8	270.32	11.0	289.90	4.3	239.34	2.1
2016	316.64	-0.1	308.60	14.2	229.45	-20.9	221.48	-7.5

资料来源:兴业银行、浦发银行、招商银行、民生银行2008~2016年年度社会责任报告。

从表4-12中我们可以看出,兴业银行2008~2016年的纳税数额呈稳步增长的趋势,其年均增长率为29.11%,远高于样本银行同期的21.7%、15.56%和21.66%。就绝对数值而言也是如此,兴业银行的纳税数额从2006年样本银行同期最低的44.45亿元,增长到了2016年样本银行同期最高的316.64亿元。纳税额的上升实质上反映的是兴业银行净利润上涨所带来的一个重大社会效益,正如前文所分析的,净利润的上涨与兴业银行加入赤道原则带来的政策契合、市场亲和力的增强和声誉溢出有着重要联系。

表4－13　样本银行对外捐赠数额对比

银行 年份	兴业银行		浦发银行		招商银行		民生银行	
	数值（万元）	增减（%）	数值（万元）	增减（%）	数值（万元）	增减（%）	数值（万元）	增减（%）
2008	2550		2671				5900	
2009	600余	－76.5	1459	－45.4	1160.51		12200	106.8
2010	6400	966.7	2296	57.4	1259.06	8.5	14900	22.1
2011	1000	－84.4	937.89	－59.2	1660.20	31.9	29800	100
2012	1830	83.0	1361	45.1	2263.55	36.3	57500	93.0
2013	5500	200.5	1255	－7.8	4334.52	91.5	32300	－43.8
2014	5400	－1.8	1939	54.5	4175.30	－3.7	46900	45.2
2015	3959	－26.7	1262.5	－34.9	3646.58	－12.7	6500	－86.1
2016	3244	18.1	1280.9	1.5	2457.10	－32.6	31900	390.8

资料来源：兴业银行、浦发银行、招商银行、民生银行2008～2016年年度社会责任报告。

对外直接捐赠能够很直观地反映出商业银行对社会的贡献。表4－13的数据显示，虽然兴业银行在对外捐赠的绝对数值上要低于民生银行，但也处于样本银行同期的中上水平，且其年均增长率为138.6%，远高于样本银行同期的1.4%、14.9%和78.5%。同时，在需要付出成本适用赤道原则最新版本的2013年，兴业银行当年的对外捐赠更是直接增长了200.5%，远高于样本银行同期－7.8%、91.5%和143.8%的增长率，体现了其对社会责任的良好践行。

以上分析表明，自兴业银行加入赤道原则的2008～2016年之间，其在员工人数、纳税数额、对外捐赠上的表现均优于同期的样本银行，具体表现为三项指标较高的增速和较大的纳税数额上。其缘由至少可以包括以下三个：一是兴业银行加入赤道原则，以及在社会影响评估、关注员工权益、利益相关者参与等方面的实践很好地契合了我国以人为本、全面发展、共同富裕等新发展理念的渊源理念及其共享发展、协调发展的要求，产生了很好的制度合力。二是兴业银行在赤道原则指导下进行的制度构建和理念更新，保证了赤道原则的良善实施，这本身就有利于其控制社会风险，并产生社会效益。三是兴业银行加入赤道原则的经济效益的增加使其拥有作出更大社会贡献的可能。

总体来看，兴业银行在加入赤道原则之后产生了良好的经济、环境和社会效益，其中经济绩效呈现出两个趋势，即过渡期内的成本增加、增速减缓和过渡期后的稳步增长，环境和社会绩效则表现出连年上升的态势，很好地体现了新发展理念及其渊源理念的要求。诚然，兴业银行加入赤道原则之后产生的经济、环境和社会绩效并非是一种单向和分割的关系，一方面，兴业银行产生的这些效益反过来也推动了其更加积极地履行赤道原则，并在社会上产生巨大的模范带头作用，如江苏银行于2017年1月加入赤道原则，成为我国第一家加入赤道原则的城市商业银行；中国建设银行组建了"赤道原则"研究团队，先后与花旗集团、日本瑞穗实业银行等国际金融机构进行了沟通和讨论，从信贷流程、外部客户和财务效益影响方面对建行实施"赤道原则"可能产生的影响进行了实证性研究和分析，以加快信贷政策与国际行业标准"赤道原则"的接轨，[①]等等。另一方面，兴业银行践行赤道原则所产生的经济绩效实际上成为其履行环境和社会责任，产生相应绩效的后盾或者说根本的激励方法；反过来，后两者也通过对兴业银行声誉的提升很好地推动了前者的增长。

四、新发展理念下兴业银行践行赤道原则的优化路径

无疑，作为一种"私政府立法"，赤道原则在各大金融机构的实践中所面临的最主要问题就是强制力的缺乏。虽然赤道原则Ⅲ在许多方面都得到了提升，但缺乏强制力这一固有缺陷还是深深地烙印其中，这同样也体现在我国兴业银行践行赤道原则的过程之中。由此，尽管兴业银行在成为赤道原则金融机构之后产生了可观的经济、环境和社会绩效，但却也还存在着值得改进和优化的地方，而当前新发展理念"崇尚创新、注重协调、倡导绿色、厚植开放、推进共享"的要求，不仅对兴业银行执行赤道原则提出了新的挑战，同时也为其指明了进化方向。

一是通过由内而外的理念和市场力量推动对赤道原则的实施。虽然所

---

① 参见于东智、吴羲：《赤道原则：银行绿色信贷与可持续发展的"白皮书"》，载《金融管理与研究》2009年第1期。

有权绝对化的理念已经在国际社会一波又一波的声讨和运动当中被逐渐弱化,但我们仍然不可否认的是作为一个“理性人”,追逐利益依然是市场机构不可磨灭的本能,而上文的分析也表明,在某些情况下经济效益将成为推动机构践行环境和社会责任的基础之一。故而,通过市场的力量推动兴业银行对赤道原则的践行显然是最有效的督促方式,当前全国范围内对新发展理念的践行和国家大力推广的绿色金融、普惠金融实际上已经为这一方式提供了很好的环境。就兴业银行本身而言,其应当注重将赤道原则所倡导的“保证融资项目良好的环境和社会影响”这一理念通过不断的重复行为内化为企业文化,将履行赤道原则成为一种“本能”而非“贴标签”式地实施。

二是加快“走出去”步伐,推动赤道原则在兴业银行国际融资项目中的适用,提升我国金融机构的国际形象。截至目前,兴业银行在境外的分支机构仅有 2014 年开办的兴业银行香港分行,其在境外融资方面仍然主要以国际银团贷款的方式进行,这显然制约了其在国际层面适用赤道原则开展融资的能力,无益于我国金融机构国际形象的提升。由此,兴业银行加快“走出去”步伐,助力我国实体企业的走出去和海外投资,并在其主导的项目中适用赤道原则,开展与国际大型金融机构在赤道原则项目上的合作,从而进一步完善对赤道原则的实施,就成了必然的前进方向,而这同样也是新发展理念“厚植开放”的必然要求。

三是践行新发展理念的“倡导绿色”之要求,加强赤道原则适用下的绿色金融创新,与当前的绿色金融体系建设形成制度合力。虽然兴业银行首创了多个诸如低碳信用卡、绿色资产支持证券、绿色非公开定向债务融资工具等绿色融资工具,但从兴业银行 2016 年的数据中我们可以看到,其绿色金融融资余额仅占各项融资余额总数的 14% 左右。由此,在当前着力构建绿色金融体系,利用绿色信贷、绿色债券、绿色股票指数和相关产品、绿色发展基金、绿色保险、碳金融等金融工具和相关政策为绿色发展服务的政策背景下,兴业银行无疑应当大力提升适用赤道原则的融资项目的覆盖率。

四是协调适用赤道原则。按照对环境和社会影响程度的不同,赤道原则将金融机构的融资项目划分为 A 类(有潜在的重大影响)、B 类(可能造成一定影响)、C 类(轻微或没有影响)三个类别。根据兴业银行公布的数据,截至2016年年末,其共有307笔适用赤道原则的融资项目,而在这307笔项目中,C类项目仅有两笔,其余均为A类和B类项目。此种项目类别适用上的不平衡,显然需要兴业银行在项目筛选的过程中进一步提升其环境和社会标准,更加严谨和全面地执行赤道原则。同时,兴业银行还应当注重协调利益相关者的关系,赤道原则Ⅲ的第5条原则要求对A类和B类项目构建一个有利益相关者持续参与的机制,但除了兴业银行官网的"可持续金融"栏目、《可持续发展报告》、《从绿到金——社会责任专刊》、兴业银行赤道原则微博等相关的公众沟通平台之外,我们并没有看到有专门、正式和针对某个A类或B类项目的利益相关者参与机制的信息。故而,一个常态化的利益相关者参与机制之构建,对兴业银行更好地践行赤道原则,达成新发展理念"注重协调"的要求显然是非常必要的。

五是推动信息和利益的共享。作为我国大陆地区第一家和加入时间最长的赤道原则金融机构,兴业银行虽然每年都会发布社会责任报告,但在报告的质量上却有所欠缺。例如,兴业银行在2009年之后不再发布单独的赤道原则执行报告,而将相关内容置于每年的可持续发展报告当中,这造成的结果是其执行赤道原则相关信息的大幅锐减,在每年的可持续发展报告中仅有3~4页,远不能满足民众对相关信息的需求;历年披露的赤道原则执行信息格式不统一,有些关键信息并未具体展开或披露,数据和案例较为简单和匮乏;在其每年的可持续发展报告中,不管是对赤道原则执行信息的披露,还是对管理、发展等方面的介绍,大都呈现出"报喜不报忧"的态势,更像是一个"变相广告"而非信息披露报告,民众很难对其进行客观评价,等等。在此方面,其优化路径应当是通过继续发布赤道原则执行报告的方式来披露信息,或者在可持续发展报告中从广度和深度两个方向加强对赤道原则执行信息的披露,并固定历年的披露项目。此外,对兴业银行执行赤道原则所产生的效益之分配不能仅仅存在于利益相关者之间,毕竟很多时候其对环境和社会的影响是全国乃至全球性的,新发展理念的"推进共享"之要求也明确指出"发展成果要由人民共享"。典型的例子便是在对外捐赠方面,兴业银行应当确定一个捐赠比例,并在此基础上每年按照一定的幅度增长,而非继续表现为在表4-13中所呈现的历年数据不一,大起大落的随意性状态。

第四节 新发展理念下中国对金融机构社会责任国际立法的参与战略和具体路径

一、新发展理念下中国对金融机构社会责任国际立法的“国家参与路径＋金融机构参与路径”及其共生关系和协同效应

无疑,“新发展理念”所包含的“创新发展、协调发展、绿色发展、开放发展、共享发展”基本要求,是一种对政府主体和市场主体的共同要求。这也意味着,在我国企业“走出去”战略的实施过程中,对金融机构社会责任国际立法的“国家参与路径”和“金融机构参与路径”就成了必须考虑的问题。具体而言,“国家参与路径”是指国家作为主体,参与金融机构社会责任国际立法,包括参与和践行相关规则、推动“国家间立法”的形成与实践等方面的相关路径选择;“金融机构参与路径”则是指以国内的金融机构作为主体,参与金融机构社会责任国际立法,包括对相关规则的践行和参与“私政府立法”等内容的路径选择。

(一)新发展理念下中国对金融机构社会责任国际立法的“国家参与路径＋金融机构参与路径”

在经济全球化步伐加快、网络时代悄然来临、世界范围内的市场化改革和行政改革以及第三波民主化浪潮等因素的推动下,全球公民社会这一“公民为了个人或者集体的目的在国家和市场活动范围之外进行跨国结社或活动的社会领域,包括国际非政府组织和非政府组织联盟、全球公民网络、跨国社会运动、全球公共领域等”,[①]已经在全球范围内遍地开花,成为全球治理的重要力量之一。晚近,对企业的管理行为成为公民社会的新兴角色之一,其往往通过“公民规范”——私政府立法——的形式对资本市场予以介入,并以此推动社会和环境福利的改善、企业投资分析的改善以及企业市场信用的改善。在金融机构社会责任领域,这种“公民规范”随着全球

---

① 参见何增科:《全球公民社会引论》,载李惠斌主编:《全球化与公民社会》,广西师范大学出版社 2003 年版,第 124 页。

公民社会的不断扩张和国家间相关议题的踌躇不前正变得越来越多。例如,《社会责任投资基金》《联合国环境规划署金融倡议》《金融市场运动指南:有效说服企业与金融机构》《金融部门的重要议题》《关于金融机构和绿色发展的科勒维科什俄宣言》《可持续银行的“要”与“不要”——银行监察组织手册》,等等。非政府组织也常常采取包括制作支持其运动理念的投资分析、直接将资金导入特定投资计划、持续与特定企业社会责任议题有关的投资者进行沟通,以及完成与投资者之间的正式合作项目书等在内的多种方式来推动金融机构对这些“公民规范”的践行。①

此时,以金融机构作为主体参与金融机构社会责任的国际立法,成为推动其开展社会责任工作的主流方式。而更根本的因素在于,对金融机构社会责任私政府立法的践行,能够带来巨大的经济效益并提升机构的市场竞争力。典型的例子便是上文所分析的兴业银行,其在践行赤道原则的过程中带来了项目融资业务方面数量与质量上的飞跃,并由此产生了惊人的外溢效果。虽然参与赤道原则只是重要因素而不是唯一因素,但兴业银行确实从 10 年前的一个区域银行发展成为 2016 年国内股份制银行总资产规模第一的全国性银行,其中进展迅速的项目融资业务贡献巨大。这表明,即使仅仅从市场的角度来看,我国金融机构参与社会责任国际立法也存在合理性与必要性,并且在参与程度与参与质量上必须得到大幅提升,才能有效地增强它们的国际竞争力。更为重要的是,金融机构对社会责任私政府立法的参与和实践,本身就是对新发展理念的最佳落实路径之一。同时,金融机构作为社会责任的直接践行者,其对金融机构社会责任国际立法的直接参与,无疑能够减少制度转换的成本,更容易成为一种内生动力。

尽管从市场法则的角度而言,我国金融机构参与社会责任的国际立法具有必然性,并且,金融机构社会责任国际立法中的“私政府立法”也确实成为了当前的主流规范,但这仍然不能否定“国家间立法”,即国家参与金融机构社会责任国际立法的重要性。毕竟“公民社会”是一个活动的领域,而非物品,虽然它总是被作为未来政治进步的关键来看待,但这一领域依然

① 参见[美]卡里·克劳辛斯基、尼克·罗宾斯:《绿色金融:可持续投资的国际经验》,于雅鑫、李鉴墨译,东北财经大学出版社 2017 年版,第 162 页。

充满着各种相互冲突的多种利益和议事程式。① 而且，国际范围内金融机构履行社会责任的问题，本质上是一个全球性的公共问题，有着增进全球公共利益的意义。全球问题需要“全球治理”，即要求包括国家与非国家行为体在内的各种公共机构、私人机构以及个人，通过制定与实施具有约束力的正式或非正式的国际机制，对其进行多层次的、网络式的协调与行动。② 在主权国家仍然占据优势的全球结构中，国家通过制定和实施有国家强制力作为保障的正式或非正式的国际机制推进“全球治理”，仍然具有天然优势。对于企业社会责任这样一种无法在短期内将社会和环境成本内化和变现，以及充斥着大量倡议性和自愿性质的私政府立法的领域而言，则更是如此。因此，将推进金融机构履行社会责任这一全球增益之问题的全球治理，放置于国家间合作的层面，将取得事半功倍的效果。同时，国家之间对金融机构社会责任的治理合作，也能在促进国际金融的效率以及维护国际金融公平方面产生实质性影响。反过来，这也将有助于国际金融的健康发展乃至金融安全的维护。当然，对于金融机构社会责任的全球治理问题，“国家参与路径 + 金融机构参与路径”的组合仍是必要的。两种参与路径不仅具有共生关系，同时也将在金融机构社会责任的践行方面产生巨大的协同效应。

（二）新发展理念下中国对金融机构社会责任国际立法参与路径的共生关系和协同效应

“共生”是种群生态学上的一个概念，主要研究的是“不同生物种群之间按某种物质联系共同生活，进行信息传递、物质交流、能量传导及合作共生”的问题，③现在已经被广泛运用到社会学、经济学等领域。共生关系则是指共生单元相互作用的方式或者相互结合的形式，它既反映共生单元之间作用的方式，也反映作用的强度。④ 任何完整的共生关系都是行为方式

① See Jan Aart Scholte, “Global Civil Society: Changing the World? Department of Politics and International Studies”, University of Warwick, CSGR Working Paper No. 31/99, May 1999.

② 参见郭金良：《SIFIs 危机处置国际规则的功能及启示》，载《新金融》2015 年第 3 期。

③ 徐晞：《两岸行业协会合作战略与路径：基于“21 世纪海上丝绸之路”战略视角》，载《中国软科学》2015 年第 4 期。

④ 参见袁纯清：《共生理论——兼论小型经济》，经济科学出版社 1998 年版，第 8 页。

和共生程度的结合，也可以说是反映共生单元某种程度共生的具体结合，前者被称为共生行为模式，主要阐释的是共生系统各单元之间相互作用的行为类别，包括寄生、偏利共生、非对称互惠共生和对称互惠共生四种模式；后者则被叫做共生组织模式，侧重揭示共生单元之间相互作用的组织方式，包括点共生、间歇共生、连续共生和一体化共生四种模式。①

一般来说，共生模式大致可以划分为如图 4－4 所示的 16 种状态，这既是一种假设，也是社会关系中各种共生状态的现实。② 无疑，参与金融机构社会责任国际立法，本就是对新发展理念"厚植开放"理念的具体执行，而"国家参与路径"和"金融机构参与路径"的共进策略，则是对"注重协调"理念的最好体现，同时也呈现出一种良善的共生关系。从共生组织模式上看，在参与金融机构社会责任国际立法这一共生单元之内，国家和金融机构对其的共同参与显然能够加深单元内部的相互作用，"国家参与路径"能为金融机构参与路径构建良好的战略背景和外在的强制力，而"金融机构参与路径"则为国家参与路径提供了良好的践行基础，当两者所参与规则的密度达到一定程度之时，这一共生单元就很容易从点共生模式向一体共生模式进化。就共生行为模式而言，"国家参与"和"金融机构参与"相结合的路径选择和行为模式，能够在相互的分工合作之下产生新的效益，从依靠单一的金融机构参与或单一的国家参与的"寄生"模式，向"对称互惠共生"模

---

① 在共生组织模式中，点共生模式是指在某一特定时间内共生单元产生的一次相互作用，并只在某一方面发生作用，具有不稳定性和随机性；间歇共生模式是指在某个时间间隔内共生单元之间具有多次相互作用，并在某一方面或少数方面发生，具有某种不稳定和随机性；连续共生模式是指在一段固定的时间内共生单元具有连续的相互作用，且在多方面发生，共生关系比较稳定并有必然性；一体化共生模式则是指共生单元在某一封闭时间区间内形成了具有独立性质和功能的共生体，存在全方位的相互作用，共生关系十分稳定且具有内在必然性。在共生行为模式中，寄生模式并不产生新的能量（效益），同时存在着寄主向寄生者的能量转移情况；偏利共生模式产生新能量，但新能量只为某一共生单元所得，这种关系对一方有利而对另一方既无利也无害；非对称互惠共生模式以共生单元的分工为基础，产生新的能量，并在共生界面（共生单元之间的接触方式和机制的总和）的作用下产生非对称性分配，其是共生行为模式中最为常见的一种；对称互惠共生模式与非对称互惠共生一样，都是以共生单元的分工为基础从而产生新的能量，但其在共生界面的作用下出现的是一种对称性的分配，其是共生关系中的理想类型。有关共生理论的相关内容，参见袁纯清：《共生理论——兼论小型经济》，经济科学出版社 1998 年版。

② 参见袁纯清：《共生理论——兼论小型经济》，经济科学出版社 1998 年版，第 10 页。

式移动,并实现金融机构履行社会责任的共同利益和对称性分配,最终达成一体共生下的对称性互惠共生状态。

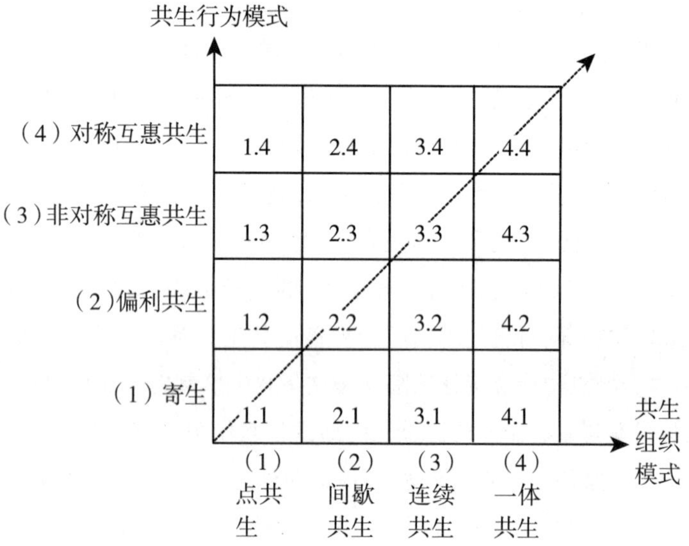

图4-4 共生行为模式和共生组织模式的结合坐标系

客观上来看,金融机构社会责任国际立法的"国家参与路径"和"金融机构参与路径"所形成的路径联合,将从政府主体和市场主体的不同角度,共同利用社会责任国际立法("国家间立法"和"私政府立法")这一资源,产生大于单一路径独立作用时的效果和效果总和,即"1+1>2"的协同效应:一方面,国家主体在参与社会责任的国际立法之后,必然会从制度和实践上在国内以其特有的强制力进行推动,从而形成良好的践行社会责任的氛围,减少"搭便车"的现象;另一方面,金融机构对自身所参与的社会责任国际立法的遵守,必然也会需要国家构建相应的国内制度环境,这也是对国家主体践行其所参与的国际立法的回应。此时,两者耦合所要求的成本必然要低于单个主体践行社会责任国际立法的成本,而其收益则必然要高于成本。

二、新发展理念下中国对金融机构社会责任国际立法“国家参与”和“金融机构参与”的并行路径及其实现的互动分析

晚近,逐步壮大的企业社会责任潮流所关注的问题日益广泛,除不干涉东道国内政、保障劳动者与消费者权益、生态环境和自然资源保护等传统问题之外,诸如人权维护、消除贫困、遏制腐败等方面的内容,也日渐成为关注焦点。此种趋势显然也呈现于金融机构社会责任领域,而且,金融机构作为社会经济资源的调配者,其不仅自身承担着直接性的社会责任,还承担着利用金融杠杆和利益传导机制敦促与之关联的企业践行社会责任的任务,需要对此进行更深入的了解和关注。更为重要的是,有关金融机构社会责任的这些应有内涵以及新的趋势,与我国当前要求“创新发展、协调发展、绿色发展、开放发展、共享发展”的新发展理念有着深厚的内在统一性。例如,2008 年金融危机以及网络替代性金融迅猛发展之后在全球范围内掀起的金融消费者保护运动,既是金融机构社会责任中保障消费者权益的要求,也是协调发展理念在金融机构协调自身和利益相关者之间利益的体现;国际社会各类扶贫基金的产生,以及我国普惠金融的开展,既体现了金融机构对联合国可持续发展目标中消除贫困目标的回应,也体现了对共享发展理念的良好践行,等等。那么,在此种金融机构社会责任的发展趋势下,我国参与金融机构社会责任国际立法的“国家参与路径”和“金融机构参与路径”,应当采取何种具体方式来平衡各方利益,以更好地契合其发展趋势和回应新发展理念的要求,保证对相关国际立法的良善参与?

(一)新发展理念下中国对金融机构社会责任国际立法“国家参与”和“金融机构参与”的并行路径

1. 新发展理念下中国对金融机构社会责任国际立法的“国家参与路径”

当前不断推进的全球化进程,实际上也是世界各国复合性相互依赖状态不断增强的过程,而在这个过程中,一国的国家利益无疑是驱动其外交决策的直接动因。国家利益具有鲜明的层次性,居于不同层次的国家利益,对于国家的重要性来说也就存在区别,这种区别必然影响国家利益与相关国际法律制度的关系。实际上,无论是国家利益的层次等级,还是国家利益的

层次变动,乃至国家利益不同层次之间的复杂关系,都将影响国家在国际法上的态度与行动选择。[①] 在汉斯·摩根索看来,国家利益的重要方面包括领土完整、国家主权和文化完整,其中国家的生存问题是最本质的内容,其余方面都居于次要位置。[②] 国际社会基于该利益层次划分表现出这样一种行为模式:对于国家的生存问题这一根本利益进行极力维护,甚至诉诸武力,而对能够因内部和外部现实环境而改变的次级利益,则表现出多变或者经常性地违反之状态。典型如美国国家利益委员会[③]在其 1996 年和 2000 年出版的两份《美国国家利益报告》中均将"保障和提高美国人的福祉、确保美国的自由与安全所不可或缺的国家利益"列为最高级别;[④]2017 年 12 月 18 日,美国白宫公布了《美国国家安全战略报告》,该文件列举了四个至关重要的国家利益,排在第一的根本责任也被描述为"保护美国人民、保护家园、保护美国人的生活方式"。[⑤] 此种利益层次的划分对其外交实践影响的最典型表现便是对伊拉克、伊朗和朝鲜核问题的强硬态度,以及在极力倡导 TPP 之后退出该框架的鲜明策略对比。

金融机构社会责任这一义务性而非权益性、短期内成本增加却又无法产生效益的领域,显然并不属于各国国家利益的最高层次之列,毕竟主权国家对该领域进行关注的缘由,本就是因为资本权益的绝对化和当前跨国公司规避力量已经对国家的利益产生了危害。因而对包括金融机构社会责任在内的,与企业社会责任相关的国家间立法常常处于一种变化和被违反状态,如美国于 2001 年 3 月宣布单方面退出《京都议定书》,在 2017 年 6 月又宣布退出《巴黎协定》,而在其 2017 年 12 月发布的《美国国家安全战略报

---

① 参见刘志云:《国家利益的层次分析与国家在国际法上的行动选择》,载《现代法学》2015 年第 1 期。

② See Hans J. Morgenthau, "Another Great Debate, The National Interest of the United States", *American Political Science Review*, Vol. 46, No. 4, 1952, p. 972.

③ 1992 年,美国三家著名的智库贝尔福科学与国际事务中心、尼克松中心和兰德公司发起成立了美国国家利益委员会,并于 1996 年和 2000 年发表了两份《美国国家利益报告》。

④ The Commission on America's National Interest, America's National Interest, July 1996. http://belfercenter.ksg.harvard.edu/files/americas_interests.pdf, 2018-04-22; The Commission on America's National Interest, America's National Interest, July 2000. http://belfercenter.ksg.harvard.edu/files/amernatinter.pdf, 2018-04-22.

⑤ National Security Strategy of the United States of America, December 2017.

告》中也没有提及气候变化的有关内容。由此,虽然对于国家主体来说,其参与的金融机构社会责任国际立法之形式主要表现为“国家间立法”,但显然,这一内容在国家利益上的地位,使得在当前试图构建或者参与在国家之间确立“硬法”性质的,有关金融机构社会责任的“一揽子”安排,仍然是一种不切合实际的想法。故而,现实可行的路径应当是:

在立法技术上采用“化整为零”“各个击破”的方法,逐步参与针对不同领域或不同问题的国际立法,采用“一揽子博弈”或者“早期收获”的方式。“早期收获”,主要是指在某些容易达成协议的议题领域先做出安排,或者允许少数国家对某项议案先期达成共识并开始运作,再以开放的姿态等待其他国家的加入。① 而非一劳永逸地“眉毛胡子一把抓”。毕竟国家之间的立法本就是一个体现偏好的不断重复博弈之过程,如果没有一定的利益基础且产生双方或者多方需要的效益,就很难达成合意。并且,不同的具体问题在不同国家的利益层次划分中都是不一样的。例如,美国认为全球气候变化对其并没有产生太大的影响,但对于一些小岛国和低海拔地区的国家来说,却可能是影响国家生存的根本利益,因此它们组成了小岛国联盟,不遗余力地在国际上奔走,希望尽快达成气候变化协议并设定更加严格的标准;美国认为参与 TPP 无益于其产业发展于是退出该协议,但剩余的 11 个国家却依然对其抱有极大的热情,并力邀中国加入,而英国在脱离欧盟之后,也开始寻求 TPP 成员国的地位,并于 2018 年年初进行了加入 TPP 的非正式协商。这表明,在国家利益层次表现形式不尽相同的境况下,要想在区域、多边甚至是双边的国际立法中达成合意,“一揽子博弈”或者“早期收获”的方式就成了必然的选择,而对金融机构社会责任这一在各国国家利益层次划分中地位并不高的领域而言,就显得更为重要。

具体而言,“一揽子博弈”是指在国际谈判中,面对一系列利害关系错综复杂的问题,无法逐一进行解决,而将多个问题同时达成协议的做法。近期最为成功的“一揽子博弈”,便是 2013 年 12 月达成的包含简化海关及口岸通关程序、允许发展中国家在粮食安全问题上具有更多选择权、协助最不

---

① 参见刘志云:《后危机时代国家间跨国公司社会责任制度体系的构建》,载《政法论丛》2015 年第 3 期。

发达国家发展贸易等内容在内的"巴厘一揽子协定"。就金融机构社会责任国际立法而言,对其责任的施加可以与市场准入规则、税收优惠、良善的待遇等内容相挂钩,推动其在国家间立法中的落实。中国—东盟自由贸易区便很好地运用了这一模式。其在金融机构社会责任国际立法中的运用体现为,先与某些有着共同意向的国家达成有关金融机构履行对消费者、环境、股东等利益相关者之责任的协议,在产生一定收益之后以此为基础进行进一步的协商。

在立法模式上采取双边、区域和多边等"多头并进"的立法模式,在不同层次的谈判中加入对金融机构社会责任的考量,逐步将之内化从而实现参与。具体而言,就是在双边、区域、多边层次有关金融、投资、贸易、税收等不同领域的国家间立法当中,在对金融机构进行权利赋予的同时施加责任限制,即明确对利益相关者的责任,进而达成该方面的行动一致。值得注意的是,由于多边层面的参与者众多,国家利益纷繁复杂,即便运用"议题挂钩"之方式,其最终达成协议并良善实施的成本和难度也将大于少数国家参与的双边或区域协定。从这个角度而言,在双边或者区域层面达成有关金融机构社会责任的国家间立法似乎将更有效率,同时,这些层面的立法也为金融机构社会责任在多边层面达成共识奠定了良好的基础。但同样,这也将不可避免地带来各个层次规则的协调问题,从而为跨国公司规避法律提供机会,增加了法律间的冲突。此时,在国际层面对这些不同层次立法开展协调性和趋同性的工作就显得异常重要。

2. 新发展理念下中国对金融机构社会责任国际立法的"金融机构参与路径"

对于金融机构而言,其所参与的社会责任国际立法之形式主要表现为"私政府立法",与该领域相关的国家间立法踌躇不前相反的是,在全球化不断加深、非国家行为主体在全球治理中的地位上涨和影响的日益扩张、信息技术日新月异促成相同偏好的跨国利益团体迅速成型,以及金融危机之后国际社会对金融机构承担社会责任的呼吁等因素的共同作用下,晚近金融机构社会责任的私政府立法却呈现出汗牛充栋的状态。虽然这一领域绝大部分的私政府立法都是自愿性质的倡议或原则,但金融机构的加入和实践依然是需要成本的,并且这些短期内的改造成本并不能马上兑现成收益

(甚至不会兑现为收益)。故而,金融机构在参加这些私政府立法之时采用“逐步参与”的策略是非常必要的,这一方面能够杜绝“贪多不烂”和短期成本压力过大的现象出现,另一方面也能保证对其加入的私政府立法进行良善实施,防止为了参与而参与的贴标签式搭便车行为,毕竟私政府立法大都是由共同利益的公民社会所倡议,强制力的缺乏既是其发展的一个充分条件,也是其最致命的弱点。

一般而言,国际层面绝大多数的金融机构社会责任私政府立法都是软法规则,而所谓软法,就是“原则上没有法律约束力,但却可能具有实际效力的行为规则”,①其实际效力一方面来源于金融机构自身对该规则的认可和践行,另一方面则仰仗于同业机构、第三方机构和公民社会等的监督。总体来看,虽然有些相关的软法规则被大规模地接受或者签署,例如,已经有来自 170 多个国家的 12000 多个签署人参与了《联合国全球契约》;②有来自 50 多个国家超过 1400 家机构签署了《负责任投资原则》,这些机构代表的资产总额达 59 万亿美元。③ 但在大多数情况下,金融机构的逐利本性常常会压过其对利益相关者的责任,这些软法规则所代表的社会责任理念并没有被内化至金融机构的运营当中。典型的如 2008 年全球性金融危机爆发的重要因素之一,就是因为华尔街金融机构对利益相关者不负责任的行为,漠视社会责任;在我国当前互联网背景下,金融机构利用其优势地位侵害消费者权益的事件层出不穷的现状,也很好地说明了这一点。其产生的后果便是,金融机构基于相关国际软法规则构建起来的社会责任实施机制沦为“无根之木,无源之水”似地摆设,更遑论对其真心实意地践行与更新了。而反过来,这些沦为摆设的框架也进一步弱化了金融机构通过反复实践将社会责任理念进行内化的进路。

诚如本章第一节所言,金融机构履行社会责任有助于其竞争力的极大提升,当此种认知渗透到企业内部,并通过良善的市场机制反映和回馈出来

---

① Francis Snyder, “The Effectiveness of European Community Law: Institutions, Process, Tools and Techniques”, *Modern Law Review*, 1993, 56, p. 32.

② See United Nations Global Compact, Participation, https://www.unglobalcompact.org/participation, 2018 - 1 - 16.

③ See PRI, About the PRI, https://www.unpri.org/about, 2018 - 1 - 16.

的时候,金融机构的逐利本性和社会责任就达到了一个完美的平衡,此种市场型驱动力,无疑将成为金融机构践行社会责任的“永动机”。由此,我国金融机构在逐步参与被国际社会所广泛接受的社会责任私政府立法之时,应当重点关注此种市场驱动力的培养和能动作用。一方面,金融机构需要将践行社会责任内化为一种企业文化,依照其所参与的相关国际规则改造和完善其机制建设,在不断的重复实践中实现理念与机制之间的相互推动;另一方面,应当注重通过发布定期和不定期报告、官网开设专栏、电话或者微博等交流工具的利用等方式来增进与客户和公众的交流,并加强与第三方专业机构的合作对其进行独立审计,保证实践软法规则外部推动作用的良好发挥。如此,才能更好地配合与推进中资企业“走出去”战略的要求,深度贯彻与落实“新发展理念”。

(二)新发展理念下中国对金融机构社会责任国际立法“国家参与”和“金融机构参与”并行路径实现的互动分析

随着治理理念的兴起,一种“作为各种公权或私权的个人和机构共同管理其事务的诸多方式的总和的,调和相互冲突或不同利益,并采取联合行动的持续性过程”①的治理形态开始见诸于国际和国内层面。而良好的治理(即“善治”)的评判标准则可以包括共同参与(participation)、厉行法治(rule of law)、决策透明(transparency)、及时回应(responsiveness)、达成共识(consensus oriented)、平等和包容(equity and inclusiveness)、实效和效率(effectiveness and efficiency)和问责(accountability)。② 在金融机构社会责任领域,无疑也需要通过各主体以多种手段在各个方面的联合行动以形成善治,国内层面对此最具直接性影响作用的主体显然就是政府和金融机构了。对我国而言,以国家身份参与金融机构社会责任立法,不仅是对新发展理念“开放发展”中“深度融入世界经济”“积极参与全球经济治理和公共产品供给”“积极承担国际责任和义务”等要求的贯彻落实,也使得我国在把握国际社会在该领域的最新发展趋势的同时,加强金融机构对利益相关者

---

① The Commission on Global Governance, *Our Global Neighborhood: The Report of the Commission on Global Governance*, Oxford and New York: Oxford University Press, 1995.

② United Nations Economic and Social Commission for Asia and the Pacific, What is Good Governance?, http://www.unescap.org/resources/what-good-governance, 2018 - 1 - 18.

责任的管控,更好地防范金融风险。同时,随着这一领域越来越被国际社会所重视,其无疑将成为后续国际商贸立法谈判中的重点之一。而对我国金融机构来说,参与社会责任的相关国际立法同样也是对新发展理念的良好实践,能够在极大地增强其风险防控能力和竞争力,形成品牌效应的同时,产生良好的经济、环境和社会绩效,加快其"走出去"步伐。

总体来看,国家参与金融机构社会责任国际立法的最终实现,需要通过国内立法将之形成本土化制度,而金融机构对其参与的社会责任国际立法的实现也离不开内部制度的架构和实践。显然,这两者在金融机构社会责任国际立法的实现上具有深厚的内在关联,见图 4 - 5。

从效果上看,以国家为主体参与金融机构社会责任国际立法,一方面能够为金融机构参与这一领域的国际立法提供一个良好的外部制度环境,敦促其加入相同议题的金融机构社会责任国际私政府立法;另一方面,也能为金融机构参与的无强制性的私政府立法内化之后的制度提供强制力基础,进而形成良好的制度合力。例如,我国于 1992 年和 1998 年分别签署了《联合国气候变化框架公约》与《京都议定书》,也正是在这一阶段,陆续颁布和修订了包括《水污染防治法》《大气污染防治法》《清洁生产促进法》和《环境影响评价法》等法律法规。金融行业的相关立法则体现为,中国人民银行 1995 年颁布的《关于贯彻信贷政策与加强环境保护有关问题的通知》、2007 年发布的《关于改进和加强节能环保领域金融服务工作的指导意见》等等;2011 年,国家发改委印发了《关于开展碳排放权交易试点工作的通知》,正式在我国开展《京都议定书》下联合履行机制、清洁发展机制、排放贸易机制催生的碳排放权交易市场试点。在这些政策的影响下,我国金融机构不仅开始注重绿色信贷、绿色保险和绿色证券等方面的业务发展,也开始积极加入相关的国际私政府立法,截至 2018 年 3 月,就有蚂蚁金服、台州银行、国家开发银行、招商银行、工商银行、兴业银行和平安银行 7 家金融机构参与了《联合国环境规划署金融倡议》;①兴业银行和江苏银行 2 家银行

① UNEP FI, Asia Pacific Members, http://www.unepfi.org/members/asia-pacific/, 2018 - 03 - 28.

宣布适用赤道原则(EPs);[①]275 家公司、团体、商会等组织加入联合国《全球契约》(UN Global Compact)。[②] 在文本架构方面,国家在参与金融机构社会责任国际立法之后进行的本土化制度建设,无疑为国内金融机构社会责任内部制度的建构提出了硬性标准,而金融机构对其参与的相同议题的金融机构社会责任国际私政府立法的相关实践,也为国家层面的立法提供了现实基础和一种"自下而上"的修正路径。

由此我们可以看到,金融机构社会责任国际立法的国家参与路径和金融机构参与路径之间呈现出一种互相影响、互为动力的正相关之关系,两者的良好互动能有效地推动金融机构社会责任在我国的落实。更为重要的则是,两者共同参与的并行路径无疑是对新发展理念"厚植开放"和"注重协调"之要求的最佳实践。

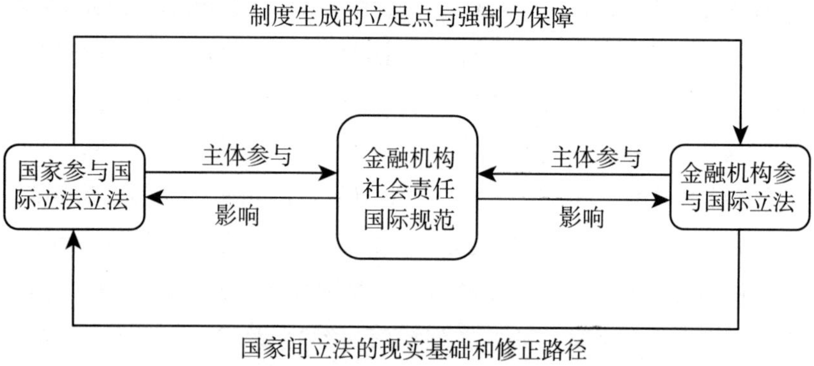

图 4-5 金融机构社会责任国际立法国家参与和金融机构参与的互动关系图

① Equator principles, Equator Principles Association Members & Reporting, http://www.equator-principles.com/index.php/members-and-reporting,2018-03-28.

② UN Global Compact, Explore Our Participants, https://www.unglobalcompact.org/interactive,2018-03-28.

三、新发展理念下中国对金融机构社会责任国际立法从单纯的“积极参与”到“参与规则”和“主导规则”并重的战略转变

(一)新发展理念下中国国家主体对金融机构社会责任国际立法从“积极参与”到“参与规则”和“主导规则”并重的转变

随着2008年全球性金融危机的爆发,世界各主要发达国家均遭受了重大打击,在世界政治经济发展不平衡的规律、两极格局解体后各种力量的迅速变化、要求改革旧国际制度的呼声和国际秩序的不合理性、新兴发展中大国的群体崛起等因素的共同作用下,国际政治经济秩序将“从一超多强的格局向权力分布相对均衡、去中心化的全球主义方向发展,一些大国和地区强国将共同参与全球治理,各个地区都将发展出独具特色的地区秩序,并通过全球性的规则或制度互相联系,超级大国将会消失,朝着无超级大国而只有大国的多极世界转变,而代替超级大国的,则正是区域力量”。[①] 这些地区秩序将更多地反映本地行为体的利益和认同,并成为新的世界秩序的重要基础。[②] 在这一场变革中,经济发展最为迅猛,已然成为世界第一大贸易国、世界第二大经济体、世界第二大对外投资国的我国的国际地位无疑得到了极大的提高,将在新的世界政治经济格局中发挥更加重要的作用。在对金融机构社会责任国际立法的参与战略方面,我国从过去的“积极参与”到当前的“参与规则”和“主导规则”并重的战略转变,不仅是我国对外开放的必然趋势,也是国家利益的需要和国际社会的诉求。

虽然晚近持续发展的工人运动、自然资源和环境保护运动、消费者保护运动,乃至直接性的企业社会责任运动,以及企业公民理论、利益相关者理论、企业社会互利价值观、企业长期目标观和国际社会对所有权相对化的呼吁,均为金融机构承担社会责任提供了良好的理论基础和实践铺垫,但当前该领域“国家间立法”的缓慢发展之现状却有力地表明,迅速构建一劳永逸的金融机构社会责任的“国家间立法”并不现实。而这种空白实际上也客

---

① Barry Buzan, “A World Order without Superpowers: Decentred Globalism”, *International Relations*, Vol. 25, No. 2, 2011, pp. 3 – 25.

② See Amitav Acharya, *The End of American World Order*, London: Polity Press, 2014, pp. 110 – 111.

观地为我国在该领域践行新发展理念"积极参与全球治理体系改革和建设",从"参与规则"向"参与规则"和"主导规则"并重的战略转变提供了良好的契机。

如前所述,后危机时代,发达国家的经济式微和新兴国家的群体性崛起造成了世界政治经济格局的剧变,进而引发了对冷战结束后形成的国际秩序的新一轮变革,在这场变革中,多极化的大国治理已然成为不可逆转的趋势,而与各类议题相连接的规则和制度则成为根本性的治理手段之一。当前,国际地位日益增强的我国也正积极参与到新的国际秩序和规则的构建当中以寻求更大的话语权。早在2014年党的十八届四中全会公布的《关于全面推进依法治国若干重大问题的决定》中,我国就明确提出要"积极参与国际规则制定,推动依法处理涉外经济、社会事务,增强我国在国际法律事务中的话语权和影响力,运用法律手段维护我国主权、安全、发展利益"。[①]习近平总书记在2015年的中央经济工作会议上也指出"要用好我国国际话语权和规则制定权上升的机遇,主动参与规则重构……为我国发展创造有利国际环境"。[②] 党的"十九大"报告则再次明确,我国将"积极发展全球伙伴关系,坚持对外开放的基本国策和秉持共商共建共享的全球治理观,继续发挥负责任大国作用,积极参与全球治理体系改革和建设,不断贡献中国智慧和力量"。[③] 我国在诸如应对气候变化,提供国际发展援助,牵头成立亚洲基础设施投资银行和金砖国家新开发银行,以"一带一路"倡议带动亚非欧沿线国家的发展等方面的一系列实践则表明,[④]我国在新发展理念的指导下,已经从国际规则的参与者和维护者,逐步转变成为一个国际规则的重要塑造者。

---

① 中共中央《关于全面推进依法治国若干重大问题的决定》,载人民网:http://cpc.people.com.cn/n/2014/1029/c64387-25927606-4.html,最后访问日期:2018年1月19日。

② 《中央经济工作会议在北京举行》,载新华网:http://news.xinhuanet.com/house/sjz/2015-12-22/c_1117534319.htm,最后访问日期:2018年1月19日。

③ 《习近平:决胜全面建成小康社会 夺取新时代中国特色社会主义伟大胜利——在中国共产党第十九次全国代表大会上的报告》,载新华网:http://news.xinhuanet.com/politics/19cpcnc/2017-10/27/c_1121867529.htm,最后访问日期:2018年1月19日。

④ 参见王赓武、魏玲、巴里·布赞等:《国际秩序的构建:历史、现在和未来》,载《外交评论》2015年第6期。

党的十八届五中全会所提出的"新发展理念"不仅再度重申和解读了新形势下的开放战略,更是直接表明了要求资本承担更多责任的态度,即"必须顺应我国经济深度融入世界经济的趋势,奉行互利共赢的开放战略,发展更高层次的开放型经济,积极参与全球经济治理和公共产品供给,提高我国在全球经济治理中的制度性话语权,构建广泛的利益共同体"。① 这在我国对金融机构社会责任国际立法方面"参与规则"和"主导规则"并重的战略中具体表现为:积极地将自身在相关方面的主张,通过双边、区域乃至多边等在内的"国家间立法"反映出来,并以积极推行的方式来实现。

例如,以正确处理人与自然之间的关系为核心内涵的绿色发展理念在金融领域的具体表现便是绿色金融,而所谓绿色金融,则是指"为支持环境改善、应对气候变化和资源节约高效利用的经济活动,即对环保、节能、清洁能源、绿色交通、绿色建筑等领域的项目投融资、项目运营、风险管理等所提供的金融服务",②这实际上也是金融机构对环境负责这一社会责任的具体体现。在中国的提议下,2016 年 G20 杭州峰会第一次对绿色金融议题进行了讨论,并将在会上达成的"为支持在环境可持续前提下的全球发展,有必要扩大绿色投融资"③这一共识写入了 G20 杭州峰会公报和《杭州行动计划》当中,这无疑是我国对金融机构社会责任"参与"和"主导"并重战略的重要体现。更具体地说,我国对金融机构社会责任的推广方式可以是将包括绿色金融在内的环保责任作为签订双边、区域和多边协定的基本条款,并在诸如"一带一路"框架下的协定、中国—东盟自由贸易区的系列安排、上海合作组织框架下的多种协定等具体的双边、区域和多边条约中,乃至于以我国为主导成立的亚洲基础设施投资银行、金砖国家新开发银行等国际性组织中将其列为原则性条款。这一系列的行为,显然都是我国践行新发展理念,提高在全球经济治理中制度性话语权的重要体现。

---

① 《授权发布:中国共产党第十八届中央委员会第五次全体会议公报》,载新华网:http://news.xinhuanet.com/politics/2015－10/29/c_1116983078.htm,最后访问日期:2018 年 1 月 19 日。

② 中国人民银行、财政部、国家发展改革委、环境保护部、原银监会、证监会、原保监会:《关于构建绿色金融体系的指导意见》第 1 条第(一)点。

③ G20,G20 Leaders' Communique Hangzhou Summit,http://unepinquiry.org/wp-content/uploads/2017/01/2016－09－04－g20－communique－en.pdf,2018－1－19.

(二)新发展理念下中国金融机构主体对金融机构社会责任国际立法从“积极参与”到“参与规则”和“主导规则”并重的战略转变

当前的国际金融体系无疑是受2008年全球金融危机影响最直接的领域,这一发源于1944～1973年主导国际社会的“布雷顿森林体系”的国际金融秩序所存在的,国际货币最后贷款者功能的缺失、拉大国际间贫富差距、国际金融监管缺失、主要的国际金融机构内部治理结构缺陷等问题,均在此次危机当中被集中地催化出来,而在当前国际秩序全面变革的背景下,对国际金融体系的深度改革也就显得迫切和理所当然。随着我国金融业对外开放的不断深入和国际地位的极大提升,我国无疑将在国际金融体系的重构中发挥重要作用和承担更多责任。晚近人民币加入国际货币基金组织的特别提款权(SDR)货币篮子、成立亚洲基础设施投资银行和金砖国家新开发银行以及丝路基金、成为金融稳定理事会的成员等事实均很好地表现了这一点。与此相对应,我国的金融机构也应当承担更多的责任,因而,我国金融机构在积极参与金融机构社会责任国际“私政府立法”的同时,实现“参与规则”和“主导规则”并重的战略转变也是合情合理的。

一方面,我国金融机构的体量巨大。在英国《银行家》杂志发布的“2017年全球1000家大银行榜单”中,共有126家中资银行上榜,17家跻身前100位,其中前5位中就有3家,中国工商银行更是以其全球最大的市值、第一的客户存款数和最多的营利被戏称为“宇宙第一银行”;另一方面,在新发展理念“厚植开放”的指导下,我国金融业“引进来”和“走出去”的双向开放格局迅速成型。2017年7月的全国金融工作会议、党的“十九大”和2017年12月的中央经济工作会议均强调了要形成全面开放的新格局,为我国金融机构走出去提供了良好的政策背景。当前我国金融机构的海外布局与“走出去”企业的分布不匹配,“走出去”的步伐明显滞后于企业,尚处于由海外探路阶段朝服务本国企业海外投资的过渡阶段,跨境金融服务的能力比较弱之现状,也从自身角度对我国金融机构全面“走出去”提出了要求。此外,我国长期以来相对封闭的金融业运行环境,不仅造成了我国金融机构在风险控制、内部架构、盈利手段等方面的不足,弱化了其竞争力,也使得社会责任这一在国际社会如日中天的理念被标签式地运用和习惯性地漠视。凡此种种,均构成了在新发展理念指导下,我国金融机构走出去和实现对金融机构社会责任国际立法“参与规则”和“主导规则”并重战略的可行性与必要性。于其具体路径,则至少可以从以下两个角度开展:

(1)通过个体金融机构对已有的有关社会责任的“私政府立法”进行积极参与来发出中国声音,包括良好的践行和提出修改的建议。例如,兴业银行在加入赤道原则之后连续多年参与由赤道原则秘书局召开的赤道原则年度大会以及由国际金融公司召开的年度学习大会,在2010年12月的赤道原则协会主办的“赤道原则未来五年战略规划研讨会”上,兴业银行从中国特有国情和本行可持续发展的战略构想入手,向与会各方介绍了该行在赤道原则执行过程中的收获与困惑,以及中国的绿色信贷政策,尤其是“环保黑名单”制度对于提升银行环境与社会风险识别能力的重要作用,并表达了赤道原则应当增加新兴市场国家金融机构参与权和话语权的想法。①

(2)通过本国金融机构社会责任私政府立法的构建来辐射国际社会,形成自身的更大影响。例如,截至2017年,“中国企业社会责任国际论坛”已经举办了十三届;作为一个诞生在我国的内涵丰富、拥有远大理想的可持续发展行动纲领的《中国金蜜蜂2020社会责任倡议》,已经被越来越多的企业所关注并参与;中国工商银行、中国银行、华夏银行、浦发银行、招商银行、中国民生银行、渣打银行7家“金蜜蜂银行”,也于2010年6月5日发布《金蜜蜂银行宣言》,表达“金蜜蜂银行”积极履行金融机构社会责任,努力实现经济、环境、社会可持续发展的不懈追求;②2017年1月19日,在瑞士达沃斯的世界经济论坛上,蚂蚁金服和联合国环境规划署共同发起成立全球首个金融科技企业的绿色数字金融联盟,旨在利用数字技术来促进应对全球环境挑战的融资,③等等。

---

① 参见兴业银行:《兴业银行应邀参加“赤道原则未来五年战略规划研讨会”系列会议》,载 https://www.cib.com.cn/cn/aboutCIB/social/news/20110105_3.html,最后访问日期:2018年1月20日。

② 参见中国工商银行、中国银行等:《金蜜蜂银行宣言》,载《WTO经济导刊》2010年第8期。

③ Green Digital Finance Alliance, Alliance Launched, https://www.greendigitalfinance.org/launch, 2018-1-20.

第五节　新发展理念下中国参与的金融机构社会责任国际立法与国内立法的互动机制

全球化条件下的治理议题呈现出整体性特点,但全球治理仍需在以民族国家为核心的世界秩序中进行,因此,国家治理和全球治理是两种并行的治理过程,两者既有差异,又相互影响,国家治理是全球治理的核心部分,全球治理是国家治理在全球化时代的延伸,而全球治理形成的国际制度伸入国内社会,影响着国家治理的发展。[①]

随着我国国际地位的急速提升和对外开放格局的进一步深化,更好地统筹和协调国内国际两个大局就成了必然的路径选择,党的十八届五中全会通过的《中共中央关于制定国民经济和社会发展第十三个五年规划的建议》对此描述道,“必须坚持打开国门搞建设,既立足国内,充分运用我国资源、市场、制度等优势,又重视国内国际经济联动效应,积极应对外部环境变化,更好利用两个市场、两种资源,推动互利共赢、共同发展”。[②] 该次会议的公报所提出的新发展理念也指出:“要丰富对外开放内涵,提高对外开放水平,协同推进战略互信、经贸合作、人文交流,努力形成深度融合的互利合作格局。”[③]这在金融机构社会责任领域表现为,积极参与相关的国际规则并完善对其的本土化实施,同时在此基础上进行加入自身意志的创新,进而对国际规则产生反作用。这不仅是前述政策环境的推动,也是增强我国话语权和金融机构走出去过程中的竞争力使然,更是对新发展理念“崇尚创新、注重协调、倡导绿色、厚植开放、推进共享”要求的重要体现。

实证主义法学家将国内法界定为国家立法机构或者授权机构所制定或

---

① 参见赵骏:《全球治理视野下的国际法治与国内法治》,载《中国社会科学》2014 年第 10 期。

② 中共中央《关于制定国民经济和社会发展第十三个五年规划的建议》,载人民网:http://politics.people.com.cn/n/2015/1103/c1001-27772701.html,最后访问日期:2018 年 1 月 21 日。

③ 《授权发布:中国共产党第十八届中央委员会第五次全体会议公报》,载新华社:http://news.xinhuanet.com/politics/2015-10/29/c_1116983078.htm,最后访问日期:2018 年 4 月 1 日。

认可,并由国家权力保障实施的法律规范的总称,而国际法则是由国家之间制定或者认可,反映国家共同意志的法律规范总称,其又可分为国际条约法与国际习惯法。自由法学者则对法律有着更宽泛的界定,“法律是一种对社会的控制”,可以用于任何由人操纵的制定规范并把这些规范适用于行为的过程,至于政府是否参与则在所不问。① 就当前的实践来看,有关金融机构社会责任的规则既有硬法性质的国家立法、国际条约法和国际习惯法,也有私人主体之间、非政府组织、次政府之间、私人机构发布的各类倡议、指引、协议、标准等软法性质的规则,而且后者发展得似乎更为迅猛。因此,为了更好地展现金融机构社会责任国际立法和国内立法之间的互动关系,本部分将以自由主义法学者的视角来对该领域国际立法和国内立法的互动形态、互动的有效性和互动的具体路径进行分析,其中的国际立法包括国家间立法和私政府立法两种类别,而国内立法则指国家立法和国内私人部门的立法两种形态。

一、新发展理念下金融机构社会责任国际立法和国内立法的互动形态分析

全球化程度的不断加深催化了国际社会对全球治理的呼吁,而通过各主体间条约和规则进行治理的方式,则在这一复合相互依赖加剧的趋势下形成了越来越多的相同和不同层次的议题,条约密度急剧攀升以致“在某些问题领域,如国际环境治理方面,甚至出现学者所描绘的‘条约堵塞’(treaty congestion)之现象”。② 而这实际上也反映出,尽管每一种制度建立的主要目的是针对并试图解决经济、安全、环境等特定领域的合作问题,但是它们在建立、维持以及有效性方面是彼此影响的。③ 当一个制度的内容、运作及结果受到另一个制度有意或无意的显著影响的局面出现时,制度互

---

① 参见刘志云等:《商业银行社会责任的法律问题研究》,厦门大学出版社2011年版,第7~8页。

② Brown Weiss, “International Environmental Issues and the Emergence of a New World Order”, *Georgetown Law Journal*, Vol. 81, No. 3, 1993, p. 679.

③ 参见刘志云:《全球化背景下国际法律制度的互动分析》,载《现代法学》2011年第2期。

动便发生了。[①] 新发展理念指出,我国应当积极参与全球经济治理和公共产品供给,提高在全球经济治理中的制度性话语权,无论是在国内还是国际层面,制度之间均呈现出一种互动状态,此种态势要求我国在通过"融入"与"塑造"等策略参与全球经济治理的时候,对制度之间的互动予以尊重和重点关注。同时,也应当在这个过程中遵循新发展理念"崇尚创新、注重协调、倡导绿色、厚植开放、推进共享"的要求。

作为较早地对制度互动进行关注的学者,奥兰·杨等人按照互动的"层次"不同,将制度之间区分为"水平联系"(vertical linkages)和"垂直联系"(horizontal linkages),前者是指在同一层次的社会组织层面运作的制度安排之间的联系,如国际货币基金组织与世界银行之间、欧盟与东盟之间的制度安排、《赤道原则》和国际金融公司《环境与社会可持续性绩效标准》之间的协同;后者则是指在不同层次的社会组织层面上运作的制度安排之间的联系,如《联合国气候变化框架公约》和《京都议定书》的实践需要国内制度层面上的能力支持。[②] 这些联系导致了嵌入式体制(embedded regimes)、嵌套式体制(nested regimes)、集束式体制(clustered regimes)和交叠式体制(overlapping regimes)。[③] 随后,奥兰·杨等人从国家/亚国家制度性安排与地方性(local)制度安排之间的互动,以及国际层面的国际机制与成员国国内体制之间的互动对制度之间的垂直互动关系进行了更深层次的分析,[④] 并将垂直互动进一步延伸为从空间、法律和政策权威的分配、管辖权范围三个角度共同界定而成的"跨层互动",即"两个或者多个有着高低不等的管

---

① See Olav Schram Stokke, "Trade Measures and Climate Compliance: Institutional Interplay between WTO and the Marrakesh Accords", *International Environmental Agreements: Politics, Law and Economics*, Vol. 4, No. 4, 2004, p. 342.

② See Oran R Young, The Science Plan for the project on the Institutional Dimensions of Global Environmental Change, IHDP Report No. 9/ IDGEC Science Plan 1999, http://www. ihdp. unu. edu/docs/Publications/IDGEC/Annual% 20Reports; Scoping% 20Reports;% 20Science% 20Plans/IDGEC%20Science%20Plan - 1999. pdf, 2018 - 1 - 21.

③ 参见[英]奥兰·杨:《世界事务中的治理》,陈玉刚、薄燕译,上海人民出版社2007年版,第156页。

④ See Oran R Young, *The Institutional Dimensions of Environmental Change: Fit, Interplay, and Scale*. Cambridge, MA: MIT Press, 2002, pp. 83 - 109.

辖权的机制之间的垂直互动”。①

就金融机构社会责任国际立法和国内立法的互动形态而言,其显然属于一种典型的垂直状态的跨层互动,金融机构社会责任国际层面的“国家间立法”和“私政府立法”,与国内层面的“国家立法”和“国内私人部门的立法”之间呈现出互相构建的共生共长之良性交叉关系,见图4-6。②

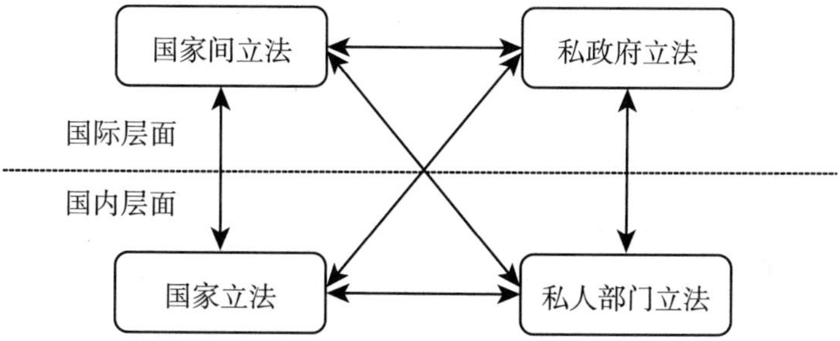

图4-6　金融机构社会责任国际立法与国内立法的互动关系图

在“国家间立法”和“国家立法”之间,后者通过“直接转化”或“间接转化”的形式将前者转化成自身的一部分,对前者进行贯彻与落实;而国家则凭借其实力与偏好,将符合其自身利益的“国家立法”全球化,推广到世界各地,甚至成为建构“国家间立法”的蓝本。例如,欧盟委员会于2002年1月提交了一个针对环境责任的法律框架草案,在反复磋商后形成《欧盟环境责任指令》,并于2004年生效,至2010年,欧盟各成员国相继以此为标准修订了各国的环境保护法;英国政府于2008年10月发布了世界上第一个衡量产品碳足迹的标准《商品和服务生命周期温室气体排放评估规范》(PAS2050),该标准主要用于计算产品和服务在整个生命周期内(从原材料的获取到生产、分销、使用和废弃后的处理)温室气体排放量。PAS2050标准自推广至今,已经有20家企业约75种商品参加,行业涵盖食品、家用

---

① Oran R Young, “Vertical Interplay among Scale-dependent Environmental and Resource Regimes”, *Ecology and Society*, Vol. 11, No. 1, 2006, p. 27.

② 诚然,如果我们将国际层面的金融机构社会责任立法和国内层面的金融机构社会责任立法分开述之,则可以遵循“国家间立法”和“私政府立法”之间、“国家立法”和“国内私人部门立法”之间的互动开展研究,此时其无疑属于一种水平状态的互动,鉴于此种互动在本章第二节和第四节已经进行相关阐述,故而在此不再赘述。

电器、纺织、建筑材料等,甚至不乏电子银行这种新兴的产业(如苏格兰哈里法克斯银行HBOS公司);就企业属地而言,不仅包括英国本土企业,而且可口可乐、达能、百事等多家知名跨国公司也参与其中。①

在国际层面的"私政府立法"和国内层面的"私人部门立法"之间,前者为后者提供了一个在金融机构社会责任方面的国际化的明确性实施标准,后者对前者的实践则成为其生命力的保证和重要的升级参考。典型的例子便是赤道原则的产生与发展,2002年,荷兰银行和国际金融公司发起召开了一个由9家国际性金融机构组成的研讨会,旨在商讨项目融资中的环境和社会影响问题,与会各方在会上均提供了自身在以往项目中的相关案例,这些项目因为环境和社会问题而引发了大量争议,在此基础上,各家银行一致同意成立一个工作组来起草一个框架以供其他银行参考,产生了私人部门立法对私政府立法形成的推动作用;随着赤道原则在全球融资市场上的广泛运用,其逐步成为一种通行世界的行业标准,为金融机构在进行会产生环境和社会影响的融资过程中,提供了一个科学的判定框架,加入赤道原则的银行都必须按照其要求,对本身的项目融资机制进行相应的改造,此时,私政府立法对私人部门立法的指导作用便体现出来。而在赤道原则顺应新形势进行更新换代之时,各赤道银行均结合自身在实践中的问题进行了反馈,成为赤道原则这一私政府立法的重要升级参考。②

此外,这四者也呈现出一种交叉的互动关系。在金融机构社会责任"私政府立法"和"国内立法"层面,正如前文所言,晚近有关金融机构社会责任的私政府立法呈现出快速发展的趋势,很多私政府立法被一些国家的国内立法所采纳,而这些私政府立法在修订的过程中也往往会邀请国家主

---

① 参见冯相昭、赖晓涛、田春秀:《关注低碳标准发展新动向——英国PAS2050碳足迹标准》,载《环境保护》2010年第3期。

② 例如,我国兴业银行积极参与到赤道原则Ⅲ的修订工作当中:2012年12月,兴业银行应邀派员参加在美国华盛顿召开的赤道原则年度大会,结合执行赤道原则几年来的经验和新兴市场国家的实际情况,其就赤道原则在高收入经合组织国家的应用、增加气候变化因素和保障报告与透明度方式等方面表达了自己的看法。同时,兴业银行在会上作为发起方之一与亚洲和大洋洲区银行共同提交了战略发展提案,提出加强区域信息交流、关注并促进不同市场国家机构公平参与赤道原则事务以及呼吁推动新兴市场国家金融机构采纳赤道原则并发挥其话语权等建议,该议案已得到2012年赤道原则年度大会的一致表决通过,并重新开启了赤道原则协会中长期战略的讨论。参见兴业银行:《2012可持续发展报告》,第128页。

体的参与并提出建议。例如,许多国家都采用了 ISO 制定的社会指南标准(ISO 26000),来指导本国在组织治理、人权、消费者保护、劳动实践、环境、公平的经营实践以及社区参与和发展等方面的立法,而事实上,该标准本身就是由 54 个国家和 24 个国际组织共同参与制定的;国际标准化组织在制定《产品碳足迹标准 ISO14067》之时,对英国政府 2008 年颁布的《商品和服务生命周期温室气体排放评估规范》(PAS2050)进行了大量的参考和借鉴。

金融机构社会责任的"国家间立法"和"国内私人部门的立法"之间的互动则往往通过"国家立法"的传导作用来实现。例如,经济合作与发展组织于 2003 年和 2008 年,分别发起了"发展金融素质共同原则"的政府间项目和"有关金融教育的国际通路"项目。我国则在其影响下发布了包括《关于进一步规范商业银行个人理财业务投资管理有关问题的通知》《商业银行信息披露办法》《企业内部控制应用指引第 4 号——社会责任》等一系列规定。在这些规定的要求下,国内大部分的金融机构均从金融知识宣传、消费者选择权和知情权等的保护、详尽的信息披露、消费者适当性等方面对其运作机制进行了完善。

事实上,这样一种金融机构社会责任国内立法和国际立法垂直型的交叉互动状态本身,就是对新发展理念"崇尚创新、注重协调、倡导绿色、厚植开放、推进共享"的最好体现,国内立法和国际立法的相互交融体现了双向开放的新态势,同时互相吸收各方切合实际的创新性举措,促成了国内立法和国际立法之间以及国家立法与私人部门立法之间的标准之协调,更好地推动了全球经济的绿色发展与共享发展。

二、新发展理念下金融机构社会责任国际立法和国内立法的互动效应分析

无疑,新发展理念深度融入世界经济、推进制度创新、形成促进创新的体制架构等要求,天然地蕴含着开展金融机构社会责任国际国内制度互动的诉求,而反过来,制度互动所产生的良好效应,对新发展理念的实施和金融机构社会责任国际国内制度的完善也将大有裨益。整体来看,制度互动的有效性可以分为三种类型,即功利性互动(utilitarian interplay)、规范性互

动(normative interplay)和观念性互动(ideational interplay),而在这每一种互动类型当中,既有可能是“支持性的”(supportive),也有可能是“阻碍性的”(obstructive)。①

功利性互动,是指某一制度的具体程序或者规则将会对另一个制度内的行为选择的成本以及收益产生变革性影响的制度互动,主要是通过提供守约激励或增加违约成本的方式,来影响行为体对制度的选择。企业在参与某个社会责任标准或者依据更新换代的标准进行机制改造,发布社会责任报告或者按照新的指数编制报告之时,无疑将会大大增加其行动路径、信息采集和披露等方面的成本。但在企业社会责任被广泛接受,且不断进化的情境下,企业付出的这些成本,事实上成为可能促进其更好发展的充要条件,这对于在金融全球化趋势下亟须提升软实力,更好地参与全球竞争的我国金融机构而言更是如此。例如,我国兴业银行加入赤道原则和根据新版的赤道原则进行制度升级,均为其带来了短期的人力、物力成本,但该行为在当前全球社会要求企业履行社会责任的呼吁下却显得理所当然,并且,这一行为能够与我国新发展理念“崇尚创新、注重协调、倡导绿色、厚植开放、推进共享”要求高度契合,将可能产生更为巨大的经济、环境和社会绩效,这无疑是对兴业银行守约的最佳激励,此种循环将产生一种“支持性”的互动。又如,金蜜蜂企业社会责任中国网于2008年开始举办中国企业社会责任报告国际研讨会,截至2017年,一共举办了十届,该会议邀请了国内外的诸多机构和专家参与,旨在讨论撰写企业社会责任报告时所遇到的问题和解决方案,以及推动落实企业社会责任的有效路径,有着较大的国际影响力。② 金融机构发布社会责任报告、根据研讨会的结果或其他新的指引编制社会责任报告,显然将会增加短期成本,但此种顺应潮流的行为却能够提升其企业形象,并可能获得良好的经济、环境与社会效应,产生一种“支持性”互动。

规范性互动,是指一种制度可以通过某一议题内什么是正确或者合适

---

① See Olav Schram Stokke, *The Interplay of International Regimes: Putting Effectiveness Theory to Work*, FNI Report 14, Fridtjof Nansen Institute, Oslo, 2001.

② 参见《第10届中国企业社会责任报告国际研讨会》,载企业社会责任中国网:http://www.csr-china.net/ind/2017/gb10/#review,最后访问日期:2018年4月23日。

的行为的认知来强化或者改变另一种制度的安排。例如,2008年的金融危机使得全球金融监管者产生加强监管的共识,同时认为2004年实施的《巴塞尔协议Ⅱ》并不能很好地控制风险,经过多年的博弈,对《巴塞尔协议Ⅲ》的修订已经于2017年12月完成,并将在2022年1月1日起逐步实施。可以预见的是,其有关修改信用风险计量方法、信用估值调整、操作风险资本计量方法、限制某些方面内部评级法的运用等修改将对各国的相关法律产生深远影响。但就我国来看,当前商业银行遵循的资本监管规定主要是银监会2012年颁布的《商业银行资本管理办法(试行)》,该管理办法迄今为止尚未进行变更,即便是巴塞尔协议在这期间已经进行了十几次修订,这显然是一种"阻碍性"的互动;劳动者的权益保护向来是国际社会关注的热点,同时也是企业承担社会责任的一个重要表现,国际劳工组织的《废除强迫劳动公约》《就业和职业歧视公约》《禁止最恶劣形式的童工劳动公约》,社会责任国际组织(SAI)建立旨在保护劳动环境、条件和劳工权利的全球首个道德规范国际认证标准SA8000等均是对该问题的较好回应,我国有关劳动者权益保护的法律法规之颁布或修订均受到了类似国际规则的影响,①有关部门和行业协会也均在此基础上进行了相关的规定,②这些规则在事实上对金融机构更好地保障劳工权益产生了极大影响。党的十八届五中全会提出的新发展理念,从中国经济社会发展的战略全局高度,深刻揭示了"十三五"乃至更长时期实现更高质量发展、更有效率、更加公平发展的宏观路径,深化了我们对马克思主义发展观的认识,③在此指导下,我国当

---

① 例如,我国《劳动法》第12条有关"劳动者就业,不因民族、种族、性别、宗教信仰不同而受歧视"、第13条有关"妇女享有与男子平等的就业权利"等规定,就体现了对我国批准的国际劳工组织《1951年男女劳工同工同酬公约》中相关规定的"吸收"。

② 例如,原中国保监会于2015年发布的《关于保险业履行社会责任的指导意见》要求保险机构"重视员工发展,依法与员工签订并履行劳动合同,杜绝任何形式的歧视,建立员工薪酬正常增长机制,实施员工福利计划,实现员工价值和企业发展融合,加强工会组织建设和职业教育培训,推进企业民主管理,为员工创造平等发展机会"。我国银行业协会2009年印发的《中国银行业金融机构企业社会责任指引》第9条规定"银行业金融机构应遵循按劳分配、同工同酬原则,构建合理的激励约束机制,保障员工各项权益,促进员工全面发展,为员工创造价值";第13条规定"银行业金融机构应提倡以人为本,重视员工健康和安全,关心员工生活,改善人力资源管理;加强员工培训,提高员工职业素质,提升员工职业价值;激发员工工作积极性、主动性和创造性,培养金融人才,创建健康发展、积极和谐的职业环境"。

③ 参见国家行政学院编写组编著:《中国新发展理念》,人民出版社2016年版,第27页。

前的众多制度均很好地体现了新发展理念“崇尚创新、注重协调、倡导绿色、厚植开放、推进共享”的要求。

观念性互动主要描述的是一种制度相互学习的过程,各制度之间通过增进对某个特定的议题或者行为模式在目标优先性或者实现方式等方面的认知来进行制度间的学习。其具体模式包括两种:

一是增加社会或者政府对于对象机制规范内容的关注,从而推动更多的政治或者民间力量来发展或执行这一制度。例如,自20世纪70年代开始,温室气体大量排放会导致全球变暖,进而破坏全球气候系统,对人类的经济和社会带来不利影响的认知开始受到国际社会的广泛关注,基于此种认知,一个旨在减少温室气体排放,应对全球气候变暖不利影响的《联合国气候变化框架公约》应运而生。我国作为世界上最大的发展中国家,对该问题给予了极大的关注,并将此种认知和关注,通过包括《关于改进和加强节能环保领域金融服务工作的指导意见》《关于防范和控制高耗能高污染行业贷款风险的通知》等在内的一系列控制本国影响气候变化污染物排放的规范,在实践中不断深入和强化。同时,我国于2011年开始了碳排放交易市场的试点工作,全国性的碳排放交易权也在2017年年底正式启动。有机构预测,全国碳排放权配额交易市场市值总规模有望达到1200亿元人民币,若考虑期货等衍生品,交易规模可达5000亿元人民币。[①] 赤道原则是金融行业共同认可的“一套在融资过程中用以确定、评估和管理项目所涉及的环境和社会风险的基准”,其所体现的注重融资项目环境和社会影响、平衡利益相关者利益、实现绿色可持续发展等理念,以及项目标准、评估细则等方面的具体设定得到了我国官方的重点关注。我国不仅与国际金融公司开展合作来研究绿色信贷在我国的实施,鼓励国内机构参与赤道原则,树立和深化对可持续贷款的认知,同时也将这些理念和基准在《节能减排授信工作指导意见》《关于加强银行业金融机构社会责任的意见》等规定中反映出来,以此推动我国金融机构在开展融资项目的过程中树立控制环境和社会风险的意识并付诸行动。

---

① 参见李禾:《低碳发展 中国可能引领国际潮流》,载《科技日报》2018年1月23日,第5版。

二是通过政策创新或成功经验的推广来提高对相关问题解决方案的认识。例如,作为中国企业社会责任议题最具影响力的行业垂直网站,金蜜蜂企业社会责任中国网自2008年起连续10年发布金蜜蜂企业社会责任——中国榜,目前已经有3000多家企业主动参加活动,291家企业成功入选成为"金蜜蜂企业","金蜜蜂企业"已经成为中国负责任企业的代名词。① 从2009年到2017年,中国银行业协会连续9年发布了银行业社会责任报告,并连续7年组织开展社会责任工作评估活动,成为行业和社会所广泛认可的责任品牌,在2016年的"《2016年度中国银行业社会责任报告》发布暨社会责任工作表彰会"上,其对获得2016年度最具社会责任金融机构奖、最佳公益慈善贡献奖、最佳民生金融奖、最佳绿色金融奖、最佳社会责任实践案例奖、最佳社会责任管理者奖、最佳社会责任特殊贡献网点奖以及公益慈善优秀项目奖的机构与个人进行了表彰,起到了很好的经验推广之作用。② 联合国环境部门对我国蚂蚁金服的"蚂蚁森林"计划进行了宣传,其认为蚂蚁金服基于其庞大的客户群体,设计了一个计算每个用户日常碳排放的程序,当客户减少的碳排放量达到一定数量时,蚂蚁金服与其合作伙伴便会在沙漠化地区种植一颗真正的树木,该部门负责人表示"这表明数字金融在动员民众支持可持续发展和应对气候变化方面拥有巨大的未开发的力量"。③ 此种连续性或间断性的,将某个或某几个企业履行社会责任的案例,作为典型事件进行宣传推介或给予荣誉性称号的方式,无疑有助于金融机构对履行社会责任认知的提高、理念的强化以及在实践中的履行方式之创新。

无论是制度之间的功利性互动、规范性互动还是观念性互动,其在金融机构社会责任国际立法和国内立法具体领域的互动产生的实效均很好地体现了新发展理念"崇尚创新、注重协调、倡导绿色、厚植开放、推进共享"的要求,例如,金融机构在制度互动影响下对客户和劳动者关系的保护,体现

---

① 参见《金蜜蜂企业名录》,载企业社会责任中国网:http://www.csr-china.net/html/2015/gbc2015.html,最后访问日期:2018年4月23日。

② 参见《〈2016年度中国银行业社会责任报告〉发布》,载新华网:http://www.xinhuanet.com/money/2017-07/03/c_1121253308.htm,最后访问日期:2018年1月23日。

③ UN Environment,China's Ant Financial shows how digital clout can fight climate change,https://www.unenvironment.org/news-and-stories/story/chinas-ant-financial-shows-how-digital-clout-can-fight-climate-change,2018-1-23.

议定书》、2000 年的《千年发展目标》和 2015 年的《可持续发展目标》以及《巴黎气候协定》等均很好地体现了这一点。而这些源制度对我国颁布的包括《水污染防治法》《大气污染防治法》《清洁生产促进法》《环境影响评价法》《关于开展碳排放权交易试点工作的通知》《关于贯彻信贷政策与加强环境保护有关问题的通知》《关于改进和加强节能环保领域金融服务工作的指导意见》等各类目标制度均产生了一种"源制度—因果路径—目标制度"的能动影响。

从"输出"层级来看,1992 年联合国在里约热内卢召开的环境与发展大会所发布的《里约环境与发展宣言》和《21 世纪议程》,以及通过的《气候变化框架公约》从信息、知识和观念的认知方面以及责任约束力方面对我国的相关理念和制度产生了影响。在会议结束后,我国颁布了《环境与发展十大对策》,首次在国内提出可持续发展战略,并于 1995 年颁布了《中国 21 世纪议程》,制定了我国可持续发展战略的国家行动计划和措施。[①] 同年,中国人民银行颁布了《关于贯彻信贷政策与加强环境保护有关问题的通知》,使得在促进经济发展的同时关注环境保护这一源制度的输出理念延伸至我国金融业的具体制度当中。2007 年以来,由国家环保总局与金融业联手推出的"绿色信贷""绿色保险""绿色证券"三项绿色环保政策,使"绿色金融"制度初具框架,为我国金融业挺进环保主战场奠定了坚实的基础。[②] 晚近,包括 2009 年的《哥本哈根协议》、2015 年的《2030 年可持续发展议程》和《巴黎气候协定》等制度也从"输出"层级对我国产生了理念和责任方面的影响,典型的例子便是"绿色发展"被列为新发展理念的五大支柱之一,而其在制度上则表现为:将经济社会发展与环境保护协调的环境保护优先原则纳入到 2014 年新修订的《环境保护法》当中,并在 2016 年 3 月通过的《中国"十三五"规划纲要》中明确提出要"建立绿色金融体系,发展绿色信贷、绿色债券,设立绿色发展基金",同年 8 月颁布了《关于构建绿色金融体系的指导意见》,标志着我国构建系统性绿色金融政策框架的国家战

---

① 参见成思危主编:《未来五十年:绿色革命与绿色时代》,中国言实出版社 2015 年版,第 21 页。

② 参见李国志、李宗植:《中国发展低碳经济的金融创新支持》,载《价格月刊》2010 年第 12 期。

略正式形成。

通过对目标制度的塑造性或变革性影响,源制度对我国参与相关目标制度的行动主体产生了“结果”层级的行为推动力。例如,中国工商银行早在2002年就率先在国内成立专门从事行业信贷风险控制的职能部门——行业分析中心,通过制定行业信贷政策来进行结构调整和风险防范;[①]2007年,中国工商银行在同业中率先出台了《关于推进“绿色信贷”建设的意见》,将企业环保守法情况作为授信的前提条件,建立了企业环保名单,对所有贷款项目和贷款企业实行环保“一票否决制”;[②]2011年,中国工商银行印发了《绿色信贷建设实施纲要》,明确将推进绿色信贷作为该行长期坚持的重要战略之一,从基本原则、产品供给、项目把控、风险管理等方面进行了具体的阐释和部署。[③] 交通银行出台了《“绿色信贷”工程建设实施办法》和《环保标识分类标准操作手册》,依据客户的授信和项目对环境的影响程度将所有的客户分为红色、黄色和绿色3大类7小类,进行分类管理。[④] 中国太平洋保险公司于2009年在其项目投资事业部内设立了低碳经济行业组,专门负责诸如风能、水利、核能发电等低碳项目。[⑤] 兴业证券公司负责经营的海峡股权交易中心积极推进低碳经济发展,于2016年12月启动福建省碳排放权交易,开始交易福建省碳排放配额、林业碳汇、国家核证自愿减排量(CCER)3类产品。[⑥]

在“输出”层级的理念和制度影响及“结果”层级的行为互动传导下,上文所述的源制度对我国金融业环境保护相关目标制度的实施效果产生了极大的“协同增效作用”。在绿色信贷方面,截至2016年年末,我国21家主要银行业金融机构的绿色信贷余额升至7.51万亿元,占各项贷款余额的8.83%,其中,节能环保、新能源、新能源汽车等战略新兴产业贷款余额为1.70万亿元,节能、环保项目和服务贷款余额为5.81万亿元,预计可年节约

① 参见张慧:《全面建设“绿色”银行》,载《中国金融家》2011年第5期。

② 参见刘浩:《绿色信贷,撬动低碳经济的金融支点》,载《中国农村金融》2010年第5期。

③ 参见徐晓华:《我国商业银行绿色信贷发展方向与机遇》,载《投资研究》2012年第5期。

④ 参见佚名:《交通银行高效推进“绿色信贷”工程》,载http://news.sohu.com/20080627/n257794169.shtml,最后访问日期:2018年4月12日。

⑤ 参见中国太平洋保险(集团)股份有限公司:《2009年企业社会责任报告》,第70页。

⑥ 参见兴业证券股份有限公司:《2016可持续发展报告》,第12页。

标准煤1.88亿吨,减排二氧化碳当量4.27亿吨,减排化学需氧量271.46万吨、氨氮35.89万吨、二氧化硫488.27万吨、氮氧化物282.69万吨,节水6.02亿吨。① 在绿色债券方面,截至2017年9月末,中国绿色债券发行总量达到1418.7亿元人民币,与2016年前三季度相比,中国绿色债券发行总量同比增长11.2%,占全球绿色债券市场的23%。② 在绿色保险方面,从2007年至2015年第三季度,投保环责险的企业已经超过4.5万家次,保险公司提供的风险保障金累计超过1000亿元。③ 2016年,全国投保企业1.44万家次,保费2.84亿元;保险公司共提供风险保障金263.73亿元,与保费相比,相当于投保企业的风险保障能力扩大近93倍。④

由此我们可以看到,国际上有关环境保护的制度集结作为源制度,从理念认知和责任约束等方面对我国金融机构环境责任的相关目标制度产生了"输出"层级上的互动,进而影响到相关行为体"结果"层级上的行为,最终在"影响"层级上达成了良好的实施效果。值得注意的是,这样一种从源制度到目标制度的互动并非都是由国际层面延伸到国内层面,国内层面的某些制度作为源制度,与国际层面的某些制度产生互动影响也是存在的。例如,在新发展理念"倡导绿色"的要求下,我国开始重点关注绿色金融的发展,有关绿色金融的一系列制度集结,包括中共中央国务院《关于加快推进生态文明建设的意见》《关于构建绿色金融体系的指导意见》等,通过2016年G20杭州峰会这一平台向国际社会"输出"了这一理念,反映在G20杭州峰会公报和《杭州行动计划》当中。如果我们从时间的接续性角度来看,绿色金融实际上是在国际层面和国内层面形成了一个双向的互动过程,即国际社会有关环境保护的制度引起了我国包括金融领域在内的各行各业的环

---

① 参见潘光伟:《不忘初心 银行业履行社会责任再创佳绩——中国银行业协会党委书记、专职副会长潘光伟发布〈2016年度中国银行业社会责任报告〉》,载http://www.china-cba.net/do/bencandy.php?fid=43&id=16595,最后访问日期:2018年4月12日。

② 参见中央结算公司:《中国绿色债券市场季报(2017年3季度)》,第1页。

③ 参见中国环境保护部:《环境保护部公布2015年环责险投保企业名单》,载http://www.zhb.gov.cn/gkml/hbb/qt/201512/t20151223_320045.htm,最后访问日期:2018年1月25日。

④ 中国环境保护部:《关于公开征求〈环境污染强制责任保险管理办法(征求意见稿)〉意见的函》,载http://www.zhb.gov.cn/gkml/hbb/bgth/201706/t20170609_415774.htm,最后访问日期:2018年1月25日。

保意识和制度构建,而晚近我国对绿色金融的一系列探索则又反过来对国际社会的绿色金融体系之构架产生了能动的反作用。

无疑,金融机构在实施开放战略之时必然要面临与社会责任国际立法的接轨问题,国内立法与相关国际立法的良性互动显然是十分必要的,而这同样也是新发展理念“创新发展、协调发展、绿色发展、开放发展、共享发展”的必然要求。因此,必须建立金融机构社会责任的国内立法与我国参与的金融机构社会责任国际立法的沟通与协调机制,使得包括“国家间立法”“私政府立法”“国家立法”“国内私人部门立法”在内的“国际法层面”以及“国内法层面”的立法,在对立统一的矛盾运动中不断发展以适应社会需求,在“新发展理念”下推动我国金融机构社会责任制度不断完善,更好地融入各国国内法互相影响、互相协调、互相融合、逐步趋同,国际法所涉及领域的不断增多、深度不断加强、影响面不断扩大的法律全球化之发展趋势,在国际化方面取得事半功倍的效果。

正如本章第四节所言,我国当前对金融机构社会责任国际立法采取的是“国家参与”和“金融机构参与”的并行路径以及“参与规则”和“主导规则”并重的参与战略,这一方针无疑能够对我国金融业社会责任产生良好的效益。但从制度的互动来看,单个主体的参与虽然能够最终产生协同效应,却也可能出现互动路径的断裂或者实施效果上的“中性”甚至“阻碍”之状态,这尤其容易在金融机构对没有外在强制约束力的私政府立法的参与当中出现。此时,构建一个金融机构社会责任国际立法和国内立法的互动平台就呼之欲出了。就目前来看,在成立于2017年11月,旨在统筹协调金融稳定和改革发展重大问题的国务院金融稳定发展委员会当中,专门设立一个金融机构社会责任工作小组,全面统筹金融行业社会责任的社会责任立法和实施问题显得较为合理,这同样也是从全局出发践行新发展理念的必然要求,见图4-8。一方面,其本就承担着金融业相关问题的统筹协调工作,范围涵盖了整个金融行业;另一方面,在官方层面成立的相关机制有着一定的强制性,这对社会责任这一要求较强自觉性的内容之实践具有保障性作用。该小组在有关金融机构社会责任国际立法和国内立法的互动方面主要从参与层面和实施层面上发挥作用。

在参与层面,主要是组织专家对国内外有关金融机构社会责任的相关

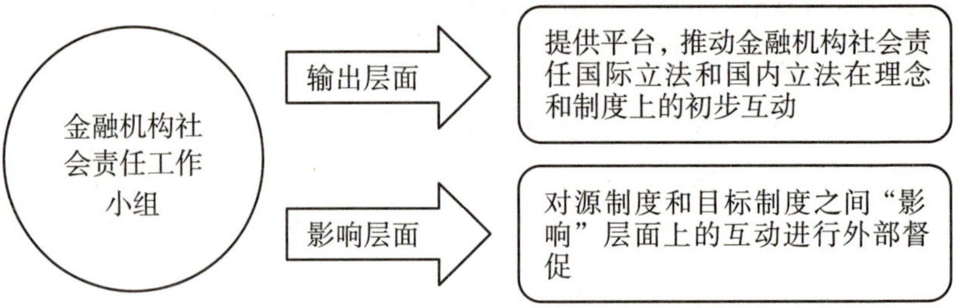

图4－8 我国金融机构社会责任国际立法和国内立法互动平台图解

立法及其修订的内容进行翻译、介绍和评估，与制度制定组织进行接洽与互动，并定期举行金融机构社会责任论坛，邀请制度制定组织以及国内外的官方监察机构、非政府组织、私人机构等主体共同参与，鼓励各主体之间在有关规则方面的交流，从而在制度互动的“输出”层面提供一个较为固定和全面的平台，推动金融机构社会责任国际立法和国内立法在理念和制度上的初步互动。在实施层面，主要是对制度之间“影响”层级上的互动进行外部督促，具体而言就是鼓励包括政府、行业组织、非政府组织、媒体、社会公众等多方主体对金融机构履行社会责任进行监督，并通过制度完善、标准制定、开展评估、正确引导等正向规制和业务限制、直接罚款、负面宣传乃至取消资质等反向刺激的方式推动金融机构的行为规范化。当然，金融机构本身从强化理念认知，完善组织架构、制度建设和实施流程等方面构建其实施社会责任行动的内部督促机制，无疑也是极其重要的，只有在内外部督促机制的共同作用下，其才能在制度互动的“结果”层级上产生更好的效果，进而实现在“影响”层级上协同增效的达成。

本章小结

发展理念是发展行动的先导，是管全局、管根本、管方向、管长远的东西，是发展思路、发展方向、发展着力点的集中体现。① 党的十八届五中全

---

① 参见霍小光：《五个细节折射中国发展理念新飞跃》，载 http://www.xinhuanet.com/politics/2015－11/04/c_1117041527.htm，最后访问日期：2018年4月2日。

会提出的新发展理念无疑就是这样一种先导，其从中国经济社会发展的战略全局高度，深刻揭示了“十三五”乃至更长时期实现更高质量发展、更有效率、更加公平发展的宏观路径，深化了我们对马克思主义发展观的认识。[①] 当前，新发展理念已经深入到我国政治、经济、文化等领域的方方面面。对金融机构的社会责任而言，我国参与该领域的国际立法，统筹其在国际国内两个层面的规则，并形成内外发展之联动，不仅是顺应我国经济深度融入世界经济趋势、进一步提升对外开放水平等时代背景下的必然选择，也是提高金融机构自身市场竞争力、配合与推进中资企业“走出去”战略的要求，更是践行新发展理念“崇尚创新、注重协调、倡导绿色、厚植开放、推进共享”的必然要求。

由于国家之间的分歧以及立法成本等问题，在金融机构社会责任领域，以国家之间通过协商达成的国际条约或约定形成的“国家间立法”进展缓慢，而非国家行为体通过协商或自身的主导构建的“非国家间立法”（或者说“私政府立法”）则发展迅速，并成为当前的主流。但两者之间却也呈现出一种相辅相成、互为因果的正相关之关系。在新发展理念的指导下，我国政府对“国家层面”的金融机构社会责任国际立法的态度和策略已经发生重大转变，开始积极参与到该领域规则的实践和构建当中。而在“私政府立法”层面，我国金融机构从参与的绝对数值上看却表现一般，各金融机构远未将对社会责任国际立法的参与提升到战略高度，但从已经参与的个体来看则表现不俗，兴业银行对赤道原则的践行便是一个典型的例子。该行对赤道原则的积极参与和深入实践，不仅产生了良好的环境和社会效应，也为其带来了可观的收益，使其从偏居东南一隅的地方性银行到区域性银行，再到全国性银行、上市银行，完成了四级跨越，也由单一银行演变成为以银行为主体的综合金融服务集团。

按照新发展理念“崇尚创新、注重协调、倡导绿色、厚植开放、推进共享”的要求，我国对金融机构社会责任国际立法无疑应当遵循“国家主体参与”和“金融机构主体参与”的并行路径，而对其具体战略也需要从过去的“积极参与”转变为“参与规则”和“主导规则”并重。同时，应当与时俱进，

① 参见国家行政学院编写组编著：《中国新发展理念》，人民出版社2016年版，第27页。

注重金融机构社会责任国际立法和国内立法之间的互动协调,构建一个具有强制性的国际立法和国内立法的常态性互动机制。如此,才能更好地推动金融机构社会责任在我国的良善实践,促进我国金融机构的"软实力"和"硬实力"的平衡发展,进而更好地助力我国的"走出去"战略和对外开放新局面,提升我国在全球经济治理中的地位和制度性话语权,打造我国"成熟、负责任、有吸引力"的大国形象。

第五章　新发展理念下中国金融机构社会责任立法后评估机制研究

党的十八届四中全会公报强调“加强企业社会责任立法”。无疑，金融机构社会责任法制化既是当下共识，也是未来趋势，但从当前国内相关立法状况及其与国际规范的对接情况来看，如何实现法制化是中国金融机构社会责任立法研究的难点所在。以 2010 年中国特色社会主义法律体系形成为历史节点，国内立法工作正由“建构式”立法转向“完善式”立法，由追求立法的“量”转向追求立法的“质”。立法后评估工作既是立法行为的延续，也是对立法行为的反思和评价；不仅能客观评价当下立法，也能为立法的进一步完善提供理论和制度上的支持。无论是上溯至国务院于 2004 年发布的《全面推进依法行政实施纲要》，还是观诸 2015 年修订的《立法法》之规定，立法后评估机制在当今立法工作中的地位都已经举足轻重。在理论层面上，以汪全胜、俞荣根、任尔昕等学者为代表，对立法后评估的研究已经非常深入；在制度层面上，立法后评估机制不仅出现于以《立法法》为代表的国家层面的立法中，也已经成为地方立法体系不可分割的一部分,逐渐成为追踪与保障立法质量的常态机制。因此,建立科学有效的中国金融机构社会责任立法后评估机制,不仅是新发展理念下中国金融机构社会责任立法工作的一部分,也是立法工作的延续,将为立法的进一步完善奠定制度基础。

第一节　新发展理念下中国金融机构社会责任立法后评估的内涵及重要意义

一、新发展理念对构建中国金融机构社会责任立法后评估机制的要求

面对全面建成小康社会决胜阶段复杂的国内外形势以及当前经济社会发展的新机遇、新矛盾和新挑战,党的十八届五中全会坚持以人民为中心,提出了以“创新、协调、绿色、开放、共享”为主要内容的“新发展理念”。[①]“新发展理念”呈现了“十三五”乃至更长时期我国发展的方向和思路,是管全局、管根本、管长远的导向,具有战略性、纲领性、引领性。[②] 鉴于金融机构在国民经济发展中扮演的重要角色——既是现代经济的核心和枢纽,又是社会资源再分配的重要杠杆,加强金融机构社会责任立法与“新发展理念”若合符契。对金融机构社会责任立法而言,“崇尚创新、注重协调、倡导绿色、厚植开放、推进共享”既是挑战,也是目标——如何从“创新、协调、绿色、开放、共享”五大理念出发,构造能够有效推动和谐社会建设的金融机构社会责任立法。金融机构社会责任立法研究必须以充分了解立法现状为前提,最终目的是在“新发展理念”之下完善立法体系,优化立法内容,促进金融机构社会责任的履行,构建和谐社会。更为重要的是,我们对中国金融机构社会责任的立法研究以及构建与完善具体的制度体系并不是“一锤子买卖”,而是要做到立法基本完成后能够对其持续评估,根据外在环境的变

---

① 《中国共产党第十八届中央委员会第五次全体会议公报》,载 http://news.xinhuanet.com/politics/2015-10/29/c_1116983078.htm,最后访问日期:2018 年 6 月 10 日。

② 参见王立胜:《深刻把握习近平新时代中国特色社会主义经济思想》,载 http://paper.dzwww.com/dzrb/content/20171227/Articel13002MT.htm,最后访问日期:2018 年 5 月 12 日。

化以及立法的目标与技术方法的提升,“与时俱进”地改进立法,让立法工作从一次性的“静止”状态变成一种持续动态的过程。鉴于此,立法后评估是中国金融机构社会责任立法研究不可分割的一部分,其不仅有助于厘清立法现状,也有助于寻找并确立金融机构社会责任立法的完善路径。因此,立法后评估技术的运用及其常态化是“新发展理念”在立法工作中的必然要求,是对立法工作的科学性与合理性的检验。

以“创新、协调、绿色、开放、共享”五大发展理念为指导,以坚持以人民为中心的根本,“新发展理念”对金融机构社会责任立法后评估的要求主要体现在以下方面。

第一,鉴于金融机构社会责任立法对社会经济发展的重大影响以及对“创新发展”的重大推动作用,金融机构社会责任立法后评估制度应当有所创新,包括评估方法、评估主体等的创新。尽管我国已在部分地区开展了立法后评估工作,但现有的评估方法较为单一。立法后评估的主要环节集中于信息搜集、调查、分析三个方面。在信息搜集方面,目前仅限于文献资料检索、网络信息整理;在调查方面,目前还是以定性调查和定量调查为主,其方法也限于问卷调查、个人访谈等;在资料分析方面,目前所采用的分析方法还不够科学,容易偏向于主观判断,客观分析较为欠缺。因此,金融机构社会责任立法后评估工作应当创新评估方法,借鉴已有经验以拓展和完善评估手段,灵活运用数学统计、经济模型、社会学研究等方法,促进金融机构社会责任立法后评估质量的提高。在评估主体方面,从既有已经完成的立法后评估工作情况看,评估主体大多为法律法规的制定与实施机构,致使得出缺乏客观性的评估结论。因而,创新评估主体机制也是完善金融机构社会责任立法后,进行评估工作时的必然选择,应积极采纳金融机构各方利益相关人的建议,并谋求与第三方评估组织的合作,从而使评估结果更加客观可信。

第二,鉴于金融机构社会责任立法背负促进“协调发展”的重任,立法后评估应当聚焦程序与实体、过程与结果回应上的协调性。从动态上看,立法后评估程序指的是相关机构以优化和完善法律法规为宗旨而进行的一连串评估工作的过程。[①] 应当明确的是,金融机构社会责任立法后评估的程序与评估实体内容同样重要。一是立法后评估程序旨在监督金融机构社会责任立法后评估的全过程,使评估结果更为客观与科学;二是立法后评估程序有助于防范金融机构社会责任立法后评估过程中可能存在的专断和恣意行为,避免部门利益侵害社会公共利益。[②] 但在实践中,很多机构在立法后评估中忽视程序正义,未建立程序公开的透明机制,极大地影响了立法后评估结果的公正性。因此,金融机构社会责任立法后评估应当吸取实践经验,重视程序正义,使立法后评估的程序与实体实现平衡与协调。另外,根据已有的立法后评估经验,对于评估结论中提出的对策提议,有关部门的反馈意见较少,缺乏相应的反馈回应工作机制。事实上,新发展理念下金融机构社会责任立法后评估旨在为相关机构修改和完善相关法律规范提供依据,故而在今后的金融机构社会责任立法后评估工作中,相关立法机关应该积极运用立法后评估结果,及时、有效地回应立法问题,从而使立法后评估机制发挥出真正价值。

第三,在"绿色发展"理念下,促进环境可持续发展的法律或道德义务构成金融机构社会责任立法的重要方面,立法后评估应当注重考虑绿色指标。"绿色发展"是可持续发展的必然需求。具体的讲,绿色发展不仅是实现人与自然和谐共存、永续发展的必由之路,更体现了人民对美好生活的追求。[③] 改革开放40年来,我国经济社会建设取得了很大的成绩,但是也付出了相当沉重的环境代价。当前与未来的时期,经济社会发展面临着相当大的环境压力。为了实现永续发展,建设美丽中国,实现人民对美好生活的追求,必须要树立"绿色发展"理念,坚持节约资源和保护环境的基本国策。"绿色发展"理念与可持续发展理论一脉相承,要求金融机构自身内部管理与进行项目融资时应当承担环境保护的社会责任。相应地,金融机构社会责任立法应当重点规制金融机构践行环境责任的行为,并理应成为立法后评估的重点内容。申言之,对于我国金融机构社会责任立法后评估机制,无

① 参见汪全胜等:《立法后评估研究》,人民出版社2012年版,第165页。

② 参见谢忠华:《立法后评估制度研究》,武汉大学2014年博士学位论文。

③ 参见邸乘光:《习近平新时代中国特色社会主义思想的科学体系》,载《中国井冈山干部学院学报》2018年第2期。

论是评估方法、评估资源还是评估内容，皆应以可持续发展为依归，选择最优策略和指标。

第四，为贯彻与落实“开放发展”理念，金融机构能够也必须在企业的“引进来”与“走出去”中扮演至关重要的角色，同时，金融机构社会责任立法后评估机制也必须有这样的“引进来”与“走出去”的双向互动机制，关注国内评估机制与国际评估机制的互动。立法后评估制度源自于西方。经过几十年的发展，美国、英国、德国等西方发达国家的立法后评估制度已经取得了长足的发展。例如，早在20世纪70年代，德国就十分注重立法后评估的法制化进程，经过多方努力，德国联邦于2001年颁布了《立法效果评估手册》，以对立法后评估工作作出相应指引；[①]20世纪90年代后期，美国开始展开相应的监管变革，颁布了不少与立法评估相关的规范性文件，并着手制定系统性的《改善监管法》；[②]英国在2000年发布了《制定好的政策：监管影响评估指南》等一系列有关立法后评估的文件。[③] 立法后评估制度在我国还属于新事物，处于探索阶段，尤其是金融机构社会责任立法后评估机制，目前还尚未有相关实践。因此，有必要借鉴与吸收一些国家的先进做法。当然，评估机制的建构一定要适应评估工作开展的社会环境，要体现我国特色。是故，我国相关机构应该及时总结各国评估机制的利与弊，结合“新发展理念”以及我国的实际情况来建构中国特色社会主义金融机构社会责任立法后评估机制。

第五，在“共享发展”理念的指导下，金融机构社会责任立法后评估机制必须蕴含“全民共享”、“全面共享”、“共建共享”以及“渐进共享”之特点，这主要体现在评估主体的选择方面。坚持“共享发展”理念，就是要坚持发展为了人民、发展依靠人民、发展成果由人民共享的理念，做出更有效

---

① The Federal Ministry of Justice, Manual for Drafting Legislation, https://www.bmjv.de/SharedDocs/Downloads/DE/Themen/RechtsdurchsetzungUndBuerokratieabbau/HandbuchDerRechtsfoermlichkeit_eng.pdf? __blob = publicationFile&v = 4, 2018 - 4 - 26.

② Improving Regulation and Regulatory Reform, https://www2.ed.gov/policy/gen/reg/retrospective-analysis/index.html, 2018 - 4 - 24.

③ See Cary Coglianese, “Measuring Regulatory Performance”, https://www.oecd.org/gov/regulatory-policy/1_coglianese%20web.pdf, 2018 - 4 - 25.

的制度安排,使全体人民在共建共享发展中有更多获得感,从而增强发展动力。[①] 新发展理念下中国金融机构践行社会责任的核心是对股东、雇员、客户、社区、环境以及国家等利益相关者的保护,故而金融机构社会责任立法后评估机制亦必须设计出科学合理的多方参与评估机制,让更多的利益方积极参与、群策群力,以期制定出更好的金融机构社会责任法律体系。如此,才能最终落实金融机构社会责任,营造金融机构社会责任法律文化,并确保"人人共享"由此带来的发展成果。

二、新发展理念下金融机构社会责任立法后评估的内涵

立法后评估在我国现行的立法实践中有不同的称呼,常见的主要有"立法评价""立法评估""法律跟踪评估""立法跟踪问效评估""立法回头看",等等。[②] 具体到立法后评估的概念界定,专家学者对此也是见仁见智。有学者认为,立法后评估"就是在法律法规制定出来以后,由立法部门、执法部门及社会公众、专家学者等,采用社会调查、定量分析、成本与效益计算等多种方式,对法律法规在实施中的效果进行分析评价,针对法律法规自身的缺陷及时加以矫正和修缮"。[③] 有学者指出,立法评价是指"法律实施一段时间后对法律的功能作用、实施效果的评论估价和在此基础上对整个立法质量、价值的评论估价"。[④] 也有学者认为,立法后评估是指"立法机关主导的多元化主体参加的,按照一定的方法和步骤,对法律和法规等规范性文件的质量以及能否取得实效进行评价,从而为法律和法规等规范性文件的制定、修改、废止提供意见的活动"。[⑤] 尽管学者对立法后评估的概念界定有所差异,但从实质内涵看,立法后评估概念主要包括以下四项构成要素:一是立法后评估主体。一般而言,相关立法机构、政府部门以及行业专家等主体可以共同评估相关法律规范。二是立法后评估的对象。唯有厘定

---

① 参见秦汉锋:《用五大发展理念引领银行业改革发展》,载《中国农村金融》2015 年第 24 期。

② 参见汪全胜:《立法后评估概念阐释》,载《重庆工学院学报》(社会科学版)2008 年第 6 期。

③ 高勇:《法规质量评估,走向地方立法前台》,载《人民之声报》2006 年 7 月 13 日,第 4 版。

④ 周旺生、张建华主编:《立法技术手册——立法支持经济改革丛书》,中国法制出版社 1999 年版,第 499 页。

⑤ 孙晓东:《立法后评估的原理与应用》,中国政法大学出版社 2016 年版,第 17~18 页。

明确的评估对象,方能准确界定评估的目标。三是立法后评估的方法。采用丰富而又科学合理的评估方法有助于提升评估结果的客观性与准确性,因而选择适当的立法后评估方法尤为关键。四是立法后评估的目的。通常认为,立法后评估通过审核相关立法在实践中存在的弊端、相关规定是否科学、合理、是否产生了预期的社会实效等,以为日后完善立法提供依据。综上,立法后评估概念可以简单界定为:法律规范实施一段时间后,立法后评估主体以立法目的为核心,以社会经济发展需求为出发点,依照相关流程和标准,对其立法技术、立法内容、实施效果等情况进行跟踪、调查与评价,①进而生成评估报告以促进立法及时修改完善的活动。

新发展理念下金融机构社会责任立法后评估概念兼具一般性与特殊性。理解新发展理念下金融机构社会责任立法后评估概念的关键在于理解评估对象的特定性。评估对象的选择将对评估的内容、程序、标准甚至评估的指标体系设计等产生直接影响。理论上通常将评估对象区分为三类,即单一法评估、类型化评估与总体性评估。考虑到国内金融机构社会责任规范主要分散于单行法之中,不同单行法中的金融机构社会责任规定集合起来构成当前中国金融机构社会责任规范体系,金融机构社会责任立法后评估的对象宜以类型化评估为选择,即对国内同样规制金融机构社会责任的法律法规所形成的规范体系进行评估。“创新、协调、绿色、开放、共享”五大发展理念对金融机构社会责任立法后评估提出具体要求的同时,也为其内涵注入了新时代的内容。

由此,新发展理念下的金融机构社会责任立法后评估指的是,立法后评估主体以当前金融机构社会责任规范体系为对象,以促进金融机构履行社会责任为目的,结合经济社会发展要求,按照与“创新、协调、绿色、开放、共享”五大发展理念相协调的标准和程序,对其立法技术、立法内容、实施效果等情况进行跟踪、调查与评价,进而生成评估报告以促进立法及时修改完善。

① 参见张玫瑰:《地方立法评估问题分析与研究》,载《公民与法》(法学版)2009年第10期。

三、新发展理念下金融机构社会责任立法后评估的重要意义

在“新发展理念”之下,立法后评估既是中国金融机构社会责任立法研究的重大课题,也是厘清中国金融机构社会责任立法现状、指引未来立法工作的不二路径。理论研究以及规范层面的宏观考察表明,当前国内金融机构社会责任立法主要存在以下问题:第一,立法过于分散、凌乱;第二,立法过于原则、可操作性差;第三,立法仍存许多“盲区”;第四,规范设计科学性、合理性不足;第五,规范内容缺乏国际规则关照。除了这些问题外,学术界关注较多的还包括立法模式的选择——分散立法,还是集中立法。这些问题是新发展理念下中国金融机构社会责任立法必须逾越的门槛,立法后评估将为此提供重要动力和路径。具体而言,新发展理念下金融机构社会责任立法后评估的重要意义主要体现在以下四个方面。

第一,金融机构社会责任立法后评估是贯彻“新发展理念”的必然要求。“新发展理念”是在总结国内外发展历史经验,深刻认识经济社会发展规律基础上的又一次重大理论创新。其以“以人民为中心”为宗旨,以“创新、协调、绿色、开放、共享”五大新发展理念为子内容,为金融机构社会责任立法后评估奠定了坚实的理念基础。一方面,作为检验与完善立法的有效途径,中国金融机构社会责任立法后评估机制以当前相关立法是否“促进创新、注重协调、倡导绿色、厚植开放、推进共享”为标准来评判立法的优劣,新发展理念的精髓贯穿其中,进而与金融机构社会责任立法紧密融合;另一方面,金融机构社会责任立法后评估机制本身也应当符合“创新、协调、绿色、开放、共享”五大新发展理念之要求。如前所述,金融机构社会责任立法后评估制度应当有所创新;实现程序与实体、过程与结果回应上的协调性;注重考虑绿色指标;关注国内评估机制与国际评估机制的互动;体现“全民共享”、“全面共享”、“共建共享”以及“渐进共享”之特点等。因此,通过金融机构社会责任立法后评估机制,“新发展理念”可以被有力地予以贯彻。同时,“新发展理念”也使中国金融机构社会责任立法后评估机制的建构更有针对性和方向性。

第二,新发展理念下金融机构社会责任立法后评估有助于提高金融机构社会责任立法的质量和水平。虽然立法者在立法过程中会尽可能地制定

出完善的法律法规，但鉴于立法固有的滞后性，加之社会不断发展变化、立法者本身存在局限等因素，一部分已制定的法律法规会逐渐呈现出实用性、有效性不足的情形，不再适应社会发展的需要。尤其是在金融领域，发展变化尤为快速。主要表现为：金融业务不断创新，综合化趋势明显；兼并重组推进跨国金融机构的发展，促使金融机构组织形式多样化，经营管理手段不断革新；技术含量更高，系统性风险更大，等等。① 现实的社会变化对法律法规及其立法者带来挑战，亟须一套完善的制度设计来应对，以克服立法局限性，解决已有法律法规存在的问题。对此，建立健全新发展理念下金融机构社会责任立法后评估制度，能够及时发现问题，从而采取有针对性的法律完善措施。无疑，在“创新发展”理念下，金融机构在各方面的不断创新要求立法后评估机制亦能够对此有所回应。具言之，新发展理念下金融机构社会责任立法的完善路径主要包括以下几种：(1)立法保留。通过新发展理念下金融机构社会责任立法后评估了解到金融机构社会责任相关立法合法合理，可操作性强，不违背宪法与上位法，社会主体对该法律的公众满意度高，实践中取得的效果也很明显，而且有继续发挥作用的必要。在这样的情形下，立法机关可以对金融机构社会责任相关立法予以保留，继续适用。(2)立法修改。通过新发展理念下金融机构社会责任立法后评估，立法机关了解金融机构社会责任相关立法的实施中存在的一些问题。如法律法规不合理、操作性不强、有与宪法或上位法相冲突的条款，这些都属于立法技术或立法主体对事物的认识问题。针对这些问题，立法机关启动法律修改的程序，完善金融机构社会责任立法，以更好地发挥作用地。(3)立法废止，即完全终止立法的适用，终结金融机构社会责任立法的使命。立法废止主要有两种情形：一是法律的立法意图、立法目的已经实现，历史任务已经完成，没有再继续存在的必要，否则将成为一种摆设，因此需要加以废止；二是社会情势发生重大变化或已证明该立法存在严重缺陷，立法修改已经无法满足这种需要，只有制定新的立法加以替代，在这种情形下金融机构社会责任相关立法只有终止。

① 参见朱慈蕴：《论金融中介机构的社会责任——从应对和防范危机的长效机制出发》，载《清华法学》2010年第1期。

第三,新发展理念下金融机构社会责任立法后评估有助于完善执法活动。立法的目的在于实施。实践中,利益平衡机制缺乏、体制不顺等导致金融机构社会责任法律执行困难;金融机构社会责任立法本身存在局限,如未对执法成本做充分考虑,未充分权衡相对人的接受程度和维权能力等,亦是导致执法难的关键因素。[①] 新发展理念下金融机构社会责任立法后评估制度有助于增强金融机构社会责任立法的可操作性。首先,通过新发展理念下金融机构社会责任立法后评估机制可以提高金融机构社会责任领域的执法效率。金融机构社会责任立法后评估的重要功能在于提升立法质量,使之更能反映金融市场的发展现状,更符合市场需求,使“恶法”的比例下降,“良法”的比例提升,从而更容易被实施和遵守,提高金融机构社会责任立法的实效。[②] 其次,通过新发展理念下金融机构社会责任立法后评估可以降低金融机构社会责任领域的执法成本。在我国执法成本偏高是执法实践的常态,这与立法技术水平偏低紧密相关。尤其在金融领域,金融监管机构制定的规章制度许多不够具体或不符合实际,彼此矛盾,导致多头管理的现象时常发生。而诸如此类的立法上的缺陷难以避免地导致执法成本极速增加。通过金融机构社会责任立法后评估制度来完善立法,可以给金融机构社会责任领域的执法活动以科学指引,进而避免执法资源浪费,降低执法成本。最后,通过新发展理念下金融机构社会责任立法后评估机制可以提高金融机构社会责任领域的执法人员对法律的认同度。“一个国家的法治意识要想形成,首先得从法律实践人员开始,进而向普通的民众推进。”[③]然而,因法律条文规定与实践脱节、难以操作,我国执法人员对法律规范的认同度普遍较低。因而通过新发展理念下金融机构社会责任立法后评估机制,将各层级的执法人员纳入金融机构社会责任立法后评估体系中,使立法能够反映执法现实,有助于增加执法人员对所执行法律的认同度,有助于提高所立之法的质量。

第四,新发展理念下金融机构社会责任立法后评估有助于实现民主立

---

① 参见刘平、江子浩等:《地方立法后评估制度研究》,载《政府法制研究》2008 年第 4 期。

② 参见刘平、江子浩等:《地方立法后评估制度研究》,载《政府法制研究》2008 年第 4 期。

③ 刘作翔、冉井富:《立法后评估的理论与实践》,社会科学文献出版社 2013 年版,第 87 页。

法，提升公民守法意识。民主法制建设既是我国依法治国的核心，亦是“共享发展”理念的要求。民主法制建设的核心要义即为在立法过程中充分听取民意，将群众意见反映到立法决策中。新发展理念下金融机构社会责任立法后评估机制正是开门立法的一项重要举措。利益相关者对法律法规的认知和遵守程度，是评估一项法律实施效果的重要指标，因此，新发展理念下金融机构社会责任立法后评估机制需要将金融机构、行业协会、非政府组织、投资者等各方利益相关者以主体身份纳入其中。此外，新发展理念下金融机构社会责任立法后评估机制有助于提高金融机构等利益相关者的法律意识。法律意识的内涵丰富，涵盖了主体对自身权利与义务的认识，对法本身性质与功能的认识，对法律的解释与评价，对法律的遵守与执行等。新发展理念下金融机构社会责任立法后评估机制，使银行、证券公司、保险公司等金融机构以及投资者有机会参与到评估过程之中，对立法的目的、宗旨、过程进行学习，深入了解现有法律规范的制度设计，表达自己的看法，与立法者之间进行良性互动，从而由被动遵守的相对人转化为主动谏言的主人翁，提升个人法律意识。

第二节　新发展理念下中国金融机构社会责任立法后评估主体及权力安排

一、新发展理念下中国金融机构社会责任立法后评估的主体

“共享”是中国特色社会主义的本质要求，其内涵包括“全民共享、全面共享、共建共享、渐进共享”；“协调”是持续健康发展的内在要求，既是发展手段又是发展目标，同时还是评价发展的标准和尺度。[①] 两者均兼容民主参与以及利益平衡的要素。无疑，金融机构承担社会责任本身就是民主参与和利益平衡的结果。对于新发展理念下金融机构社会责任立法后评估主体的范围，经济学的“利益相关者理论”可以提供理论上的支持。“利益相关者”对应的英文是“stakeholder”，于 1963 年由斯坦福大学的一个研究小

---

① 参见吴秀才：《中国特色社会主义发展观的历史嬗变》，载《理论学习》2017 年第 9 期。

组最早提出,是指“那些没有其支持,组织就无法生存的群体”,这类群体包括但不限于股东、债权人、员工、顾客、供货商和社会。[①] 也有学者将其翻译为“相关利益人”“利害关系人”“利害相关者”。利益相关者理论的基本主张是,除股东利益之外,公司运营还需将其他利益相关者的权益考虑在内。将利益相关者理论应用到金融机构社会责任立法后评估中,其优势就在于:[②](1)信息的全面性、真实性。事实上,每个独立个体因立场不同,其看待相同问题亦有不同视角。若在金融机构社会责任立法后评估中仅仅考虑相关立法机构的建议,难免有失偏颇。而给予利益相关者参与讨论相关立法的机会,将使我们对于新发展理念下金融机构社会责任立法后评估对象具有更为全面、周延的认识。(2)目标管理性。新发展理念下金融机构社会责任立法后评估机制的首要任务即为明确评估目标。明确、具体的评估目标为科学、客观的评估结果提供了评价标尺。(3)结果应用性。将利益相关者理论运用于金融机构社会责任立法后评估中,有助于产生各方主体皆能接受的立法建议,进而提升新发展理念下金融机构社会责任立法后评估结果的可接受性和可应用性。

与金融机构承担社会责任立法相关联的主体也是金融机构社会责任立法后评估的关联主体,不仅包括金融机构的各种利益相关者,也扩及整个社会有机体。我们认为,新发展理念下金融机构社会责任立法后评估的利益相关者应是能够影响金融机构社会责任立法、立法后评估、立法活动或被立法、立法活动、立法后评估所影响的人或团体。根据此概念,金融机构社会责任立法后评估的利益相关者涵盖了规范制定机关、规范实施机关、司法机关、行业组织、非政府组织、媒体、社会公众、金融机构自身及其股东、员工、客户、其所处的社区环境等。

一般而言,立法后评估的主体可以分为三类,分别为:启动主体、实施主体和参与主体。综合现有的立法后评估规范,启动主体与实施主体往往重合,要么为规范制定机关及其内设机构,要么为规范实施机关,如主管部门

---

① 参见刘丹:《利益相关者与公司治理法律制度研究》,中国人民公安大学出版社 2005 年版,第 38 页。

② 参见汪全胜:《立法后评估的“利益相关者”模式》,载《法治研究》2010 年第 1 期。

或监管机构,且通常允许评估实施主体委托高等院校、社会评估机构、行业协会及其他有关单位等第三方机构进行部分事项或者全部事项的立法后评估。参与主体主要指社会公众或者其他受评估事项直接或间接影响者。按照实施主体、参与主体与受托实施主体的区分,新发展理念下金融机构社会责任立法后评估的实施主体主要为规范体系内各单行法涉及的制定者或者实施者,而从类型化评估的角度出发,新发展理念下金融机构社会责任立法后评估可以由全国人大或全国人大常委会,或者国务院各主管部门联合启动并实施,同样也可委托第三方机构负责部分或全部评估事项。考虑到新发展理念下金融机构社会责任立法后评估主体多元且复杂,其实施应当坚持“共享性”与“协调性”原则。新发展理念下金融机构社会责任立法后评估的受托实施主体主要为高等院校、行业协会、社会评估机构等第三方机构。新发展理念下金融机构社会责任立法后评估的参与主体主要为金融机构本身、所负社会责任的对象(股东、员工、客户、社区等)、社会公众、非政府组织、媒体等。当然实施主体与参与主体之间或有交叉,在一定意义上都属于广泛的参与主体。具体分布如图 5－1 所示。

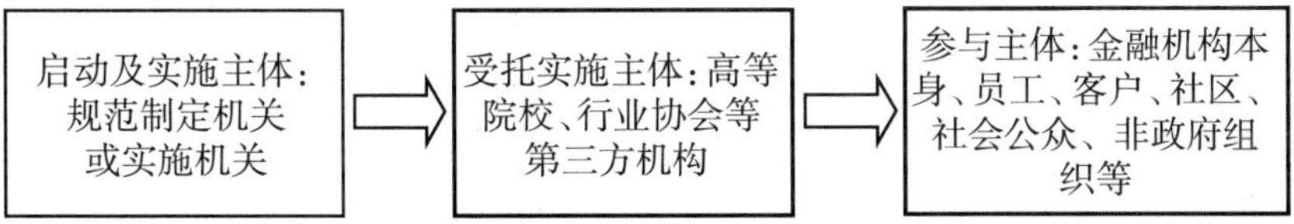

图 5－1　新发展理念下中国金融机构社会责任立法后评估的主体

对于新发展理念下金融机构社会责任立法后评估主体的模式,我们认为,应当建立由立法部门牵头,中国人民银行、银行保险监管委员会、证监会等执法部门配合,社会各方利益相关者一起参与的评估主体模式。该模式的优势在于,一方面能够充分利用立法部门与执法部门所掌握的信息资源,另一方面还能够充分发挥社会力量的监督制约作用,使得立法者、执法者与社会群体之间进行良性互动,从而保证金融机构社会责任立法后评估工作的有效性与客观性。① 值得注意的是,从国外实践来看,金融机构社会

① 参见孙英辉、张锦高:《国土资源法律评价刍议》,载《中国地质大学学报》(社会科学版)2011 年第 1 期。

责任立法后评估的法定主体主要借助政府专门成立的独立评估机构，如英国的金融机构社会责任法定评估主体除了法案的制定机关、部长和议会外，还专门成立了评估机构，如规制责任专门小组、良好规制小组、规制相应工作组等。① 在德国，金融机构社会责任立法后评估工作由法规评估委员会和执行成本评估委员会具体负责。②

但是，我们并不能照搬国外模式。根据我国目前社会发展状况，我国金融机构社会责任立法后评估应建立由立法部门牵头，中国人民银行、银行保险监管委员会、证监会等执法部门配合，社会各方利益相关者共同参与的评估主体模式。理由如下：③第一，立法机关作为评估主体是由中国的政治体制所决定的，它有助于提升金融机构社会责任立法后评估工作的效率和评估结果的科学性。金融市场瞬息万变，尤其随着如今金融科技的发展，我国有关金融机构社会责任的相关立法亦会面临新的挑战。而金融机构社会责任立法后评估旨在通过实证调查审视相关立法出现的问题，以完善金融机构社会责任立法。具言之，新发展理念下金融机构社会责任立法后评估能够发现当下立法是否符合预期的社会效益、是否合法合理等，从而为立法机关完善相关立法提出决策依据。第二，中国人民银行、银行保险监管委员会、证监会等监管机构可以从金融机构社会责任立法中获益，这就决定了上述监管机构只能在金融机构社会责任立法后评估中担任辅助职位，以确保评估的科学性和公正性。第三，当下我国正在进行政治体制改革，成立专门机构进行金融机构社会责任立法后评估工作不具有可行性。第四，金融机构社会责任立法的特殊性有三个，一是波及范围广。其不仅涉及金融机构自身及其内部员工、股东，还涉及客户及其所在的社区乃至整个社会有机体。二是专业性强。这不仅指金融机构本身运作的专业性，也指金融机构社会责任立法后评估具体实施事项的专业性。三是评估事项复杂。其既涉及金融机构与市场、社会、国家的微妙关系，也包括国内立法与国际立法衔接与互动的问题。因而，新发展理念下金融机构社会责任立法后评估应实

---

① The Citizens Charter First Report, London, HMSO, 1992, No. 1.

② 参见魏明、张雅萍：《德国立法成本效益分析与评估体系》，载《水运科学研究》2007 年第 2 期。

③ 参见马发明、赵遵国：《开展立法后评估的几个问题》，载《人大研究》2009 年第 1 期。

行多元化立法后评估主体模式。此外，在立法后评估的组织机构设置上，可以由人大相关专门委员会作为主力。除了发挥立法机构的主导作用外，还应积极调动中国人民银行、银行保险监管委员会、证监会等金融监管部门、区县人大、专业机构、专家学者，协同一致做好评估工作。

二、新发展理念下中国金融机构社会责任立法后评估主体的权力安排

我们认为，新发展理念下金融机构社会责任立法后评估主体具有如下的职责和权限：

第一，启动主体的职责和权限。具体包括：[1]

（1）决定是否对金融机构社会责任相关立法启动评估；

（2）对内任命负责进行评估工作的人员，分配评估任务；对外也可以委托评估；

（3）拥有评估活动的权威发言权和最终解释权；

（4）主导评估活动运行的各个环节；

（5）提供评估活动中所需的各项保障；

（6）监督整个评估活动的运行。

同时，建议新发展理念下金融机构社会责任立法后评估启动采取依职权启动和依申请启动相结合的形式。其中，新发展理念下金融机构社会责任立法后评估依职权启动是指“评估启动主体依据一定的职权主动、积极地启动立法后评估程序的行为”。[2] 依职权启动具有主动、快捷等特点。立法有严格的程序要求，规范性强，这就造成了相关机构与人员在处理日常事宜时方法死板，问题处理周期较长，这并不符合瞬息万变的金融市场发展形势。从合理性的角度出发，我们应当及时对金融机构社会责任相关法律规范进行修正和完善，从而回应经济社会的发展诉求，否则将会导致执法的混乱和无序。故而新发展理念下金融机构社会责任立法后评估应该由相应主

---

① 参见任尔昕：《地方立法质量跟踪评估制度研究》，北京大学出版社 2011 年版，第 229 页。

② 吉敏丽、李浩栋：《论地方立法质量跟踪评估的启动机制》，载《云南大学学报》（法学版）2011 年第 5 期。

体根据实际需要及时启动，审视相关法律规范存在的不合理、不合法的问题，进而不断修正与完善金融机构社会责任立法。新发展理念下金融机构社会责任立法后评估依申请启动，是指评估启动主体依照申请人的申请而作出对相关法律法规进行评估决定的行为。由于我国立法后评估机制刚刚起步，发展还不够成熟，故而绝大多数立法后评估为依职权启动，依循相关立法机关的决定和指示启动相应法律法规的评估程序。尽管依职权启动的立法后评估启动模式具有极大的便捷性，但是，其弊端也很明显，即忽视社会公众的力量，主观色彩严重。由于相关立法机关的理念、观点较为局限和单一，其可能忽视一些严重问题，导致理应得到完善的法律规范没有得到及时纠正，如此有悖于公正、客观、民主的金融机构社会责任立法后评估要求。

从“协调发展”理念的视角观之，我国金融机构社会责任立法后评估应构建依职权启动和依申请启动相协调的启动主体模式，确保在评估程序的第一个环节——评估启动环节的工作能够科学合理地进行，为接下来的各评估环节的工作顺利开展奠定一个良好的基础。

第二，实施主体的职责和权限。具体包括：

(1)收集金融机构社会责任立法后评估的相关信息；

(2)对相关信息进行整理和分析；

(3)形成评估结论，撰写评估报告；

(4)公布最终的评估报告。

第三，参与主体的职责和权限。“共享发展”理念与企业社会责任概念天然契合，其所强调的人人享有、各得其所，而不是由少数人垄断发展利益的观点，恰恰体现了企业社会责任理论所强调的应照顾全体利益相关者，而非仅仅是股东利益的核心要义。基于此，“共享发展”理念对金融机构社会责任立法提出了利益主体全覆盖之要求。同样，“共享发展”理念亦对金融机构社会责任立法后评估提出了利益主体全覆盖之要求。是故，在新发展理念下金融机构社会责任立法后评估过程中，银行、证券公司、保险公司等金融机构、员工、投资者与消费者、专家学者、大众传媒、司法机关等相关主体皆应参与其中。与金融机构践行社会责任紧密相关的金融机构、员工、投资者与消费者等主体参与毋庸置疑，下面我们主要考察一下新发展理念下金融机构社会责任立法后评估程序中引入大众传媒、司法机关、专家学者参与的优点。

(1)大众传媒。大众传媒是指拥有读者、观众或听众的新闻传播媒体，即报刊、期刊、新闻社、广播电台、电视台和网站等。“大众传媒具有及时性、公众性和公开性等特点，因其广泛的影响力而被誉为‘第四权力’，它不仅是传递法律法规的‘传声筒’，而且也是表达公众意愿和要求的窗口。”① 大众传媒根据其自身特点，对法律法规的实效和存在的问题进行有声(电台)评估、可视(电视)评估和文字(报纸、杂志)评估，随着网络时代的到来，能够及时表达媒体自身及社会、公众对法律法规的观点，缩短立法后评估的时间，节约立法资源。② 金融机构的效益如何在很大程度上取决于其声誉。以证券市场为例，“认证中介理论”认为，面对证券市场存在的信息不对称问题，企业在上市过程中聘请中介机构的目的乃是通过借由中介机构的声誉来向投资者传达其股票价格与企业的内部信息质量是相一致的。故而中介机构的声誉越高，与之相关的 IPO 企业信息披露质量越能得到投资者的信任。③ 换言之，中介机构所拥有的声誉和经验本身即可向潜在投资者传递证券的投资价值信息。基于声誉的约束，中介机构原则上会严格履行职责，以期建立良好的声誉资本从而获得发行人和投资者的信赖。④ 而新发展理念下金融机构履行社会责任即是展示其具有良好声誉的重要方面。正因为如此，大众传媒在新发展理念下金融机构社会责任立法后评估中起着举足轻重的作用。

(2)司法机关。司法机关作为法律适用的主体，在保障法律实施方面具有重要作用。司法机关在处理有关金融纠纷案件的过程中，对新发展理念下金融机构社会责任立法的适用有着深刻的理解，并在此过程中取得相关资料和数据，由此决定了新发展理念下金融机构社会责任立法后评估引入司法机关的重要性。

---

① 谢吉晨:《政府绩效评估的“主体资格”探微》，载《理论导刊》2007 年第 3 期。

② 参见谢忠华:《立法后评估制度研究》，武汉大学 2014 年博士学位论文。

③ See Booth J. R, Smith II. R. L., “Capital Raising, Underwriting and the Certification Hypothesis”, *Journal of Financial Economics*, Vol. 15, No. 1, 1986, pp. 261 – 281.

④ 参见刘志云、史欣媛:《论证券市场中介机构“看门人”角色的理性归位》，载《现代法学》2017 年第 4 期。

(3)专家学者。随着金融市场发展的日新月异,金融立法的内容更加专业化,并不断向科技因素更多、更加复杂化的方向发展,其已经超过一般立法者的能力范围,立法者难以对金融立法,尤其是金融机构社会责任立法的内容有一个全面、清晰、透彻的了解和把握。而相关领域的专家学者,如金融法、金融学、管理学、经济学等领域的专家学者拥有深厚的理论功底和丰富的实践经验,他们提出的观点更具专业性和科学性,从而进一步补全信息,扩充新发展理念下金融机构社会责任立法后评估主体的知识结构。同时,专家学者通常秉持着学术良知对金融机构社会责任立法进行评估,由于不涉及相关部门利益,故而其评估结果往往更为客观和公正。

第三节　新发展理念下中国金融机构社会责任立法后评估的标准及指标体系的设计

一、新发展理念下中国金融机构社会责任立法后评估的标准

立法后评估标准是衡量立法效果的标尺,它既是评估工作的出发点,也是顺利开展评估工作的基础工具。[①] 它具体指"在立法后评估过程中,由评估主体设定,用以了解评估对象的客观状态,检验评估对象所包含的内容的客观评价指标"。[②] 至今,部分学者已对立法后评估标准进行了深入的探究,在其分类方面提出了不少见解,其中不乏一些较为典型的观点。一是"五大标准"理论:"效率标准,指法律实施所达到的水平(收益)与所投入的人财物力资源之间的比率关系;效益标准,即立法实施所达到的效果与其实施成本的比较关系,一般包括经济效益与社会效益;效能标准,即法律实施后所导致的与该法律法规有关的社会资源、利益及成本公平分配的程度;回应性标准,即法律对社会环境的各种变化做出的反馈程度。"[③]二是将立法后评估指标体系划分为四大维度:"(1)法律规范自身维度,是指以法律规

---

① 参见何卫东:《环境立法后评估定量分析方法探讨》,载《上海环境科学》2011 年第 10 期。

② 谢忠华:《立法后评估制度研究》,武汉大学 2014 年博士学位论文。

③ 汪全胜:《立法后评估的标准探讨》,载《杭州师范大学学报》2008 年第 3 期。

范本身为视角,以法律规范的内容要求、法律体系的逻辑要求、立法的技术要求为标准,从而确立的评估范围;(2)法律规范的经济影响维度,主要是分析法律规范对经济生活的影响,能否节约成本、能否促进经济发展,是评估立法质量的重要标准;(3)法律规范的社会影响维度,是从法律规范在社会中产生的影响和效果的角度确定的评估范围;(4)法律规范的环境影响维度,是从法律规范对环境产生的影响的角度来确定的评估范围。"①三是"八大标准"理论,即合法性、合理性、立法技术性、时效性、专业性、协调性、成本效益、社会认同等。②

上述研究为确定新发展理念下金融机构社会责任立法后评估标准提供了重要的理论依据和参考对象。我们认为,立法后评估标准的选取没有固定模式,具体选择可以根据立法后评估对象的客观状态、评估目标、政策背景等条件而定。为避免不同标准下的具体指标有所重叠,且囊括对文本质量和实施效果的评估,我们认为,新发展理念下金融机构社会责任立法后评估标准可以包括三类标准,分别为:法理标准、价值标准以及实践标准。其中,法理标准是指用法的一般标准来评价金融机构社会责任立法质量的高低。③ 作为上层建筑,金融机构社会责任立法除了具备法的一般特征和功能外,还应当符合本国的宪法要求。价值标准是评估主体在立法后评估过程中所秉持的准则,承载着评估主体的价值追求与个人信念。④ 金融机构社会责任立法应当将人们普遍认同的价值准则吸纳到法律条文之中,从而使所立之法彰显出公平正义、自由安全等理念。其中,"新发展理念"亦应成为金融机构社会责任立法的价值追求,成为金融机构社会责任立法后评估的核心价值标准。实践标准是指"具有效力的金融机构社会责任立法在实际社会生活中被执行、使用、遵守的状况,即法的实际有效性"。⑤ 当然,每个标准下具体指标应该如何选择,还应结合"新发展理念"的内涵和要求而设定。

---

① 孙晓东:《立法后评估的原理与应用》,中国政法大学出版社2016年版,第66页。

② 参见刘平等:《地方立法后评估制度研究》,载《政府法制研究》2008年第4期。

③ 参见任尔昕、王铖:《浅议地方立法质量跟踪评估标准之构建》,载《人大研究》2011年第6期

④ 参见张润泽:《形式、事实和价值:公共政策评估标准的三个维度》,载《湖南社会科学》2010年第3期。

⑤ 张文显:《法理学》,高等教育出版社2004年版,第263页。

可以说,立法后评估的一般标准与新发展理念下的金融机构社会责任立法后评估的标准一脉相承,前者更为抽象化,后者更具倾向性且事实上更为关注实效性问题,最终目的是为了促进金融机构有效履行社会责任。

二、新发展理念下中国金融机构社会责任立法后评估的指标体系设计

新发展理念下中国金融机构社会责任立法后评估的指标体系,是指“用来进行立法后评估工作,由多个互相联系、逻辑层次分明、各部分权重设置明晰的统计指标形成的有机指标体系”。[①] 在制定金融机构社会责任立法后评估的指标体系时,必须考虑各方面的因素,客观全面地反映金融机构社会责任立法实施的效果,对金融机构社会责任立法所设定的各项制度的合法性、合理性、可操作性、协调性等作出基本的评价。具言之,新发展理念下金融机构社会责任立法后评估指标在设定时应考虑如下因素。

第一,体现“新发展理念”的要求。“创新”是引领发展的第一动力,“协调”是持续健康发展的内在要求,“绿色”是永续发展的必要条件,“开放”是国家繁荣发展的必由之路,“共享”是中国特色社会主义的本质要求。[②] “新发展理念”对中国金融机构社会责任立法提出的要求是,金融机构履行社会责任应当符合“创新、协调、绿色、开放、共享”的基本理念。作为金融机构社会责任立法行为的延续,金融机构社会责任立法后评估同样应当坚守五大理念,进而将之内化并转化为评估现行金融机构社会责任规范的基本要素。“创新”要素关注现行规范是否为金融机构创新履行社会责任的方式提供了必要条件,以及依据现行规范,金融机构在履行社会责任的过程中是否注重创新履责方式。“协调”要素聚焦当前金融机构社会责任规范体系内部是否保持统一融贯,金融机构履行社会责任配套制度是否协调可行。“绿色”要素强调现行规范是否为金融机构履行环境责任作出合理规定,以及根据现行规范,金融机构是否有效履行了环境责任。“开放”要素关注现行规范与国际规范之间的互动关系。“共享”要素强调现行规范是否充分

---

① 袁曙宏、李岳德、赵振华:《立法后评估工作指南》,中国法制出版社 2013 年版,第 53 ~ 54 页。

② 参见顾海良:《习近平新时代中国特色社会主义经济思想的要义和境界》,载《先锋》2018 年第 1 期。

考虑到了利益相关者乃至社会公众的利益诉求，以及金融机构履行社会责任的民生效果。无疑，“新发展理念”为金融机构社会责任立法后评估指标体系的设立提供了指导方针。

第二，结合评估工作的可操作性和具体目的。在建立新发展理念下金融机构社会责任立法后评估指标体系时应当尽量将各方面因素都考虑在内，比如进行调查评估的客观条件是否具备，进行定量和定性分析的可行程度等，力求实现指标项目内涵明确、表述简洁、重点突出。[①] 此外，目的决定手段，立法后评估的目的决定了需要采用的具体指标。新发展理念下金融机构社会责任立法后评估的根本目的在于检验当前立法的文本质量和实施效果，从而制定出具体方案，通过对立法的废、改、立，实现金融机构社会责任立法的健全与完善。是故，新发展理念下金融机构社会责任立法后评估指标体系的设定亦应以实现上述目的为宗旨，选取有实质性意义的指标。

以此为基础，结合金融机构社会责任的基本内容（对股东、员工、客户、环境、社区、国家的社会责任）及其立法现状，可以建构出新发展理念下金融机构社会责任立法后评估指标体系的基本框架，如下表5－1所示。

表5－1 新发展理念下金融机构社会责任立法后评估指标体系的基本框架

基本标准	一级指标	二级指标
法理标准	合法性	1. 新发展理念下金融机构社会责任的相关法律法规是否符合宪法； 2. 新发展理念下金融机构社会责任的相关法律法规是否与上位法冲突或不一致； 3. 新发展理念下金融机构社会责任的相关法律法规是否与其他法律法规相矛盾； 4. 新发展理念下金融机构社会责任的相关法律法规是否具有立法依据； 5. 新发展理念下金融机构社会责任的相关法律法规的立法主体是否为法定立法主体； 6. 新发展理念下金融机构社会责任的相关法律法规的立法主体是否有相应的立法权限； 7. 新发展理念下金融机构社会责任的相关法律法规的立法程序是否合法、规范； 8. 其他

① 参见何卫东：《环境立法后评估定量分析方法探讨》，载《上海环境科学》2011年第10期。

足,具体而言,就是指立法的合理化、合规律性、合科学性、合逻辑性的一种状态。基于此,可以对新发展理念下金融机构社会责任立法后评估合理性指标细分为如下二级指标:新发展理念下协调性指标是指法律条文的文本设置、条文之间、法规与其他法规之间是否协调。该指标充分贯彻了"新发展理念"下的"协调理念"。基于此,可以对新发展理念下金融机构社会责任立法后评估协调性指标细分为如下二级指标:新发展理念下科学性标准是指法律法规的设置是否能够真正满足公众的诉求,回应实际问题。基于此,可以对金融机构社会责任立法后评估科学性指标细分为如下二级指标:可操作性指标是指法律规则、法律具体制度的设计能够得到具体执行、遵守,其决定于法律规则设计的合理、周详、协调等。基于此,可以对新发展理念下金融机构社会责任立法后评估可操作性指标细分为二级指标。

其次,在价值标准类别下,可具体细分为方针政策、利益取向、成本与效益三大一级指标。其中,方针政策指标主要检测金融机构社会责任现行规范是否符合"新发展理念"、社会主义和谐社会构建等国家方针政策的要求;利益取向指标主要检测金融机构社会责任现行法律法规是否体现了公平正义、民主法治、自由平等等理念,是否有利于维护弱势群体的合法权益;成本与收益指标主要结合成本—收益立法后评估分析方法来运用,主要是对金融机构社会责任立法可能对经济、环境等各方面的影响所产生的成本与收益进行分析,并对其未来可能产生的总成本、总收益与净收益进行评估。①

最后,在实践标准类别下,可具体细分为"创新、绿色、开放、共享"四个一级指标。这一标准的设计旨在检测当前的金融机构社会责任立法是否遵循"创新、绿色、开放、共享"之要求,并有效地辐射到金融机构、执法机构、司法机构、行业协会、社会公众等相关主体的行为。基于此,可以对金融机构社会责任立法后评估实践标准细分为二级指标。

三、新发展理念下中国金融机构社会责任立法后评估指标的量化

(一)新发展理念下金融机构社会责任立法后评估指标的综合权重

在新发展理念下金融机构社会责任立法后评估指标体系中,由于每个

① 参见任尔昕:《地方立法质量跟踪评估制度研究》,北京大学出版社2011年版,第194页。

指标都具有不同的内涵、功能以及适用场域,故而其对于金融机构社会责任立法后评估结果的影响也有所差异,由此也决定了不同指标应该设置符合其自身重要程度的权重。具言之,新发展理念下金融机构社会责任立法后评估指标权重是指在金融机构社会责任立法后评估标准体系中,“各个指标在赋予分值时所占的比重,确定指标权重的相应依据是该指标所蕴含内容的重要程度”。①

确定新发展理念下金融机构社会责任立法后评估指标权重应遵循如下原则:

一是独立性。独立性指的是,新发展理念下金融机构社会责任立法后评估指标不能由其他指标替代。换言之,该指标的内涵和作用独一无二,与其他指标的内容不会构成重复。新发展理念下金融机构社会责任立法后评估其中一项指标被其他指标替代的可能性越小,其独立性就越强。

二是综合性。综合性指的是,新发展理念下金融机构社会责任立法后评估指标具有较大的信息量,此类指标对于金融机构社会责任立法后评估具有重要作用。

三是系统性。在新发展理念下金融机构社会责任立法后评估指标体系中,每个指标对于整个系统而言皆有其各自的作用。故而在明确新发展理念下金融机构社会责任立法后评估指标的权重时,应该从整体出发,以实现整体利益最大化为宗旨,系统性地考察不同指标之间的相互作用和影响,而不能仅仅依循个人的主观偏好。

四是可测性和可信度。可测性指的是,根据新发展理念下金融机构社会责任立法后评估指标的可测程度来确定权重。可信度指的是,新发展理念下金融机构社会责任立法后评估指标所反映的情况与客观现象之间存在差距的尺度。若相应的误差较小,则可信度较大;反之,若相应的误差较大,则可信度较小。

五是导向性。当确定新发展理念下金融机构社会责任立法后评估各个指标分配权数时,有时也需要审时度势,根据实践需要进行主观调整。譬如,在不同阶段,中央政策对于金融机构社会责任有着不同的侧重点,故而

① 任尔昕:《地方立法质量跟踪评估制度研究》,北京大学出版社2011年版,第156页。

新发展理念下金融机构社会责任立法后评估主体可以根据相应政策和工作目标适当增加或减小相应指标的权重。

关于新发展理念下金融机构社会责任立法后评估指标权重的确定方法,目前主要包括专家决策咨询法、多元统计分析法、模糊方程求解法、主成分分析法等方法。其中,专家决策咨询法主观性较强;多元统计分析法过于死板,只能得出综合指标的权重,却无法得出单个因子的权重;模糊方程求解需预先给定各样本的优劣顺序,条件严格,局限性明显。① 在此我们主要采取的研究方法是主成分分析法。相比于其他方法,主成分分析法的主要优势在于:第一,尽可能地避免了专家排序打分法的主观性;第二,由于衡量新发展理念下金融机构履行社会责任的二级和三级指标较多,主成分分析法能够做到用几个代表性强的综合指标替代多个原始指标,这样不仅可以消除各指标不同量纲的影响,也可以消除由各指标之间相关性带来的信息重叠。我们采取主成分分析法的主要步骤如下:②

第一,将 n 个样本由 P 个指标($Xi1, Xi2, \cdots, Xip$)表示,则原始数据构成一个 $n \times P$ 维的矩阵,进而得到标准化矩阵 $Z = (Zij)$;

第二,求 Z 的相关阵 R $R = (rij) p \times p$,求相关阵的特征值 $\lambda 1 \geqslant \lambda 2 \geqslant \cdots \geqslant \lambda p \geqslant 0$ 和对应的特征向量;

第三,按主成分法提取公因子。一般根据累计贡献率 $\sum_{j=1}^{k} \lambda_j / \sum_{j=1}^{p} \lambda_j \geqslant 80\%$,提取前 R 个主成分为公因子;

第四,分别对各组变量进行主成分分析。由于各组内的变量极其相关,故只取第一主成分,求出各组第一主成分的得分 $C_j (j = 1, 2, \cdots k)$;

第五,通过上述步骤把 P 个变量指标分成 k 个组,以各组的第一主成分得分 $Cj (j = 1, 2, \cdots k)$ 为各组的得分,以因子旋转后各因子的方差贡献为权重 $W_j = \frac{\lambda'_j}{\sum_{j=1}^{k} \lambda'_j} (\mathrm{j} = 1, 2, \cdots k)$,建立综合评价模型 $F_i = \sum_{j=1}^{k} W_j C_j, (\mathrm{i} = 1, 2, \cdots n)$,

---

① 参见贠杰、杨诚虎:《公共政策评估:理论与方法》,中国社会科学出版社 2006 年版,第 248 页。

② 参见侯文:《对应用主成分法进行综合评价的探讨》,载《数理统计与管理》2006 年第 2 期。

根据各评价单元综合得分 F_i 的多少进行排序，从而进行主成分分析。

(二)新发展理念下金融机构社会责任立法后评估指标的计分

在对新发展理念下金融机构社会责任立法后评估指标的权重设计后，就需要对各项指标进行计分，统计各项指标分值得出最终结论。新发展理念下金融机构社会责任立法后评估指标计算步骤主要分为两个阶段：第一阶段是收集评估所需的各项数据和信息。按照各项评估指标要素确定是仅仅收集样本还是收集全部资料，确定评估信息的类型和来源，确定获取评估信息的日期等。第二阶段就是对收集的数据和信息进行加工处理，依据指标要素的权重，将各项信息数据换算为一定的分值，以百分制展示最终评估结果。

对于新发展理念下金融机构社会责任立法后评估各个指标分值的计算，可以将每个指标的实际分值和评估标准值进行比较，根据指标实际值的高低，按照规定的计分方法将其转化为相应的评估分值。按照规定的新发展理念下金融机构社会责任立法后评估标准，每项指标的标准值可分为优秀、良好、一般、较低、较差五个档次，达到优秀值为满分，指标的实际值越接近优秀值，该指标的得分就越高；反之，该指标的得分就越低。因此，新发展理念下金融机构社会责任立法后评估指标的计分过程就是对各项指标分别打分，之后将各项打分相加得出最终评估结果，得分最高为满分 100 分，最低分为 0 分。为了使评估能充分体现各项金融机构社会责任立法后评估指标在上一级指标中的地位和作用，我们可以将每一级的指标都设置为满分 100 分，在加总的时候根据每项指标在评估标准体系中的权重确定最后的分值。[①] 用公示可以表示为：

总分 = 法理标准得分 + 价值标准得分 + 实践标准得分

基本标准得分 = ∑(指标要素得分 × 各指标对应的权重)

指标要素得分 = ∑(下一级指标得分 × 各指标对应的权重)

---

① 参见任尔昕：《地方立法质量跟踪评估制度研究》，北京大学出版社 2011 年版，第 159 页。

第四节　新发展理念下中国金融机构社会责任立法后评估的方法、互动关系以及检验

一、新发展理念下中国金融机构社会责任立法后评估的方法及互动关系

“崇尚创新、注重协调、倡导绿色、厚植开放、推进共享”是树立并贯彻落实新发展理念的基本路径。“新发展理念”之下,金融机构社会责任立法后评估方法的选择与设计同样应当以“创新、协调、绿色、开放、共享”为指导。“创新”理念要求金融机构社会责任立法后评估应当与时俱进,根据金融机构社会责任立法的基本现状,创新评估方法;“协调”理念要求金融机构社会责任立法后评估应当根据立法后评估的价值目标、所处阶段、所拥有的评估数据、立法资源以及立法者的实际情况,统筹选择评估方法;“绿色”理念要求金融机构社会责任立法后评估应当合理分配立法后评估资源,以最有效益和效率的方式收集并分析评估数据,最终形成评估报告;“开放”理念要求金融机构社会责任立法后评估方法的选择应当面向国际,一方面选择合理方法恰当评价国内立法与国际立法的互动关系,另一方面注重借鉴域外立法后评估方法;“共享”理念要求金融机构社会责任立法后评估方法的选择应当充分考虑公民参与,开放并拓宽利益相关者以及社会公众发表意见与建议的渠道。

评估方法可以从两个层面上理解。一是在宏观层面,法学方法通常分为价值分析方法、实证分析方法和社会分析方法三种,[①]在此基础上,以立法后评估的运行机制、实际诉求为出发点,立法后评估方法可以划分为:定性分析方法与定量分析方法;自评估方法体系与第三方评估方法体系;“伪评估”方法、正式评估方法与决策理论评估方法。二是从微观上看,由于视角的多样性可以造就许多种不同方法的表述方式,为了使方法论的体系变得更为直观和清晰,立法后评估方法可摆脱不同的分类方式,被划分为更为

① 参见沈宗灵:《现代西方法理学》,北京大学出版社1992年版,第353页。

微观的具体方法，包括数学分析方法、利益分析方法、系统分析方法、比较分析法、典型个案分析法和社会实证评估方法。

依据不同的标准，新发展理念下金融机构社会责任立法后评估方法可以划归为不同的范畴。同一种方法可能会同时属于不同的类别，同一类别的方法之间也存在着密切联系，在具体的实践应用中不是非此即彼，相互冲突的，而是相互配合，相互衔接的，这样才能保证评估结果的准确性和真实性。客观地讲，新发展理念下金融机构社会责任立法后评估方法各有优劣，以广泛应用的社会实证评估方法中的问卷调查法为例，其优势在于，问卷提问方式更为灵活，调查对象范围广，操作程序简单方便，由此决定了该种方式能够确保所获信息的客观性和及时性。其劣势在于，问卷调查方式难以顾及到所有利益相关者的需求，难以保证所有调查对象皆能认真、仔细地回答问题，使得回收结果缺乏有效性。又如，比较分析法往往忽视法律规范得以存在的社会基础，其始终将法律看作一个独立、自治的系统，从而过分强调法律规范内部的逻辑一致性，以致陷入教条主义的藩篱。[①] 鉴于此，有必要在金融机构社会责任立法后评估中使用多元化的评估方法，使得各种方法相互配合，共同致力于检验新发展理念下金融机构社会责任立法质量并寻找解决方案。

依据“协调发展”理念，金融机构社会责任立法后评估应当根据立法后评估的价值目标、所处阶段、所拥有的评估数据、立法资源以及立法者的实际情况，统筹选择评估方法。具体到金融机构社会责任立法后评估中，整合“新发展理念”、立法后评估的一般评估方法、金融机构社会责任立法的特点，金融机构社会责任立法后评估的方法的互动关系如图 5 - 2 所示。

---

① 参见陈瑜：《行政规章自我评价法律机制》，吉林大学 2014 年博士学位论文。

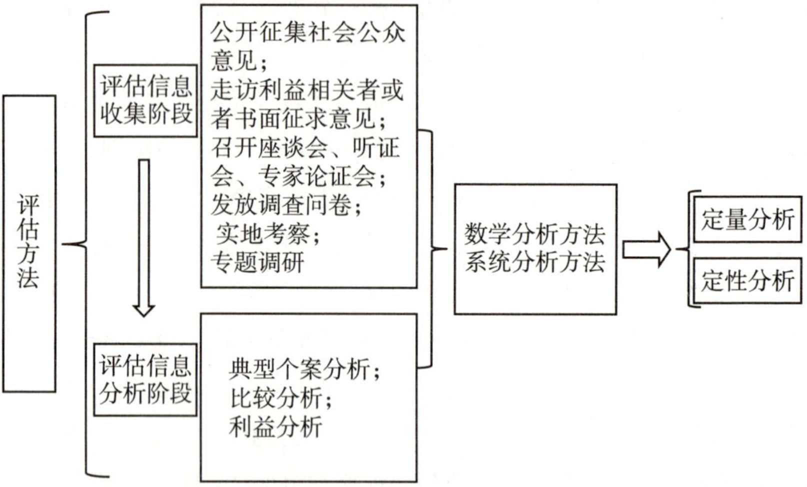

图5－2　金融机构社会责任立法后评估的方法及其互动关系

新发展理念下金融机构社会责任立法后评估活动主要包括三个阶段，分别为：启动和准备阶段、实施阶段和回应阶段，其中实施阶段又可进一步区别为收集评估信息阶段和分析评估信息阶段。

首先，在新发展理念下金融机构社会责任立法后收集评估信息阶段，主要通过运用社会实证调查分析方法来收集相关信息资料。社会调查不仅是开展实证研究的最基本的方法，也是立法后评估活动必不可少的方法之一。在此阶段中，新发展理念下金融机构社会责任立法后评估主体主要通过综合运用各种社会调查手段来开展实证研究，常见的手段包括走访、召开座谈会、问卷调查、专题调研等。其中，召开座谈会、听证会、专家论证会方法的运用十分关键。获取公正客观的数据信息是得到科学、公正的评估结果之前提，故而在信息收集阶段，多元化地采用专家论证会、座谈会、听证会等方法尤为关键。①

专家论证会是指“通过召集一定数量的专家一起开会或一起工作，从而对某个问题共同做出判断并开发出解决问题的方案”。② 由于新发展理

① 参见吉敏丽、袁晓杰：《论地方立法质量跟踪评估的方法——以甘肃省地方立法为实证的分析》，载《西部法学评论》2011年第4期。

② 张金马：《公共政策分析：概念、过程、方法》，人民出版社2004年版，第551页。

念下金融机构社会责任立法涉及金融学、经济学、管理学、法学等多个学科，故而在评估过程中，吸纳一定数量的专家学者共同论证研讨相关立法是否合理合法显得尤为必要，如此方能充分发挥集体智慧。具言之，我们可以邀请高校、研究机构、行业组织、社会团体中的有关专家组成专家组，集体召开研讨会对新发展理念下金融机构社会责任立法进行共同论证和探讨，从而为后续新发展理念下金融机构社会责任立法的完善提供合理建议。诚然，专家论证会方法不乏一些缺点，如意见的代表性不够、专家人数有限等，但是，上述缺陷不会对信息的收集造成重大影响，故而专家论证会方法在新发展理念下金融机构社会责任立法后评估中可作为核心方法予以引用。

听证会方法，是指对于涉及经济社会发展重要问题的相关立法，相关评估主体通过召开质辩会议，直面社会公众的意见。此种方法的运用有助于贯彻落实“协调发展”理念，平衡与协调金融机构社会责任立法中各方利益相关者的冲突。该种方法有助于提升社会公众的认同感，因为申请参加听证会的社会公众经过批准，可以陈述人或者旁观者的身份参加听证会，并有权平等地发表意见，和专家学者等人展开辩论。金融机构社会责任立法中涉及股东、员工、环境、消费者与投资者、国家等各方利益，听证会秉持平等民主原则，通过公共沟通渠道听取社会公众建议，平衡不同主体之间的利益冲突，化解社会纠纷，故听证会方法无疑是一种科学、民主、合理的金融机构社会责任立法后评估方法。

其次，在新发展理念下金融机构社会责任立法后分析评估信息阶段，主要通过运用典型个案分析法、比较分析法和利益分析方法来分析相关信息资料。资料信息的分析是评估组对整合后的信息运用一系列科学的方法进行论证研究，旨在为得出评估结论提供充分依据的行为过程。典型个案分析法是指通过研究金融机构社会责任立法后对某些利益相关者的主要影响案例，分析新发展理念下金融机构社会责任相关立法的实际效果并对其质量进行反思；比较分析法是指将收集到的金融机构社会责任立法前后的相关信息资料进行整理分组，采用各种对比分析的方法对无立法前和有立法后社会效果、立法预期与法律现实绩效、实施效果的正反方面，以及同一领域相关法规等进行分析，进而得出评估结果；利益分析方法是马克思主义最主要的方法论之一，也是一个庞大的体系，包含成本—效益方法、效用分析方法以及供给—需求方法。成本—效益分析方法是通过比较项目的全部成本和效益来评估项目价值的一种方法。[①] 具体到新发展理念下金融机构社会责任立法后评估中，该方法旨在将金融机构社会责任立法可能发生的成本与效益归纳起来，利用数量分析方法来计算成本与效益的比值，从而判断该立法是否科学、合理。[②] 效用分析方法的中心思想是：如果一项政策或者立法实际上并未付诸实施，那么任何技术上的严密性和技巧性都不会为其实际价值增彩。简言之，即成本效用高低是通过成本效用量的公式来衡量的，它反映了单位效用量所支付的成本代价，当不同投资方案的成本相等时，以效用量高的方案为优，它是利用效用价值的理论和方法对风险和收益进行比较，从而进行决策的方法。严格地讲，在适用成本—效益分析方法的同时，新发展理念下金融机构社会责任立法后评估机制就已经把供给—需求方法作为自身体系中的一个重要内容来看待了，因为不论是对收益还是效用的讨论，实际上都是在把新发展理念下金融机构社会责任立法活动"市场化"和"商品化"之后的工作。[③] 可以说，典型个案分析法、比较分析法和利益分析方法在新发展理念下金融机构社会责任立法后评估的资料信息分析阶段起到了重要作用。

再次，无论是新发展理念下金融机构社会责任立法后评估信息收集阶段抑或金融机构社会责任立法后评估信息分析阶段，数学分析方法和系统分析方法皆发挥了重要作用。在西方经济学中，数学分析方法的核心在于通过运用数学方法来阐释经济学理论，其中包括模型方法、实验方法和准实验方法。系统分析方法主要将问题视为一个整体系统，相应的综观分析系统要素，以提出相关解决建议，具体包括头脑风暴法、德尔菲分析法、辩论分析法以及元评估方法等。其主要利用相对科学的研究手段，对新发展理念下金融机构社会责任立法的宗旨、费用、功能等问题展开调研，通过对相关信息

① 参见许乃中、曾维华：《火电行业节能减排技术综合评价方法研究》，载《环境科学与技术》2014 年第 5 期。

② 参见刘智、任向炜：《基于全寿命周期理论的建设项目造价控制》，载《市政技术》2012 年第 S1 期。

③ 参见汪全胜等：《立法后评估研究》，人民出版社 2012 年版，第 301 页。

进行搜集与分析来提出多种解决方案,随后进行建模和试验,以探索最优方案,从而为新发展理念下金融机构社会责任立法的优化提出可靠的依据。①

最后,一切立法后评估方法最终都归结为定性分析与定量分析,新发展理念下金融机构社会责任立法后评估方法同样如此。从本质上看,定量分析就是依据统计数据,建立数学模型,并借助各种精良的运算工具,依循数学模型相关规律运算出待评估对象的各项指标及其数值的一种方法;定性分析则是主要依据分析者的直觉、经验、抽象逻辑思维与伦理价值观等,通过观察所选分析对象以前和当下的情况,对被分析对象的特质、变化规律、发展趋势进行评判的一种方法。定性分析和定量分析相互配合、相互补充。其中,定性分析是定量分析的前置要件,背离定性分析的定量分析毫无意义;定量分析对于定性分析而言同样重要,因为定量分析所提供的精准信息可以反过来使定性分析更为准确,得出更为周延、深刻的金融机构社会责任立法后评估结论。②

二、新发展理念下中国金融机构社会责任立法后评估方法的运用检验

(一)成本—效益分析方法在金融机构社会责任立法后评估中的具体操作模式

成本—效益分析方法在经济分析方法中处于重要地位。经济分析方法发轫于西方国家,特别是在美国得到广泛运用。无论何种立法皆有一定的付出成本,如立法机关运行成本、程序性活动成本、立法监督成本、执法成本、司法成本、守法成本、违法成本等。法律实施后所创收的社会利益、经济利益等即为立法效益。通过将立法成本和效益相比较,可以判断出法规是否需要修改。若立法成本高于立法效益,就需要及时修改或废止法规;若立法成本低于立法效益,就继续法规的实施。③

---

① 参见魏敏:《信息系统工程建设经验浅谈》,载《河北企业》2012年第12期。

② 参见吉敏丽、袁晓杰:《论地方立法质量跟踪评估的方法——以甘肃省地方立法为实证的分析》,载《西部法学评论》2011年第4期。

③ 参见吉敏丽、袁晓杰:《论地方立法质量跟踪评估的方法——以甘肃省地方立法为实证的分析》,载《西部法学评论》2011年第4期。

在具体操作上,成本—效益分析方法应针对新发展理念下金融机构社会责任的不同制度,将成本与效益划分为不同的评估指标,将所有涉及的要素量化为相应数据,通过分析得出评估结论。具体模型如表 5 – 2 所示。

表 5 – 2　成本—效益分析方法在金融机构社会责任立法后评估中的结构模型

<table>
<tr><th>成本—效益分析</th><th>考量要素</th><th>事实理由</th></tr>
<tr><td rowspan="4">成本</td><td>新发展理念下金融机构社会责任立法成本</td><td rowspan="7">通过综合运用“公开征集社会公众意见、召开座谈会、听证会、专家论证会、发放调查问卷、实地考察、专题调研”等社会实证调查方法来搜集信息并形成相应事实理由</td></tr>
<tr><td>新发展理念下金融机构社会责任执法成本</td></tr>
<tr><td>新发展理念下金融机构社会责任司法成本</td></tr>
<tr><td>新发展理念下金融机构社会责任社会成本</td></tr>
<tr><td rowspan="3">效益</td><td>新发展理念下金融机构社会责任经济效益</td></tr>
<tr><td>新发展理念下金融机构社会责任社会效益</td></tr>
<tr><td>新发展理念下金融机构社会责任文化效益</td></tr>
</table>

在数据量化对比上,可以采用净现值法(“B-C”)。净现值法的计算公式为:

$$\mathrm{NPV} = \sum_{n=1}^{n} \frac{B_n - Cn}{(1+r)^n}$$

其中,收益流 $B_n = B_1 + B_2 + B_3 + \cdots + B_{n-1}$

成本流 $C_n = C_1 + C_2 + C_3 + \cdots + C_{n-1}$

按照“B – C”法,只有当 B > C 时,经济上才是可行的。按照“B/C”法,BCr > 1 或 BCr = 1 时,立法投入是可取的;BCr < 1 时,立法投入不可取。

值得注意的是,一直以来,成本—效益分析方法在中国的应用备受争议,原因在于其同样具有实证分析方法所具有的功利主义思想缺陷。所以,在坚持成本—效益分析方法时一定要注意处理好其与人类基本价值的关系,即在追求社会效益的同时,要以不违背公平正义等基本价值为准则,这也是方法伦理性的基本要求。①

---

① 参见吉敏丽、袁晓杰:《论地方立法质量跟踪评估的方法——以甘肃省地方立法为实证的分析》,载《西部法学评论》2011 年第 4 期。

(二)比较分析方法在金融机构社会责任立法后评估中的具体操作模式

比较分析方法旨在从水平、速度、结构和效益等不同维度比较和评判相关立法的规范质量以及运行的效果。一是水平比较,具体比较法律规范在实施前后的各方面绩效总和,描述变化规律。二是速度比较,主要对比考察法律规范实施前后两个不同时间所对应的实效。三是结构比较,主要考察法律规范各个条文之间的结构安排是否合理。四是效益比较,主要分析法律规范实施前后所带来的经济效益、社会效益、生态效益的相应变化。

就比较分析的分类应用方法来说,典型如分组比较法、平行比较法、利益比较法、动态比较法等。其中,分组比较法主要依循涉及的不同指标,将相关评估对象归类到各自小组中,分别进行统计和比较来获取评估结论;平行比较法是在相同地区,比较法律规范实施前后产生的不同效益;利益比较法主要强调比较分析法律规范的实施效益;动态比较法是主要通过比较评估对象在不同时点所产生的实效变化趋势进而获得结论的一种方法。总结起来,上述不同类型的比较分析方法主要强调从立法预期与法律实施所产生的实效出发,对比法律规范产生的积极效应和消极影响,以及对比纵向的法律规范的合法性和合理性,得出评估结论。①

从上述分析可知,比较分析方法主要包括两个维度,即纵向的上位法与下位法间的合法性、合理性之比较与横向的法律规范实施前后的比较。其中纵向比较方法简单清晰,主要在于准确理解横向比较方法。横向比较分析方法应用较为广泛的主要有折射对比分析法、简单前后对比分析法、实验性对比分析法和有无方案的对比分析法。② 投射对比分析主要通过社会现象预测相应的发展趋势,但该方法难以周延地收集所有相关信息,准确性较差;简单前后对比分析法在操作中简单易行,但弊端也很明显,即脱离社会实践,没有考虑其他相关因素及相应影响,故而具有较小的可信度;实验性对比分析方法旨在通过比较实验组和控制组之间的差异,来提升结果的科

---

① 参见吉敏丽、袁晓杰:《论地方立法质量跟踪评估的方法——以甘肃省地方立法为实证的分析》,载《西部法学评论》2011 年第 4 期。

② 参见汪全胜:《法律绩效评估机制论》,北京大学出版社 2010 年版,第 183 ~ 186 页。

学性与客观性。不过,实验性对比分析方法只有在确保实验组与对照组的条件影响较广泛深远的时候,才能得出明显的结果;有无方案对比分析方法主要比较分析法律规范实施前后产生的效益。有无方案对比分析法周延地考虑了时间、地点等相关因素,使得结果更为全面准确。

具体到新发展理念下金融机构社会责任立法后评估中,以原中国银监会发布的《关于加强银行业金融机构社会责任的意见》为例,该法规已出台并运行10年,从时间和实践的角度出发,采用有无方案对比分析方法更为准确。具体步骤如下:

(1)选定已展开金融机构社会责任立法相关实践的银行业和尚未展开金融机构社会责任立法相关实践的保险业,比较相关立法在上述两行业实行前后的效果,从水平、速度和效益方面得出结论作为法规运行实效评估的参考依据。预期的对比分析结果可用图5-3描述。

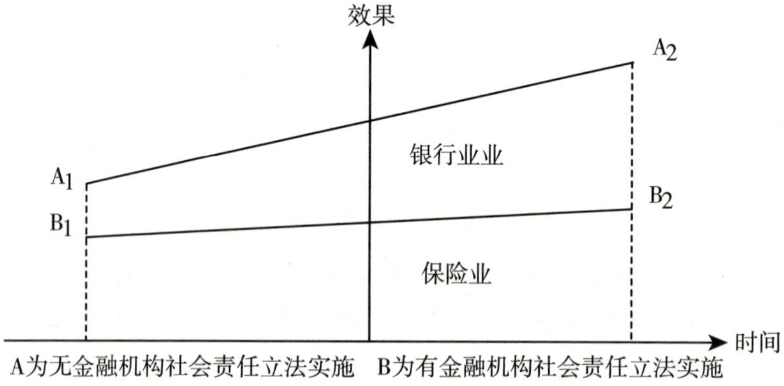

图5-3 比较分析法在金融机构社会责任立法后评估中的运用效果示范图

依据假设,在《关于加强银行业金融机构社会责任的意见》实施前这段时间,银行业与保险业践行社会责任的情况比较一致,但该法规发布运行以后,银行业与保险业践行社会责任的情况明显有了差距。

(2)采用持续动态比较方法,时刻关注未来趋势,从而在合适的时间评估此法规和其同位法、上位法是否协调,以及评估该法规对社会的回应程度。

(3)得出评估结论。

(三)系统分析法在金融机构社会责任立法后评估中的具体操作模式

系统分析法就其本质而言,乃结合事物的整体特点,根据整体与部分、整体与结构及层次,结构与功能、系统与环境等的相互联系和相互作用,探索最佳整体目标的分析方法。① 前文已述,该方法旨在从众多方案中通过综合比较,最终提出一个最优方案。

具体到金融机构社会责任立法后评估中,可以采取头脑风暴法(brainstorming)、德尔菲分析法(delphi method)等多种评估方法。头脑风暴法有助于让新发展理念下金融机构社会责任立法后评估参与者充分发挥创造性思维,互相碰撞出思想风暴,从而得出更为准确的结论。其中,讨论程序对于头脑风暴法的顺利实施至关重要,因为自由、规范的讨论程序有助于确保讨论的有效性和准确性。头脑风暴法可以确保公众作出富有创造性的决策,从而得出科学的新发展理念下金融机构社会责任立法后评估结论。

可以说,头脑风暴法既契合"创新发展"理念提倡的立法后评估方法应当有所创新的要求,又符合"共享发展"理念呼吁的群策群力的立法后评估模式。头脑风暴法的基本原则大致是:一是欢迎各抒己见,自由鸣放。创造一种自由的气氛,激发参加者提出各种有创造性的想法。二是追求数量。意见越多,产生好意见的可能性越大。三是研究完善方案。头脑风暴法赞许和鼓励参与者对其他人的意见进行考量、评析与完善。头脑风暴法实施的成本是很高的,这就需要金融机构社会责任立法后评估参与者有较好的素质,即最好是金融法与经济学领域的专家学者以及从事过金融行业相关工作的专业人员。

德尔菲分析法,是指依据系统的程序,采用匿名发表意见的方式,即团队成员间不得互相讨论,不发生横向联系,只能与调查人员发生关系,反复地填写问卷,以集结问卷填写人的共识及搜集各方意见,构造团队沟通流程,应对复杂任务难题的管理技术。② 具体到新发展理念下金融机构社会

---

① 参见胡东芳:《论课程政策研究的系统分析框架》,载《江苏教育学院学报》(社会科学版)2001 年第 3 期。

② 参见齐洪亮:《公路自然灾害评价系统的研究》,长安大学 2011 年博士学位论文。

责任立法后评估中,德尔菲分析法的基本步骤如下:(1)组成专家小组。根据新发展理念下金融机构社会责任立法后评估的知识范围,专家至少包括金融法学者、立法法学者、金融学与经济学学者、管理学学者、金融监管部门工作人员及其学者、金融机构工作人员及其学者等,以保证智囊充足。(2)将拟预测的相关问题、要求和背景的资料发给专家学者,并咨询专家学者是否需要其他资料,由专家学者进行书面答复。(3)专家学者根据提供的相关资料,作出预测,并附上预测的具体步骤和方法。(4)对于专家学者的预测意见进行整理并制作表格,再发回给各位专家学者,由专家学者在综合考量自己和其他学者意见的基础上修正意见。(5)对于专家学者的修改意见进行二次整理,然后再发回给专家学者,以进行进一步的修正。德尔菲法的核心即为不断收集和发回专家意见,一般来说,该环节至少要历经3~4次。值得注意的是,发回的其他专家学者意见为匿名文件。上述过程应当进行多次,直至所有专家坚定自己想法不再改变。(6)梳理每位专家的意见。①

第五节 新发展理念下中国金融机构社会责任立法后评估的程序及其制度设计

"新发展理念"是坚持"以人民为中心"的发展思想,反映了坚持人民主体地位的内在要求,彰显了人民至上的价值取向。人民群众是发展的主体,也是发展的最大受益者。坚持以人民为中心的发展思想,就要把增进人民福祉、促进人的全面发展作为发展的出发点和落脚点,发展人民民主,维护社会公平正义,保障人民平等参与、平等发展的权利。② "创新发展、协调发展、绿色发展、开放发展、共享发展"五大发展理念在最根本的层面上蕴含了民主参与和利益平衡的意涵。

金融机构履行社会责任是新时期金融机构践行"新发展理念"的最直

---

① 参见[美]威廉·N. 邓恩:《公共政策分析导论》,谢明等译,中国人民大学出版社2002年版,第261~266页。

② 参见樊泽民、陈怡琴:《中国共产党为什么能青春永驻》,载《人民周刊》2016年7月1日。

接且最重要的体现。金融机构社会责任立法及其立法后评估必须贯彻“新发展理念”,才能更好地促进金融机构履行社会责任。评估主体、评估内容是实质层面上“新发展理念”在金融机构社会责任立法后评估中的化身;评估方法与评估程序是形式层面上“新发展理念”在金融机构社会责任立法后评估中的载体。像评估主体、评估内容、评估方法的设计须贯彻“新发展理念”一样,正是因为程序本身将立法后评估的各项要素串联为一个统一且有机的整体,金融机构社会责任立法后评估程序的设计更要以“新发展理念”为归宿。基于新发展理念对“创新、协调、绿色、开放、共享”的要求,金融机构社会责任立法后评估程序应当坚守以下原则:公众参与原则、程序公开原则、程序公正原则。只有遵循这些原则并贯彻“新发展理念”,金融机构立法后评估活动才能被置于更为全景的社会监督之下并获取更为全面的信息,保证立法后评估结论的公正性和客观性。

通常而言,一项完整的立法后评估活动包括三个阶段:启动和准备阶段、实施阶段、回应阶段。结合金融机构社会责任立法现状,可以将三个阶段的具体步骤与要求描述如下。

一、新发展理念下中国金融机构社会责任立法后评估的启动和准备阶段与制度设计

(一)确定新发展理念下金融机构社会责任立法后评估对象和评估内容

新发展理念下金融机构社会责任立法后评估对象的选择将直接影响评估内容、评估程序、评估标准或指标体系的设计。理论上通常将评估对象区分为三类:单一法评估、类型化评估与总体性评估。单一法评估是指立法后评估主体每次只针对某一单行法进行评估;类型化评估是指对调整共同对象的不同单行法进行评估;总体性评估是指对我国法律体系做总体、全面的评估。① 考虑到国内金融机构社会责任规范主要分散于单行法之中,不同单行法中的金融机构社会责任规定集合起来构成当前中国金融机构社会责任规范体系,金融机构社会责任立法后评估的对象宜以类型化评估为选择,即

---

① 参见汪全胜等:《立法后评估研究》,人民出版社2012年版,第118~119页。

对国内同样规制金融机构社会责任的法律法规所形成的规范体系进行评估。

新发展理念下金融机构社会责任立法后评估内容的确定一般是指评估实施主体按照评估目的,选取评估对象中具有价值的制度、条文等内容的过程。其中最关键的环节在于深入研究被评估的法律、法规、规章,分析其包含的法律制度,选取其中对整个法律、法规、规章实施效果有决定性影响的若干制度或者具体条文,归纳整理,形成需要评估的主要内容。① 新发展理念下金融机构社会责任立法后评估以当前金融机构社会责任规范体系为评估对象,其评估内容则覆盖所有与金融机构社会责任立法相关的制度或条文。具言之,新发展理念下金融机构社会责任立法后评估内容的确定应包括如下步骤:第一,主要法律制度的筛选。一部与金融机构社会责任相关的法律、法规、规章往往包含有几十条甚至上百条法条,如何从这些纷繁复杂的条文中找出符合评估需要的内容,成为了确定评估内容的重要前提。一般而言,一部法律、法规、规章的调整范围比较明确,而要实现立法目的就必须设计若干相关联的法律制度,它们都体现在具体条文中。因此,在评估主体确定对当前金融机构社会责任规范体系进行立法后评估后,评估工作机构就应当对与之相关的法规进行研究、整理,将其中包含的与金融机构践行社会责任相关的法律制度整理成不同的项目,以供评估实施主体筛选和确认。具言之,与金融机构社会责任立法相关的制度包括金融机构对消费者践行社会责任制度、金融机构对股东践行社会责任制度、金融机构对环境践行社会责任制度、金融机构对员工践行社会责任制度、金融机构对社区践行社会责任制度、金融机构对国家践行社会责任制度等相关制度。因此,新发展理念下金融机构社会责任立法后评估机构应将上述制度分别评估,最后进行整合。同时,每一个制度可细分为法律、行政法规、部门规章等不同层次分别进行评估。第二,具体问题的形成。在主要法律制度确定后,评估内容已经形成了大致的方向,但对于具体评估而言还需要进一步细化。因此,新发展理念下金融机构社会责任立法后评估主体应当对每一个拟被评估的法律制度进行分析,将其包含的不同层次的立法中的合法性、合理性、

① 参见袁曙宏、李岳德、赵振华:《立法后评估工作指南》,中国法制出版社2013年版,第67页。

可操作性等方面转化为一个个具体的问题。

（二）选择新发展理念下金融机构社会责任立法后评估主体

前已述及，我国应当建立以立法部门评估为主，中国人民银行、银行保险监管委员会、证监会等相关执法部门配合为辅，广泛引入社会力量共同参与的评估主体模式。在立法后评估的组织机构设置上，可以由相关专门委员会作为主力。除了发挥立法机构的主导作用外，还应积极调动中国人民银行、银行保险监管委员会、证监会等金融监管部门、区县人大、专业机构、专家学者的作用，协同一致做好评估工作。

（三）培训新发展理念下金融机构社会责任立法后评估人员

立法后评估人员是指在评估工作机构的组织和指挥下，参与金融机构社会责任立法后评估工作并在其中承担一定职能的工作人员，一般包括组织人员、调查人员、分析人员等。立法后评估工作不同于其他评估工作的一个显著之处在于，需要对相关法律制度的实施效果进行评价进而提出提高制度建设质量的建议。该项工作不能简单地看作是调查获取数据或者是根据调查人群的评判来评价，而是一项比较综合的工作。更重要的是，新发展理念下金融机构社会责任立法具有较高的技术性和复杂性，需要对金融市场和相关法律有着较为深刻的理解。[①] 因此，必须对金融机构社会责任立法后评估人员进行系统培训，让他们熟练地掌握评估所需要的方法，能够灵活地运用访谈技巧，精确地鉴别有价值的信息。同时，还需要在调查过程中对调查人群进行适当的宣传，帮助他们正确理解有关法律制度和立法后评估活动的重要意义。

第一，对组织人员的培训。组织人员是具体实施新发展理念下金融机构社会责任立法后评估调查、访谈、数据整理和分析的负责人，对其培训的内容应当较为全面，除了要掌握调查方法外，还需要了解新发展理念下金融机构社会责任立法后评估内容所涉及的法律制度、主管部门和管理相对人的双方情况、前期搜集获得的信息、评估需要的范围和规模以及需要注意的其他事项等。通过这些知识和信息的掌握，使新发展理念下金融机构社会责任立法后评估组织人员能够制定详细的工作方案，合理安排工作时间，有

① 参见袁曙宏、李岳德、赵振华：《立法后评估工作指南》，中国法制出版社2013年版，第71页。

效组织工作人员。

第二,对调查人员的培训。调查人员是具体负责深入实地调研,发放和回收调查问卷,现场访问被调查对象,与相关人群展开座谈的工作人员。他们是新发展理念下金融机构社会责任立法后评估的最直接实施者,其工作质量的高低直接影响金融机构社会责任立法后评估质量。因此,在新发展理念下金融机构社会责任立法后评估准备阶段,应当投入大量时间和精力对他们进行培训。具体有以下三个方面:一是对法律制度的了解。通过培训,应当使新发展理念下金融机构社会责任立法后评估调查人员对金融机构社会责任法律规范的立法目的、主要制度的内涵、权利与义务以及法律责任的设置等内容有一个较为全面的认识,对应当如何进行调查有一个直观的印象。二是对调查方法的掌握。主要是一些社会调查领域的专业方法,如抽样调查、访谈录入等。三是对调查技巧的训练。通过培训,使金融机构社会责任立法后评估调查人员在调查时能够掌握一定的调查技巧,识别信息的真伪,避免引起被调查对象的反感。

第三,对分析人员的培训。分析人员是对新发展理念下金融机构社会责任立法后评估调查获取的信息进行初步整理,运用科学的方法分析这类信息所反映的问题的专业人员。对分析人员的培训要旨在于使他们领会工作目的,掌握分析方法,从千丝万缕的信息和数据中发现问题。同时,在培训过程中还需要特别强调一点,即分析只能就材料信息进行分析,不能带有主观意愿去取舍信息,更不可以直接产生最终结论,以避免影响新发展理念下金融机构社会责任立法后评估的客观性。

(四)拟定新发展理念下金融机构社会责任立法后评估方案

1. 新发展理念下金融机构社会责任立法后评估流程及时间安排

立法后评估的流程及时间安排是立法后评估工作的项目计划书,是评估工作机构和评估人员开展工作的重要指引,应当根据评估任务和评估目的的要求,将流程尽量细化并在每一步都附带时间要求。我们认为,新发展理念下金融机构社会责任立法后评估工作可设计成流程表,见图5－4。

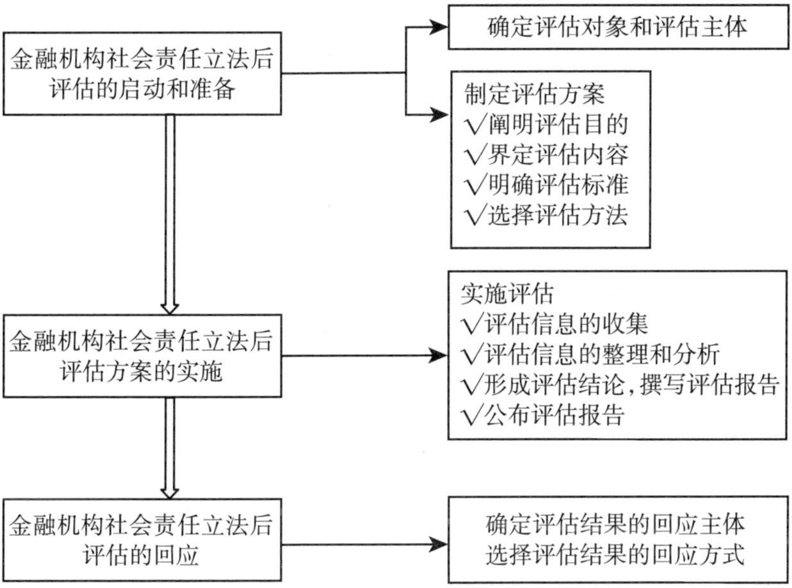

图 5－4　新发展理念下金融机构社会责任立法后评估的基本程序

2. 新发展理念下金融机构社会责任立法后评估的标准、指标体系和方法的选择与确定

第一，确定新发展理念下金融机构社会责任立法后评估的标准。如前文所述，新发展理念下金融机构社会责任立法后评估可以包括三类标准，即法理标准、价值标准以及实践标准。其中，法理标准是指用法的一般标准来评价金融机构社会责任立法质量的高低，主要包括被评估的金融机构社会责任相关立法是否与上位法相抵触；立法程序是否完整、严格；立法目的是否科学、合理等；价值标准是评估主体在评估过程中所坚持、依据的倾向性准则和原则，反映了评估主体的信念、理想和价值追求；实践标准是指具有效力的金融机构社会责任立法在实际社会生活中被执行、使用、遵守的状况，即法的实际有效性。① 具体内容详见金融机构社会责任立法后评估的标准一节。

第二，根据新发展理念下金融机构社会责任立法的特殊性，确定仅仅适

① 参见李瑰华、姬亚平：《行政立法评估制度论析》，载《江西社会科学》2013 年第 7 期。

用于其自身的个性指标。如前文所述,我们认为,金融机构社会责任立法后评估指标体系可由三大标准,12 个一级指标和 39 个二级指标组成。

第三,确定新发展理念下金融机构社会责任立法后评估方法。由于每种方法都各有其优缺点,因而有必要在金融机构社会责任立法后评估中使用多元化的评估方法,使得各种方法相互配合,共同致力于检验金融机构社会责任立法质量以及寻找解决方案。

3. 新发展理念下金融机构社会责任立法后评估的质量保证

立法后评估的质量保证是指在立法后评估工作中构建相应制度,用以保障评估各个环节、各种信息以及初步结论的真实有效,以体现立法后评估价值的重要手段。这些制度设计主要针对的是评估实施过程中的方法、流程、标准和初步结论等内容,在评估方案中具有较强的针对性,特别是在如何避免调查失真和无效信息方面应当成为关注的重点。该纠错方式的优势在于,能够通过简单的相互验证,查找出不符合调查统计要求的问卷或数据。例如,在新发展理念下金融机构社会责任立法后评估调查问卷的设计过程中,特别设计一些相互矛盾的问题,如果金融机构社会责任立法后评估被调查对象没有表达真实的想法,那么他在这类问题的回答上就会自相矛盾,从而将其从有效信息中剔除出去;三是由新发展理念下金融机构社会责任立法后评估专家组成小组进行质量监督。在调查分析初步完成后,可以随机抽取一些专家组成第三方监督小组,分类对金融机构社会责任立法后评估调查方式、调查信息以及调查结论进行论证,请他们客观地提出问题,并由新发展理念下金融机构社会责任立法后评估工作机构最后决定是否有针对性地改进。

二、新发展理念下中国金融机构社会责任立法后评估的实施阶段与制度设计

(一)新发展理念下金融机构社会责任立法后评估资料信息的收集与整理

新发展理念下金融机构社会责任立法后评估所需资料是指在评估过程中获取的相关现行法律、法规、规章实施效果等各方面的信息。新发展理念下金融机构社会责任立法后评估资料收集工作的好坏直接关系到评估结果

的科学与否,进而,影响到整个评估活动的质量和水平。因此,应该十分重视资料收集这一环节。

1.资料信息搜集的来源

以“共享发展”理念为宗旨,我们认为,金融机构社会责任立法后评估应当广泛搜集各方资料,确保涉及金融机构、股东、消费者与投资者、员工、社区、国家等方方面面的信息。

第一,金融机构。金融机构可以说是金融机构社会责任立法最直接的利益相关者,金融机构社会责任立法对金融机构的实践行为有着直接的影响。例如,相关评估主体可以对金融机构展开信息搜寻,查阅并对比金融机构近年来颁布的有关践行社会责任的内部规章、加入国际社会责任标准、参与社会公益等情况,从而计算出金融机构社会责任立法的实际效果。

第二,行业协会。这里的行业协会主要是指对金融机构经营管理行为具有一定的约束作用的组织,如证券业协会、保险业协会、工会组织等。[①]事实证明,国内行业协会对企业社会责任议题的关注程度,将极大地影响到会员金融机构履行其社会责任的积极性。通过查阅近些年行业协会发布指引、定期收集数据、发布排名等情况,可以检测到金融机构社会责任立法的影响。

第三,公权力机构。这里的公权力机构是指制定和实施被评估的金融机构社会责任相关立法或与被评估的相关立法有关联的国家机关。具体包括立法机关、执法机关和司法机关,这些机关拥有最全面、最权威的有关被评估对象的相关资料和信息。例如,原中国银监会于2007年12月发布了《关于加强银行业金融机构社会责任的意见》。同时,其作为立法机关和执法机关的权力机构,对银行业践行社会责任的具体情况必定拥有权威、充分的了解,相应地,其也是立法后评估资料收集的可靠来源之一。

第四,非政府组织、媒体等第三方力量。随着经济社会的发展和人民素质的提升,由非政府组织、媒体等多方主体构成的第三方监督力量,对国内

---

① 参见刘志云:《国内银行业践行社会责任的外部督促机制:问题与完善》,载《经济法论丛》2011年第2卷。

金融机构践行社会责任起到了很好的督促作用。[①] 因而,非政府组织、媒体等第三方力量也可以为金融机构社会责任立法后评估提供有益资料。

第五,社会公众。普通公众是社会成员的大多数,他们从根本上推动了金融市场的发展。我们的党和政府始终提倡一切为了群众,一切依靠群众,从群众中来,到群众中去的群众路线。从这个层面来讲,我们所立之法的本质是人民利益和意志的体现。因此,我们在进行新发展理念下金融机构社会责任立法后评估时必须充分听取他们的感受和意见。应当注意的是,普通公众是一个范围很宽泛的概念,在具体的实践操作中,我们不可能面面俱到,因此,在资料的收集中我们着重要注意的是与金融机构社会责任法律制度有着密切联系的利益相关者,有针对性地搜集资料,提升立法后评估的效率,节约成本,以符合"绿色发展"理念的宗旨。

2. 资料信息搜集的方法和评估信息系统的建立

在金融机构社会责任立法后评估中,收集资料信息的方法和手段有很多,经常采用的方法有:①实验法;②观察法;③调查法,如开会调查、问卷调查、个别访问等;④查阅资料法,如查阅政策运行记录等;⑤个案法,如典型案例分析。这些方法各有其特点和应用范围,使用时应互相配合,这样有利于确保所获取信息的准确性、广泛性和系统性。[②]

新发展理念下金融机构社会责任立法后评估信息系统的建立有助于实现信息收集的制度化,信息传递的标准化,信息系统的系统化,信息形式的标准化,信息工作的秩序化和信息技术的现代化,能够最大限度地避免信息失真。英国在1982年《财务管理方案》中就要求中央各部普遍建立管理信息系统,它"不仅能向最高层提供评估和控制所需的全面信息,而且能为下面各层主管提供做好工作所需的信息"。[③] 具言之,完善新发展理念下金融机构社会责任立法后评估的信息系统必须从以下几个方面着手:首先,要组建专门负责收集、加工金融机构社会责任立法后评估信息的工作团队,由其

---

① 参见刘志云:《国内银行业践行社会责任的外部督促机制:问题与完善》,载《经济法论丛》2011年第2卷。

② 参见谢忠华:《立法后评估制度研究》,武汉大学2014年博士学位论文。

③ Greenwood J. and Wilson D., *Public Administration in Britain Today*, London: Unwin Hyman, 1989, pp. 128 - 134.

对有关政治、经济、社会等方面的金融机构社会责任立法后评估对象信息进行及时的收集，编制信息库，为评估工作随时提供已收集信息查询，以节约评估时间。① 其次，从新发展理念下金融机构社会责任立法后评估的技术基础来看，“现代计算机和网络技术最大的优点是信息的共享和信息传输的高效率，这些技术优势给解决立法后评估信息失真问题提供了良好的条件和技术保障。要充分利用电子计算机和现代通讯技术，提高信息设备现代化和信息技术应用化程度，实现金融机构社会责任立法后评估信息系统的现代化，评估信息传递的网络化，评估信息利用的高效化”。② 最后，提高新发展理念下金融机构社会责任立法后评估信息提供者的信息素质，包括其甄别、分辨信息的能力以及信息处理的能力等，强化提供信息者的信息责任意识，使其认识到信息提供的严肃性和正规性。③

3. 资料信息收集的整理

资料信息的整理是从收集阶段到分析阶段的一个很重要的中间过渡环节。通常，我们所收集起来的新发展理念下金融机构社会责任立法后评估第一手资料信息都是杂乱无章的，没有形成一个正常的逻辑体系。因此，需要对这些零乱的资料信息按照评估者方便利用的形式加以汇总整理，并且通过整理鉴别剔除无用的、重复的以及虚假的金融机构社会责任立法后评估资料信息；并分清主要的与次要的资料信息，为新发展理念下金融机构社会责任立法后评估资料信息的分析工作打好基础。

第一，新发展理念下金融机构社会责任立法后评估资料信息的分类整理。一是对新发展理念下金融机构社会责任立法后评估资料信息进行一般的形式整理。这里所说的一般的形式整理，是指按照普遍的资料信息的内在要素结构和外在的表现方式上进行分类整理，这种方式是一种轮廓上的粗线条的整理方式，目的是使无序的资料信息变为有序，容易使人一目了然。具体到新发展理念下金融机构社会责任立法后评估工作中，评估主体可以按照金融机构社会责任不同制度对信息资料进行分类，以便日后有针

---

① 参见王锡明：《地方立法后评估程序研究》，载《人大研究》2011 年第 10 期。

② 张创新、芦刚：《地方政府绩效评估信息失真的成因及其治理》，载《学术探索》2006 年第 6 期。

③ 参见王锡明：《地方立法后评估程序研究》，载《人大研究》2011 年第 10 期。

对性地进行数据分析。鉴于此，可以将信息资料分别划分到金融机构对消费者践行社会责任制度、金融机构对股东践行社会责任制度、金融机构对环境践行社会责任制度、金融机构对员工践行社会责任制度、金融机构对社区践行社会责任制度等相关制度、金融机构对国家践行社会责任制度等项下。二是按照法理标准、价值标准、实践标准，对资料信息进行深层次分类整理，这样可以有针对性地为接下来资料信息的分析工作做好铺垫。

第二，新发展理念下金融机构社会责任立法后评估资料信息的鉴别。资料信息鉴别的过程实际上就是评估者基于评估目的对资料信息进行去粗存精、去伪存真的一个深加工的过程。通过这个过程剔除重复、无用、虚假的信息，进而保证新发展理念下金融机构社会责任立法后评估资料信息的可靠性和实用性，这是实现资料信息利用价值的前提。一是新发展理念下金融机构社会责任立法后评估资料信息的真实可靠性鉴别。可靠性亦称可信度，是指信息的真实性和准确性。信息的可靠性包括：[①]①信息人员收集到的原始信息是真实和准确的；②信息人员为决策者所提供的经过加工的信息是真实的和准确的。我们对资料信息的分析和决策要建立在其真实可靠的基础之上。如果金融机构社会责任立法后评估资料信息中掺杂着虚假成分，无论我们所运用的分析方法多么科学，参与金融机构社会责任立法后评估分析人员的素质多高，都无法作出客观科学的评估结论。因此，在对金融机构社会责任立法后评估资料信息进行分析决策之前应该对所收集到的资料信息进行可靠性鉴别。二是新发展理念下金融机构社会责任立法后评估资料信息的适用性鉴别。简言之，资料信息的适用性就是指所收集到的资料信息对于评估者可以利用的程度，即资料信息的利用价值大小。新发展理念下金融机构社会责任立法后评估资料信息的可靠性是客观的，然而鉴别金融机构社会责任立法后评估资料信息的适用性所掺杂的主观因素比较多，会受到各方面情况的制约。我们在对适用性进行鉴别过程中要注意从资料信息的来源渠道、获取方法、具体适用目的等角度出发，判断资料信息的适用程度。资料信息的适用程度越高，针对性越强，在进行新发展理念下金融机构社会责任立法后评估分析时就越容易得出科学客观的评估结

---

① 参见彭知辉：《研究综述：信息与决策》，载《新世纪图书馆》2006年第5期。

论。相反，如果不对新发展理念下金融机构社会责任立法后评估资料信息的适用性加以鉴别或者不科学的鉴别，就会存在大量的无用信息或可利用程度较低的资料信息，对新发展理念下金融机构社会责任立法后评估分析工作造成一定程度上的困难和阻力。因此，新发展理念下金融机构社会责任立法后评估工作人员应该对这一环节的工作给予充分的重视。

（二）新发展理念下金融机构社会责任立法后评估分析模型的建立

在新发展理念下金融机构社会责任立法分析评估信息阶段，实施主体或者受托实施主体应当综合运用定性与定量分析方法，从法理标准、价值标准、实践标准三个维度全面评估金融机构社会责任规范文本质量与实施效果，最终形成金融机构社会责任立法后评估报告并按照相应要求公开。其中，可以通过数学模型来研究、分析和预测相应政策可能导致的社会效果。因此，我们认为，在实施阶段，新发展理念下金融机构社会责任立法后评估分析小组可以运用如下模型对数据进行分析与评估。

1. 分类检验评估

将评估对象按类别分类，考虑变量可能存在的非正态分布的特点，为了尽可能保证检验的稳健性，我们将同时使用参数 t 检验和非参数检验 Kruskal-Wallis 来检验独立样本间的分布差异，判断不同评估对象类别的立法实施效果。如不同所有制的金融机构在绿色、创新、开放、共享等指标中的表现是否有显著差异。

原假设 H_0：多个独立样本来自的多个总体的分布无显著差异

2. 实施效果评估

为研究社会责任立法下金融机构在履行社会责任的选择问题，首先建立代表性金融机构的效用函数如下所示：

$$U_i^1 = \beta_1^1 X_{i1} + \beta_2^1 X_{i2} + \cdots + \beta_n^1 X_{in} + \varepsilon_i^1 \qquad (1)$$

其中 $i = 1, \cdots, k$，U_i^1 为 i 金融机构选择负担社会责任的效用，X_{in} 为 i 企业的第 n 个属性，ε_i^1 为随机干扰。则设 U_i^2 为 i 金融机构选择不负担社会责任的效用，同理得：

$$U_i^2 = \beta_1^2 X_{i1} + \beta_2^2 X_{i2} + \cdots + \beta_n^2 X_{in} + \varepsilon_i^2 \qquad (2)$$

考虑效用不可测，但假设金融机构战略选择为 $Max(U_i^1 - U_i^2)$，则(1)－(2)得：

$$U_i^1 - U_i^2 = (\beta_1^1 - \beta_1^2)X_{i1} + (\beta_2^1 - \beta_2^2)X_{i2} + \cdots + (\beta_n^1 - \beta_n^2)X_{in} + (\varepsilon_i^1 - \varepsilon_i^2) \quad (3)$$

在 Hausman 检验的基础上,从而建立如下固定效应面板数据模型:

$$Y_{it} = \beta_i X_{it} + \lambda_i + \mu_t + \varepsilon_{it} \quad (4)$$

其中,i 代表金融机构,t 代表年份,被解释变量 Y_{it} 代表总资产报酬率 ROA,X_{it} 代表社会捐赠支出率、罚款支出率、环保费用支出率等指标,λ_i 和 μ_t 分别代表不随企业和不随年份变化的因素的影响,ε_{it} 为互相独立的随机扰动项。基于金融机构层面的现实数据,运用上述模型进行实证检验,分析社会责任立法的实施效果。

(三)新发展理念下金融机构社会责任立法后评估报告的形成

新发展理念下金融机构社会责任立法后评估报告初稿的起草是撰写报告的基础性工作,主要由评估工作机构独立完成,一般包括报告提纲的确定、资料的准备、单项分析报告的整理、报告初稿的撰写等环节。新发展理念下金融机构社会责任立法后评估报告初稿应针对评估内容,结合法理标准、价值标准、实践标准,根据有关数据和初步分析结论,形成对法律、法规、规章建议修改、废止、解释、制定配套制度等方面的评估意见。一般来说,新发展理念下金融机构社会责任立法后评估报告主要涵盖以下四方面内容:①一是对金融机构社会责任立法贯彻执行情况的总结;二是对金融机构社会责任立法实施存在的问题及其成因的分析;三是对金融机构社会责任立法实施成本、效果的评价;四是对金融机构社会责任立法的内容、执行、修改和补充提出建议和意见。

新发展理念下金融机构社会责任立法后评估报告送审稿是指在立法后评估报告初稿的基础上进行修改完善,由评估工作机构将其送交立法后评估实施主体审核,获得立法后评估实施主体认可的立法后评估报告。新发展理念下金融机构社会责任立法后评估报告送审稿的形成是立法后评估报告的加工环节,需要立法后评估工作机构的组织者和评估工作人员高度重视、精心组织、密切配合,②对立法后评估报告的初稿进行深入细致的分析,对存在的问题进行有针对性的修改。立法后评估实施主体在审核过程中,

① 参见王锡明:《地方立法后评估程序研究》,载《人大研究》2011 年第 10 期。

② 参见谢忠华:《立法后评估制度研究》,武汉大学 2014 年博士学位论文。

发现立法后评估报告初稿存在不符合评估要求的信息、数据以及一些不准确的结论等情况的，可以将问题指出并交由立法后评估工作机构进行补充、修改，必要时可以对一些较为重大的问题进行补充调查分析。

新发展理念下金融机构社会责任立法后评估报告的定稿是指经过一定的程序，由立法后评估主体审核确定的立法后评估正式报告，是撰写立法后评估报告的最终环节。[①] 实践中，正式的金融机构社会责任立法后评估报告的形成一般需要经过以下步骤：一是金融机构社会责任立法后评估实施主体将立法后评估报告送审稿送交立法后评估启动主体审核；二是金融机构社会责任立法后评估启动主体对于送交审核的立法后评估报告有不同意见的，可由金融机构社会责任立法后评估启动主体责成立法后评估实施主体对评估报告进行修改；三是金融机构社会责任立法后评估启动主体对修改完善后的立法后评估报告最终确认，并形成正式的金融机构社会责任立法后评估报告。

三、新发展理念下中国金融机构社会责任立法后评估的回应阶段与制度设计

立法后评估报告的回应阶段是立法后评估程序的最后环节，但也是实现立法后评估目的的关键。唯有对金融机构社会责任立法后评估结果进行回应，金融机构社会责任立法后评估方能发挥实质性作用。新发展理念下金融机构社会责任立法后评估的目的在于完善金融机构社会责任立法，促进金融机构履行社会责任。评估报告通常包括评估工作的基本情况、评估内容分析、评估结论和建议、其他需要说明的问题等内容。对理论与规范的梳理表明，由实施主体或者立法后评估委员会撰写的评估报告具有法律效力。在经相关部门审核通过后，新发展理念下金融机构社会责任立法后评估报告应当作为编制立法工作计划，修改、废止相应规范和改进执法工作的重要依据，且相关部门应当贯彻落实评估报告中的相应建议并予以反馈。由此，新发展理念下金融机构社会责任立法后评估回应阶段的最终结果是形成一种回应法律关系。权利主体包括直接主体（组织者、实施者、参与

---

① 参见谢忠华：《立法后评估制度研究》，武汉大学2014年博士学位论文。

者)与间接主体(立法者、执法者、司法主体、守法主体),可以是金融机构社会责任单行法的制定者、实施者、金融机构自身、行业协会、社会公众等;义务主体则指向有关国家部门,可以是金融机构社会责任单行法的制定机关、主管部门以及监管机构等。

最终,新发展理念下金融机构社会责任立法后评估结论主要是对现行金融机构社会责任规范体系的“存”“改”“废”“立”提出建议。“存”意味着现行金融机构社会责任规范体系在法理标准、价值标准、实践标准上不存在很大问题,能够妥当应对“新发展理念”提出的新挑战,可以继续沿用;“改”即修改,其意味着现行金融机构社会责任规范体系部分内容存在缺陷,但不至于危及整个规范体系的合法性、合理性等,需要适应“新发展理念”做出变动;“废”即废止,其意味着现行金融机构社会责任规范体系已经基本无法适应社会经济的发展需求,在法理标准、价值标准、实践标准等维度存在重大缺陷,应当予以废止;“立”意味着金融机构社会责任立法仍有其必要性,有必要随着新时期社会经济发展而发展以及应对“新发展理念”提出的新挑战,应当立足金融机构社会责任现实情况,吸收国家政策方针以及“新发展理念”提出的新要求,制定全新的金融机构社会责任规范。

第六节 新发展理念下中国金融机构社会责任立法后评估报告与反馈机制

一、新发展理念下中国金融机构社会责任立法后评估报告的设计

立法后评估主体需要结合评估信息,依据一定的评估方法,形成评估报告。一般认为,立法后评估报告是立法评估主体正式地向立法者或利益相关者阐明法律实施效果状况、存在的问题以及有关法律立、改、废建议等全面法律绩效内容的报告。

(一)新发展理念下金融机构社会责任立法后评估报告的形式

立法后评估报告的表现形式有很多种,根据对绩效评估做过专门研究的美国学者西奥多 · H. 波伊斯特对美国立法后评估报告的形式考察,立法

后评估频繁运用的形式包括“列表、图表和绘图”。[①] 根据我国近几年立法后评估实践来看，立法后评估报告的基本形式有：(1)文本形式，即通过纯粹的文字表述立法后评估报告的形式。文本形式逻辑清楚，表述明白，语言朴实，一般的接受主体都能够理解，是我国立法后评估报告主体广泛接受的一种评估报告形式。(2)图表形式，即通过绘图或表格等方式表述立法后评估报告的形式。图表方式将绩效信息用人们能够接受的图表表示出来，可以让人们非常容易地理解。(3)文本、图表混合式，即根据绩效数据的具体情形，确定表达绩效数据的具体方式，形成的文本与图表混合在一起的报告形式。

我们认为，新发展理念下金融机构社会责任立法后评估报告应当采取文本与图表的混合形式。这种方式综合了文本形式与图表形式的优势，弥补了它们不足的地方。应当清楚的是，文本形式如果篇幅过长，重点不突出，也可能让接受主体难以接受。图表形式亦有其不足的地方，可能会对某些绩效信息进行粗线条的描述，对于想掌握具体的绩效信息的主体来说，可能无法满足其要求。

(二)新发展理念下金融机构社会责任立法后评估报告的内容

具体的讲，“新发展理念”下中国金融机构社会责任立法后评估报告的内容包括以下几部分。

1. 围绕“新发展理念”，确定评估对象和评估目的

现代社会经济发展已不是单纯的生产力的发展，而是社会各方面以及各个主体之间的协调与可持续的发展，党中央提出的包括“创新、协调、绿色、开放、共享”在内的“新发展理念”是对传统企业社会责任理论的继承与超越，对于金融机构社会责任立法起到了全新的指导作用。同时，“新发展理念”极大拓展了我国金融机构社会责任的范围，可以概括为“促进创新、注重协调、倡导绿色、厚植开放、推进共享”。传统上，立法问题被看成是一种一次性解决的问题。事实上，立法不应该是一次性而应该是一种动态的过程。因此，除了研究立法原理、立法技术、国内立法的完善与国际规范的

---

① 参见[美]西奥多·H. 波伊斯特：《公共与非营利组织绩效考评》，肖鸣政校，中国人民大学出版社2005年版，第124页。

参与战略与路径,研究立法后的评估机制至关重要。立法后评估是立法工作的延续,是对未来立法的修改与进一步完善。建立一套立法后的评估指标与运作机制,在"新发展理念"的指引下,根据客观情况的变化,对国内立法与参与的国际规范进行及时有效的评估以及反馈评估结果,"与时俱进"改进制度以及参与策略等,成为至关重要的一项工作。

在金融机构社会责任立法后评估对象的确定上,建议日后评估主体可采取类型化评估方案。考虑到国内金融机构社会责任规范主要分散于单行法之中,不同单行法中的金融机构社会责任规定集合起来构成当前中国金融机构社会责任规范体系,金融机构社会责任立法后评估的对象宜以类型化评估为选择,即对国内同样规制金融机构社会责任的法律法规所形成的规范体系进行评估。具体来说,评估主体可分别对金融机构对消费者践行社会责任制度、金融机构对股东践行社会责任制度、金融机构对环境践行社会责任制度、金融机构对员工践行社会责任制度、金融机构对社区践行社会责任制度等相关制度、金融机构对国家践行社会责任制度等制度进行针对性评估。

金融机构社会责任立法后评估的最主要目的是以"创新、协调、绿色、开放、共享"五大发展理念为指导,以坚持以人民为中心为根本,通过立法后评估,加强和改进金融机构社会责任立法工作,提高立法质量,促进金融机构履行社会责任。

2. 扎实做好前期准备,按照评估方案积极开展评估工作

第一,拟定新发展理念下金融机构社会责任立法后评估工作方案。首先是新发展理念下金融机构社会责任立法后评估流程及时间安排。新发展理念下金融机构社会责任立法后评估流程主要包括立法后评估的启动和准备、立法后评估方案的实施以及立法后评估的回应三个部分。新发展理念下金融机构社会责任立法后评估主体应当合理安排评估时间,按时、高质地完成评估工作。其次是新发展理念下金融机构社会责任立法后评估的标准、指标体系和方法的选择与确定。新发展理念下金融机构社会责任立法后评估可以包括三类标准,即法理标准、价值标准以及实践标准;根据新发展理念下金融机构社会责任立法的特殊性,确定仅仅适用于其自身的个性指标。建议新发展理念下金融机构社会责任立法后评估指标体系由三大标

准、12 个一级指标和 39 个二级指标组成;评估信息收集阶段,评估主体主要应通过综合运用公开征集社会公众意见、走访利益相关者或者书面征求意见、召开座谈会、听证会、专家论证会、发放调查问卷、实地考察、专题调研等社会实证调查方法来搜集信息;评估信息分析阶段,主要通过运用典型个案分析法、比较分析法和利益分析法来分析相关信息资料;无论是评估信息收集阶段抑或评估信息分析阶段,都需要使用数学分析方法、系统分析方法以及定性分析与定量分析相结合的方法。最后是新发展理念下金融机构社会责任立法后评估的质量保证。新发展理念下金融机构社会责任立法后评估方案中有关质量保障的内容一般有以下三个方面:一是设定金融机构社会责任立法后评估最小的调查范围和最低样本量;二是规定在金融机构社会责任立法后评估调查过程中采取一定的纠错方式;三是由金融机构社会责任立法后评估专家组成小组进行质量监督。

第二,确定新发展理念下金融机构社会责任立法后评估工作的原则,确保金融机构社会责任立法后评估工作的客观、公正与科学性。建议新发展理念下金融机构社会责任立法后评估工作遵循如下原则:首先,科学分析原则。采取实地调研、文本研究、问卷调查等多种方式收集相关信息资料,密切结合定性分析和定量分析方法,并采用相关软件分析数据。其次,客观公正原则。应当由立法机关处于立法后评估的核心地位,由法律执行机构协调配合,由专业评估机构进行科学运作。在运用具体分析方法展开金融机构社会责任立法后评估评估工作过程中应当严格遵守程序,使得评估结论更为公正、客观。再次,注重实效原则。应提出具有针对性的问题进行评估并提出相应建议,选择金融机构社会责任立法中对于鼓励和促进金融机构践行社会责任具有重要作用并具有可操作性的关键制度。以回应实践诉求为宗旨,根据评估目的设计相关调查问卷和评估内容。最后,公众参与原则。应当广泛吸纳社会公众,鼓励和引导利益相关者以及社会公众积极参加金融机构社会责任立法后评估工作;进行广泛的问卷调查,针对专业机构和普通社会公众分别设计差异性内容的问卷;利用不同渠道积极搜集和整理第一手资料,充实金融机构立法后评估数据库。

3. 金融机构社会责任相关制度的评估情况

新发展理念下金融机构社会责任立法后评估报告的该部分可以分为金

融机构对消费者践行社会责任制度的评估情况、金融机构对股东践行社会责任制度的评估情况、金融机构对环境践行社会责任制度的评估情况、金融机构对员工践行社会责任制度的评估情况、金融机构对社区践行社会责任制度的评估情况、金融机构对国家践行社会责任制度的评估情况6大部分，每部分包含“制度目标、实施情况、实施效果、存在的主要问题”等，从而构成整个报告的主体。

4. 有关建议

新发展理念下金融机构社会责任立法后评估制度设立的目的在于发现法律本身存在的问题，从而完善法律。因此，报告的此部分为结论篇，也是报告的核心内容。该篇可以结合“新发展理念”，分别针对金融机构对消费者践行社会责任制度、金融机构对股东践行社会责任制度、金融机构对环境践行社会责任制度、金融机构对员工践行社会责任制度、金融机构对社区践行社会责任制度、金融机构对国家践行社会责任制度，提出相应建议。

二、新发展理念下中国金融机构社会责任立法后评估的反馈机制

（一）新发展理念下中国金融机构社会责任立法后评估的反馈主体

新发展理念下金融机构社会责任立法后评估报告最终形成后，应当由负责此次评估活动的责任主体和具体的实施主体将评估报告呈送相关机关。这里的“相关机关”是指有义务对评估报告所涉及的问题做出反应和回答的机关。一般来说，包括与金融机构社会责任立法有关的立法机关、执法机关和司法机关。诸如中国人民银行、银行保险监管委员会、证监会等金融监管部门即为重要的反馈主体。值得注意的是，我们通常有一个误区，即仅仅强调评估结果与相关立法部门有关。虽然进行立法后评估的主要目的是为金融机构社会责任立法的“存、改、废、立”提供重要依据，但由于立法后评估是对金融机构社会责任立法进行的一次全面“体检”，不仅只有立法方面的问题，同时也有执法、司法方面的问题。因此，相应立法机关、执法机关、司法机关皆有义务对评估结果所涉及的各自职权范围内的问题积极地做出反应和回答。

（二）新发展理念下中国金融机构社会责任立法后评估结果的应用

立法后评估的目的不仅在于“了解法律法规实施后取得的成就”，更重

要的在于"发现法规实施中的存在的问题,分析法规中各项制度设计的合法性、操作性和针对性,从而得到科学客观的反馈信息,以便及时修改完善法律制度,更好地发挥法律法规的规范作用"。① 对于新发展理念下金融机构社会责任立法后评估报告,其得到回应的结果大致为如下三种,分别为:立法创制、修改与补充和废止。

1. 新发展理念下金融机构社会责任立法后评估结果回应之法律创制

法的创制,亦称法的制定,是指根据立法后评估结论,需要制定其他新法,以保障已有的法律效力能够充分发挥。例如,前文已述,当前我国迫切需要颁布一部《金融消费者权益保护法》,将"金融消费者"作为一个法律概念正式提出,并加以专门性的具体规定。待立法时机成熟,还应以此法为核心,出台相关配套法律制度,以构建金融消费者保护的完整法律体系;待我国经济社会发展相对成熟,有关金融机构社会责任立法积累了一定的经验,立法者的立法技术得到有效提升后,还需制定一部统一的《金融机构社会责任法》。

2. 新发展理念下金融机构社会责任立法后评估结果回应之法律修改与补充

对新发展理念下金融机构社会责任立法进行修改和补充也是完善金融机构社会责任立法的重要措施之一,法的修改的任务在于对现行法的内容加以修缮改动,通过这种活动使法臻于立法主体预期达到的状况。法的补充,则是在原来法的规定不变的情况下,在原来立法中加上新内容,使原来的法更加完善,能有效解决更多复杂的问题。②

其中,新发展理念下金融机构社会责任立法需要修改的情形包括以下几种:一是在评估过程中发现被评估的金融机构社会责任立法所调整的社会关系发生变化,应当对金融机构社会责任立法作出适应性修改和补充;二是在评估过程中发现,原先金融机构社会责任立法存在着某种"先天不足",因此对其进行修改和补充。在当初立法时可能由于种种原因导致所

---

① 汪全胜:《论法律绩效评估回应之法律修改》,载《河南省政法管理干部学院学报》2009年第1期。

② 参见臧敏、洪生伟:《法律与标准实施监督检查后处理的比较分析》,载《标准科学》2010年第9期。

立之法内容不明确、有遗漏、文字措辞不恰当、结构体系不完整、权利义务配置不科学等原因，导致在现实中难以执行和遵守，就需要及时加以修改和补充；三是在评估过程中发现金融机构社会责任立法和上位法的规定不相协调或者是对相关的上位法已经进行了修改或补充，为了要和上位法保持一致需要及时对金融机构社会责任立法进行修改和补充。这就是金融机构社会责任立法没有和上位法协调好导致现实执行操作困难，进而或多或少地阻碍了立法目的、价值的实现；四是在评估过程中发现被评估的金融机构社会责任立法与其他同位阶金融机构社会责任立法的规定不协调，引发适用冲突时应当进行修改和补充。

例如，为完善金融机构践行社会责任的"内部督促机制"，建议《公司法》《商业银行法》《证券法》《保险法》等相关法律中明确规定独立董事所占比例占到2/3以上，以切实监督金融机构践行社会责任；为完善金融机构对客户践行社会责任的制度，建议修改《商业银行法》，借鉴欧盟《金融工具市场指令》的事前分类办法，对于客户根据风险承担能力、经验以及经济情况，划分为专业客户和非专业客户两种类型，还应主动积极告知客户其为何种客户类型。同时，建议在《商业银行法》《证券法》《保险法》及其他相关金融立法中明确规定商业银行、证券公司、保险公司保护客户、投资者、投保人权益的社会责任的具体内容，即应确保知情权、选择权、安全权、投诉权受到保护。此外，建议在我国《商业银行法》《证券法》《保险法》等相关法律的法律责任一章中明确规定金融机构应对信贷资金的使用积极担负环境责任。

3. 新发展理念下金融机构社会责任立法后评估结果回应之法律废止

法的废止，是立法主体依循相应的权限和程序，对相应立法实施变动，使其失去法的效力的活动。金融机构社会责任立法的废止也是金融机构社会责任立法完善活动的重要组成部分。

新发展理念下金融机构社会责任立法后评估报告建议对金融机构社会责任立法进行废止的事由及原因可以包含如下内容：一是经过评估后发现相关金融机构社会责任立法的实施效果极差，不符合"新发展理念"之要求。在评估后，如果得出的结论是该金融机构社会责任立法在实践中各方面的实施效果都非常差，例如，在对其进行可操作性、成本效益、公众满意度等指标要素进行评估分析时发现，其都不达标并与当时的立法目的相距甚远，修改和补充已经不能够解决问题时，我们就要考虑该被评估金融机构社会责任立法的存废问题。二是经过评估发现相关金融机构社会责任立法的调整对象已经消失。我们在评估过程中发现随着社会的发展，有些金融机构社会责任立法所调整的对象已经不复存在，这个时候就应该对金融机构社会责任立法予以废止。需要说明的是，对金融机构社会责任立法修改或废除的原因中有些是互通的，比如，与上位法相抵触或与同位阶的金融机构社会责任立法不一致，不适应社会经济的发展等都可以作为对其修改或废除的原因，到底是作出修改建议还是作出废除建议，就要具体情况具体分析。被评估的金融机构社会责任立法的各方面问题不是非常大，修改能解决问题的就进行修改；若修改解决不了问题或修改范围过大，不符合成本效益的就建议进行废止。

本章小结

建立科学有效的中国金融机构社会责任立法后评估机制，不仅是新发展理念下中国金融机构社会责任立法工作的一部分，也是立法工作的延续，这将为中国金融机构社会责任立法立法的进一步完善奠定制度基础。

以“创新、协调、绿色、开放、共享”五大发展理念为指导，以坚持以人民为中心为根本，“新发展理念”对金融机构社会责任立法后评估提出了新的要求。此外，“新发展理念”也为金融机构社会责任立法后评估内涵注入了新时代的内容。结合金融机构社会责任立法后评估的特性，我们认为，新发展理念下金融机构社会责任立法后评估指的是，立法后评估主体以当前金融机构社会责任规范体系为对象，以促进金融机构履行社会责任为目的，结合经济社会发展要求，按照与“创新、协调、绿色、开放、共享”五大发展理念相协调的标准和程序，对其立法技术、立法内容、实施效果等情况进行调查和评价，形成评估报告以促进立法及时修改完善的活动。新发展理念下金融机构社会责任立法后评估的重要意义在于，有助于贯彻落实“新发展理念”，提高金融机构社会责任立法的质量和水平，完善执法活动和实现民主立法。

新发展理念下金融机构社会责任立法后评估主体包括启动主体、实施主体和参与主体,各主体具有不同的职责和权限。根据我国目前社会经济发展状况,我国金融机构社会责任立法后评估应建立以立法部门评估为主,中国人民银行、银行保险监管委员会、证监会等相关执法部门配合为辅,广泛引进社会力量共同参与的评估主体模式。

新发展理念下金融机构社会责任立法后评估标准可以包括三类,分别为:法理标准、价值标准以及实践标准。其中,法理标准是指用法的一般标准来评价金融机构社会责任立法质量的高低;价值标准是评估主体所秉持的准则;实践标准是指相应立法所运行的情况,即法的实际有效性。新发展理念下金融机构社会责任立法后评估指标在设定时应体现"新发展理念"的要求,并紧密结合评估工作的可操作性和具体目的。以此为基础,可以建构出由三大标准,12 个一级指标和 39 个二级指标组成的新发展理念下金融机构社会责任立法后评估指标体系。同时,可以运用主成分分析法确定新发展理念下金融机构社会责任立法后评估指标权重,并对各项指标进行计分。

依据"协调发展"理念,金融机构社会责任立法后评估应当根据立法后评估的价值目标、所处阶段、所拥有的评估数据、立法资源以及立法者的实际情况,统筹选择评估方法。其中,在评估信息收集阶段,主要通过运用社会实证调查分析方法来收集相关信息资料;在评估信息分析阶段,主要通过运用典型个案分析法、比较分析法和利益分析方法来分析相关信息资料。在上述阶段中,定性分析和定量分析、数学分析方法和系统分析方法皆发挥了重要作用。

新发展理念下金融机构社会责任立法后评估活动包括启动和准备阶段、实施阶段和回应阶段。其中,在启动和准备阶段,应以当前金融机构社会责任规范体系为评估对象,以所有与金融机构社会责任立法相关的制度或条文为评估内容,构建以立法部门评估为主,中国人民银行、银行保险监管委员会、证监会等相关执法部门配合为辅,广泛引入社会力量共同参与的评估主体模式,加强对金融机构社会责任立法后评估人员的系统培训,拟定新发展理念下金融机构社会责任立法后评估方案;在实施阶段,应从金融机构、行业协会、公权力机构、非政府组织、媒体等第三方力量、社会公众等多方主体收集和整理金融机构社会责任立法后评估资料信息，完善新发展理念下金融机构社会责任立法后评估的信息系统。同时建立新发展理念下金融机构社会责任立法后评估分析模型，以分析和预估金融机构社会责任立法的实施效果，最终形成新发展理念下金融机构社会责任立法后评估报告；在回应阶段，相关部门应当贯彻落实新发展理念下金融机构社会责任立法后评估报告中的相应建议并予以反馈，从而实现新发展理念下金融机构社会责任立法后评估的目的。

新发展理念下金融机构社会责任立法后评估报告应当采取文本与图表的混合形式，此种方式综合了文本形式与图表形式的优势，弥补了它们的不足之处。在内容层面，应围绕"新发展理念"确定评估对象和评估目的；扎实做好前期准备，按照评估方案积极开展评估工作；具体分析金融机构社会责任相关制度的"制度目标、实施情况、实施效果、存在的主要问题"等评估情况，进而提出相应完善建议。新发展理念下金融机构社会责任立法后评估报告最终形成后，相关立法机关、执法机关和司法机关皆有义务对评估结果所涉及的各自职权范围内的问题积极做出反应和回答，回应的方式主要有三种情况，分别为：金融机构社会责任立法创制、修改与补充和废止。

参考文献

一、著作类

[1]卢代富:《企业社会责任研究—— 基于经济学与法学的视野》,法律出版社 2014 年版。

[2]沈洪涛、沈艺峰:《公司社会责任思想起源与演变》,上海人民出版社 2007 年版。

[3]任荣明、朱晓明:《企业社会责任多视角透视》,北京大学出版社 2009 年版。

[4]黎文靖:《基于政治干预视角的企业社会责任研究:来自新政治经济学理论的解读》,东北财经大学出版社 2013 年版。

[5]张兆国:《利益相关者视角下企业社会责任问题研究》,中国财政经济出版社 2014 年版。

[6]刘红叶:《企业社会责任原理》,中国社会科学出版社 2015 年版。

[7]何伟强:《社会转型期企业社会责任运行机制研究》,广东人民出版社 2011 年版。

[8]姜志华:《企业社会责任实现机制研究:基于高阶管理理论的视角》,浙江大学出版社 2014 年版。

[9]杨春方:《企业社会责任驱动机制研究:理论、

实证与对策》,中山大学出版社2015年版。

[10]刘连煜:《公司治理与公司社会责任》,中国政法大学出版社2001年版。

[11]李立清、李燕凌:《企业社会责任研究》,人民出版社2005年版。

[12]黄邦汉:《企业社会责任概论》,高等教育出版社2010年版。

[13]匡海波:《企业社会责任》,清华大学出版社2010年版。

[14]任文举:《企业社会责任:商业与道德的完美结合》,西南交通大学出版社2011年版。

[15]黎友焕:《中国企业社会责任研究》,中山大学出版社2015年版。

[16]刘藏岩:《民营企业社会责任研究》,浙江大学出版社2010年版。

[17]周立新:《中国家族企业社会责任的经验研究:基于家族涉入视角的分析》,西南财经大学出版社2012年版。

[18]孙春升:《煤炭企业社会责任研究》,中国经济出版社2013年版。

[19]张孝锋:《后金融危机时代的跨国公司社会责任与政府规制研究》,经济管理出版社2015年版。

[20]李智、崔校宁:《中国企业社会责任:基于"三省千企"调查和"2S+2C"框架的CSR影响机制与推进方略研究》,中国经济出版社2011年版。

[21]肖红军:《企业社会责任评价研究:反思、重构与实证》,经济管理出版社2014年版。

[22]郑海东:《企业社会责任行为表现:测量维度、影响因素及绩效关系》,高等教育出版社2012年版。

[23]刘俊海:《公司的社会责任》,法律出版社1999年版。

[24]高岚君、吴凤君:《全球化视野下的企业社会责任法律研究》,法律出版社2011年版。

[25]李雪平:《企业社会责任国际法律问题研究》,中国人民大学出版社2011年版。

[26]王晓、任文松:《多维法制视角下的企业社会责任》,中国社会科学出版社2012年版。

[27]易凌、罗俊杰:《企业社会责任及其立法研究》,科学出版社2015年版。

[28]翟啸林:《中国企业社会责任立法问题研究:基于企业二元目标的统一》,中国经济出版社 2015 年版。

[29]朱文忠:《商业银行企业社会责任标准与机制研究》,经济管理出版社 2009 年版。

[30]王卉彤、高岩:《商业银行社会责任研究》,知识产权出版社 2010 年版。

[31]于东智:《商业银行的社会责任》,中国金融出版社 2011 年版。

[32]刘平:《从金融史再出发 银行社会责任溯源》,复旦大学出版社 2011 年版。

[33]刘志云等:《商业银行社会责任的法律问题研究》,厦门大学出版社 2011 年版。

[34]刘志云:《法律视角下商业银行的社会责任:原理研究与实证分析》,法律出版社 2012 年版。

[35]朱蓉:《中国商业银行社会责任战略及绩效研究》,经济管理出版社 2013 年版。

[36]胡鞍钢:《中国发展前景》,浙江人民出版社 1999 年版。

[37]钱易、唐孝炎:《环境保护与可持续发展》,高等教育出版社 2000 年版。

[38]李昌麒:《经济法学》,法律出版社 2007 年版。

[39]曹凤月:《企业道德责任论——企业与利益关系者的和谐与共生》,社会科学文献出版社 2006 年版。

[40]李昌麒主编:《经济法学》,中国政法大学出版社 2002 年版。

[41]刘俊海主编:《中国资本市场法治评论》,法律出版社 2011 年版。

[42]漆多俊主编:《经济法论丛》,武汉大学出版社 2010 年版。

[43]张文显:《法哲学范畴研究》(修订版),中国政法大学出版社 2001 年版。

[44]周林彬等:《法律经济学中国的理论与实践》,北京大学出版社 2008 年版。

[45]罗培新:《公司法的合同解释》,北京大学出版社 2004 年版。

[46]周旺生:《立法学》,法律出版社 2016 年版。

[47]俞可平主编:《治理与善治》,社会科学文献出版社2000年版。

[48]陈振明:《公共管理学》,中国人民大学出版社2003年版。

[49]徐向华:《中国立法关系论》,浙江人民出版社1999年版。

[50]卢现祥:《西方新制度经济学》,中国发展出版社2003年版。

[51]魏宏森、曾国屏:《系统论——系统科学哲学》,清华大学出版社1995年版。

[52]杨春时:《系统论、信息论、控制论浅说》,中国广播电视出版社1987年版。

[53]郑健壮:《微观经济学》,浙江大学出版社2010年版。

[54]韦森:《社会秩序的经济分析导论》,上海三联书店2001年版。

[55]马长山:《国家、市民社会与法治》,商务印书馆2002年版。

[56]苏力:《制度是如何形成的》,北京大学出版社2007年版。

[57]付子堂:《法律功能论》,中国政法大学出版社1999年版。

[58]肖坤:《中国上市公司资本结构治理效应研究》,中国财政经济出版社2008年版。

[59]于晓刚:《中国银行业环境记录(2009)NGOs报告》,云南科技出版社2010年版。

[60]汪全胜等:《立法后评估研究》,人民出版社2012年版。

[61]张文显:《法学基本范畴研究》,中国政法大学出版社1993年版。

[62]张文显:《法理学》,高等教育出版社1999年版。

[63]谢鹏程:《基本法律价值》,山东人民出版社2000年版。

[64]肖红军、李伟阳、许英杰:《企业社会责任评价研究——反思、重构与实证》,经济管理出版社2014年版。

[65]王红:《企业的环境责任研究》,经济管理出版社2009年版。

[66]何自力:《法人资本所有制与公司治理》,南开大学出版社1997年版。

[67]肖兴志:《自然垄断产业规制改革模式研究》,东北财经大学出版社2003年版。

[68]陈振明等:《政府工具导论》,北京大学出版社2009年版。

[69]贾绍华:《厚积之思:贾绍华经济文集》(第1辑),海南出版社

2005 年版。

[70]冯果、李安安:《收入分配改革的金融法进路——以金融资源的公平配置为中心》,法律出版社 2016 年版。

[71]汪全胜:《法律绩效评估机制论》,北京大学出版社 2010 年版。

[72]罗豪才:《软法与公共治理》,北京大学出版社 2006 年版。

[73]邓泽宏等:《政治社会学视域中的企业社会责任研究》,人民出版社 2016 年版。

[74]田虹:《企业社会责任及其推进机制》,经济管理出版社 2006 年版。

[75]沈艳、姚洋:《企业社会责任与市场竞争力:企业社会责任在提升中国私营部门竞争力以及可持续发展中的作用》,外文出版社 2010 年版。

[76]殷格非、于志宏、崔生祥:《责任竞争力——企业社会责任最佳实践案例集》,中国人民大学出版社 2008 年版。

[77]刘志云:《当代国际法的发展:一种从国际关系理论视角的分析》,法律出版社 2010 年版。

[78]何帆、姚枝仲等:《中国对外投资:理论与问题》,上海财经大学出版社 2013 年版。

[79]曹立:《治国理政新理念:全面解读新发展理念》,人民出版社 2016 年版。

[80]胡鞍钢、鄢一龙、唐啸等:《中国新发展理念》,浙江人民出版社 2017 年版。

[81]李伟阳、肖红军、郑若娟:《企业社会责任经典文献导读》,经济管理出版社 2011 年版。

[82]刘志云等:《后危机时代的全球治理与国际经济法的转型》,法律出版社 2015 年版。

[83]冯守尊:《赤道原则:银行业可持续发展的最佳实践》,上海交通大学出版社 2011 年版。

[84]成思危:《未来五十年:绿色革命与绿色时代》,中国言实出版社 2015 年版。

[85]杜莉等:《低碳经济时代的碳金融机制与制度研究》,中国社会科

学出版社 2014 年版。

［86］周旺生、张建华:《立法技术手册——立法支持经济改革丛书》，中国法制出版社 1999 年版。

［87］孙晓东:《立法后评估的原理与应用》，中国政法大学出版社 2016 年版。

［88］刘作翔、冉井富:《立法后评估的理论与实践》，社会科学文献出版社 2013 年版。

［89］刘丹:《利益相关者与公司治理法律制度研究》，中国人民公安大学出版社 2005 年版。

［90］任尔昕:《地方立法质量跟踪评估制度研究》，北京大学出版社 2011 年版。

［91］张文显:《法理学》，高等教育出版社 2004 年版。

［92］袁曙宏、李岳德、赵振华:《立法后评估工作指南》，中国法制出版社 2013 年版。

［93］周世中:《法的合理性研究》，山东人民出版社 2004 年版。

［94］贠杰、杨诚虎:《公共政策评估:理论与方法》，中国社会科学出版社 2006 年版。

［95］沈宗灵:《现代西方法理学》，北京大学出版社 1992 年版。

［96］张金马:《公共政策分析:概念、过程、方法》，人民出版社 2004 年版。

［97］［美］兹维·博迪、罗伯特·莫顿:《金融学》，伊志宏等译，中国人民大学出版社 2000 年版。

［98］［英］约翰·伊特韦尔等:《新帕尔格雷夫经济学大辞典》（第 1 卷），经济科学出版社 1996 年版。

［99］［英］阿诺德·约瑟夫·汤因比:《人类与大地母亲:一部叙事体世界历史》，徐波等译，上海人民出版社 2012 年版。

［100］［美］罗伯特·希勒:《金融与好的社会》，束宇译，中信出版社 2012 年版。

［101］［英］弗里德利希·冯·哈耶克:《自由秩序原理》（上册），邓正来译，生活·读书·新知三联书店 1997 年版。

[102][美]理查德·A.波斯纳:《法律的经济分析》(下),蒋兆康译,林毅夫校,中国大百科全书出版社1997年版。

[103][美]保罗·萨缪尔森、威廉·诺德豪斯:《经济学》(第17版),萧琛等译,人民邮电出版社2004年版。

[104][德]魏德士:《法理学》,丁小春、吴越译,法律出版社2005年版。

[105][美]约翰·罗尔斯:《作为公平的正义——正义新论》,姚大志译,生活·读书·新知三联书店2002年版。

[106][美]斯科特·格林:《萨班斯法案内控指南》,张翼、林小驰译,经济科学出版社2007年版。

[107][美]莱斯特·R.布朗:《生态经济学》,林自新、戢守志等译,东方出版社2002年版。

[108][美]富勒:《法律的道德性》,郑戈译,商务印书馆2005年版。

[109][美]德沃金:《法律帝国》,李常青译,徐宗英校,中国大百科全书出版社1996年版。

[110][美]彼得·F.德鲁克:《公司的概念》,罗汉等译,上海人民出版社2002年版,第109页。

[111][英]弗里德利希·冯·哈耶克:《法律、立法与自由》(第1卷),邓正来等译,中国大百科全书出版社2000年版。

[112][美]乔治·斯蒂纳、约翰·斯蒂纳:《企业、政府与社会》,张志强等译,华夏出版社2002年版。

[113][美]赫伯特·西蒙:《管理行为——管理组织决策过程的研究》,杨砾、韩春立、徐立译,北京经济学院出版社1988年版。

[114][美]约翰·罗尔斯:《正义论》,何怀宏等译,中国社会科学出版社1988年版。

[115][美]庞德:《通过法律的社会控制》,沈宗灵译,商务印书馆1984年版。

[116][美]阿兰·斯密德:《制度与行为经济学》,刘璨、吴水荣译,中国人民大学出版社2004年版。

[117][英]亨利·梅因:《古代法》,沈景一译,商务印书馆1959年版。

[118][英]塞缪尔·O.艾杜乌、[德]沃尔特·利尔·菲欧:《全球企业

社会责任实践》,杨世伟译,经济管理出版社 2011 年版。

[119][英]A. J. M. 米尔恩:《人的权利与人的多样性——人权哲学》,夏勇、张志铭译,中国大百科全书出版社 1995 年版。

[120][美]埃德加・博登海默:《法理学——法律哲学与法律方法》,邓正来译,中国政法大学出版社 2004 年版。

[121][美]罗宾・保罗・麦乐怡:《法与经济学》,孙潮译,浙江人民出版社 1999 年版。

[122][美]埃德加・博登海默:《法理学——法哲学及其方法》,邓正来译,华夏出版社 1987 年版。

[123][美]保罗・萨缪尔森、威廉・诺德豪斯:《经济学》(第 16 版),萧琛等译,华夏出版社 1999 年版。

[124][美]凯斯・R. 孙斯坦:《自由市场与社会正义》,金朝武、胡爱平、乔聪启等译,中文版序,中国政法大学出版社 2002 年版。

[125][美]大卫・D. 弗里德曼:《经济学语境下的法律规则》,杨欣欣译,法律出版社 2004 年版。

[126][德]格拉德・博克斯贝格、哈拉德・克里门塔:《全球化的十大谎言》,胡善君、许建东译,新华出版社 2000 年版。

[127][德]K. 茨威格特、H. 克茨:《比较法总论》,潘汉典、米健等译,法律出版社 2003 年版。

[128][美]彼得・辛格:《一个世界——全球化伦理》,应奇等译,东方出版社 2005 年版。

[129][英]亚当・斯密:《道德情操论》,蒋自强、钦北愚、朱钟棣、沈凯璋等译,商务印书馆 1997 年版。

[130][古希腊]亚里士多德:《政治学》(第 3 卷),吴寿彭译,商务印书馆 2011 年版。

[131][法]霍尔巴赫:《自然政治论》,陈太先、睦茂译,商务印书馆 1994 年版。

[132][美]约翰・罗尔斯:《政治自由主义》,万俊人译,译林出版社 2002 年版。

[133][德]黑格尔:《法哲学原理》,范扬等译,商务印书馆 1961 年版。

[134][美]道格拉斯·C. 诺斯:《经济史中的结构与变迁》,厉以平译,商务出版社 1994 年版。

[135][美]理查德·A. 波斯纳:《正义/司法的经济学》,苏力译,中国政法大学出版社 2002 年版。

[136][美]米尔伊安·R. 达玛什卡:《司法和国家权力的多种面孔》,郑戈译,中国政法大学出版社 2004 年版。

[137][法]孟德斯鸠:《论法的精神》(上卷),张雁深译,商务印书馆 2010 年版。

[138][英]边沁:《政府片论》,沈叔平等译,商务印书馆 1996 年版。

[139][美]罗纳德·哈里·科斯:《论生产的制度结构》,盛洪、陈郁译,上海三联书店 1994 年版。

[140][美]曼瑟尔·奥尔森:《集体行动的逻辑》,陈郁等译,上海人民出版社 1995 年版,第 102 页。

[141]巴甫洛夫:《巴甫洛夫选集》,赵璧如等译,科学出版社 1955 年版。

[142][德]卡尔·拉伦茨:《法学方法论》,陈爱娥译,台北五南图书出版股份有限公司 1997 年版。

[143][德]伽达默尔:《真理与方法——哲学解释学的基本特征》,洪汉鼎译,上海译文出版社 2004 年版。

[144][美]斯蒂文·J. 伯顿:《法律的道路及其影响》,张之梅等译,北京大学出版社 2005 年版。

[145][日]川岛武宜:《现代化与法》,王志安等译,中国政法大学出版社 1994 年版。

[146][美]艾尔·巴比:《社会研究方法》,邱泽奇译,华夏出版社 2000 年版。

[147][美]罗斯科·庞德:《法理学》(第 3 卷),廖德宇译,法律出版社 2007 年版。

[148][英]詹宁斯、瓦茨修订:《奥本海国际法》(第 1 卷第 1 分册),王铁崖等译,中国大百科全书出版社 1995 年版。

[149][美]理查德·A. 波斯纳:《法理学问题》,苏力译,中国政法大学

出版社 2002 年版。

[150][美]弗朗西斯·福山:《信任:社会美德与创造经济繁荣》,彭志华译,海南出版社 2001 年版。

[151][英]保罗·戴维斯:《英国公司法精要》,樊云慧译,法律出版社 2007 年版。

[152][英]丹尼斯·吉南:《公司法》,朱羿锟等译,法律出版社 2005 年版。

[153][德]W. 杜茨:《劳动法》,张国文译,法律出版社 2003 年版。

[154][德]罗伯特·霍恩等:《德国民商法导论》,楚建译,中国大百科全书出版社 1996 年版。

[155][英]艾村乌、[德]菲欧主编:《全球企业社会责任实践》,杨世伟译,经济管理出版社 2011 年版。

[156][英]安东尼·吉登斯:《现代性的后果》,田禾译,译林出版社 2000 年版。

[157][美]派翠西亚·奥伯汀:《2010 大趋势——自觉资本主义的兴起》(上),徐爱婷译,智库文化股份有限公司 2005 年版。

[158][美]罗伯特·基欧汉、约瑟夫·奈:《权力与相互依赖》(第 4 版),门洪华译,北京大学出版社 2012 年版。

[159][美]卡里·克劳辛斯基、尼克·罗宾斯:《绿色金融:可持续投资的国际经验》,于雅鑫、李鉴墨译,东北财经大学出版社 2017 年版。

[160][英]奥兰·杨:《世界事务中的治理》,陈玉刚、薄燕译,上海人民出版社 2007 年版。

[161][美]卡尔·帕顿、大卫·沙维奇:《政策分析和规划的初步方法》,孙兰芝等译,华夏出版社 2001 年版。

[162][美]威廉·N. 邓恩:《公共政策分析导论》,谢明等译,中国人民大学出版社 2002 年版。

[163][美]西奥多·H. 波伊斯特:《公共与非营利组织绩效考评》,肖鸣政校,中国人民大学出版社 2005 年版。

[164]世界银行:《1997 年世界银行报告:变化世界中的政府》,蔡秋生译,中国财政经济出版社 1997 年版。

[165]世界经济与发展委员会:《我们共同的未来》,土之佳、柯金良译,吉林人民出版社1997年版。

[166]中央编译局比较政治与经济研究中心:《公共参与手册:参与改变命运》,社会科学文献出版社2008年版。

[167]联合国贸易与发展会议:《世界投资报告》,中国财政经济出版社2007年版。

[168]中共中央宣传部编著:《习近平总书记系列重要讲话读本(2016年版)》,学习出版社、人民出版社2016年版。

[169]中共中央宣传部编著:《习近平总书记系列重要讲话读本》,学习出版社、人民出版社2014年版。

[170]国家行政学院编写组编著:《中国新发展理念》,人民出版社2016年版。

[171]《马克思恩格斯全集》(第6卷),人民出版社1958年版。

[172]《马克思恩格斯全集》(第13卷),人民出版社1962年版。

[173]《马克思恩格斯全集》(第2卷),人民出版社1965年版。

[174]《马克思恩格斯选集》(第1卷),人民出版社1995年版。

[175]Amitav Acharya, *The End of American World Order*, London: Polity Press, 2014.

[176] Adefolake O. Adeyeye, *Corporate Social Responsibility of Multinational Corporations in Developing Countries: Perspectives on Anti-Corruption*, Cambridge University Press, 2012.

[177]Aras, G., and Crowther, D., *Governance in the Business Environment, Developments in Corporate Governance and Responsibility*, Emerald Group Publishing Limited, 2011.

[178]Bowen, *Social Responsibilities of the Businessman*, Iowa: University of Iowa Press, 1953.

[179]Jonker J., de Witte M. (eds.) *The Challenge of Organizing and Implementing Corporate Social Responsibility*, London: Palgrave Macmillan, 2006.

[180]Crane A. *The Oxford Handbook of Corporate Social Responsibility*,

Oxford University Press,2008.

[181] Cheng Lin sun, *Berkshire Encyclopedia of China: Modern and Historic Views of the World' s Newest and Oldest Global Power*, Berkshire Publication Group,2009.

[182] Christopher D. Stone, *Corporate Responsibility: Law and Ethics* (*Original Title: Where the Law Ends: The Social Control of Corporate Behavior*), Washington,D. C:Beard Books Publishers,Inc. ,2004.

[183] Drucker, Peter F. ,*Managing the Nonprofit Organization:Practices and Principles*,Oxford:Butterworth-Heinemann Ltd. ,1990.

[184] Duygu Türker, Huriye Toker, and Ceren Altuntas. (eds.) *Contemporary Issues in Corporate Social Responsiblity*,Lanham,MD:Lexington Books,2014.

[185] Greenwood J. and Wilson D. , *Public Administration in Britain Today*,London:Unwin Hyman,1989.

[186] Gary King, Robert O Keohane, *Sidney Verba*, *Designing Social Inquiry:Scientific Inference in Qualitative Research*, Princeton University Press, 1994.

[187] Jules Backman,*Social Responsibility and Accountability*,New York: New York University Press,1975.

[188] John Elkington, *Cannibals with Forks: The Triple Bottom Line of 21st Century Business*,Oxford University Press,1999.

[189] Kevin Campbell, Douglas Vick, *Disclosure and the Market for Corporate Social Responsibility,in the New Corporate Accountability-Corporate Social Responsibility and the Law*, United Kingdom: Cambridge University Press,2007.

[190] Milton Friedman, *Capitalism and Freedom*, University of Chicago Press,2009.

[191] Oran R. Young, *The Institutional Dimensions of Environmental Change:Fit,Interplay,and Scale*. Cambridge,MA:MIT Press,2002.

[192] Steiner G. , Steiner J. , *Business*, *Government*, *and Society*, New

York:McGraw-Hill Book Company,Inc. ,1980.

[193]The Commission on Global Governance,*Our Global Neighborhood: The Report of the Commission on Global Governance*,Oxford and New York: Oxford University Press,1995.

[194]Sebastian Oberthur, Thomas Gehring, *Synergy and Conflict among International and EU Policies*,Cambridge,MA:MIT Press,2006.

[195] Tom Fox, Halina Ward, Bruce Howard, *Public Sector Roles in Strengthening Corporate Social Responsibility:A Baseline Study*, Washington: The World Bank,2002.

[196]Wifred Jenks,*Idealism in International Law*,*Essays on International Law:In Honor of Krishna Rao by M. K. Nawaz ed.* ,Leiden and Boston:A. W. Sijthoff,1976.

[197]Vermander B. ,*Corporate Social Responsibility in China:A Vision, an Assessment and a Blueprint*,World Scientific Publishing Co. Pte. Ltd. ,2013.

[198] Stephan Schmidheiny, *Changing Courses: A Global Business Perspective on Development and the Environment*,The MIT Press,1992.

[199]Johnson H. L. ,*Business in Contemporary Society: Framework and Issues*,Belmont CA:Wadsworth Pub. Co. ,1971.

二、论文类

[1]朱慈蕴:《公司的社会责任:游走于法律责任与道德准则之间》,载《中外法学》2008 年第 1 期。

[2]史际春、肖竹等:《论公司社会责任:法律义务、道德责任及其他》,载《首都师范大学学报》(社会科学版)2008 年第 2 期。

[3]周友苏、张虹:《反思与超越:公司社会责任诠释》,载《政法论坛》2009 年第 1 期。

[4]何杰、曾朝夕:《企业利益相关者理论与传统企业理论的冲突与整合——一个企业社会责任基本分析框架的建立》,载《管理世界》2010 年第 12 期。

[5]张兆国、梁志钢等:《利益相关者视角下企业社会责任问题研究》,

载《中国软科学》2012 年第 2 期。

[6]楼建波:《中国公司法第五条第一款的文义解释及实施路径——兼论道德层面的企业社会责任的意义》,载《中外法学》2008 年第 1 期。

[7]沈四宝、程华儿:《经济全球化与我国企业社会责任制度的构建》,载《法学杂志》2008 年第 3 期。

[8]李建伟:《论公司社会责任的内涵界定与实现机制建构——以董事的信义义务为视角》,载《清华法学》2010 年第 2 期。

[9]胡晓静:《论公司社会责任:内涵、外延和实现机制》,载《法制与社会发展》2010 年第 2 期。

[10]易开刚:《企业社会责任的多重价值博弈与长效实现机制——基于公司治理的视角》,载《经济理论与经济管理》2011 年第 12 期。

[11]赵辉、李文川:《我国民营企业社会责任的层次性研究》,载《经济纵横》2007 年第 10 期。

[12]崔新健:《跨国公司社会责任的概念框架》,载《世界经济研究》2007 年第 4 期。

[13]徐传谌、艾德洲:《中国国有企业社会责任研究》,载《吉林大学社会科学学报》2010 年第 6 期。

[14]郭毅:《中国中小企业社会责任推行模式研究》,载《求索》2011 年第 5 期。

[15]田虹、姜雨峰:《网络媒体企业社会责任评价研究》,载《吉林大学社会科学学报》2014 年第 1 期。

[16]徐泓、朱秀霞:《低碳经济视角下企业社会责任评价指标分析》,载《中国软科学》2012 年第 1 期。

[17]买生、匡海波等:《基于科学发展观的企业社会责任评价模型及实证》,载《科研管理》2012 年第 3 期。

[18]齐丽云、魏婷婷:《基于 ISO 26000 的企业社会责任绩效评价模型研究》,载《科研管理》2013 年第 3 期。

[19]冯果、袁康:《浅谈企业社会责任法律化》,载《湖北社会科学》2009 年第 8 期。

[20]沈贵明:《我国公司社会责任的立法规范问题》,载《法学》2009 年

第 11 期。

[21]雷兴虎、刘斌:《〈企业社会责任法〉:企业践行社会责任的法制保障》,载《法治研究》2010 年第 4 期。

[22]郑曙光:《企业社会责任:商法视野的考察分析》,载《西南民族大学学报》(人文社科版)2010 年第 1 期。

[23]蒋建湘:《企业社会责任的法律化》,载《中国法学》2010 年第 5 期。

[24]杨力:《企业社会责任的制度化》,载《法学研究》2014 年第 5 期。

[25]王红一:《立法如何创新——对企业社会责任法律化的反思》,载《中山大学法律评论》2014 年第 4 期。

[26]赵金磊、夏江徽:《我国商业银行社会责任之探讨》,载《商品与质量:理论研究》2010 年第 3 期。

[27]张志峰、张志暹等:《对社会尽责,为社会负责——对金融机构社会责任的思考》,载《中国金融》2009 年第 3 期。

[28]朱慈蕴:《论金融中介机构的社会责任——从应对和防范危机的长效机制出发》,载《清华法学》2010 年第 1 期。

[29]张长弓:《商业银行社会责任:价值性与路径选择》,载《华南师范大学学报》(社会科学版)2010 年第 1 期。

[30]刘钊:《强化商业金融机构社会责任是当前金融文化建设的着力点》,载《发展研究》2012 年第 4 期。

[31]郑鋐:《金融机构承担社会责任问题研究》,载王保树主编:《中国商法年刊》(2009),知识产权出版社 2010 年版。

[32]陈岷:《金融机构的社会责任:属性、特点与承担》,载王保树主编:《中国商法年刊》(2009),知识产权出版社 2010 年版。

[33]贺绍奇:《金融创新的滥用与金融机构社会责任的完善》,载《财经问题研究》2010 年第 6 期。

[34]陈晓安:《基于资源配置视角的保险公司社会责任研究》,载《湖北经济学院学报》2011 年第 3 期。

[35]张长弓、曾思薇:《构建商业银行社会责任体系的思考》,载《南方金融》2007 年第 11 期。

[36]阳露昭、姜渊:《论我国绿色信贷法律制度的构建》,载《江西财经大学学报》2009年第4期。

[37]刘武朝、彭光明:《论节能减排背景下绿色银行立法的构建》,载《前沿》2009年第6期。

[38]袁达松、王喜平:《全球金融危机与金融机构社会责任的法律构建》,载《金融服务法评论》2010年第1期。

[39]周仲飞:《提高金融包容:一个银行法的视角》,载《法律科学》2013年第1期。

[40]刘志云:《论全球化时代国际经济法的公平价值取向——兼论发展中国家及我国的角色定位与战略选择》,载《法律科学》2007年第5期。

[41]文跃然、解本远:《反思企业社会责任的康德主义辩护》,载《中国人民大学学报》2016年第3期。

[42]刘志云:《商业银行社会责任的兴起及其督促机制的完善》,载《法律科学》2010年第1期。

[43]江必新、邵长茂:《贯彻五大发展理念的法治保障》,载《现代法学》2016年第6期。

[44]朱文忠:《国外商业银行社会责任的良好表现与借鉴》,载《国际金融》2006年第4期。

[45]叶林:《公司利益相关者的法学分析》,载《河北学刊》2006年第4期。

[46]彭德:《公司治理机构与企业社会责任的平衡与协调》,载《清华法学》2011年第1期。

[47]李继军:《湖南省金融企业社会责任研究》,湖南大学2010年硕士学位论文。

[48]沈贵明、王长华:《论企业社会责任的实现路径——以市场制约机制为视角》,载《学习与探索》2014年第10期。

[49]姜明安:《软法的兴起与软法之治》,载《中国法学》2006年第2期。

[50]钱弘道:《经济分析法学的几个基本概念阐释》,载《同济大学学报》(社会科学版)2005年第2期。

[51]刘志云:《商业银行践行社会责任的内在诱因与理论基础》,载《政法论丛》2014 年第 1 期。

[52]张晓红:《全球化中的新自由主义评析》,载《马克思主义研究》2002 年第 1 期。

[53]李雪平:《企业社会责任国际标准的性质和效力——兼议 ISO 26000 制定中的法律问题》,载《环球法律评论》2007 年第 4 期。

[54]郭春松、朱孟楠:《加强金融监管的国际协调与合作》,载《上海金融》2004 年第 10 期。

[55]汤进路:《企业社会责任软法推进机制探析》,载《学海》2007 年第 5 期。

[56]黎友焕:《国际新趋势与中资企业的社会责任》,载《国际经济合作》2014 年第 12 期。

[57]王丹:《政府推进企业社会责任机制研究》,辽宁大学 2010 年博士学位论文。

[58]毛丰付:《中国参与国际标准竞争:问题、原因与对策》,载《世界经济与政治论坛》2007 年第 2 期。

[59]张宪初:《全球视角下的企业社会责任及对中国的启示》,载《中外法学》2008 年第 1 期。

[60]刘安国:《2005 年度诺贝尔经济学奖新闻公报》,载《经济学动态》2005 年 10 期。

[61]刘志云:《赤道原则的生成路径——国际金融软法产生的一种典型形式》,载《当代法学》2013 年第 1 期。

[62]宋方青、周刚志:《论立法公平之程序构建》,载《厦门大学学报》(哲学社会科学版)2007 年第 1 期。

[63]徐向华、林彦:《我国立法法的成功和不足》,载《法学》2000 年第 6 期。

[64]姜明安:《公众参与与行政法治》,载《中国法学》2004 年第 2 期。

[65]王媛丽:《论市民社会的形成及其原因》,载《行政科学论坛》2010 年第 2 期。

[66]张康之、张乾友:《新市民社会背景下的国家与社会治理——对基

于市民社会的国家理论的考察》,载《文史哲》2011 年第 1 期。

[67]李海青:《当代政治哲学视域中的公共理性——一种规范性的分析》,载《哲学动态》2008 年第 6 期。

[68]刘水林:《经济法是什么——经济法的法哲学反思》,载《政治与法律》2014 年第 8 期。

[69]李海青:《理想的公共生活如何可能:对公共理性的一种政治伦理学阐释》,载《伦理学研究》2008 年第 3 期。

[70]麻宝斌:《治道变革:公共利益实现机制的根本转变》,载《吉林大学社会科学学报》2002 年第 3 期。

[71]石佑启、陈咏梅:《论开放型决策模式下公众参与制度的完善》,载《江苏社会科学》2013 年第 1 期。

[72]代杰:《论法律评价指标》,载《唐山学院学报》2013 年第 2 期。

[73]牛振友:《系统性理论与领导班子的优化》,载《领导之友》1991 年第 2 期。

[74]丰子义:《全球化与当代社会发展的新变化》,载《高校理论战线》2012 年第 8 期。

[75]范义:《论习近平"系统性"辩证思想方法》,载《思想政治工作研究》2015 年第 4 期。

[76]汤道路:《企业社会责任软法推进机制》,载《学海》2007 年第 5 期。

[77]刘辉:《完善我国体育产业信贷支持体系的经济法逻辑——法理分析与路径选择》,载《武汉体育学院学报》2016 年第 4 期。

[78]王学杰:《改善我国公共政策参与方式的思考》,载《中国行政管理》2001 年第 2 期。

[79]林来梵、郑磊:《宪法学方法论》,载《宪政与行政法治评论》2007 年第 3 期。

[80]王长义:《社会责任对跨国公司在华子公司竞争优势的影响研究》,山东大学 2011 年博士学位论文。

[81]卢凌宇:《政治学田野调查方法》,载《世界经济与政治》2014 年第 1 期。

[82]刘爱龙:《论法务会计证据学的研究对象及方法》,载《审计与经济研究》2011年第6期。

[83]陈再波:《商业银行社会责任研究》,中南大学2010年硕士学位论文。

[84]王志远:《事实与规范之间:当代中国刑法立法方法论批判》,载《法制与社会发展》2011年第1期。

[85]吴元元:《信息能力与压力型立法》,载《中国社会科学》2010年第1期。

[86]周旺生:《法的渊源和法的形式界分》,载《法制与社会发展》2005年第4期。

[87]方世荣:《论公法领域中"软法"实施的资源保障》,载《法商研究》2013年第3期。

[88]王雄文:《社会主义民主形式的利益分析》,载《求索》2010年第7期。

[89]李忠杰:《论社会发展的动力与平衡机制》,载《中国社会科学》2007年第1期。

[90]王艳梅:《公司社会责任的法理学研究》,吉林大学2005年博士学位论文。

[91]李龙、刘诚:《论法律渊源——以法学方法和法律方法为视角》,载《法律科学》2005年第2期。

[92]姜明安:《法治思维与五大发展理念》,载《中国司法》2016年第2期。

[93]肖顺武、石斌:《商业银行社会责任激励机制研究》,载《经济法论坛》2015年第1卷。

[94]温素彬、方苑:《企业社会责任与财务绩效关系的实证研究——利益相关者视角的面板数据分析》,载《中国工业经济》2008年第10期。

[95]张安毅:《论商业银行的社会责任》,载《金融理论与实践》2008年第6期。

[96]刘志云:《国内银行践行社会责任的内部督促机制分析》,载《厦门大学学报》(哲学社会科学版)2011年第5期。

[97]田春雷:《金融企业社会责任之辩——兼论企业社会责任的异质性与阶段性》,载《武汉大学学报》(哲学社会科学版)2011 年第 6 期。

[98]董成武:《基于委托代理理论的金融消费者权益保护机制研究》,中国农业大学 2017 年博士学位论文。

[99]刘志云:《国内银行业践行社会责任的外部督促机制:问题与完善》,载《经济法论丛》2011 年第 2 卷。

[100]廖涛:《中国企业社会责任标准》,载《华人世界》2006 年第 8 期。

[101]张兆国、陈华东、曹丹婷:《企业社会责任与企业治理整合研究》,载《科学决策》2016 年第 3 期。

[102]钱立华:《中国银行业绿色信贷体系》,载《中国金融》2016 年第 22 期。

[103]方桂荣:《信息偏在条件下绿色金融的法律激励机制构建》,载《法商研究》2015 年第 4 期。

[104]马千里:《公共治理视域下"软法"实施的困境及消解》,载《沈阳大学学报》2009 年第 6 期。

[105]方桂荣:《集体行动困境下的环境金融软法规制》,载《现代法学》2015 年第 4 期。

[106]袁康:《绿色金融发展及其法律制度保障》,载《证券市场导报》2017 年第 1 期。

[107]王华秀:《论我国绿色信贷法律制度的完善》,载《特区经济》2012 年第 8 期。

[108]胡珀、强晓捷:《基于赤道原则对我国金融机构环境与社会责任的反思》,载《江西财经大学学报》2016 年第 5 期。

[109]珂岩:《我国诞生首个社会责任国家标准——GB/T 36000 - 2015〈社会责任指南〉》,载《上海质量》2015 年第 8 期。

[110]刘淑君:《我国商业银行社会责任机制建构之软法进路》,载《上海金融学院学报》2013 年第 3 期。

[111]刘卫东、晏艳阳:《完善我国金融监管协调机制的思路》,载《现代经济探讨》2009 年第 6 期。

[112]熊晓琳、王丹:《五大发展理念与中国特色社会主义》,载《思想理

论教育学刊》2016 年第 1 期。

[113]吴振华:《社会责任:企业价值取向和发展诉求》,载《思想政治工作研究》2011 年第 2 期。

[114]宋东梅:《企业文化与社会责任》,载《东南大学学报》2006 年第 2 期。

[115]周钰颖、林川:《商业银行社会责任与现金股利政策》,载《金融论坛》2013 年第 7 期。

[116]王建芹、章逸:《党内程序性法规与实体性法规协调性研究》,载《桂海论丛》2017 年第 1 期。

[117]彭京宜:《关于完善党内法规的若干思考》,载《理论前沿》2007 年第 7 期。

[118]张斌:《论现代立法中的利益平衡机制》,载《清华大学学报》2005 年第 2 期。

[119]王雪:《金融机构社会责任的法律研究》,吉林大学 2011 年硕士学位论文。

[120]叶传星:《论设定法律责任的一般原则》,载《法律科学》1999 年第 2 期。

[121]陈素玲:《行业协会在企业社会责任履行中的作用》,载《企业经济》2008 年第 6 期。

[122]任辉:《环境保护与可持续金融体系构建》,载《财经问题研究》2008 年第 7 期。

[123]中国企业联合会:《引领全球企业的全球契约》,载《上海企业》2005 年第 11 期。

[124]徐学勤:《走进 SA8000——关注企业社会责任管理标准》,载《科技创新导报》2008 年第 20 期。

[125]赵洪:《政府在金融发展中的作用——以马来西亚为例的研究》,厦门大学 2004 年博士学位论文。

[126]楼建波、郭秀华:《现代企业社会责任核心理念和中国实践之路》,载楼建波、甘培忠主编:《企业社会责任专论》,北京大学出版社 2009 年版。

[127]沈四宝、程华儿:《浅谈中国企业社会责任》,载楼建波、甘培忠主编:《企业社会责任专论》,北京大学出版社 2009 年版。

[128]韩忠亮:《金融全球化背景下金融监管立法的博弈分析》,中国政法大学 2007 年博士学位论文。

[129]王剑敏:《董事群结构与公司绩效及治理行为的关系研究》,浙江大学 2006 年博士学位论文。

[130]汤善鹏:《现代立法程序的作用及其局限——一种基于法理学上的探讨》,载邓正来主编:《法律与中国——法学理论前沿论坛》(第 4 卷),中国政法大学出版社 2005 年版。

[131]周少青:《论三重框架下的劳工标准问题》,载《河北法学》2004 年第 11 期。

[132]黄江宁、朱嫣:《GRI 环境业绩指标体系在中国的法律基础探析》,载《中国市场》2007 年第 17 期。

[133]杨海珍、李妍:《可持续金融的国际实践》,载《中国金融》2016 年第 24 期。

[134]夏少敏、段凯莉:《绿色信贷业务的利益分析及制度完善》,载《太原理工大学学报》(社会科学版)2014 年第 1 期。

[135]范少虹:《绿色金融法律制度:可持续发展视阈下的应然选择与实然构建》,载《武汉大学学报》(哲学社会科学版)2013 年第 2 期。

[136]胡海洋:《全球化下应重视文化对法的普适性的认同》,载《当代法学》2003 年第 3 期。

[137]江帆:《经济法的价值理念和基本原则》,载《现代法学》2005 年第 5 期。

[138]肖红军、郑若娟:《CSR 推进机制建设的主要问题及应对》,载《WTO 经济导刊》2014 年第 9 期。

[139]田秀丽:《绿色信贷激励机制分析》,载《内蒙古财经学院学报》(综合版)2012 年第 4 期。

[140]陶玲、刘卫江:《赤道原则:金融机构践行企业社会责任的国际标准》,载《银行家》2008 年第 1 期。

[141]主父海英:《金融负外部性研究》,辽宁大学 2010 年博士学位

论文。

[142]安国俊、曹超:《绿色金融国际立法与借鉴》,载《中国金融》2017年第18期。

[143]董世坤:《美国"社区再投资法"评价及启示》,载《亚太经济》2013年第3期。

[144]杨松、宋怡林:《英国2009年银行法的发展与评价》,载《武大国际法评论》2011年第2期。

[145][日]佐藤孝弘:《社会责任对德国公司治理的影响》,载《德国研究》2008年第4期。

[146]范健、张萱:《德国法中雇员参与公司决策制度比较研究》,载《外国法译评》1996年第3期。

[147]佐藤孝弘:《日本的公司社会责任和社会期待》,载《亚太经济》2008年第4期。

[148]朱文忠:《论构建商业银行社会责任价值观的系统工程模型》,载《经济界》2007年第1期。

[149]姜颖:《工会法律责任的确立与完善》,载《工会理论与实践》2002年第4期。

[150]刘芬华:《行业自律制度的发源与效率——一般逻辑及在中国银行业的推演》,载《当代财经》2007年第12期。

[151]高秦伟:《私人主体与食品安全标准制定——基于合作规制的法理》,载《中外法学》2012年第4期。

[152]龙卫洋、季才留:《基于国际经验的商业银行绿色信贷研究及对中国的启示》,载《经济体制改革》2013年第3期。

[153]周杰普:《论我国绿色信贷法律制度的完善》,载《东方法学》2017年第2期。

[154]韩立岩、王臻:《绿色信贷发展的国际比较与启示》,载《国际经济合作》2014年第2期。

[155]纪霞:《国外绿色信贷发展经验及启示》,载《改革与战略》2016年第2期。

[156]于东智、吴羲:《赤道原则:银行绿色信贷与可持续发展的"白皮

书”》,载《金融管理与研究》2009 年第 1 期。

[157]WTO 经济导刊编辑部:《十问社会责任国家标准》,载《WTO 经济导刊》2015 年第 8 期。

[158]陈肇鸿:《由比较法观点论金融机构客户之分类》,载《军法专刊》2010 年第 4 期。

[159]许多奇:《银行保密义务与信息披露的现实冲突和法律整合——以信贷资产证券化为中心》,载《法学》2007 年第 6 期。

[160]谈李荣、张德:《客户金融隐私权保护制度》,载《农村金融研究》2006 年第 7 期。

[161]周良:《论英国金融消费者保护机制对我国的借鉴与启示》,载《上海金融》2008 年第 1 期。

[162]冯岚:《“活法”理论研究——埃利希法律社会学思想评述》,载郑永流主编:《法哲学与法社会学论丛》(第 6 辑),中国政法大学出版社 2003 年版。

[163]王彦明:《论德国法中的表决权——基于德国〈有关增强企业控制与透明度法〉的研究》,载《社会科学战线》2007 年第 5 期。

[164]林章兵:《独立董事制度与监事会制度比较分析》,载《商业研究》2004 年第 6 期。

[165]高圣平:《农地金融化的法律困境及出路》,载《中国社会科学》2014 年第 8 期。

[166]孙天琦、杨岚、袁静文:《美国的〈社区再投资法〉及其对中国欠发达地区的启示》,载《西安交通大学学报》(社会科学版)2011 年第 4 期。

[167]胡星斗:《经济罢工权立法的探讨》,载《学术界》2010 年第 6 期。

[168]陈启清:《宏观调控与商业银行的策略选择》,载《观察思考》2004 年第 19 期。

[169]罗豪才、宋功德:《认真对待软法——公域软法的一般理论及其中国实践》,载《中国法学》2006 年第 2 期。

[170]刘志云:《后危机时代的全球治理与国际经济法的发展》,载《厦门大学学报》(哲学社会科学版)2012 年第 6 期。

[171]刘志云:《后危机时代国家间跨国公司社会责任制度体系的构

建》,载《政法论丛》2015 年第 3 期。

[172]佚名:《经合组织:新协议限制煤电政府补贴》,载《能源评论》2015 年第 12 期。

[173]刘志云:《经济立法转型》,载《南风窗》2013 年第 11 期。

[174]刘志云:《论全球治理与国际法》,载《厦门大学学报》(哲学社会科学版)2013 年第 5 期。

[175]刘志云:《银行业践行社会责任的“私政府立法”:兴起背景与原理探究——一种从国际关系理论视角的分析》,载刘志云主编:《国际关系与国际法学刊》(第 1 卷),厦门大学出版社 2011 年版。

[176]刘志云:《法律全球化进程中的特征分析与路径选择》,载《法制与社会发展》2007 年第 1 期。

[177]刘志云:《国际法上的中国道路》,载门洪华等主编,《中国战略报告》(第 3 辑),格致出版社/上海人民出版社 2016 年版。

[178]刘志云:《全球化背景下国际法律制度的互动分析》,载《现代法学》2011 年第 2 期。

[179]冯相昭、赖晓涛、田春秀:《关注低碳标准发展新动向——英国 PAS2050 碳足迹标准》,载《环境保护》2010 年第 3 期。

[180]秦汉锋:《用五大发展理念引领银行业改革发展》,载《中国农村金融》2015 年第 24 期。

[181]张斌:《现代立法中的利益衡量》,吉林大学 2005 年博士学位论文。

[182]郑文智:《民营企业雇主社会责任管理实证研究》,华侨大学 2011 年博士学位论文。

[183]潘鸣:《社会主义核心价值体系建设机制试论》,苏州大学 2011 年博士学位论文。

[184]李宝平:《企业社会责任及其实施机制研究》,西南财经大学 2010 年博士学位论文。

[185]汪全胜:《立法后评估概念阐释》,载《重庆工学院学报》(社会科学版)2008 年第 6 期。

[186]张玫瑰:《地方立法评估问题分析与研究》,载《公民与法》(法学

版)2009 年第 10 期。

[187]刘平、江子浩等:《地方立法后评估制度研究》,载《政府法制研究》2008 年第 4 期。

[188]汪全胜:《立法后评估的"利益相关者"模式》,载《法治研究》2010 年第 1 期。

[189]孙英辉、张锦高:《国土资源法律评价刍议》,载《中国地质大学学报》(社会科学版)2011 年第 1 期。

[190]李昌麒:《如何使经济法学的研究更务实、更深入》,载李昌麒主编:《经济法论坛》(第 1 卷),群众出版社 2003 年版。

[191]朱慈蕴:《金融中介机构在金融活动中说明义务与社会责任之探讨》,载王保树主编:《商事法论集》(第 18 ~ 19 卷),法律出版社 2011 年版。

[192]冯果:《由封闭走向公开——关于商事信用的若干理论思考》,载中国法学会商法学研究会编:《中国商法年刊》(第 2 卷),吉林大学出版社 2002 年版。

[193]刘俊海:《职工参与公司机关制度的比较研究》,载王保树主编:《商事法论集》(第 1 卷),法律出版社 1997 年版。

[194]中国赴瑞典考察企业社会责任代表团、陈文玲等:《瑞典政府和企业强化企业社会责任的作法及其启示》,载王志乐主编:《第三次提升——中国企业面临强化全面责任的挑战》,中国经济出版社 2008 年版。

[195]何增科:《全球公民社会引论》,载李惠斌主编:《全球化与公民社会》,广西师范大学出版社 2003 年版。

[196]俞可平:《全球治理引论》,载李惠斌主编:《全球化与公民社会》,广西师范大学出版社 2003 年版。

[197]魏明、张雅萍:《德国立法成本效益分析与评估体系》,载《水运科学研究》2007 年第 2 期。

[198]马发明、赵遵国:《开展立法后评估的几个问题》,载《人大研究》2009 年第 1 期。

[199]吉敏丽、李浩栋:《论地方立法质量跟踪评估的启动机制》,载《云南大学学报》(法学版)2011 年第 5 期。

[200]谢吉晨:《政府绩效评估的"主体资格"探微》,载《理论导刊》

2007年第3期。

[201]刘志云、史欣媛:《论证券市场中介机构"看门人"角色的理性归位》,载《现代法学》2017年第4期。

[202]何卫东:《环境立法后评估定量分析方法探讨》,载《上海环境科学》2011年第10期。

[203]汪全胜:《立法后评估的标准探讨》,载《杭州师范大学学报》2008年第3期。

[204]张润泽:《形式、事实和价值:公共政策评估标准的三个维度》,载《湖南社会科学》2010年第3期。

[205]吉敏丽、袁晓杰:《论地方立法质量跟踪评估的方法——以甘肃省地方立法为实证的分析》,载《西部法学评论》2011年第4期。

[206]魏敏:《信息系统工程建设经验浅谈》,载《河北企业》2012年第12期。

[207]李瑰华、姬亚平:《行政立法评估制度论析》,载《江西社会科学》2013年第7期。

[208]张创新、芦刚:《地方政府绩效评估信息失真的成因及其治理》,载《学术探索》2006年第6期。

[209]彭知辉:《研究综述:信息与决策》,载《新世纪图书馆》2006年第5期。

[210]张景峰:《〈村民委员会组织法〉修订若干问题探讨》,载《河南科技大学学报》(社会科学版)2007年第3期。

[211]谭谟晓:《小额贷款保证保险:解除银行后顾之忧》,载《金融世界》2016年第5期。

[212]李倩:《发挥保险业精准扶贫作用》,载《中国金融》2016年第4期。

[213]中国工商银行、中国银行等:《金蜜蜂银行宣言》,载《WTO经济导刊》2010年第8期。

[214]张长龙:《接受赤道原则促进金融和谐》,载《特区经济》2006年第6期。

[215]赵骏:《全球治理视野下的国际法治与国内法治》,载《中国社会

科学》2014 年第 10 期。

[216]王春梅、许明华:《关注社会责任——企业可持续发展的必经之路》,载《商业经济》2005 年第 3 期。

[217] Art R. C. , "Social Responsibility in Bank Credit Decisions: The Community Reinvestment Act One Decade Later", *Pacific Law Journal*, Vol. 18, No. 4, 1987.

[218] Anne-Marie Slaughter, "A Liberal Theory of International Law", *American Society of International Law*, Vol. 94, 2000.

[219] Anthony Carty, "The Third World Claims to Economic Self-determination: Economic Rights of People: Theoretical Aspects", *in the Right to Development in International Law*, Edited by Chowdhury, Subrataroy & Denters, M. G. Erik Warrt & J. I. M. Paul (eds.), Dordrecht: Martinus Nijhoff, 1992.

[220] Antonio Vives, "Corporate Social Responsibility: The Role of Law and Markets and the Case of Developing Countries", *Chicago-Kent Law Review*, Vol. 83, 2008.

[221] Booth J. R, Smith II. R. L. , "Capital Raising, Underwriting and the Certification Hypothesis", *Journal of Financial Economics*, Vol. 15, No. 1, 1986.

[222] Barbara Kotschwar, Theodore H. Moran, Julia Muir, "Chinese Investment in Latin American Resources: The Good, the Bad, and the Ugly", Working Paper WP 12 – 3, Peterson Institute for International Economics, February 2012.

[223] Barclift Z. J. , "Corporate Social Responsibility and Financial Institutions: Beyond Dodd-Frank", *Banking & Financial Services Policy Report*, Vol. 31, No. 1, 2012.

[224] Bradlow D. D. , "Private Finance, Social Responsibility, and Transitional Justice: The Case for South African Reconciliation and Development Bonds", *Human Rights Brief*, Vol. 15, No. 1, 2007.

[225] Barry Buzan, "A World Order without Superpowers: Decentred Globalism", *International Relations*, Vol. 25, No. 1, 2011.

[226] Brown Weiss, "International Environmental Issues and the Emergence of a New World Order", *Georgetown Law Journal*, Vol. 81, No. 3, 1993.

[227] Barclift Z. J., "Too Big to Fail, Too Big Not to Know: Financial Firms and Corporate Social Responsibility", *Journal of Civil Rights & Economic Development*, Vol. 25, No. 3, 2011.

[228] Bryan Husted, David Allen, "Strategic Corporate Social Responsibility and Value Creation among Large Firms", *Long Range Planning*, Vol. 40, 2007.

[229] Bert Scholtens, "Corporate Social Responsibility in the International Banking Industry", *Journal of Business Ethics*, Vol. 86, 2009.

[230] Bert Scholtens, Lammertjan Dam, "Banking on the Equator: Are Banks that Adopted the Equator Principles Different from Non-Adopters?" *World Development*, Vol. 35, No. 8, 2007.

[231] B. Scholtens, "Finance as a Driver of Corporate Social Responsibility", *Journal of Business Ethics*, Vol. 68, 2006.

[232] Cherington R., "Securities Laws and Corporate Social Responsibility: Toward an Expanded Use of Rule 10B – 5", *University of Pennsylvania Journal of International Economic Law*, Vol. 24, No. 4, 2004.

[233] Clark J. Maurice, "The Changing Basis of Economic Responsibility", *Journal of Political Economic*, Vol. 24, No. 3, 1916.

[234] Campbell, J. L., "Why Would Corporations Behave in Socially Responsible Ways? An Institutional Theory of Corporate Social Responsibility", *Academy of Management Review*, Vol. 32, No. 3, 2007.

[235] Diana C. Robertson, "Corporate Social Responsibility and Different Stages of Economic, Development: Singapore, Turkey, and Ethiopia", *Journal of Business Ethics*, Vol. 88, 2009.

[236] Decker O. Sallyanne, "Corporate Social Responsibility and Structural Change in Financial Services", *Managerial Auditing Journal*, Vol. 19, No. 6, 2004.

[237] Davidsson P. A., "Legal Enforcement of Corporate Social Responsibility within the EU", *Colum. J. Eur. L*, Vol. 8, Summer2002.

[238] David Laitin, "The Perestroikan Challenge to Social Science", *Political Science*, Vol. 31, No. 1, 2003.

[239] Elsaman R. S., "Corporate Social Responsibility in Islamic Law: Labor and Employment", *Yonsei Law Journal*, Vol. 2, No. 1, May 2011.

[240] Emeseh E, Ako R, Okonmah P., "Corporations, CSR and Self Regulation: What Lessons from the Global Financial Crisis?", *German Law Journal*, Vol. 11, 2010.

[241] Fletcher C., "Corporate Social Responsibility: A Legal Framework for Socioeconomic Development in Tibet", *Yale Human Rights & Development L. J.*, Vol. XVII, 2014.

[242] Francis Snyder, "The Effectiveness of European Community Law: Institutions, Process, Tools and Techniques", *Modern Law Review*, Vol. 56, 1993.

[243] Fransen, L. W., Kolk, A., "Global Rule-Setting for Business: A Critical Analysis of Multi-Stakeholder Standards", *Organization*, Vol. 14, No. 5, 2007.

[244] Griffin, Mary and Videla, Mauricio, "The CFPB: Standing up for Consumers in the Financial Marketplace", *Business Law Today*, Vol. 2016, No. 7, 2016.

[245] Glen Kelley, "Multilateral Investment Treaties, A Balanced Approach to Multinational Corporations", *Columbia Journal of Transnational Law*, Vol. 39, No. 2, 2001.

[246] Hetherington J. A. C., "Fact and Legal Theory: Shareholders, Managers, and Corporate Social Responsibility", *Stanford Law Review*, Vol. 21, No. 2, 1969.

[247] Henry G. Manne, "The Social Responsibility of Regulated Utilities", *Wisconsin Law Review*, Vol. 4, 1972.

[248] Harold Hongju Koh, "Why Do Nations Obey International Law?",

Yale Law Journal, Vol. 106, 1997.

[249] Hans J. Morgenthau, "Another Great Debate, the National Interest of the United States", *American Political Science Review*, Vol. 46, No. 4, 1952.

[250] Ilias Bantekas, "Corporate Social Responsibility in International Law", *Boston University International Law Journal*, Vol. 22, 2004.

[251] Isabel Gallego-Á lvarez, José Manuel Prado-Lorenzo and Isabel-María García-Sάnchez, "Corporate Social Responsibility and Innovation: A Resource-based Theory", *Management Decision*, Vol. 49, No. 10, 2011.

[252] Jan Aart Scholte, "Global Civil Society: Changing the World? Department of Politics and International Studies", University of Warwick, CSGR Working Paper No. 31/99, May 1999.

[253] JM Logsdon, DJ Wood, "Business Citizenship: From Domestic to Global Level of Analysis", *Business Ethics Quarterly*, Vol. 12, 2002.

[254] Janet E. Kerr, "The Creative Capitalism Spectrum: Evaluating Corporate Social Responsibility Through a Legal Lens Abstract", *Temple Law Review*, Vol. 81, 2008.

[255] Kenneeth N. Waltz, "Globalization and Governance", *Political Science and Politics*, Vol. 32, No. 4, 1999.

[256] Larry Catά Backer, "Multinational Corporations, Transnational Law: The United Nation ' s Norms on the Responsibilities of Transnational Corporations as Harbinger of Corporate Responsibility in International Law", *Columbia Human Rights Law Review*, Vol. 37, 2005.

[257] L. Murean, C. A. Gheorghe, "The Relation Between the Romanian Commercial Banking Companies and the Corporate Social Responsibility", *Bulletin of the Transilvania University of Braov*, Vol. 51, No. 2, 2012.

[258] Milton Friedman, "The Social Responsibility of Business is to Increase its Profits", *New York Times Magazine*, September 13, 1970.

[259] Michael K. Addo, "Human Rights Perspectives of Corporate Groups", *Connecticut Law Review*, Vol. 37, 2005.

[260] María Luque Calv, "Corporate Social Responsibility and Micro-

Finance an Effective Partnership for Socio-Economic Development", Master's degree candidate, July 2009.

[261] Macey J R., "Corporate Social Responsibility: A Law & Economics Perspective", *Chapman Law Review*, Vol. 17, No. 2, 2014.

[262] N. Phillips, T. B. Lawrence, C. Hardy, "Discourse and Institutions", *Academy of Management Review*, Vol. 29, 2004.

[263] Olaf W, Michael D, Regina S, "Corporate Social Responsibility of the Financial Sector-Strengths, Weaknesses and the Impact on Sustainable Development", *Sustainable Development*, Vol. 22, No. 5, 2012.

[264] Olav Schram Stokke, "Trade Measures and Climate Compliance: Institutional Interplay between WTO and the Marrakesh Accords", *International Environmental Agreements: Politics, Law and Economics*, Vol. 4, No. 4, 2004.

[265] Oran R. Young, "Vertical Interplay among Scale-dependent Environmental and Resource Regimes", *Ecology and Society*, Vol. 11, No. 1, 2006.

[266] Pitts J. W. I., "Corporate Social Responsibility: Current Status and Future Evolution", *Rutgers Journal of Law & Public Policy*, Vol. 6, No. 2, 2009.

[267] Padfield S. J., "Corporate Social Responsibility & Concession Theory", *William & Mary Business Law Review*, Vol. 6, No. 1, 2014.

[268] Philippe Aghion, Patrick Bolton, "An Incomplete Contracts Approach to Financial Contracting", *The Review of Economic Studies*, Vol. 59, No. 3, 1992.

[269] Philippe Gugler, Shi Jacylyn Y, "Corporate Social Responsibility for Developing Country Multinational Corporations: Lost War in Pertaining Global Competitiveness?", *Journal of Business Ethics*, Vol. 87, No. 1, 2009.

[270] Ryznar M, Woody K E., "A Framework on Mandating versus Incentivizing Corporate Social Responsibility", *Marquette Law Review*, Vol. 98, No. 4, 2015.

[271] Rafael La Porta, Florencio Lopez-de-Silane, Andrei Shleifer, Robert W. Vishny, "Law and Finance", *Journal of Political Economy*, Vol. 106, 1998.

[272] RA Posner, "Social Norms and the Law: An Economic Approach", *American Economic Review*, Vol. 87, No. 2, 1997.

[273] RB. Stewart, "Regulation in a Liberal State: The Role of Non-commodity Values", *Yale Law Journal*, Vol. 92, 1983.

[274] Stevenson R., "Making a Contribution: The Role of Fieldwork in Scientific Research Programs", APSA-CP, *Newsletter of the APSA Organized Section in Comparative Politics*, Vol. 16, No. 2, 2005.

[275] Shavers A. W., "Human Trafficking, The Rule of Law, and Corporate Social Responsibility", *South Carolina Journal of International Law and Business*, Vol. 9, No. 1, 2012.

[276] Sommer J. H., "The Birth of the American Business Corporation: of Banks, Corporate Governance, and Social Responsibility", *Buffalo Law Review*, Vol. 49, No. 3, 2001.

[277] Sale H. A., "Of Corporate Suffrage, Social Responsibility, and Layered Law: Teaching Basic Business Law through Federal Securities Law", *Georgia Law Review*, Vol. 34, No. 2, 2000.

[278] S. Waddock, S. Graves, "The Corporate Social Performance-financial Performance Linkage", *Strategic Management Journal*, Vol. 18, No. 4, 1997.

[279] Timasheff N, Rheinstein M, Shils E., "Max Weber on Law in Economy and Society", *American Sociological Review*, Vol. 19, 1954.

[280] Tim Kit Chin, "Corporate Social Responsibility: A Brand Explanation", *Brand Management*, Vol. 10, 2003.

[281] Vidaver-Cohen, Deborah, and Altman, Barbara W., "Concluding Remarks, Corporate Citizenship in the New Millennium: Foundation for an Architecture of Excellence", *Business and Society Review*, Vol. 105, 2000.

[282] Wang, L., H. Juslin, "The Impact of Chinese Culture on Corporate Social Responsibility: The Harmony Approach", *Journal of Business Ethics*, Vol. 88, 2009.

[283] Z. Jill Barclift, "Corporate Social Responsibility and Financial Institutions: Beyond Dodd-Frank", *Banking & Financial Services Policy Report*,

Vol. 31, No. 1, 2012.

三、其他

[1]林毅夫:《企业承担社会责任的经济学分析》,载《中华工商时报》2006年8月7日。

[2]袁瑛:《让那些银行变“绿”,太难了!》,载《南方周末》2011年6月23日。

[3]高伟、孟春:《探索农地金融新模式》,载《中国证券报》2015年1月19日。

[4]习近平:《在欧美同学会成立100周年庆祝大会上的讲话》,载http://cpc.people.com.cn/n/2013/1021/c64094-23277634.html,最后访问日期:2018年1月2日。

[5]任理轩:《坚持创新发展——“五大发展理念”解读之一》,载《人民日报》2015年12月18日。

[6]陈金龙:《五大发展理念引领历史进程》,载http://www.cssn.cn/dzyx/dzyx_llsj/201511/t20151112_2577501.shtml,最后访问日期:2018年5月1日。

[7]吴晶晶、余晓洁:《〈国家创新驱动发展战略纲要〉印发 提出2050年建成世界科技创新强国》,载http://www.gov.cn/xinwen/2016-05/20/content_5074905.htm?cid=303,最后访问日期:2018年4月5日。

[8]徐绍史:《“十三五”的三个核心:“五大发展”、“六个坚持”与新的目标》,载http://www.gov.cn/2015-11/03/content_2959406.htm,最后访问日期:2018年4月5日。

[9]任理轩:《坚持协调发展——“五大发展理念”解读之二》,载《人民日报》2015年12月21日。

[10]任理轩:《坚持绿色发展——“五大发展理念”解读之三》,载《人民日报》2015年12月22日。

[11]《中国共产党第十八届中央委员会第五次全体会议公报》,载http://news.xinhuanet.com/politics/2015-10/29/c_1116983078.htm,最后访问日期:2018年1月22日。

[12]胡慧敏、渠鸿儒:《国际在线外媒点赞十三五“绿色方略”:中国步入生态社会新时代》,载 http://gb. cri. cn/42071/2015/11/03/8331s5153370. htm,最后访问日期:2018 年 1 月 2 日。

[13]任理轩:《坚持开放发展——“五大发展理念”解读之四》,载《人民日报》2015 年 12 月 23 日。

[14]任理轩:《坚持共享发展——“五大发展理念”解读之五》,载《人民日报》2015 年 12 月 24 日。

[15]任理轩:《关系我国发展全局的一场深刻变革——深入学习贯彻习近平同志关于“五大发展理念”的重要论述》,载《人民日报》2015 年 11 月 4 日。

[16]《习近平在二十国集团领导人峰会第一阶段会议上关于世界经济形势的发言》,载 http://cpc. people. com. cn/xuexi/n/2015/0721/c397563 - 27338279. html,最后访问日期:2018 年 1 月 22 日。

[17]《习近平主持中共中央政治局第二十八次集体学习》,载 http://www. rmzxb. com. cn/c/2015 - 11 - 24/632094. shtml,最后访问日期:2018 年 1 月 30 日。

[18]《习近平在重庆调研时强调落实创新协调绿色开放共享发展理念确保如期实现全面建成小康社会目标》,载新华社:http://www. xinhuanet. com/politics/2016 - 01/06/c_1117691671. htm,最后访问日期:2018 年 4 月 22 日。

[19]胡斌:《全国银行业化解产能过剩暨践行绿色信贷会议召开》,载 http://www. gov. cn/gzdt/2013 - 11/05/content_2521644. htm,最后访问日期:2018 年 1 月 30 日。

[20]胡锦涛:《在 APEC 第十六次领导人非正式会议上的讲话》,载 http://www. gov. cn/ldhd/2008 - 11/23/content_1156875. htm,最后访问日期:2018 年 1 月 30 日。

[21]中债资信绿色债券研究团队:《绿色金融在中国的实践概述与思考(二)绿色金融产品与发展建议》,载 http://www. sohu. com/a/168553593_99921118,最后访问日期:2017 年 12 月 23 日。

[22]《中国银行股份有限公司 2016 年度社会责任报告》,载 http://

www. boc. cn/investor/ir5/201703/t20170331 _9196665. html,最后访问日期:2017 年 12 月 23 日。

[23]张文显:《社会主义法律体系的中国特色和中国经验》,载《人民日报》2011 年 3 月 13 日。

[24]习近平:《在中共十八届四中全会第二次全体会议上的讲话》,载 http://www. mirror. gov. cn/articles/ch01198/201501/cf8d6116 – 0225 – 4d2a – 8d44 – d9eac95f71cb. html,最后访问日期:2018 年 1 月 30 日。

[25]郭子源:《中银协最新报告:2016 年末基础金融服务覆盖率达 95%》,载 http://www. xinhuanet. com/money/2017 – 06/29/c_129643442. htm,最后访问日期:2017 年 12 月 27 日。

[26]中国证券业协会:《2016 年度证券公司履行社会责任情况报告暨精准扶贫专题报告》,载 http://www. sac. net. cn/ljxh/xhgzdt/201709/t20170901_132804. html,最后访问日期:2017 年 12 月 27 日。

[27]韦森:《为什么要重读哈耶克?》,载 http://www. 360doc. com/content/16/0621/11/14589112_569491050. shtml,最后访问日期:2017 年 12 月 3 日。

[28]商务部、国家统计局、国家外汇管理局:《2016 年度中国对外直接投资统计公报》,载 http://fec. mofcom. gov. cn/article/tjsj/tjgb/201709/20170902653690. shtml,最后访问日期:2017 年 12 月 24 日。

[29]《2017 全球银行品牌 500 强排行榜发布 43 家中资行上榜》,载 http://www. china – 10. com/news/476094. html,最后访问日期:2017 年 12 月 23 日。

[30]毕马威:《2017 年中国证券业调查报告》,载 http://www. 360doc. com/content/17/0926/17/34265476_690369412. shtml,最后访问日期:2017 年 12 月 28 日。

[31]东方合信:《2017 世界 500 强保险公司,看看你投保的公司有没有上榜?》,载 http://www. sohu. com/a/166768829_99899514,最后访问日期:2017 年 12 月 28 日。

[32]中国银行业协会:《中国银行业 2010 年社会责任报告》,载 http://www. china-cba. net/bencandy. php? fid = 137&id = 7857,最后访问日期:

2017 年 12 月 31 日。

[33]殷格非:《产业责任竞争力——塑造产业国际竞争力的新路径》,载 https://max. book118. com/html/2017/1103/138669702. shtm,最后访问日期:2017 年 12 月 24 日。

[34]中华人民共和国商务部综合司:《推动共建丝绸之路经济带和 21 世纪海上丝绸之路的愿景与行动》,载 http://zhs. mofcom. gov. cn/article/xxfb/201503/20150300926644. shtml,最后访问日期:2017 年 12 月 30 日。

[35]《习近平主持中共中央政治局第十九次集体学习并发表重要讲话》,载人民网:http://cpc. people. com. cn/n/2014/1207/c64094 - 26161930. html,最后访问日期:2018 年 4 月 25 日。

[36]陈德铭:《不当旁观者、跟随者,要做参与者、引领者,积极参与国际规则制定》,载《人民日报》2015 年 8 月 9 日。

[37]《习近平在省部级主要领导干部学习贯彻党的十八届五中全会精神专题研讨班上的讲话》,载《人民日报》2016 年 5 月 10 日。

[38]吕嘉健:《中国需要公共理性吗》,载 http://www. aisixiang. com/data/78990. html,最后访问日期:2017 年 12 月 27 日。

[39]韦黎兵:《履行企业社会责任! 政府推着企业走》,载《南方周末》2007 年 11 月 1 日。

[40]张怡恬、金碚、胡鞍钢、王永昌:《新发展理念引领发展新时代(治国理政新思想新实践)——关于树立创新、协调、绿色、开放、共享发展理念的对话》,载《人民日报》2016 年 8 月 2 日。

[41]李广:《旅游业"软法"之治初探》,载《中国旅游报》2016 年 8 月 2 日。

[42]王京:《大型民营企业履行社会责任可圈可点》,载 http://finance. china. com. cn/roll/20161220/4033991. shtml,最后访问日期:2018 年 4 月 21 日。

[43]刘建辉:《企业社会责任缺失谁之过?》,载 http://business. sohu. com/20060713/n244247749. shtml,最后访问日期:2018 年 1 月 2 日。

[44]佚名:《田野调查(field research)的基本方法》,载 https://wenku. baidu. com/view/e8fd20f8cc22bcd126ff0c8b. html,最后访问日期:2018 年 1

月 3 日。

[45]吉登斯:《英国前首相布莱尔精神导师吉登斯谈福利国家》,载 http://www.infzm.com/content/trs/raw/32832,最后访问日期:2018 年 1 月 3 日。

[46]黄嫣:《社会科学研究方法——德尔菲分析法》,载 http://www.docin.com/p-450159339.html,最后访问日期:2018 年 5 月 20 日。

[47]董天美:《"共享发展"是慈善法制定的根本理念》,载 http://news.xinhuanet.com/politics/2016lh/2016-03/12/c_128794919.shhtml,最后访问日期:2017 年 12 月 31 日。

[48]《证券公司助力脱贫攻坚战略初见成效》,载东方财富网:http://finance.eastmoney.com/news/1353,20170904773263729.html,最后访问日期:2018 年 3 月 2 日。

[49]《2016 年度证券公司履行社会责任情况报告(上)》,载中国证券业协会官网:http://www.sac.net.cn/hysj/zxtjsj/gzdt/201709/t20170912_132937.html,最后访问日期:2018 年 3 月 1 日。

[50]《苏黎世保险在华机构企业社会责任白皮书(2010)》,载 http://183.91.33.13/cache/www.zurich.com.cn/chs/Zurich%20China%20CSR%20Whitepaper(2009-2015)_v3.pdf? ich_args=0ea8829f3993d81351df697bd442959f_1_0_0_4_f8fb05ec9a17668bb85c4887b034c7172b0049394ebf0d0052f862613562b5f6_5815b91c5818c62094c84cc9a186935f_1_0&ich_ip=33-23,最后访问日期:2018 年 3 月 1 日。

[51]《中国人寿保险股份有限公司 2015 年社会责任报告》,载 http://www.e-chinalife.com/IRchannel/http/gb2312/responsibility.html,最后访问日期:2018 年 3 月 1 日。

[52]《中国太平洋保险 2015 年企业社会责任报告》,载 https://www.cpic.com.cn/template2/aboutUs/file/CPIC_Social_Res_Report2015.pdf,最后访问日期:2018 年 3 月 1 日。

[53]新浪新闻中心:《2017 中国银行业 100 强榜》,载 http://news.sina.com.cn/o/2017-11-17/doc-ifynwnty4335273.shtml,最后访问日期:2018 年 3 月 27 日。

[54]中国证券业协会:《"会员履行社会责任工作动态"专栏》,载 http://www. sac. net. cn/hysj/zxtjsj/gzdt/,最后访问日期:2018 年 2 月 1 日。

[55]《君康人寿积极履行社会责任各地扶贫工作全面展开》《"阳光之星爱心计划"走进河南周口第 47 所阳光保险博爱学校顺利揭牌》《民生保险 1.8 亿元保险保障 助力精准扶贫》《中国人寿向湖北贫困地区 13.7 万人捐赠保险》,载中国保险业协会官网:http://www. iachina. cn/jrobot/search. do? q = %E7%A4%BE%E4%BC%9A%E8%B4%A3%E4%BB%BB,最后访问日期:2018 年 2 月 1 日。

[56]《2015 年度中国银行业社会责任工作先进机构和个人奖项揭晓》,载中国银行业协会官网:http://www. china-cba. net/do/bencandy. php? fid = 42&id = 15309,最后访问日期:2018 年 2 月 1 日。

[57]《2015 中国银行业社会责任工作先进机构揭晓》,载搜狐理财官网:http://money. sohu. com/20160624/n456108615. shtml,最后访问日期:2018 年 3 月 29 日。

[58]《天风证券荣获"2016 中国社会责任杰出企业奖"》,载环球网:http://china. huanqiu. com/citynews/2016 - 12/9771856. html? qq - pf - to = pcqq. group,最后访问日期:2018 年 2 月 1 日。

[59]习近平:《夺取新时代中国特色社会主义伟大胜利——在中国共产党第十九次全国代表大会上的报告》,载 https://www. chinacourt. org/article/detail/2017/10/id/3033281. shtml,最后访问日期:2018 年 2 月 1 日。

[60]《中国银行业 2015 年度社会责任报告》,载中国银行业协会:http://finance. ce. cn/rolling/201606/24/t20160624_13170531. shtml,最后访问日期:2018 年 2 月 1 日。

[61]《兴业银行 2016 年年度可持续发展报告》,载 http://quotes. money. 163. com/f10/ggmx_601166_3370199. html,最后访问日期:2018 年 2 月 1 日。

[62]《中国银行股份有限公司章程》,载 http://www. boc. cn/invester/ir6/200812/P020081222837215107002. pdf,最后访问日期:2018 年 3 月 22 日。

[63]《公司治理》,载中国交通银行官方网:http://www. bankcomm. com/BankCommSite/shtml/jyjr/cn/7768/7790/7794/42482. shtml,最后访问日期:2018 年 3 月 22 日。

[64]中国建设银行董事会情况,载 http://group1. ccb. com/cn/investor/corporate_governance/list_corporate_governance. html,最后访问日期:2018 年 3 月 22 日。

[65]中国农业银行董事会情况,载 http://www. abchina. com/cn/AboutABC/investor_relations/corporate_governance/directors/director/,最后访问日期:2018 年 4 月 1 日。

[66]中国银行董事会情况,载 http://www. boc. cn/investor/ir6/201504/t20150402_4829998. html#3,最后访问日期:2018 年 4 月 1 日。

[67]中国工商银行董事会情况,载 http://www. icbc-ltd. com/ICBCLtd/%E5%85%AC%E5%8F%B8%E6%B2%BB%E7%90%86/%E8%91%A3%E4%BA%8B%E4%BC%9A/%E8%91%A3%E4%BA%8B%E4%BC%9A/%E8%91%A3%E4%BA%8B%E4%BC%9A. htm,最后访问日期:2018 年 4 月 1 日。

[68]《中信证券 2016 年度社会责任报告》,载 https://quotes. money. 163. com/f10/ggmx_600030_3136266. html,最后访问日期:2018 年 3 月 22 日。

[69]《中国工商银行 2012 年社会责任报告》,载 http://www. icbc-ltd. com/ICBCLtd/%E7%A4%BE%E4%BC%9A%E8%B4%A3%E4%BB%BB/%E4%BC%81%E4%B8%9A%E7%A4%BE%E4%BC%9A%E8%B4%A3%E4%BB%BB/2012%E5%B9%B4%E5%BA%A6/,最后访问日期:2018 年 4 月 20 日。

[70]《汇丰银行 2016 年社会责任报告》,载 www. hsbc. com/-/media/hsbc-com/newsroomassets/2017/pdfs/170427-esg-final-update. pdf,最后访问日期:2018 年 1 月 2 日。

[71]《中国农业银行 2017 年社会责任报告》,载 http://www. abchina. com/cn/aboutabc/csr/csrreport/201803/t20180327_1364872. htm,最后访问日期:2018 年 1 月 2 日。

[72]《中国邮政储蓄银行 2016 年社会责任报告》,载 http://www.psbc.com/data/tosend/resource/upload/shezebaogao2016.pdf,最后访问日期:2018 年 1 月 2 日。

[73]《国家开发银行 2016 年社会责任报告》,载 http://www.cdb.com.cn/shzr/kcxfzbg/shzr_2016/,最后访问日期:2018 年 4 月 2 日。

[74]《上海浦发银行 2016 年社会责任报告》,载 http://news.spdb.com.cn/about_spd/social_responsibile_work/qyshzrxgbd/201704/P020170405407301672107.pdf,最后访问日期:2018 年 4 月 2 日。

[75]黄润中:《合力引领 共推企业社会责任工作迈上新台阶——在 2017 年度中国银行业社会责任工作研讨会上的讲话》,载 http://www.china-cba.net/do/bencandy.php? fid = 43&id = 16444,最后访问日期:2018 年 4 月 2 日。

[76]《2009 年中国慈善排行榜十大慈善企业》,载 http://www.bwenw.cn/qiyebangwen/20090426/qy bw23 16.html,最后访问日期:2009 年 9 月 16 日。

[77]《2009 年中国国有上市企业慈善公益榜》,载《南方周末》2010 年 1 月 7 日。

[78]《2010 年中国国有上市企业慈善公益榜》,载《南方周末》2010 年 12 月 30 日。

[79]《2017 中国慈善企业排行榜》,载 http://www.jiemian.com/article/1333980.html,最后访问日期:2018 年 1 月 16 日。

[80]《2016 年度全国慈善会十大爱心企业》,载 http://www.csgyb.com.cn/organize/qiye/,最后访问日期:2018 年 1 月 16 日。

[81]《中国工商银行 2010 年社会责任报告》,载 http://www.icbc-ltd.com/icbcltd/%e6%8a%95%e8%b5%84%e8%80%85%e5%85%b3%e7%b3%bb/%e4%bc%81%e4%b8%9a%e7%a4%be%e4%bc%9a%e8%b4%a3%e4%bb%bb/2010%e5%b9%b4%e5%ba%a6/,最后访问日期:2017 年 8 月 31 日。

[82]《银行做慈善 请再给点力》,载腾讯财经:https://finance.qq.com/a/20120827/005045.htm,最后访问日期:2018 年 4 月 29 日。

[83]《银监会:加快推进银行绿色评价机制的建立》,载新浪财经:http://finance. sina. com. cn/roll/2016 - 09 - 02/doc - ifxvpxua7701436. shtml,最后访问日期:2018 年 1 月 1 日。

[84]《中国银行 2016 年度发放绿色信贷余额达 6500 多亿元》,载新浪财经:http://bank. cngold. org/c/2017 - 03 - 23/c4893647. html,最后访问日期:2018 年 1 月 1 日。

[85]《广发证券 2016 社会责任报告》,载 http://news. 10jqka. com. cn/field/sn/20170325/9873879. shtml,最后访问日期:2018 年 1 月 3 日。

[86]《兴业银行 2016 可持续发展报告》,载 https://www. cib. com. cn/cn/aboutCIB/social/report/,最后访问日期:2018 年 1 月 1 日。

[87]李克杰:《立法后还要做些什么》,载《工人日报》2005 年 8 月 12 日。

[88]东方金诚:《关于中国绿色认证机制的研究报告》,载 http://www. dfratings. com/Info. aspx? m = 20140515165009233206&n = 20160914161810263802,最后访问日期:2018 年 2 月 1 日。

[89]《兴业银行:赤道原则为银行可持续发展提供解决体系》,载 https://www. cib. com. cn/cn/aboutCIB/social/news/20170413. html,最后访问日期:2018 年 3 月 1 日。

[90]《兴业银行可持续发展报告》(2009),载 http://download. cib. com. cn/netbank/download/cn/Sustainable_Finance/2009Sustainable_Finance. pdf,最后访问日期:2010 年 10 月 22 日。

[91]《兴业证券 2016 年度社会责任报告》,载 https://estock. xyzq. com. cn/xysec/info/attach/60223,最后访问日期:2018 年 2 月 2 日。

[92]《广发证券 2016 年度社会责任报告》,载 http://stock. jrj. com. cn/share,disc,2017 - 03 - 25,000776,0000000000000hp1lw. shtml,最后访问日期:2018 年 2 月 2 日。

[93]《广发证券 2016 年度报告》,载 http://ir. gf. com. cn/rest/file/download? file_id = 58ef75f1024f56041e000373,最后访问日期:2018 年 2 月 4 日。

[94]《爱心公益活动》,载兴业银行官网:https://www. cib. com. cn/

cn/aboutCIB/social/welfare. html,最后访问日期:2018 年 2 月 4 日。

[95]《兴业银行牵手九江银行 国内首个绿色金融同业合作落地》,载中国证券网:http://news. cnstock. com/news, bwkx - 201711 - 4158009. htm,最后访问日期:2018 年 2 月 4 日。

[96]《环境风险分析助推金融机构绿色转型》,载金融时报:http://finance. jrj. com. cn/2017/07/20093622774082. shtml,最后访问日期:2018 年 2 月 4 日。

[97]任理轩:《关系我国发展全局的一场深刻变革》,载《人民日报》2015 年 11 月 4 日。

[98]《坚定不移沿着中国特色社会主义道路前进为全面建成小康社会而奋斗报告》,载 http://phycjy. pinghu. gov. cn/readnews. asp? id = 3121,最后访问日期:2018 年 4 月 22 日。

[99]《中国共产党第十八届中央委员会第二次全体会议公报》,载 http://www. farmer. com. cn/sh/fz/fzxw/201303/t20130301 _814311. htm,最后访问日期:2018 年 4 月 22 日。

[100]中共中央《关于全面深化改革若干重大问题的决定》,载 http://www. gov. cn/jrzg/2013 - 11/15/content_2528179. htm,最后访问日期:2018 年 4 月 22 日。

[101]中共中央《关于制定国民经济和社会发展第十三个五年规划的建议》,载 http://cpc. people. com. cn/n/2015/1103/c399243 - 27772351. html,最后访问日期:2018 年 4 月 22 日。

[102]中共中央《关于全面推进依法治国若干重大问题的决定》,载 http://www. ce. cn/xwzx/gnsz/gdxw/201410/28/t20141028 _ 3795791. shtml,最后访问日期:2018 年 4 月 22 日。

[103]《国家开发银行 2016 年可持续发展报告》,载 http://www. cdb. com. cn/bgxz/kcxfzbg1/kcx2016/,最后访问日期:2018 年 3 月 4 日。

[104]柳立:《美国"社区再投资法"的实践对我国的启示》,载《金融时报》2010 年 5 月 17 日。

[105]《中国工商银行 2017 年社会责任报告》,载 http://v. icbc. com. cn/userfiles/Resources/ICBCLTD/download/2018/shzr_CN. pdf,最后访问日

期:2018 年 4 月 23 日。

[106]《兴业银行 2016 年可持续发展报告》,载 https://www.cib.com.cn/cn/aboutCIB/social/report/,最后访问日期:2018 年 4 月 3 日。

[107]《平安集团 2015 年社会责任报告》,载 http://resources.pingan.com/app_upload/file/about/pingan_baogao_2015.pdf,最后访问日期:2018 年 4 月 3 日。

[108]《兴业银行的绿色宣言——赤道原则年度执行报告(2008 ~ 2009)》,载 https://www.cib.com.cn/cn/aboutCIB/social/report/equator.html,最后访问日期:2018 年 6 月 7 日。

[109]《兴业银行可持续发展报告(2010)》,载 http://download.cib.com.cn/netbank/download/cn/Sustainable_Finance/Report_2010_2.pdf,最后访问日期:2011 年 9 月 1 日。

[110]中华人民共和国海关总署:《海关总署 2017 年全年进出口有关情况新闻发布会》,载 http://fangtan.customs.gov.cn/tabid/539/InterviewID/119/Default.aspx,最后访问日期:2018 年 3 月 20 日。

[111]中华人民共和国国家统计局:《2017 年四季度和全年国内生产总值(GDP)初步核算结果》,载 http://www.stats.gov.cn/tjsj/zxfb/201801/t20180119_1575351.html,最后访问日期:2018 年 3 月 20 日。

[112]佚名:《中国奶制品污染事件》,载 https://baike.baidu.com/item/%E4%B8%AD%E5%9B%BD%E5%A5%B6%E5%88%B6%E5%93%81%E6%B1%A1%E6%9F%93%E4%BA%8B%E4%BB%B6/86604? fr = aladdin,最后访问日期:2018 年 4 月 11 日。

[113]饶德宏等:《揭秘凉山童工悲惨生活 反抗者面临死亡威胁》,载 http://www.china.com.cn/city/txt/2008-04/28/content_15023158_2.htm,最后访问日期:2018 年 4 月 11 日。

[114]陈杰:《沙漠之殇》,载《新京报》2014 年 9 月 6 日。

[115]樊泽民、陈怡琴:《中国共产党为什么能青春永驻》,载《人民周刊》2016 年 7 月 1 日。

[116]宋易康:《农行 39 亿票据案四责任人终身禁业 票交所上线遏制中介乱象》,载 http://www.yicai.com/news/5373206.html,最后访问日期:

2018 年 4 月 11 日。

[117]董希淼:《"泛亚"最响亮的耳光打了谁》,载 http://finance.sina.com.cn/zl/bank/2016-02-07/zl-ifxpfhzk9066908.shtml,最后访问日期:2018 年 4 月 11 日。

[118]中国商务部数据中心:《商务部召开例行新闻发布会》,载 http://data.mofcom.gov.cn/article/zxtj/201803/39973.html,最后访问日期:2018 年 3 月 22 日。

[119]中华人民共和国商务部新闻办公室:《商务部确定"十二五"时期对外投资合作发展主要任务和重点工作》,载 http://www.mofcom.gov.cn/aarticle/ae/ai/201205/20120508125338.html,最后访问日期:2017 年 10 月 30 日。

[120]中国银行:《中国银行股份有限公司 2017 年度社会责任报告》,载 http://www.boc.cn/aboutboc/boccsr/201803/t20180329_11873861.html,最后访问日期:2018 年 4 月 12 日。

[121]《"一带一路"数据观:"一带一路"的 2017》,载中国"一带一路"网:https://www.yidaiyilu.gov.cn/xwzx/gnxw/43662.htm,最后访问日期:2018 年 3 月 23 日。

[122]《习近平总书记系列重要讲话读本(2016 年版)》之八:《以新发展理念引领发展——关于树立创新、协调、绿色、开放、共享的发展理念》,载《人民日报》2016 年 4 月 29 日。

[123]《〈区域全面经济伙伴关系协定〉(RCEP)谈判领导人联合声明》,载中国"一带一路"网:https://www.yidaiyilu.gov.cn/zchj/sbwj/34911.htm,最后访问日期:2017 年 11 月 17 日。

[124]智库·百科:《多米尼 400 社会指数》,载 http://wiki.mbalib.com/wiki/%E5%A4%9A%E7%B1%B3%E5%B0%BC400%E7%A4%BE%E4%BC%9A%E6%8C%87%E6%95%B0,最后访问日期:2017 年 12 月 15 日。

[125]张倩:《一带一路倡"绿"共赢》,载 http://theory.gmw.cn/2017-05/21/content_24542841.htm,最后访问日期:2017 年 12 月 23 日。

[126]班娟娟:《"一带一路"绿色发展国际联盟将正式启动》,载

http://www. china. com. cn/news/2017 - 07/03/content_41141118. htm,最后访问日期:2017 年 12 月 23 日。

[127]潘光伟:《不忘初心 银行业履行社会责任再创佳绩——中国银行业协会党委书记、专职副会长潘光伟发布〈2016 年度中国银行业社会责任报告〉》,载 http://www. china-cba. net/do/bencandy. php? fid = 43&id = 16595,最后访问日期:2018 年 4 月 12 日。

[128]中国证券业协会:《2012 年度证券公司履行社会责任情况报告》,载 http://www. sac. net. cn/hysj/zxtjsj/gzdt/201304/t20130419_62081. html,最后访问日期:2017 年 12 月 23 日。

[129]中国保险业协会:《保险行业企业社会责任报告(2012 年度)》,载 http://www. iachina. cn/art/2013/8/15/art_22_9692. html,最后访问日期:2017 年 12 月 23 日。

[130]中国环境保护部:《国家环保总局与国际金融公司携手合作深化绿色信贷》,载 http://www. mep. gov. cn/xxgk/hjyw/200801/t20080124_116824. shtml,最后访问日期:2017 年 12 月 27 日。

[131]陈菲:《环境保护部将联合世行国际金融公司制定信贷指南》,载 http://www. mep. gov. cn/xxgk/hjyw/200811/t20081107_130969.. shtml,最后访问日期:2017 年 12 月 27 日。

[132]邹静昭:《环境保护部与世行国际金融公司签订合作备忘录 致力于推行绿色信贷》,载 http://www. mep. gov. cn/xxgk/hjyw/200903/t20090312_135226. shtml,最后访问日期:2017 年 12 月 27 日。

[133]兴业银行:《发力国际银团业务:兴业银行助力构建"一带一路"金融动脉》,载 https://www. cib. com. cn/cn/aboutCIB/about/news/2017/20171117. html,最后访问日期:2017 年 12 月 29 日。

[134]兴业银行:《兴业银行全球银行排名第 35 位 市场地位进一步稳固》,载 https://www. cib. com. cn/cn/aboutCIB/about/news/2016/201605-26. html,最后访问日期:2018 年 1 月 6 日。

[135]兴业银行:《兴业银行挺进全球银行 30 强 成本收入比第一》,载 https://www. cib. com. cn/cn/aboutCIB/about/news/2017/20170704. html,最后访问日期:2018 年 1 月 6 日。

[136]《中央经济工作会议在北京举行》,载新华网:http://news.xinhuanet.com/house/sjz/2015-12-22/c_1117534319.htm,最后访问日期:2018年1月19日。

[137]《习近平:决胜全面建成小康社会 夺取新时代中国特色社会主义伟大胜利——在中国共产党第十九次全国代表大会上的报告》,载新华网:http://news.xinhuanet.com/politics/19cpcnc/2017-10/27/c_1121867529.htm,最后访问日期:2018年1月19日。

[138]兴业银行:《兴业银行应邀参加"赤道原则未来五年战略规划研讨会"系列会议》,载 https://www.cib.com.cn/cn/aboutCIB/social/news/20110105_3.html,最后访问日期:2018年1月20日。

[139]《第10届中国企业社会责任报告国际研讨会》,载企业社会责任中国网:http://www.csr-china.net/ind/2017/gb10/#review,最后访问日期:2018年4月23日。

[140]李禾:《低碳发展 中国可能引领国际潮流》,载《科技日报》2018年1月23日。

[141]《金蜜蜂企业名录》,载企业社会责任中国网:http://www.csr-china.net/html/2015/gbc2015.html,最后访问日期:2018年4月23日。

[142]中国环境保护部:《环境保护部公布2015年环责险投保企业名单》,载 http://www.zhb.gov.cn/gkml/hbb/qt/201512/t20151223_320045.htm,最后访问日期:2018年1月25日。

[143]中国环境保护部:《关于公开征求〈环境污染强制责任保险管理办法(征求意见稿)〉意见的函》,载 http://www.zhb.gov.cn/gkml/hbb/bgth/201706/t20170609_415774.htm,最后访问日期:2018年1月25日。

[144]霍小光:《五个细节折射中国发展理念新飞跃》,载 http://www.xinhuanet.com/politics/2015-11/04/c_1117041527.htm,最后访问日期:2018年4月2日。

[145]王立胜:《深刻把握习近平新时代中国特色社会主义经济思想》,载 http://paper.dzwww.com/dzrb/content/20171227/Articel13002MT.htm,最后访问日期:2018年5月12日。

[146]高勇:《法规质量评估,走向地方立法前台》,载《人民之声报》

2006 年 7 月 13 日。

[147]Xue Hanqin,"China and International Law:60 Years in Review", *Chatham House International Law Summary*(8 March 2013).

[148]The Yale Data - Driven Environmental Solutions Group, The 2016 Environmental Performance Index, http://campuspress. yale. edu/datadriven/project/2016 - environmental - performance - index/,最后访问日期:2017 年 12 月 23 日。

[149] Allen Goss, Gordon S. Roberts,"Corporate Social Responsibility and the Cost of Debt Financing", http://www. doc88. com/p - 6915934432304. html,2017 - 11 - 11.

[150] UNEP inquiry, G20 Green Finance Study Group Document Repository, http://unepinquiry. org/g20greenfinancerepositoryeng/, 2017 - 12 - 23.

[151]2012United Nations Global Compact, Our Mission, https://www. unglobalcompact. org/what - is - gc/mission,2017 - 11 - 22.

[152]Accountability, About us. http://www. accountability. org/about - us/about - accountability/,2017 - 12 - 17.

[153] Accountability, Standards, http://www. accountability. org/standards/,2017 - 12 - 17.

[154] Brand Finance, Brand Finance Banking 500 2017 - The Annual Report on the World's most Valuable Banking Brands, http://brandfinance. com/images/upload/bf_banking_500_2017_locked. pdf,2018 - 01 - 04.

[155] Citi, *Board of Directors*. https://www. citigroup. com/citi/about/leaders/ernesto-zedillo-bio. html,2018 - 5 - 20.

[156]Cary Coglianese, Measuring Regulatory Performance, https://www. oecd. org/gov/regulatory-policy/1_coglianese%20web. pdf,2018 - 4 - 25.

[157]Canadian Environmental Law Introduction, https://www. siskinds. com/envirolaw/canadian-environmental-law-learn/intro-environmental-law/, 2018 - 4 - 17.

[158]Companies Act,2013 Key Highlights and Analysis, https://www. pwc.

in/assets/pdfs/publications/2013/companies-act-2013-key-highlights-and-analysis.pdf, 2018-4-16.

[159] Citi, *Board of Directors*, http://www.citigroup.com/citi/investor/corporate_governance.html, 2018-4-23.

[160] Dayal-Gulati, Anuradha and Husain, Aasim, *Centripetal Forces in China's Economic Take-Off* (*May* 2000), *IMF Working Paper No.* 00/86. https://ssrn.com/abstract=879619, 2017-12-23.

[161] Doing Business in the Netherlands, https://www.bakermckenzie.com/-/media/files/insight/publications/2016/07/doing-business-in-the-netherlands-2016/dbiemeadoingbusinessnetherlandsjul16.pdf?la=en, 2018-4-20.

[162] Daniel Kurt, 8 Federal Laws that Protect Employees, https://www.investopedia.com/articles/personal-finance/120914/8-federal-laws-protect-employees.asp, 2018-3-4.

[163] David Elshorst, and Amrei Fuder, Clifford Chance, Environmental law and practice in Germany: Overview, https://uk.practicallaw.thomsonreuters.com/4-503-0486?transitionType=Default&contextData=(sc.Default)&firstPage=true&bhcp=1, 2018-4-20.

[164] Equator Principles, About the Equator Principles, http://www.equator-principles.com/index.php/about-ep/about-ep, 2017-11-18.

[165] Equator Principles, Equator Principles Association Members & Reporting, http://www.equator-principles.com/index.php/members-and-reporting, 2018-3-28.

[166] Els Reynaers Kini, Tavinder Sidhu and Surender Pal Bhatia, M V Kini & Co, Environmental Law and Practice in India: Overview, https://uk.practicallaw.thomsonreuters.com/0-503-2029?transitionType=Default&contextData=(sc.Default)&firstPage=true&bhcp=1, 2018-4-16.

[167] Equator Principles, About Equator Principles (EP III) Update Process and Timeline, http://www.equator-principles.com/index.php/process-and-timeline, 2017-12-27.

[168] FSA, The Turner Review: A Regulatory Response to the Global Banking Crisis, http://www. fsa. gov. uk/pubs/other/turner _ review. pdf, 2018 -4 -3.

[169] Fredrik Nordlöf and Magnus Berterud, Counsel, Delphi Law Firm, Employment and Employee Benefits in Sweden: Overview, https://content. next. westlaw. com/Document/I2ef1284e1ed511e38578f7ccc38dcbee/View/FullText. html? contextData = (sc. Default) &transitionType = Default&first Page = true&bhcp = 1,2018 -4 -20.

[170] FSB, FSB Framework for Strengthening Adherence to International Standards, http://www. fsb. org/wp-content/uploads/r_100109a. pdf? page_moved = 1,2017 -11 -19.

[171] FSB, G20/OECD High-Level Principles on Financial Consumer Protection, http://www. oecd. org/daf/fin/financial-markets/48892010. pdf, 2017 -11 -19.

[172] FTSE Russell, FTSE4Good Index. http://www. ftse. com/products/indices/FTSE4Good,2017 -12 -16.

[173] G20, Declaration on Strengthening the Financial System-London Summit, http://www. g20. org/images/stories/docs/eng/london. pdf,2017 -11 -17.

[174] Global Sustainable Investment Alliance, Global Sustainable Investment Review 2016, http://www. gsi-alliance. org/wp-content/uploads/2017/03/GSIR_Review2016. F. pdf,2017 -12 -15.

[175] GRI, GRI's History. https://www. globalreporting. org/information/about-gri/gri-history/Pages/GRI's% 20history. aspx, 2017 -12 -17.

[176] GRI, about GRI. https://www. globalreporting. org/information/about-gri/Pages/default. aspx,2017 -12 -17.

[177] GRI, G4 Sustainability Reporting Guidelines, https://www. globalreporting. org/information/g4/Pages/default. aspx,2017 -12 -17.

[178] GRI: Getting Started with the GRI Standards. https://www.

globalreporting. org/standards/getting-started-with-the-gri-standards/, 2017 - 12 - 17.

[179] G20, G20 Leaders' Communique Hangzhou Summit, http://unepinquiry. org/wp-content/uploads/2017/01/2016 - 09 - 04 - g20 - communique-en. pdf, 2018 - 1 - 19.

[180] Green Digital Finance Alliance, Alliance Launched. https://www. greendigitalfinance. org/launch, 2018 - 1 - 20.

[181] HSBC Global Site, *International Commitments*, http://www. hsbc. com/our-approach/sustainability, 2017 - 12 - 27.

[182] Hon Dr Michael Cullen, Hon Peter Dunne, "Tax Incentives for Giving to Charities and other Non-profit Organisations", https://taxpolicy. ird. govt. nz/sites/default/files/2006-dd-charitable-giving. doc, 2018 - 6 - 7.

[183] IFC, *Sustainability Report*, "*Choices Matter*", http://documents. worldbank. org/curated/en/763701468193506040/pdf/36535020050Sus1lity0 Report01PUBLIC1. pdf. , 2018 - 5 - 20.

[184] Introduction of Fair Housing Act, https://www. britannica. com/ topic/Fair-Housing - Act, 2018 - 3 - 4.

[185] Ina Dimireva, Doing business in Germany: Environmental Rules, https://www. eubusiness. com/europe/germany/environmental - rules/, 2018 - 4 - 20.

[186] Introduction of the Swedish Environmental Code, http://www. swedishepa. se/Guidance/Laws - and - regulations/The - Swedish - Environmental - Code/, 2018 - 4 - 20.

[187] International Rivers, China's Biggest Bank to Support Africa's Most Destructive Dam, https://www. internationalrivers. org/resources/china% E2% 80% 99s-biggest-bank-to-support-africa% E2% 80% 99s-most-destructive-dam-3758, 2017 - 10 - 30.

[188] International Labour Office (ILO), Tripartite Declaration of Principles Concerning Multinational Enterprises and Social Policy, http://www. ilo. org/wcmsp5/groups/public/—ed _ emp/—emp _ ent/documents/

publication/wcms_101234. pdf,2017 - 11 - 15.

[189] IFC, About IFC, http://www. ifc. org/wps/wcm/connect/corp_ext_content/ifc_external_corporate_site/about + ifc_new,2017 - 11 - 18

[190] Improving Regulation and Regulatory Reform, https://www2. ed. gov/policy/gen/reg/retrospective-analysis/index. html,2018 - 4 - 24.

[191] IFC, IFC Sustainability Framework - 2006Edition, http://www. ifc. org/wps/wcm/connect/topics_ext_content/ifc_external_corporate_site/sustainability-at-ifc/policies-standards/ifcsustainabilityframework_2006,2017 - 11 - 18.

[192] IAASB, about IAASB, http://www. iaasb. org/about-iaasb,2017 - 12 - 17.

[193] IAASB, International Standard on Assurance Engagements (ISAE) 3000 Revised, Assurance Engagements Other than Audits or Reviews of Historical Financial Information, http://www. ifac. org/publications-resources/international-standard-assurance-engagements-isae-3000-revised-assurance-enga, 2017 - 12 - 17.

[194] IFC, IFC's Updated Sustainability Framework, http://www. ifc. org/wps/wcm/connect/6c6cd30049800a1fa93bfb336b93d75f/Updated_SustainabilityFramework_Fact-sheet. pdf? MOD = AJPERES,2017 - 11 - 18.

[195] ISO, ISO 14000 family-Environmental management, https://www. iso. org/iso - 14001-environmental-management. html,2017 - 12 - 14.

[196] ISO, ISO 14001 Environmental Management Systems-Revision, https://www. iso. org/iso-14001-revision. html,2017 - 12 - 14.

[197] ISO, ISO 26000 - Social Responsibility, https://www. iso. org/iso - 26000 - social - responsibility. html,2017 - 12 - 14.

[198] ISO, Social Responsibility - 7 Core Subjects of ISO 26000, https://www. iso. org/files/live/sites/isoorg/files/archive/pdf/en/sr_7_core_subjects. pdf,2017 - 12 - 14.

[199] International Rivers, Merowe Dam, Sudan, https://www. internationalrivers. org/zh-hans/node/7436,2017 - 10 - 30.

[200] Kenneth Amaeshi, " Who Cares Wins: IFC and Promotion of Sustainable Project Finance Deals-any Implications for CSR Discourse? " http://www. radnetwork. org/admindb/docs/Amaeshi% 20Kenneth% 20Paper. doc,2017 - 12 - 26.

[201] Lazarus, S. , " The Equator Principles: A Milestone or Just Good PR?" ,*Global Agenda*,March 17,2004.

[202] Mr Jackie WU and Ms Vicky LEE, Protection for Banking Consumers in the United Kingdom and the United States of America: Fees and Charges, http://www. legco. gov. hk/yr01 - 02/english/sec/library/0102rp01e. pdf,2018 - 4 - 1.

[203] Michael Coxall and Elizabeth Hardacre, Clifford Chance LLP, "Environmental law and practice in the UK(England and Wales):Overview", https://uk. practicallaw. thomsonreuters. com/6 - 503 - 1654? transition Type = Default&contextData = (sc. Default) &firstPage = true&bhcp = 1,2018 - 4 - 3.

[204] Model Rules of Procedure for Works Councils, https://www. ser. nl/ ~ /media/files/internet/talen/engels/2015/model-rules-procedure-worksco-uncils. ashx,2018 - 4 - 20.

[205] Mee-Hyoe Koo, "CSR Development Trends And Outlook In Korea-Institute For Industrial Policy Studies", https://www. forbes. com/sites/meehyoekoo/2013/04/21/csr-development-trends-and-outlook-in-korea-institute-for-industrial-policy-studies/#6ed7812d529c,2018 - 4 - 15.

[206] MSCI, MSCI ESG Indexes, https://www. msci. com/documents/1296102/6365510/ESG_FactSheet + - + Sept% 2717. pdf/350c279c - c280 - 4a57 - acb1 - a9f7d29419fc,2017 - 12 - 15.

[207] MSCI, MSCI Environmental, Social & Governance(ESG) Indexes: A modern approach to ESG indexes, https://www. msci. com/documents/1296102/6365510/ESGUniverse-brochure + - + Sept% 2717. pdf/c9861862 - ea22 - 4c4d - 955a - 32aa91dd588f,2017 - 12 - 15.

[208] Non-profit Law Guide to Charitable Organization Law, https://

www. hg. org/nonprofit-organizations. html,2018 -3 -4.

[209] OECD, OECD Guidelines for Multinational Enterprises (2011 Edition), http://www. oecd. org/daf/inv/mne/48004323. pdf, 2017 - 11 - 15.

[210] Oran R Young, The Science Plan for the project on the Institutional Dimensions of Global Environmental Change, IHDP Report No. 9/ IDGEC Science Plan 1999, http://www. ihdp. unu. edu/docs/Publications/IDGEC/Annual% 20Reports; Scoping% 20Reports;% 20Science% 20Plans/IDGEC% 20Science% 20Plan - 1999. pdf,2018 -1 -21.

[211] Pezzuto, Ivo, "Miraculous Financial Engineering or Toxic Finance? The Genesis of the U. S. Subprime Mortgage Loans Crisis and its Consequences on the Global Financial Markets and Real Economy (October 7, 2008)", https://ssrn. com/abstract = 1332784,2017 -12 -25.

[212] PRI, About the PRI, https://www. unpri. org/about, 2017 - 11 - 22.

[213] PRI, Search Results, https://www. unpri. org/searchresults? qkeyword = &parametrics = WVSECTION% 7cSignatories,2018 -03 -28.

[214] Principles of Sustainable Insurance, Signatories & Supporters, http://www. unepfi. org/psi/signatory-companies/,2018 -03 -28.

[215] R. Edward Freeman, S. Ramakrishna Velamuri, "A New Approach to CSR: Company Stakeholder Responsibility", https://papers. ssrn. com/sol3/papers. cfm? abstract_id = 1186223,2017 -12 -25.

[216] Robeco SAM, Dow Jones Sustainability Indices, http://www. sustainability-indices. com/index-family-overview/djsi-family-overview/index. jsp,2017 -12 -16.

[217] Stephen Peachey, Alan Roe, "Access to Finance: What Does It Mean and How Do Savings Banks Foster Access, January 2006", https://www. wsbi-esbg. org/SiteCollectionDocuments/Perspectives% 2049. pdf, 2017 - 12 -27.

[218] Sustainability Efforts in Swedish Companies, http://www. ey. com/

Publication/vwLUAssets/EY_Sustainability_efforts_in_Swedish_companies/$FILE/B17007nordic-ccass-report-pages-WEB.pdf,2018-4-20.

[219] South Africa's ANC to Push for Tougher Anti-racism Law, http://www.bbc.com/news/world-africa-35235102, 2018-4-20.

[220] Sustainable Development Goals 17 Goals to Transform Our World, The Sustainable Development Agenda, http://www.un.org/sustainabledevelopment/development-agenda/, 2017-11-22.

[221] SAI, SA8000 Standard, http://www.sa-intl.org/index.cfm?fuseaction=Page.ViewPage&pageId=1689, 2017-12-14.

[222] SAI, Upgrading SA8000: 2008, http://www.sa-intl.org/index.cfm? fuseaction=Page.ViewPage&pageId=1840, 2017-12-14.

[223] The Federal Ministry of Justice, Manual for Drafting Legislation, https://www.bmjv.de/SharedDocs/Downloads/DE/Themen/Rechtsdurchsetz-ungUndBuerokratieabbau/HandbuchDerRechtsfoermlichkeit_eng.pdf? __blob=publicationFile&v=4, 2018-4-26.

[224] The Commission on America's National Interest, America's National Interest, July 1996, http://belfercenter.ksg.harvard.edu/files/americas_interests.pdf, 2018-4-22.

[225] The Commission on America's National Interest, America's National Interest, July 2000, http://belfercenter.ksg.harvard.edu/files/amernatinter.pdf, 2018-4-22.

[226] The Federal Reserve, https://www.federalreserve.gov/consumerscommunities/cra_about.htm, 2018-2-5.

[227] United Nations Conference on Trade and Development, World Investment Report 2017: Investment and Digital Economy, http://unctad.org/en/PublicationsLibrary/wir2017_en.pdf, 2017-10-26.

[228] United Nations Global Compact, Participation, https://www.unglobalcompact.org/participation, 2018-1-16.

[229] United Nations Economic and Social Commission for Asia and the Pacific, What Is Good Governance?, http://www.unescap.org/resources/what-

good-governance,2018 - 1 - 18.

[230] UNEP FI, Asia Pacific Members, http://www.unepfi.org/members/asia-pacific/,2018 - 3 - 28.

[231] UNEP FI, About United Nations Environment Programme-Finance Initiative, http://www.unepfi.org/about/,2017 - 12 - 22.

[232] UN Environment, About us, http://unepinquiry.org/about-us/, 2017 - 12 - 22.

[233] UN News Center, DDIS: Successful Outcome at UN Financing Conference Vital for Future Development Agenda, http://www.un.org/apps/news/story.asp? NewsID = 51424&Kw1 = Addis + Ababa&Kw2 = &Kw3 = #.WlNnmVMdgZQ,2017 - 12 - 22.

[234] UNFCCC, Historic Paris Agreement on Climate Change, http://newsroom.unfccc.int/unfccc-newsroom/finale-cop21/,2017 - 12 - 23.

[235] UN, List of Parties that Signed the Paris Agreement on 22 April, http://www.un.org/sustainabledevelopment/blog/2016/04/parisagreementsi-ngatures/,2017 - 12 - 23.

[236] UN Environment, China's Ant Financial Shows How Digital Clout can Fight Climate Change, https://www.unenvironment.org/news-and-stories/story/chinas-ant-financial-shows-how-digital-clout-can-fight-climate-change, 2018 - 1 - 23.

[237] United Nations Economic and Social Council, Norms on the responsibilities of transnational corporations and other business enterprises with regard to human rights (E/CN. 4/Sub. 2/2003/12/Rev. 2), https://documents-dds-ny.un.org/doc/UNDOC/GEN/G03/160/08/PDF/G0316008.pdf? OpenElement,2017 - 11 - 16.

[238] United Nations General Assembly, Guiding Principles on Business and Human Rights: Implementing the United Nations "Protect, Respect and Remedy" Framework (A/HRC/17/31), http://www.un.org/en/ga/search/view_doc.asp? symbol = A/HRC/17/31,2017 - 11 - 16.

[239] UNEP FI, About United Nations Environment Programme-Finance

Initiative,http://www.unepfi.org/about/,2017 - 11 - 22.

[240]U. S. Model Bilateral Investment Treaty, https://www.state.gov/documents/organization/188371.pdf,2017 - 11 - 17.

[241] UNEP FI, Asia Pacific Members, http://www.unepfi.org/members/asia-pacific/,2018 - 3 - 28.

[242]原中国银行业监督管理委员会:《商业银行董事履职评价办法》。

[243]原中国银行业监督管理委员会:《关于加强银行业金融机构社会责任的意见》。

[244]中华人民共和国商务部:《商务发展第十三个五年规划纲要》。

[245]原中国银行业监督管理委员会:《节能减排授信工作指导意见》。

[246]中国银行业协会:《中国银行业金融机构企业社会责任指引》。

[247]中国人民银行、财政部、国家发展改革委、环境保护部、原银监会、原证监会:《关于构建绿色金融体系的指导意见》。

[248]中央结算公司:《中国绿色债券市场季报(2017年3季度)》。

[249]兴业银行:《兴业银行1988～2008社会责任报告》。

[250]兴业银行:《2012年年度可持续发展报告》。

[251]兴业银行:《2009年年度社会责任报告》。

[252]兴业银行:《2010年年度社会责任报告》。

[253]兴业银行:《2012年年度社会责任报告》。

[254]兴业银行:《2013年年度社会责任报告》。

[255]兴业银行:《2014年年度社会责任报告》。

[256]兴业银行:《2015年年度社会责任报告》。

[257]兴业银行:《2016年年度社会责任报告》。

[258]《日本商法典》。

[259]《日本公司法典》。

作者简介与分工

刘志云　厦门大学法学院教授、博士生导师,金融法研究中心主任。主持本书的写作策划、框架设计、章节整合以及分工协调、校对排版等工作。撰写了本书导论,并对本书各个章节进行了初步撰写以及基本论证。

史欣媛　厦门大学法学院经济法专业博士生。获国家留学基金委“国家建设高水平大学公派研究生项目(联合培养博士生)”资助——加州大学伯克利分校法学院“访问学者项目”(visiting scholars program)。对本书第三章、第五章进行了进一步的撰写与详细论证。

刘　盛　法学博士,厦门大学法学院金融法研究中心兼职研究人员。对本书第四章进行了进一步的撰写与详细论证。

图书在版编目(CIP)数据

新发展理念下中国金融机构社会责任立法问题研究 / 刘志云等著. -- 北京 : 法律出版社, 2019
ISBN 978 - 7 - 5197 - 3214 - 1

Ⅰ. ①新… Ⅱ. ①刘… Ⅲ. ①金融机构 – 社会责任 – 立法 – 研究 – 中国 Ⅳ. ①D922.280.4

中国版本图书馆 CIP 数据核字(2019)第 038762 号

新发展理念下中国金融机构社会责任立法问题研究
XINFAZHAN LINIAN XIA ZHONGGUO JINRONG JIGOU SHEHUI ZEREN LIFA WENTI YANJIU

刘志云 等著

策划编辑 黄琳佳
责任编辑 黄琳佳
装帧设计 马 帅

出版 法律出版社
总发行 中国法律图书有限公司
经销 新华书店
印刷 三河市龙大印装有限公司
责任校对 胡溪卿 周合芝
责任印制 陶 松

编辑统筹 学术 · 对外出版分社
开本 710 毫米 × 1000 毫米 1/16
印张 37.75
字数 572 千
版本 2019 年 6 月第 1 版
印次 2019 年 6 月第 1 次印刷

法律出版社/北京市丰台区莲花池西里 7 号(100073)
网址/www.lawpress.com.cn
投稿邮箱/info@lawpress.com.cn
举报维权邮箱/jbwq@lawpress.com.cn
销售热线/010 - 83938336
咨询电话/010 - 63939796

中国法律图书有限公司/北京市丰台区莲花池西里 7 号(100073)
全国各地中法图分、子公司销售电话:
统一销售客服/400 - 660 - 6393
第一法律书店/010 - 83938334/8335 西安分公司/029 - 85330678 重庆分公司/023 - 67453036
上海分公司/021 - 62071639/1636 深圳分公司/0755 - 83072995

书号:ISBN 978 - 7 - 5197 - 3214 - 1
定价:98.00 元